Irene Mahoney Katharina von Medici

Irene Mahoney

Katharina von Medici

Königin von Frankreich –
Fürstin der Renaissance

Verlag Georg D. W. Callwey München

Die Originalausgabe erschien 1976 unter dem Titel
»Madame Catherine« im Verlag Victor Gollancz Ltd, London
ISBN 0 575 02037 7

Deutsche Übersetzung von *Christian Zinsser, München*

3., korrigierte Auflage 1988

CIP-Titelaufnahme der Deutschen Bibliothek
Mahoney, Irene:
Katharina von Medici : Königin von Frankreich – Fürstin d. Renaissance / Irene Mahoney.
(Dt. Übers. von Christian Zinsser). – 3. Aufl. – München: Callwey, 1988
Einheitssacht.: Madame Catherine (dt.)
ISBN 3 7667 0891 0

Schutzumschlagentwurf Baur + Belli Design, München
Satz und Druck Kastner & Callwey, München
Bindung Schauenburg, Lahr
Printed in Germany 1988
ISBN 3 7667 0891 0

Inhalt

Vorwort

Jedermann kennt natürlich Katharina von Medici: eine finstere, unheilvolle Figur, genährt von der spitzfindigen politischen Philosophie Machiavellis, umgeben von ihren ränkesüchtigen italienischen Höflingen, ihren Magiern und Sehern; ihre Geheimkabinette angefüllt mit vergifteten Dolchen, vergifteten Ringen, vergifteten Pokalen; ihre Schlösser voll von verborgenen Treppenaufgängen und grauenvollen Verliesen – und allenthalben der bedrückende Geruch des Bösen.

Die Legende ist komplett. Zu komplett, um noch glaubwürdig zu sein. Tatsache ist, wie ich im Laufe von fünf erregenden und anstrengenden Jahren, angefüllt mit Nachforschungen, herausgefunden habe, daß es nur wenige gibt, die sie jenseits von Verknüpfung ihres Namens mit irgendetwas verschwommen Grausamem und Unheilvollem kennen. Und dazu wird sie unvermeidlich in einem Atemzug mit den früheren Medicis oder mit den Borgias genannt, und sogar diejenigen, welche wissen, daß sie den größten Teil ihres Lebens nicht in Italien, sondern in Frankreich verbracht hat, verwechseln sie mit ihrer entfernt verwandten Cousine Maria de Medici, die Frankreich einige Jahrzehnte beherrschte. Eben diese Legende von der unheimlichen Königin war es – eine Legende, die ich weder glauben noch verwerfen konnte –, die mich dazu brachte, jener Frau nachzuspüren, die ein derart verzerrtes Bild hatte aufkommen lassen. Wo würde ich es wohl finden, dieses Kind, das Waise wurde, bevor es einen Monat alt war, diese junge Florentinerin, die im Alter von vierzehn Jahren ausgesandt wurde, um in die königliche Familie Frankreichs einzuheiraten, diese verwitwete Mutter, der die Herrschaft über ein gefährdetes Königreich zufiel?

Ich fand sie vor allem in ihrer erstaunlichen Sammlung von Briefen und dann in den Hunderten von Tagebüchern, Briefen und Memoiren ihrer Zeitgenossen. Ich fand sie in den ausführlichen und klatschgeladenen Berichten von Gesandten und Geheimagenten sowie in dem monumentalen Forschungswerk späterer Historiker.

»Wie haben Sie es nur fertiggebracht, den Faden in Händen zu behalten, der Sie durch dieses Labyrinth geführt hat?« fragt eine Person in Robert Brownings »Mr. Sludge the Medium«. Wenn ich zurückschaue, dann bin ich erstaunt über meine eigene Zähigkeit, denn oft war es in der Tat ein Labyrinth, ein Labyrinth, worin ich stolperte, den Weg verlor, Schritte zurück unternahm und wieder von vorn anfing. Aber Stück für Stück fand ich meinen Weg. Die Bruchstücke der Legende begannen sich zu zerteilen wie ein die eigentliche Katharina verhüllendes Bild, und dahinter, wie in trübes Licht getaucht, begann ich ein Gemälde zu sehen: dunkel, unklar, alles andere als schön, aber sehr menschlich.

Meine erste Begegnung mit Katharina von Medici geschah während meiner Forschungsarbeiten für eine Biographie ihres hugenottischen Schwiegersohnes, Heinrich von Navarra. Obgleich dazu verdammt, Antagonisten zu sein, waren sie in vieler Hinsicht einander sehr ähnlich. Heinrichs scharfer politischer Verstand, sein Realismus, seine pragmatische Einstellung gegenüber der Religion waren Eigenschaften, die er mit seiner Schwiegermutter teilte. Es ist geradezu eine Ironie, daß Religion der Ausgangspunkt ihres Konfliktes war, denn ungleich anderen unter ihren Mitregenten hielt keiner von beiden Glauben oder Kult für einen triftigen Anlaß zum Krieg.

Es war beider Mißgeschick, zu einer Zeit an die Macht zu gelangen, als der Mythos einer geeinten Christenheit zum Scheitern verurteilt war. Es war eine schreckenerregende Aussicht sowohl für Kirchen- als auch für Staatsmänner, denn sie führte hinaus auf unermeßliche und auf keiner Karte verzeichnete Gewässer, wie sie selbst Columbus nicht beschrieben hatte. Für viele war es das Ende der Welt, wie sie es sich vorstellten, und in ihrer Verzweiflung beschlossen sie, den Mythos am Leben zu erhalten. Ihren Anstrengungen begegneten die Anhänger der Neuen Religion, gleichermaßen entschlossen, einer neuen Ordnung zur Vorherrschaft zu verhelfen. Beide Seiten behaupteten, daß sie die »wahren Christen« seien, und beide Seiten kämpften wie wilde Tiere, um es zu beweisen.

Jene häretischen Meinungen, die noch einige Jahre zuvor Anlaß zu akademischen Diskussionen gegeben hatten, lieferten während Katharinas Regierung Stoff für einen Bürgerkrieg. Die »Häresie« war unterdessen stark genug emporgewachsen, um für ihre Freiheit zu kämpfen.

Anfangs sah Katharina keinerlei Probleme darin, gewisse Freiheiten zu gewähren. Sie sah keinerlei Grund, warum Theologie einen Menschen zu einem geringeren Franzosen machen sollte. Insoweit war sie bei weitem toleranter als die zur gleichen Zeit regierende Elisabeth von England, die der Meinung war, daß eines Menschen Religion diesen gewiß nicht zum geringeren Engländer, wohl aber sie selbst zu einer Königin minderen Rechts machen könnte: wie eines Menschen Haupt Rom gegenüber eingestellt war, bestimmte, ob sie Englands legitime Souveränin oder nur ihres Vaters Bastard war. Aber für Katharina enthielt die Religion keine persönliche Bedrohung. Ein Hugenotte, so empfand sie, konnte dem Lilienbanner ebenso treu ergeben sein wie ein Katholik.

Theoretisch hatte sie natürlich völlig recht. Hätte sie es allein mit aufrichtigen Gläubigen zu tun gehabt, ihre Politik würde Frankreich Stärke und Frieden bewahrt haben. Aber sie hatte nicht mit denjenigen auf beiden Seiten gerechnet, welche Religion als politische Waffe gebrauchen würden, mit denjenigen, welche – wie ihr Schwiegersohn es so treffend dargestellt hat – »ihren Ehrgeiz unter dem Deckmantel der Religion verbergen«.

Religion war lange eine Waffe im politischen Kampf gewesen, aber während der Religionskriege (sicherlich eines der ironischsten Epitheta) wurde sie zur Standarte, hinter der sich die Habgier, die Rachsucht, der Ehrgeiz von Mensch und Nation verbargen. Zu Katharinas Lebzeiten wurden die Probleme so komplex und der Kampf so tödlich, daß jedwede ihrer auf Versöhnung gerichteten Anstrengungen nur die Feindschaft gegen sie selbst vergrößerte. Von beiden Seiten kamen jene widersprüchlichen Anklagen, die die Legende von der unheimlichen Königin schufen: sie sei eine Atheistin, sie sei eine Mörderin der Hugenotten; sie stünde mit Magiern und Hexen in Verbindung; sie fordere den Papst heraus; sie verkaufe Frankreich ihren italienischen Anhängern.

Kein Wunder, daß ihr Bild hinter den gespenstischen Farben der Legende verloren ging. Bis zu einem gewissen Umfang habe ich es wieder entdeckt. Es ist mir gelungen, indem ich mich auf die Schultern derjenigen gestellt habe, welche vorher an meiner Stelle standen. » Sie sind, was wir wissen«, hat T. S. Eliot einmal erläutert. Ich hatte eine Zeitlang gehofft, sie alle in meiner Bibliographie rühmend erwähnen zu können, aber in dem Umfange, in welchem meine Forschungen fortschritten, überzeugte ich mich, daß eine derartig erschöpfende Bibliographie weder möglich noch durchführbar war. Folgerichtig habe ich mich darauf beschränkt, diejenigen Angaben zu verzeichnen, welche mir bei der Anfertigung des Manuskripts unmittelbar hilfreich waren. Alle Übersetzungen sind über das ganze Werk hin meine eigenen.

In einem Zeitalter, in welchem Autoren und Verleger oft in einen kalten Krieg miteinander verwickelt zu sein scheinen, habe ich es als außerordentliches Glück empfunden, als Verleger Patricia Brebant Soliman zu haben, deren Enthusiasmus und persönlicher Einsatz für mein Buch in jeder Hinsicht außergewöhnlich gewesen sind. Meiner literarischen Agentin, Claire Smith, möchte ich meinen Dank ausdrücken für ihr beständiges Interesse und ihre treffsichere Geschicklichkeit, mein erlahmendes Selbstvertrauen wiederherzustellen.

Gleichzeitig möchte ich meiner Verbundenheit gegenüber dem Musée de Condé und der Bibliothèque Nationale, den Direktionen der Bibliotheken Widener und Houghton, der Harvard-Universität und der New York Public Library zum Ausdruck zu bringen. Letzterer möchte ich besonders dafür danken, daß ich den Vorzug genoß, viele Monate lang im Frederick Lewis Allen Room zu arbeiten, einem Zufluchtsort vor den Ablenkungen, welche eine Gefahr für jeden Schriftsteller bilden, und wo ich alles für meine Forschungsarbeiten notwendige Handwerkszeug zur Verfügung hatte.

Weit darüber hinaus jedoch verhalf mir der Allen Room zu jener Gemeinschaft von Schriftstellern, deren generöses Verständnis und deren Ermutigung mich in schlechten Tagen aufrechterhielten und meine Hoffnung auf ein gutes Gelingen erneuerten. Ich lernte von ihnen, und in ihrer Gesellschaft fand ich den Mut, mein Ziel zu verfolgen. Hierfür vor allem mein Dank an Richard Petrow, Susan Brownmiller, Ruth Gross, Nancy Milford, Robert Caro, Ferdinand Lundberg, Peter Burchard.

Auch anderen Freunden bin ich dankbar; Freunde, die, obgleich verblüfft durch Monate des Schweigens, durch gehobene Stimmung und Depressionen, mich niemals aufgaben. Ein ganz besonderer Teil dieses Buches – und von mir selbst – gehört ihnen.

New Rochelle, New York
2. Februar 1975 *I. M.*

»Der einzige Zweig«

Obwohl sie nicht hübsch ist,
so verfügt sie über Weisheit und außerordentliche Klugheit . . .
LORENZO CONTARINI

I

Am 9. Oktober 1533 segelte eine Flotte von sechzig Schiffen aus dem Hafen von Villafranca, nahe der französischen Grenze. Clemens VII. hatte sich endlich zu dem längst ersehnten Treffen mit dem König von Frankreich aufgemacht. Es war ein Vorgang voll von großem Gepränge und von hohem öffentlichen Interesse für Italien, das so lang schon ein Opfer des Konflikts zwischen französischen und kaiserlichen Interessen war, getragen von der Hoffnung, daß dieses Treffen ihm ein gewisses Maß an Sicherheit bringen würde.

Es war gerade einen Monat her, daß der Medici-Pontifex Rom verlassen hatte und langsam, vorsichtig, seines Wegs gen Norden zog, unter Vermeidung – absichtlich, so mochte es scheinen – seiner Geburtsstadt Florenz und unter Überquerung der engen Fläche des Ligurischen Meeres, das ihn bis zur französischen Grenze tragen würde. War Clemens auch weit entfernt von jenem luxusüberladenen Leben der Renaissance-Päpste, so umgab er sich doch mit dem Pomp, den er als schicklich für seine Stellung erachtete. Die päpstliche Galeere war mit Goldbrokat bedeckt, geschmückt mit den Insignien, die andeuten sollten, daß sie das Corpus Domini – den Leib des Herrn – beherbergten, Teil jenes speziellen Rituals eines Pontifex auf Reisen. Eine andere Galeere, nicht minder prunkend als seine eigene, aber das Wappen Frankreichs führend, trug die Nichte des Pontifex: Katharina Maria Romola, Herzogin von Urbino und einzigen noch lebenden Sproß des einstmals so großen Hauses der Medici. In der Tat, sie, weit mehr als ihr Onkel, war die zentrale Figur in dieser kunstvollen und aufwendigen Tapisserie, denn die Flotte, die zusammenge-

stellt worden war, war ihre Hochzeitsflottille, die sie zu ihrem Bräutigam bringen sollte, Heinrich von Orléans, den zweiten Sohn des Königs von Frankreich. Sogar in einem Zeitalter galanter Komplimente nannte niemand die junge Braut schön. Sie hatte einige Monate zuvor ihren vierzehnten Geburtstag gefeiert, und ihre Größe wurde als durchschnittlich für ihre Jahre angesehen. Ihre Haut war makellos und ziemlich bläßlich, ihr Haar dunkel und üppig, ihre Unterlippe etwas dick, im Gegensatz zu ihrer dünnen Oberlippe und ihren markanten, starken Augenbrauen. Ihre Nase und ihre vorstehenden Augen trugen die Kennzeichen des Hauses der Medici. Aber wenn sie auch nicht schön war, so war sie doch charmant und außergewöhnlich anmutig, Eigenschaften, die im Italien der Renaissance hoch im Kurs standen. Wenn sie etwas von der Arroganz der Medici geerbt hatte, so trug sie es nicht zur Schau.
Ungeschick und Unsicherheit hatten ihr – immerhin merkwürdig bei einem Kind von so jungen Jahren – Haltung verliehen sowie eine Selbständigkeit, die sich als Fügsamkeit maskierte. In den ersten vierzehn wirren und gefährlichen Jahren ihres Lebens hatte sie gelernt, daß Sicherheit – und Erfolg – oft abhingen von Geduld, Bescheidenheit und von peinlichem Bestreben, zu gefallen. Von Kindesbeinen an war sie zu der Erkenntnis gelangt, daß sie selbst, während ihre Stellung ihr eine unermeßliche Bedeutung verlieh, nur geringe Bedeutung besaß. Mit ihrer scharfen Intelligenz und stetigem Rechnen mit der Wirklichkeit hatte sie sich mit den Tatsachen abgefunden, ohne sich dagegen aufzulehnen. Die Vielfalt ihrer Rolle hatte offensichtlich weder ihr Gemüt verkümmern lassen noch ihre Fähigkeit, sich des Lebens, so, wie es sich ihr darbot, zu freuen. Daß sie allerdings ihre Fähigkeit beeinträchtigt hatte, einfache und reine Zuneigung zu erwidern, war eine Tatsache, der sich weder ihre Zeitgenossen noch Katharina selbst bewußt geworden wären. In Wirklichkeit war ihr das ganze Leben hindurch so wenig persönliche Zuneigung entgegengebracht worden, daß für sie nur wenig Notwendigkeit bestand, zu lernen, damit fertig zu werden[1].

Ihr Vater war Lorenzo de Medici, der Enkel von *Il Magnifico,* wie er mit Stolz und Feindseligkeit genannt wurde. Lorenzo hatte jedoch wenig gemein mit seinem prächtigen Großvater. Wenn er auch in etwa den Stolz und die Zielstrebigkeit von *Il Magnifico* geerbt hatte, so fehlten ihm doch sowohl der Wille als auch die Fähigkeit, seine Ziele zu erreichen. Im März 1518, im Alter von sechsundzwanzig Jahren, reiste er nach Frankreich, um die Ehe mit Madeleine de la Tour d'Auvergne einzugehen, eine Ehe, die sein Onkel Leo X. in die Wege geleitet hatte in dem ängstlichen Bestreben, seine Freundschaft mit Frankreich zu festigen. Die Hochzeit fand auf dem Schloß von Amboise statt, das Franz I. mit seiner leidenschaftlichen Liebe für die neue Architektur zu einer der berühmtesten der königlichen Residenzen auszustatten im Begriff war. Ende Mai war ideal für die Anberaumung einer Hochzeit, und Franz, der Eindruck zu machen liebte, gestaltete sie aufs vortrefflichste. Von den Terrassen aus konnte man die Loire ihren blauen, friedfertigen Lauf nehmen sehen. Die Obstbäume standen in Blüte, und die terrassierten Böschungen waren glatt und grün. Die weiten Hallen waren verschwenderisch mit Gobelins behängt, einige wiesen kriegerische Szenen auf, andere wiederum Liebesgeschehen – beides waren für Franz Kennzeichen von Größe. Musik und Licht gab es überall. Jeder Gang des reichhaltigen Hochzeitsbanketts wurde mit Fanfarenklängen serviert, während das Silbergeschirr, geprägt mit dem Wappen Frankreichs, im Schein unzähliger Kerzen funkelte. Der darauf folgende Ball übertraf, wenn das überhaupt möglich war, das Bankett noch an Kostspieligkeit. Zweiundsiebzig junge Mädchen, die anmutigsten, die der französische Hof aufzuweisen hatte, in Kostüme aus Italien, Deutschland und Frankreich gekleidet, eröffneten den Tanz, der sich bis weit nach Mitternacht hinzog[2].

Acht Tage lang dauerte das Fest und gewährte den Gästen reichlich Zeit, den Bräutigam und seine Frau zu beobachten. Lorenzo, das war klar, fehlte die Kraft für derartige ununterbrochene Festlichkeiten. Sogar seine Reise nach Frankreich war langsam, und wie ein Beobachter bemerkte, »mit viel Schwierigkeiten« vonstatten gegangen. Derselbe Beobachter notierte, daß es nicht einfach Lorenzos nichtverheilte Wunde gewesen sei, die ihn blaß und erschöpft habe aussehen lassen. Der Bräutigam, so verriet er, hatte unlängst an einer »unanständigen Krankheit« gelitten, die sein Blut vergiftet hatte. Dieser Klatsch entsprach unglückseligerweise der Wahrheit, und als der siebenundzwanzig Jahre alte Herzog seine Braut nach Florenz heimführte, hatte er kaum noch ein Jahr zu leben[3].

Über Madeleine wußte kein Zeitgenosse etwas anderes als Rühmendes zu sagen. Obgleich sie während des Hochzeitsfestes als »strahlend« beschrieben wurde, ist dieses Eigenschaftswort nur einmal gebraucht worden. Im allgemeinen wird sie als hübsch, anmutig, tugendhaft und klug charakterisiert. Dies sind in gewisser Hinsicht nur die üblichen banalen Lobpreisungen der Zeit der Renaissance, doch was Madeleine anlangt, so haben sie doch den Klang von Wahrheit. Es ist jedoch der Ausspruch von Goro Gheri, der die zerbrechliche und beherzte Braut von sechzehn Jahren am besten wiedergibt: *Gentilissima madama,* allerliebreizendste gnädige Frau, so nennt er sie mit respektvoller Bewunderung[4].

Als Lorenzo und seine Braut gegen Anfang September in Florenz eintrafen, war Madeleine bereits schwanger. Von fröhlicher und herzlicher Lebensart, war sie entzückt vom Leben in Florenz, gewann sich die Zuneigung des Volkes, indem sie italienische Kleidung trug, und erwiderte mit sichtlicher Freude das Interesse der Leute. »Es war ihr Bestreben, zu gefallen, und sie hatte Erfolg«, so kommentierte ein späterer Biograph[5].

Einige Tage nach ihrer Ankunft in Florenz gab das junge Paar einen derart aufwendigen Empfang, daß die Kaufleute der Stadt alle ihre Seide los wurden, und Boten in aller Eile nach Venedig und Lucca ausgesandt wurden, um Stoff für die Kleider der Edelleute einzukaufen. Es war einer von Madeleines letzten Augenblicken der Fröhlichkeit. Sechs Wochen später stellte sich heraus, daß Lorenzo ernsthaft krank war, und fünf Tage vor Weihnachten wurde er in einer Sänfte nach Sassetti, hoch droben auf dem Monte Montughi, gebracht, wo, wie man glaubte, die frische, klare Luft das Fieber des jungen Herzogs zum Absinken bringen und seine infektiöse Krankheit heilen würde. Hier verbrachte er das Weihnachtsfest, blickte über die weißen Gebirgsspitzen und litt an immer wiederkehrenden Fieberanfällen. Gegen Ende Januar schien er auf die »Kur« anzusprechen, und es war die Rede davon, ihn heim nach Florenz zu bringen. Die »Heilung« war jedoch lediglich temporärer Natur, und im zeitigen Frühjahr war es klar, daß eine Erholung unmöglich war, denn Lorenzo, schon geschwächt durch die Syphilis, wurde jetzt eine Beute galoppierender Auszehrung. Im April begann die schmerzvolle Reise nach Florenz, um Madeleine nahe zu sein bei der Geburt ihres Kindes. Wenn sie einander wirklich geliebt haben, so muß der Augenblick ihres Wiedersehens einer voller großer Qual und großer Freude gewesen sein; war dies nicht der Fall, so muß die Enttäuschung über ihr Leben schier unerträglich gewesen sein.

Am 13. April, im großen Palast der Medici auf der Via Larga, von Cosimo dem Älteren erbaut, schenkte die *gentilissima madama* einem Mädchen das Leben. In Gheris erstem Bericht verlautet, daß der Säugling gesund war, und daß die Herzogin nicht über Gebühr bei ihren Anstrengungen habe leiden müssen. Drei Tage später vermerkte er, die Herzogin habe einen leichten Fieberanfall erlitten, aber die Frauen, die sie umhegten, versicherten ihm, dies wäre die gewöhnliche Folge einer Geburt. Am 18. April indessen erfuhr Lorenzo, daß die Frau, mit der er gerade ein Jahr verheiratet war, sterbenskrank sei. Zehn Tage später war sie tot. In einer

Mischung aus Kummer und Resignation schrieb Lorenzo, der das schüttere Gleichgewicht seines eigenen Lebens verspürte, an Kardinal Bibbiena[6]:
»Nachdem meine Seele und mein Glück einen solchen Schlag empfangen haben, weiß ich nicht, ob ich jemals wieder Frieden erlangen werde. Gerade weil ich weiß, daß der Tod etwas ganz Normales ist, und daß wir alle zu welcher Zeit auch immer und auf welche Weise auch immer, wie es dem Allmächtigen gefällt, diesen Schritt tun müssen, so erdulde ich doch großen Kummer, da ich meine geliebte Gefährtin verlieren mußte. Nichtsdestoweniger versuche ich mich in das zu schicken, was der Göttlichen Majestät gefällt.«
Lorenzos Reise von Sassetti nach Florenz war seine letzte Anstrengung gewesen. Seit Madeleines Tod konnte er nicht mehr kämpfen. Am 3. Mai empfing er die heiligen Sakramente und am Morgen darauf starb er. Er wurde mit großen Feierlichkeiten – wenn auch nicht mit großer Anteilnahme – neben seiner Frau in der Gruft seiner Vorfahren in San Lorenzo beigesetzt. Schon immer arrogant, war er ein wenig zu autokratisch für Florentiner Geschmack aus Frankreich zurückgekehrt. Seine lange Abwesenheit hatte den Widerstandsgeist wachsen lassen, und jetzt, da Florenz am meisten eines Führers bedurfte, der die Ordnung wiederherstellte, war der einzige Sproß der Medici ein Baby von 22 Tagen, das, wie sich die Poeten zu sagen beeilten, »in seiner Wiege zwischen zwei Särgen« lag. So plötzlich Waise geworden, schien das Kind besonders zerbrechlich und verletzlich.
»Ein einziger Zweig wird grün mit einigen Blättern; und ich schwebe zwischen Furcht und Hoffnung ob ihn der Winter mir erhalten oder mir entreißen wird«[7], schrieb Italiens berühmter Ariost.
Drei Monate später hatte es den Anschein, daß Katharinas Wiege ihr eigener Sarg werden würde, denn sie lag gefährlich dem Tode nahe darnieder. Ihr Zeitgenosse aus Mantua, Baltassare Castiglione, dessen *Il Libro del Cortegiano,* das Buch des Höflings, damals an allen europäischen Höfen gelesen wurde, schrieb bekümmert an den Papst, daß das kleine Kind wenig Aussicht auf Wiedergenesung habe. Castiglione jedoch war nicht vertraut mit der enormen Spannkraft von Körper und Geist, die Katharina unzählige Duelle mit dem Tode bestehen ließ, bis schiere Erschöpfung sie im Alter von neunundsechzig Jahren zur Strecke brachte. Dieses Mal wurde sie wieder gesund und war im Oktober ausreichend wiederhergestellt, um an den päpstlichen Hof gebracht zu werden, wo ihr Großonkel bis 1521 herrschte, bis ihm Hadrian VI. folgte.

Wie alle kirchlichen Manöver auf hoher Ebene zur Zeit der Renaissance war auch die Erhebung des Kardinals Giovanni de Medici zur Würde des Papstes nichts weiter als ein politischer Schachzug. Er war ein Mann, der Extremen aus dem Wege ging, das Spiel der römischen Politiker spielte, wie diejenigen, die ihn gewählt hatten, es auch von ihm erwarteten. Einige sahen in ihm einen großzügigen, gutherzigen Mann, einen der Kunst ergebenen Schirmherren, der allen Freuden des guten Lebens aufgeschlossen war.

Die weniger von ihm Begeisterten wiederholten, daß sie ihn während seiner Wahl hatten sagen hören: »Laßt uns das Papsttum genießen, da Gott es uns gegeben hat.« Seine Reaktion auf den bleichen Säugling, der ihm jetzt entgegengehalten wurde, in ganze Schichten von Unterröckchen und Kleidchen gewickelt[8], war gleichgültig. Dieses kleine Kind war noch zu jung, um ihm von Nutzen zu sein.

Er bestimmte Kardinal Giulio de Medici zu ihrem Erzieher und überantwortete sie der Fürsorge der Clarissa Strozzi, ihrer Tante mütterlicherseits. Wie die Duchessina – so hieß sie jetzt – die Jahre von 1520–1527 verbrachte, ist nicht vollkommen geklärt. Zeugen bekunden jedoch, daß sie sich bis 1525 in Rom aufgehalten haben dürfte, bis sie nach Florenz zurückkehrte. Obgleich ihre Tante eine harte Zuchtmeisterin war, schien ihr Katharina voller aufrichtiger Dankbarkeit zugetan zu sein für jene Jahre, in denen Clarissa und ihr Gemahl, Filippo Strozzi, ihr ein Zuhause bereiteten. Zeitweise war sie ein Mitglied des Haushaltes der Strozzi in deren neuerbautem Palast, sonst war sie im Palast der Medici bei ihrem Halbbruder Alessandro und ihrem Vetter Ippolito. Clarissa war eine bedürfnislose Frau, die an diszipliniertes Lernen glaubte, und sie hielt Katharina bei ihren Büchern. Aber was das Kind vom Leben rings um sich herum lernte, reichte weit tiefer als die abstrakten Ideen, worüber sie las. Italien befand sich mehr denn je in Gärung, und wenn Katharina auch zu jung war, dem komplizierten Lauf der Politik zu folgen, so spürte sie doch den Pulsschlag der Veränderungen in Florenz.

Nach Papst Hadrians VI. Tod im Jahre 1523 wurde ein anderer Medici auf den Stuhl Petri berufen. Dieses Mal Katharinas Erzieher, Giulio de Medici, der den Namen Clemens VII. annahm. Florenz betrauerte seinen Weggang, denn die vier Jahre seiner Administration waren sicher, beständig und verhältnismäßig friedlich. An seine Stelle trat Silvio Passerini, Kardinal von Cortona, ein starrköpfiger, autokratischer Mann, dem es an Geschmeidigkeit und Blick für die schwierige Aufgabe, Florenz vor der Revolte zu bewahren, gebrach. Seinem Versuch im Jahre 1527, Florenz zu

beherrschen, bis er Katharinas Halbbruder Alessandro für diese Aufgabe vorbereiten konnte, begegnete man mit offener Rebellion[9].
Der Geist des Aufruhrs in Florenz war naturgemäß nichts weiter als ein Mikrokosmos jener Wirren und jenes Durcheinanders, die damals von ganz Italien Besitz ergriffen hatten. Der Römische Kaiser Karl V. fuhr trotz seiner frommen Bekundungen, daß er nichts so sehr wünsche wie eine geeinte und ruhige Christenheit, fort, sich in Italien auszubreiten. Im Jahre 1526 war Clemens VII. bei seinen Anstrengungen, sich vor Karl zu schützen, ein Bündnis mit Franz I. eingegangen. Doch als ein Jahr später die kaiserlichen Streitkräfte sich brandschatzend ihren Weg durch die Lombardei bahnten, stellte sich Franz den italienischen Hilferufen gegenüber taub. »Freundliche Worte – das ist alles was er tut«, schrieb der florentinische Gesandte verächtlich[10]. Florenz jedoch wurde wie durch ein Wunder auf dem donnernden Marsch nach Süden umgangen, während Rom, die Heilige Stadt, der Sitz des Christentums, von den kaiserlichen Streitkräften mit einer Brutalität bezwungen wurde, die selbst durch die Invasion der Barbaren nicht übertroffen worden war. Den Söldnern war das Plündern erlaubt worden, und sie nahmen, wo sie nur etwas finden konnten – in Kirchen, Palästen, Klöstern. Viele von ihnen waren Bekenner der neuen Religion, die in Rom die große Hure von Babylon sahen. Es auszuplündern befriedigte nicht nur ihre Gelüste, sondern ebenso ihre religiösen Überzeugungen. »Sie plünderten und raubten die Stadt aus und erschlugen an die 45000 Menschen ohne Rücksicht auf Stand oder Geschlecht«, schrieb ein englischer Agent nach London[11].
Als die Nachricht Florenz erreichte, daß Rom genommen worden sei und der Papst sich verborgen habe, ergriff die Stadt die Gelegenheit, gegen die Medici zu rebellieren. Mit dieser offenen Revolte ging Katharinas Kindheit zu Ende. Während der nächsten drei Jahre lebte sie in Gefahr, Angst und Mißtrauen. Im Alter von acht Jahren erhielt sie einen verwirrenden Einblick in die Bedeutung ihres eigenen Wertes. Denn da beide Seiten um die Kontrolle ihrer Person kämpften, wurde sie gewahr, daß, wenn sie auch verachtet oder gehaßt werden mochte, ihre Anwesenheit denjenigen unermeßliche Kräfte verlieh, die sie für ihre Sache gewinnen konnten. Alessandro und Ippolito konnten nordwärts nach Lucca entkommen, aber die Revolutionäre gedachten sich der einzigen in ihren Händen verbliebenen Medici-Geisel fest zu versichern. Obgleich anfangs Clarissa Strozzi die Insurgenten einzuschüchtern verstand, so daß Katharina mit ihr im Medici-Palast verbleiben konnte, wurde sie bald in die relative Sicherheit von Poggio verschickt. Damit unzufrieden, ordneten die Rebel-

len Katharinas Rückkehr nach Florenz an, wo sie in der republikanischen Atmosphäre des Dominikanerkonvents von Santa Lucia leben sollte. Aber auch dies erwies sich nur als eine vorübergehende Maßnahme, denn zwei Tage nach Weihnachten wurde sie, um sie vor dem seuchengefährdeten Teil von San Gallo zu schützen, ergriffen und tiefverschleiert und scharf bewacht durch die Stadt zu dem Benediktinerkloster Murate gebracht, dessen volle honigsüße Bezeichnung Santissima Annunziata delle Murate lautet.

Das Murate-Kloster, in dem Katharina die nächsten achtzehn Monate ihres Lebens verbringen sollte, ist verschiedentlich beschrieben worden. Es als ein »Gefängnis« anzusehen, mit seinen hohen Mauern, Innenhöfen und schmalen Eingängen, hieße die Bedeutung religiöser Architektur verkennen. Die Einschließung, die die Ordensfrauen vom Leben auf der Straße rings um sie herum beschirmte, beraubte sie keineswegs eines zufriedenstellenden Lebens innerhalb ihrer eigenen Gemeinschaft. Die Medici, die immer gönnerhafte Schutzpatrone des Klosters gewesen waren, hatten es mit Gemälden und Statuen beschenkt. Die verbissene religiöse Nüchternheit, die Klöster jeder Schönheit berauben und ihre blanken, weißen, schmucklosen Wände als ein einziges kompromißloses Symbol des Kreuzes sehen wollte, hatte Florenz noch nicht erobert. Savonarola hatte zwar bereits das glühende Evangelium der Selbstverleugnung gepredigt, aber er war offener aufgenommen worden bei seinen Dominikanerbrüdern in Santa Lucia als in der weltoffenen Umgebung der Benediktinerinnen von Murate. Er hatte in der Tat mit seinen Brandmarkungen auf diese Nonnen gezielt, die, so behauptete er, so weit entfernt von jener nüchternen Selbstverleugnung lebten, auf die er den christlichen Glauben reduziert hatte. Ohne eingeschüchtert zu sein, fuhren sie jedoch getreu ihrer Benediktinertradition fort, Schulen und Hospitäler zu unterhalten, sowie sich dem ruhigen besinnlichen Gebet zu widmen. Sie genossen den Ruf, »wie Engel zu singen«, und an den großen Festtagen waren ihre Kirchen von Bürgern überfüllt, die den Wunsch hegten, an der Schönheit ihres Kultes teilzunehmen.

In einer solchen Atmosphäre wurde die Duchessina mit großer Herzlichkeit willkommen geheißen. »Sie ist ein kleines Mädchen von acht Jahren mit einer wirklich anmutigen Lebensart«, vermerkte Schwester Giustina Niccolini in ihrer Chronik[12]. Hier war es, daß Katharina im folgenden Mai die Nachricht vom Tode von Clarissa Strozzi erhielt, die die einzige beständige und verehrte Persönlichkeit in den bisher neun turbulenten Jahren ihres Lebens gewesen war. Hier war es außerdem, daß sie von der wachsenden Gefahr für Florenz erfuhr, das jetzt von allen Seiten Feinden ausgesetzt war. Kaiserliche Streitkräfte setzten ihre Streifzüge durch Italien fort, und der französische König unternahm seinen Versprechungen zuwider nichts. »Was soll bloß aus ihr werden?« fragte ein Florentiner Patriot, der über seine Heimatstadt weinte. Als bekannt wurde, daß der Papst mit dem Kaiser einen Frieden geschlossen hatte, der Florenz ausnahm, wuchs der Zorn. Clemens, dessen Mediciblut durch die fortgesetzte Unruhe in der Stadt in Wallung geraten war, war entschlossen, sie, koste es was es wolle, zu unterwerfen. Er scheute sich nicht, zu diesem Zwecke Gewalt anzuwenden, und bald setzten sich kaiserliche Truppen, verstärkt durch päpstliche Soldaten, nach Norden in Marsch. Die Florentiner wurden aufgefordert, sich bedingungslos zu ergeben. Ihre Antwort war unvermeidlich: sie bereiteten sich für den Krieg vor.

Die Wappenschilder der Medici waren bereits niedergerissen und zerbrochen. Jetzt wurden die Statuen der beiden Medici-Päpste, Leo und Clemens, verstümmelt. Die Sonderabordnung, die nach Frankreich entsandt wurde, um Hilfe für Florenz zu erbitten in »dieser seiner schwersten Gefahr«, erreichte nichts[13].

Die einzige Truppenbewegung erfolgte aus dem Arnotal, von wo die kaiserliche Armee auf ihr Ziel vorstieß. Aber die Bevölkerung, durch deren Ländereien sie zogen, war durch eine Art von Gefühl, verraten zu sein, entschlossen, den Sieg möglichst teuer zu machen. Sie legte Feuer an ihre Scheunen und Felder und schlachtete ihre Viehbestände ab. Sie zog ihre Selbstzerstörung vor, wenn auf diese Weise der Feind auch nur einen einzigen Augenblick aufgehalten werden konnte. Aber nichts brachte diese brutalen Soldaten zum Stehen, von denen sich viele bereits in Rom gütlich getan hatten und sein Gold um den Hals gehängt mitschleppten. Sie marschierten durch die brennenden Felder und nahmen wilde Rache an jedem, den sie lebend antrafen. Am 24. Oktober bezogen sie Lager rings um Florenz. Fünf Tage später machten die Geschütze Ernst, und die Befestigungen, die Michelangelo errichtet hatte, begannen zu erzittern. Den Winter hindurch bis in den folgenden Sommer hinein hielt die Belagerung an, aber nichts – weder Hunger, Seuchen noch blutiger Tod – konnte die Bevölkerung zur Übergabe zwingen.

Nur von den grauen Mauern des Klosters vor den unbeschreiblichen Schrecken einer Stadt im Belagerungszustand geschützt, feierte Katharina ihren elften Geburtstag. Drei Monate später wurde die Duchessina plötzlich zum Gegenstand erneuter Bedeutung. Während der Monate der Belagerung fand eine Erhebung zugunsten der Medici statt, und die Rebellen sahen jetzt in der jungen Medici in ihrer Mitte eine Quelle gefährlichen Einflusses. Sie fürchteten, daß ihre Anwesenheit im Kloster die Nonnen zugunsten der Medici aufstacheln könnte, und daß die Ordensfrauen ihrerseits wiederum andere anstecken könnten. In einer Zeit, in der Florenz zu einer Belagerung bis zum Tode bereit war, konnten sie sich keine falschen Sympathisanten leisten.

Silvestro Aldobrandini, Sekretär der Signoria, der regierenden Körperschaft von Florenz, wurde abgeordnet, Katharina zurück in die republikanische Atmosphäre von Santa Lucia zu bringen. Aber die sonst so fügsame Duchessina weigerte sich, mitzukommen. In ein geistliches Gewand gehüllt, mit geschorenem Haar, um zu zeigen, daß sie das Gelübde der Jungfräulichkeit abgelegt habe, kündigte sie ihre Absicht an, im Kloster zu bleiben und Nonne zu werden. Als der Sekretär auf seinem Vorhaben bestand, weinte sie. Aldobrandini, der Anwendung von Gewalt in einer so delikaten Situation abgeneigt, kehrte zur Signoria zurück. Am 20. Juli erschien er indessen abermals im Kloster. Diesmal war er unerbittlich, denn er wußte, daß von allen Möglichkeiten, auf das Los der Duchessina einzuwirken, eine Rückkehr nach Santa Lucia noch die harmloseste war. Die Radikalen, die jetzt an der Macht waren, hatten bereits angeregt, Katharina statt in ein Kloster in ein Bordell zu stecken oder sie den Vergnügungen der Soldateska zu überlassen. Inwieweit sich Katharina unmittelbar im klaren war, welche Gefahren über ihr schwebten, ist unmöglich auszumachen. Doch diesmal, unter Tränen, aber gehorsam, folgte sie Aldobrandini auf den Hof, wo ein kleines Maultier auf sie wartete, und ritt mit ihm zum Kloster in der Via San Gallo.

Es muß ein schreckliches Stück Wegs gewesen sein, denn nicht länger von Klostermauern umhegt, sah Katharina jetzt, was der Krieg aus Florenz gemacht hatte. Die lieblichste Stadt in der Welt war zur groteskesten geworden. Die Stadt der Dome, der Kirchen mit ihren von Säulen getragenen Loggien, des berühmten, hoch emporstrebenden Campanile, war zum Platz schartiger Wunden geworden. Hunger, Auszehrung und Blässe waren in Winkel gekrochen, wohin kein Geschütz seinen Weg gefunden hätte, und Seuchen waren unmittelbar darauf gefolgt. Die Körper der in der Schlacht Gefallenen wurden in Massengräbern verscharrt, aber in den engen Straßen der Stadt lagen die Leichen durcheinander unter Torbogen hingestreckt, nur mit der vom Hunger ausgetrockneten Haut bedeckt. Es war oft schwierig, die Lebenden von den Toten zu scheiden, und in der Tat, es gab nur wenig Unterschied zwischen beiden, wenn nicht den, daß die einen aufgehört hatten, zu leiden.

Es war keine weite Reise, um von Murate entlang der Via Ghibellina und in nördlicher Richtung zur Via San Gallo zu gelangen, doch Katharina kam es wie ein ganzes Leben lang vor. Die heiße Julisonne hatte die Straßen jeder Farbe beraubt, und was Katharina alles sah, prägte sich ihrem Gedächtnis so klar ein, daß es ihr bis an ihr Ende haften blieb. Sie sah den Krieg nackt, schmucklos, ohne Ideale. Krieg, so fand sie, war nicht die Tapisserie, waren nicht die Fresken, die den Palast der Medici zierten; Krieg war eine Ätzung, die sich tief in die weiten Stätten ihrer Existenz hineinfraß, wohin bisher nichts anderes Einlaß gefunden hatte. Jener gespenstische Ritt zur Via San Gallo rief in ihr einen lebenslangen Abscheu vor dem Krieg hervor und schuf zugleich ihre beständige Entschlossenheit zum Frieden um jeden Preis. Dies war es, was sie später zwingen würde, von einem Ende Frankreichs zum anderen zu fahren, endlose Stunden am Verhandlungstisch zu verbringen, die Verachtung derjenigen in Kauf zu nehmen, für die der Krieg noch einen romantischen Klang besaß. Diese hartnäckige Entschlossenheit, »wir müssen Frieden haben«, muß während dieser heißen Sommerstunden entstanden sein, als nichts sie von jenem Brechreiz erzeugenden, süßlichen Geruch des Todes befreien oder die abscheulichen Bilder, die ihre Phantasie bedrängten, wegwischen konnte.

Schwerlich konnte sie in Santa Lucia willkommen sein. Hier wurde ihr noch geringere Ehre zuteil als einem Kriegsgefangenen. Es war ihre erste Erfahrung, in einer Atmosphäre unverhohlener Feindseligkeit und Verdächtigung zu leben, und dies muß sich ihr ebenso wie der Ritt durch die leichenübersäten Straßen von Florenz für ihr ganzes Leben lang eingeprägt haben. Hier bestrickte ihr anmutiges Wesen niemand. Sie war eine Medici, und das reichte aus, sie zu verdammen. Glücklicherweise war ihres Bleibens hier nicht lange, denn der zähe Wille der Stadt, zu überleben, war endlich gebrochen, und Florenz kapitulierte am 12. August 1530. Wochen darauf war Katharina auf dem Weg nach Rom und in die Sicherheit des päpstlichen Hofs.

Clemens VII. trat aus seiner üblichen steifen Reserve heraus, um seine Nichte, wie es ein Beobachter beschrieb, mit »wahrhaft väterlichem Willkommen« zu begrüßen, wobei sich, wie es weiter heißt, seine Augen mit Tränen der Erleichterung und der Freude füllten, weil er diese junge Nichte so ruhig in ihrer Art und so klug redend vor sich sah. Aber eine päpstliche Umarmung war schwerlich ausreichend, um die Monate des Schreckens wegzuwischen, und derselbe Beobachter vermerkte bezeichnenderweise: »Doch sie kann die furchtbare Art und Weise, mit der sie behandelt worden ist, nicht vergessen.«[14]

Mit der Ankunft in Rom begann eine neue Phase in Katharinas Leben. Sie näherte sich dem heiratsfähigen Alter, und jene Freier, von denen einige bereits seit ihrer Geburt im Hintergrund Wartestellung bezogen hatten, begannen einen Schritt nach vorn zu tun. Es bestand kein Mangel an Wahlmöglichkeit; es war ganz einfach eine Frage, wo sie wohl für ihren Onkel am wertvollsten sein würde. Jakob V. von Schottland war der Favorit ihres Onkels mütterlicherseits, des Herzogs von Albany. England schlug den Herzog von Richmond vor, den außerehelichen Sohn Heinrichs VIII. In Italien gab es Guidobaldo della Rovere; eine Ehe mit ihm hätte zwei bedeutende italienische Häuser miteinander verbunden. Ferner gab es Federigo Gonzaga, Herzog von Mantua, dessen an Skandalen reiches Leben ihn, wie es hieß, unakzeptabel machte, oder Francisco Sforza, Herzog von Mailand, der für etwas zu alt angesehen wurde und zu arm, um eine vorteilhafte Heirat zu gewährleisten. In Frankreich gab es den Herzog von Vaudémont, Bruder des Herzogs von Lothringen, und schließlich Heinrich, Herzog von Orléans, den zweiten Sohn des französischen Königs. Es war ein weites und ungleichmäßiges Feld der Auswahl[15].

Katharina nahm natürlich an den Verhandlungen nicht teil. Sie setzte ihre Ausbildung fort und vervollkommnete ihr Talent, gehorsam und anmutig zu sein sowie zu gefallen. Sie verliebte sich, wie es schien, in ihren Vetter Ippolito. Ihre kindliche Anhänglichkeit war zur romantischen Zuneigung zu diesem stattlichen jungen Mann herangereift, der zehn Jahre älter als sie war, und dessen von Tizian gemaltes Porträt im Palazzo Pitti hängt. Darauf ist er in voller Uniform zu sehen, der maulbeerfarbene Samt verleiht seiner Haut eine dunkle Tönung und seinen Augen etwas schattenhaft Geheimnisvolles. Es ist unschwer zu glauben, wenn man sich in das Porträt vertieft, daß er dem Kirchenstaat »nur allzu wenig geneigt« war, für den er bestimmt war. Der Kardinalshut war ihm schon verliehen worden, aber, so berichtete der venezianische Gesandte, »man flüstert, daß der Kardinal beabsichtige, seinen Hut auf die Seite zu legen, um Katharina zu heiraten«. Er vermerkte außerdem, was noch bezeichnender war, daß Katharina sich keinem anderen als Ippolito anvertraue und ihre persönlichen Angelegenheiten allein mit ihm bespreche. »Sie liebt ihn zärtlich«, so schloß er[16]. Mit seinen Feststellungen blieb er nicht allein. Es schien die allgemeine Ansicht gewesen zu sein, daß Katharina ihren Vetter liebte. Doch daß einer von beiden je ernstlich an eine Vermählung dachte, erscheint zweifelhaft. Katharina war schließlich nicht aus dem Stoff, woraus Julias gemacht sind, und Ippolito vermittelte den Eindruck, daß ihn eher romantische als echte Liebe bewegte.

Jedenfalls gingen Heiratsverhandlungen unter den geübten Händen französischer und päpstlicher Diplomaten nach einer ganz anderen Richtung hin. Im Jahre 1533 befanden sich Verhandlungen über eine Vermählung zwischen Katharina und Heinrich von Orléans, dem zweiten Sohn von Franz I., im letzten Stadium. Diese Verbindung sollte, wie es von Franz und Clemens gesehen wurde, ganz Europa beeinflussen: sie sollte dem Kaiser die Klauen beschneiden, indem sich zwei bedeutende Mächte gegen ihn vereinigten, und auf diese Weise das Papsttum vor kaiserlichen Eingriffen sichern. Sie sollte Frankreich die Anwartschaft auf gewisse italienische Ländereien verschaffen, die es bereits seit mehr als einem Jahrhundert begehrte. Endlich sollte sie, so hoffte Franz, den Papst zu einer günstigen Einstellung gegenüber Heinrichs VIII. Scheidung verleiten.

Im Mai 1533 erhielt Katharina in Florenz, wo sie seit dem Frühjahr lebte, Nachricht von den endgültigen Abmachungen. Zwei Monate später verlautete eine offizielle Bekanntmachung, daß sich Clemens nach Frankreich einschiffen würde, um diplomatische Verhandlungen mit Franz I. zu führen und seine Nichte zu dem für sie bestimmten Gemahl zu geleiten. Obgleich es dem englischen Gesandten zufolge der französische König war, der »Feuer und Flamme« für diese Heirat war, so setzte dieser doch die typische Miene der Herablassung auf, die es offenkundig machte, daß die Heirat in seinen Augen einzig und allein eine Ehre für Katharina sei. Obwohl Pisa, Livorno, Reggio, Modena und Parma der Braut vermacht worden waren, obgleich ihre Aussteuer von der berühmten Florentiner Kunstfertigkeit zeugte und der Papst ihr ein Vermögen an Diamanten und Perlen übereignet hatte, so hatte in französischen Augen nichts von alledem den gleichen Wert wie das Privileg, in die französische Königsfamilie einzuheiraten[17].

Für die Franzosen war die Duchessina selbst sogar noch weniger eindrucksvoll als ihre Mitgift. Vasari, der den Auftrag erhalten hatte, ihr Porträt zu malen, während sie sich in Florenz aufhielt, und der im lyrischen Stil von ihr geschwärmt hatte, vermerkte in einem Brief an einen Freund, daß Katharina über eine Eigenschaft verfüge, die kein Pinsel jemals einzufangen vermöge, und die doch die bedeutendste von allen ihren Eigenschaften sei[18]. Dies ist eine vage Anspielung, zum Teil vielleicht Vasaris goldener Rhetorik entsprossen, aber wie die Zeit enthüllen sollte, zeigte sich die junge Braut, die unter dem Lilienbanner Frankreichs nach

Marseille segelte, tatsächlich im Besitz einer Eigenschaft, die sie zu einer der außerordentlichsten Frauen Europas machen sollte. Diese Eigenschaft, durch die Jugend noch verhüllt, war noch nicht klar zum Ausdruck gekommen. Sie sollte gegenwärtig ungenutzt und noch für weitere fünfundzwanzig Jahre fruchtlos bleiben. Es war eine staatsmännische Eigenschaft, die, wenn auch nicht immer erfolgreich, Frankreich am Leben erhalten sollte, bis die geschickten Hände Heinrichs IV. es in dauerhaftem Frieden einigen konnten. Dieser gar nicht abzuschätzende Teil ihrer Mitgift war auch Katharina selbst noch gar nicht zum Bewußtsein gelangt. Sie kannte nur jene Lektionen, die ihr das Leben erteilt hatte, und ihre Lehrer hatten ihr beigebracht: fügsam zu sein, gehorsam zu sein, charmant zu sein; dankbar für die Privilegien, die ihr gewährt wurden; vor allem aber dem Leben mit jener realistischen Einstellung zu begegnen, daß sie immer irgend jemandes Faustpfand sein würde. Vielleicht hatte ihr die Erfahrung bereits den schwachen Schimmer einer anderen wichtigeren Realität vermittelt: nämlich daß im Hintergrund stehen keineswegs bedeutet, machtlos zu sein.

Am 1. September verließ Katharina Florenz noch in der Obhut jener zuverlässigen Wächter Filippo Strozzi und ihrer entfernten Cousine Maria Salviati. In Poggio kam ihr ihr Halbbruder Alessandro entgegen, in dessen Gesellschaft sie nordwärts bis Pistoia reiste, wo sich Guillaume du Bellay, der Abgesandte des französischen Königs, in ihr Gefolge einreihte[19]. Sechs Tage später kam sie in dem sauber aufgeräumten Hafen von Spezia an, wo siebenundzwanzig französische Schiffe sie erwarteten. Florenz hätte nichts Prächtigeres anbieten können. Ihre eigene königliche Galeere war mit karmesinrotem Damast geschmückt. Baldachine aus purpurrotem Samt waren errichtet worden, um die Braut vor Sonne und Regen zu schützen. Allenthalben waren die leuchtenden goldenen Lilien Frankreichs eingestickt. Es war die Zeit des Sonnenscheins im nördlichen Italien, und der Himmel war von jenem tiefen, kühlen Blau, das im Gedächtnis der Reisenden haften bleibt, wenn ihre Erinnerungen an Italiens von Menschenhand geschaffene Herrlichkeiten bereits trübe geworden sind. Die frühe Herbstbrise war frisch und frei, und die Bucht von Spezia glitzerte mit ihren Leuchtfeuern, von Welle zu Welle immer wieder verdeckt und wieder freigegeben. Hier schiffte sich die Duchessa ein und fuhr westwärts die Küste entlang, bevor sie nach Villafranca kreuzte, wo sie die Ankunft ihres Onkels abwarten sollte.

Einen Monat später setzte die ganze Flotte Segel. Am 12. Oktober kamen die französischen und päpstlichen Galeeren in Sicht des Hafens von Marseille. Ihre Bewillkommnung geschah spontan und war voll Heiterkeit. Alle Kirchenglocken begannen zu läuten, und die riesigen Kanonen, die die Stadt bewachten, schossen ihre Salven ab. Boote, angefüllt mit Edelleuten und Musikanten, liefen aus den Docks aus, um die Flotte zu umkreisen. Anne de Montmorency, Marschall von Frankreich, unter dessen Leitung der Empfang stattfand, hieß die Gäste in seinem eigenen Palast wärmstens willkommen. Am folgenden Tag hielt der Pontifex seinen feierlichen Einzug. Angetan mit seinen weißen päpstlichen Gewändern, wurde Clemens hoch erhaben über der Menge in seiner zeremoniellen *sedia gestatoria* getragen. Unter Vorantritt eines weißen Zelters, der das Corpus Domini trug, zog der Papst durch die lärmende, überfüllte Stadt, gefolgt von der Schar aller Kardinäle und Bischöfe in ihrem Scharlach und Purpur. Unter ihnen befand sich in voller kirchlicher Gewandung Ippolito von Medici, der jüngst von einer päpstlichen Mission aus Ungarn zurückgekehrt war.

Am 23. Oktober hielt Katharina ihren Einzug in die Stadt, und drei Tage später wurde der Ehekontrakt offiziell unterzeichnet. Am 28. Oktober vollzog der Papst selbst die Trauungszeremonie, indem er den Brautleuten die Eheringe übergab und sie mit der vollen Majestät seiner päpstlichen Benediktion segnete. Die Braut war mit unvergleichlicher Pracht gekleidet. Ihre Brokatrobe war mit Hermelin besetzt, das Mieder von violettem Samt und nach Florentiner Stil geschnitten. Ihr dunkles, üppiges Haar war von Juwelen durchwoben, und auf ihrem Haupt saß die herzogliche Krone. Das schiere Gewicht allein ließ die Duchessina straucheln, aber die Franzosen wurden davon nicht beeindruckt, da sie nach wie vor die Empfindung hegten, daß Frankreich wenig zu gewinnen hätte durch die Vermählung königlichen Blutes mit einer Kaufmannstochter. Sie konnte gar nicht so reich sein, wie sie angeblich sein sollte, und ganz gewiß war sie nicht schön. Falls überhaupt, dann hatten die Porträts, die ihr vorangegangen waren, sie idealisiert. Wenn später Franz angeblich gesagt haben soll – trotz der Mitgift, um die er so heftig gefeilscht hatte –, sie sei »völlig nackt« zu ihm gekommen, so bestätigte er nur die Einstellung seines Volkes.

Einen Monat später reiste Clemens, befriedigt über die mit dem französischen König ausgetauschten Versprechungen (obgleich Clemens sie niemals zu halten gedachte) und zufrieden mit der Vollziehung der Ehe (was also die Tür zur Möglichkeit ihrer Annullierung zuschlug), wieder nach Italien ab. Filippo Strozzi war mit einem Teil seiner Begleiter in Frankreich zurückgelassen worden, um die Angelegenheiten der Duchessina in seine Obhut zu nehmen. Ippolito kehrte mit seinem Onkel nach Rom zurück sowie mit dem ihm von Franz geschenkten Berberlöwen, mit dem er später porträtiert worden ist. Katharina sollte weder ihn noch ihren Onkel jemals wiedersehen. Zwei Jahre später waren Clemens und Ippolito tot.

Mit ihrer Abreise waren die Festlichkeiten vorbei, und Katharina war – zwangsläufig – ihren Entdeckungen der Rolle überlassen worden, die sie an diesem großen und komplizierten Hof zu spielen hatte. Es war klar, wo das Zentrum der Macht lag: Franz war ein König, der herrschte. Von Anfang an nach seiner Geburt mit »Mein König, mein Herr, mein Caesar« von seiner ehrgeizigen und dominierenden Mutter angesprochen, war er von klein auf für seine königliche Rolle abgerichtet worden[20]. Obgleich die Bilder, die von ihm auf uns überkommen sind, keinen stattlichen Mann darstellen, so zeigen sie uns einen Mann von beachtlicher Dynamik, einen Mann von munterem Charme, der wußte, wie man sowohl zu gewinnen als auch zu herrschen hatte. Er war hochgewachsen, hatte breite Schultern und einen mächtigen Brustkasten. Kein Zweifel, seine Gedanken bewegten sich im Rahmen von Castigliones »Höfling«: Krieger, Staatsmann, Schirmherr der Künste. Einige Jahre später sollte der Venezianer Matteo Dandolo von ihm schreiben, daß er als großer Jäger sowohl von Wild als auch von Frauen gelte, als hochherziger König, dessen Geschenke – besonders an die Damen des Hofes – keine Grenzen kannten. Dandolo pries seine Impulsivität, die fröhliche Ausdrucksweise, die Herzlichkeit seiner Manieren. »Ich habe niemals sagen hören, daß er jemand mißfallen hätte«, so schloß er. Dandolo war übertrieben freundlich, denn Franz mißfiel vielen. Als er älter geworden war, gab es weniger Duldsamkeit gegenüber der Ruhelosigkeit, mit der der Hof von einer königlichen Residenz zur anderen wechselte, gegenüber seiner Jagdleidenschaft, die zuweilen auf Kosten der Staatsgeschäfte ging, und besonders gegenüber seinen wahllosen Liebesaffären. Brantôme, im allgemeinen nachsichtig gegenüber Mitgliedern der Familie Valois, schrieb später: »König Franz liebte zu unbeherrscht und zuviel; da er jung und frei war, hatte er es zuerst mit der einen, dann mit der anderen zu tun, denn zu jener Zeit wurde ein Mann nicht als besonders galant angesehen, wenn er nicht wahllos überall herumhurte.«[21] Im Jahre 1533 jedoch schienen sich die Jugendexzesse des Königs zugunsten einer beständigen Leidenschaft für eine Frau, Anne d'Heilly, Herzogin von Etampes, beruhigt zu haben. Königin Eleanor, die er aufgrund eines Teils der politischen Abmachungen mit Karl V. im Anschluß an die französische Niederlage bei Pavia geheiratet hatte, beanspruchte niemals seine Zuneigung. Wenn sie, wie einige Beobachter behaupteten, wie eine »andalusische Madonna, steif und feierlich in ihren schweren Roben«, dreinschaute, so ist leicht einzusehen, warum sie niemals das Interesse ihres Gatten gewann. Sie ihrerseits jedoch mußte Haltung bewahren angesichts der öffentlichen Demütigungen, denen sie ihr Gatte unterwarf. Ein englischer Agent, der an Heinrich VIII. schrieb, bemerkte, daß an dem Tag, an dem Königin Eleanor ihren feierlichen Einzug in Paris hielt, Franz zu dem Hause fuhr, wo seine Mätresse lebte, und »sie vor sich an ein offenes Fenster setzte, um zwei Stunden lang im Angesicht des ganzen Volkes mit ihr zu sprechen«[22].

Franz hatte trotz seiner Neigung zu sexueller Beherrschung der Frauen eine bemerkenswert liberale Auffassung von ihrer Stellung an seinem Hof. Niemals war er nur durch Schönheit oder sexuelles Echo allein zufriedenzustellen. Die erfahrene Frau gefiel ihm vor allem. Weit entfernt davon, sich durch die intellektuelle Konversation der Frauen am Hofe bedroht zu sehen, fühlte er sich vielmehr dadurch geschmeichelt. Von einem weniger liberalen Zeitgenossen hieß es, er habe den König verdammt, weil dieser einen »Weiberhof« habe, der die Politik zum Schaden des Landes beeinflusse. Das ist zweifellos eine Übertreibung, denn Franz entwarf seinen eigenen politischen Kurs, doch gewährt all dies einen interessanten Einblick in den Stil des Hofes, an dem Katharina nunmehr ihren Platz zu finden hatte[23].

Katharina befand sich glücklicherweise nicht ohne Altersgenossinnen am Hofe, denn Madeleine und Marguerite, die beiden Töchter des Königs aus seiner ersten Ehe mit Claude gehörten ebenfalls dazu, und mit Claude begründete Katharina eine dauerhafte Freundschaft. Den bedeutendsten Einfluß aber übte des Königs jüngere Schwester aus, Marguerite von Angoulême, Frau des Königs von Navarra. Marguerite, oft die Perle der Prinzessinnen genannt, war eine außergewöhnliche Frau mit ihrem Freimut und ihrer Anhänglichkeit an ihren Bruder. Marguerite war es, die das Interesse ihres Bruders an der Kunst bestärkte und ermutigte. Sie veranlaßte auch die ersten jener religiösen Reformer dazu, über ihre theologischen Anschauungen vor der kleinen Akademie des Hofes zu sprechen, sie führte Männer wie Clément Marot ein, dessen französische Übersetzung der Psalmen während der späteren Religionskriege so zündend werden sollte. Obgleich ihre Ehe die Besuche am Hofe ihres Bruders einschränkte, so fand sie dennoch Zeit, die Studien der jungen Edelfräulein zu lenken, deren Erziehung noch unvollkommen war. Unter ihrer Anleitung studierte Katharina Mathematik und Poetik, verbesserte ihr Latein und begann mit einer energischen Einführung in das Griechische. Einige Jahre später schrieb Pierre de Ronsard, der eben am Anfang seiner literarischen Karriere stand, über Katharinas Leistungen:

Welche Prinzessin hat sich so gut angeeignet
Die Kunstfertigkeit in der Mathematik;
Welche Prinzessin versteht so gut
Die weite Welt der Malerei,
Die Wege der Natur
Und die Musik des Himmels?[24]

Man kann sich Katharina schwer vorstellen, wie sie von dem ihr angeborenen Pragmatismus zu einem rein akademischen Leben kommen konnte, doch war sie unter den Edelfräulein die größte Leuchte. Ihre Intelligenz war augenfällig, obwohl diese Intelligenz noch nicht ihren natürlichen Lauf gefunden hatte. Sie war zur Disziplin erzogen – aber vor allem hatte sie in hohem Maße ihre festen Grundsätze. Wenn ihr Schwiegervater schon Gefallen an den schulischen Leistungen der jungen Hofdamen fand, so wollte auch sie in schulischen Leistungen glänzen. Es war das alte Ziel, zu gefallen, wenn sie es sich jetzt auch zu einem anderen Zweck stellte. Man ist zuweilen geneigt, zu vergessen, daß die bescheidene Katharina des französischen Hofes in einer Atmosphäre sowohl der humanistischen Bildung als auch des kulturellen Reichtums aufgewachsen war, die ihr Adoptivvaterland emsig nachahmte. Wenn Ronsard in seinen Versen jene »weite Welt der Malerei« erwähnte, so hatte er damit die alltägliche Sphäre von Katharinas früheren Jahren angesprochen. Sie war in einem Italien aufgewachsen, das für das Geniale nicht nur aufgeschlossen war, sondern es auch erlebte und schätzte. Sie hatte in der Stadt von Giottos Campanile, von Brunelleschis außergewöhnlichem Dom, von Ghibertis berühmten Bronzetoren des Baptisteriums gelebt. Zu ihren Lebzeiten hatten Andrea del Sarto, Michelangelo, Raphael, Leonardo da Vinci alle miteinander ihren Beitrag geleistet. In Rom hatte sie in der Kapelle gekniet, wo Michelangelo jüngst seine Schöpfungsgeschichte gemalt hatte, und war durch jene Viertel gewandelt, die den Laokoon und den Apollo von Belvedere beherbergten. Sie hatte das große Medici-Grabmal zu Florenz gesehen, das ihren Onkel Giulio und ihren Vater in idealisierter Gestalt darstellen sollte. Sie hatte in engem Kontakt gelebt mit den Werken eines Masaccio, Botticelli, Ghirlandaio. Was Frankreich noch als etwas Erstrebenswertes ersehnte, hatte Katharina schon als Teil ihres italienischen Erbes erlebt. Ihr Porträt war bereits von Vasari gemalt worden, und

Niccolò Machiavelli hatte seinen *Il Principe,* nachdem er ihn beendet hatte, ihrem Vater in der schmeichelhaften, aber vergeblichen Hoffnung gewidmet, daß er der Retter von Florenz werden würde. Diese Kultiviertheit des Geschmacks gefiel Franz zweifellos, der schon ein Vermögen ausgegeben hatte, um italienische Künstler wie Andrea del Sarto, Leonardo da Vinci, Il Rosso Fiorentino und Primaticcio nach Frankreich zu locken.

In Katharinas drittem Jahr am Hof vollzog sich ein Ereignis, das den Lauf ihres Lebens veränderte. Franz von Angoulême, der älteste Sohn des Königs, starb plötzlich auf dem Wege zur Begegnung mit seinem Vater in Valence. Die Umstände waren so überstürzter Natur und von so schwerer Konsequenz, daß unverzüglich an Vergiftung gedacht wurde. Sein Mundschenk, ein Italiener, Sebastiano von Montecucoli, der mit dem Kaiser in Verbindung gestanden hatte, wurde angeklagt, und allen mageren Beweisen zuwider hingerichtet. Des Königs Kummer war unermeßlich. »Keiner von Euch hat den Mut, mir zu berichten, daß mein Sohn tot ist«, herrschte er den zögernden Boten an[25]. Es war mehr als Trauer um den Erstgeborenen; es war der Kummer darüber, daß infolge dieses ungerechten Schicksalsschlages der Thron von Frankreich auf des Königs am wenigsten geliebten Sohn übergehen würde, auf Heinrich von Orléans. Trotz seiner angeblichen Toleranz für auseinandergehende Meinungen besaß Franz nur wenig Toleranz gegenüber Menschen. Von ihnen erwartete er Konformität mit seinen eigenen Vorstellungen. Heinrich von Orléans fügte sich unglücklicherweise in diesen Rahmen nicht ein. Obgleich er des Vaters Figur und Liebe zu Kriegstaten geerbt hatte, wobei Franz über die Härte und die Geschmeidigkeit von Stahl verfügte, war Heinrich schwerfällig und unnachgiebig. Seinem Geist fehlte sowohl die Behendigkeit als auch die Tiefe, wie sie der seines Vaters aufwies. Ideen interessierten ihn nicht, es sei denn, sie konnten gleich in die Tat umgesetzt werden. Er war nicht dumm. Der berühmte Humanist Benedetto Tagliacarne hatte ihn gut erzogen. Er hatte ein ausgezeichnetes Gedächtnis und war bald im Lateinischen, Italienischen und Spanischen bewandert. Später war er von seiner Geliebten angeregt worden, sich in der Liebe zur Dichtkunst zu versuchen, die, wenn auch nur in höchst konventioneller Form, auf ein für Musik und bildliche Ausdrucksweise geschultes Ohr schließen läßt. Ihm fehlte des Vaters Frohsinn, dessen gefällige Art, sich zu geben, dessen Ungezwungenheit. Sein eigenes mehr beständiges und methodisches Naturell mochte ihn in mancher Hinsicht zum besseren

Herrscher machen, aber es würde ihm wohl niemals jene Anhänglichkeit einbringen, die sein Vater auf dem Gipfel seiner Popularität zu gewinnen vermochte.

Niemals bestand irgendwelche Liebe zwischen Vater und Sohn. Franz suchte nie zu verbergen, wen er bevorzugte, und Heinrich gehörte nicht dazu. Heinrich wiederum vergaß seinem Vater niemals, daß dieser, um seine eigene Freiheit nach der Gefangennahme bei Pavia wiederzuerlangen, der Entsendung seiner beiden jungen Söhne nach Spanien als Geiseln zustimmte. Jene dunklen, schrecklichen Monate seiner Kindheit, als er unter der Einsamkeit und Härte eines spanischen Gefängnisses litt, waren sehr schwer zu vergeben. Er war erst sieben Jahre alt, als er in das finstere Gefängnis von Madrid eingesperrt wurde. Als er drei Jahre später wieder herauskam, war aus dem hübschen kleinen französischen Buben mit den rosigen Wangen ein schmächtiger Junge geworden, blaß, verschlossen, halb scheu, halb mürrisch, der von seiner Verdrießlichkeit nicht einmal durch die Rückgabe der Freiheit abgebracht werden konnte. Sein älterer Bruder, der seine Gefangenschaft geteilt hatte und beredt in der Wiedergabe von Mißhandlungen und des sich daraus ergebenden Hasses alles Spanischen war, hatte spontan seiner Rückkehr nach Frankreich zugestimmt. Für Heinrich war der Weg nach Hause wesentlich langsamer. Wenn es auch keinerlei Aufzeichnungen über ihn aus jener Zeit gibt, so vermerkte Dandolo einige Jahre später: »Er ist ziemlich groß . . . weder dick noch dünn, aber so gut gebaut, daß er ein einziges Muskelpaket zu sein scheint . . . Indessen, seine Natur ist ziemlich finster und schweigsam. Sehr selten nur lacht er oder trifft er Anstalten zum Lachen, so daß die meisten bei Hofe sagen, sie hätten ihn nicht ein einziges Mal lachen sehen.«[26]

Mit der Erhöhung Heinrichs zum Dauphin änderte sich Katharinas Platz am Hofe fühlbar. Als Frau des zweiten Sohnes war ihre Rolle vergleichsweise bedeutungslos. Als Gattin des Dauphins dagegen würde sie eines Tages Königin werden, und die Verantwortung, Kinder für Frankreichs Thron zu gebären, senkte sich auf sie mit vollem Gewicht. Und damit überkam sie das Schreckbild der Unfruchtbarkeit, denn in den drei Jahren ihrer Ehe war Katharina immer noch nicht schwanger geworden. Zuerst machte man sich darüber keine Sorgen. Ihr Alter mochte wohl an diesen Schwierigkeiten schuld sein. »Zeit«, so murmelten die Hofärzte, die zu Rate gezogen wurden. Aber auch die Zeit gebar keine Wunder, und diejenigen, welche sich stets dieser italienischen Verbindung widersetzt hatten, sprachen jetzt insgeheim davon, daß man diese Ehe für ungültig erklären sowie diese nutzlose und unwürdige Kleinbürgerin zurück nach Florenz schicken müsse. Als der Dauphin die Vaterschaft eines Kindes anerkannte, das eine junge Italienerin zur Welt gebracht hatte, wurde es – unter Vorwürfen – klar, auf wem der Fluch der Unfruchtbarkeit ruhte. In den nächsten wenigen Jahren kurierten weder die demütigenden Untersuchungen der Ärzte mit ihren qualvollen Heilmitteln noch die sonderbaren Zaubersprüche und Tränklein, die die Volksmedizin parat hielt, Katharina von ihrer Unfruchtbarkeit. Entsprechend schrieb Dandolo im Jahre 1542 an die Signoria von Venedig: »Die allerhöchste Kronprinzessin scheint in allen Dingen wohlauf zu sein, ausgenommen jene Eigenschaften, die die Fähigkeit zur Geburt von Kindern betreffen, denn bisher hat sie es noch gar nicht so weit gebracht, vielmehr zweifle ich, daß es jemals so weit kommen wird.«[27]

Dandolos Worte trugen das Zeichen des Untergangs in sich, und Katharina ließ zum ersten Mal in ihrem Leben als Erwachsene ihren passiven Gehorsam fallen und ergriff die Initiative, ihr eigenes Leben zu gestalten. Sie ging, so ist uns überliefert, zum König und bot ihm an, alles, was er zum Wohl des Königreiches entscheiden würde, zu akzeptieren. Sie würde gehen oder bleiben, ganz wie es ihm gefiele. Sollte er ihre Anwesenheit als Hindernis für das Wohl Frankreichs betrachten, so würde sie sich in ein Kloster zurückziehen oder, wenn man ihr dieses Privileg gewährte, bleiben, um der neuen Gattin ihres Gemahls zu dienen. Es hätte kaum ein demütigeres Anerbieten geben, noch hätte es feinsinniger dem Ich des Königs unterbreitet werden können. Hätte sie gekämpft, hätte sie Einwände erhoben, hätte sie gar einen brauchbaren Plan entworfen, so dürfte sie wohl den Rest ihrer Tage in Italien verbracht haben. Anstatt dessen überließ sie sich vertrauensvoll den Händen ihres weisen (und liebevollen) Schwiegervaters.

Die Ergebnisse grenzten geradezu ans Wunderbare. Er würde ihr nicht erlauben, zu gehen; er wünschte ihr weiteres Bleiben in Frankreich. Mit diesem Wunsch hatte sich der einzige, der ein Machtwort im Lande zu sprechen vermochte, zu ihren Gunsten geäußert. Selbst wenn ihr Gemahl jetzt getrachtet hätte, sie zu verstoßen, er wäre außerstande gewesen, es zu tun. Das Gerede am Hofe verstummte, und Katharina, ruhig, offensichtlich ergeben, hatte ihren ersten Schritt auf dem Weg zur Macht zurückgelegt. Kein Wunder, daß der aufmerksam beobachtende venezianische Gesandte Lorenzo Contarini in jenem Jahr schreiben konnte: »Obwohl sie nicht hübsch ist, so verfügt sie über Weisheit und außerordentliche Klugheit; ihre Fähigkeit zum Regieren unterliegt keinem Zweifel.« Es ist die erste Erwähnung von Katharinas möglicher Rolle im politischen Leben[28]. Die Furcht vor Unfruchtbarkeit war nicht der einzige Kummer, der Katharina in diesen Jahren zu schaffen machte. Ihr Gemahl, zurückgezogen, schweigsam, gleichgültig ihr gegenüber, hatte sich leidenschaftlich verliebt, was sein ganzes Leben lang währen sollte. Seine Geliebte, Diane de Poitiers, war eine Frau, die beinahe zwanzig Jahre älter war als er, eine Frau, deren Schönheit und Einfluß mehr zur Legende Anlaß gegeben hat als der Wahrheit entsprach. Die dramatische Geschichte, sie habe sich in ihrer Jugend Franz I. selbst hingegeben, um vom König Vergebung für ihren Vater zu erlangen, entbehrt jeder Grundlage. Außerdem ist sie in psychologischer Hinsicht unwahrscheinlich. Diane war nicht die Frau für Gesten der Selbstaufopferung. Verheiratet in jungen Jahren mit Louis de Brézé, dem Groß-Seneschall der Normandie, war es ihr Glück, längst verwitwet zu sein, als sie die Geliebte des Dauphin wurde. Auf den ersten Blick erscheint es wie eine aussichtslose Liaison, aber Diane war nicht nur eine Frau von großer Schönheit, sondern auch von überaus gesundem Menschenverstand. Geliebte des stillen, melancholischen Jungen zu sein, der eines Tages das Szepter Frankreichs in Händen halten würde, war eine Rolle von großer Bedeutung. Was den Dauphin anbetrifft, so muß es, was für andere Freuden die Affäre auch sonst zu bieten haben würde – und deren müssen viele gewesen sein –, für ihn auch ein Element mütterlicher Geborgenheit gewesen sein. Man nimmt an, daß Diane, abgesehen von ihrer reichen Erfahrung, dem jungen Mann tröstliche Umarmungen gewährte, Umarmungen, die weniger von jugendlicher als mehr von beharrlicher Leidenschaft beherrscht waren. Mehr als zwanzig Jahre lebte Diane de Poitiers am Hofe, wo sie dem König beistand, Königin Katharina pflegte, wenn diese krank war, und sich der Aufsicht über die königlichen Kinder widmete. Denn den ominösen Prophezeiungen des florentinischen Gesandten zuwider waren königliche Kinder da. In den Jahren zwischen 1544 und 1556 schenkte Katharina zehn Kindern das Leben, von denen sieben zur Reife gelangten.

Das erste kam in Fontainebleau am 20. Januar 1544 zur Welt und erhielt zu Ehren seines Großvaters den Namen Franz. Es hatte während der ersten Tage den Anschein, daß die Qual der Geburt zu groß für den Neugeborenen war, dessen Atmung anfangs nur schwach funktionierte. Innerhalb einer Woche jedoch schien es fröhlicher und kräftiger und am 10. Februar wurde es getauft. Marguerite von Angoulême mit ihrer üblichen treffenden Diktion schätzte die Stimmung richtig ab, wenn sie ihrem Bruder schrieb, »daß die Freude größer als bei der Geburt Deines Erstlings war, denn dieser hier war länger erwartet und weniger erhofft worden«[29]. Ironischerweise erwähnt niemand Katharina in diesem Augenblick des Triumphes. Endlich hatte sie das Wunder vollbracht, das man von ihr erwartete. Sie hatte nicht einfach ein Kind zur Welt gebracht, sondern ein männliches Kind – ein Umstand von unvergleichlicher Bedeutung in einem Land, wo das Salische Gesetz, das Frauen vom Thron ausschließt, noch galt.

Die Geburt seines Enkels war eine der letzten ungetrübten Freuden von Franz I. Die Endjahre seines Lebens waren umwölkt durch seinen zunehmenden gesundheitlichen Verfall sowie durch den Tod seines jüngsten und am meisten geliebten Sohnes im Herbst 1545. Karl war nach dem Vorbild seines Vaters geraten: stolz, kühn und von ritterlicher Anmut. An seinem Lager, so heißt es, fiel der König vor Kummer in Ohnmacht.

Obwohl ihn Enttäuschung und Krankheit plötzlich hatten altern lassen, so bewahrte Franz dennoch seine königliche Haltung. Der Venezianer Marino Cavalli schrieb über ihn im Jahre 1546: »Der König ist jetzt vierundfünfzig Jahre alt. Seine Haltung ist vollkommen königlich, so daß selbst ein Fremder, der ihn oder sein Porträt niemals gesehen hat, nicht umhin kann, bei seinem Anblick ganz einfach zu sagen: Das ist der König.«[30]

Doch das Leben war für ihn schal und leer geworden. Sein Blut verlangte nicht mehr nach Liebe oder Krieg. Er wurde immer nachdenklicher und melancholischer sowie ruheloser und unzufriedener mit dem, was der Hof ihm bot. Zeitweise zog er sich in die Einsamkeit zurück, unwillig, jemand zu sehen außer seine Schwester Marguerite. Seine Gemahlin, die niemals befriedigend auf ihn einzugehen wußte, hatte sich bereits in ihre eigene Abgeschiedenheit zurückgezogen und sah niemand anders als ihre Priester und den spanischen Gesandten. Nach einem Besuch von Plessis-les-Tours traf Franz Anstalten zu einer Rundreise durch sein Königreich, aber der Glanz solcher Reisen war vorbei. Er zog eine Weile von Schloß zu Schloß, müde, nur Vergnügen bei der Jagd findend. Marguerite hatte einstmals von ihrem angebeteten Bruder geschrieben:

Auf Erden ist er wie die Sonne am Himmel:
Stark, mutig, weise und tapfer in der Schlacht
. . . Doch in seiner Größe
Ist er freundlich, gütig, bescheiden
Er ist stark und mächtig und voller Geduld
Sowohl in der Gefangenschaft, in Traurigkeit als auch im Unglück.[31]

Diese Verse waren nicht länger wahr. Des Königs Geduld und Mut, waren wie auch sein Körper, schwach und unbeständig geworden.
Gegen Ende Januar erhielt Franz die Nachricht vom Tode Heinrichs VIII. von England. Dies muß ihn tief getroffen haben, denn der Lebenslauf beider Souveräne, die beinahe gleichaltrig waren, verlief parallel. Franz war wenigstens die Demütigung des englischen Monarchen erspart geblieben, der in seinen letzten Tagen so entsetzlich gelähmt war, daß er weder gehen noch stehen konnte und von »mechanischen Vorrichtungen« abhängig war, die seine königliche Person in Bewegung hielten. Im März 1547 begab sich Franz, entschlossen, die Fastnacht zu feiern, auf sein Schloß in Loches. Hier jedoch wurden seine Schmerzen derart unerträglich, daß er nach St. Germain weiterfuhr, um seinen Hofarzt, Ambrose Paré, zu konsultieren. Er übernachtete in Rambouillet und nahm, in einer letzten Aufwallung seiner Körperkräfte, an der Jagd teil. Als er zurückkehrte, wußte er, daß er sterben würde.
Ungleich Heinrich von England, der es, wie es hieß, als einen Akt von Hochverrat ansah, vom Tod des Königs zu sprechen, unterhielten sich diejenigen, welche Franz umgaben, offen mit ihm über die Sterblichkeit auch eines Monarchen.
Die Erzählungen über sein Ableben sind natürlich mit frommer Rhetorik verziert: Franz beichtete und bat seinen Beichtvater, ihm aus dem Evangelium die Stelle von der Reue der Maria Magdalena vorzulesen. Dann bat er vor allen um Vergebung seiner Schuld, insbesondere um Verzeihung dafür, daß er den Krieg auf zu leichte Schultern genommen habe. Er ermahnte seinen Sohn, »die Reinheit des katholischen Glaubens zu bewahren«. So lautet der traditionelle Bericht vom Tod katholischer Könige. Seine Narreteien, seine Grillen, seine Willkürentscheidungen und Angriffskriege tauchen in jenem letzten Sündenbekenntnis und letzten Griff nach dem Kruzifix unter. Indessen klangen nicht alle Urteile so freundlich, und einer von Franz' Ratgebern, der Marschall de Tavannes, der sich in seinen Kommentaren oft beißend über die Laster von Königen äußerte, bemerkte: »Frauen vielmehr als sein Alter sind schuld an seinem Tod. Er erfreute sich manchen Glückes und litt sehr unter allem Ungemach. Er förderte manche Leute grundlos und nutze sie rücksichtslos aus.«[32]
Wie launenhaft er auch gewesen sein mochte: als Franz I. am 31. März starb, weinten drei der mächtigsten Frauen Frankreichs im unbeherrschten Gefühl ihres Verlustes, und zwar seine Geliebte, Madame d'Étampes, die wußte, daß ihre Rolle ausgespielt war, ferner Marguerite von Angoulême, deren einziger Stern der Bruder lange Zeit war, und schließlich Ka-

tharina, die gewahr wurde, einen Protektor verloren zu haben und, soweit Franz Partei ergreifen konnte, einen Freund.
Genau zwei Monate nach Franz' Tod wurde sein Sarg in die königliche Gruft von St. Denis hinabgelassen, wo schon zwei seiner Söhne lagen. Die Beamten seines Hofstaates warfen dem vorschriftsmäßigen Ritual entsprechend ihre zerbrochenen Stäbe ins Grab, während der Herold rief: »König Franz ist nicht mehr. Lang lebe unser gnädiger Souverän Heinrich II., den Gott beschützen möge.«

II

Am 25. Juli 1547 wurde Heinrich II. in der Kathedrale zu Reims gekrönt. Das Königtum bekam anscheinend Heinrich. Die Wolke des Mißfallens, unter der er während seines Vaters Herrschaft leben mußte, hatte sich aufgelöst, und mit ihr manches jener negativen Merkmale, die den einen oder anderen mißtrauisch gegenüber des Dauphins Fähigkeit zum Regieren gestimmt hatte. Der Hang zur Melancholie, so berichtete Dandolo, war verschwunden. »Er ist fröhlich geworden«, vermerkte er, seine übliche Blässe sei einer gesunden Röte gewichen. Seine Kraft und Energie waren aufgeblüht. Gewiß, er war zaghaft beim Sprechen, doch umgekehrt fest in seinen Ansichten. Intellektuell von geringerer Beweglichkeit als sein Vater, war er auch weniger launenhaft. »Oft sind das die Männer, die den größten Erfolg haben«, kommentierte der Venezianer Marino Cavalli voll Hoffnung[1].
Auf seinem Sterbelager hatte Franz seinem Sohn eine Reihe von ausdrücklichen Befehlen erteilt. Es zeigte sich jedoch auf einmal, daß der neue König seine eigene Politik zu befolgen beabsichtigte. Die Herrschaft Franz' I. war vorüber.
Unmittelbar nach seinem Tod hatte sich Madame d'Étampes unter dem angeblichen Ausruf »O Erde, verschlinge mich« in ihre Sänfte verfügt und war unter dem Schutz ihres Bruders nach Limoges geflohen. Königin Eleanor, befreit von ihrer unangenehmen Rolle in Frankreich, war in die ihr mehr zusagende Umgebung von Brüssel hinübergewechselt, wobei sie ausrief: »Gott weiß, wie ich behandelt worden bin, und er kennt die Art und Weise, wie der König mit mir umgegangen ist.«[2] Franz' vertraute Ratgeber wurden entlassen, ohne eine Stelle in der neuen Regierung zu erhalten, während der in Ungnade gefallene Konnetabel Mont-

morency wieder in sein Amt eingesetzt wurde. Vor allem aber tauchte Diane de Poitiers als mächtigste Figur am Hofe empor. St. Mauris, der spanische Gesandte, schrieb verschlüsselt an seinen Herrn: »Was den König anbetrifft, so ordnet er sich mehr und mehr Silvius [Diane] unter, zu dessen Sklaven er sich macht, eine Sache, die sein Volk höchlichst bedauert.« Er hielt nicht länger Audienzen nach dem Diner ab, bemerkte St. Mauris, noch war er morgens erreichbar. »Am schlimmsten ist, daß der König sich gängeln läßt und alles tut, was Silvius und seine Herren ihm raten; das treibt die Leute zur Verzweiflung.« Es ist keineswegs des Gesandten Vorurteil, das hier zum Ausdruck kommt, denn auch andere Zeitgenossen bemerkten diesen Hang des Königs, »sich an der Leine führen zu lassen«, zu leicht den Bitten jener zu willfahren, die ihm gefielen. »Man muß zugeben«, so sollte Tavannes später schreiben, »daß dies eher die Herrschaft des Konnetabels, von Madame de Valentinois [Diane], von Monsieur de Guise statt seiner eigenen ist.«[3]

Tavannes Anklage vereinfacht indessen das Problem zu sehr. Es war eine weit verwickeltere Situation als die eines schwachen Königs, der von einer starken Koalition manövriert wird, denn unter den drei Männern, die den König dirigierten, bestand keinerlei Harmonie.

Anne de Montmorency, der sich schon in den Fünfzigern befand, hatte sein Leben im Dienste Frankreichs verbracht. Er war ein Mann von großer Tatkraft, Ausdauer und Loyalität. Unglückseligerweise gehörte besondere Intelligenz nicht zu seinen Gaben, und seine Ratschläge und Taktik hatten oft ins Unglück geführt. Franz I., verärgert über seine Stümperei, hatte ihn vom Hof entfernt. Aber für Heinrich, der mit demselben schwerfälligen Geist ausgestattet war, versinnbildlichte er Ordnung, Sicherheit und persönliche Ergebenheit. Sie waren Männer, die aus dem gleichen Holz geschnitzt waren. Zuversichtlich und behaglich in ihrem Zuschnitt, fanden sie die Grenzen ihrer Geschicklichkeit am Beratungstisch. Beide hatten Gefangenschaft für den früheren König erduldet und empfanden zweifellos etwa dieselbe Verstimmung darüber, daß ihre Pein nur so kurzlebige Dankbarkeit hervorgerufen hatte. Sie fühlten sich durch ihre beiderseitige Verbitterung zueinander hingezogen, weil der glückliche König, der soviel von ihnen gefordert hatte, ihnen gegenüber so bleiernen Herzens gewesen war. Sie waren vielleicht noch dadurch enger aneinandergerückt, daß der junge König nicht nur einen älteren Staatsmann, sondern auch einen Vater brauchte. Diesem Bedürfnis entsprach Montmorency in tiefer Ergebenheit, die sowohl besitzen als auch ausschließen wollte. Jede Beziehung zum König, die diesen von der zu ihm bestehen-

den ablenkte, empfand Montmorency als unerträglich. Es war daher unvermeidlich, daß er Diane fürchtete und die Guisen verachtete.
Die Guisen – ein jüngerer Zweig des Hauses Lothringen, das für Jahrhunderte ein unabhängiges Königreich gewesen war – wurden von vielen Franzosen noch als Außenseiter betrachtet. Es war dem überlegenen Genius von Karl, Kardinal von Lothringen, und seinem älteren Bruder Franz, Herzog von Guise, zu verdanken, daß innerhalb von zwölf Jahren das Haus Guise eine der mächtigsten Familien in Frankreich werden sollte. Von den beiden Brüdern war ohne Zweifel der Kardinal der führende. Wenn auch erst in den Zwanzigern, als Heinrich an die Macht gelangte, hatte er sich schon einen Namen gemacht. Wo der Konnetabel wahrscheinlich Lösungen durch Zupacken gesucht hätte, erstrebte sie der Kardinal durch diplomatisches Vorgehen. Geschickt, scharfsinnig, beredt, wie er war, glich er der neuen Architektur, die die dicken Mauern und Burgverliese der Feudalperiode gegen die Glätte einer raffinierteren Ära eingetauscht hatte. Als Mann der Kirche war er in Frankreich unvergleichlich. Sein Bruder Franz, wenn ihm auch nicht gleich an Eloquenz und Intelligenz, verfügte über seine eigene Kraft sowie ein militärisches Geschick, das ihm den Beinamen *le Grand* eintrug.
Dies waren die beiden entgegengesetzten Kräfte, die den König zu lenken suchten, Kräfte von unermeßlicher Stärke und Zielstrebigkeit. Zwischen ihnen stand Diane, von der ein zeitgenössischer Historiker später schreiben sollte: »Keine Frau in Frankreich in ihrer Lage hat jemals zuvor soviel Geld aufgehäuft.«[4] Innerhalb eines Jahres nach Heinrichs Thronbesteigung erwarb sie das Herzogtum Valentinois zusammen mit dem Schloß in Chenonceaux. Die Kronjuwelen gingen in ihre Hände über, und in den folgenden Jahren wurden ihr Subsidien ausgezahlt, die sich die Staatskasse kaum leisten konnte. Trotz ihres Alters (sie näherte sich den Fünfzig) war ihre Schönheit nicht beeinträchtigt. Der sanfte Glanz ihrer Haut, ihre weichen und klassischen Gesichtszüge, die hohen, festen Brüste, die erlesene Anmut ihres Halses hatten nichts von ihrer Lieblichkeit verloren. Aufs höchste selbstsicher nutzte sie die Zeit zu ihrem Vorteil und ließ sich malen, wie sie es schon in ihrer Jugend getan hatte. Als ihr Haar zu ergrauen begann, unternahm sie nichts, dies zu verbergen, sondern ließ durch ihr Silberhaar ihrer Schönheit etwas Gütiges und Gescheites hinzufügen. Alter erschreckte sie nicht. Ihre Kleidung blieb ebenso einfach und elegant wie immer, das Schwarz und Weiß ihrer Roben diente als untadelige Unterlage für die Juwelen des Königs, die sie nicht zum Zeichen der Herausforderung trug, sondern weil sie es als ihr gutes Recht empfand.

Die Feindschaft zwischen dem Konnetabel und Diane – Madame la Sénéchal, der Frau Seneschallin, wie sie genannt wurde – war nur dünn verhüllt. Er war eifersüchtig auf ihren Einfluß, und sie wußte es. Die Spannung war durch Montmorencys beständige Freundschaft mit der Königin gewachsen. Von Anfang an hatte er sich als Katharinas Anwalt erwiesen. Sogar in den Jahren seiner Verbannung hatten sie miteinander korrespondiert. Unermüdlich hatte er ihr Heilmittel gegen ihre Unfruchtbarkeit vorgeschlagen und ihre Hoffnung in jenen zehn Jahren der Erniedrigung ermutigt. Er war es, ihr vertrautester Freund in Frankreich, den Katharina von ihrer ersten Hoffnung auf Schwangerschaft informierte. »Ich möchte Ihnen so gern schreiben, um Ihnen zu berichten, daß es Hoffnung gibt, daß ich schwanger bin«, schrieb sie im Juni 1543, »denn ich weiß, daß es niemand gibt, der glücklicher als Sie sein wird.«[5]
Diane, wesentlich scharfsinniger als der Konnetabel, verriet keinerlei Eifersucht. Vielmehr benutzte sie ihren Charme dazu, das zustandezubringen, was man eine *ménage à quatre* nannte, ein Haushalt, der sich aus dem König, der Königin, dem Konnetabel und der Geliebten zusammensetzte. Es war eine bizarre Kombination, aber es war zu aller Vorteil, zu trachten, daß sie funktionierte.
Hatte sich Katharina schon zuvor durch Dianes Gegenwart erniedrigt gefühlt, so mußte ihre Demütigung, da sie nunmehr Königin geworden und den Augen der Öffentlichkeit um so viel mehr ausgesetzt war, um das Hundertfache angewachsen sein. In jenen ersten Monaten der Feierlichkeiten zu Ehren des neuen Königs erschien Dianes Emblem überall. Sie war Diana: klassisches Abbild des Mondes und der Jagd; Symbol der Fruchtbarkeit und der Keuschheit gleichermaßen. »Wenn ich Deinen Namen zu preisen wünschte, so würde ich nur sagen: Diana ist Dein Name«, schwärmte Ronsard in einer Ode zu ihren Ehren[6]. Sie war bei allen Triumphzügen des Königs dabei und behielt ihren Platz, doch beanspruchte sie Macht weit jenseits jeder, deren sich die Königin rühmen konnte.
Als Heinrich im folgenden September einen pompösen Einzug in die wohlhabende und kosmopolitische Stadt Lyon hielt, war es die Schönheit Dianes, die sich im Schein jener Tausende von Fackeln widerspiegelte, die die Stadt erleuchteten, »als ob es bei Tageslicht wäre«. Vom Einzug der Königin schrieb der spanische Gesandte geringschätzig: »Es ist in der Tat wahr, daß wenig zu sehen war, als die Königin ihren Einzug hielt, weil es Nacht wurde . . . Die Leute sagen, daß, da sie nicht gut aussieht, der König befohlen habe, ihren festlichen Einzug auf eine späte Stunde zu ver-

schieben, so daß Ihre Hoheit unbemerkt vorüberziehen würde.«[7] Das ist eine grausame Bemerkung, die noch grausamer wird, weil es keinen Grund gibt, sie anzuzweifeln.

Die klassischen Allegoriker des Tages hatten Katharina die Rolle der Juno zugeteilt – Göttin der Frauen, ergeben und mit fruchtbarem Schoß ausgestattet. Gekleidet in die volle Majestät einer Königin war sie ein ironischer Kontrast zu Diana, der Jägerin, die schlank war, schnellfüßig und immer einen Schritt über das hinaus, was Menschen erreichen können. Marino Cavallis Feststellung, daß der König »keineswegs Frauen verfallen sei, weil seine eigene ihm genügt«, war geradezu naiv. Das Gerede am Hof näherte sich der Wahrheit schon eher – und war weit bitterer –, daß es nämlich Diane sei, die den König von Zeit zu Zeit überredete, doch auch einmal das Bett seiner Gemahlin aufzusuchen[8].

Die Zeichen der Ergebenheit des Königs gegenüber seiner Mätresse, die zu Lebzeiten seines Vaters in Schach gehalten wurden, kamen zu voller Entfaltung in den Jahren, die auf Franz' Tod folgten. Er ging unverzüglich auf Dianes Wunsch nach dem königlichen Schloß in Chenonceaux ein. Die berühmtesten Gärtner der Touraine wurden angestellt, Moschusrosen, die sie so liebte, anzupflanzen, sich um die Obstbäume zu kümmern und ihre Aufmerksamkeit solchen Raritäten wie Melonen und Artischocken zu widmen. Die Weinberge wurden gehackt und sorgfältig gehegt, weil Diane eine Vorliebe für die dortigen Rotweine hatte. Eine Brücke wurde gebaut, um das Schloß mit dem linken Ufer des Cher zu verbinden, und ein italienisches Blumenbeet angelegt. Im Schloß selbst war jedwede Extravaganz von Marmor, Emailgeschirr und Gobelins zusammengetragen worden. Vor allem aber begann der König Weisungen zu geben, jene kniffligen Muster herzustellen, die die Anfangsbuchstaben H und D zu ewiger Erinnerung an ihre Liebe miteinander verbanden.

Das Schloß von Anet, im Westen von Paris, das auf Diane durch ihren ersten Ehemann gekommen war, fühlte jetzt die volle Kraft ihrer goldenen Hände. Die alten feudalen Gebäude wurden im neuen franco-italienischen Stil wiederhergerichtet. Philibert Delorme, der schon wegen seines architektonischen Genius berühmt war, bekam freie Hand zur Neuschöpfung einer Welt voller Schönheit. Als er fertig war, erhielt sein Werk den Namen »Das Paradies von Anet«. Es war ein Werk reich an Wirkung und voller Erfindungskraft, zum Teil der Tradition verhaftet, zum Teil der Neuzeit. Eine Treppe führte zu den Gärten hinab, und im Mittelpunkt des Beetes spielten zwei Springbrunnen, das unsterbliche Leben symbolisierend. Anet war ein Triumph des Geschmacks und ein Monument der Egozentrik: die Wände des Schlosses waren mit Gobelins behängt, die eigens für Diana angefertigt waren; buntes Glas stellte die mythologischen Taten der klassischen Diana dar; Emailarbeiten erinnerten an Diane und Heinrich; und der Diana-Springbrunnen mit seiner nackten Göttin feierte die üppige Anmut ihres Leibes. Es gab auch eine besondere Anzahl von Appartements, die dem gewöhnlichen Leben im Schloß entzogen waren und »einem ganz besonderen Gast« (von dem natürlich jedermann wußte) vorbehalten blieben.

Aus den Aufzeichnungen der verschiedenen Gesandten geht hervor, daß der »besondere Gast« dort soviel Zeit verbrachte, wie er nur konnte. Sir John Pickering, dem hier eine königliche Audienz bewilligt worden war, notierte ehrfürchtig, daß es »ein wunderschönes und kostbares Haus ist . . . so fürstlich, wie ich je eines gesehen habe«. Hierher brachte Heinrich zuweilen seine Minister mit, gelegentlich seine Frau, und schließlich auch einmal den jungen Dauphin, der in kindlicher Weise von dem wundervollen großen Bett schrieb, worin er geschlafen hatte[9].

Wenn Geschäfte den König von Diane fernhielten, schrieb er ihr naive Liebesbriefe, wie sie jeder Junge in der ersten Aufwallung von Liebe schreiben mag. Da ist nichts Kultiviertes oder gar Königliches in seiner Ausdrucksweise. Was für Gefühle Diane für ihren königlichen Liebhaber auch immer gehegt haben mag, seine für sie waren eindeutig. Wenn er vernahm, sie sei krank, dann war er fassungslos. »Ich bitte Dich, erzähl' mir die Wahrheit, wie es Dir geht«, flehte er. Und wenn sie antwortete, dann schrieb er sofort bescheiden, demütig: »Meine Liebe, ich danke Dir ergeben dafür, daß Du die Unruhe von mir genommen hast, indem Du mir Nachricht über Dich hast zukommen lassen , die mir mehr Freude bereitet als alles andere in der Welt; und ich bitte Dich, Dein Versprechen, das Du mir gegeben hast, zu halten, denn ich kann nicht leben ohne Dich.« Wenn er in Fontainebleau durch Staatsgeschäfte festgehalten wurde, schrieb er: »Ich glaube, Du kannst Dir vorstellen, wie wenig es mir in Fontainebleau ohne Dich gefällt, denn fern von der, die mein ganzes Glück ist, ist es sehr schwer für mich, echte Freude zu finden.« Sie war seine Freude, und Freude ließ ihn aus sich herausgehen. Der mürrische, schweigsame Knabe, dessen Vater darüber verzweifelte, ob er sich wohl jemals die guten Umgangsformen eines Höflings aneignen würde, fand endlich seine Sprache und widmete seiner Mätresse sogar Verse. Wenn sie auch wenig lyrische Anmut atmen, so ist es doch ein Wunder, daß er sie überhaupt schrieb:

Ach, mein Gott, wie tief bedaure ich
Die Zeit, die ich in meiner Jugend verschwendet habe,
Denn wieviele Male habe ich mich jetzt immer wieder angesporrnt gefühlt,
Da ich Diane als meine einzige Geliebte habe. [10]

Diane indessen, klug genug, um zu wissen, daß solche Liebe selten von Dauer ist, sorgte dafür, sich auf mehr praktische Art und Weise unentbehrlich zu machen. Sie war beflissen, sich mit äußerster Hingabe den königlichen Kindern zu widmen. Bis 1550 gab es vier Kinder im königlichen Kinderzimmer: zwei Knaben (Franz und Karl) und zwei Mädchen (Elisabeth und Claude). In den nächsten drei Jahren sollte Katharina noch drei Kinder gebären: Eduard Alexander, der später als Heinrich bekannt wurde, dann Margarethe und schließlich Herkules, der nach dem Tode des Dauphins den Namen Franz annahm. Es war Diane, die bei ihrer Geburt dabei war, die Kinderfrauen beaufsichtigte und sich in Krankheitsfällen selbst um die Kinder kümmerte. In der Tat sind es Dianes Aufzeichnungen eher als die Katharinas, die uns Aufschlüsse über die Königskinder geben: Claude hat Husten, der Dauphin ist geschwächt durch immer wiederkehrende Diarrhoe-Anfälle, die Amme muß gewechselt werden, weil der Verdacht besteht, daß ihre Milch nicht gut ist[11]. Außerdem stand Diane der Königin in jeder nur möglichen Hinsicht bei. Katharina mußte sich durch die allgegenwärtige Anwesenheit der Mätresse ihres Gemahls in ihrem Stolz tief verletzt fühlen, aber Heinrich sah in seiner Verliebtheit nichts als die grenzenlose Güte der von ihm angebeteten Frau. Im Januar 1550 machte er ihr auf der Stelle ein Geschenk in Gestalt von 5000 Pfund aus »Dankbarkeit für die guten und lobenswerten Dienste, die sie für unsere teure und geliebte Königin geleistet hat«. »Es ist schwer zu sagen, zu welcher Größe und Macht die Herzogin von Valentinois noch gelangen wird«, berichtete Leone Ricasoli nach Florenz[12].

Zwei Jahre darauf konnte sich Diane noch unentbehrlicher machen, denn im März erkrankte Katharina in Joinville an Scharlach. Die Krankheit nahm oft schicksalhaftes Ausmaß an, denn Katharina war in gefährlicher Todesnähe. Ungeachtet der Ansteckungsgefahr wich Diane nicht vom Lager der Königin, und als Katharina schließlich genas, versicherte ihr der Arzt, es sei Dianes unentwegte und umsichtige Fürsorge gewesen, die ihr das Leben gerettet habe. Es war eine Last von Dankbarkeit, die auf sie drückte wie Blei.

In diesem April feierte Katharina ihren dreiunddreißigsten Geburtstag. Sie war nun schon mehr als achtzehn Jahre verheiratet und hatte sechs Kinder geboren, von denen noch fünf am Leben waren. Es war in jenen

Jahren, daß der venezianische Gesandte, Giovanni Capello, berichten konnte, Katharina werde »geliebt und respektiert«, was sie »ihrer persönlichen Eigenschaften und Herzlichkeit wegen auch verdient . . . Das ganze Königreich ist dieser Meinung«, so schloß er[13]. Es war eines der wenigen Male in Katharinas Leben, daß sie nicht zur Waffe des Widerspruchs greifen mußte. Wäre nicht die bittere Anwesenheit der Mätresse ihres Gatten gewesen, diese Jahre hätten sehr glücklich für sie sein können.

Da von Schönheit bei ihr selbst keine Rede sein konnte, kleidete sie sich mit Florentiner Eleganz. Wiederum ist es Capello, der bemerkt: » . . . sie hat eine hübsche Figur, und ihre Haut ist sehr zart; was ihr Gesicht anbelangt, so ist sie gewiß nicht schön, denn ihr Mund ist zu groß, und ihre Augen treten zu weit hervor und sind leblos . . . Sie kleidet sich prächtig und mit großem Geschmack.«[14]

Sie war das passende Gegenstück zu ihrem Mann, der während der ersten Jahre seines Königtums einen Stil und eine Anmut entwickelt hatte, die weit über die Hoffnungen seines Vaters hinausgingen. »Anmutig und wirklich majestätisches Wesen ausstrahlend«, sagte Contarini vom König, als dieser sich Mitte Dreißig näherte. Die hübsche Stirn, die lebendigen schwarzen Augen, die dunkle Haut und die lange, vorstehende Nase verliehen ihm das Aussehen ständiger Beflissenheit. »Er ist immer sehr herzlich und hört jedermann in der höflichsten Weise zu . . . Er ist von sehr edler Gesinnung, und man kann sehen, wie er seine Stellung auszubauen wünscht«, schloß der Venezianer[15].

Wie Franz I. sah Heinrich in Italien ein goldenes Erntefeld für französischen Unternehmungsgeist. Da er Neapel und Mailand schon als seine rechtmäßigen Besitzungen betrachtete, sah er die Bande zwischen Frankreich und Italien weiter gestärkt durch die Einheirat von Franz von Guise in die berühmte und mächtige Familie Este, die lange über Ferrara und Modena geherrscht hatte. Die Ermordung von Katharinas Halbbruder Alessandro und die nachfolgende Usurpierung von Florenz durch Cosimo de Medici brachte Florenz ebenfalls in den Wirkungsbereich französischen Interesses.

Obgleich sich Katharina während ihrer ersten Jahre in Frankreich italienischen Angelegenheiten gegenüber ausgesprochen zurückhielt, so war sie doch ihren italienischen Landsleuten gegenüber niemals gleichgültig. Von Anfang an wurde sie als Schutzherrin der wachsenden Zahl von *fuorusciti* angesehen, jener politischen Flüchtlinge, die in Scharen nach Frankreich strömten, um dort Asyl zu suchen. Diskret und zurückhaltend

wirkte Katharina dennoch unermüdlich – und erfolgreich – für das Fortkommen dieser Menschen in Frankreich.
Obgleich aus jener frühen Periode nur noch wenig nach Italien gerichtete Briefe vorhanden sind, so ist offenkundig, daß viele Leute in Italien der Ansicht waren, in Katharina eine mächtige Fürsprecherin zu haben. Als sie 1547 Königin wurde, wuchs ihr italienischer Kreis an, und der Literaturkritiker Claudio Tolomei aus Siena schrieb ihr: »Es ist schwer, sich die Freude vorzustellen, die der größte Teil Italiens über Ihr Glück empfunden hat; denn es scheint ihm, daß dieses Glück auch das seine ist.«[16] Schriftsteller, Künstler, Kleriker, Bankiers, Soldaten, die in ihrem eigenen Land in Not geraten waren, kamen nach Frankreich, um dort ihr Glück zu machen und die italienische Politik zu ihren Gunsten zu beeinflussen. Die meisten wurden nicht enttäuscht. Luigi Alamanni, berühmt durch seine Nachdichtung von Vergils *Georgica,* wurde Katharinas Haushofmeister, während seine Frau als persönliche Zofe angestellt wurde. Weniger bekannte Figuren häuften Wohlstand auf und kamen zu Stellungen in Paris oder Lyon. Diejenigen aber, welche Katharinas Herz am nächsten standen, waren die vier Söhne von Filippo und Clarissa Strozzi, die ihr von klein auf in Florenz gedient hatte. Durch Katharinas Einfluß erhielten Piero und Leone bedeutende militärische Posten, Lorenzo fand seinen Platz in der Kirche und Roberto gründete eine Bankfirma in Lyon. Obgleich sie sich oft arrogant und töricht benahmen, wünschte Katharina nichts Schlechtes von ihnen zu hören[17].

Im Jahre 1552 erreichte Heinrichs militärisches Interesse in Italien seinen Höhepunkt. Während Heinrich Kaiser Karl V. in den Niederlanden angriff, marschierten französische Truppen erfolgreich in Piemont ein auf ihrem Weg nach Siena und Florenz, um der dortigen Bevölkerung gegen ihren Unterdrücker zu Hilfe zu kommen. Während seiner Abwesenheit ernannte Heinrich offiziell die Königin zur Regentin von Frankreich. Obgleich er von der Konzeption ihrer Rolle ambivalente Vorstellungen zu hegen schien, erkannte Katharina die Lage pfeilschnell. Zum ersten Mal in ihren dreiunddreißig Lebensjahren war sie in der Lage, zu urteilen, Entscheidungen zu treffen, Verantwortung auf sich zu nehmen. Zum ersten Mal hatte ihre geschliffene und rührige Intelligenz ihre natürliche Bahn gefunden. Katharina war für die Welt politischer Aktion geboren. Sie war schlau, sie war hingebungsvoll und sie verfügte über eine Beharrlichkeit, die manchen Gegner überwinden sollte. Während Heinrich auszog, um dem Kaiser Toul und Metz wegzunehmen, blieb Katharina in St. Germain-en-Laye und lernte das Regieren. Sie widmete sich dieser Kunst, wie sie sich einstmals dem Studium des Griechischen gewidmet hatte, methodisch, unentwegt und mit einer überwältigenden Zielstrebigkeit. »Ich versichere Sie«, so schrieb sie an den Konnetabel, »ich bin dabei, eine Könnerin zu werden, denn von einer Stunde zur anderen studiere ich nur dies.«[18]

Es waren nicht ihre persönlichen Beschränktheiten, die sie hemmten, sondern vielmehr die Beschränktheiten ihrer Macht. In Ungewißheit über die Reichweite ihrer Autorität und aus Verdacht, ob man ihr nicht das eine oder andere vorenthielt, prüfte sie das Dokument, das ihre Regentschaft bestätigte. Auf einmal begriff sie, wo die Schwierigkeit lag, und wie ein Mitglied des Hofes berichtet: » . . . sagte sie lächelnd zu mir, daß man ihr an manchen Stellen zuviel und an anderen zu wenig gegeben habe.«[19] Es war unglücklicherweise eine Zwangslage, mit der sie sich in ihrem politischen Leben immer wieder auseinanderzusetzen hatte. Trotz der Unklarheit ihrer Lage leistete sie gute, praktische Arbeit: sie traf sich mit dem Rat des Königs, sie hielt die Gesandten nahe bei St. Germain, wo sie über Staatsangelegenheiten informiert werden konnten, sie warnte den Kardinal von Bourbon vor möglichen Aufständen in Paris, sie drang darauf, Mittel für den Unterhalt der Armee des Königs aufzutreiben.

Vielleicht hoffte sie dadurch, daß sie sich völlig der Aufgabe widmete, die ihr der König übertragen hatte, die Liebe ihres Gemahls zu gewinnen. Ihre Aufzeichnungen aus jenen Monaten sind gespickt mit Bezeugungen ihrer Liebe zu ihm: »dem König gefallen«, »in seiner Gunst stehen«, »ihm in jeder Hinsicht dienen, soweit ich kann«. An den Konnetabel schrieb sie: »Bitte, geben Sie gut auf den König acht, denn sie wissen, von der schmerzhaften und gefährlichen Krankheit, die in diesem Jahr umgeht.«

Während dieser Periode, da sie ihren Gatten Gefahr und Tod ausgesetzt sah, trug sie nur Trauer und bestand darauf, daß die Frauen ihres Hofstaates dasselbe taten. Aber es war Diane eher als Katharina, der der König schrieb. Enttäuscht, daß Heinrich ihre Briefe zu beantworten unterließ, verdoppelte sie die Anzahl ihrer Briefe an Montmorency und bat ihn um Nachricht über den König. Als der Konnetabel gegen Ende Juni Auskunft über ihre Gesundheit erbat, antwortete sie mit einem Anflug von Bitterkeit: »Sie haben sich nach meiner Gesundheit erkundigt. Ich muß Ihnen sagen, daß es nicht das Wasser ist, das mich so sehr krank gemacht hat, sondern vielmehr das Ausbleiben von Nachrichten des Königs, denn ich fange allmählich an, zu denken, daß Sie und er und alle anderen vergessen

haben, daß ich noch am Leben bin. Es gibt nichts, das mich so krank machen könnte wie das Gefühl, außerhalb seiner Gunst zu stehen.«[20]
Unterdessen ging der Krieg in den Jahren 1553 und 1554 weiter mit nur wenigen entscheidenden Ereignissen. Obwohl der König Toul und Metz genommen hatte, war er erfolglos bei der Belagerung von Straßburg. Im Nordosten nahm der Konnetabel Brüssel und Dinant ein, zog sich aber dann über Cambrai und Calais zurück. In Italien kämpften die königlichen Verbände ebenfalls wenig erfolgreich. Im Sommer 1554 wurden sie bei Marciano überwältigt, und Katharinas Günstling, Piero Strozzi, wurde ernsthaft verwundet. Im folgenden Frühjahr kapitulierte Siena vor den Spaniern, und im Februar 1556 wurde der Waffenstillstand von Vancelles unterzeichnet, der, wenn er auch keine Niederlage für Frankreich bedeutete, nur wenige der Hoffnungen erfüllte, in deren Zeichen die Feldzüge eingeleitet worden waren.
Obgleich Vancelles den militärischen Konflikt beendete, vergrößerte er die Rivalität zwischen Guise und Montmorency, die entgegengesetzte Ansichten in der Außenpolitik vertraten. Guise war in seine Vision eines französischen Reiches in Italien verliebt; Montmorency war auf seinen Wunsch nach Frieden versessen. Paul IV., noch empörter als Guise über diesen plötzlichen Waffenstillstand, der ihn auf Gedeih und Verderb der spanischen Aggression auslieferte, fuhr fort, um französische Hilfe zu flehen. Schließlich wurde gegen Ende des Jahres 1557 Guise mit einer ansehnlichen Armee zurück über die italienischen Alpen geschickt, vorgeblich – wie der venezianische Gesandte schrieb – »um dem Papst zu Hilfe zu kommen«. Katharina, obgleich im allgemeinen verhalten in der Bekundung offenen Interesses für die italienischen Angelegenheiten, war, was jedermann vernehmen konnte, für diese Unternehmung und schrieb im Dezember an den Herzog von Ferrara: »Ich habe lange ersehnt, den guten Willen zu sehen, womit sich der König entschlossen hat, den Herzog von Guise zu entsenden . . . was mir die Hoffnung gibt, daß ich mit Gottes Hilfe den König in Italien sehen werde, wie ich es gewünscht habe, und daß Euer Durchlaucht dabei auch erhöht werde.«[21]
Ihre Hoffnungen sollten niemals in Erfüllung gehen. Nach einem schwierigen Übergang über die winterlichen Alpen bahnte sich Guise seinen Weg durch Mailänder Gebiet nach Rom. Hier ging sein angeblicher militärischer Genius zugrunde. Aufgehalten sowohl durch das Wetter als auch durch das, was er im Zorn den »schlechten Glauben« auf seiten des Papstes nannte, zog er vor April nicht nach Neapel weiter. Vier Monate später machte die Nachricht von der plötzlichen und vernichtenden

Niederlage der Franzosen bei St. Quentin allen italienischen Erwartungen ein Ende und veranlaßte Guise in verzweifelter Hast zur Umkehr. Die verwirrende Niederlage von St. Quentin war durch eine Koalition von zwei alten Feinden ausgelöst worden: Spanien und England. Es war unvermeidlich, daß Maria Tudors Vermählung mit Philipp von Spanien Rückwirkungen in ganz Europa haben würde. In England war diese Verbindung nicht populär, und die plötzliche Kriegserklärung der Königin an Frankreich war ebensowenig eine populäre Angelegenheit. Spanien, bislang Englands Feind, gab jetzt vor, sein Freund zu sein, indem es England in die Feindschaft mit Frankreich hineinzwang, dessen Freundschaft von größter praktischer Bedeutung war. Vielen Engländern erschien dieses unvermutete Bündnis mit Spanien nur als eine List, wobei Spanien England ausnutzen könnte. Es war der Zwang Philipps, so behaupteten sie, viel mehr als die drohende Anwesenheit französischer Schiffe auf der Höhe der schottischen Küste, der die Königin zu ihrer Entscheidung veranlaßte.

Französische Intervention in Schottland war ein beständiges Problem. Die Tatsache, daß die Regentin von Schottland (Maria von Guise) ein Mitglied des Hauses Guise war, machte Frankreichs Verwicklung in die schottischen Angelegenheiten unvermeidlich. Diese Anteilnahme steigerte sich noch, als die Tochter Marias von Guise, die fünf Jahre alte schottische Königin Maria Stuart, nach Frankreich als die angelobte Braut des Dauphins gebracht wurde, um sie vor den Wirren in ihrem eigenen Land zu schützen. Die nächsten zehn Jahre weilte sie am französischen Hof unter Aufsicht ihrer Onkel, des Herzogs von Guise und des Kardinals von Lothringen. Von Anfang an wurde sie wie eine Art heiliges Kind angesehen, fehlerfrei an Körper und Geist. »Sie ist das schönste Kind, das ich jemals gesehen habe«, soll Heinrich II. angeblich gesagt haben, als Maria im Oktober 1548 ankam. Vier Jahre später schrieb der Kardinal, daß sie täglich an Güte, Schönheit und Weisheit zunähme, und daß »der König Gefallen an ihr findet«, während sie wiederum weiß, wie man mit ihm umzugehen habe, »wie eine Frau von fünfundzwanzig«.

Lange vor ihrer Vermählung mit dem Dauphin hatte Maria Stuart – hübsch, intelligent, gebieterisch, und unter sorgfältiger Obhut ihrer Onkel – das Gleichgewicht am Hof ins Wanken gebracht. »Die Königin der Schotten und ihr Haus . . . geben an diesem Hof den Ausschlag«, schrieb der englische Gesandte im Winter 1551. »Das Ansehen des Hauses Guise an diesem Hof übersteigt das aller anderen«, fuhr er fort. »Denn wenn auch der Konnetabel nach außen hin die Verwaltung aller Angelegenheiten in Händen hält . . . so ist er doch gezwungen, zu segeln und häufig den Kurs einzuschlagen, der ihm um keinen Deut behagt.«[22]

Um 1557 hatten sich Macht und Ansehen des Konnetabels weiter verringert. Vielen mißfiel die Art und Weise, wie er Krieg geführt hatte, und ebenso mißbilligte man seine Einstellung gegenüber dem Frieden. Sein Scheitern bei St. Quentin vollendete seinen Untergang. Niemand hatte die Einnahme von St. Quentin für möglich gehalten. Die Franzosen hielten es für unbesiegbar, so daß der König, als er von dem Venezianer Giacomo Soranzo über den Zustand der Stadt befragt wurde, mit voller Überzeugung antwortete, daß der Admiral de Coligny, der Neffe des Konnetabels, der für alles verantwortlich sei, ihm soeben geschrieben und »jede Versicherung« gegeben habe,» es bestehe zu Besorgnis keinerlei Anlaß . . .«[23].

Daß solcherlei Vertrauen fehl am Platze war, wurde offenbar, als die kaiserlichen Truppen die Zitadelle zu bombardieren begannen. Trotz Colignys beharrlichen Versicherungen ergab sich die Stadt und wurde brutal geplündert. Ein Teil wurde angezündet; insgesamt war sie schwer beschädigt und verunstaltet. »Frauen und Kinder stießen derart erbarmungswürdige Schreie aus, daß es an jedes Christenherz rührte«, schrieb der Graf von Bedford, der an der Belagerung teilgenommen hatte[24].

Mit der Einnahme von St. Quentin gab es für die kaiserlichen Verbände kein Halten mehr auf ihrem Marsch nach Süden auf Paris. »Sollten sie sich zu einem Vorstoß auf diese Stadt entschließen«, schrieb Soranzo, »so könnten sie direkt darauf losmarschieren, ohne eine Festung zu finden, die sie länger aufhalten würde.«

Die Pariser waren außer sich vor Angst. Sie flohen aus der Stadt, beladen mit ihren Habseligkeiten, und zogen bis nach Orléans; die Männer schlugen auf die Pferde ein, die Frauen trugen ihre Säuglinge und trieben die größeren Kinder vor sich her. Die Schrecken von St. Quentin hatten sie vor lauter Furcht den Verstand verlieren lassen. Die Einnahme von Paris durch den Feind war bereits derart in den Bereich der Möglichkeit gerückt, daß der König die Juwelen und anderen königlichen Schmuck aus St. Denis wegbringen ließ und hierauf eine feierliche Prozession zur Kathedrale von Notre Dame anordnete, an der der gesamte Hof, in Schwarz gekleidet und aller Juwelen und jeden Schmuckes bar, teilnahm[25].

Das Schrecklichste von allem war, daß kein militärischer Führer übrig geblieben war, um die demoralisierten französischen Streitkräfte wieder zu sammeln: Gaspard de Coligny war in Gefangenschaft geraten, Montmorency, schwer verwundet, befand sich ebenfalls in Feindeshand. Der

Hof siedelte nach St. Germain über, nachdem der Dauphin aus Gründen größerer Sicherheit in die Touraine geschickt worden war.
Wenn Frankreich überleben wollte, so brauchte es sowohl Geld als auch einen starken militärischen Führer. Heinrich hatte bereits Boten nach Italien entsandt, um die unverzügliche Rückkehr des Herzogs von Guise zu veranlassen. Dies überraschte niemand, denn Guise war fraglos Frankreichs tüchtigster Feldherr. Dem König traute man weniger zu, mit seinen finanziellen Nöten fertig zu werden. Katharina, deren einzige Rolle in der Regierung aus jenen unsicheren Monaten ihrer Regentschaft vor fünf Jahren bestanden hatte, war jetzt mit der Aufgabe betraut, vor das Pariser Parlament zu treten, um von ihm die Bewilligung der Mittel zu erreichen, die für die Fortsetzung des Krieges benötigt wurden.
Es war, soweit wir wissen, das erste Mal, daß Katharina vor einer großen Versammlung auftrat, aber sie entwickelte sofort einen ureigenen Stil. Sie erschien in voller Majestät, umgeben von den Prinzen des Hofes, ihren Damen, den sie begleitenden Kardinälen, doch es war eine gedämpfte Majestät, gesetzt, feierlich, in Trauerkleidung. Frankreich war, so sollte angedeutet werden, dem Tode nahe, und nur die Aktion des Parlaments könnte es retten: der König brauchte 300000 Franken, wenn Frankreich aus seinem Kampf als Sieger hervorgehen sollte. Unter Hinweis auf den herzbewegenden Zustand der Pariser spielte sie auf ihre Furcht, ihre Hoffnungslosigkeit, ihren gebrochenen Stolz an. »Ihre Majestät sprach mit solchem Ernst und solcher Beredsamkeit, daß jedermann gerührt war«, schrieb Soranzo. Weder drohte noch forderte sie, sie bettelte. Das Parlament, überrascht und geschmeichelt, ging sofort auf sie ein. »Und«, so fuhr Soranzo fort, »die Königin dankte auf so liebliche Weise mit einer Rede, daß sie das ganze Parlament beinahe zu Tränen rührte.« Die Zeitgenossen, die bei dieser Gelegenheit ihre Kommentare gaben, nahmen nicht einfach nur von den Argumenten der Königin Notiz, sondern noch mehr von ihrem Benehmen. »Sie bat demütig«, so stellten sie fest, beeindruckt von der Achtung und Einfachheit, womit sie sich an sie wandte. »In ganz Paris sprach man über nichts anderes als über die kluge und anmutige Art und Weise, mit der sich die Königin dieser Angelegenheit annahm«, schloß Soranzo[26]. Obgleich sie Italienerin war, stand ihre Besorgnis und ihr Interesse für Frankreich außer Frage. Das einfache schwarze Kleid, die Züge der Ermüdung auf ihrem Gesicht, die Tränen, denen sie hemmungslos freien Lauf ließ, riefen das Vertrauen der Menschen wach.
Sie erhielt das Geld, das der König brauchte, aber wichtiger war noch

Katharina als junges Mädchen

Vermählung »in procurationem« Katharinas
mit Heinrich von Valois, später Heinrich II. von Frankreich

auf die Dauer, sie gewann – vorläufig wenigstens – die Zuneigung und den Respekt der Bevölkerung von Paris.
Zwei Monate später traf Guise aus Italien ein, und die kaiserlichen Truppen, die durch die übertriebene Vorsicht des spanischen Königs zögernd zu Werke gingen, verspielten die Chance, Paris einzunehmen. Mit der Ankunft von Guise faßten die französischen Truppen wieder Mut. Es machte einen Teil seines Ruhmes als Feldherr aus, daß er Menschen an sich zu ziehen, ihnen Glauben an den Sieg trotz Überlegenheit des Gegners einzuflößen wußte. Jetzt hoffte er, Vergeltung für St. Quentin durch die Eroberung des von den Engländern besetzten Seehafens Calais üben zu können. Denn mehr als hundert Jahre hatten die Engländer diesen Hafen schon in ihrem Besitz und prahlten damit, daß Frankreich ihn niemals wiedergewinnen würde, solange nicht Eisen und Blei wie Kork schwimmen könnten. Jetzt, als Guise in nördlicher Richtung vorrückte und die kaiserlichen Streitkräfte zwang, sich vor ihm zurückzuziehen, erwies sich diese Großtuerei als falsch. Gegen Ende Dezember erfolgte der Angriff auf die Pale – die 100 Quadratmeilen, die Calais umgeben –, und am 7. Januar kapitulierte Calais selbst.
Die Wiedereroberung von Calais war seit Jahren ein französischer Traum. Die Nachricht verjüngte Frankreich geradezu und hob den Mann, der es geschafft hatte, in den Himmel. »Ich kam, ich sah, ich siegte bei Calais«, schrieb der Dichter Du Bellay, um Guise anläßlich seines Sieges zu huldigen. Aber obgleich Calais ein Triumph war, der Frankreichs Moral hob und Guises Überlegenheit bestätigte, reichte das nicht aus, den Krieg in einen französischen Sieg zu verwandeln. In den folgenden Monaten wurde es klar, daß die Niederlage bei St. Quentin ein Schlag war, von dem sich Frankreich nicht erholen konnte. Seine Staatskasse war leer und seine Glaubwürdigkeit so katastrophal unterhöhlt, daß es nicht länger möglich war, Geld zu leihen. Viele Adelige waren finanziell ruiniert, und die Soldaten, bar jeder Löhnung, desertierten haufenweise. Es lag auf der Hand, daß der Krieg unter solchen Umständen nicht fortgesetzt werden konnte. Es blieb ganz einfach die Frage, den vorteilhaftesten Augenblick zur Eröffnung von Friedensverhandlungen zu wählen.
Im folgenden November hatten die Verhandlungen schon begonnen, als die Nachricht vom Tode von Maria Tudor eintraf. Maria, die ihrer spanischen Heirat wegen im wachsenden Umfang unpopulär bei ihrem Volk wurde und sich im übrigen nach der Rückkehr ihres Gemahls aus Spanien sehnte, hatte sich hartnäckig an die Hoffnung geklammert, schwanger zu sein, sowie daran, daß ihre Schwangerschaft ihren Mann zur Rückkehr zu

ihr veranlassen würde. Die schließliche Erkenntnis, daß sie nicht schwanger, sondern sterbenskrank war, bedeutete die Verflüchtigung ihres letzten Traumes. Zu Beginn des Novembers war es klar, daß sie dem Tode nahe war. Am 17. November starb sie. Ihre Halbschwester, die blasse Elisabeth mit dem goldenen Haar, die damals in ihrem fünfundzwanzigsten Lebensjahr stand, folgte ihr auf den Thron.

Philipp pochte schlauerweise auf Frieden, denn infolge des Todes seiner Gemahlin und der Thronbesteigung seiner scharfsinnigen protestantischen Schwägerin konnte er nicht länger auf englische Unterstützung rechnen. In der Tat, Spanien war dem Bankrott ebenso nahe wie Frankreich, aber Heinrich II. wußte davon nichts, als er Ende März 1559 in die ungünstigen Bedingungen des Vertrages von Cateau-Cambrésis einwilligte. Der Vertrag war sowohl im Land als auch draußen unpopulär. »O armes Frankreich«, schrieb der Gouverneur von Piemont, »zu was für Verlusten und zu welchem Ruin bist Du erniedrigt worden.«[27] Sein Aufschrei war Ausdruck dessen, was das Volk fühlte, denn es schien den meisten Franzosen, daß Frankreich durch die Vertragsbedingungen viel von dem verlor, was es sich so hart erarbeitet hatte. Ihr Krieger-König mit seinen glänzenden Plänen, den jungen Philipp von Spanien zu Fall zu bringen oder die Grenzen Frankreichs nordwärts in die Niederlande vorzuschieben und im Süden nach Italien, hatte sie in das Netz eines spanischen Sieges verstrickt. Die wenigen Stimmen, die sich zugunsten des Friedens erhoben, blieben unbeachtet. Eine Niederlage, wie sie Franz I. in der Schlacht von Pavia über sie gebracht hatte, konnten sie verschmerzen, jetzt aber waren sie nicht so sehr geschlagen als überlistet worden. Enttäuschung und Mißtrauen, fröstelnd und verzerrend wie Nebel, lagen über dem französischen Land.

Niemand litt mehr unter dem Frieden von Cateau-Cambrésis als der König selbst. Er schwächte ernstlich das Vertrauen des Volkes, und die alten Anklagen tauchten wieder auf: Heinrich war zu leicht von den Beratern, die ihn umgeben, hinters Licht geführt, allzuleicht von denen, die er liebte, beeinflußt worden. Er war von den einen in einen verhängnisvollen Krieg gestürzt und von den anderen zu einem verhängnisvollen Frieden veranlaßt worden. Er war, wie man gefürchtet hatte, ein Mann, der sich zu leicht »am Gängelband führen« ließ. Niemals herrschte Zweifel darüber, daß er als König seinem Volk und Land treu ergeben war. Er war ein guter Mensch, maßvoll, weder launenhaft noch ein Wüstling wie sein Vater. Aber sein schwerfälliger, methodischer Geist war dem scharfen Verstand seiner Günstlinge nicht gewachsen. Während dieser Periode erschien eine Schmähschrift, die die Schande des kläglichen Zustandes Frankreichs hinausschrie:

Der Kardinal von Lothringen zerstört alles
der Herzog von Guise verliert alles
Madame de Valentinois reißt alles an sich
Der Kardinal von Sens heißt alles gut
Das Parlament bewilligt alles
Der Kardinal von Chatillon hört auf alles
Der König erträgt alles –
Und der Teufel geht als Sieger von dannen![28]

Bezeichnend ist, daß in diesem volkstümlichen Angriff auf Persönlichkeiten des Hofes die Königin nicht erwähnt ist. In der Tat war Katharina allenthalben nie mehr geschätzt als gerade in jenen Jahren. Das Parlament gedachte immer noch ihrer Bitte, die sie so bewegend und achtungsvoll vorgetragen hatte. In Paris herrschte das Gefühl, daß es die Königin war, die »Frankreich gerettet« hatte. Sie wurde allgemein als »klug und weise« gelobt, und der italienische Dichter Pietro Aretino, gewöhnlich so beißend in seinen Äußerungen über die Anmaßungen der Fürsten, schrieb rühmend über Katharina und verkündete: »Du allein bist eine Königin.«
Es ist vielleicht nicht ganz taktvoll, hier anzudeuten, daß Diane, die sich jetzt den Sechzig näherte, die volle Kraft ihres Charmes nicht länger einzusetzen vermochte. Selbst auf der Höhe ihrer Macht hatte sie niemals die Liebe des Volkes errungen. Dagegen schrieb der venezianische Gesandte an die Signoria, daß Katharinas Anmut und Freundlichkeit jedermann in Bann geschlagen habe. »Sie ist derart beliebt, daß es kaum zu glauben ist«, stellte er fest[29]. Die Jahre hingebungsvollen Dienens oder stillen Gehorsams hatten sich gelohnt. Sie hatte, was stimmt, keine passionierten Anbeter oder eifrigen Parteigänger, aber auch keine Todfeinde. Sie hatte ihren Kurs, soweit sie dazu in der Lage war, in Richtung auf Frieden gesteuert. Sie sah sich dazu weniger durch Schwäche oder Furchtsamkeit genötigt als vielmehr durch einen instinktiven Glauben, der sich während ihrer Kindheit in einer belagerten Stadt verfestigt hatte, daß offene Feindschaft nur in Zerstörung enden kann.

Dieser Wunsch, opponierende Kräfte zu beschwichtigen, war einer, der von ihrem Gatten nicht geteilt wurde. Er war im wesentlichen ein Mann starrer Kategorien, der selten Fragen stellte, die über augenblicklich in Rede stehende Angelegenheiten hinausgriffen. Vielleicht war es gerade diese Eigenschaft, die ihn zu einer starken Führergestalt und – bis zu einem gewissen Umfang – zu einem fähigen König machte. Er war ein Mann mit Sinn für Grenzen, die gezogen werden müssen, und für deren Beachtung. Es war sein Mißgeschick, in einer Ära geboren zu sein, in der Grenzen immer wieder verschoben wurden und alte Einteilungen immer wieder zerbröckelten. Daß sie nicht mit Gewalt wieder zusammengesetzt werden konnten, ging über Heinrichs Aufnahmefähigkeit hinaus.

Von allen Problemen, die aus der Regierungszeit seines Vaters auf ihn überkommen waren, war das schwerste und weitestreichende der ruhelose Geist der religiösen Reform. Es war mehr als vierzig Jahre her, daß Martin Luther seine kontroversen Thesen in Wittenberg angeschlagen hatte, und die seitdem verflossenen Jahre hatten die Torheit von Leos X. anfänglichem Urteil, es handle sich nur um »Mönchsgezänk«, bewiesen. Zu Lebzeiten von Franz I. nahm die Zahl der Reformierten in Frankreich weiter zu, obwohl sich die Regierung dagegenstemmte. Johannes Calvin, der Luthers Beispiel folgte, war zur Flucht aus dem rechtgläubigen Paris und schließlich aus Frankreich gezwungen worden. Eine solche Verbannung nutzte kaum etwas. Bücher, die von der neuen Theologie handelten, wurden allen Verboten zuwider heimlich verkauft. Mönche verließen ihre Klöster, Bischöfe wurden der Häresie verdächtigt, und sogar des Königs Schwester Margarethe war angeblich »angesteckt«. Franz indessen besaß eine gewisse intellektuelle Neugier, die ihn in seiner Einstellung gegenüber der neuen Religion wankend machte. Obwohl er sein Königreich nicht von der Häresie zerrissen zu sehen wünschte, machte er sich doch eine Art von akademischem Vergnügen daraus, gewissen »verdächtigen« Predigern zuzuhören, und sah nichts Gefährliches darin, daß seine Schwester ihre schützende Hand über Clément Marot und seine Übersetzung des Psalters in die Landessprache hielt. Doch hinderte diese Aufgeschlossenheit den König nicht, auf dem Sterbebett seinen Sohn zu ermahnen, die Reinheit des katholischen Glaubens zu wahren.

Obwohl er so vieles nicht beachtete, was sein Vater von ihm verlangt hatte, war Heinrich unerschütterlich loyal gegenüber diesem Befehl. Es fehlte ihm die großzügige Schau seines Vaters, die Franz I. befähigte, einander widersprechende Gedanken in sich aufzunehmen. Obwohl hochherzig und loyal gegenüber denen, die seine Ansichten teilten, war Heinrich von jener Unbeugsamkeit gezeichnet, die kleinen Geistern eigen ist. Er sah keine andere Lösung als die Unterdrückung der Häresie, und als diese mißlang, führte er den Mißerfolg nicht auf ihre Anordnung sondern auf die Art der Durchführung zurück. Es lag jenseits seines Vermögens, sich vorzustellen, daß gerade durch die Härte, die er befürwortete, nur Öl ins Feuer gegossen wurde.

Freilich muß zu seiner Verteidigung zugegeben werden, daß das Problem, wie es sich Heinrich II. stellte, weit umfangreicher und tiefgreifender war, als es zu Lebzeiten Franz' I. der Fall war. Um 1555 hatte die Reformation nachgerade epidemisches Ausmaß angenommen. Bedeutende Gruppen mit redegewaltigen und überzeugenden Predigern existierten in Städten wie Troyes, Bordeaux, Bourges, Rouen, Blois, Angers und sogar in Paris. La Rochelle mit seiner gefährlichen Nähe zum protestantischen England war ein Bollwerk des neuen Glaubens geworden, und in den südwestlichen Provinzen hatte die »Religion«, wie sie einfach genannt wurde, ihre stärkste Wirkung entfaltet. Hier lag in der Tat die größte politische Gefahr, denn das Königreich Navarra unterstützte ganz offen die Häresie. Seine gegenwärtigen Herrscher waren Heinrichs Base Jeanne d'Albret (Tochter von Margarethe von Angoulême, die 1549 gestorben war) und ihr Gatte, Anton von Bourbon, Erster Prinz von Geblüt. Einige Zeit lang sollen sie verbannten Predigern angeblich Unterschlupf gewährt haben, und 1555 schrieb Theodor von BP.M.ZE, ein Führer der Bewegung und einer ihrer überzeugendsten Prediger, in gehobener Stimmung: »Der König und die Königin [von Navarra] beginnen etwas von der Wahrheit zu schmecken.«[30] Drei Jahre später wurde Anton von Calvin selbst ermuntert, die Führung der »Religion« zu übernehmen.

Hätte Calvin mehr persönlichen Kontakt mit Anton von Bourbon gehabt, dann wäre er weniger beflissen gewesen, ihn zur Übernahme einer so wichtigen Stellung zu veranlassen, denn Anton, obgleich begabt mit Charme und Enthusiasmus, sollte sich während der allernächsten Jahre als ausgesprochen unbeständig erweisen. Eitel, ehrgeizig, überspannt, den Kopf ständig voller widersprüchlicher Pläne, wollte er seine königliche Herkunft dafür nutzen, sich eine mächtige Stellung bei Hofe zu sichern. Er wollte der gläubige Führer der Hugenotten (als welche die französischen Protestanten bekanntgeworden sind) werden. Er wollte sein Schicksal in die Waagschale werfen mit den Guisen und ein Königreich in Italien gewinnen. In Wirklichkeit aber unternahm er gar nichts. In seine eigenen grandiosen Tagträume vernarrt, merkte er nicht, wie häufig er nicht derjenige war, der schob, sondern derjenige, welcher geschoben wurde.

Häresie höheren Ortes bedeutete eine Gefahr, gegen die der König keine angemessenen Waffen besaß. Er hatte zu Beginn seiner Regierung die *Chambre Ardente* eingerichtet, die sich ausschließlich mit Fällen von Häresie zu befassen hatte. Während der nächsten zehn Jahre setzte er eine Reihe repressiver Edikte in Kraft, aber zum Glück für die Reformierten wurden diese nur sporadisch angewendet. Da die Häretiker wußten, daß sie im König keinen Freund hatten, rechneten sie mit der Tatsache, daß er sich im allgemeinen mehr für eine aggressive Außenpolitik als für innenpolitische Fragen interessierte. Mit dem Frieden von Cateau-Cambrésis jedoch war es mit auswärtigen Kriegen vorbei, und der König hatte reichlich Zeit, über Dinge im Inneren nachzudenken.

Das brennendste seiner heimischen Probleme bestand darin, den Vertrag von Cateau-Cambrésis zu entschärfen. Wenn dieser Vertrag überhaupt einige Kautelen enthielt, so waren es die, welche die Heirat von Katharinas und Heinrichs Tochter Elisabeth mit Philipp II. und die von Heinrichs II. Schwester Margarethe mit dem Herzog von Savoyen, Philipps Bundesgenossen, vorsahen.

Elisabeth von Valois hatte soeben ihren vierzehnten Geburtstag gefeiert. Von allen Valois-Kindern war sie allein ohne Fehler. Von zartem Knochenbau, liebreizend, von einwandfreien Proportionen, mit üppigem schwarzem Haar und dunklen – beinahe spanischen – Augen schien sie niemand zu mißfallen. »Man könnte meinen, sie sei schon vor der Erschaffung der Welt geschaffen und den Absichten Gottes zufolge in Bereitschaft gehalten worden, bis sie nach seinem Willen mit ihrem Gatten vereint wurde«, schwärmte Brantôme[31]. Sie war intelligent, gehorsam und über ihr Alter hinaus mit diplomatischem Talent ausgestattet. Trotz offenkundiger Unterschiede, die zwischen ihnen bestanden, schien ein tiefes gegenseitiges Verstehen zwischen Katharina und ihrer ältesten Tochter zu herrschen, das auch durch Jahre der Trennung nicht geringer wurde. Vielleicht sah Katharina wie in einem Spiegel in ihrer Tochter das Ebenbild eigener Erfahrungen. Sie war ja in genau demselben Alter wie Elisabeth ausgesandt worden zu einer ausländischen Heirat, um verfeindeten Ländern den Frieden zu bringen.

Ihr Gatte allerdings war ein Junge gewesen, nicht viel älter als sie selbst; ihre Tochter dagegen sollte einen Mann heiraten, der zweimal so alt war wie sie und bereits zwei Gemahlinnen begraben hatte. Elisabeth hatte Philipp natürlich niemals gesehen. Man hatte ihr erzählt, er sei stattlich, gut gebaut, ruhig und zurückhaltend, mehr österreichisch aussehend als spanisch, mit seinem blonden Haar und seinen blauen Augen. Heinrich, neugierig, einen Eindruck von seinem Schwiegersohn zu erhalten, drängte ihn, doch einmal nach Paris zu kommen, aber Philipp erwiderte, daß die Könige von Spanien nicht gewohnt seien, ihre Ehefrauen abzuholen. Die Vermählung sollte per procurationem stattfinden mit Fernando

Alvarez de Toledo, dem Herzog von Alba, als Philipps Vertreter. Mitte Juni erschien das spanische Gefolge, und am 22. Juni fand die Trauungszeremonie statt. Es war eine aufwendige Feierlichkeit, berechnet, die Spanier zu beeindrucken und die französische Moral zu heben. Elisabeths Gewand war steif vor Edelsteinen, und ihr kleines Haupt bog sich unter der Last der Herrscherkrone, besetzt mit Juwelen und verziert mit dünnen Goldschleifen, von denen ein riesiger Diamant herabhing. Alba, sonst ein Mann von einfachem Geschmack, war jetzt im Zeichen seiner Rolle in ein glänzendes Federgewand aus Rot, Gold und Schwarz gekleidet. Die Trauung fand mittags statt, und im Anschluß daran wurde Elisabeth feierlich zur Königin von Spanien ausgerufen. Sechs Tage später wurde der Ehevertrag zwischen der Schwester des Königs und dem Herzog von Savoyen unterzeichnet, und die folgende Woche war Festlichkeiten aller Art gewidmet: Bällen, Tänzen, Maskeraden, dem vollen Rüstzeug königlicher Unterhaltung.

Obenan in der Liste standen die Turniertage, an denen der französische König das Geschick und die Ausdauer der Franzosen in der Handhabung von Waffen unter Beweis zu stellen gedachte. Heinrich, obwohl immer noch eine mächtige Gestalt, sah älter als seine vierzig Jahre aus. Sein Haar hatte begonnen, grau zu werden, und trotz aller Stunden disziplinierter Übungen war er korpulent geworden. Jetzt freilich im Hofe der Tournelles zeigte er sein Geschick zu seinem Vorteil. Er besiegte seine Gegner einen nach dem anderen. Erst am dritten Tag geschah es, daß ein junger Lord, der Graf von Montgomery, Kapitän der schottischen Garde, sich gegen den König hielt. Unwillig, den Kampf unentschieden ausgehen zu lassen, zwang Heinrich den Grafen zu einem letzten Gang. Zweimal ritten sie umeinander und verfehlten sich. Beim dritten Versuch gerieten sie aneinander, ihre Lanzen zersplitterten, und als die Menge zu rufen begann, sah man den König taumeln, über den Knopf seines Sattels rutschen und zu Boden fallen. Montgomerys zersplitterte Lanze hatte, wie durch eine Laune des Schicksals geführt, das Visier des Königs durchstoßen und war in sein Gehirn eingedrungen. Der König, ganz benommen, versuchte sich auf den Füßen zu halten. Katharina, die sah, wie das Blut durch das gebrochene Visier tropfte, fiel in Ohnmacht. Die Galerien waren außer Rand und Band, als Heinrich, gestützt von seinen Begleitern und von seiner Rüstung befreit, in seine Räume in den Tournelles getragen wurde. Es war unmöglich, auszumachen, ob er noch am Leben oder tot war, denn als man ihn vom Feld hob, war die schreckliche Wunde an seinem Kopf verdeckt, und der massige Körper lag völlig still da.

Zehn Tage später, am 10. Juli, kurz nach Mitternacht, starb Heinrich II. Die unwahrscheinliche Voraussage des Sehers Nostradamus, die er vier Jahre zuvor gemacht hatte, war Wirklichkeit geworden: Der »junge Löwe« hatte den »alten« überwunden; er hatte ein Auge im »Einzelkampf« verloren und als Folge davon war er eines »grausamen Todes« gestorben[32].

Als Heinrich vom Feld weggetragen wurde, hatten die Ärzte die Wunde zwar für schwerwiegend aber nicht für tödlich gehalten. Noch in jener Nacht hatte Montmorency an Elisabeth von England geschrieben und den Unglücksfall geschildert, aber versichert, daß, obwohl die Wunde von ernster Art wäre, »der erste und zweite Verband Anlaß geben . . . zu der guten Hoffnung, daß das Ergebnis zufriedenstellend sein würde«[33]. Der anfängliche Optimismus der Ärzte war indessen von kurzer Dauer gewesen, und der Tod des Königs kam keineswegs überraschend.

Während der zehn Tage nach seiner Verwundung war Heinrich völlig von Schmerzen beherrscht, einmal bei Bewußtsein, dann wiederum nicht, aber nie im Besitz genügender Geisteskräfte, um die königlichen Geschäfte wahrnehmen zu können. Die »hervorragenden Ärzte«, die sich am königlichen Lager einfanden, untersuchten die Wunde und entfernten, so gut sie konnten, was an Splittern von Montgomerys zerbrochener Lanze noch vorhanden war. Der König, stets ein tapferer Soldat, stieß im Todeskampf nur einen einzigen Schmerzensschrei aus. Immer noch unzufrieden, untersuchten die Ärzte die Köpfe einiger Verbrecher, die unlängst hingerichtet worden waren, um mittels dieses praktischen Anschauungsunterrichts in Anatomie herauszufinden, wie tief ein Gehirn verletzt werden darf. Aber, so bemerkte der Marschall de Vieilleville, der anwesend zu sein verlangte: »Es war vergeblich.«[34]

Die königlichen Hochzeiten hatten viele Menschen nach Paris gezogen, besonders aus dem Adel, und die Menge, die auf Nachricht über den Zustand des Königs wartete, war deshalb weit größer als sonst. Der jähe Übergang von Fröhlichkeit zu Trauer war mehr, als die Bürgerschaft verkraften konnte, und selbst die sonst so lebhaften Pariser waren still und konnten das ihnen unverhofft aufgegebene Rätsel des Todes, der ihren starken und lebensbejahenden König zur Strecke gebracht hatte, nicht begreifen. Als Heinrichs Zustand bekannt wurde, wuchsen Kummer und Sorge derer, die ihn umgaben. Diane, deren Farben der König während des verhängnisvollen Turniers geführt hatte, ertrug kaltblütig ihre eigenen Befürchtungen und die Anfeindungen seitens vieler Höflinge: »Solange noch ein einziger Atemzug in ihm steckt . . . bin ich unbesiegbar.«

Doch ihre Besorgnis war nur allzu klar, wenn sie die Korridore durchmaß und immer wieder fragte: »Ist der König tot?«, denn sie wußte, daß mit seinem Tod ihr Platz und ihr Ruhm mit ihm dahingehen würden[35].
Von denen, die während dieser zehn langen Tage ausharrten, war keiner mehr berührt als der Dauphin. Franz stand jetzt im sechzehnten Lebensjahr, doch alles an ihm war unterentwickelt. Ihm fehlte die Statur des Vaters, und es schien denen, die ihn jetzt beobachteten, daß er auch dessen Mut nicht geerbt hatte, denn der Gedanke an den Tod des Vaters versetzte ihn in panischen Schrecken. Durch nichts war der bläßliche Jüngling für das Königtum vorbereitet worden, das sich ihm auf einmal so abrupt aufdrängte. Als Dauphin war sich Franz stets dessen bewußt gewesen, daß er dereinst Frankreich regieren müsse, aber die Last hatte sich zu plötzlich und allzubald auf ihn herabgesenkt. Seine ihm seit fünfzehn Monaten angetraute Gemahlin, ihm in so mancher Hinsicht überlegen, war unfähig, ihn zu trösten, denn Maria Stuart, weiß wie der Tod, schien durch die plötzliche Wende der Dinge verwirrt. Die Tage der Ungewißheit hatten beide an den Rand der Erschöpfung gebracht, während sie mit Furcht und Bestürzung auf die Krone warteten, die auf sie übergehen sollte.
Zwei Tage vor seinem Tod ordnete der König an, die Vermählung seiner Schwester Margarethe mit dem Herzog von Savoyen nicht länger hinauszuzögern, und um Mitternacht fand in einer abgedunkelten Kapelle und im Beisein einiger schweigender Zeugen die Trauung statt. Das Jahr, von dem viele gesagt hatten, es würde in die Geschichte eingehen als das Jahr der Hochzeiten, hatte sich in ein Jahr des Todes verwandelt. Katharina wohnte der Zeremonie bei, schwarz gekleidet, mit vor Ermüdung und vom Weinen angegriffenen Augen. Der Druck des vorausgeahnten Todes machte sie stumm. In einem seiner lichten Momente ließ der König sie holen, so schrieb Vieilleville, und sie stand in Tränen aufgelöst am königlichen Bett und versprach, die Befehle auszuführen, die ihr Gatte ihr gab. Wissend, daß er sterben würde, hieß Heinrich Katharina, ihn allein zu lassen, aber der Augenblick der Trennung war mehr als sie ertragen konnte. Sie wäre in Ohnmacht gefallen, wenn Vieilleville sie nicht gehalten und ihr geholfen hätte, ihr eigenes Gemach aufzusuchen[36]. Es ist eine wunderbarlich dramatische Szene, aber leider ist Vieilleville kein verläßlicher Zeuge.
Ohne Zweifel war Katharina geschwächt durch das Herzeleid, das sie nicht geheuchelt haben kann, doch mußte, ähnlich wie beim Dauphin, ein Teil ihres Kummers von ihrer Furcht herrühren, denn sie konnte sich kaum Illusionen darüber machen, ob ihr ältester Sohn wohl weise und

stark genug zur Führung eines Königreiches wäre – eines Königreiches zumal, das so weit vom inneren Frieden entfernt war. Franz war nicht unintelligent. Man würde ihn schon für die vor ihm stehende Aufgabe erziehen können. Er würde sicherlich auch ein bedeutender König werden – wenn man ihm genug Zeit ließe. Aber am Morgen des 10. Juli war die Zeit abgelaufen. Der König war tot. Der Dauphin war zum König ausgerufen worden und innerhalb von Augenblicken verwandelte sich die Mattigkeit der Wartezeit, die sich des Hofes für mehr als eine Woche bemächtigt hatte, in einen Sturm von Aktivität. In der Kette der Ereignisse durfte es keine Pause geben, keinen Augenblick, in dem der Thron vakant war. Noch war der Leib des früheren Königs nicht erkaltet, als Frankreich schon seinem neuen Schicksal entgegenging.

Vorstoß zur Macht

Machen Sie sich selbst zur Herrin,
und begeben Sie sich nicht in Abhängigkeit von üblen Beratern.
MICHEL DE L'HÔPITAL

I

Obgleich die Tage, die dem Tod ihres Gatten vorangegangen waren, Tage höchster Qual für Katharina gewesen waren, müssen es auch Tage scharfsinniger politischer Planung gewesen sein, denn als Heinrich II. in den frühen Morgenstunden des 10. Juli starb, gab es keinen Augenblick lang irgendwelches Zögern am Hofe: sofort wurde Franz mit einer Kutsche von den Tournelles in den Louvre gebracht, und zwar in Begleitung jener unvermeidlichen Onkel, dem Herzog von Guise und dem Kardinal von Lothringen. Niemand war sich im Zweifel, was dies bedeutete. Der beständige Krieg zwischen Montmorency und Guise war vom Haus Guise gewonnen worden. Der Konnetabel, zwar gealtert, aber immer noch eine mächtige Figur, hatte Befehl erhalten, bei der Leiche seines früheren Herrn zu bleiben. Es war eine neue Version des alten Spruches »Lasset die Toten ihre Toten begraben«.

Montmorency war mehr als fähig, seine Mission zu interpretieren: Er sollte von der Regierung ausgeschlossen werden, so wie er dazu beigetragen hatte, die früheren Günstlinge beim Tode von Franz I. auszuschließen. Es blieb ihm nichts anderes übrig, als sich unterzuordnen, denn zu der feudalen Feindschaft zwischen seinem Haus und dem der Guise trat der Wechsel in der Einstellung der Königin-Mutter. Nach so vielen Jahren scheinbarer Freundschaft hatte sich ihre Zuneigung abgekühlt, und jetzt war sie neben vielen anderen geneigt, den Konnetabel für die unbefriedigenden Abmachungen von Cateau-Cambrésis zu tadeln. Als Montmorency vom jungen König erfuhr, daß er nicht im Amte verbleiben würde, nahm er die Entscheidung anstandslos hin. »[Er] beugte sich dem Wind«, schrieb Tavannes, »wie einer in einem Boot den Wellen erlaubt, ihn von seinem Kurs abzubringen, anstatt unterzugehen.«[1] Indem er seine bestmögliche Miene aufsetzte, bat er mit Rücksicht auf sein Alter um die Erlaubnis, sich in seine Heimat nahe Chantilly zurückziehen zu dürfen. Diese Erlaubnis wurde bereitwillig erteilt, denn seine Anwesenheit würde ein Hindernis für die Guisen gewesen sein, möglicherweise sogar eine Bedrohung. Montmorency war immer noch ein mächtiger Mann mit fünf fähigen Söhnen und drei mächtigen Neffen; wenn sie mit ihren Sympathien für die Hugenotten sich mit den Prinzen von Geblüt (Anton von Bourbon und seinem Bruder Louis de Condé) verbinden würden, dürften die Guisen ihre Macht ernsthaft bedroht wissen.

Das war es, was der englische Gesandte Nicholas Throckmorton in dem an Elisabeth gerichteten Bericht vom 11. Juli als möglich hinstellte, indem er die plötzlichen personellen Verschiebungen am französischen Hof aufzählte: ». . . es wird gefolgert, daß der Konnetabel und sein Anhang vor allem einmal von jeglicher Tätigkeit ausgeschlossen werden, und daß das Haus Guise wahrscheinlich alles rings um den König maßgeblich bestimmen wird, der große Zuneigung zu ihnen verspürt: aber was überhaupt aus diesem Staat und der Regierung einmal werden soll, kann man erst wissen, wenn der König von Navarra [Anton von Bourbon] angekommen ist, der stündlich erwartet wird.«[2] Throckmortons letzter Satz traf ins Schwarze: die Aufgabe, das Königreich zu regieren, worauf die Guisen ein Vorrecht beanspruchten, lag in Wirklichkeit bei Anton von Bourbon und Louis de Condé als Prinzen von Geblüt.

Sobald ihm klargeworden war, daß des Königs Tod unmittelbar bevorstand, hatte Montmorency, der sich einen Gewaltstreich der Guisen abzuwehren bemühte, eine Botschaft an Anton gesandt, worin er ihn bat, eiligst an den Hof nach Paris zu kommen. Es war, so sollte man meinen, der Augenblick, auf den der König von Navarra bereits sein ganzes Leben lang gewartet hatte: am Hof zu weilen – und zwar nicht einfach als armer Verwandter, sondern als Regent von Frankreich –, den jungen König von seinem Rat abhängig zu wissen, am Sitz der Macht sich aufzuhalten, zu dirigieren, zu befehlen.

Anton, der sich früher häufig seiner tatsächlichen Bedeutung zuwider etwas einbildete, schien jetzt unfähig, seine wirklichen Möglichkeiten zu erkennen. Von allen Seiten warben die Leute um seine Gunst: die calvinistischen Prediger baten ihn, die papistische Idolatrie auszulöschen; die unzufriedenen Adligen erflehten seine politische Führung; die Hugenotten sahen in ihm den Vorkämpfer der religiösen Freiheit. Sogar jenseits des

Kanals wußten Elisabeth und ihre Minister den Wert abzuschätzen, den ein bekennender Hugenotte als Regent von Frankreich haben würde. Vielleicht war es das Gewicht dieses plötzlichen und unerwarteten Ansehens sowohl als auch die Furcht vor Verrat, die Anton zögern ließen. Was auch immer die Ursache gewesen sein mag, seine Reise von Béarn aus nach Norden verlief langsam, und zu dem Zeitpunkt, da er am Hof eintraf, war es für jedermann offenkundig, daß er zu spät angekommen war. Seine Unentschiedenheit hatte den Guisen zu der Zeitspanne verholfen, die sie brauchten. Als er am 18. August in St. Germain-en-Laye eintraf, saßen sie schon sicher im Sattel. Auf ihre Anordnungen hin war die Palastgarde verdoppelt worden, um den jungen König vor jeder Zudringlichkeit zu bewahren. Die Tatsache, daß Anton mit einer imponierenden Begleitung gekommen war, entsprang einem Fehlurteil, denn es rief nicht Bewunderung, sondern weitere Feindseligkeit wach. Anstelle fürstlichen Willkommens wartete eine Reihe von Demütigungen auf ihn. Keine angemessene Suite war vorbereitet worden. Franz, der sich auf der Jagd befand, hatte keine Anordnungen für seine Bewillkommnung hinterlassen. Katharina setzte, als er schließlich bei ihr vorgelassen wurde, ihr Gespräch mit dem Kardinal und dem Herzog von Guise fort und nahm kaum Notiz von seiner Anwesenheit. Doch Anton bewahrte trotz des offensichtlichen Affronts sein freundliches Lächeln, begrüßte alte Freunde, umarmte die Guisen und erging sich in seinen üblichen widersprüchlichen Reden, Erklärungen und Versprechungen.

Anton schien unfähig, zu begreifen, daß sein Bestreben, seine Vorstellungen auf dem Kompromißweg durchzusetzen, um sich einzuschmeicheln, sich zum eigenen Nachteil auswirken mußten. Die Hugenotten begannen bald, den Glauben an ihn zu verlieren. Seine Wege waren für ihre Redlichkeit zu gewunden. Sie wünschten sich einen Führer, der bei der Wahrung ihrer Interessen unnachgiebig sein würde, und keinen Opportunisten. In bitterer Enttäuschung schrieb der zur Polemik neigende Hugenott François Hotman: »Navarra hat alle unsere Hoffnungen schmählich hintergangen.«[3] Sie begannen jetzt, ihre Blicke auf Navarras jüngeren Bruder, Louis de Condé, oder auf Montmorencys Neffen, Gaspard de Coligny, als ihren Führer zu richten.

Am Hof erging es Anton nicht besser. Nicht länger eine gefährliche Bedrohung für die an der Macht befindlichen, war er jetzt zu einer lästigen Figur geschrumpft, auch schien er es mit seiner Abreise nicht eilig zu haben. Was er eigentlich mit dieser Verzögerung zu gewinnen hoffte, ist nicht klar. Die Guisen hatten sich fest am Sitz der Macht etabliert. Die

Königin-Mutter, was auch immer ihre intimen Regungen sein mochten, fuhr fort, sich mit den »Onkeln« zu verbünden. Montmorency und seine Freunde hatten sich vom Hof entfernt. Noch zögerte Anton. Schließlich war ihm gegen Ende des Jahres die Mission anvertraut worden, Elisabeth von Valois ihrem spanischen Gemahl zuzuführen. Es war für alle offenkundig, was diesen Wunsch ausgelöst hatte. »Man wünschte, ihn aus dem Wege zu räumen«, schrieb der italienische Historiker Enrico Davila[4]. Anton indessen nahm diesen Auftrag mit Bereitwilligkeit an, da er hoffte, seine Mission würde ihn Philipp von Spanien von Angesicht zu Angesicht gegenübertreten lassen, mit dem er eine erfolgreiche Regelung betreffend das strittige Territorium von Navarra auszuhandeln gedachte.

Am 18. September 1559 wurde Franz als zweiter seines Namens in der Kathedrale von Reims zum König von Frankreich gekrönt. Drei Tage zuvor hatte er seinen feierlichen Einzug bei Platzregen und Wind gehalten. Alter Gewohnheit entsprechend ritt er auf einem weißen Zelter und wurde an den Toren der Stadt von einem jungen Mädchen begrüßt, das ihm die Schlüssel der Stadt überreichte. Das Wetter machte die Verständigung schwierig, und die leise Stimme des Edelfräuleins ging beinahe unter, als sie den neuen Souverän begrüßte:

Oh allerchristlichster König, Blüte des Adels,
Hoffnung für unseren Frieden und unsere Ruhe . . .[5]

In den Augen der Zeitgenossen war diese Krönung bar jeden Prachtaufwands. Das Ritual, das der Kardinal von Lothringen vollzog, wurde mit peinlich beachteter Formalität durchgeführt, aber es fehlte jeder jubilierende Ton. Denn in allem Triumph des *Te Deum* klang die tragische Klage mit über den Tod des alten Königs: »Pleurez, France la desolée, pleurez!« (Weine, untröstliches Frankreich, weine). Viele kluge Höflinge spürten, als sie ihren blassen jungen König beobachteten, daß es auch fürderhin Kummer geben würde. Einige flüsterten, daß Franz zusammengezuckt sei, als die Krone auf sein schmales Haupt gesetzt wurde, und daß man während der Zeremonie sein Murmeln gehört habe, sie wäre zu schwer. Sogar die schlanke, lyrische Anmut der jungen Königin blieb nicht unbeeinträchtigt, denn einige Wochen vorher ging unter den Gesandten das Gerede, Maria Stuarts Gesundheit wäre angegriffen. »Die junge Königin leidet an Schwindsucht; sie hat nicht lange zu leben«, hatte der toskanische Gesandte Ricasoli nach Florenz berichtet[6].

Der französische Hof mit seiner Vorliebe für schöne Frauen rechnete es sich als Stolz und Freude an, den Thron der Königin durch ein Mädchen geziert zu sehen, das als eines der schönsten in Europa galt. Ihre Schönheit war dergestalt, daß sie »die Sonne verdunkelt«, schrieb Brantôme und fügte hinzu: »Und was ihren Geist anbelangt, so suchte er seinesgleichen.«[7] Vor dieser »Göttin in Menschengestalt« war Katharina von Medici in eine weniger auffällige Rolle geschlüpft, aber in eine, die ihr gleich ihren eigenen geschmeidigen italienischen Handschuhen stand: sie würde von jetzt an *Regina Madre* sein. Es war keine unbequeme Rolle, die sie übernehmen würde; sie hatte sich immer sicherer als Mutter denn als Ehefrau gefühlt. Nichts konnte Diane de Poitiers unternehmen, um ihre Mutterschaft zu besudeln. In ihrer Ehe, die von Anfang an befleckt war, gab es etwas, woran die verführerische Schönheit von Diane nicht zu rühren vermochte: ihre Kinder. Diane war trotz ihrer 60 Jahre immer noch von fragloser Schönheit. In den Tagen, die auf den Unglücksfall des Königs folgten, stand ihre Vitalität im scharfen Gegensatz zu Katharinas tiefem Leid. Die Augen der Königin mit ihren schweren Lidern waren dick geschwollen vor Weinen und Schlaflosigkeit; ihr Körper mit seiner ständigen Neigung zur Aufgedunsenheit war bedächtig und träge geworden, während ihre schmucklose schwarze Trauerkleidung, von der sich nur ein schmaler Hermelinkragen abhob, ihre Haut fahler denn je machte. Der venezianische Gesandte Girolamo Lippomano beschrieb mit einigen Einzelheiten die trauernde Königin, nachdem ihm nach dem Tod von Heinrich II. zum ersten Mal eine Audienz gewährt worden war:

»Sie befand sich in ihrem Gemach, das völlig schwarz ausdrapiert war; nicht nur die Wände, sondern sogar der Fußboden war bedeckt. Es waren keine Lichter vorhanden außer zwei Kerzen, die auf dem schwarz ausgeschlagenen Altar brannten. Das Bett war in der gleichen Weise bedeckt. Ihre Majestät war aufs bescheidenste gekleidet: ein schwarzes Gewand mit einer langen Schleppe, das keine andere Verzierung als einen Hermelinkragen hatte . . . Die Königin-Mutter antwortete im Namen aller, aber sie tat es mit so leiser Stimme, daß es schwierig war, sie zu verstehen . . . Denn zu der durch die Umstände bewirkten Schwäche ihrer Stimme kam noch, daß ein schwarzer Schleier ihr Haupt bis über das Gesicht bedeckte.«[8]

Dieses Übermaß an Trauer, das diejenigen »in Erstaunen versetzte«, die ihre Zeugen waren, wurde bald durch die Zeit, die Politik und Katharinas religiöse Philosophie gemäßigt. Genau einen Monat nach dem Tod ihres Gatten schrieb sie an ihren Vetter, den Herzog von Florenz, über die Notwendigkeit, »sich selbst dem Willen Gottes zu fügen und alles, als ob es aus Seiner Hand käme, auf sich zu nehmen in dem Bewußtsein, daß alles auf dieser Erde ungewiß und unbeständig ist«. Ihr Brief an Elisabeth von England war in dieselbe religiöse Redeweise gekleidet mit der Feststellung, ihr Leid sei so außergewöhnlich gewesen, daß sie es nicht hätte ertragen können, wäre ihr Gott nicht mit »Seiner Kraft und Gnade beigestanden«[9]. Tatsächlich waren es die Pflichten ihrer politischen Stellung wie auch die weniger reale Hilfe durch Gottes Gnade, die ihre Trauer milderten.

Man weiß nur wenig, womit sich Katharina in den dem Tode Heinrichs unmittelbar vorangegangenen Tagen beschäftigte, aber am Morgen des 10. Juli wurde es offenkundig, daß sie eigenes politisches Profil gewonnen hatte. Sie unternahm selbst keinerlei Anstrengungen, die königliche Macht an sich zu reißen, sondern verbündete sich statt dessen mit den Guisen, indem sie sich deren »weisen Ratschlägen« unterordnete. Ihre Motive, so zu handeln, haben mancherlei Definitionen gefunden: Ehrgeiz, Furcht, Naivität – bis zu einem gewissen Grad war zweifellos von jedem etwas dabei. Eines ist klar: obgleich das Staatsrecht bestimmte, daß die Regentschaftsgewalt beim Ersten Prinzen von Geblüt ruhte, machte Katharina mit einer solchen Bestimmung kurzen Prozeß. Einen so wankelmütigen Mann wie Anton mit einer derartigen Macht zu bekleiden, einem zudem mit den nachteiligen Merkmalen des Bekenntnisses zur neuen Religion, wäre Katharinas praktischem Sinn geradezu närrisch vorgekommen.

Die Guisen dagegen waren kraftvoll, intelligent, gleichmäßig in ihrem Handeln und – vielleicht am wichtigsten von allem – unmittelbar zur Stelle. Sicher, sie wurden nicht allenthalben gemocht. Ihre Arroganz hatte zuweilen ihre Standesgenossen gekränkt, ihr Ehrgeiz war sagenhaft, ihre religiöse Einstellung machte sie für die Hugenotten unannehmbar, doch niemand konnte den Einfluß in Frage stellen, den sie sowohl in Frankreich wie außerhalb seiner Grenzen ausübten. Wenn es auch viele mißbilligten, so war niemand überrascht, als alle militärischen Angelegenheiten Anfang August dem Herzog von Guise anvertraut wurden, während sein Bruder, der Kardinal, die Staatsgeschäfte und das Finanzwesen überantwortet erhielt. »Sie haben unseren jungen König vollständig in Besitz«, schrieb der zeitgenössische Jurist Étienne Pasquier mißtrauisch, »und sämtliche Staatsgeschäfte gehen durch ihre Hände.« Ricasoli war in der Einschätzung der Macht der Guisen noch schonungsloser, wenn er Anfang August nach Florenz berichtete: »Der Kardinal von Lothringen ist sowohl Papst als auch König und verfügt über eine Autorität, die größer als diejenige ist, welche es jemals in diesem Königreich gegeben hat.«[10] Diejenigen, welche mit Argwohn auf diese geballte Macht schauten, taten

Franz I. von Frankreich

Katharina als Königin von Frankreich

das nicht ohne Grund. Wenn es auch stimmte, daß der Herzog erst vor kurzem Calais für Frankreich gewonnen hatte und der Kardinal auf dem Konzil von Trient für die Interessen Frankreichs eingetreten war, so bewegten sie doch auch Interessen und Angelegenheiten, die nicht immer mit denen des Landes im Einklang standen. Schon 1559 waren viele Franzosen erschreckt durch das offensichtlich herzliche Verhältnis zwischen den Guisen und dem König von Spanien, und zwar so sehr, daß der zeitgenössische Historiker Jacques-Auguste de Thon so weit ging, die Guisen zu bezichtigen, sie hätten schon eine Intrige zusammen mit Spanien »ausgeheckt, die Frankreich zum Nachteil gereichen würde«[11].

Ihre Bindungen mit Schottland konnten sogar noch gefährlicher werden. Nunmehr, da Maria Stuart Königin sowohl von Frankreich als auch von Schottland war, wuchs das französische Interesse an den Ereignissen in Schottland unvermeidlich. Da die Regentin, Maria von Guise, auf den wachsenden Widerstand der schottischen Reformierten stieß, verstärkte Frankreich seine militärische Hilfe. Diese Maßnahme trug keineswegs zur Verbesserung der Beziehungen zwischen England und Frankreich bei, und das Jahr 1560 war angefüllt mit gereizten Warnungen Elisabeths, diese ausländische Drohung vor ihrer Hintertür zu beseitigen. Bei der wachsenden Macht Spaniens entlang seinen Grenzen, konnte es sich Frankreich nicht leisten, England zum Feind zu haben, doch es war klar, daß die Guisen, wenn es nach ihnen ging, ihrer Schwester in jeder Weise in ihrem Kampf gegen die schottischen Rebellen helfen würden.

Dieser starke Widerstand gegen die Reformation in Schottland machte augenscheinlich, was die Hugenotten zu erwarten hatten, solange die Guisen an der Macht waren. Wie Throckmorton in einem Brief an Lord Burghley bemerkt hatte, wurde unter den Reformierten Frankreichs kaum um Heinrich II. getrauert. Statt dessen empfanden sie Erleichterung und hegten Hoffnungen, denn die Königin-Mutter schien weit weniger intolerant zu sein als ihr Gatte. Außerdem sah man in Anton, der, wie man erwartete, die Regentschaft übernehmen würde, den wahrscheinlichen Führer der Hugenotten. Ihre Enttäuschung war in der Tat bitter, als Franz II. sofort klar werden ließ, daß Regierungsgeschäfte ganz und gar in den Händen der konservativsten Familie in Frankreich ruhen würden. Es war offensichtlich, daß die Anhänger der neuen Religion von der Krone keinerlei Gnade zu erwarten hatten.

Bèzes Schilderung der Verfolgung in Frankreich während dieser Tage ist zweifellos übertrieben: Gefangene wurden ringsum abgeführt – »Männer, Frauen, Kinder, Menschen aller Klassen« –, ihre Häuser der Plünderung überlassen, »als ob es sich um eine Stadt im Kriege handle«[12]. Doch war es eine Tatsache, daß Kommissionen in die Provinz ausgesandt wurden »zur Verfolgung der Religion«, und in Paris schmachtete Anne Du Bourg, ein geschätztes Mitglied des Pariser Parlaments, trotz der vielen Jahre, die er dem Staate gedient hatte, im Gefängnis wegen Häresie. Du Bourgs Einkerkerung, eine von Heinrichs II. letzten offiziellen Maßnahmen, hatte viele Menschen erschreckt und Mißfallen erregt, denn Du Bourg war ein Mann von Ansehen und Rechtschaffenheit. Seit dem Tod des Königs hatte man gehofft, daß er seine Freiheit wiedererlangen würde; statt dessen wurde seine Verurteilung zum Tode bestätigt.

Wenn die Guisen etwa dachten, durch solche Maßnahmen die Reformierten einzuschüchtern, so fanden sie bald heraus, daß sie nur das Gegenteil erreicht hatten. Als der Tag der Hinrichtung Du Bourgs näherkam, wuchs der Widerstand. Am 18. Dezember wurde Antoine Minard, einer von Du Bourgs Richtern, auf offener Straße in Paris niedergeschossen, und eine Drohung wurde an den Kardinal von Lothringen gerichtet: »Seid vorsichtig, Kardinal, damit ihr nicht *à la Minarde* behandelt werdet.« Die Rebellion breitete sich rasch über Paris hinaus aus, und Thomas Killigrew, Throckmortons Sekretär, schrieb in seinem Bericht: »Aufruhr in Lyon, Paris, der Gascogne und anderenorts . . .«[13] Keine Gewaltdrohungen vermochten indessen Du Bourg zu retten, der am 23. Dezember standhaft starb. Seinen Glaubensbrüdern ließ die Tatsache, daß er ausgerechnet am Vorabend des Weihnachtsfestes leiden mußte, den Glanz seines Märtyrertums nur um so heller erstrahlen.

Vor Einbruch des Herbstes hatte die Politik wachsender Repression die Hugenotten veranlaßt, an die Königin-Mutter zu schreiben und ihr zu versichern, daß ihre religiöse Einstellung in keiner Weise Illoyalität gegenüber ihrem Souverän bedeute. Im Anschluß an Du Bourgs Tod schrieben sie abermals:

»Wir bekennen vor der Göttlichen Majestät und Eurer Majestät, daß wir niemals gewünscht haben – noch wünschen – irgend etwas gegen Eure Majestät zu unternehmen; wir wünschen in der Tat, zu leben und zu sterben in der Verehrung, im Dienst und im ergebenen Gehorsam, den wir Euch schulden. Was die Streitkräfte anbelangt, die Eure Aufmerksamkeit hervorgerufen haben, so sind sie nur zu Eurem Dienst da. Wir haben uns nur bewaffnet, um uns der Tyrannei der Guisen zu widersetzen, die immer nur darauf bedacht waren, ihre eigene Macht zu verstärken, selbst wenn es Euren Untergang und den aller derjenigen, welche Euch zugetan sind, bedeuten würde.«[14]

Dies war weit mehr als die Erklärung einfacher, gläubiger Männer, die nur darauf aus waren, ihren Glauben gemäß ihrem Gewissen zu bekunden. Vielmehr bekräftigte es die Beobachtung von La Planche, daß es unter den Hugenotten zwei Richtungen gab, nämlich eine religiöse und eine politische, letztere entschlossen, der Usurpation der Macht durch die Guisen Widerstand entgegenzusetzen, da diese nach ihrer Ansicht rechtmäßig allein den Prinzen von Geblüt zukam. Dieser Brief, der gegen Ende des Jahres 1559 geschrieben wurde, deutet im Keim die Position an, die die Hugenotten während des ganzen Verlaufs der Religionskriege einnahmen: sie waren Royalisten, loyal gegenüber den angestammten Herrschern. Ihre Armeen hatten keinen anderen Zweck, als den König zu »schützen« vor jener raffinierten Faktion am Hof, die angeführt wurde vom Herzog von Guise und seinem Bruder, dem Kardinal. Sogar als die Gereiztheit nach der Hinrichtung Du Bourgs ihren Höhepunkt erreicht hatte, war es nicht der König und auch nicht die Königin-Mutter, gegen die sich die Wut der Menge richtete. Vielmehr war die königliche Familie selbst in die Rolle des Opfers gedrängt worden, hoffnungslos manipuliert von einer Macht, die zu stark für sie war.

Es fiel bestimmt schwer, auf den jungen König zu schauen und nicht von Mitleid bewegt zu sein. Die Krone, die sich in Reims auf sein Haupt gesenkt hatte, war für ihn nach jeder Richtung hin zu schwer. Die Perioden der Erschlaffung, an der er immer gelitten hatte, häuften sich immer mehr. Seine Blässe nahm in so extremer Weise zu, daß Killigrew das umgehende Gerede an Elisabeth weitergab: »Es wird im Geheimen berichtet, daß der französische König aussätzig geworden ist.«[15]

Katharina war ebenfalls zur Rolle des Opfers verdammt. Ruhig, unerfahren und dem schwächeren Geschlecht angehörend, hatte sie, so wurde angenommen, ihre Macht durch ihre Abhängigkeit von den königlichen Onkeln verschwendet. Es gibt in der Tat nur wenige Zeugnisse von Katharinas Reaktionen während jener ersten sechs Monate. Ihre Briefe sind spärlich, und auch in zeitgenössischen Memoiren und Aufzeichnungen wird sie nur selten erwähnt. Es ist indessen nicht schwierig, zu vermuten, daß es sowohl Monate der Einsamkeit als auch solche der Besorgnis waren. Sie hatte den Titel der Königin an ein Mädchen abgetreten, das mit der Arroganz der Jugend und der königlichen Würde ihre Schwiegermutter die Tochter eines Krämers genannt haben soll. Sie wachte über ihren Sohn in ihrem beständigen Kampf gegen seine schlechte Gesundheit; und was noch schlimmer war, sie wachte, während eben dieser Sohn – von dem es erst einige Monate zuvor hieß, »er tue nichts anderes als das, was sie wünscht« – dem Kreis ihrer fürsorglichen Liebe entwunden worden war[16]. Sie paßte nicht in das raffinierte Getriebe des Hauses Guise. Sie, die ihr Leben in »ewigem Suchen« nach Frieden zu verbringen gedachte, sah jetzt untätig zu, wie Kampflinien gezogen wurden. Die Guisen saßen fest im Sattel, und sie waren meisterhafte Reiter. Es muß Katharina zutiefst geschmerzt haben, sich ins Gedächtnis zurückzurufen, daß sie es war, die den Steigbügel gehalten hatte.

In den letzten Monaten 1559 schien sie alles zu verlieren. Ihr Gatte war tot, ihr ältester Sohn hatte sich von ihr entfernt, und im Dezember verabschiedete sie ihre geliebte Tochter Elisabeth. Elisabeth schien von allen Kindern der Valois am meisten die Gabe zu besitzen, Liebe auf sich zu ziehen. Während der Jahre als Königin von Spanien eroberte sie sich die Herzen des spanischen Volkes, das sie voller Zuneigung Isabel de la Paz nannte, und, soweit es Philipp überhaupt zuließ, daß andere sein Herz gewannen: sie vermochte es. Im Anschluß an die Verlobung war ihr gestattet worden, noch sechs Monate länger am französischen Hof zu bleiben, da sie noch nicht ihren 15. Geburtstag gefeiert hatte. Ende November jedoch wurden die Pläne gefaßt, wonach sie zur spanischen Grenze gebracht werden sollte. Zur gleichen Zeit war auch Margarethe von Frankreich, die jüngere Schwester Heinrichs II. und enge Freundin von Katharina, im Begriff, den Hof zu verlassen und wieder zu ihrem Gatten zurückzukehren. Der gleichzeitige Verlust sowohl ihrer Lieblingstochter als auch ihrer Freundin seit 25 Jahren, war ein schwerer Schlag für sie. Ein wenig wurde ihr Kummer jedoch gemildert durch den Bericht von Sébastien de l'Aubespine, dem französischen Gesandten in Madrid, der von Philipps auffallender Glückseligkeit über die bevorstehende Ankunft von Elisabeth schrieb[17].

Katharina verbrachte ein einsames Weihnachtsfest in Blois, besorgt über die Unruhe, die sich kreuz und quer in Frankreich ausbreitete. Der Rauch von Du Bourgs Hinrichtung lag weit länger über dem Land, als irgendeiner angenommen hatte. Im Januar wurde die Atmosphäre immer ätzender, da andere Hugenotten den Flammen überantwortet wurden. In Paris gärte es, und besondere Maßnahmen wurden getroffen, um die Ordnung aufrechtzuerhalten. »Faktionen religiöser Art schießen allenthalben aus dem Boden«, schrieb Throckmorton am 4. Februar an Königin Elisabeth nach London[18].

Aber die Guisen beharrten halsstarrig auf ihrer Position und weigerten sich, trotz der Warnungen aus den Reihen ihrer Umgebung, irgendeines ihrer repressiven Gesetze aufzuheben.

Für die Hugenotten war die Lage unerträglich geworden. Schon waren Briefe an Calvin abgegangen mit der Anfrage, ob unter solchen Umständen nicht ein Aufstand gerechtfertigt wäre. Calvin jedoch, der gemäßigter war als viele, die sich nach seiner Führung sehnten, wollte eine derartige Maßnahme nicht gutheißen, es sei denn, sie wäre notwendig, um »die Prinzen von Geblüt in ihren rechtmäßigen Stellungen zu halten . . ., und sie würde vom Parlament sanktioniert«. Er beharrte unerbittlich auf seinem Standpunkt, daß es »besser wäre, tausendmal unterzugehen«, statt sich gegen die gesetzmäßige Regierung aufzulehnen[19]. Calvins Friedfertigkeit angesichts ihrer ungerechten Verfolgung ging den Hugenotten wider den Strich. Von ihrem Standpunkt aus erschien eine Aktion erforderlich, nicht nur zum Nutzen der eigenen Sicherheit, sondern zum Wohle des Königreiches.

Nunmehr wurden jene verfehlten und wirren Pläne in die Tat umgesetzt, die später als die Verschwörung von Amboise bekannt geworden sind. Von Anfang an waren sie mangels ausreichender Leitung zum Scheitern verurteilt. Die gegebenen Führer – Anton und sein Bruder – nahmen angeblich nicht an der Erhebung teil; sie leugneten später in der Tat, irgendwelche Kenntnis davon gehabt zu haben. Die Führung übernahm Jean de Barry, Sieur de la Renaudie, ein Abenteurer mit fragwürdigen Motiven, der früher einmal wegen eines mißlungenen Fälschungsversuchs Zuflucht in der Schweiz gesucht hatte. Dort wurde er Anhänger der reformierten Religion und Kandidat für die geplante Verschwörung. Für ein Unternehmen, das Umsicht, Strategie und Diskretion erforderte, war La Renaudie schlecht geeignet. Als Calvin ihm in Genf begegnete, beschrieb er ihn »als Mann voller Eitelkeit und Anmaßung« und fügte hinzu: »Ich habe alles versucht, um ihn von dieser Torheit abzubringen.«[20] Es war La Renaudies Verhängnis, daß er davon nicht abzubringen war. Die Pläne wurden während der ersten Februarwoche in Nantes ausgearbeitet. Ihr Gelingen hing von ihrer Geheimhaltung ab, aber irgendein Anzeichen des Komplotts drang bald bis zu den Guisen vor. Das Schloß von Blois, wo der Hof damals weilte, war für einen Aufstand nicht geeignet, doch gegen Ende Februar verließ der Hof Blois, um seinen Weg in langsamen Etappen die Loire abwärts nach Amboise zu nehmen. Hier war es, daß Katharina in der Überzeugung, eine fortgesetzte Repressionspolitik würde zum Bürgerkrieg führen, zum ersten Mal die Initiative ergriff. Sie ließ Admiral de Coligny, der sich zwei Jahre zuvor zum reformierten

Glauben bekehrt hatte, rufen, und beide berieten unter Mitwirkung des abgeklärten Staatskanzlers François Olivier im Zeichen drohender Gefahr mögliche Lösungen. Obschon nach Temperament und Zielsetzung weit voneinander getrennt, fanden sich die drei in Übereinstimmung in einem Punkt: Frankreich durfte nicht in einen Bürgerkrieg hineingezogen werden. Ihre Resolutionen fanden ihren Niederschlag im Edikt von Amboise, das unterschied zwischen »religiösen Hugenotten« (diejenigen, welche religiöse Toleranz erstrebten sowie ihre Grundrechte als Bürger Frankreichs) und »aufrührerischen Hugenotten« (diejenigen, welche aktive Staatsfeinde waren). Letztere wurden verfolgt als das, was sie waren; die anderen sollten anerkannt, außerdem sollte ihnen seitens der Krone Amnestie gewährt werden.

Eine solche Politik kollidierte unmittelbar mit dem von den Guisen entworfenen Programm totaler Repression. Zum ersten Mal, seit Franz II. den Thron bestiegen hatte, fanden sie ihre Macht erschüttert. Sich dem Edikt zu widersetzen, würde nichts anderes bedeuten als die Bande zwischen Katharina und Coligny zu verstärken und demzufolge das Haus Montmorency zu festigen. Noch schlimmer, es würde die Anklage der Hugenotten glaubwürdig machen, daß ihre fortgesetzte Verfolgung das Werk der Guisen und nicht das der königlichen Familie war. Den Guisen blieb keine andere Wahl als zu schweigen, und am 2. März wurde das Edikt nach Paris gesandt, um so schnell wie möglich vom Parlament verabschiedet zu werden. Unglücklicherweise kam der Kompromiß zu spät, um noch Einfluß auf La Renaudie und seine Mitverschwörer auszuüben. Nachdem der Hof seine Residenz von Blois nach Amboise verlegt hatte, hätte ein Mann von praktischer Gesinnung seine Pläne nochmals überdacht, denn Amboise war so gut wie unbezwingbar. Daß La Renaudie fortfuhr, an die Möglichkeit des Erfolgs zu glauben, legt ausreichend Zeugnis von seiner Naivität ab. Ursprünglich von den Grafen von Anjou erbaut, erhob sich das Schloß auf einem nackten Felsen am rechten Ufer der Loire. Mit seinen hohen Türmen beherrschte es die Sicht über den Fluß auf eine meilenweite Entfernung nach Norden, während es von Süden her im Schutz des Waldes von Amboise lag. Für einen ansehnlichen Trupp war es so gut wie unmöglich, sich unentdeckt Amboise zu nähern, selbst im Falle vorzüglicher Planung. Der Trupp, der sich Mitte März 1560 auf Amboise zu bewegte, verfügte über keine. Schlecht ausgerüstet und schlecht geführt zog er durch den Wald – ein Dutzend Menschen etwa insgesamt – nachdem er sich mehr zufällig als zweckmäßig gebildet hatte. Wenn man späteren Bekundungen der Teilnehmer Glauben schenkt, so war sogar das Ziel ihres Unternehmens undurchsichtig. Einige glaubten, es handle sich um nichts anderes, als den König um eine Audienz zu bitten, ihre Klagen vorzubringen und um eine Sitzung der Generalstaaten einzukommen. Der eine oder andere nahm an, es ginge darum, sowohl die Guisen als auch den König zu töten. Die meisten jedoch vertraten die Ansicht, ihr Ziel sei es, den Kardinal und seinen Bruder festzunehmen und auf diese Weise den König zu »befreien«[21].

Das Unternehmen mißlang, bevor es begonnen hatte. Am 11. März wurden zwei der Anführer durch Leute des Königs auf Schloß Noizay in der Nähe von Tours gefangengenommen, wo sie ihr Hauptquartier aufgeschlagen hatten. In der folgenden Woche wurden verschiedene andere Gruppen von Verschwörern unweit Tours oder unterwegs im Wald von Amboise abgefangen. Einige wurden gefoltert, um Aussagen aus ihnen herauszupressen. Aber im allgemeinen herrschte noch der Geist der Versöhnung, wie er von Katharina und Coligny gefördert worden war, vor, und die meisten derjenigen, welche man gefaßt hatte, wurden kurzerhand unter der Androhung künftiger Strafe nach Hause geschickt. »Schlecht diszipliniert und noch schlechter bewaffnet . . . arme Landleute, die nicht wußten, was sie eigentlich sollten«, so schilderte sie Michel de Castelneau in seinen Memoiren[22].

Am 16. März allerdings änderte sich das Klima infolge offener Aggression. Kurz vor Morgengrauen drang eine Schar von über hundert Berittenen in den Schloßhof von Amboise ein. Einige Schiffer auf der Loire, die die Reiter im Nebel der Morgendämmerung erblickt hatten, schlugen im Schloß Alarm, aber trotz aller sorgfältigen Vorsichtsmaßnahmen war die königliche Wache seltsamerweise nicht gerüstet, dem Angriff entgegenzutreten. Wären sich die Angreifer ihrer eigenen Strategie sicher gewesen, so hätte die Verschwörung von Amboise wohl gelingen können. So aber schienen sie nicht minder verblüfft als ihre Gegner. Nachdem sie ihre Pistolen aufs Geratewohl abgefeuert hatten, saßen sie wieder auf und hasteten Hals über Kopf den Weg zurück, den sie gekommen waren. Throckmorton, der Königin Elisabeth (mit deren Geld, so ging das Gerücht, die Verschwörer zum Teil bewaffnet worden waren) die Szene schilderte, schrieb: »Worauf es einen derartigen Aufruhr sowie ein Laufen hin und her im Schloß gab, als ob der ringsum lagernde Feind versucht hätte, in das Schloß einzudringen, und man hörte Rufe ›Aufgesessen/ Aufgesessen!‹ «[23]

Dieser verfehlte Angriff auf das königliche Schloß war es, der das Klima auf Amboise von Toleranz in strenges Gericht veränderte – und noch darüber hinaus. An die Stelle der mündlichen Ermahnungen, die den ersten Festgenommenen erteilt worden waren, traten nunmehr die Folter und der Tod. Die Grausamkeit, mit der in Amboise zu Werke gegangen wurde, ist legendär geworden, denn über alles Richten hinaus wurde sie zu einem Schaustück. Am Tage nach dem Angriff auf das Schloß erhob Franz in der Überzeugung, daß Gnade jetzt ein unbrauchbares Mittel war, den Herzog von Guise zum Generalleutnant des Königreichs. Für einen Augenblick war Guise im Sattel ins Rutschen gekommen, aber jetzt saß er wieder erhobenen Hauptes fest darin, mächtiger denn je zuvor. Katharina hatte unterdessen den Kummer des Fehlschlags zu erdulden. Sie hatte sich auf die Seite der Gnade geschlagen, und die Gnade hatte sie hintergangen. Sie hatte zugunsten der Hugenotten gesprochen, und eben in dem Augenblick, in dem sie ihnen Schutz gewährte, hatten sie sie angegriffen. Sie würde sich Zeit lassen, diesen Weg nochmals einzuschlagen. Was sie aber am meisten demütigte, war der Verlust ihrer Überlegenheit über das Haus Guise. So endete der erste Zusammenstoß in jenem lebenslangen Zweikampf, in dem keine der beiden Seiten jemals einen entscheidenden Sieg erringen sollte.

Kein anderes Klima eignet sich so sehr für das Gedeihen von Grausamkeit als Furcht, und monatelang lebte der französische Hof in Furcht und Ungewißheit. Anfang März hatte Perronot de Chantonnay, der spanische Gesandte, an den Bischof von Arras geschrieben: »Die Geschäfte dieses Königreiches befinden sich in einem derartigen Zustand der Verwirrung, daß man nichts mehr für sicher halten kann«, eine Beobachtung, die von Throckmorton unterstrichen wurde, der äußerte: »Man weiß nicht, auf wen man sich verlassen kann und wem man mißtrauen soll.«[24] Der Kardinal von Lothringen, so bemerkten seine Zeitgenossen, war für Furcht besonders anfällig. Im Gegensatz zu seinem Bruder war er kein Soldat. Seine Waffen waren sein Witz, seine Beredtsamkeit, seine Anmaßung. Die Bedrohung durch physische Gewalt war neu für ihn, und er begegnete ihr minder nobel, als man hätte erwarten sollen. Als er schließlich in der Lage war, sich für diese langen Monate des Schreckens zu rächen, tat er es ohne Gnade. Es war der Kardinal viel mehr als sein militärischer Bruder, der die volle Strenge des Gesetzes forderte. Seine Handschrift kann man auch in den *lettres de cachet* erkennen, die die den Rebellen gegenüber zu befolgende Politik bestimmen und raten, »mit keinem von ihnen Erbarmen oder Mitleid zu haben«[25].

Es ist schwierig, in den Erzählungen über Amboise Wahrheit von Legende zu scheiden. Diejenigen, welche Augenzeugen des Geschehens waren viel zu parteiisch, um sie objektiv zu sehen. Die Darstellung, die der Hugenotte Agrippa d'Aubigné in seinen Memoiren gibt, ist zweifelsohne übertrieben. Es können schwerlich Hunderte von auf Pfählen gesteckten Köpfen gewesen sein, die er gesehen haben will, und die er, damals achteinhalb Jahre alt, zu rächen gelobte[26]. Es ist nicht so sehr die Zahl derer, die starben (obgleich sie beträchtlich war), als das Verhalten der Verfolger, daß die Tötungen von Amboise weniger den Charakter einer Exekution als den eines Massakers trugen.

Man braucht der Legende von der schreckensbleichen Maria Stuart, die den Hinrichtungen gezwungenermaßen bis zum Ohnmachtsanfall zusah, nicht zu glauben. Ebensowenig muß man den hinter vorgehaltener Hand geflüsterten Schilderungen sadistischen Vergnügens, dessen sich die Damen des Hofes erfreuten, Glauben schenken. Es genügt, den nüchternen Darstellungen der fremden Gesandten zu folgen: einige wurden gerädert, einige enthauptet, und ihre Köpfe wurden an den Ecken des Schlosses aufgespießt, eine große Anzahl wurde in Säcke eingenäht und im Schloßgraben oder in der nahegelegenen Loire versenkt. Sogar auf den schmiedeeisernen Balustraden, die die Schloßfenster flankierten, hingen Tote. Die für Amboise charakteristische friedliche und kultivierte Atmosphäre war dahin. Der gemächliche Lauf der Loire, die mit den ersten Frühlingsregengüssen anschwoll, das üppige Gesträuch entlang den Flußufern dienten nur dazu, den Schrecken auf dem Hügel zu vergrößern. Die Schiffer auf dem Fluß rochen den widerlich süßlichen Geruch der Verwesung, lange bevor sie die Körper vor den Fenstern baumeln sahen. Amboise war vom Tod heimgesucht, und der königlichen Familie war geraten worden, sich zu entfernen, ehe eine Seuche ausbrach.

Ein Mann unter den Siegern erkrankte und starb auf Amboise – vor Gewissensbissen, so hieß es, eher als wegen Krankheit. Der Kanzler Olivier konnte es nicht mehr aushalten, diese Grausamkeiten weiter mit anzusehen, für die er sich teilweise verantwortlich fühlte. »Durchbohrt von Gewissensbissen und Reue«, so schrieb ein Zeitgenosse, »wurde er krank vor äußerster Depression.« Als der Kardinal, der gehört hatte, daß Olivier im Sterben lag, kam, um ihn zu besuchen, wandte sich Olivier (so lautet die Erzählung) voller Verzweiflung zur Seite und murmelte: »Verruchter Kardinal, Ihr seid nicht bloß verdammt, sondern Ihr habt uns ebenso alle miteinander verdammt.«[27]

Amboise hatte nichts entschieden. Statt dessen hatte es die Feindseligkeiten nur gesteigert und die Schwierigkeiten zwischen den Gruppen, die miteinander um die Macht rangen, nur vermehrt.

Die Guisen, ständig darauf bedacht, die Macht der Prinzen von Geblüt zu schwächen, versuchten jetzt, die Hauptverantwortung Condé und Anton anzulasten. Doch trotz der Folterungen, denen sie die Gefangenen aussetzten, waren sie nicht imstande, ausreichendes Zeugnis sicherzustellen, um die Prinzen von Geblüt zu inkriminieren. Obwohl einige Condé als den *chef muet,* den stillen Führer, bezeichneten, gab es keinerlei Beweise zur Erhärtung dieser Anschuldigung.

Condé fuhr fort, jede Verwicklung in diese Sache zu leugnen, während Anton – der seine Ländereien im Süden niemals verlassen hatte – die sanfte Haltung der Unschuld einnahm. Condé, der nicht über die Fähigkeit seines Bruders, abzuwarten, verfügte, konnte den rings um ihn schwelenden Verdacht nicht ertragen, und bat um Anhörung vor dem Rat des Königs. Heftig und ungeduldig erzählte er im einzelnen von seiner edlen Abkunft, seiner Loyalität gegenüber dem König, seinen mannigfachen Diensten für die Krone sowohl im Frieden als auch im Krieg und schloß, wie es in einer Darstellung des spanischen Gesandten heißt: »Ich weiß, daß es am Hofe heißt, ich wäre der Anführer der Verschwörer gegen die Person des Königs, unseren erhabenen Herrn. Niemals ist mir auch nur etwas Ähnliches in den Sinn gekommen, und ich erkläre, mit Erlaubnis des Königs, daß, wer auch immer solches gesagt hat, heimtückisch falsches Zeugnis abgelegt hat.«[28] Das war natürlich eine gegen die Guisen gerichtete Beschuldigung. Nachdem Condé seine Unschuld bekundet hatte, verließ er unverzüglich Chenonceaux und schlug die südliche Richtung nach Béarn ein.

Noch sechs Monate früher wäre er an der Abreise gehindert worden, aber die Guisen hatten während der Verschwörung ihr Gesicht verloren. Die Feindschaft gegen sie war gewachsen, und sie waren sich ihrer Macht nicht mehr so sicher. Als der König gegen Ende März von der Unterdrückung der Verschwörung geschrieben hatte, antworteten die Hugenotten, daß es eine Täuschung sei, zu denken, daß eine solche Unternehmung so rasch zu Ende gehen könne: »Solange der König minderjährig ist und das Königreich nicht selbst regiert . . . wird diese Unternehmung niemals unterdrückt werden, denn es wird immer wieder Versuche geben, der Gerechtigkeit zum Sieg über die Tyrannei, Grausamkeit, Habgier, Illoyalität, Ehrgeiz sowie den unerträglichen Stolz und Geiz des Hauses Guise zu verhelfen.«[29] Zur Bekräftigung ihrer Erklärung setzten die Hugenotten ihre Aufstände in Limousin, Agenais, Périgord fort. François Hotman veröffentlichte seinen gehässigen Angriff auf den Kardinal in *Le Tigre,* und in Paris wurde der Kardinal in effigie gehenkt. Die

Guisen, die nicht nur für ihr Prestige, sondern auch für ihre leibliche Sicherheit fürchteten, zogen vorsichtig von Ort zu Ort, oft von bewaffneten Wächtern begleitet. »Diese Veränderungen«, so schrieb Chantonnay an Philipp, »setzen deutliche Feuerzeichen.«[30]

Die Stellung des spanischen Gesandten im Frühjahr 1560 war heikler Natur, denn die Beziehungen zwischen seinem Herrn und dem Haus Guise waren zweideutig bis zum Extrem. Wenn Philipp auch wünschte, den Guisen bei der Unterdrückung der Häretiker beizustehen, so zögerte er, ihre Macht zu verstärken. Ein Frankreich, das sich einer Königin rühmte, die drei Kronen, die Frankreichs, Schottlands und Englands trug, war entschieden gegen Philipps Geschmack, doch entsprach es ganz offensichtlich der Richtung, die Frankreich eingeschlagen hatte. Schon im November des vorangegangenen Jahres hatte Killigrew an Elisabeth geschrieben, daß der junge König und die Königin ihren feierlichen Einzug in Chatellerault unter einem Baldachin aus karmesinrotem Damast mit den darauf gestickten Wappen von England, Frankreich und Schottland gehalten und den Titel *Franciscus et Maria, Dei gratia, Rex et Regina Franciae, Scotiae, Angliae, et Hiberniae* gebraucht hätten. Im folgenden Frühjahr ging eine weitere Depesche nach England, die Maria Stuarts anmaßendes Verhalten beschrieb: »Sie hat sich in Ansprachen, von Zeremonienmeistern, in Schriftstücken, Siegeln und bei Widmungen auf Triumphzügen und von Herolden als Königin von England titulieren lassen.«[31] Dies war offenbar das Werk jener ehrgeizigen Onkel, die über die Nützlichkeit ihrer Nichte Bescheid wußten. Die Verschwörung von Amboise verminderte freilich die Beschäftigung der Guisen mit Schottland und England, und Marie von Guise war unterrichtet worden, daß sie sich mit französischer Schlichtung anstatt französischen Waffen zufriedengeben müsse. Katharina hatte die lästige Verwicklung Frankreichs in schottische Angelegenheiten niemals behagt. Bei allen Throckmorton gewährten Audienzen hatte sie beteuert, daß ihre Freundschaft und Zuneigung gegenüber England unerschütterlich wäre. Gutes Einvernehmen und Frieden seien, so versicherte sie ihm, ihr zutiefst empfundener Wunsch für beide Länder. Throckmorton jedoch, argwöhnisch wie immer, hörte Katharina voller Mißtrauen zu. Jetzt fügte er, obgleich er von Katharinas Versicherungen ihrer Freundschaft gegenüber England gewissenhaft berichtete, warnend hinzu: »Sie gebraucht diese gefällige Redeweise nur, um die [englische] Königin zur Vernachlässigung ihrer Stärke zu veranlassen.«[32]

Throckmorton hatte diesen Fall überbewertet. Katharina pries hier tatsächlich die Freundschaft mit England und beabsichtigte wirklich nicht, diese Freundschaft deswegen zu opfern, weil ihre Schwiegertochter die Krone Schottlands trug und immer wieder gedrängt wurde, auch nach der von England zu streben. Es ist schwierig, das Verhältnis zwischen Königin und Königin-Mutter richtig abzuschätzen. Die auf uns überkommenen Berichte lassen nichts von offenen Reibungen verlauten. Königin und Königin-Mutter waren zwangsläufig oft miteinander zu sehen. Sie saßen bei der Ausübung höfischer Funktionen nebeneinander, sie empfingen die Gesandten gemeinsam, wobei sich Maria bei Audienzen oft vor Katharina beugte. Nichts läßt allerdings dabei auf so etwas wie Zuneigung oder Vertrauen schließen. Sie wählten ihre Worte und zügelten ihre Gefühle. Singen, Tanzen, Bezaubern, sich Verstellen – das waren die Künste, in denen sie geübt waren; Katharina war dabei als Ältere vielleicht geschickter.

Nach Amboise sah sich Katharina in einer stärkeren Position als jemals nach dem Tod ihres Gatten. Je mehr Feindschaft und Mißtrauen die Guisen umgaben, desto mehr war sie imstande, ihre eigene politische Haltung zu bestimmen. Das Glücksrad hatte sich gedreht. Acht Monate lang hatte es die Guisen emporgehoben. Jetzt hatte sie ihr Glück im Stich gelassen, und Katharina erhielt ihre erste Chance, eine Rolle zu spielen, worin sie sich mehr und mehr zur Meisterin entwickelte – nämlich die der Opportunistin. Sie hatte sich niemals zur gnadenlosen Verfolgung der Protestanten bekannt. Ebensowenig war sie dafür, sich die Prinzen von Geblüt zu entfremden. Solche Maßnahmen würden unvermeidlich zur Spaltung führen, und ein gespaltenes Frankreich würde zur leichten Beute seiner Feinde werden. Jetzt erhielt sie zum ersten Mal die Gelegenheit, das Gleichgewicht der Kräfte zu schaffen, das den Brennpunkt ihrer gesamten politischen Strategie bilden sollte. »Sie ist dabei, die Prinzen von Geblüt und die Hugenotten zu vereinigen«, schrieb der Graf von Tavannes, »um der Autorität der Guisen Einhalt zu gebieten.«[33] Dies war dem Wesen nach ihre Politik.

Als Olivier Ende März starb, ließ sein Tod den wichtigsten Posten in Frankreich offen: die Kanzlerschaft. Diesmal sah Katharina zu, daß er von einem Mann besetzt würde, den sie, nicht die Guisen, zu ihrem Fürsprecher zählen könnte.

In einem Zeitalter gewaltsamer Parteienwirtschaft schlug Michel de L'Hôpital einen Kurs ein, der auf ungewohnte Weise frei von Leidenschaft und Eigennutz war. Er war keiner, der Zeit zu gewinnen suchte, er wollte sich bei niemand lieb Kind machen, und er war ein unantastbarer Ehrenmann. Katharina hätte keine klügere Wahl treffen können. Es gab nur wenig Opposition, nicht einmal seitens der Guisen, die vielleicht spürten, das von solch einem hochherzigen Mann wie L'Hôpital wenig zu fürchten war. Er war ein bekannter Humanist; sein Latein war elegant; er war gebildet; er war ein Poet. Es schien zu viel verlangt zu sein, zu erwarten, daß er auch ein listiger Politiker sein würde. Sie fanden indessen bald heraus, daß sie den neuen Kanzler verkannt hatten.

Gegen Ende Mai war der Druck auf die Hugenotten durch das Edikt von Romorantin erleichtert worden. Katharina hatte bereits gelernt, daß offene Sympathie für die Hugenotten eine gefährliche Haltung war. Romorantin war etwas viel feiner Gesponnenes. Obwohl es seinem Wortlaut nach die Grundlage der Religionsfreiheit nicht verbreiterte, lag seine Absicht darin, die Hugenotten vor der gegenwärtigen Verfolgung zu verschonen. Während das Edikt klar die Unterdrückung »umstürzlerischer Versammlungen« forderte, ließ es den Weg zur Gewissensfreiheit offen. Wenn die führenden Männer auf beiden Seiten dem Frieden ebenso leidenschaftlich zugetan gewesen wären wie die Königin-Mutter und ihr Kanzler, so hätte das Edikt Wirkung haben können. So aber brannte der Sommer 1560 vor lauter Gewalttätigkeit. Aus Troyes, Bayonne, Agen kamen Nachrichten von niedergebrannten Kirchen, zerstörten Statuen, belästigten Priestern. Und auf jede Greueltat, die den Reformierten angelastet wurde, folgte als Gegenstück die Greueltat der Katholiken. Für die ausländischen Agenten, die die Ereignisse beobachteten, war es ausgemachte Sache, daß dies alles mehr als lokale Tumulte waren. Guido Giannetti, ein Venezianer im Dienste Elisabeths, gebrauchte den Ausdruck »Religionskriege«[34].

L'Hôpital hatte schon geraten, daß ein offenes Konzil, auf dem diese religiösen Streitfragen frei diskutiert werden könnten, der einzige Weg zum Frieden wäre, doch hatte Pius IV. gezögert, einer solchen Maßnahme zuzustimmen. Er hegte Befürchtungen angesichts dessen, was auf einem derartigen Nationalkonzil alles passieren könnte, und wiederholte statt dessen seine Anregung, das allgemeine Kirchenkonzil von Trient wieder einzuberufen. Frankreich jedoch mit seinem geringen Zutrauen zu Trient und seiner Abneigung gegenüber den römischen Vorstellungen versandte eine mit königlichem Siegel versehene Einladung, die besagte: »Alle Prälaten und Glieder der Gallikanischen Kirche sollen sich innerhalb von sechs Monaten am benannten Ort versammeln, um über alle Angelegenheiten zu verhandeln und gemeinsam den Zustand der Kirche zu reformieren sowie ihren alten Glanz wiederherzustellen.«[35] Inzwischen war eine Notabelnversammlung (Mitglieder des Rates des Königs, Kronoffiziere, Prinzen von Geblüt) Mitte August nach Fontainebleau einberufen worden. Wenn Katharina auch hoffte, daß eine solche Versammlung die wachsende Spannung mildern könnte, gab sie sich nicht der Illusion hin, daß einige Tage am Konferenztisch den tiefen Riß im Königreich etwa zu beseitigen vermöchten. Am 28. Juli schrieb sie an L'Aubespine, daß man in Fontainebleau zusammengekommen wäre, »um zu einem Beschluß über unsere Angelegenheiten zu gelangen und die Ordnung einigermaßen wiederherzustellen«, fügte aber recht realistisch hinzu: »Wie Sie sich vorstellen können, ist das nicht die Arbeit eines Tages oder auch nur eines Monats.«[36]

Der Notabelnversammlung in Fontainebleau waren die Prinzen von Geblüt bezeichnenderweise ferngeblieben. Wiederum hatten es Condé und Anton vorgezogen, abwesend zu sein, gerade als ihre Anwesenheit von wesentlichem Einfluß hätte sein können. Beim Tode Heinrichs II. hatte Anton die dringliche Aufforderung von Montmorency, doch zu kommen, unbeachtet gelassen; jetzt überging er die dringenden Bitten der Königin-Mutter. Katharina, die die königliche Gewalt durch Wahrung des Gleichgewichts zwischen Bourbon und Guise zu stärken versuchte, war bitter enttäuscht. Zwei Wochen vor Eröffnung der Versammlung schrieb sie persönlich an Anton:

»Mehr als ein Jahr nun habe ich beim Anblick dieses armen Königreichs gelitten, das von einem Unglück nach dem anderen heimgesucht wird . . . und jetzt bin ich Zeuge jener bedeutsamen Affären, in die der König, mein Sohn, sich verwickelt findet . . . mir scheint, daß alle seine treuen Diener keine besseren Mittel zum Handeln finden können . . . als sich gemeinsam zu versammeln . . . wobei ich überzeugt bin, daß Sie, da Sie der Erste dem Blute nach sind, der erste sein werden in der Hingabe, die Sie immer gegenüber meinem Herrn gezeigt haben.«[37]

Aber Anton, der sich gewöhnlich durch Schmeichelei beeindruckt zeigte, rührte sich nicht aus Béarn fort.

Er konnte es auch kaum wagen, denn im Sommer 1560 waren die Prinzen von Geblüt in ein Komplott verwickelt, das sie beinahe ihr Leben gekostet hätte. Spät im Juni begegnete Condé, verwegen, stürmisch und gereizt durch die erlittenen Demütigungen, seinem Bruder in Guyenne. Er wollte diese *tyrannie Guisienne,* der er am Hofe ausgesetzt war, nicht länger dulden. Es war nicht schwierig, unter den hitzköpfigen Gascognern andere Herren zu finden, die seine Gefühle teilten. Einer von diesen war Ferrières de Maligny, der in die Verschwörung von Amboise verwickelt gewesen war. Dieser geborene Revolutionär setzte sich jetzt an die Spitze einer Gruppe, die Lyon zu erobern plante. Lyon war eine wohlhabende Stadt, ein Mittelpunkt ausländischen Unternehmergeistes, eine Stadt, die oft der Kreuzweg Europas genannt wurde. Es war außerdem eine Stadt, in der antikatholische Einstellung hoch im Kurs stand. Mit Lyon in ihrem Griff würden sie den idealen Ausgangspunkt haben, von wo sie nach Paris marschieren und »ihre Rechte geltend machen« könnten[38].

Sowohl Bèze als auch Hotman verbrachten einen Teil jenes Sommers in Nérac-Bèze, wo sie über jegliches Übel, das sie nicht in Übereinstimmung mit dem reinen Evangelium sahen, predigten, und Hotman fachte die Stimmung gegen sein vornehmstes Ziel an: das Haus Guise. Maligny war mittlerweile mit mehr als 1000 Mann auf dem Weg nach Lyon. Was keiner der Verschwörer sich klarmachte, war, daß die Guisen mit ihrem kunstvollen Spionagesystem aufs genaueste über die Ereignisse im Süden informiert waren. Als sich die Versammlung in Fontainebleau ihrem Ende näherte, wurde Jacques de La Sague, ein Kurier im Dienste der Bourbonen, auf Befehl der Guisen angehalten und durchsucht, als er Paris in südlicher Richtung verließ. Die Briefe, die er bei sich trug, waren belastend genug, um ihn der Folterung zu unterziehen. Wie die meisten Menschen, die durch Furcht und Qual überwältigt sind, enthüllte er, was er von der Verschwörung wußte. Unverzüglich wurde der Vidame de Chartres, dem La Sague bereits Briefe übergeben hatte, verhaftet. Das Unternehmen von Lyon wurde natürlich sofort abgebrochen, und Maligny war abermals gezwungen, von der Bühne einer mißlungenen Verschwörung zu fliehen.

Vor der Verhaftung von La Sague war ein Bote nach Süden entsandt worden, um Condé und Anton wissen zu lassen, daß der König sie bei Hofe zu sehen wünsche. Er war instruiert worden, ihnen zu sagen, daß sie »unter Gewährung äußerster Sicherheit, kommen könnten, und daß sie frei von Gefahr wären, als wenn sie sich in ihren eigenen Behausungen oder an jedem anderen frei gewählten Ort befinden würden«[39]. Als das Ausmaß des Aufstandes klar zutage lag, änderte sich freilich der Ton des Königs. Verärgert darüber, daß diese ihm durch Blut und Würde am nächsten Stehenden zweimal in einem Jahr in eine Revolte innerhalb eines bereits von Wirren gezeichneten Königreichs verwickelt sein sollten, versicherte er seinen Ministern, daß er dies nicht länger dulden würde. Nochmals wurden die Prinzen an den Hof befohlen. Der König begnügte sich nicht länger mit einer Bitte, sondern erteilte einen Befehl. »Ich weiß sehr wohl, wie ich ihn zu der Erkenntnis bringen werde, daß ich der König bin«, schrieb Franz mit Bezug auf Anton. Immer noch hoffend, daß die Berufung auf die königliche Autorität ausreichen werde, ihn einzuschüchtern, schrieb Franz einige Tage später: »Wenn er kommt, wie es einem Untertan geziemen sollte, vor seinem Fürsten zu erscheinen, dann werden wir ihn empfangen und willkommen heißen; wenn nicht, dann werden wir ihn angreifen und ihn spüren lassen, daß ich es bin, der König ist, und daß ich über die Gewalt und die Mittel verfüge, mir Gehorsam zu verschaffen und jene meiner Untertanen zu bestrafen, die so kühn sind, mir ihren Gehorsam zu verweigern.«[40]

Für Franz löste sich die Angelegenheit einfach in eine solche der königlichen Autorität auf; für die Königin-Mutter war das Problem verwickelter. Das Machtgleichgewicht, das sie während der letzten sechs Monate hergestellt hatte, würde notwendigerweise zerstört werden, wenn die Bourbonenprinzen in einen Aufstand verstrickt wären. Die Torheit von Anton und Condé würden zur stärksten Waffe des Hauses Guise werden, und die Guisen selbst würden wieder beängstigend nahe dem Anspruch auf ihre Machtstellung sein, die sie nach Amboise verloren hatten.

Der Verdacht, der auf die Prinzen von Geblüt fiel, überschattete unvermeidlicherweise das Haus Montmorency, mit dem sie eng verbunden waren. Der Konnetabel, der wohlbewaffnet zur Versammlung nach Fontainebleau gekommen war, erhob sich »im Zorn« angesichts der gegen ihn vorgebrachten grundlosen Verdächtigungen. Es gab eine stürmische Szene mit der Königin-Mutter, wobei, wie Chantonnay berichtete, eine »unflätige Sprache« gebraucht wurde. Der Konnetabel warf Katharina vor, »sie wünsche, koste es, was es wolle, zu herrschen« und den König mit Männern zu umgeben, die »allgemein gehaßt« würden[41]. Die Königin-Mutter zuckte unter dieser unverdienten Rüge zusammen. Wenn sie zu herrschen wünschte, so war es – wie sie bis zum Ende ihres Lebens wiederholte – nur deshalb, damit ihre Söhne geschützt und Frankreich befriedet würde. Die Guisen absichtlich in der nächsten Umgebung des Königs zu halten, war weit von ihren Wünschen entfernt. Sie fürchtete deren Macht; sie fürchtete deren Einfluß auf Franz, was ihren eigenen verminderte. Unfähig, den Hof von ihnen zu befreien, war sie unermüdlich am Werk, ihre Macht zu untergraben. Wenn der Stern der Guisen abermals emporstieg, so lag der Fehler nicht bei ihr, sondern bei jenen verrückten Egoisten im Süden, die im Begriffe waren, Feuer an Frankreich zu legen. Im Süden herrschte Chaos, denn die zwei Prinzen konnten sich über den Verlauf der Aktion nicht einigen. Nicht nur der Anschlag auf Lyon war mißlungen, sondern auch die gleichzeitigen Aufstände im Languedoc, in der Provence und Dauphiné waren ebenfalls erfolglos. Im September erschien ihr jüngerer Bruder, Karl, Kardinal von Bourbon, um sie zur Rückkehr an den Hof zu überreden, wo sie sich rechtfertigen sollten. Offenbar hielten sie den zwingenden Befehl, an den Hof zu kommen, für eine Falle, doch das Versäumnis, den königlichen Weisungen zu gehorchen, würde sie zu Rebellen gegenüber der Krone machen. Anton, geradezu bis zur Lächerlichkeit unentschlossen, befand sich in einem Dilemma, dessen Lösung selbst einem weit entschlosseneren Mann Schwierigkeiten bereitet hätte. Indessen war sein Bruder, der Kardinal, dabei, ihm klar zu machen, daß ihm kein anderer Ausweg als die Rückkehr an den Hof übrig bleibe, Calvin dagegen drängte ihn, die Führung der Reformierten zu übernehmen. »Dieser Führer muß seine Kräfte sorgfältig zusammenhalten«, schrieb Calvin an Bèze. ». . . Es geht ein Gerücht, daß man ihn mit falschen Schmeicheleien täuscht, um seiner Herr zu werden, was mir höchst unwahrscheinlich scheint, weil die Dinge bereits einen Punkt erreicht haben, wo sie keinerlei Versöhnung mehr zulassen.«[42] An genau diesem Punkt jedoch entschied Anton, daß eine Versöhnung möglich wäre.

Zweifellos waren der Einfluß seines Bruders, des Kardinals, und die fortgesetzten Versicherungen der Königin-Mutter von voranstehender Bedeutung für seine Entscheidung. Von dem weniger gefügigen Condé hieß es, er habe gesagt, daß er nur unter der Bedingung »guter Begleitung« an den Hof ziehen wolle. Katharina, verärgert über sein kleinliches Gezänk und erschreckt bei dem Gedanken an eine feindliche Kraft in Orléans (wo der Hof jetzt residierte), erwiderte, daß »es sich nicht gehört«, dort eine Kraftdemonstration zu veranstalten, wo der König residiere. Deshalb verließen Anton und Condé unter spärlicher Begleitung am 17. September Nérac. Obgleich es unterwegs viele gab, die sich gerne in ihr Gefolge eingereiht hätten, wurde dies durch die Wachsamkeit der Guisen unmöglich gemacht. Als die Prinzen Anfang Oktober in Poitiers Station machten, wurden sie von unzufriedenen Haufen umringt, die lauthals um Hilfe für ihre Sache baten. Katharina befürchtete, daß solche Zwischenfälle Antons Entschlossenheit schwächen würden, und schrieb deshalb wiederholt, sie sei enttäuscht, daß diese Reise so oft habe verschoben werden müssen, und versicherte ihn eines herzlichen Willkommens bei Hof.

In der Abenddämmerung des 30. Oktober zog Anton mit seinem widerstrebenden Bruder in Orléans ein. Sie wurden, wie Katharina versprochen hatte, »erwartet«. Die Palastwache war verdoppelt worden. Die

Prinzen durften den gewöhnlichen Eingang nicht benutzen, sondern wurden gezwungen, abzusitzen und durch ein enges Pförtchen einzutreten. Der zeitgenössische Historiker, Nicolas de Bordenave, bemerkte, daß sie »nicht wie Verwandte, sondern wie Verbrecher« behandelt wurden. Das war erst der Beginn ihrer Demütigung. Als sie ihren Weg über den Hof zum Audienzraum nahmen, wurden sie flüchtig von denen begrüßt, welche aufgestellt waren, »um jedweden Aufstand oder Tumult zu vermeiden«. Hier wurde Condé angewiesen, zu warten, während Anton allein eintrat, um den König zu begrüßen, den er von seinen Beschützern, nämlich dem Kardinal von Lothringen, dem Herzog von Guise, dem Kardinal von Tournon und dem Marschall von St. André umgeben fand[43].

Ein Jahr königlicher Macht hatte wenig dazu beigetragen, Franz zu stärken. Er schien beinahe zu gebrechlich, um aufrecht zu stehen. Seine Augen, beständig schwach, tränten unentwegt. Seine Blässe schien noch zugenommen zu haben. Wenn man ihn so sah inmitten der hochgewachsenen, ansehnlichen Gestalten seines Rates, so waren die Gerüchte leicht zu begreifen, wonach der König nicht mehr lange zu leben habe. Der Knabe, der sich leidenschaftlich danach sehnte, ein Mann zu sein, war niemals in der Lage, seinen Aufgaben als Mann gerechtzuwerden. Obgleich immer wieder das Gerede auftauchte, seine junge Frau wäre schwanger, so wurde dies durch nichts erhärtet. Vielmehr war es offensichtlich, daß ihr junger Gatte unfähig zur Vaterschaft war. Der Vers, der von einem zeitgenössischen Dichter über ihn geschrieben wurde, ist reichlich ironisch: »Ich war des Weines, der Venus und des Lasters bar.« Enthaltsamkeit war für Franz nicht schwierig, denn er hatte keinen Appetit auf jene »fleischlichen Lüste«, die als der Geschmack von Königen angesehen wurden. Nach jeder Richtung hin waren seine Kräfte verkümmert. Es fehlten ihm die Kraft und die Intelligenz, um sich den Guisen zu widersetzen. Nirgends wird dies klarer als durch seine Haltung gegenüber seinen Bourbon-Onkeln.

Anstelle des »gnädigen Empfangs und warmen Willkommens«, wie man es nach den Aufzeichnungen von Giovanni Michieli, des venezianischen Gesandten, erwartet hatte, war kaum von einem Willkommen die Rede. Anton, mit seiner Fähigkeit, sein Mäntelchen nach dem Wind zu hängen, versuchte sich dieser unerwarteten Situation anzupassen. »Er verbeugte sich einige Male tief... ein Knie am Boden«, fuhr Michieli fort. Der König nahm jedoch von dieser Ehrenbezeigung kaum Kenntnis und wies nur darauf hin, daß sein Onkel seiner Mutter dieselbe Huldigung erwei-

sen sollte[44]. Katharina war keineswegs gnädiger als ihr Sohn. Die warmen Bekundungen von Vertrauen und Zuneigung, die die Prinzen zur Reise nach Orléans veranlaßt hatten, waren ohne jede Spur verschwunden. Sogar als Anton in die intimere Atmosphäre des Gemaches der Königin-Mutter geleitet wurde, änderte sich der Ton nicht. Als Condé hereingeführt wurde, wurde er noch kühler als Anton behandelt.
Anton, der sich durch so viele Krisen hindurchgeredet hatte, fand es kaum glaublich, daß sein Charme hier scheitern würde. Aber seine Erklärungen – daß er auf des Königs Befehl an den Hof gekommen sei, daß er seinen Bruder mitgebracht habe, um dessen Namen von jedem Verdacht zu befreien, daß es leicht sei, die Anschuldigungen zu widerlegen – trafen auf taube Ohren. Ohne weitere Diskussion wurde Condé in Gewahrsam genommen und aus dem Raum hinausgeleitet. Anton, bestürzt über diese unerwartete Wendung und in Sorge um seine eigene Sicherheit, schaute anklagend auf die Königin-Mutter, deren Versprechungen sicheren Geleites doch so aufrichtig gewesen waren. Sie ließ sich zu keinerlei anderen Erläuterungen herbei als zu der einfachen Erklärung: »Es ist der Wille meines Sohnes.« Sogleich schrieb Michele Suriano nach Venedig: »Diese Verhaftung hat die größte Erregung und Bestürzung am Hofe hervorgerufen, da niemand sie gewünscht oder erwartet hatte.«[45]
Die Guisen natürlich wünschten sie. Ob es nach Katharinas Wunsch war oder nicht, ist schwer zu sagen. Daß es von Anfang an ihr »Komplott« gewesen sei – daß sie schon lange den Tod von Condé und die Gefangennahme von Anton beschlossen habe –, ist kaum anzunehmen. Zweifellos hatte sie die beiden an den Hof geholt, um einer möglichen Revolte einen Riegel vorzuschieben. Außerdem hatte sie vielleicht das Gefühl, sie könnten sich aus entsprechenden Anschuldigungen herauswinden, und es könnte zu »vorteilhaften Abmachungen« zwischen Guise und Bourbon kommen. Die Frau, die geringschätzig als die Tochter eines Krämers etikettiert worden war, war der Florentiner Kunst des Feilschens nicht abgeneigt.
Condés Verhaftung sorgte jetzt für die Atmosphäre einer Schreckensherrschaft. Zwei weitere Verhaftungen folgten bald: Antons Sekretär und Condés Schwiegermutter wurden der Mittäterschaft bei der Affäre von Amboise angeklagt. Condés Frau Eléanore, die einen Hang zu melodramatischen Auftritten hatte, warf sich angeblich dem König zu Füßen und bat ihn tränenüberströmt, ihren Gatten zu schonen, oder aber ihn wenigstens sehen zu dürfen. Trotz ihrer wilden Ausbrüche blieb der König ungerührt, »indem er ihr in aller Öffentlichkeit erklärte«, wie Castelnau be-

merkte, »daß ihr Gatte gesonnen sei, seine Krone zu usurpieren und ihn des Lebens zu berauben«[46]. Condés Fall fand rasche Erledigung. Am 17. November führte Throckmorton in seiner Depesche aus: »Der Prinz [Condé] wurde dem Rat vorgeführt, der seine Gefangennahme anordnete ... bald wird er nach Loches überstellt werden, dem sichersten Gefängnis in Frankreich. Der König von Navarra [Anton] wird freigelassen, aber so, als wäre er ein Gefangener.«[47] Am 26. November trat ein improvisiertes Gericht zusammen, und Condé, der sich gegen seine Verurteilung durch andere als ihm Ebenbürtige zur Wehr setzte, wurde des Hochverrats für schuldig befunden. Es war ein Verbrechen, das die Todesstrafe nach sich zog, und Condés Hinrichtung wurde für den 10. Dezember festgesetzt.

II

Bis in die erste Dezemberwoche hatte man den Prinzen von Condé infolge des Durcheinanders, das durch die tödliche Erkrankung des Königs entstanden war, erst einmal vergessen. In der dritten Novemberwoche war Franz von der Jagd nach Hause zurückgekehrt und klagte über heftige Ohrenschmerzen. Immer wiederkehrender Schüttelfrost und Fieber fesselten ihn an sein Gemach. Die Guisen, die sich darüber im klaren waren, wie wenig dazu gehörte, einen Aufstand anzuzetteln, taten, was sie konnten, um den Ernst der Krankheit geheimzuhalten. Der König, so hieß es, leide nur an einer vorübergehenden Krankheit, eine Folge übertriebener körperlicher Anstrengung und plötzlichen unzeitgemäßen Kälteeinbruchs.

Aber nicht einmal die Geheimnistuerei der Guisen konnte den Hof über den bedenklichen Zustand des Königs im Ungewissen lassen. Bald berichteten die Gesandten nach Hause, daß Franz an einem »walnußgroßen« Geschwür hinter dem Ohr leide, daß sein Ohr eine schwarze, eitrige Substanz absondere, daß er »schwach und matt« sei sowie öfters unfähig, zu sprechen. »Der König befindet sich sichtlich in einem derartigen Zustand der Pein, daß er fast nicht mehr recht bei Sinnen ist«, schrieb Suriano nach Venedig[1]. Die Abführmittel und die Aderlässe, die die Ärzte ihm verschrieben, schwächten ihn nur noch mehr. Für eine kleine Weile gewährte ihm das Aufstechen der Geschwulst Erleichterung, aber die Entzündung breitete sich bald über das Ohr hinaus bis zu seinem Gehirn aus.

Am 29. Oktober berichtete Throckmorton an Elisabeth: »Großes Wehklagen erfüllt den Hof, denn man glaubt nicht mehr an eine Genesung des Königs.«[2]

Das Gemach des Königs, abgedunkelt und ruhig, um zu versuchen, seine unerträgliche Qual zu mildern, sah nur wenig Besucher. Maria Stuart tat trotz ihrer eigenen zerbrechlichen Gesundheit was sie konnte, um ihren Gatten zu pflegen. Seine Mutter verließ ihn niemals und nahm sogar ihre Mahlzeiten im königlichen Vorraum ein, wo hin und wieder der Kardinal von Lothringen bei ihr weilte. Alle Audienzen wurden abgesagt. In einer solchen geheimnisumwitterten Atmosphäre mußten die Gerüchte zwangsläufig immer weiter um sich greifen, und bald hieß es, der König sei von irgendeinem verruchten Hugenotten vergiftet worden – von seinem Barbier: dieser hätte eine todbringende Substanz in sein Ohr gegossen; von einem Diener: dieser hätte einen Gifttrank ins königliche Glas geschüttet. Den König, geschwächt von Dysenterie und brennenden Kopfschmerzen, bekümmert es wenig, wer wohl für seinen Tod verantwortlich sei. Zu Feindschaften hatte er keine Kraft mehr. Am 5. Dezember fiel er in halbe Bewußtlosigkeit. Am folgenden Tag, wahrscheinlich gegen Abend, starb er.

Vom Augenblick seines Todes an wurde politische Aktivität sichtbar, die sich wochenlang nur im Stillen gerührt hatte. Der venezianische Gesandte, der den plötzlichen Stimmungswechsel beobachtete, kommentierte mitleidsvoll: »Bald wird der Tod des Königs von allen vergessen sein, ausgenommen seine kleine Gemahlin . . .« So, wie einmal mit der Schnelligkeit eines Augenzwinkerns Maria Stuart Katharina von Medici beiseitegeschoben hatte, wurde sie jetzt selbst, nachdem sie siebzehn Monate Königin gewesen war, in die Ecke gedrängt. Zweifellos weinte sie um eine verlorene Krone und wegen einer ungewissen Zukunft, aber es ist sicher nicht übertrieben, anzunehmen, daß sie auch um einen dahingegangenen und ihr zugetanen Gefährten weinte, der für kurze Zeit ihr Gemahl gewesen war. Es wäre töricht, aus ihrer Ehe eine Romanze oder gar eine Leidenschaft zu machen, aber Maria und Franz hatten eine kleine Weile ihres Lebens miteinander verbracht. Es besteht keinerlei Anlaß zu glauben, daß Marias Schluchzen, das ihre Zeitgenossen beobachtet hatten, etwa nicht aufrichtig gewesen sei. Brantôme hielt sich jedenfalls dabei nicht weiter auf und schrieb später von Marias »göttlicher Schönheit«, die unter den weißen Gewändern »ihrer Trauer und ihres Kummers« verborgen gewesen sei[3].

Katharinas Gram war gemessener. Gegen Ende November hatte sie ihrer

Schwägerin, der Herzogin von Savoyen, geschrieben, daß sie, wiewohl ihr Sohn an großen Schmerzen leide, immer noch hoffe, Gott werde sie vor der Heimsuchung durch ein so schweres Mißgeschick bewahren und ihren Sohn nicht ganz von ihr wegnehmen. Eine Woche später indessen wußte sie, daß ihre Hoffnung vergeblich war. Am 6. Dezember, dem Tag seines Todes, schrieb sie von ihrer Trauer über diesen Verlust, der sie »so tief bis zur Unerträglichkeit durchbohrt« habe, es sei denn, daß es »Gottes Wille ist, der über uns allen waltet, wie Er will«. Es ist dieselbe konventionelle Frömmigkeit, die sie sechzehn Monate zuvor beim Tode ihres Gatten gezeigt hatte.

In ihrem Brief an ihre Tochter Elisabeth freilich erhält man Einblick in ihre Einsamkeit und Furcht, die sie vor ihren Zeitgenossen sowie von Zeit zu Zeit sogar vor sich selbst verbarg:

»Und somit Gott befohlen, meine teuerste Tochter, denn Du hast mich ebenso glücklich gesehen, wie Du jetzt bist, bar jeden Gedankens, jemals leiden zu müssen, es sei denn deshalb, weil ich nicht so sehr, wie ich es wünschte, vom König, Deinem Vater geliebt worden bin – obgleich er mich weit mehr, als ich es verdiente, geehrt hat. Doch ich liebte ihn so sehr, daß ich – wie Du weißt – immer in Furcht war. Doch Gott hat ihn von mir genommen, und dazu hat er noch, nicht zufrieden damit, Deinen Bruder hinweggenommen, den ich geliebt habe, wie Du weißt. Und jetzt bin ich mit drei Kindern und einem Königreich übrig geblieben, das in Parteien verteilt ist, so daß es nicht einen gibt, dem ich vollständig zu trauen vermag.«[4]

In Wirklichkeit hätte Katharina vier kleine Kinder aufzählen können, denn der neue König, Karl, war ja selbst erst ein Kind, ein Junge von zehn Jahren, vornehm, wie er geschildert wird, ernst, bescheiden und mutig – aber, wie der venezianische Gesandte kommentierend ausführte, »nicht sehr robust«. Seine zwei jüngeren Brüder, Heinrich, neun Jahre alt, und Herkules, fünf Jahre alt, versprachen eher als der neue König, lang zu leben und gesund zu bleiben. Einige am Hofe raunten sich bereits zu, daß Karl ebenso wie sein Bruder Franz nicht lange zu leben haben würde[5]. Selbst wenn er robuster gewesen wäre, so würde allein sein Alter ihm die Kraft verwehrt haben, die für das königliche Amt notwendig war. Er war doch noch ein Kind, und Katharina wußte sowohl von ihrem Machiavelli als auch aus eigener bitterer Erfahrung, daß ein Kind auf dem Thron jene »trüben Wasser« schaffen würde, worin ehrgeizige Männer zu ihrem eigenen Nutzen fischten. Diesmal war sie fest entschlossen, sich vom eigenen Kummer und ihrer Unsicherheit angesichts des Todes nicht überwältigen zu lassen. Beim Tod ihres Gatten war sie einem gefährlichen Irrtum verfallen, als sie die Vorherrschaft auf das Haus Guise übergehen ließ. Diesmal war sie fest entschlossen, die Staatsgewalt selbst auszuüben und die Ambitionen der Guise, Montmorency und der Prinzen von Geblüt auf diese Weise im Gleichgewicht zu halten.

Ihre ersten formalen Schritte unternahm sie bereits Stunden nach dem Tod ihres Sohnes. Am Abend des 6. Dezember 1560 war nach einem flüchtig zelebrierten Gottesdienst im Schlafzimmer des Königs der Rat einberufen worden. Vor anderthalb Jahren noch hätten ihr diese Männer Furcht eingeflößt. In der Zwischenzeit hatte sie jedoch deren Kräfte abgeschätzt. Sie wußte, was ihnen schmeichelte, und sie wußte, was ihnen Furcht einflößte. Der Kardinal von Lothringen war ein scharfsichtigerer Mann als sein Bruder, ein Diplomat, außergewöhnlich feinfühlig in Dingen seiner eigenen Ehre. Suriano schilderte ihn als »unübertroffen in der Kunst der Verstellung«. Sein Bruder war Soldat, furchtlos, entschlossen, ungestüm. Eine Eigenschaft war beiden gemeinsam: ein unstillbarer Ehrgeiz. Um diese Kräfte auszugleichen, rief Katharina den Konnetabel zurück. Trotz seiner siebzig Jahre war Anne de Montmorency noch ein Kämpfer von standfester Gesinnung und mit dem Körper eines Soldaten. Es war Katharinas Hoffnung, daß er dem Ehrgeiz seiner erklärten Feinde, der Guisen, Schach bieten würde.

Von den drei Bourbonenprinzen interessierte sie nur einer: Anton, König von Navarra. Condé befand sich noch im Gefängnis, und Kardinal Karl von Bourbon (»ein frommer Mann mit guten Absichten«) stellte keine Gefahr dar. Anton jedoch wollte als Erster Prinz von Geblüt vorsichtig behandelt werden. Anton näherte sich damals dem fünfundvierzigsten Lebensjahr. Trotz seines ergrauenden Bartes war er noch ein stattlicher Mann, schlank, kräftig, von jener Anmut, die seinem Bruder fehlte. »Er ist sehr höflich gegenüber jedermann«, schrieb Michieli, »ohne Pomp oder Protzerei; er ist sehr frei in seinen Sitten, was sehr französisch ist. Seine Großzügigkeit ist derart, daß er dauernd in Schulden steckt.«[6] Es war das Porträt eines Mannes, dem das Lächeln der Götter hold war, aber es gab trotz seiner Gaben in seinem Innersten eine schwache Stelle. Er war ein launenhafter und unbeständiger Mann, dessen Begierden einander widersprachen. Eben diese unterschwellige Unentschlossenheit seiner Natur war es, die Katharina für ihre eigenen Absichten ins Spiel brachte. Katharina hatte den Tod ihres Sohnes nicht abgewartet, um ihre neue Politik auszuarbeiten. Sie hatte bereits die vorangehenden Wochen mit ganzen Serien von heiklen politischen Schachzügen verbracht, indem sie dem

Konnetabel einen Platz in der neuen Regierung zusicherte, die Macht der Guisen beschnitt, sowie dem eitlen und naiven Anton goldene Versprechungen vorgaukelte. Als der königliche Rat zusammentrat, übernahm Katharina ohne Kampf oder offenen Widerstand die Regentschaft. Sie verkündete, daß sie ihren Sohn, um ihm die größte Hilfe zu sein, bei sich behalten »und ihn bei der Regierung des Staates unterstützen werde, wie es einer liebenden Mutter zukommt«[7]. Anton sollte der erste Berater und vielleicht Generalleutnant der königlichen Streitkräfte sein. Entgegen ihrem ursprünglichen Versprechen, die Macht der Regentschaft mit ihm zu teilen, nahm sie das königliche Siegel an sich, was deutlich machte, daß Anton ihr beistehen, niemals aber Oberhand über sie gewinnen würde. Ihre Briefe an ihre Tochter Elisabeth aus jenen Tagen erhellen ihre geistige Verfassung: »Es ist mein erstes Bestreben, Gottes Ehre vor Augen zu haben und meine Autorität zu wahren, nicht für mich selbst, sondern um dieses Königreich zum Nutzen all Deiner Brüder zu erhalten.« Das war kein Ziel, gegen das Anton seine Kritik richten konnte. Er gab seine Zustimmung, und zwar mit jener überschwenglichen Beflissenheit, die jene zum Verzweifeln brachte, welche auf seine Führerschaft zählten. Zehn Tage später schrieb Katharina triumphierend an ihre Tochter, daß, obwohl die Gesetze des Königreichs während der Minderjährigkeit des Königs die Herrschaft des Ersten Prinzen von Geblüt zusammen mit der Mutter vorsahen, keinerlei Anlaß zu Besorgnis vorläge, weil Anton sich ganz und gar in ihren Händen befinde. »Er ist mir völlig willfährig und verfügt über keinerlei Autorität außer der, die ich ihm zugestehe«, schloß sie[8].

Am 9. Dezember wurde ein Brief mit der Signatur »Karl IX.« den Provinzen, den europäischen Souveränen und den Gesandten zugestellt. Er besagte, daß während der Minderjährigkeit des Königs seine Mutter als Regentin wirken würde, »indem sie mit ihrer Weisheit die Begrenzungen seines Alters ausgleicht«. Es war nach jeder Richtung hin ein Staatsstreich – friedlich, beinahe unbemerkbar, aber nichtsdestoweniger ein Staatsstreich. Einige Zeit zuvor hatte sie aus Furcht vor der Macht der Guisen und ihrem rauhen Vorgehen gegenüber denjenigen, welche sich ihnen widersetzten, den Rat von L'Hôpital eingeholt. »Machen Sie sich selbst zur Herrin«, hatte dieser geraten, »und begeben Sie sich nicht in Abhängigkeit von üblen Beratern.« Sie war seinem Rat erfolgreich nachgekommen. Der Herzog von Nevers konstatierte eine vollendete Tatsache, wenn er schrieb: »Die Königin-Mutter ist jetzt die Mächtigste von allen.«[9]

Am gleichen Tag, an dem der offizielle Brief, der Katharinas Regentschaft kundmachte, versandt wurde, geleitete man das Herz Franz' II. zur ewigen Ruhe. In einer goldüberzogenen kleinen Bleiurne versiegelt, wurde es in die nahegelegene Kathedrale von St. Croix überführt. Seine Gemahlin, deren man nicht länger bedurfte und die nicht mehr wichtig war, weinte immer noch und brachte Verse der Einsamkeit und des Schmerzes zu Papier. Was die anderen betraf, so war kaum Zeit übrig für Trauer. Katharina hatte schon angefangen, jene mit ihren Jahren fortschreitende Neigung zu zeigen, die Neigung nämlich, nicht rückwärts zu schauen, die Vergangenheit als tot zu betrachten. Die Lebenden schulden den Toten nichts; ihre Verpflichtungen bestehen nur gegenüber den Lebenden.
Throckmorton, der das wechselnde Schicksal am französischen Hof verfolgt hatte, zunächst mit Vorbehalt, dann aber mit gewissem Behagen, schrieb an den Privy Council in England: »Seit dem Tode des Königs haben sich die Großen hier gegenseitig den Hof gemacht.«[10] »Den Hof machen« war natürlich eine höfliche Umschreibung. Anton und Montmorency hatten ihren Augenblick gehabt, in dem sie sich versöhnten, hauptsächlich wegen ihrer gemeinsamen Furcht vor den Guisen. Dann hatte Anton unter dem Zwang von Katharina wiederum die Guisen umarmt und ihnen versichert, daß er keinerlei böse Absichten gegen sie hege – eine außergewöhnliche Feststellung, wenn man sich ins Gedächtnis zurückruft, daß sie in weitem Umfang für die ihm angetane öffentliche Schmach sowie für das Todesurteil gegen seinen Bruder verantwortlich waren. Jetzt war erst einmal eine gewisse äußere Harmonie wiederhergestellt, und Katharinas Sprung mitten hinein in die Macht war eine vollendete Tatsache.

Obwohl Katharina dankbar war für diese Friedensperiode, hegte sie keine Illusionen, daß sich ihr Vorgehen allgemeiner Popularität erfreute. Unter den Hugenotten herrschte ein Gefühl der Erleichterung sowie gehobene Stimmung beim Tode des unnachgiebigen Franz II., und Calvin hatte triumphierend geschrieben: »Gott im Himmel ist plötzlich erschienen, und Er, der des Vaters Auge durchbohrt hat, hat jetzt das Ohr des Sohnes getroffen.« Ein Teil der gehobenen Stimmung rührte natürlich von dem Glauben her, daß Anton als der Erste Prinz von Geblüt die Regentschaft antreten würde. Wenn Calvin auch seiner Unbeständigkeit mißtraute, so ermahnte er ihn zu religiöser Führerschaft und versicherte ihm, Gott habe ihn ausersehen zum »Vater . . . all der armen Gläubigen«. Anton freilich hatte nicht die Absicht, seine gegenwärtige Stellung aufs Spiel zu setzen, nur um eine Religion zu unterstützen, der er sich nur locker verbunden fühlte. Calvin hielt es für unbegreiflich, daß ein Mann von adliger Abkunft seine rechtmäßige Stellung einer Frau wie Katharina überließ. »Einverstanden zu sein, daß eine Witwe und eine Ausländerin, dazu noch eine Italienerin, herrschen soll«, so schrieb er, »wird ihm [Anton] nicht nur zu großer Unehre gereichen, sondern der Krone solchermaßen zum Schaden, daß er ewiglich dafür getadelt werden wird.«[11]

Calvin stand nicht allein. Es waren ihrer viele im französischen Königreich, die Katharina ihre bürgerliche Herkunft und besonders ihr italienisches Blut übelnahmen – sogar solche, die ihr Beifall zollten oder sie bewunderten, weil sie Frankreich schon so lange erfolgreich zusammenhielt. Kurz nach Franz' Tod schrieb Suriano nach Venedig:

»Dies ist der gegenwärtige Zustand Frankreichs: ein sehr junger König ohne Erfahrung oder Autorität; ein Rat voller Hader; alle Gewalt in den Händen der Königin, einer klugen Frau, doch eingeschüchtert und unentschlossen, und in erster Linie Frau; der König von Navarra, ein sehr edler und vornehmer Fürst, aber unbeständig und mit wenig Erfahrung in öffentlichen Angelegenheiten; was das Volk anlangt, so sind alle in Faktionen geteilt.«[12]

Am 13. Dezember, genau sieben Tage nach dem Tod des Königs, wurden die Generalstände, die im Sommer zuvor angekündigt worden waren, in Orléans eröffnet. Es war das erste öffentliche Auftreten von Karl als König. Er saß so hoch aufgerichtet wie möglich und war umgeben von den Mitgliedern der königlichen Familie, seine Mutter zur Linken, zu beiden Seiten seine Brüder und seine Schwester Margot, die noch nicht ganz acht Jahre alt war, aber schon versprach, einmal die schönste Frau des Königreichs zu werden. Auf den ersten Blick schien es hier gar keinen König zu geben – nur drei kleine Buben, aufgeputzt wie für ein Theaterstück, mit ihrer Mutter dabei, um ihnen die Stichworte zuzuflüstern. In der Tat war es das Familienbild, wie es Katharina immer schätzte. Wenn es möglich gewesen wäre, so hätte sie ihre Kinder am liebsten stets an ihren Rockschössen gehabt, denn bis zum Ende ihres Lebens hörte sie nicht auf, zu glauben, daß sie ihre Probleme zu lösen, ihre fieberhaften Eingebungen zu beschwichtigen, ja, sie zu retten vermöchte, vielleicht sogar vor ihrer eigenen Sterblichkeit.

Das friedliche Familienbild sollte freilich nur von kurzer Dauer sein, denn die einzelnen Klüngel, die andere Meinungen vertraten, lagen bald offen miteinander im Streit, nachdem sie das entsprechende Forum gefunden hatten. »Es gibt eine alte Narretei«, schrieb Etienne Pasquier scharfsinnigerweise, »die in den Seelen selbst der klügsten Franzosen umgeht, daß nämlich nichts das Volk mehr erquickt als diese Versammlungen; im Gegenteil, nichts führt zu größerem Schaden.«[13]

L'Hôpital selbst eröffnete die Generalstände. Seine Adresse hob jene Eigenschaften der Versöhnung hervor, die seinem Empfinden nach von vordringlicher Bedeutung waren. Es war eine lange Rede, und so leise vorgetragen, daß viele Abgeordnete nur Bruchstücke davon vernahmen. Diejenigen jedoch, welche sie im ganzen in sich aufnahmen, fanden wenig Gefallen daran. Ihr versöhnlicher Ton gegenüber der neuen Religion ärgerte die standfesten Katholiken, während sie mit ihren glatten Allgemeinplätzen die Hugenotten unbefriedigt ließ. Weit beunruhigender war indessen der Umstand, daß sich hinter der milden Stimme und den versöhnlichen Phrasen eine unnachgiebige Bestätigung der königlichen Vormachtstellung verbarg. Der König war der Höchste – und der König hatte durch seine florentinische Mutter zu herrschen. Mit Hilfe des Rates würde sie die Politik betreiben, Gnadenerweise austeilen, Entscheidungen treffen. Die einzige Prärogative der Generalstände bestand darin, Wege zu finden, um Geld für die Krone zu beschaffen.

Die Opposition setzte im Nu ein. Sowohl der Adel als auch der Dritte Stand machten das Recht der Generalstände geltend, den Lauf der Geschäfte zu bestimmen, wenn der König minderjährig war. Die Regentschaft, so beharrten sie, gebühre von rechtswegen den Prinzen von Geblüt; sie könne nicht im Vorkaufsweg erworben werden. Katharina, mit ihrem Sieg im Rat des Königs in der Tasche, sah sich jetzt einer Niederlage gegenüber, die aus einem ungeahnten Winkel drohte. Während der zeitweiligen Unterbrechung der Sitzung, die der Kanzler verkündete, war sie mit der Entfaltung einer Strategie beschäftigt, die ihre persönliche Eignung zum Staatsmann auswies. Indem sie die Schwierigkeit erkannte, mit den Generalständen als Körperschaft fertigzuwerden, entschloß sie sich, mit deren führenden Männern einzeln zu verhandeln. Ihr ganzes Leben hindurch sollte sie fortfahren, individuelle Verhandlungen zu führen, so daß sie einen Krieg stets auf Einzelkämpfe zurückschraubte. Niemals würde sie ein General werden, aber als Duellantin näherte sie sich der Unbesiegbarkeit. Sie fing jetzt an, die Generalstände für sich zu erobern wie sie bereits den Rat des Königs erobert hatte, indem sie ihre Führer Mann für Mann gewann.

Sie hob das Todesurteil gegen Condé auf, setzte ihn in Freiheit und veranlaßte ihn, auf seine Ländereien in der Picardie zurückzukehren. Condés Begnadigung hatte zwei Ziele: einen lästigen und unberechenbaren Opponenten loszuwerden sowie die Dankbarkeit der Familie Bourbon zu erwerben, die für vieles auf Seiten der Opposition verantwortlich war. Was Anton anbetraf, der als Erster Prinz von Geblüt zu allererst das Recht besaß, sich Katharinas Regentschaft zu widersetzen, so beharrte er bei seiner passiven Anerkennung. Unter Aufweichung ihrer Führung durch persönliche Vorteile war die Opposition in den Generalständen zerstreut, und am 21. Dezember wurde Katharinas absolute Macht als Regentin in aller Form verkündet. Als der Herzog von Guise nach kurzer Abwesenheit nach Orléans zurückkehrte, fand Guise le Grand Katharina nicht nur in sicherer Stellung, sondern sich selbst ersetzt durch einen zweimal so alten Mann, mit dem er schon ein Leben lang verfeindet war. Er tobte, er fluchte, er zog sich halb wahnsinnig vor Ärger und Demütigung in seine Räume zurück.

Es war ein gefährliches Faktum innerhalb Katharinas Strategie, daß sie mit jedem Bundesgenossen, den sie für sich gewann, auch die Opposition stärkte, indem sie sich einen erbitterten Feind schuf.

Nach einem Monat fruchtloser Diskussionen, bei denen es im wesentlichen um die mißliche finanzielle Lage des Königreichs ging, wurden die Generalstände – die mehr als siebzig Jahre lang nicht mehr zu einer regulären Vollversammlung zusammengetreten waren – vertagt. Eine kleine Gruppe war bestimmt worden, im Mai wiederum zusammenzukommen, um die Behandlung der Finanzfragen fortzusetzen. Mittlerweile war das königliche Budget verabschiedet worden. Gehälter wurden gekürzt und Pensionen reduziert. Franz' Begräbnis war beinahe das eines armen Mannes gewesen, und über alle seine Pferde, Jagdhunde und Falken wurde anderweitig verfügt. Es war sehr wenig, aber vielleicht würde es als Zeichen guten Willens seine Wirkung tun.

Was die religiöse Frage anbetrifft, so schien sie unlösbarer denn je. Obgleich der Kanzler versucht hatte, einen versöhnlichen Ton auf den Sitzungen der Generalstände anzuschlagen, so war seine Einstellung durch nichts bestätigt worden. Philipp von Spanien, den Katharinas Neigung zum Kompromiß bedenklich stimmte, hatte seinen außerordentlichen Gesandten, Juan Mauriquez de Lara, beauftragt, »dafür zu sorgen, daß Katharina Vernunft annimmt«. »Was religiöse Dinge anbetrifft«, so lauteten seine Instruktionen, »so müssen Sie mit Königin Katharina sehr klar und offen sprechen und sie von uns aus zur größten Vorsicht und Wachsamkeit in religiösen Angelegenheiten ermutigen, so daß sie diese neuen Ideen niemals gewähren läßt, die in ihrem Königreich Wurzel geschlagen haben und wachsen und blühen.«[14] Mauriquez' Position wurde durch den Bischof von Fermo gestärkt, der unlängst als Beauftragter des Papstes eingetroffen war, sowie von Sebastiano Gualterio, dem residierenden Nuntius. Sie bildeten ein mächtiges Trio, das sich Katharina nicht zu entfremden wünschte. Aber sie wünschte sich ebensowenig die französischen Hugenotten zu entfremden. Zur Erwiderung instruierte sie ihren Gesandten, L'Aubespine, Philipp zu erläutern, daß sie nicht das Werk der Häresie zu betreiben wünsche, aber daß das Mittel totaler Repression, das in Spanien mit Erfolg angewendet worden war, in Frankreich wirkungslos sei. »Während mehr als zwanzig oder dreißig Jahren«, so schloß sie, »haben wir ätzende Mittel angewandt in der Hoffnung, auf diese Weise die Ansteckung auszuräumen, aber wir haben durch Erfahrung festgestellt, daß diese Gewaltmittel sie nur dazu bringen, zu wachsen und sich zu vervielfältigen.«[15]

Tatsache war, daß Katharina den Hugenotten, außer dadurch, daß sie die brutalen Mittel verwarf, die Philipps Gesandter guthieß, kaum eine Gunst erwiesen hatte. Doch diese milde Nachsicht ließ sie hoffen. Anfang Februar 1561 schrieb Calvin aus Genf: »Unsere Hoffnung wächst von Tag zu Tag, denn die Verhärtung der Königin ist im Begriff, sich abzuschwächen . . . Wenn sie ihre Versprechen hält, so wird unsere Kirche weit und breit Fortschritte machen.«[16]

Viele Menschen in Frankreich hatten natürlich das Gefühl, daß die »Religion« sich weit genug ausgebreitet hätte, und tadelten ihr Anwachsen auf Grund des anfänglichen großen Fehlers, daß man sie auf allzu leichte Schulter genommen hatte. Suriano schrieb unter Darlegung der religiösen Lage nach Venedig:

»Anfangs war es nur ein Spiel. Sie hefteten Zettel, die sie Plakate nannten, an die Straßenecken . . . Aber das Spiel fand Anklang und breitete sich an vielen Orten des Königreichs aus. Der König, der das Übel gewahrte, versuchte mit ihm durch drohende Dekrete und strenge Urteile fertigzuwerden . . . So brachte denn Furcht das Volk wieder in Reih und Glied bis zur Zeit Heinrichs II. Aber dieser König war zu sehr mit seinen Kriegen beschäftigt und zeigte sich somit dem Übel gegenüber nachlässig . . . Also verbreitete sich das Gift heimlich; es drang bis zum Hof durch und erreichte manchen der wichtigsten Männer im Königreich, so daß es zu der Zeit, in der es entdeckt wurde, bereits nicht wieder gutzumachenden Schaden angerichtet hatte.«[17]

Genau so, wie er hier schrieb, schilderte er auch, daß viele Häuser in Orléans weit offen waren für Predigt und Psalmengesang, und daß die Bewohner freimütig über die neue Religion diskutierten und sich ungehemmt gegen den katholischen Glauben äußerten. Wäre Franz nicht vorzeitig gestorben, so fuhr Suriano fort, er wäre fähig gewesen, dem Übel Einhalt zu bieten. Was Karl anbetraf, so setzte Suriano wenig Vertrauen in das, was der neue König tun konnte, »denn da er noch so jung ist, so ist er gezwungen, mittels des Willens eines anderen zu herrschen.«[18] Der andere war natürlich Katharina, und Suriano glaubte nicht, daß sie gegen das Übel der Häresie ankämpfen könnte oder wollte. Weder Suriano noch Calvin trafen bei ihrer Einschätzung der Königin-Mutter ins Schwarze. Ihr ging es ja gar nicht um Rechtgläubigkeit oder Häresie als letzte Werte, sondern vielmehr um ein Königreich mit Frieden im Inneren und Sicherheit gegen jeden Angriff von außen. Ihr Dilemma während der Monate, die auf die Sitzungen der Generalstände folgten – und in der Tat während des Restes ihres Lebens – bestand darin, zu entscheiden, welche Religionspolitik diesen Zielen am besten dienen würde.

Anfang Februar verließ der Hof Orléans mit einem Gefühl der Erleichterung. Orléans, so schön die Stadt auch war, hatte seit Katharinas Ankunft im Oktober allen nichts als Sorge und Angst gebracht. Die Königin-Mutter nahm mit ihrem Sohn Wohnsitz in Fontainebleau. Während der nächsten paar Jahre waren Mutter und Sohn selten getrennt, denn Katharina hatte jenes Verhaltensmuster bestimmt, das Suriano so kommentiert: »Sie hält ihren Sohn unter dem Daumen; sie läßt nicht einmal jemand anders als sie selbst in seinem Gemach schlafen. Sie weicht niemals von seiner Seite.«[19]

Hatte Katharina gehofft, in Fontainebleau eine Pause nach den Wirren von Orléans zu finden, so sah sie sich enttäuscht. Anton, der sich während der Tagung der Generalstaaten loyal und folgsam gegenüber ihrem Willen gezeigt hatte, ging jetzt mit jener plötzlichen Launenhaftigkeit zu Werke, die ihn zur Verzweiflung seiner Freunde werden ließ. In der dritten Woche des Februar unterbrach er eine Versammlung des Rates, indem er mehr Macht für sich selbst, die öffentliche Rechtfertigung seines Bruders Condé sowie die Entlassung des Herzogs von Guise forderte, der, wie er behauptete, für die seiner Familie angetane Schmach verantwortlich wäre. Suriano, der sich den durch diesen Schachzug angerichteten Schaden besah, bemerkte: »Er wechselte andauernd zwischen rechts und links. Er wählt die Seite der Katholiken aus Furcht vor dem Papst, die der Hugenotten, um eine Partei hier in Frankreich für sich zu gewinnen, die der Lutheraner, um einige Verbindungen mit Deutschland anzuknüpfen. Diese Unbeständigkeit hat ihre eigenen Zielsetzungen, aber sie enthüllt einen sehr schwachen und entschlußlosen Charakter.«[20] Bei seiner

Schwäche zeigte sich Anton sowohl arrogant als auch störrisch. Wenn man auf seine Forderungen nicht einging, drohte er, den Hof zu verlassen. Katharinas Dilemma lag auf der Hand: wenn Anton ging, würde er sich Condé anschließen, und beide zusammen würden einen beachtlichen Feind darstellen; doch Guises Rücktritt zu fordern, würde ihn in einen Feind von gleicher Stärke verwandeln. Sie argumentierte vergeblich, daß Guises Stellung seine Anwesenheit am Hofe erforderlich mache. Anton enthielt sich jeder Erwiderung und traf weitere Vorbereitungen für seine Abreise. Die Lage wurde noch verwickelter durch Montmorencys Entscheidung, sich ihm anzuschließen. Am 28. Februar mußte Katharina hilflos zusehen, wie beide sich anschickten, abzureisen. Es war Karl, der die Lage rettete: er rannte in den Schloßhof und flehte den Konnetabel an, sie im Gedenken an seinen Vater, dem er so treu gedient hatte, und im ehrenden Andenken an alle seine großen Taten für Frankreich nicht zu verlassen. Während Montmorency sich gegenüber Katharina taub stellen konnte, vermochte er dem Sohn des Krieger-Königs nicht zu widerstehen. Schweigend saß er ab und kehrte in den Palast zurück. Anton, ohne den Beistand des Konnetabels unsicher geworden, kapitulierte ebenfalls, aber erst, nachdem ihm versprochen worden war, daß ihm das königliche Siegel übergeben, und daß Condé an den Hof geladen werden würde, um sich selbst zu rechtfertigen.

»Gott sei Dank umgibt mich wieder Frieden«, schrieb Katharina an ihre Tochter Elisabeth, aber es sollte nur ein Friede von kurzer Dauer sein. In den nächsten Monaten sollte pausenlos eine Auseinandersetzung auf die andere folgen. Katharina, die wußte, wie nahe sie daran gewesen war, zu unterliegen, erneuerte ihre Anstrengungen, nach allen Seiten hin Freundschaft zu pflegen. Wissend, daß Philipp sie verurteilen würde, weil er sie für allzu nachgiebig hielt, schrieb sie dem Gesandten in Madrid: »Milde mag recht verschwenderisch angewandt worden sein, aber Sie müssen mir glauben, daß mir in ihrem Schatten jedes Mittel recht ist, zu erreichen, daß nichts verändert wird, was die Ehre Gottes und das Wohl des Königreichs betrifft.«[21] Dieser Satz ist gezielt trügerisch. Philipp sollte veranlaßt werden, zu glauben, daß ihre »Milde« eine Politik der eisernen Faust unter Samthandschuhen sei. In Wirklichkeit verhüllte Katharinas »Milde« etwas weit weniger Gewolltes – nämlich ihre Schwäche.

Diese Schwäche trat immer klarer zutage im Frühjahr 1561.

Anfang März erschien Condé in Fontainebleau, um sich zu »rechtfertigen«. Eine Atmosphäre der Feindseligkeit ging ihm voraus, denn kurz vor seiner Ankunft hatte es Zänkereien wegen des Umfanges der Eskorte für ihn gegeben. Auf dem Schloß angelangt, zog er sich unverzüglich in die Räume seines Bruders zurück und weigerte sich, Karl oder die Königin-Mutter zu begrüßen, solange Guise bei ihnen war. Montmorency erbot sich, als Vermittler zu dienen, und etwa zwei Stunden lang lief er, bedächtig geworden durch sein Alter, hin und her und überbrachte »Ehrenerklärungen«, bis ein Entschluß gefaßt werden konnte. Condé war schließlich einverstanden, daß er Guise »treffen« würde, aber er würde nicht mit ihm sprechen. Guise wiederum zahlte heim, indem er Condé verbot, ihn anzusehen. Frankreichs Schicksal wurde letztlich entschieden durch ein »kühles Kopfnicken« von Condé und durch eine »schroffe Zurkenntnisnahme« von Guise.

Am 13. März schwor Condé vor dem Rat, daß er niemals gegen den König konspiriert habe. Der Rat schenkte seinen Worten Glauben und setzte ihn wieder in seinen alten Stand ein. Nur ganz Naive konnten glauben, daß das darauf folgende gute Einvernehmen mehr als ein verbaler Waffenstillstand war. Am Tage darauf schrieb Throckmorton an Cecil: »Es hat unlängst einige Mißtöne zwischen den großen Parteien hinsichtlich der Sache von Prinz Condé gegeben, aber alle vertrugen sich wieder nach außen hin; nichtsdestoweniger werden nach Ansicht der meisten Leute binnen kurzem irgendwelche großen Ereignisse folgen.« So bedrohlich war die Atmosphäre geworden, daß einen Tag vor Condés Abreise die Wache verdoppelt und eine Proklamation herausgegeben wurde, die jedermann das Tragen von Waffen verbot. Throckmortons Prophezeiung erfüllte sich, als Condé am 17. März Fontainebleau »voller Drohungen« in Richtung Paris verließ[22].

Zwei Tage später wurde die Drohung Wirklichkeit, als Nachricht an den Hof gelangte, daß auf einer Zusammenkunft der Prévôté in Paris, jener Körperschaft mit unmittelbarer Jurisdiktionsgewalt über die Stadt, das Recht der Königin-Mutter auf die Regentschaft angezweifelt wurde. Die Versammlung rückte von der Bestätigung von Orléans ab, indem sie darauf bestand, daß die Regentschaft dem Gesetz nach unübertragbar Anton gebühre, der kein Recht habe, darauf zu verzichten. Sollte er es ablehnen, dieser Verpflichtung nachzukommen, dann würde sie auf Condé übergehen. Die Rolle der Königin-Mutter habe sich ganz einfach auf die Sorge für ihre Kinder zu beschränken. Die ganze Aktion trug eindeutig Condés Stempel.

Anton, der durch diese Aktion seines Bruders Auftrieb erhalten hatte, machte unverzüglich seine »Rechte« geltend und bestand darauf, daß Guise vom Hof entfernt würde. Guise, empört, daß seine Stellung zum zweiten Mal in einem Monat in Frage gestellt wurde, reagierte seinerseits mit Androhung von Gewalt. »Es gibt niemand in der Welt, der stark genug wäre, mich zu verjagen«, behauptete er. »Bevor ich gehe, werden 40 000 Mann zu meinen Füßen sterben.«[23]

Dieses Mal war Katharina auf Guises Seite. Ihre erste Regung war eine kategorische Ablehnung aller Forderungen Navarras, aber als ihr Meldungen zugingen, wonach die Hugenotten Truppen zusammenzogen und sich Hunderte von Berittenen um Condé scharten, hegte sie Befürchtungen, ob ihr Entschluß sie nicht alle in einen Bürgerkrieg stürzen würde. Wenn sie einen Weg zur Versöhnung finden könnte, wo würde sie ihn beschreiten. Vier schreckliche Tage lang verhandelte sie; am Ende war ihre Regentschaft bestätigt. Anton gestand zu, daß Guise weiter am Hofe blieb, und Katharina stimmte dem Rest von Antons Forderungen zu. Am 25. März ging ein Brief des Königs an die Provinzgouverneure, der allen Gerüchten über Meinungsverschiedenheiten entgegentrat und die Empfänger »völliger Einigkeit, Übereinstimmung und vollständigen Einvernehmens zwischen der Königin, unserer hochverehrten Herrin, unserem teuren und geliebten Onkel, dem König von Navarra, unserem gegenwärtigen Generalleutnant, und unseren teuren und geliebten Vettern . . . allen Prinzen von Geblüt« versicherte[24].

Einige Tage später schrieb Katharina an L'Aubespine in Madrid von den »Narren, die mich der Regierung berauben und mir einfach nur die Sorge für meine Kinder belassen wollten«. Aber, so fuhr sie fort: »Alle diese Dinge sind jetzt Gott sei Dank friedlich geregelt . . . und ich hoffe, wir sind jetzt dieses ganze Gezänk los, worin ich seit dem Tod meines Sohnes verwickelt bin . . . Lassen Sie mich Ihnen offen sagen, daß ich hier in großen Unannehmlichkeiten gesteckt habe«, so schloß sie[25]. Noch einmal hatte sie laviert, um einen Schiffbruch abzuwenden, aber sie war nur um ein Haar gerettet worden.

Sie hatte ihr Bestes getan, um ihre Zugeständnisse als Ausdruck ihrer Freigebigkeit erscheinen zu lassen, aber es war offenkundig, daß diese Entscheidungen ihrer Schwäche, nicht ihrer Stärke entsprangen. Als Katharina im Kreuzfeuer der Häuser Guise und Bourbon stand, war ihre Schwäche enthüllt worden. »Man hat der Königin Zügel angelegt«, schrieb die Herzogin von Guise an eine Freundin Ende März, und ein anderer Zeitgenosse bemerkte: »Die Königin hat endlich bewiesen, daß sie nur eine Frau ist.«[26] Obgleich ihre Verhandlungen einen unmittelbaren Erfolg zeitigten, hatte ihre versöhnliche Einstellung gegenüber den Bourbonen die Guisen weiter entfremdet. In einem Brief an ihre Tochter

Elisabeth Anfang April klagte sie den Herzog von Guise und seinen Bruder, den Kardinal, an, die Differenzen weiter zu nähren. Am schlimmsten von allem aber sei, so behauptete sie, daß sie Gerüchte verbreiteten, sie sei »keine gute Christin«[27].

Viele glaubten damals, daß Katharina ernstlich etwas mit der neuen Religion zu tun habe. Durch ihre fortgesetzte Milde gegenüber den Anhängern der »Religion« waren zahlreiche Hugenotten, die Zuflucht in Deutschland und in Genf gefunden hatten, bewogen worden, nach Frankreich zurückzukehren und ihre Religion noch offener zu praktizieren. In Rouen wurde der reformierte Kultus öffentlich ausgeübt; in Beauvais war der Kardinal von Châtillon bedroht worden; in Bayeux wurden katholische Kirchen zerstört. Über den ganzen Süden hin (Nérac, Agen, Lectour, Cahors, Béziers, Carcassonne) war die »Religion« stärker denn je. »Es gibt nicht eine einzige Stadt im ganzen Königreich, die nicht ihren Pastor und ihre evangelische Kirche hat, und wo man seinen Glauben nicht unter freiem Himmel oder in einem Tempel bekennt«, schrieb ein Zeitgenosse[28]. Überall forderten die Hugenotten das Recht auf öffentliches Bekenntnis und behaupteten, daß Privathäuser sie nicht länger fassen würden.

Sogar der Hof war »angesteckt«. Gepredigt wurde ganz öffentlich in den Räumen Condés und des Admirals de Coligny. Anton ging zuweilen zur Messe, manchmal aber auch zu den Gottesdiensten in den Räumen seines Bruders. Bald ging das Gerücht um, daß die Königin-Mutter selbst den König gelegentlich zur Predigt geleite, und daß sie »versucht habe, ihm in diesen neuen Ansichten Lehren zu erteilen«. Ganz gewiß war, daß sie sich mit Frauen umgeben hatte, die »infiziert« waren, und daß sogar der von ihr bevorzugte Bischof, Jean de Monluc, von häretischen Ansichten beeinflußt war[29].

Eifrige Katholiken konnten solche Zweideutigkeit nicht dulden. Ihre Antwort war ein Bündnis, um den häretischen Kräften entgegenzutreten. Am Ostermontag lud Montmorency den Herzog von Guise und den Marschall von St. André ein, mit ihm zu speisen. Gegen Ende des Mahles, auf dem die sie jahrelang trennende Feinschaft zu Grabe getragen worden war, einigten sie sich auf ein »gemeinsames Ziel«: die Bewahrung des römischen Glaubens in Frankreich. Es war die Geburt des Triumvirats und der Keim jener Katholischen Liga, die Frankreich für die nächsten fünfunddreißig Jahre spalten sollte. Ihre gegenseitige Unterstützung flößte ihnen Mut ein, und am gleichen Abend warnte Guise die Königin-Mutter, daß sie, wenn sie fortfahre »aus zwei Brunnen zu trinken«,

für den Ruin Frankreichs verantwortlich sein würde. Tags darauf verließen Guise und Montmorency den Hof.
Angesichts ihrer Abreise war es unmöglich geworden, den Schein der Einigkeit zu wahren. Fontainebleau, Katharinas Idyll der Harmonie, war beschädigt. Sie hatte doch Orléans verlassen in dem Glauben, allen Zank hinter sich zu lassen, den sie so unerträglich fand. Aber diese Reise war zu nichts nutze. Parteiungen und Fehden hatten sie bis in ihren entzückenden Garten verfolgt – Guise mit seinen arroganten Anklagen, Anton mit seiner kleinlichen Ehrpusseligkeit. Fontainebleau hatte seinen Zauber eingebüßt. Obgleich sie weiterhin Anordnungen erteilte, mit den Frühjahrsanpflanzungen zu beginnen, den Obstgarten zu bestellen und die Becken mit Fischen zu besetzen, war ihr Geist emsig damit beschäftigt, den besten Weg für die Sicherstellung der Autorität ihres Sohnes zu erkunden.
Sie entschloß sich, ihn sofort in Reims salben zu lassen, da sie in diesen symbolischen Ritus als Stütze seiner Macht Vertrauen setzte.

III

Am 3. Mai verließ das Gefolge des Königs Fontainebleau und langte zwei Tage später auf dem Schloß des Herzogs von Guise in Nanteuil an. Zweifellos hoffte Katharina, indem sie Guise die Gunst der Anwesenheit seines Souveräns gewährte, seine feindseligen Gefühle zu besänftigen. Statt dessen erweiterte der Besuch den Riß. Denn Katharina stellte, vielleicht törichterweise, eine gefährliche Frage: »Was würden Sie tun«, fragte sie, »wenn der König seine Religion ändern würde?« »Meine ganze Familie, meine zahlreichen Freunde, und ich selbst sind entschlossen, sollte dies jemals geschehen«, so soll der Herzog geantwortet haben, »uns dem zu widersetzen. Sie würden in uns die stärksten Verteidiger des Glaubens finden, der von allen früheren Königen gehütet worden ist, seit dem ersten, der das Christentum angenommen hat. Deshalb, Madame, seien Sie sehr vorsichtig bei allem was Sie tun, denn Sie könnten sich selbst überrascht sehen.«[1]
Zehn Tage später salbte der Kardinal von Lothringen Karl in der Kathedrale zu Reims. Es war keine Zeremonie, die den König erhöhte. Der Zustand des königlichen Schatzes erlaubte nur geringen Luxus. Viele Mitglieder des Hofes blieben der Feier fern, weil ihr Gewissen ihnen nicht länger erlaubte, der Messe beizuwohnen. Die Predigt des Kardinals

schien weniger Glückwunsch als vielmehr Drohung. In erster Linie jedoch war es der junge König selbst, der den Sinn des königlichen Schauspiels beeinträchtigte. Er war klein nicht nur im Verhältnis zu den Säulen und Wölbungen der Kathedrale, sondern auch zu den Männern, die ihn umgaben. Sogar die zeremoniellen Gewänder, die seine Würde herausstellen sollten, dienten nur dazu, seine Jugend zu unterstreichen. Karl war noch nicht 12 Jahre alt. Obgleich er für sein Alter schon hoch gewachsen war, waren seine engen Schultern bereits gebeugt. Sein dünner Hals, immer ein wenig gekrümmt, bog sich jetzt gefährlich unter dem Gewicht der Krone. Einige sagten, er hätte während der Zeremonie geweint. Obgleich es viele gab, die ihn lobten, indem sie ihn als ein »wundervolles Kind« schilderten, das ein großer König zu werden »versprach«, so reichte ein Versprechen nicht aus. »Man braucht hier einen sehr festen König, der handelt, bevor das Volk gewahr wird, woran es mit ihm eigentlich ist», schrieb der Venezianer Giovanni Correro. »Hier ist aber im Gegenteil ein furchtsamer, zurückhaltender junger Prinz, der weder ja noch nein zu sagen wagt ohne die Zustimmung seiner Mutter.«[2]

Obgleich die Krönung die königliche Pracht und Macht nicht widergespiegelt hatte, wie es Katharinas Hoffnung war, so hatte sie wenigstens für den Schein von Einigkeit gesorgt und Guise veranlaßt, nach Paris zurückzukehren, alles notwendige Elemente »zur Ehre Gottes«, wenn die Versammlungen, die Katharina für den kommenden Sommer plante, erfolgreich ausgehen sollten. Eines hatten die Generalstände von Orléans die Königin-Mutter gelehrt: Große Versammlungen nähren im allgemeinen nur Meinungsverschiedenheiten und regeln gar nichts. Infolgedessen beruhte ihre Strategie für den Sommer 1561 auf sorgfältigen Berechnungen: Die Parlamentsversammlung sollte sich einer Behandlung des politischen Status der neuen Religion widmen; die modifizierten Generalstände sollten die Frage der königlichen Schulden regeln; der Klerus beider Religionen sollte sich zu »freier und offener« Diskussion ihrer Differenzen versammeln. Selbst Katharinas Kritiker gaben zu, daß dieses Bemühen, die religiösen Angelegenheiten von den politischen zu unterscheiden, einer ihrer klügsten Schritte war.

Der Verlauf der Versammlung in Paris bot keinerlei Überraschung. Guise und Montmorency nahmen eine defensive Haltung ein; Coligny setzte sich leidenschaftlich für die Reformation ein; Antons Rede, konfus und zweideutig, setzte ihn im großen und ganzen auf die Seite des Triumvirats. Die Zusammenkunft des Klerus, die Karl am letzten Tage des Juli eröffnete, war eine andere Sache. Sie war von vornherein von Philipp, dem Papst und sogar von der Sorbonne verurteilt worden, die einwandten, daß solch eine Zusammenkunft dem Gehorsam gegenüber Rom zuwiderlaufe. Katharina hörte zu – es heißt sogar, sie habe gelächelt –, aber sie unterwarf sich nicht. Ihr Ziel war eine Versammlung, auf der beide Seiten freimütig sprechen konnten. Selbst als die Sorbonne warnend darauf hinwies, daß es bereits Häresie sei, Häretikern zuzuhören, blieb sie hartnäckig.

Während der ersten drei Wochen des August versammelte sich der römische Klerus, der den zweiten Stand bildete, in Poissy, um Mißstände innerhalb der Kirche und Angelegenheiten der Reformation zu besprechen. Gegen Ende des Monats trafen die protestantischen Delegierten allmählich ein. Am 23. August kam Calvins Vertreter, Théodore de Bèze, in Saint Germaine-en-Laye an. Wegen seiner überzeugenden Predigten und seiner hohen Moral zur legendären Persönlichkeit geworden, überraschte er viele am Hof durch seine Liebenswürdigkeit und seinen Charme und war seinerseits angetan von der Bewillkommnung. »Ich kam hier am Hofe vor zwei Tagen an«, schrieb er an Calvin, »und ich kann Euch versichern, daß ich von allen wichtigen Leuten sehr gut aufgenommen worden bin.«[3] Das gute Einvernehmen war indessen nur vorübergehender Natur.

Am 9. November stießen die reformierten Delegierten zu dem im Benediktinerkloster von Poissy versammelten römischen Klerus. Karl selbst eröffnete die Sitzung (trotz der Meinungen, daß ein Kind bei solchen Diskussionen nicht anwesend sein sollte) und erklärte: »Was ich gern möchte, und der Grund, weshalb ich mich entschlossen habe, Sie hier zusammenzurufen ist, daß Sie irgendeinen Beschluß fassen, aufgrund dessen meine Untertanen in Frieden und Einigkeit miteinander leben können. Das ist es, was ich mir von Ihnen erhoffe . . .«[4]

Trotz der eifrigen Bekenntnisse von jedem, daß er Frieden und Einigkeit wünsche, war von Anfang an wenig Bemühen zu verspüren, zur Versöhnung zu gelangen. Wenn Bèze versuchte, die protestantische Theologie der Eucharistie zu erklären, so ertönte der Ruf *Blasphemavit!* durch die Halle. Als sich der Kardinal von Lothringen zur Erwiderung erhob, begegnete man ihm mit Verachtung. Seiner Beredsamkeit gelang es nicht, auf die Hugenotten Eindruck zu machen; einer von ihnen erklärte verächtlich, seine Rede wäre so schwach gewesen, »daß sogar ein Kind gelacht hätte«[5]. Am 17. September trafen viele Bischöfe mit der Begründung, daß auf einer solchen Versammlung nichts erreicht werden könne, Anstalten, in ihre Diözesen zurückzukehren. Die Protestanten freilich, die in dieser Konferenz ihre einzige Hoffnung auf Anerkennung sahen, waren nicht geneigt, so leicht aufzugeben. Es wurde vorgeschlagen, daß kleine »private« Gruppen an die Stelle der größeren Konferenz treten sollten, aber die katholische Opposition brachte auch diese Anregung zu Fall. »Die Prälaten und die Pfarrer sprechen nicht mehr miteinander und möchten am liebsten abreisen, ohne irgendetwas zu lösen,« schrieb Throckmorton prophetisch[6].

Nach ihrer Abreise befand sich Frankreich in einem noch größeren Wirrwarr als zuvor. Die verhaltene Toleranz der Königin-Mutter machte die Katholiken ängstlicher und die Hugenotten zuversichtlicher. »Ich versichere Sie«, schrieb Bèze an Calvin, »unsere Königin ist uns besser gesonnen, als es jemals der Fall war.« Solche Feststellungen führten nur zum Anwachsen der feindseligen katholischen Kräfte. Im Bemühen, Spanien zu besänftigen, ließ Katharina Karl nach Madrid schreiben, daß er »infolge der gegenwärtigen Notwendigkeiten und der beharrlichen Forderungen aller Stände meines Königreiches gezwungen gewesen war, den Pfarrern der reformierten Kirchen – wie sie sich selbst nennen – zu gestatten, sich hier zu versammeln«[7]. Es war demütigend, daß sich der König von Frankreich gezwungen sehen sollte, sich gegenüber einem anderen Souverän zu rechtfertigen, aber Frankreich konnte es sich nicht leisten, sich Philipp zu entfremden.

Philipp war indessen nicht beschwichtigt und bot insgeheim den französischen Katholiken militärische Hilfe an. Dieses Angebot kam einer Kriegsdrohung gleich. Es sei klüger, so erläuterte Philipp, das Feuer in des Nachbarn Haus zu löschen, als zu warten, bis das eigene Haus in Gefahr war. Als Katharina zwei Tage später Chantonnay eine Audienz gewährte, konfrontierte sie ihn ärgerlich mit Philipps Einmischung. Bestimmt dürfte es, so wandte sie ein, »höchst eigenartig« sein, wenn der König von Spanien anbiete, Truppen in ein anderes Land zu senden, ohne darum vom Herrscher des betreffenden Landes gebeten worden zu sein. »Glauben Sie denn, daß ich die Häretiker unterstütze?«, fragte sie unwirsch. »Wenn Sie sie auch nicht begünstigen, so hängen Sie doch Ihr Mäntelchen nach dem Wind«, erwiderte Chantonnay mit jener Anmaßung, die ihn bald für Katharina unerträglich machen sollte[8].

Philipps Einfluß reichte weit. Berichte von spanischen Intrigen in Italien und Deutschland sowie von verdächtigen spanischen Truppenbewegungen in der Nähe der Grenze erreichten Katharina. Throckmorton schrieb bald an Cecil: »Es geht ein geheimes Raunen um, daß es einen Bund zwischen dem Kaiser, dem König von Spanien, dem Papst, dem Herzog von

Florenz und anderen Staaten in Italien und Deutschland zur Unterdrükkung der protestantischen Religion gibt.«[9] Katharina, die ohne finanzielle Unterstützung dastand, konnte nur immer wieder zur Wachsamkeit raten, war aber nicht in der Lage, die Garnisonen zu verstärken.

Die Spannungen wuchsen im November, als Montmorency und die Guisen verkündeten, sie würden auf ihre eigenen Ländereien abreisen, da sie nicht mehr gewillt seien, an einem Hof zu weilen, wo die reformierte Religion von so erklärten Hugenotten wie Condé, Coligny und Antons Gemahlin Jeanne d'Albret öffentlich praktiziert werde. Außerdem gewann das Gerücht an Boden, daß sogar der junge König »infiziert« sei, indem er seiner Tante angeblich gesagt habe, er würde, wenn er einmal groß sei, die Messe nicht mehr besuchen.

Vielleicht war es dieses Gerücht, das den bizarren Plan auslöste, den jüngeren Bruder des Königs zu entführen. Kurz bevor die Guisen den Hof verließen, nahm der Herzog von Nemours, der zu ihrem Gefolge gehörte, den zehn Jahre alten Heinrich, Herzog von Anjou, auf die Seite und warnte ihn, daß weder er noch seine Brüder sicher seien vor den üblen Plänen der Hugenotten, und bot ihm an, ihn mit nach Lothringen zu nehmen, wo er in Sicherheit sein würde. Anjou, der bestürzt war, erwiderte, er glaube nicht, daß seine Mutter es gern sehen würde, wenn er seinen Bruder, den König, verließe. Nemours wies darauf hin, daß es vor allem um seinen eigenen Vorteil gehe, und empfahl ihm, alles zu überdenken, aber niemand etwas davon zu sagen. Tags darauf vertraute der junge Sohn des Herzogs von Guise, der selbst erst zwölf Jahre alt war, Anjou an, man würde ihn um Mitternacht durchs Fenster herausholen, ihn in eine wartende Kutsche schmuggeln und nach Lothringen verbringen, »bevor es auch nur irgend jemand bemerkt«. Anjou, verängstigt und verwirrt, setzte seine Mutter von dem Plan in Kenntnis. Sofort ließ Katharina die Palastwache verstärken und die auf den Park gehenden Fenster zumauern, »so daß ihr Sohn wie in einem Gefängnis eingesperrt war«, vermerkte Suriano. Als sie Nemours und Guise zur Rede stellte, erklärten sie höflich, daß der »Anschlag« nichts anderes als ein »übermütiger Ulk« gewesen sei, den Katharina – stets anfällig für unbegründete Verdächtigungen – aufgebauscht habe[10].

Katharina war keineswegs beruhigt. Einige Tage später schrieb sie, indem sie die Episode schilderte: »Das Kind kam und erzählte es mir, aber ich war derart erstaunt, daß ich es kaum glauben konnte . . . Mein ganzes Leben hindurch habe ich M. von Nemours so herzlich wie jeden anderen Prinzen im Königreich geliebt. Ich kann einfach nicht glauben, daß er etwas zu ihrem [ihrer Söhne] Nachteil tun könnte.« Der Zwischenfall hatte sie erschüttert und erschreckt. Sie wußte, daß die Partei der Guisen alles nur Mögliche anstellen würde, um das politische Geschehen zu manipulieren, aber daß sie es wagen würden, sich an einem Mitglied ihrer Familie zu vergreifen, war ihr bisher nicht in den Sinn gekommen. Daß ihre Kinder zu Schaden kommen sollten, brachte neuen Schrecken über sie, der sie näher berührte als alles, was sie zuvor empfunden hatte.

An Weihnachten war es diesmal in St. Germain sehr kalt. Geld war knapper denn je, und der Hof war weder glänzend noch zahlreich. Die königlichen Kinder befanden sich bei schlechter Gesundheit, und der König versetzte jedermann in Sorge durch seine Klagen über Ohrenschmerzen. »Es herrscht wenig Weihnachtsfreude am Hof«, schrieb Thomas Shakerly nach England[11].

Im Januar wurde eine kleine Versammlung nach St. Germain einberufen, um zu einer gesetzlichen Regelung zu gelangen, wie mit der reformierten Religion zu verfahren sei. L'Hôpital schlug einen liberalen Ton bei seiner Eröffnungsansprache an, als er erklärte, daß es möglich sei, ein Bürger Frankreichs zu sein, auch wenn man außerhalb des römischen Glaubens verharre. In Abwesenheit der Guisen hatten Bèze und Coligny freie Hand zum Entwurf des Edikts beizutragen, welches das liberalste französische Religionsgesetz für die nächsten sechsundzwanzig Jahre sein sollte. Zum ersten Mal erhielten die Hugenotten die Erlaubnis, ihren Glauben öffentlich zu bekennen. Obgleich es Einschränkungen gab, war Bèze bemüht, seine Glaubensgenossen zu überreden, das Edikt anzunehmen, denn im Falle höherer Forderungen würden sie alles verlieren. Die katholische Opposition war gesprengt. Obgleich Montmorency eine Rede voller heftiger Brandmarkungen hielt, und der Kardinal von Tourron sie als *sceleratissimo* (äußerst ruchlos) bezeichnete, fand sie der Nuntius »vernünftig«, und Spanien blieb ungewöhnlich ruhig. Die Opposition kam unerwarteterweise aus dem Pariser Parlament, das gelobte, seine Mitglieder würden eher sterben, als ein solches Edikt registrieren.

Katharina war ebenfalls entschlossen, für seine Annahme zu sorgen. Der zeitgenössische Chronist Claude Haton überliefert eine anschauliche, wenn auch übertriebene Erzählung von Katharinas Zusammenstoß mit dem Parlament. Die Königin-Mutter war derart wütend, so schrieb er, »daß sie sofort nach Paris abreiste und heimlich in den Palast geritten kam«, um ihre Entschlossenheit zu zeigen, für die Registrierung des Edikts zu sorgen. »Sogar als sie den Parlamentssaal betrat«, fuhr er fort, »war ihr Ärger noch nicht abgekühlt . . . und sie begann, sich zu verteidigen und zu weinen, so wie es Frauen tun, wenn sie aufgebracht sind.« Die dramatische Szene trug jedoch wenig dazu bei, das Parlament unter Druck zu setzen, denn zum Schluß warnte der Präsident die Königin-Mutter, indem er sagte: »Madame, Sie und Ihre Kinder werden die ersten sein, die es zu bedauern haben, denn es wird der Anlaß sein, der zum Verlust der Krone und des Königreich Frankreich führt.«[12]

In Wirklichkeit scheint Katharina weit vernünftiger aufgetreten zu sein, als es ihr Haton zutraut. Sie erläuterte, daß diese Maßnahmen nur getroffen worden seien, um Frankreich vor dem Ruin zu bewahren, und bat, die Dissidenten gelinder zu behandeln, um des Ganzen willen; sie selbst bekannte sich eindeutig zum katholischen Glauben. Aber dennoch blieb das Parlament widerspenstig. Das Edikt wurde bis März nicht registriert. Doch dann war es zu spät; Frankreich war an den Rand des Bürgerkriegs geraten.

Es ist eines der Paradoxa der Geschichte, daß der Lauf des Geschehens oft nicht von den Starken, sondern von den Schwachen bestimmt wird. So hielt sich jetzt Anton von Navarra, eitel und hohlköpfig wie er war, für die zentrale Figur in Frankreich. Nach welcher Seite hin er auch immer sich neigte, folgten die Waagschalen, und mit dem neuen Jahr kam ein neuer Kurs. Die Guisen, die sich bewußt waren, wie seine Anwesenheit ihre Sache fördern könnte, begannen um Antons Gunst zu buhlen. Was für die meisten Männer im soliden Gewicht echter Besitztümer lag, sah Anton schon im Getuschel von Versprechungen: ihn brachte schon leeres Musikgeklingel zum Tanzen. Die »Musik« der Guisen war, wenn auch schwach, im höchsten Maß verführerisch. Sie gaben zu verstehen, daß Philipp geneigt wäre, das Gebiet, das jetzt Spanisch-Navarra bildete, herauszugeben, oder daß ein Königreich wie Sardinien oder Tunesien für Anton erworben werden könnte. Es fehlte auch nicht an Andeutungen, daß sich eine Annullierung seiner Ehe mit der erklärten Hugenottin Jeanne d'Albret in die Wege leiten ließe zugunsten einer Ehe mit der Göttin unter den Prinzessinnen, der Witwe Maria Stuart, der Nichte der Guisen. Das waren Träume, die herrlich glitzerten, und Anton hielt sie irrtümlicherweise für Gold. Zu Beginn des Jahres 1562 hatte er alle Bande zu den Hugenotten zerschnitten und sein Geschick mit dem des Triumvirats verbunden. »Der König von Navarra ist jetzt ganz und gar spanisch«, schrieb Throckmorton voller Abneigung an die englische Königin[13].

Am 12. Februar hatte Anton einen heftigen Auftritt mit Katharina, wobei er forderte, daß Coligny und seine Brüder vom Hofe entfernt würden.

Obgleich er damit drohte, daß Spanien seine Ansprüche unterstützen würde, ließ sich Katharina nicht einschüchtern. Sie würde Coligny nicht des Hofes verweisen. Das Gleichgewicht der Kräfte hatte sich so weit verschoben, daß Coligny jetzt der einzige Mann war, auf den sich die Königin-Mutter stützen zu können glaubte. L'Hôpital, das ist wahr, vertraute sie und ihn liebte sie, aber ihm gebrach es an Macht. Coligny war Soldat und Verwaltungsmann zugleich, ein Mann von unbestrittener Integrität, doch praktisch genug, die Notwendigkeit von Kompromissen anzuerkennen. Für einige Zeit hatten sich die Hugenotten, die die hektischen Entscheidungen Condés leid geworden waren, der Führung durch den umsichtig operierenden Admiral zugeneigt. Einen Hugenotten dem Prinzen von Geblüt als Führer vorzuziehen, war eine gefährliche Entscheidung und zeigt, wie verzweifelt Katharina geworden war.

Colignys Reaktion auf ihr Vertrauen traf sie vollkommen unvorbereitet: er würde es vorziehen, so sagte er, auf sein Schloß in Châtillon zurückzukehren. Er gab hierzu keine weitere Erläuterung als daß es sein persönlicher Wunsch sei, seiner Frau während der Zeit der Schwangerschaft nahe zu sein.

Es hat bisher noch keine ausreichende Erklärung für Colignys Entscheidung gegeben. Er war nicht der Mann, der Konfrontationen aus dem Wege ging; außerdem war er nicht ein Mann, der seine Untertanenpflicht auf die leichte Schulter nahm. Vielleicht fürchtete er, seine ununterbrochene Anwesenheit bei Hofe könnte Frankreich in einen Krieg mit Spanien stürzen, obgleich auch der Umstand, Katharina in solch einem Augenblick im Stich zu lassen, gleichermaßen verderblich sein konnte. Sogar Bèze, der mehr über Colignys Beweggründe gewußt haben dürfte als alle anderen, schrieb voller Bestürzung an Calvin: »Der Admiral und sein Bruder haben sich just vor der Wut jenes Verrückten, des Königs von Navarra, davongemacht . . . Für mein Teil hätte ich lieber gesehen, sie hätten hier fest bis ans Ende ausgeharrt. Aber diejenigen, welche besser als ich die geheimen Machenschaften dieses Hofes kennen, haben anders entschieden.«[14]

Am Tag nach Colignys Abreise verließen Katharina und ihr Sohn, die man vor der wachsenden Pariser Feindseligkeit gewarnt hatte, St. Germain-en-Laye, um sich nach Montceaux zu begeben, wo sie einigermaßen Geborgenheit inmitten aller Aufregungen zu finden hofften. Aber auch hier sollten sie nicht zu Atem kommen, denn am 8. März erreichten sie die ersten verstümmelten Berichte über den »Vorfall von Wassy«. Die ersten Nachrichten lauteten, Guise sei von den Hugenotten angegriffen worden, dann hieß es, die Hugenotten seien auf Guises Befehl massakriert worden. Die Geschichtsschreibung hat niemals aufgehellt, wer den Zwischenfall auslöste, aber die Schlußfolgerung war eindeutig. Guises Männer waren sowohl bewaffnet als auch ausgebildet, die Hugenotten dagegen einfache Dorfbewohner, die sich zum Gottesdienst versammelten. Ob sie nun eine »tumultuarische Menge« waren oder nicht, wie Haton sie beschrieb, ihren Gegnern waren sie jedenfalls in keiner Weise gewachsen. In seiner Rede im darauffolgenden Monat vor dem Parlament gab Guise vor, er sei in Begleitung seiner Familie auf dem Wege zum Hof gewesen, als er plötzlich angefallen worden sei. Er blieb dabei, daß er niemals Befehl zu den Tötungen gegeben habe, zu denen es dann gekommen sei. Wahrscheinlich sind seine Behauptungen wahr, aber sie änderten nichts an der Tatsache, daß 180 unbewaffnete Hugenotten getötet oder verwundet worden waren. Die Katholiken versteiften sich darauf, Wassy einen »Unglücksfall« zu nennen, die Hugenotten dagegen bezeichneten es als »Massaker«. Wie es auch gewesen sein mag, es war ein Vorkommnis voller Zündstoff, das Frankreich in einen offenen Konflikt stürzte. »Soweit man diese Dinge beurteilen kann«, schrieb Étienne Pasquier bei nachträglicher Würdigung dieser Episode, »würde ich sagen, daß dies der Beginn einer Tragödie ist, deren Aufführung wir mitten unter uns erleben werden, und zwar auf unsere Kosten – und geb's Gott, daß es nichts mehr als unseren Geldbeutel berührt.«[15]

Es war natürlich ein vergeblicher Wunsch. In den sechsunddreißig Jahren des Bürgerkrieges, die nun folgen würden, sollte Frankreich an jedem Nerv getroffen werden. Sein flaches Land wurde zur Beute fremder Streitkräfte. Seine Felder sollten brachliegen und in schlammige Schlachtfelder verwandelt, seine Flüsse mit Toten verunreinigt, seine Kirchen zerstört, ihre Statuen beschädigt werden und ihre bemalten Glasfenster klirrend am Boden zerschellen. Vor allem aber sollten seine Bewohner sich einer gegen den anderen erheben. Viele Franzosen hätten wie der Hugenotte François de La Noue schreiben können: »Ich fand mich auf Seiten der Anhänger der Religion, und doch muß ich zugeben, daß ich auf der anderen Seite ein Dutzend Freunde hatte, die mir ebenso teuer waren wie meine eigenen Brüder.«[16]

Katharina, deren Kindheit überschattet war von den Schrecken eines Bürgerkriegs, wußte den Konflikt, der jetzt heraufbeschworen worden war, besser abzuschätzen als die meisten anderen. Im Bemühen, ihn zu vermeiden, ließ sie Guise in Nanteuil, wohin er sich zurückgezogen hatte, bitten, zum König nach Montceaux zu kommen. Es war eine königliche

Weisung, aber Guise ignorierte sie. Er hatte St. André und Montmorency in Nanteuil um sich versammelt, und zusammen waren sie ausschließlich damit beschäftigt, die Schritte des Triumvirats zu entwerfen.
Am Montag, dem 16. März, spät nachmittags, traf der Herzog von Guise, im Ehrengeleit zwischen Montmorency und St. André reitend, in Begleitung einiger seiner Brüder durch das Tor von St. Denis in Paris ein. Er hatte, wie Throckmorton berichtete, mehr als 3000 Reiter in seinem Gefolge. Das katholische Paris war zu Tausenden auf den Beinen, um den »Helden von Wassy« zuzujubeln. »Die Leute schrien auf den Straßen«, schrieb D'Aubigné, »›lang lebe Guise‹, genauso als würden sie rufen, ›lang lebe der König!‹«[17] Guise le Grand, dessen waren sie sich sicher, würde die Hugenotten zu Paaren treiben und Ordnung in Frankreich schaffen.
Paris war dem Aufstand nahe, denn auch Condé befand sich mit zahlreichem Gefolge in der Hauptstadt. Katharina, verzweifelt bei dem Gedanken, was ein solcher Zusammenstoß bedeuten würde, ließ sich aus Montceaux vernehmen und bat beide Gruppen, die Stadt zu verlassen. Das Triumvirat antwortete sofort, daß eine solche Handlungsweise unmöglich sei, da es die Pflicht gegenüber dem König gebiete, zu bleiben. Es war die Antwort, die Katharina erwartet hatte, denn seitdem sich Guise geweigert hatte, auf ihre Aufforderung hin nach Montceaux zu kommen, war es offenkundig, daß er sich als Herr der Lage fühlte. Gerade in einer derartigen Krisensituation hätte sie auf Coligny gezählt. Verzweifelt hielt sie nun Ausschau nach Hilfe, die der Macht der Guisen Einhalt gebieten würde, und wandte sich an den Prinzen von Condé. Mag es auch ihr einziger Ausweg gewesen sein, so sollte sie dieser Schritt doch teuer zu stehen kommen. Zwischen dem 16. und 23. März schrieb sie Condé eine Reihe von Briefen, worin sie ihn um Beistand anflehte. Sie versicherte ihn ihres Vertrauens in seine Loyalität gegenüber dem König und drängte ihn, zu glauben, daß alles, was sie auch immer tue, einzig und allein ihrem Wunsch entspringe, Ruhe und Frieden zu bringen. »Ich sehe so viele Dinge, die mir Kummer bereiten«, schrieb sie, »daß ich noch verzweifelter wäre, hätte ich kein Gottvertrauen und nicht die Gewißheit, daß Sie mir helfen werden, dieses Königreich zu retten, obgleich manche seinen Untergang wünschen.«
Condé war höflich wie immer. »Madame«, antwortete er, »bitte glauben Sie mir, daß es keinen Menschen in Frankreich gibt, der mehr als ich von dem Wunsch beseelt ist, Sie in Frieden und Glück zu wissen.«[18] Der galanten Erwiderung mangelte es freilich an konkretem Inhalt, und Katha-

rina sah ein, daß ihr Vertrauen fehl am Platz war. Am 23. März verließ Condé Paris, wie Katharina ihn gebeten hatte, aber anstatt den Weg nach Fontainebleau zu wählen, wo die Königin-Mutter jetzt ihre Residenz genommen hatte, begab er sich ostwärts nach Meaux, wo er Befehle erließ, die einer Kriegserklärung gleichkamen.

Condés Vorgehen spielte in vollendeter Weise dem Triumvirat in die Hände. Sein Ruf zu den Waffen machte ihn zum erklärten Rebellen, und Guise, jetzt der Hüter Frankreichs, setzte sich rasch in Bewegung, um den König vor »seinen Feinden zu retten«. Am 26. März erscheinen Anton und Montmorency in Fontainebleau, begleitet von annähernd 1000 Reitern. Sie waren, wie sie erklärten, gekommen, um den König nach Paris zu bringen. Katharina wußte sehr wohl, daß mit der Anwesenheit des Königs in Paris die königliche Macht auf Gedeih und Verderb dem Triumvirat ausgeliefert sein würde, aber sie war ja machtlos. Weder Einwendungen noch Verhandlungen konnten irgend jemand nutzen. Sie wünschten die Person des Königs, und Katharina hatte keinen Grund, sich der Erfüllung dieses Wunsches zu widersetzen. Sie selbst könnte sie begleiten oder ihnen folgen, wurde ihr bedeutet, die Entscheidung läge bei ihr.

Karfreitag, der traditionelle Tag des Todes und der Trauer, verging mit nutzlosen Streitereien. Sich so beraubt jeder Hoffnung zu sehen, brachte Katharina neues Leid. Es waren die Ängste ihrer Kindheit, die wieder auflebten, jene Tage, als die Duchessina von Zufluchtsort zu Zufluchtsort geschleppt wurde, ohne jemals zu wissen, wem sie vertrauen konnte, ohne jemals zu wissen, wie ernst die Pläne, die man mit ihr vorhatte, gemeint waren – ob man sie nicht außerhalb der Stadtmauern aufhängen, ob man sie umbringen, ob man sie der Vergewaltigung durch die Soldaten überlassen würde. Damals war der Schrecken durch ihre kindliche Vorstellungskraft und ihre kindliche Unschuld noch gemildert worden. Jetzt aber kannte er keine Grenzen. Es ging nicht länger um ihre eigene Sicherheit, es ging um die Sicherheit ihres Sohnes, um die Zukunft Frankreichs und des Königtums.

Am 31. März verließ der König in Begleitung seiner Mutter Fontainebleau in einer Sänfte in Richtung auf Paris. Das Triumvirat hatte nach allen Seiten hin Erfolg gehabt: der König und die Königin-Mutter würden bald heil in Paris eintreffen, die Hugenotten als Feinde Frankreichs und des Königs abgestempelt sein und das Triumvirat die Rolle des Retters übernehmen. So geschickt war diese Zwangsaktion getarnt worden, daß der Nuntius voller Naivität schrieb, die Furcht der Königin-Mutter vor

Condé und seinen bewaffneten Gefolgsleuten hätten sie veranlaßt, sich aus Fontainebleau zurückzuziehen.
Obgleich Katharina und ihr Sohn de facto Gefangene waren, gereichte es sowohl Katharina als auch dem Triumvirat zum Vorteil, daß diese Tatsache niemals offen zugegeben wurde. Guise ließ Katharina, um den Gerüchten zu wehren, er habe ihre Freiheit beschnitten, verhältnismäßig frei gewähren, ihre Angelegenheiten zu betreiben, und sie benutzte ihre »Freiheit« zur Wiederaufnahme von Verhandlungen mit Condé. Dieser jedoch, der sich über die Lage der Königin-Mutter im klaren war, mißachtete ihren ausdrücklichen Befehl, die Waffen niederzulegen, er verlautbarte statt dessen, daß er sich genötigt gefühlt habe, zu den Waffen zu greifen »zur Verteidigung der königlichen Autorität, der Regierung und der Königin sowie der Ruhe des Reiches«[19]. Drei Tage später, am 11. April, unterzeichneten die protestantischen Herren einen Bündnisvertrag, der zum Ziel hatte, »die Ehre Gottes sowie den Frieden des Königreichs und die Freiheit des Königs unter der Regierung der Königin, seiner Mutter, zu wahren«. Katharina, entsetzt beim Gedanken an die Möglichkeit einer bewaffneten Revolte, entsandte Monluc, den Bischof von Valence, nach Orléans, um Condé zu versichern, daß weder sie noch der König Gefangene wären, und um ihn zu bitten, seine Loyalität gegenüber der Krone zu beweisen, indem er die Waffen niederlege.
Condé war kein sehr feinfühliger Mann. Er hatte für Katharinas prekäre Ausgleichsversuche kein Verständnis. Er war in Ehrenangelegenheiten leicht verletzbar, und Katharinas Zurückweisung kränkte ihn. Kaum einen Monat zuvor hatte sie ihn um Hilfe gebeten. Jetzt stellte sie seine Loyalität in Frage. Diese plötzliche Veränderung reizte ihn zu weiteren unüberlegtem Handeln. Er besaß noch die Briefe, die ihm Katharina Mitte März geschrieben hatte, und er veröffentlichte sie jetzt. Wenn sie auch an keiner Stelle eine offene Bitte um bewaffnete Hilfe enthielten, so waren sie doch zweideutig genug, um eine derartige Interpretation zu erlauben. Nach Condé war alles, was er auch unternommen hatte, durch Anordnungen der Königin-Mutter eingeleitet worden. Es handelte sich um eine an Hochverrat grenzende Bezichtigung, und Katharina war entsetzt. »Die Königin war derart aufgebracht über die Schändlichkeit einer solchen Verleumdung«, schrieb Santa Croce, der päpstliche Nuntius, »daß sie öffentlich erklärt hat, diese Leute seien alle miteinander verrückt und wahnsinnig, und daß sie beabsichtige, sie dementsprechend zu behandeln.«[20] Zorn war ihr einziges Auskunftsmittel, um sich über die Bezichtigungen hinwegzusetzen, aber es war alles andere als erfolgreich.

Katharina hatte an Glaubwürdigkeit allenthalben eingebüßt. Condé blieb dabei, daß er ihretwegen zu den Waffen gegriffen habe. Die Katholiken klagten sie an, sie würde »von einer Seite auf die andere springen« oder ihren Glauben wechseln oder versuchen, den ihrer Kinder zu ändern. In ihren Anstrengungen, das Vertrauen der Katholiken wiederzugewinnen, schrieb sie ärgerlich an ihren Gesandten in Spanien: »Ich habe niemals, sei es mit Taten, sei es in meinen Wünschen oder sei es in meiner Lebensweise meine Religion gewechselt; ich habe jetzt dreiundvierzig Jahre lang zu ihr gehalten.« Gleichzeitig prangerte sie die Hugenotten an, indem sie sie beschuldigte, ihre Person zu mißbrauchen, um ihre wahren Ziele zu tarnen. »Um das, was sie treiben, zu verhüllen«, schrieb sie, »und um noch mehr Leute auf ihre Seite zu ziehen, haben sie verkündet, daß das, was sie unternehmen, im Dienste des Königs, meines Sohnes, und mit meiner Zustimmung geschehe.«[21]

Colignys Bruder, Odet de Châtillon, war es, vor dem sie ihren ganzen Groll ausbreitete in der Hoffnung, er werde Condé zur Niederlegung der Waffen überreden können. »Ich bin völlig außer Fassung«, schrieb sie, »daß der ganzen Christenheit gesagt wird, ich sei – obgleich ich mir die Ehre dieses Landes stets habe so angelegen sein lassen – für seinen Ruin verantwortlich. Denn ich bin der Meinung, die Wahrheit ist – und ich sage das mit Bedauern – daß diejenigen, welche den Monsieur le Prince [Condé] beraten, für den Ruin des Königreiches verantwortlich sind – und jedermann sagt, der Admiral sei sein einziger Berater.« Der König wünsche, so hob sie hervor, »keine anderen Waffen als die Liebe und den Gehorsam seiner Untertanen«, und sie warnte, daß das Tragen von Waffen entgegen dem ausdrücklichen Befehl des Souveräns die Schuld des Hochverrats beinhalte. Ihr Brief endet mit einer einzigen, düsteren Feststellung, die vor allem deshalb bemerkenswert ist, weil sie derart im Gegensatz steht zu den hoffnungsvollen Plattitüden am Schluß so vieler ihrer Briefe: »Ich sehe nicht allzu viel Hoffnung . . . ich sehe vielmehr den handgreiflichen Verlust dieses ganzen Königreiches.«[22]

Verzweiflung war jedoch eine Krankheit, der Katharina lang genug ausgesetzt war, um schließlich immun dagegen zu werden. Anfang Mai unternahm sie wieder einen Versuch, mit Condé ins Gespräch zu kommen, während sie Philipps Hilfsangebot dankbar beantwortete. Weit eher war sie noch bereit, Condé gegenüber Konzessionen zu machen als die Hilfe Spaniens anzunehmen, denn sie hegte keinen Zweifel, daß Spanien die Wirren in Frankreich ausnutzen würde, um sich zu vergrößern. Condés Unnachgiebigkeit machte jedoch Verhandlungen auch fürderhin unmöglich. Jede Versöhnung ablehnend, verdammte er jetzt das Triumvirat, in dem er diese Männer als Feinde Frankreichs und des Königs hinstellte. Als daher Katharina am 1. Juni Nachricht von Condé erhielt, daß er zu einer Unterredung bereit wäre, war sie überrascht und überglücklich. Kaum eine Woche später trafen sich beide in der Nähe von Toury, einem Dorf zwischen Étampes und Orléans. Katharina wurde von Anton begleitet. Condé hatte den Admiral mitgebracht sowie eine Schar von bewaffneten »tapferen und frischen jungen Herren«, die nach Art der Hugenotten gekleidet waren. Sie wirkten auf eigenartige Weise fehl am Platz in ihren langen weißen Röcken – »nach alter Sitte« – mit weiten Ärmeln, die ihre Rüstung bedeckten. Sie verhielten in einer Entfernung von 800 Schritt von Katharinas Gefolge. Die Atmosphäre glich eher der einer drohenden Schlacht als der einer Friedenskonferenz. Von Anfang schien wenig Hoffnung auf Erfolg zu bestehen, denn Anton war unnachgiebig und Condé arrogant. Die Stimmung war aufgebracht, und Katharinas Bitte, »Mitleid mit der Jugend des Königs und mit Frankreich zu haben«, verhallte ungehört[23].

Anton hatte in seiner üblichen Torheit ein Edikt erlassen, das alle Protestanten unter Androhung der Todesstrafe aus Paris verwies. Das Ergebnis war ein neuer brutaler Ansturm gegen die Hugenotten, und Condé erklärte, für Kompromisse sei kein Raum, solange seine Glaubensgenossen derart grausamen Behandlungen ausgesetzt seien. Anklagen brutalen Vorgehens wurden natürlich ebenso heftig von katholischer Seite erhoben. Guise schrieb an den Herzog von Württemberg, er würde weinen, wenn er sähe, mit welchen Kränkungen der Klerus überhäuft werde, und Ronsard wandte sich in seinen Versen von der Liebe weg hin zum Patriotismus, indem er Bèze fragte, wie er eigentlich einen Christus zu predigen vermöchte, »rauchgeschwärzt, behelmt wie ein Krieger, mit einem Säbel, von dem Menschenblut tropft«. »Wenig Hoffnung auf Übereinkunft ist übriggeblieben, es sei denn die, welche das Schwert erzwingt«, schrieb Throckmorton an seinen Kollegen, den englischen Gesandten in Madrid[24].

Katharinas Rückkehr nach Paris erfolgte freudlos und langsam. Sie war gezwungen, in der Sänfte zu reisen, denn sie hatte einen schweren Sturz vom Pferd in der Nähe von Étampes hinter sich. Doch kaum hatte sie sich im Bois de Vincennes niedergelassen, als die Möglichkeit eines weiteren Treffens mit Condé sie zu einer Reise in Richtung Orléans veranlaßte, wiederum in einer Sänfte, denn sie litt noch arge Schmerzen. Aus Étampes schrieb sie mit unentwegtem Optimismus von jener großen Hoffnung,

Le Primatrice, Gemälde von Diana von Poitiers

Heinrich II. von Frankreich

die ihr die Tatsache einflößte, daß Condé ein »außergewöhnliches Verlangen gezeigt habe . . . mich zu sehen«.
Drei Tage später hatte sie das Gefühl, daß ihr Optimismus schließlich gerechtfertigt sei. Noch beschwerlich hinkend war sie mit den Führern der Hugenotten an drei aufeinanderfolgenden Tagen zusammengekommen. Am Ende war Condé, beruhigt vielleicht durch ihren versöhnlichen Ton oder gerührt von ihren offenkundigen Anstrengungen, für die Sache des Friedens zu opfern, was sie auch immer könne, bereit, seine Armee zurückzuziehen und in ernsthafte Friedensverhandlungen einzutreten. So sicher war sich Katharina ihrer Sache, daß sie Throckmorton veranlaßte, seine Königin sofort davon zu unterrichten, daß Frankreich bald Frieden haben werde. Sie hatte zu voreilig gesprochen. Die anderen Hugenottenführer weigerten sich, Condés Versprechungen zu erfüllen.
Am 30. Juni gab Katharina zu, sie sei irregeführt worden. »Sie haben mich die Demütigung spüren lassen, mich selbst bedingungslos preisgegeben zu haben, und sie haben mir zu verstehen gegeben, wie wenig Wert sie auf mich legen und welch armselige Entschädigung sie mir gewähren würden für all die Pein, die ich auf mich genommen habe, um sie davor zu bewahren, in Stücke gerissen zu werden . . . Aber mir bleibt wenigstens der eine Trost«, so schrieb sie an das Parlament in Paris, »ich glaube, daß ich vor Unserem Herrn gerechtfertigt dastehen werde sowie vor aller Welt, nachdem ich alles getan habe, was ich konnte.«[25] Es war nicht klar, wer gewonnen hatte, Condé oder das Triumvirat, klar allerdings war, daß Katharina verloren hatte.
Frankreich war im Begriff, von seinen Rettern zerstört zu werden.

Dieser letztliche Zusammenbruch der Verhandlungen zwang Katharina auf die Seite des Triumvirats. Es gab keinen Zweifel mehr, sie waren jetzt ihre Herren, und die Verachtung, die sie bei ihrer Rückkehr nach Paris umgab, war mit Händen zu greifen. Die Hugenotten waren wütend. Sogar Bèze, ehemals so vernünftig, drang jetzt in Condé, »ein von Gott begonnenes Werk zu beenden«, und Coligny und sein Bruder Andelot sprachen davon, Paris zu plündern – eine Plünderung, die nicht durch Franzosen erfolgen sollte, sondern durch deutsche Söldner, die man auf diese Weise zu entlohnen versprach. »Da gibt es etwas, das sie anzieht«, schrieb Hotman mit Genugtuung. Tod lag in der Luft, nicht einfach in den Geistern der Menschen, sondern sogar in der ganzen Atmosphäre. Ein Zeitgenosse, der die Stimmung jenes düsteren Sommers eingefangen hat, notierte in sein Tagebuch:

»Bemerkenswert, wie verwirrend diese Zeit war, mit den unaufhörlichen Regengüssen, so daß die Armen ihren Weizen nicht ernten konnten, der auf seinen Halmen blühte . . . es war unmöglich, auszumachen, ob Winter oder Sommer war, weil der Himmel immer dunstig war, und sämtliche Straßen voll von Matsch wie mitten im Winter . . . Die Pest, die Paris seit so langer Zeit befallen hat, hat zugenommen wegen des Wetters, so daß Frankreich mit drei Geißeln Gottes geschlagen ist: Seuche, Hunger und Bürgerkrieg.«[26]

Unvermeidlich hatte der innere Hader auswärtige Mächte in den Konflikt hineingezogen. Gegen den Herbst stand Spanien fest hinter dem Triumvirat, und England hinter den Hugenotten. Elisabeth hielt nichts davon, rasch englische Hilfsquellen zu öffnen, aber von Throckmorton dahin belehrt, daß es in ihrem Interesse läge, es zu tun, sandte sie ein verschleiertes Versprechen an Condé. »Die Tante ist durchaus gewillt, ihrem Neffen zu helfen«, wurde Condé mitgeteilt[27]. Drei Wochen später wurde der Vertrag von Hampton Court unterzeichnet. Auf Grund seiner Bestimmungen wurden dem Prinzen von Condé 100 000 Kronen geliehen (»zur Unterstützung des Prinzen gegen den Haß, den seine Feinde gegen das Wort Gottes hegen«), 6000 Mann versprochen und als Gegenleistung der französische Hafen Havre de Grâce den Engländern übergeben.

Als die Abmachungen von Hampton Court bekannt wurden, wurden sie als der niederträchtigste Verrat heruntergemacht. Wenn es auch stimmte, daß Havre de Grâce vertragsgemäß nur vorübergehend in englischen Händen bleiben sollte, so konnte selbst dieser Umstand die territorialen Zugeständnisse der Hugenotten an eine ausländische Macht nicht verständlich machen. England bestand weiterhin darauf, ein »freundlicher Nachbar« zu sein, der alles zu tun wünschte, was er nur konnte, um den König vor den Kräften im Inneren zu »retten«, die seine Macht beeinträchtigten. In einer zur gleichen Zeit wie der Vertrag von Hampton Court veröffentlichten Schrift mit dem Titel »Warum die Königin ihre Untertanen bewaffnet«, wurde dies bestätigt. »Sie [Elisabeth] wünscht nur, Frieden mit dem König zu halten; und da sie der Meinung ist, daß seine Person in der Gewalt derjenigen ist, die sie nur dazu benutzen wollen, um einen Krieg innerhalb der Christenheit anzuzetteln, hat sie es für notwendig erachtet, einen Teil ihrer Untertanen zu bewaffnen und nicht zu dulden, daß der König mißbraucht wird.«[28]

Unterdessen wurden Truppen, die für den Herzog von Guise bestimmt waren, aus Savoyen, Ferrara und Florenz zusammengezogen. Viele von ihnen trugen das weiße Kreuz auf rotem Grund, was ihre Verbundenheit mit Spanien anzeigte. Der Umstand, daß sie auf Katharinas Befehl herbeigekommen waren, vertiefte nur deren Verzweiflung. Was sie monatelang gefürchtet und unter härtesten Anstrengungen zu vermeiden getrachtet hatte, war jetzt eingetreten: Frankreich war zum Schlachtfeld fremder Streitkräfte geworden. Wenn Elisabeth auch behauptete, sie handle nur, »um jenem von seinen eigenen Untertanen so bedrängten Fürsten zu Hilfe zu kommen«, so war die Zunahme englischer Truppen im Norden in den Augen Katharinas zu gefährlich, um ihr nicht Einhalt zu gebieten. Trotz des Ungleichgewichts an Leuten und Geldmitteln befahl Katharina einen Angriff auf Rouen, das eine Schlüsselstellung einnahm[29].

Am 15. Oktober kapitulierte die Stadt nach mehreren Angriffen. Katharina, die nach Rouen gekommen war, um den Belagerern zu helfen, sah sich infolge der Brutalität und der kriegsbedingten Verwüstungen tiefer getroffen als sie erwartet hatte – wobei es ihr nicht einfach um die Mißachtung von Menschenleben ging, sondern um die unersetzlichen Werte einer alten Stadt. Die Jahre, in denen Rouen sich nach dem Hundertjährigen Krieg unter englischer Herrschaft befand, hatten den Stolz auf ihr französisches Erbe nur gestärkt: Hier waren die *Gros Horloge,* eine der größten und vielleicht die älteste Uhr im christlichen Raum, die mehr als 300 Jahre im Bau befindliche Kathedrale, die Kirchen und Glockentürme, die der Stadt Farbe verliehen, und vor allem jenes Denkmal französischen Stolzes und französischer Ausdauer, der *Donjon,* der Schloßturm, in dem Jeanne d'Arc vernommen worden war und von wo sie abgeführt wurde, um auf dem Scheiterhaufen zu sterben. Es war ein kostbares Erbe, und Katharina ordnete an, daß »diese schöne Stadt« soweit als möglich von Zerstörung und Plünderung verschont bliebe. Was sie verlangte, war natürlich unmöglich. Die Kriegskunst bestand ja im Zerstören. Am 26. Oktober schrieb sie, daß Guises Streitkräfte siegreich gewesen wären, die »schöne Stadt« aber geplündert worden sei.

Einige Tage später hielt Karl Einzug als König in die Stadt, die seine Soldaten erobert hatten. Aber sein Einzug war wenig ruhmvoll; ein Leichentuch – wie das bei einer Niederlage – hing über den Siegern.

»Der allerchristlichste König hielt in Rouen seinen Einzug, einen Tag, nachdem es genommen worden war [schrieb der venezianische Diplomat Barbaro], aber nicht nach der Weise, wie die Könige von Frankreich zum ersten Mal in eine Stadt einzuziehen pflegten. Anstatt unter einem Baldachin durch die reich geschmückten Straßen zu schreiten, ritt seine Allerchristlichste Majestät über tote Körper, die von den Soldaten zuvor aus-

geraubt worden waren. Sein Sieg unterschied sich zudem von anderen Siegen dadurch, daß er, anstatt zur Größe seines Königreichs beizutragen, einen gegenteiligen Effekt haben sollte, etwas, das zu beklagen ist.«[30]
Unter den Führern, die bei der Belagerung von Rouen verletzt worden waren, befand sich Anton von Navarra, den eine Kugel an der Schulter getroffen hatte. Obgleich Antons Wunde anfangs leicht schien, waren die Ärzte nicht imstande, die Infektion unter Kontrolle zu halten, und einen Monat später lag Anton im Sterben. Bei einem Mann, der wiederholt zwischen zwei Religionen hin und her geschwankt hatte, war es schwierig, den richtigen Ritus für die Beisetzung zu wählen. Einige Zeitgenossen berichteten, daß er gegen sein Ende einen hugenottischen Arzt gebeten habe, ihm aus den Evangelien vorzulesen; andere wiederum sagten, ein Mönch habe sich bereit gehalten, ihn im römischen Glauben zu bestärken. Nabonne erklärte zynisch, beide hätten mitgewirkt – einer hätte immer lauter gebetet als der andere, während Antons ruheloser Geist sich bald dem einen, bald dem anderen zuwandte.
Mit Antons Tod gingen die Verantwortlichkeiten des Ersten Prinzen von Geblüt auf Condé über. Einen erklärten Rebellen in solch einer höheren Stellung zu wissen, war eine erschreckende Aussicht. Zweifellos war es diese Furcht eher als persönliche Sympathie für Anton, die Karl veranlaßte, an St. Sulpice zu schreiben: »Sie können sich mein Bedauern, meine Angst und meinen Kummer über seinen Verlust in so turbulenter Zeit vorstellen.« Obwohl Katharina versuchte, Condés neuen Rang zu benutzen, um ihm Friedensverhandlungen abzuschmeicheln, waren ihre Bemühungen erfolglos. Condé, argwöhnisch in bezug auf alles, was Katharina auch immer vorschlagen mochte, wandt sich, zauderte, überlegte sich jedes Wort. »Alles hier ist in mysteriöse Furcht gehüllt«, schrieb Suriano. »Man kennt sich in dem Vorhaben oder den Plänen von niemand aus. Es hat den Anschein, als ob jedes Mitglied des Rates sich seinen eigenen Rat hält.«[31]
Als Condé erfuhr, daß frische spanische Truppen gesandt worden waren, um sich dem Herzog von Guise anzuschließen, wurde sein Argwohn abermals bestätigt. Er sah als Alternative nur den offenen Krieg, und am 19. Dezember stießen die gegnerischen Armeen auf dem Gelände außerhalb der Stadt Dreux in der Normandie aufeinander. Den Nachmittag über weilte Katharina mit ihren Kindern im Schloß von Rambouillet, fünfundzwanzig Meilen weit entfernt. Später vertraute sie Monluc an, sie hätte diese Stunden »in Schrecken« verbracht und sich Gedanken gemacht, welches wohl ihrer aller Schicksal im Falle eines hugenottischen

Sieges sein würde. Die ersten Berichte lauteten entmutigend: Die Streitkräfte des Triumvirats waren beim ersten heftigen Stoß der hugenottischen Kavallerie aus dem Gleichgewicht geraten. Bei Einbruch der Dunkelheit war es jedoch ein klarer Sieg für die katholische Partei, obwohl beide Seiten schwere Verluste hatten hinnehmen müssen. Sowohl der Marschall von St. André als auch der Sohn des Konnetabels, Gabriel de Montmorency, waren gefallen; Condé hatte man gefangengenommen, ebenso den Konnetabel, dessen Pferd unter ihm totgeschossen worden war. Der schließliche Sieg war eindeutig Guise zu verdanken. Er führte sich wie ein großer und »›valaint‹ [*sic!*] Feldherr auf«, gab Throckmorton zu und fügte hinzu: »Der Sieg ist ihm allein zuzuschreiben.«[32]

Dreux war ein Sieg, der keinerlei Verbesserungen brachte. Er hatte den Haß zwischen den Feinden nur verschärft, Spaniens Macht in Frankreich erweitert und den Herzog von Guise emporgehoben. Was das gewöhnliche Volk anlangt, auf dessen Land der Krieg ausgefochten wurde, so war es – wie Katharina selbst – in die Klemme zwischen die einander widerstreitenden Kräften geraten. »Die Normandie war von beiden Armeen derart verheert worden«, schrieb Castelnau in seinen Memoiren, »daß das ganze Land verödet war und sich die armen Bewohner äußerstem Elend preisgegeben sahen . . . denn das Volk brachte seine gesamten Habseligkeiten und sein Vieh in großen Höhlen unter, wovon diese Provinz mehr als genug hat, und zog sich selbst dorthin zurück wie wilde Geschöpfe in der letzten Verzweiflung.«[33]

Mit dem Tod von St. André und der Gefangennahme des Konnetabels war die volle Gewalt des Triumvirats auf Guise übergegangen. Während Katharina einerseits dankbar für die Siege war, die er errang, fürchtete sie andererseits die Monopolstellung seiner Macht. Wäre es nach ihr gegangen, so hätte er seine ganze Kraft einsetzen müssen, um Frieden zu schließen, anstatt den Krieg fortzusetzen. Ihr Bemühen, den gefangenen Condé und Guise zu diesem Zwecke zusammenzubringen, erwies sich als nutzlos, denn die Gefangennahme hatte Condé noch unnachgiebiger gemacht denn je. Nach einigen Stunden hoffnungslosen Gezänks hatte sich Condé wieder in strenge Gefangenschaft abführen lassen, während Guise aufbrach, um das hugenottische Bollwerk in Orléans zu belagern.

Katharinas Befürchtungen, wie Guise wohl mit seiner unbegrenzten Macht umgehen würde, war nur kurze Dauer beschieden. Am 18. Februar erhielt sie Nachricht, daß der Herzog tödlich verwundet worden war, und zwar durch einen gedungenen Mörder, der unverzüglich als Hugenotte identifiziert wurde. Katharinas Reaktion auf diese Nachricht muß bestenfalls zweideutig gewesen sein. Nach Guises Tod würde das Triumvirat nicht länger bestehen, und die katholische Partei wäre führerlos. Es war unmöglich, Vermutungen darüber anzustellen, was nun kommen sollte: möglicherweise eine Annäherung an die Hugenotten, möglicherweise noch rachsüchtigere Kämpfe, zumal wenn es sich herausstellen sollte, daß hugenottische Führer für den Anschlag auf Guise verantwortlich waren.

Katharina begab sich sofort in Guises Hauptquartier außerhalb von Orleans. Er war bei Bewußtsein, als sie eintraf, und imstande, ihr alle Einzelheiten des Anschlags zu erzählen. Am Abend zuvor hatte er in Begleitung eines Adjutanten die Loiret überschritten. Seine Pagen hatte er vorausgeschickt, um seiner Gemahlin auszurichten, »den Tisch zu decken«, denn er würde bald daheim zum Abendessen sein. Im Halbdunkel hatte er einen Mann in einem dunklen Umhang bemerkt. Der Herzog erwiderte dessen Gruß und setzte seinen Weg fort. Er war jedoch kaum zehn Schritte gegangen, als der Mann seine Pistole abschoß und den Herzog in die rechte Schulter traf. Bevor er oder sein Adjutant sich noch bewegen konnten, war der Mörder, »wohlberitten« auf einem »stattlichen Pferd«, entkommen. Sein »stattliches Pferd« nutzte ihm jedoch wenig, denn im Dunkeln verfehlte der Reiter seinen Weg im Wald und wurde am nächsten Tag unweit der Stelle, wo der Anschlag erfolgt war, gefaßt. Auf Befragen erklärte er, sein Name sei Poltrot de Méré, und er wäre früher einmal Diener beim Admiral von Coligny gewesen[34].

Mérés Erklärung war alles, was die auf so bittere Weise ihrer Zuversicht beraubten Katholiken brauchten – ein positiver Beweis dafür, daß der Admiral für den Tod ihres Führers verantwortlich war, aus Rache für das, was sich in Wassy abgespielt hatte. Eine solche Tat bestätigte nur, was sie schon immer gewußt hatten: daß Coligny und seine Brüder verlogene Verräter waren, verräterische Franzosen, die ihr Land zuerst an England durch den Vertrag von Hampton Court verkauft und sich jetzt ebenso hinterlistig wie feige des einzigen Mannes entledigt hatten, der fähig gewesen wäre, sie zu zermalmen. Als Méré aber weiter verhört wurde, erschien die Mittäterschaft des Admirals weniger klar, denn Méré änderte seine Aussage von einer Vernehmung zur anderen. Zuerst schob er die Verantwortung im vollen Umfang Coligny zu, indem er behauptete, dieser und Bèze hätten »ihm den Himmel versprochen« (und eine Summe Geldes), wenn er die Welt von diesem »Feind des Evangeliums« befreien würde. Während der nächsten Einvernahme jedoch sagte er aus, er hätte nicht die Wahrheit gestanden, Coligny wäre keiner Mittäterschaft schuldig, er, Méré, wäre allein verantwortlich. Tatsächlich hatte Mérés Aussage wenig Einfluß auf die öffentliche Meinung, denn kein Hugenotte wollte glauben, daß Coligny in eine so feige Tat verwickelt sein könnte, und kein Anhänger Guises wollte glauben, daß er es nicht wäre.

Sechs Tage lang schleppte Guise schwer leidend sich hin, und während dieser Zeit besuchte ihn Katharina täglich. Es war eigenartig, daß Guise le Grand in seinen letzten Stunden von der Frau getröstet werden sollte, die er so oft bekämpft und gedemütigt hatte. Einstmals gedachte er, über sie zu triumphieren, aber jetzt wußten sie, daß sie voneinander nichts zu fürchten hatten. Guise lag ruhig da, geschwächt durch Schmerzen und Fieber, und die eingekerbte Narbe, die ihm einen weiteren Beinamen eingetragen hatte, nämlich *Le Balafré,* das Narbengesicht, hob sich straff und dunkel von seiner Blässe ab. Am Mittwoch, dem 24. Februar, am ersten Tag der Fastenzeit, starb Guise. Das Bett der Königin-Mutter war mit schwarzem Damast bedeckt, darauf legte man den Leichnam des Herzogs. Am folgenden Tag schrieb Katharina ihrer Schwägerin, der Herzogin von Savoyen: »Wir haben mit diesem Mann einen großen Verlust erlitten, denn er war der mächtigste Heerführer im Königreich.« Zeugen berichteten, daß die königliche Familie tief bewegt vom Hinscheiden des Herzogs gewesen sei. »Der König weinte lange und inbrünstig«, schrieb Barbaro, und »die Königin, die den Leichnam betrachtete, als sie ihn mit Weihwasser besprengte, fiel ohnmächtig zu Boden und wurde aus dem Raum hinausgetragen«[35].

Es ist kaum zu glauben, daß Katharina um den Mann weinte, der sie so oft zum Weinen gebracht hatte. Sie war keineswegs unaufrichtig, als sie gesagt hatte, er wäre der mächtigste Heerführer des Königreichs gewesen, oder als sie anerkannte, Frankreich hätte einen großen Verlust erlitten. Viel hatte es gegeben, was an Guise bewundernswert war – seine Tapferkeit, seine Ausdauer, sein militärisches Können – aber für Katharina war er ein Symbol des Widerspruchs. Ganz gleich, welche Richtung sie auch immer eingeschlagen hatte, sein Fuß war ausgestreckt, um ihr ein Bein zu stellen. Selbst wenn er auf ihrer Seite stand, vermochte sie ihm nicht zu trauen. »Der Tod des Herzogs wird eine große Wende bringen«, schrieb der englische Gesandte an seine Königin. »Die Papisten haben ihren größten Halt, ihre größte Hoffnung und ihre größte Stütze verloren. Viele Edelleute und Herren folgten seiner Richtung und jener Partei mehr aus Liebe zu ihm als aus irgendeinem anderen Grund.« Katharina hoffte zweifellos, daß er recht behalten würde, denn in diesem Fall mochte einige Hoffnung auf Frieden bestehen.

Bürgeraufruhr

I

Einige Monate zuvor hatte Ronsard in einer poetischen Schilderung der Übel der Zeit Katharina angefleht:

Ach, Madame, in dieser Zeit, da ein grausamer Sturm
Die Franzosen mit einem erbarmungswürdigen Schiffbruch bedroht;
Da Hagel und Regen sowie die Raserei der Himmel
Die See durch Gegenwinde aufgewühlt haben
Und da das Zwillingsgestirn sein Licht nicht mehr wirft,
Nimm und lenke dieses arme Schiff
Und führe es trotz des Unwetters
Und des gnadenlosen Ansturms
Der See und ihres Tobens
Zu einem sicheren Hafen.[1]

Ronsards Bitte rührte zutiefst an Katharinas eigenes Verlangen, und in den ersten Wochen des März widmete sie sich erneut der Aufgabe, Frankreich von den »grausamen Wogen des Krieges« zu erretten. Dieses Mal waren es Montmorency und Condé, die sie zu jenem Zweck zusammenbrachte. Montmorency war niemals so halsstarrig gewesen wie Guise. Condé hatte jetzt etwas von seinem aufbrausenden Wesen verloren. Die Katholiken erkannten, daß ihre Führung gefährdet war. Die Hugenotten waren sich dessen bewußt, daß ihnen das Stigma der Ermordung Guises anhaftete. Folglich verliefen die Verhandlungen rascher als es sich Katharina vorgestellt hatte, und am 13. März sprach man vom Frieden wie von einer schon ausgemachten Sache.

Die Präambel, die L'Hôpital aufgesetzt hatte, rief die Übel des Bürgerkrieges ins Gedächtnis zurück, plädierte für Versöhnung und wies darauf hin, daß die Hoffnung auf einen künftigen Frieden in einer allgemeinen oder nationalen Versammlung sowie der bevorstehenden Volljährigkeit des Königs läge. Alle früheren Verdammungen der Hugenotten wurden getilgt. Jedermann durfte zu seinem Besitz, zu seiner Beschäftigung usw.

zurückkehren. Alle Ausländer mußten das Königreich verlassen. Außerdem wurde neben der Gewissensfreiheit eine beschränkte Religionsfreiheit gewährt. In Wirklichkeit war der Friede von Amboise eher ein Waffenstillstand als ein Friede, denn gemäß L'Hôpitals Präambel konnte auf die Dauer nichts geregelt werden, bevor nicht eine freie beratende Versammlung stattgefunden hatte. Hier lag ihre schwache Stelle. Sie führte dazu, daß notwendige Veränderungen nicht vorgenommen wurden und alles strittig blieb. Sie wollte weiter, daß diejenigen, welche sich gestern haßten, morgen einander liebten, ohne jedoch hierfür eine vernünftige Basis zu schaffen.

Der Friede von Amboise war die erste von Katharinas wirkungslosen Abmachungen, die auf der haltlosen Annahme beruhten, daß jedermann den Frieden ebenso schätzen würde wie sie es tat. Die Königin-Mutter war in den vier Jahren seit dem Tod ihres Gatten eine begabte Schülerin gewesen. Sie hatte tüchtig und emsig gelernt, aber sie war noch nicht zu der praktischen Erkenntnis gelangt, daß die L'Hôpitals in der Welt hilflos gegenüber der Habgier, dem Egoismus, dem Fanatismus der menschlichen Natur sind. Sie war immer noch eine arglose Königin, die mit eigner Hand an Montmorency schrieb: »Gott sei gedankt; der Friede ist geschlossen.«[2]

Selbst in ihrem ersten Jubel war sich Katharina dessen bewußt, daß es weite Kreise gab, bei denen der Friede nicht populär sein würde. Während der letzten Märztage bis in den April hinein war sie damit beschäftigt, Briefe mit Instruktionen an ihre Gesandten in Madrid, Rom und Wien zu schreiben und ihnen auseinanderzusetzen, »daß Not und Notwendigkeit uns gezwungen haben, diesen Frieden zu schließen«. Obgleich sowohl Philipp als auch der Papst in ihren formellen Antworten zurückhaltend waren, machte Pius IV. seinem Ärger Luft. »Mehr als fünfzehn Monate lang«, so äußerte er sich zurechtweisend, »hatte man die Möglichkeit, die Führer dieser Bande zu ergreifen, aber statt dessen sah man sich genötigt, diesen schmachvollen Frieden zu schließen.« Keines dieser hinhaltenden Mittel würde den Frieden bringen, so wiederholte er. Dieser könne nur erzielt werden durch das »freie allgemeine Konzil«, das damals gerade wieder in Trient tagte[3].

Trotz solchen Vorwurfs war Katharina fest davon überzeugt, daß der Friede sein Werk verrichten würde. Er entsprach nicht nur den heimischen Bedürfnissen, er war das einzige Mittel zur Vertreibung der Engländer von französischem Boden. Elisabeths Erklärung, daß die Anwesenheit englischer Truppen in Frankreich nur dem Schutz des Königs gegen seine Widersacher im Lande diene, war jetzt von geringem Wert, nachdem der Friede wiederhergestellt war. Am 30. April schrieb ihr Karl: »Sie haben uns zu verstehen gegeben, daß Sie durch die Inbesitznahme von Havre nur beabsichtigten, diese Plätze bis zur . . . Wiederherstellung des Friedens . . . zu schützen. Wir bitten Sie nunmehr, in Übereinstimmung mit jener Aufrichtigkeit zu handeln, die Sie beständig bekannt haben, und die Stadt Havre uns wieder zu übergeben.«[4]

Niemand glaubte natürlich, daß Elisabeth einen so wertvollen Hafen kampflos preisgeben würde. Elisabeth, die sich nicht leicht in eine Sache verwickeln ließ, hielt aber dann zäh fest, was sie einmal besaß. Sie fertigte die Diplomaten, die von Frankreich zu Verhandlungen entsandt worden waren, kurz ab. Zweifellos verließ sie sich auf den Wahrheitsgehalt der Berichte, wonach Frankreich noch zu tief in inneren Wirren steckte, um sich auf einen Konflikt mit einer auswärtigen Macht einzulassen. Es waren an sich erfreuliche Berichte, aber ihnen widersprachen zumeist gleichzeitige Warnungen, daß die Königin-Mutter entschlossen sei, Le Havre um jeden Preis wiederzugewinnen, und daß der König bereits angedeutet habe, er werde sich bald »der Normandie nähern«[5].

Mitte Mai war es offenkundig, daß Frankreich trotz des ruinösen Zustandes des Landes beabsichtigte, Krieg zu führen. Am 27. Mai hielt der König (der »schwach und kränklich« aussah trotz seiner »wachen, intelligenten Augen») ein »Lit de Justice«, einen großen Gerichtstag, ab, um die notwendigen Gelder zusammenzubringen. Die königliche Schuld war schwindelerregend – 50 Millionen Pfund. L'Hôpital schloß sein Hilfsbegehren mit der Mahnung an die Versammlung: »Wie arme Seeleute, die inmitten eines Sturmes einen Teil ihrer Güter über Bord werfen, um den Rest zu retten, müssen wir handeln.«[6] Katharina hatte Jacques Matignon, den Gouverneur der Normandie, schon dahingehend unterrichtet, daß die Entscheidung bereits gefallen sei, Le Havre »entweder friedlich oder gewaltsam« wiedereinzunehmen. Außerdem hatte sie nach Lyon geschrieben und 200 000 Pfund Pulver angefordert, sowie dem Grafen von Brissac befohlen, mit zwei Regimentern auf Le Havre zu marschieren. Elisabeth setzte in Kenntnis des kläglichen Zustandes von Le Havre im Falle einer Belagerung die Verhandlungen für eine friedliche Regelung fort und versicherte der Königin-Mutter, sie würde Le Havre übergeben, vorausgesetzt, daß die Abmachungen von Cateau-Cambrésis in Kraft blieben, wonach ihr Calais wieder ausgehändigt werden sollte. Wenn Katharina zögerte, so geschah es nur, um Zeit für die Stärkung der französischen Position zu gewinnen. Voller List benutzte sie die fortgesetzte englische Interventionsdrohung dazu, die miteinander streitenden französischen Parteien an einen Tisch zu bringen. Somit sorgte sie in Frankreich für eine gemeinsame Sache, und bald, so schrieb ein Zeitgenosse, »ertönte von hier bis Bayonne der Ruf: *Vive la France!*«[7].

Am 25. Juni verließ der Hof Vincennes in Richtung auf die Normandie, indem er nordwestlich über Nantes reiste und am 18. Juli in der kleinen Stadt Gaillon anlangte. Katharina war zufrieden mit den Streitkräften, die sie mit sich führte. Sie war glücklich über die Einigkeit, zu der es dank eines gemeinsamen Feindes gekommen war, glücklich über Condés Eifer und über den Schwung, womit sich Montmorency trotz seines Alters an die Schlacht wagte.

Mittlerweile empfing Elisabeth nur tragische Nachrichten. Mitte Juni hatte einer ihrer Agenten an Burghley geschrieben, die Pest sei im englischen Lager so schlimm geworden, daß der wöchentliche Verlust jetzt 200 Mann betrage. Im Juli teilte Warwick, der Oberbefehlshaber der englischen Streitkräfte, Elisabeth mit: »Unser Mehl und Zwieback sind durchweg verdorben, und die Soldaten stehen unmittelbar vor der Meuterei.«[8] Er bat sie, ihm Hilfe zukommen zu lassen, wenn sie von ihm erwarte, Le Havre zu halten. Unverzüglich stach eine Flotte von England aus in See; aber widrige Winde hielten sie in der Nähe von Portsmouth auf, und sie konnte vor Ende des Monats nicht weitersegeln. Als sie schließlich am 31. Juli kurz nach Mittag aufkreuzte, hatte Le Havre schon kapituliert. Die Schiffe, die ausersehen waren, den Engländern beim Widerstand gegen die Belagerung zu helfen, hatten jetzt keinen anderen Zweck, als die besiegten Soldaten zurück nach England zu transportieren. Begierig auf die Rückkehr nach England stolperten sie übereinander bei der Einschiffung in die wartenden Fahrzeuge und brachten oder schleppten auch noch ihre Kranken und Verwundeten mit. Castelnau berichtet, daß sie 3000 Tote zurückgelassen hätten sowie einige hundert Männer, die in der eroberten Stadt an der Pest im Sterben lagen[9].

Für die Franzosen war die Belagerung weniger verlustreich gewesen, und Katharina schrieb frohgestimmt an Jean Evrard de St. Sulpice, ihren jüngst ernannten Gesandten in Madrid:

»Gott hat uns die Gnade des Gelingens der Unternehmung von Le Havre zuteil werden lassen . . . am heutigen Tage hoffe ich den Platz in unseren Händen zu sehen . . . sie haben schon begonnen, sich einzuschiffen, und ich hoffe, daß sie binnen kurzem alle in England sein werden und daß sie angesichts des Verlustes, den sie in Höhe von vier- bis fünftausend Mann erlitten haben, nicht so schnell zurückkehren werden.«[10]

Zum ersten Mal innerhalb einiger Jahre hatte Frankreich ein nationales Ziel verfolgt und einen nationalen Erfolg verbucht, und Katharina verlieh diesem Gefühl der Eintracht nunmehr in einer Zeremonie Ausdruck, bei der Karl seine Volljährigkeit kundtat. Am 15. August 1563 versammelte Karl im Schloß von Rouen den Hof um sich. Zuvor hatte er seinen dreizehnten Geburtstag gefeiert. Er war hochgewachsen für sein Alter, aber geradezu ungesund mager, wobei sein langer Hals den Eindruck der Ekkigkeit noch verstärkte. Geleitet vom Kanzler, ernst blickend und feierlich in schwarzem Samt gekleidet, nahm er die Huldigung seines Bruders Anjou entgegen, der zwar fünfzehn Monate jünger war als er, aber von einer Vitalität und Leutseligkeit, die sich bemerkenswert von der Befangenheit des jungen Königs abhoben. Er empfing seine Mutter, die er aus ihrer knieenden Haltung emporhob, und umarmte sie und versicherte ihr, daß trotz seiner Volljährigkeit die Befehlsgewalt noch bei ihr liege. Das entsprach genau dem Wunsch Katharinas: der Ruhm sollte ihrem Sohn gehören, ihr dagegen die Macht, zu raten, Einfluß zu nehmen, vor allem aber, wenn möglich, zu verhandeln bei allen jenen Unternehmungen, bei denen die Seele der Dinge nicht im Thronsaal sondern auf offenem Markt zuhause war. Wenn sie erreichbar war, brauchte der König niemals von seinem Podest herabzusteigen: *L'affetto di signoreggiare,* der Wunsch, zu dominieren, ohne Zweifel, aber von ganz besonderer Art.
Einen Monat später hätte Frankreich seine Königin-Mutter beinahe verloren. Mitte September stürzte Katharina so schwer vom Pferd, daß man sie fast aufgab. Ihr Pferd war auf sie gefallen, aber ihr wurde so rasch Hilfe zuteil, daß es anfangs den Anschein hatte, als habe sie sich nur den Arm verletzt. Bald jedoch wurde der Schmerz in ihrem Kopf so stark, daß sie sich nicht mehr bewegen konnte. Kein Heilmittel brachte ihr Linderung, bis, wie sie berichtete, »eine kleine Öffnung in meinem Kopf vorgenommen wurde, in der Nähe der Stelle, wo der Schmerz am schlimmsten war, was zu einer derartigen Besserung führte, daß der Schmerz sofort gemildert wurde«. Es war eine ernüchternde Erfahrung gewesen, und der florentinische Gesandte hatte besorgt geschrieben: »Vom Leben der Königin hängt die Rettung des Königreichs ab.«[11]
Vielleicht war diese plötzliche Berührung mit dem Tod der Anlaß für Katharina, jenes merkwürdige (und undatierte) Dokument niederzuschreiben mit dem Titel »Ratschlag, erteilt von Katharina von Medici an Karl IX. für die Politik Seines Hofes und für die Regierung Seines Staates«. Es ist ein für Katharinas praktische Einstellung zu den Geschäften des Königtums typisches Dokument. Sie schien sich weit weniger für die

Monarchie im Prinzip zu interessieren als vielmehr für die alltäglichen Geschehnisse am Hof, was nach ihrer Überzeugung die Zufriedenheit der Leute mit ihrem König bestimmte. Es sei keine Zeitverschwendung, so versicherte sie ihrem Sohn, einen Morgenempfang, wie es sein Vater tat, abzuhalten, denn es sei wichtig für den Hof, den König zu sehen und Gelegenheit zu erhalten, mit ihm zu sprechen. Was seine Tageseinteilung betreffe, so solle er der Messe beiwohnen, dann seine Mahlzeit einnehmen, gefolgt von einem kleinen Spaziergang, »Deiner Gesundheit wegen«. Er solle auch wöchentlich mehrere Male Ausritte veranstalten, so daß das Volk das Vergnügen habe, ihn zu sehen. Er solle ferner dafür sorgen, daß er jede Woche Zeit übrig behalte »für die jungen Leute«. Franz I., so erinnerte sie ihn, hielt darauf, daß wenigstens zweimal in der Woche ein Ball stattfand, um die Franzosen glücklich zu stimmen und in der Liebe zu ihrem König zu halten. Schließlich schrieb sie: »Es ist von voranstehender Bedeutung, daß alle Deine Untertanen – sowohl nah als auch fern – das Gefühl haben, Du kümmerst Dich um sie.«[12] Was sie da ihrem dreizehnjährigen Sohn empfahl, war das Konzept eines väterlichen Königs, das aber sein ganzes Leben hindurch dem Temperament Karls ebenso fremd blieb, wie es ihrem eigenen zur zweiten Natur geworden war.

Jetzt, da sie Karl seinem Volk vorzustellen gedachte, schmiedete sie Pläne für eine königliche Rundreise durch das Königreich. Ihre Ratgeber ermutigten sie dazu in der Hoffnung, des Königs Anwesenheit würde dazu beitragen, die Verbitterung zu mindern, die immer noch zwischen den religiösen Gruppen bestand. Katharina hoffte außerdem, die auswärtigen Beziehungen durch persönliche Begegnung während der Rundreise mit Philipp von Spanien und dem deutschen Kaiser Maximilian zu verbessern. An Philipp hatte sie schon im Oktober 1563 geschrieben und darauf hingewiesen, daß eine solche Zusammenkunft ihr nicht nur großes persönliches Vergnügen bereiten würde, sondern die Freundschaft und den Ruhm ihrer Länder erhöhen würden. Einen Monat später schrieb sie an ihren Gesandten in Wien und bat ihn, mit Kaiser Maximilian über die Möglichkeit eines Treffens zu sprechen. Der Papst ermutigte Katharina, indem er ihr Vorhaben als einen Schritt weg von den Hugenotten interpretierte in der Hoffnung, daß er zu einer »Liga für die Ausrottung der Häresie« führen würde[13]. Katharinas Belange waren weit mehr innerpolitischer Natur: sie hegte Heiratspläne für ihre Kinder; sie wünschte das Wohlwollen ihrer Nachbarn zu gewinnen, und sie setzte großes Vertrauen in die eigenen Fähigkeiten, ihr Gegenüber zu überreden. Wenn Papst Pius wünschte, die katholischen Mächte für den Krieg aneinander

zu binden, so wünschte Katharina, dasselbe um des Friedens willen zu tun.
Unterdessen war der Hof zunächst nach St. Maur und dann weiter nach Fontainebleau gezogen, wo Katharina sechs Wochen verhältnismäßiger Ruhe genoß. Seit Heinrichs Tod hatte sie kaum eine solche Periode gekannt, und sie benutzte sie, um sich einer Reihe von noch nie dagewesenen Vergnügungen zu überlassen. Sie gab üppige Soupers, veranstaltete Bälle und Maskenfeste und organisierte Turniere. An nichts fehlte es – außer vielleicht an Geld, um das alles zu bezahlen. Sechs Wochen lang gab sie sich ohne Unterlaß dem hin, was sie gern ihr ganzes Leben lang gehabt hätte: einem glänzenden Hof. Sie hatte die Leidenschaft der Medici für Glanz geerbt, und sie besaß ein besonderes Talent, sorgfältig vorbereitete Maskenfeste zu geben, wo Musik und Schaugepränge blendeten und Ehrfurcht einflößten. Aber sogar inmitten eines solchen Hofes suchte sie selbst niemals das Rampenlicht der Öffentlichkeit. Sie kleidete sich unauffällig – seit dem Tod ihres Mannes immer in Schwarz. Ohnehin niemals verführerisch, hatte sie infolge der Anstrengungen ihrer Niederkünfte ihre Figur eingebüßt, und die übertriebenen höfischen Manieren erfreuten sie nicht. Für die Fastnacht dieses Jahres hatte sie Ronsard beauftragt, eine *bergerie,* ein Schäferspiel, zu verfassen, worin alle königlichen Kinder auftraten und Katharina die Rolle der Schäferin spielte. Es war eine symbolische Rolle, gewiß, als sie mit ihrem Hirtenstab inmitten ihrer Kinder stand, beaufsichtigend, führend, verteidigend. *La Bergère,* die Gute Schäferin, die alle ihre Schafe in eine einzige Hürde bringen würde, die nichts so sehr wünschte, wie sie mit ihrem schützenden Einfluß zu umgeben.
Bevor der Hof Fontainebleau verließ, um mit der königlichen Rundreise zu beginnen, erhielt Katharina enttäuschende Nachrichten. Der Kaiser war der Meinung, eine solche Begegnung, wie sie sie vorgeschlagen hatte, könnte mißgedeutet werden und zu weiteren Zerwürfnissen führen. Philipp hatte ebenfalls seine Vorbehalte. Am 19. Februar löste ein neuer Gesandter Perrenot de Chantonnay ab, dessen Arroganz Katharina nachgerade unerträglich gefunden hatte. Don Francis d'Álava zeigte sich, obwohl man ihn als »Typ des vollendeten Gesandten« beschrieb, bald aus demselben Holz geschnitzt wie sein Vorgänger. Gelegentlich der ersten ihm gewährten Privataudienz drückte Katharina ihren tiefempfundenen Wunsch aus, Philipp zu sehen, sowie ihren Kummer, weil er ihren Wunsch nicht zu teilen schien. Álava indessen beeilte sich, die Beschuldigung an Katharina zurückzugeben, und erwiderte gemäß seinem eigenen Bericht: »Nicht der König, mein Herr, ist es, der getadelt werden sollte,

sondern Sie sind es, Madame, denn sie wünschen nicht zu enthüllen, worüber eigentlich verhandelt werden soll . . . Der König, mein Herr, vermag seine Zustimmung nicht ohne Wissen, welche Ergebnisse erzielt werden sollen, zu erteilen.« Als er fortfuhr, auf Philipps Zweifel an der Klugheit ihrer Handlungen während der vergangenen Jahre hinzuweisen, antwortete sie verärgert, daß sich die Dinge in einem weit schlimmeren Zustand befinden würden, wenn sie anders gehandelt hätte, und fragte: »Was will denn Philipp?« »Alles würde sehr einfach sein,« schloß Álava, »wenn doch Euere Majestät nicht gewisse unwürdige Leute mit Ihrem Vertrauen auszeichnen würden.« Es war dies selbstverständlich ein Appell, sich des Admirals zu entledigen und sich stärker an das Haus Guise anzulehnen[14].

Katharina weigerte sich jedoch, sich aufhetzen zu lassen. Ihre Sorge war Ende Februar, die königliche Rundreise in Gang zu bringen. Am 13. März verließ der Hof Fontainebleau und reiste zunächst in östlicher Richtung nach Montereau, einer reizenden Stadt am Zusammenfluß von Yonne und Seine. Der Besuch ihres Königs sollte ein kostspieliges Unternehmen für die Städte werden, die ihn bewillkommneten. Er reiste durch sein Reich nicht etwa mit einem Gefolge von ein paar hundert Soldaten, sondern mit Tausenden von Begleitern aller Art. Es war, wie es ein Zeitgenosse schilderte, »eine Stadt auf Reisen«: die Herren der königlichen Hofhaltung, die Pagen, die Schweizer Garde mit ihren Pfeifen und Tambourins, die Schotten in ihren Röckchen, Bogenschützen zu Fuß und zu Pferde, Jäger mit Hunden an der Leine, Falkner mit ihren vermummten Vögeln, Zwerge und Kutscher, Maultiertreiber zur Beaufsichtigung der Sänften, Gepäckwagenlenker zur Betreuung der plumpen Fahrzeuge, die beladen waren mit Draperien, Küchengeschirr und Silbergefäßen; dazu kamen Köche, Obsthändler, Salatanrichter und Bäcker, Tischler, Goldschmiede, Lederarbeiter und Sporenmacher, Schneider sowie Barbiere. Alles in allem begleiteten allein 8000 Pferde den König auf seiner Rundreise.

Die erste Stadt, die den ganzen Glorienschein der Anwesenheit des Königs genießen sollte, war Troyes. Blühend, stolz auf sein altes Erbe, im wesentlichen katholisch, war Troyes hierfür wie geschaffen. Zu Ehren von Karls Einzug war die Stadt mit Teppichen ausgelegt worden, auf denen die Devise des Königs *Justitia et Pietas,* Gerechtigkeit und Frömmigkeit, an auffallender Stelle prangte. Der Schimmel des Königs ging im vollendeten Paßschritt, und Karl, in Blau und Silber gekleidet, mit einer langen von seinem Hut herabhängenden weißen Feder, spielte seine Rolle mit Anmut und Behagen. Er war zu Pferde stets königlicher anzusehen, da sich hier seine hervorragende Reitkunst vorteilhaft auswirkte. Auf dem städtischen Platz wurde die in Verehrung harrende Menge zurückgehalten, während eine Schar von »Satyrn«, die auf Ziegen und Eseln ritten und von einem mit Efeu bedeckten Einhorn angeführt wurden, den König mit klassischer Symbolik willkommen hießen. Katharina, so wird berichtet, ritt nicht mit ihrem Sohn mit, sondern sah aus einem Fenster zu. Drei Wochen lang blieb der Hof in Troyes. Während dieser Spanne hatte Karl genügend Zeit, sich all den Diensten der Karwoche und des Osterfestes zu widmen: Fußwaschung der Armen, Darbringung seiner Opfergaben am Altar, Anbetung des Kreuzes Christi bei der öffentlichen Prozession. Es war ein ausgezeichneter Anfang einer Reise, die über jeden Zweifel erhaben dartun sollte, daß der König ein Katholik in Gedanken, Worten und Taten war.

Die Tage in Troyes waren freilich mehr als nur religiösen Zeremonien gewidmet. Es waren Tage intensiver diplomatischer Verhandlungen mit England. Seit der Kapitulation von Le Havre im vergangenen Juli waren sporadische Versuche unternommen worden, einen Friedensvertrag zwischen England und Frankreich zu schließen. Es war ein dornenvolles Geschäft. Elisabeth hielt im vollen Umfang an den Bestimmungen des Vertrages von Cateau-Cambrésis fest; Frankreich bestand darauf, daß sie nicht länger gültig seien, da England den Vertrag durch die Inbesitznahme von Le Havre gebrochen habe. Beide Königinnen gestanden indessen ein, daß es schierer Unsinn wäre, einen Krieg fortzusetzen, der nicht nur beider Staatsschatz erschöpfen, sondern sie überdies zu einer leichten Beute ihrer Feinde machen würde. Am 12. April kam es zum Frieden: Le Havre und Calais blieben in französischer Hand, und Frankreich sollte nicht die ursprünglich ausgemachten 300000 Kronen, sondern nur 125000 für den Loskauf der seit Cateau-Cambrésis festgehaltenen Geiseln zahlen. Am folgenden Tag begleitete Katharina, mit Throckmorton zu ihrer Linken und Thomas Smith, dem neuen Gesandten, zu ihrer Rechten, Karl triumphierend zur Kathedrale von Troyes, um den Frieden »auf katholische Weise« zu feiern.

Mit dem formell geschlossenen Frieden in der Tasche verließ der Hof Troyes und zog weiter nordwärts über Châlons-sur-Marne nach Osten bis Bar-le-Duc, wo der König der Taufe des ersten Sohnes seiner Schwester Claudia beiwohnte. Am 15. Mai brach »die Stadt auf Reisen« abermals auf, diesmal dem Lauf der Marne entlang in südlicher Richtung nach Langres und weiter bis Dijon.

Franz II. von Frankreich und Maria Stuart

Oben: Katharina als Witwe, Bildnis mit Genien
Unten: Heinrich III. von Frankreich und Karl IX. von Frankreich

Es war Anfang Juni, als der Hof Dijon verließ, um mit Schiffen die Saône hinabzufahren bis zu der kleinen Stadt Mâcon. Hier wartete die Witwe Anton von Navarra, Jeanne d'Albret, auf ihn. Obwohl sie niemals körperliche Robustheit verriet, lag etwas Unbeugsames über der hochgewachsenen, zurückhaltenden Gestalt und den kantigen Gesichtszügen der Königin von Navarra. In jeder Hinsicht das Gegenteil ihres Gatten, war sie furcht- und kompromißlos in ihren Überzeugungen. Weniger stürmisch als Anton hatte sie sich nur langsam der »Neuen Religion« zugewandt, aber als sie es tat, geschah es mit einer Hingabe ohne Schwankungen, die ihr Leben lang anhielt. Auf Betreiben ihres Gatten 1562 des Hofes verwiesen, schloß sie sich mit noch vollerem Herzen der Sache der Hugenotten an. Mit Condés Unterstützung verwandelte sie ihr kleines Besitztum in ein hugenottisches Königreich. Der Papst, der nicht in der Lage war, sie einzuschüchtern, erteilte ihr schließlich ein *monitum,* eine formelle Verwarnung, und forderte sie auf, bei Strafe der Exkommunizierung zum Verhör vor der Inquisition zu erscheinen. Mehr als acht Monate lang hatte Jeanne mit dieser Androhung der Exkommunizierung gelebt, wobei sie sich darüber im klaren war, daß in Rom zu erscheinen sie die Freiheit kosten konnte, während ihre Weigerung sie wohl zweifelsohne ihr Königreich kosten würde.

Während dieser Monate der Beklemmung hatten Karl und Katharina zur Sache Jeannes gehalten, weniger aus persönlicher Zuneigung als vielmehr deshalb, weil sie in solchen päpstlichen Drohungen eine Verletzung ihrer eigenen königlichen Privilegien erblickten. Wenn Pius willkürlich das Königreich Navarra aus religiösen Gründen zu konfiszieren vermöchte, so wäre das ein gefährlicher Präzedenzfall. Sowohl Karl als auch Katharina hatten ohne Zögern nach Rom geschrieben und den Vorgang als »im Gegensatz zu den traditionellen Rechten und Privilegien der Gallikanischen Kirche bezeichnet . . . sowie als schädlich für das Ansehen Seiner Majestät«. Obgleich Jeanne sich in einem Brief bei Katharina bedankt hatte, traf sie keinerlei Anstalten, dem ausdrücklichen Befehl der Königin-Mutter zu gehorchen, nämlich an den französischen Hof zurückzukehren und sich von den Hugenotten zu distanzieren. Als Jeanne dem Hof schließlich in Mâcon begegnete, erschien sie verstockt in Begleitung von acht calvinistischen Geistlichen und einer Schutzgarde von einigen hundert Reitern[15]. Trotz des warmherzigen Briefwechsels zwischen Katharina und Jeanne im Winter zuvor verlief die Begegnung in Mâcon steif. Wenn Katharina gehofft hatte, Jeanne zu gewinnen, wie sie zuweilen ihren Gatten gewonnen hatte, mit freundlichen Worten und Versprechungen, so hatte sie ihre königliche Base verkannt. Jeanne war ebenso unnachgiebig wie ihr Gatte geschmeidig war. Ärgerlich über Jeannes Dickköpfigkeit und aus Furcht, des Königs Schweigen könnte als Billigung aufgefaßt werden, riet Katharina Karl, alles Predigen in der Stadt zu verbieten. Jeanne fuhr fort, seinen Anordnungen den Gehorsam zu versagen, und als »die Stadt auf Reisen« Mitte Juni in Lyon ankam, war es eine Stadt, die sich im Kriegszustand mit sich selbst befand.

Keine Stadt in Frankreich konnte mehr Vielgestaltigkeit in sich verarbeiten als Lyon, eine Stadt mit großem Wohlstand und von enormer geistiger Beweglichkeit. Es war stolz auf seine alte römische Überlieferung, stolz darauf, eine der ältesten christlichen Gemeinden in Gallien zu sein, stolz darauf, durch das Blut von Märtyrern geheiligt zu sein. Doch dieser Stolz war kein Denkmal für tote Dinge, sondern eine lebendige Sache, die die Stadt sich der Sonne zuwenden ließ, wo immer sich diese zeigte. Bei all seinem strenggläubigen Katholizismus bot Lyon den Hugenotten eine verhältnismäßig sichere Heimstatt. Kein Mensch war ein Fremder in Lyon, denn seine Straßen waren lärmend gefüllt mit Deutschen und Venezianern, Türken und Spaniern. Lyon war reich, lebenslustig, zuversichtlich und frei.

Der Empfang, den die Stadt ihrem König bereitete, war bombastischer als alles, was Karl bisher erlebt hatte. Hier gab es Mailänder Kaufleute in ihren kurzen, schwarzen Samtumhängen, Florentiner mit reich verzierten Stickereien auf ihrem violetten Wams, Männer aus Lucca, begleitet von ihren maurischen Pagen, deutsche Herren mit Samthüten und Röcken aus feinem schwarzem Taft. Karl selbst war in grünen Samt gekleidet, seine Mütze mit einer hohen weißen Feder geschmückt, und seine geschmeidigen Lederstiefel verliehen seinen spindeldürren Beinen Form. Hinter ihm ritt jener »überaus hübsche junge Prinz«, sein Bruder Anjou, prächtig in Karmesinrot und Goldbrokat gekleidet, sowie sein Vetter Heinrich, Sohn von Jeanne d'Albret und Thronerbe von Navarra. Unter den drei jungen Prinzen war Navarra bei weitem der robusteste; seine frühen Jahre, die er in den Bergen rings um Pau verbrachte, hatten ihm ein kerngesundes Aussehen verliehen, das seine Vettern Valois im Vergleich mit ihm blaß und zerbrechlich wirken ließ.

Zehn Tage später erstrahlte die königliche Szene in noch größerem Glanz, als der zwei Monate zuvor in Troyes ausgehandelte Friede zwischen England und Frankreich in der Kathedrale zu Lyon feierlich ratifiziert wurde. Gleichzeitig ehrte England Karl, indem es ihn unter die Ritter des Hosenbandordens aufnahm. Lord Hunsdon, der den Orden überreichte, war über die Zeremonie entzückt und gab nur einem Bedauern Ausdruck – nämlich daß der Orden unverhältnismäßig groß für des Königs dünnes Bein sei. »Ich wünschte«, so schrieb er, »daß man sich um den Orden für den König sorgfältiger gekümmert hätte, denn er ist weder reich ausgestattet noch schön; und außerdem ist er so groß, daß ihn der König weder anlegen noch tragen kann.«[16] Aber diejenigen, welche sich in der alten Johannes-Kathedrale versammelten, hatten nur Augen für den Ruhm ihres Königs und Ohren für den zwischen den beiden Kronen geleisteten Friedenseid sowie für das feierliche *Te Deum,* das die Zeremonie beschloß. Nirgends maß man dem Frieden größere Bedeutung bei als in Lyon, denn sein Handel konnte nur in harmonischen Zeitläufen florieren. Karl toastete und jubelte man zu als der Verkörperung ewiger Eintracht, des jugendlichen Versprechens von Hoffnung. Die Feier war ein geradezu dramatischer Triumph für den jungen König.

Als der Vorhang vor dem öffentlichen Schaugepränge gefallen war, hielten jedoch die häuslichen Spannungen innerhalb des Hofes an. Jeanne d'Albret befand sich in ihrem Strudel. Obgleich sie Katharina ihrer Dankbarkeit für die dem Papst gegenüber erwiesene Hilfe versichert hatte, weichte diese Dankbarkeit ihre eigene religiöse Haltung keineswegs auf. In Lyon hatte sie sich mit der hugenottischen Gemeinde in Verbindung gesetzt und nahm zu deren Versammlungen nicht nur ihre Begleiter mit, sondern auch ihren zehnjährigen Sohn. Mit seinen zehn Jahren hatte Heinrich von Navarra ein Leben mit wechselnden Anhänglichkeiten verbracht. Gezwungen, bei seinem Vater zu bleiben, als Jeanne, nachdem sie zwei Monate zuvor »in Ungnade« gefallen war, des Hofes verwiesen wurde, hatte er sein Bestes getan, der Religion seiner Mutter treu zu bleiben. Schließlich war er gezwungen worden, die Religion des Hofes anzunehmen, aber es war offenkundig, daß seine Anhänglichkeit ihn zu Jeanne hinzog. Katharina, durch seine Starrköpfigkeit verärgert und wütend darüber, daß Jeanne den ihr gewährten Schutz mit einer solch eindeutigen Herausforderung heimzahlte, verbot nunmehr Heinrich, sich in den Gemächern seiner Mutter aufzuhalten oder sie zur Predigt zu begleiten, und schwor außerdem, jedermann enthaupten zu lassen, der nicht die Messe besuche. Daraufhin bat Jeanne um Erlaubnis, den Hof verlassen zu dürfen, um zusammen mit ihrem Sohn nach Navarra zurückzukehren. Katharina verschloß sich aus Furcht, was Jeanne wohl tun würde, beiden Bitten. Jeanne könne ja, wenn sie wolle, Residenz in Vendôme nehmen, aber der junge Prinz von Navarra habe am Hofe zu bleiben. Obgleich Katharina ursprünglich darauf aus war, Jeannes Freundschaft zu erringen, war es im Sommer 1564 klar, daß sie sich statt dessen eine unversöhnliche Feindin geschaffen hatte.

Die Tage in Lyon, die so triumphierend begonnen hatten, waren zur Enttäuschung geworden. Zusätzlich zu der Zwietracht am Hof hatte die Pest die Stadt mit ungewöhnlicher Heftigkeit heimgesucht. Bald waren die Hospitäler überfüllt, und eine »Zeltstadt« wurde aus dem Boden gestampft, um die Opfer behandeln zu können. Manchmal lagen Menschenkörper die ganze Nacht über in den Straßen, bis ein Karren vorbeikam und dann hochbeladen mit Leichen davonrumpelte, die schließlich im Fluß versenkt wurden. Sir Thomas Smith versicherte in einem Schreiben an Burghley, daß London selbst zu seinen schlimmsten Zeiten niemals Ähnliches gesehen habe, und fuhr fort: »Manchmal liegen zehn bis zwölf Leichen auf der Straße . . . einige nackt, und sie bleiben dort liegen bis zur Nacht, oder bis die mit ihrer Wegräumung Betrauten, in Gelb gekleidet, kommen . . . Eine große Anzahl werfen sie einfach in den Fluß, denn es ist kein Geld da, um sie zu begraben.« Die Folgen derartiger Maßnahmen waren unvermeidlich, und bald schrieb Smith angewidert: ». . . die Menschen an der Rhône wagen nicht mehr, Fisch zu essen, und die Fischer legen keine Fangvorrichtungen oder Netze mehr aus, weil sie anstelle von Fisch pestverseuchte Kadaver herausziehen, die vorher in den Fluß geworfen worden waren.«[17] Als eine Frau aus der Begleitung von Jeanne d'Albret der Pest erlag, wuchs die panische Angst bei Hofe, und am 9. Juli verließ er Lyon, um südlich des Wegs in die Dauphiné weiterzuziehen.

Die Zwietracht innerhalb des Königreichs, der Katharina durch das Auftreten ihres Sohnes zu begegnen getrachtet hatte, wuchs während der Sommermonate nur weiter an. Allmählich – besonders nach dem Zusammenstoß mit Jeanne d'Albret – sahen die Hugenotten in der Rundreise des Königs kein Mittel zur Herbeiführung des Friedens mehr, sondern eines zur Stärkung der Katholiken und zur Zermalmung der Hugenotten. Monate zuvor hatte Bèze die Geistlichen bereits gewarnt vor der »üblen Meinung der Königin-Mutter und des Kardinals [von Lothringen]«[18]. Jetzt, im Roussillon, lieferte Karl den Beweis für die Richtigkeit solchen Verdachts, indem er ein Edikt unterzeichnete, das die Ausübung der reformierten Religion innerhalb eines Bereichs von zehn Meilen um den Hof kurzerhand verbot. Die Hugenotten nahmen diese Maßregel als Zeichen dafür, daß Katharina fremdem Druck habe nachgeben müssen.

In Wirklichkeit spielte Katharina wiederum jenes Doppelspiel, durch das sie hoffte, die Unabhängigkeit der Krone zu wahren. Während sie das

Vertrauen der katholischen Seite zu gewinnen suchte, indem sie dem Nuntius versicherte, sie würde weiterhin neue Schritte unternehmen, um die »Religion« zu unterdrücken, war sie gleichzeitig in Verhandlungen eingetreten über eine mögliche Vermählung des Königs mit der protestantischen Königin von England.

Gegen Mitte August war der Hof in der Provence angelangt, ermüdet und nervös geworden durch die außergewöhnliche Hitze und infolge der wachsenden Atmosphäre des Mißtrauens. In Valence war ihm die Pest vorausgeeilt. Die Blumen, Teppiche und Reden zur Bewillkommnung wechselten sich seltsam ab mit den Häusern, in denen Pestkranke darniederlagen, mit den weißgetünchten Brettern, mit denen Türen und Fenster verrammelt waren, und die das Stigma des Todes trugen.

Während des Aufenhaltes in Valence erhielt Katharina Nachricht vom Herannahen des Todes aus anderer Richtung. Aus Madrid kamen Briefe von St. Sulpice an, die besagten, daß ihre Tochter Elisabeth wahrscheinlich nicht mehr am Leben sei. Nach Stunden unerträglicher Agonie, so erklärte St. Sulpice, sei Elisabeth zweier zu früh geborener Mädchen entbunden worden. Die spanischen Ärzte (niemals von gutem Ruf in Frankreich) taten, was sie konnten, nahmen ihre Zuflucht zu Aderlässen, zu Schröpfungen und tauchten die junge Königin in Bäder. Aber ihr Blutsturz hörte nicht auf, und ihr Fieber stieg an, bis sie in Bewußtlosigkeit fiel.

Katharina war untröstlich. »Mein einziges Labsal ist«, so schrieb sie sofort an St. Sulpice, »von Stunde zu Stunde Neuigkeiten zu vernehmen«, und bat ihn, keine Kosten bei der Entsendung von Boten an sie zu scheuen. Wie durch ein Wunder an Ausdauer triumphierte Elisabeth über die Barbarei der spanischen Heilkunst, und einen Monat später konnte der Gesandte der geängstigten Mutter versichern, daß es Elisabeth »gut geht, obwohl sie noch sehr schwach, blaß und dünn ist auf Grund dieser langen und schweren Krankheit«[19]. Tatsächlich sollte Elisabeth noch drei Jahre lang leben, in denen sie weitere zwei Male die Schrecken der Schwangerschaft auf sich nahm bei ihrem Bemühen, Philipp mit einem Knaben zu beglücken.

Für sie typisch hatte Katharina nicht gestattet, ihre Sorge um Elisabeth zum Anlaß für eine Verzögerung der Rundreise des Königs zu nehmen. Trotz Karls schlechtem Gesundheitszustand hielt sie den Hof an, sich weiter nach Süden über Mondragon, Orange, Caderousse und schließlich nach Avignon zu begeben. Nur Avignon – eine Stadt unter päpstlicher Herrschaft – trug keine Narben religiöser Konflikte. Paradoxerweise jedoch legte Avignon weniger Jubel anläßlich der Anwesenheit seines Königs an den Tag als viele andere Städte, vielleicht aus Furcht, daß der verwirrte Hof Konflikte heraufbeschwören könnte, wo es niemals welche gegeben hatte.

Als Karl am 23. September seinen feierlichen Einzug hielt, waren die Bewohner von Avignon keineswegs beeindruckt. Erschöpft von den langen Reisemonaten sah der König blaß, mager und meist teilnahmslos aus. Die lange Reise hatte ihren Tribut gefordert. Avignon, seit langem an päpstlichen Luxus gewöhnt, fand seinen König »ärmlich ausgerüstet«. »Der König ist märchenhaft verschuldet«, schrieb der englische Gesandte Anfang Oktober, »die Leute werden miserabel bezahlt, und das Reich ist ärmer, als manche Leute denken, nicht nur an Geld, sondern auch an Kredit.«[20] Als Katharina versuchte, Geld locker zu machen, indem sie eine Papiersteuer vorschlug, stieß sie auf glatte Ablehnung: des Königs Diener könnten schäbig herumlaufen, aber das Volk würde nicht weiter besteuert werden.

Es gab wenig freudvolle Momente in den folgenden Monaten. Der Hof rüstete sich für den Winter. Die Alpenwinde hatten bereits angefangen, die Reisekarawane zu belästigen, und bald machten Regen und Schnee die Flüsse unpassierbar. Am 6. November langte der Zug in Marseille an, wo Katharina vor einunddreißig Jahren in Purpur und Gold glänzend in die französische Königsfamilie eingeheiratet hatte.

In diesen dreißig Jahren hatte sich das Antlitz Frankreichs verändert. Der Staat, der einst den Neid Europas erregt hatte, war jetzt arm, verwüstet, eine Beute häuslichen Zwistes und ausländischer Aggression. Im Jahr zuvor hatte Marc-Antonio Barbaro zusammenfassend über den Zustand Frankreichs nach Venedig berichtet:

»Das ist die Lage, in der ich Frankreich bei meiner Ankunft vorfand. Ich stellte von Anfang an fest, daß die Verwaltung ungeordnet, die Justiz geschändet ist. Ich sah die Todfeindschaften, die Leidenschaften, die Launen der Mächtigen, die sich widersprechenden Interessen von Fürsten, die von einer günstigen Gelegenheit zur anderen hinüberwechselten. Ich sah religiöse Wirren, den Ungehorsam und den Aufruhr im Volk, die Rebellion und Gottlosigkeit unter den Großen. Ich sah, wie alles drunter und drüber ging.«[21]

Barbaros Ansicht war in ihrem Gehalt dieselbe wie die Katharinas, denn beide verfügten über den Blick des scharfsinnigen italienischen Beobachters für das Praktische. Es war ein schreckliches Bild. Doch wenn Katharina je von Verzweiflung angerührt wurde, so geschah es stets nur in Augenblicken, da sie sie sofort in ihrer unbeirrbaren Hoffnung wegwischte. Ihr ganzes Leben hindurch hielt sie (oft nur obenhin) an dem Glauben fest, daß die herrschende Ordnung nie unheilbar sei. Ihre Aufgabe bestand immer darin, ein Heilmittel zu finden. Passive Ergebung war ihrem Temperament so fremd, daß sie, als sie später in der Person ihres Sohnes Anjou darauf stieß, unfähig war, zu begreifen, wozu sie gut sein sollte. Anfang 1565 hatte der Hof genug vom Reisen und sehnte sich nach Paris zurück. Katharina indessen hielt an ihren Plänen für weitere zwölf Reisemonate fest. Sie war ebenfalls ermüdet, enttäuscht über die winterlichen Verzögerungen, besorgt wegen der Berichte über Straßenkämpfe in Paris, aber sie hoffte immer noch auf das Zustandekommen einer Begegnung mit Philipp irgendwo im Süden Frankreichs.

Obgleich frühere Verhandlungen zu nichts geführt hatten, sprach St. Sulpice, der jetzt die Geschäfte übernommen hatte, entschieden auf Philipp ein und schlug ihm vor, daß er doch, wenn er mit der Königin in Valladolid weilte, auch noch weiter nach Norden zu einem Treffen mit dem französischen Souverän kommen könnte. Philipp, dem Vorsicht zur Lebensregel geworden war, antwortete bezeichnenderweise, daß der Vorschlag »ernste Erwägung« verdiene, und schloß: »Ich muß ihn prüfen.«[22] Wenn Philipp auch zu einem solchen Treffen zu neigen schien, so zeigte sich der Herzog von Alba, den er mit der Führung der Verhandlungen betraut hatte, wenig begeistert davon und blockierte St. Sulpices Vorschläge immer wieder aufs neue. Schließlich willigte aber Alba doch ein, und Bayonne, eine Stadt an Frankreichs Südwestgrenze, wurde als Ort der Zusammenkunft vereinbart.

Philipps persönliche Anwesenheit bei der Zusammenkunft blieb weiter ein strittiger Punkt. Katharina, die an der Annahme festhielt, daß dankerfüllter Optimismus oft der nächste Weg zum Sieg war, schrieb im Februar in herzlicher Form an Philipp: »Ich hoffe, daß dies nicht nur dem König und mir zur großen Freude gereichen, sondern auch dem Wohl und der Erhaltung der gesamten Christenheit dienen wird.« Die nächsten wenigen Monate waren voller Unschlüssigkeit auf spanischer Seite. Irgendwann im März erhielt Katharina die Nachricht, daß ihre Tochter abermals schwanger sei und sich deshalb keiner langen Reise aussetzen könne. Gegen Ende März jedoch erwies sich Elisabeths Schwangerschaft als Irrtum, und man versicherte Katharina, daß ihre Tochter die Karwoche in Valladolid verbringen und dann nordwärts nach Burgos und weiter nach Bayonne reisen würde[23]. Inzwischen hatte sich die Königin-Mutter mit dem Ausbleiben ihres Schwiegersohnes abgefunden.

Da die Pläne für das Zusammentreffen noch auf dem Tisch lagen, wurde die Rundreise des Königs fortgesetzt, und zwar von Carcassonne aus in nördlicher Richtung nach Toulouse und weiter nach Montauban und Agen sowie schließlich nach Bordeaux, wo sich der Hof beinahe einen Monat lang aufhielt. Gegen Ende April begann die letzte Etappe der Rundreise, die einige Zeit in Mont-de-Marsan und Tartas unterbrochen wurde, bis man hierauf langsam durch die kühlen, grünen Gebirge nach Dax mit seinen Heilquellen weiterzog. Das letzte Stück der Reise wurde auf dem Schiffsweg von Saubuze aus auf dem Adour flußabwärts zurückgelegt. Am 3. Juni kam man in Bayonne an, wo man Alba antraf, der sich bereits im feinsten Haus am Platz niedergelassen hatte. Bayonne war eine hübsche Stadt, klein, verhältnismäßig unbedeutend, ohne Ehrgeiz für Größe, und bis zum Zerreißen gespannt infolge der zweifelhaften Ehre, die Rolle des Gastgebers für diese zwei »reisenden Städte« zu spielen. Man wollte gern seinen König sehen, verspürte aber wenig Neigung für den spanischen Nachbarn.

Bald nach dem offiziellen Einzug des Königs brachen Karl und seine Mutter nach Hendaye auf, das als formeller Treffpunkt ausgemacht war. Hier an der Mündung der Bidassoa, bei so großer Hitze, daß einige Soldaten unter der Last ihrer Rüstung tot zusammenbrachen, erwartete die Königin-Mutter ihre Tochter. Vom Vorgebirge Hendayes aus konnte Katharina zum ersten Mal spanisches Land erblicken, ein Land, das sie weiter faszinieren und enttäuschen sollte bis ans Ende ihres Lebens. Jetzt war ihr Gemüt trotz ihrer Ermattung und Sorge um Karl, dessen Gesundheitszustand übermäßige Hitze und Kälte nicht gewachsen war, in freudvoller Erwartung. Sollte sie doch ihre Tochter wiedersehen, auch würde sie gewiß trotz Philipps Abwesenheit etwas zum Vorteil Frankreichs ausrichten können.

Das Zusammentreffen Elisabeths mit ihrem Bruder und ihrer Mutter zeichnete sich durch allseitige Rührung aus. Die Königin, die auf der über den Fluß errichteten Ponton-Brücke auf die beiden zuschritt, sah älter aus, als es ihren Lebensjahren entsprach. Obwohl sie erst zwanzig war, war sie zweimal dem Tode nahe gewesen. Ihre Schwangerschaften hatten sie ausgezehrt, und von Masern, die sie jüngst befallen, wenn auch nicht entstellt hatten, war sie blaß und fahl geworden. Hatte sie auch einiges von ihrer jugendlichen Schönheit eingebüßt, so hatte sie an »großer Anmut« gewonnen. »Sie verfügt über ungewöhnlichen Esprit und außergewöhnliche Höflichkeit«, schrieb Giovanni Soranzo, der venezianische Gesandte. »Jedermann hält sie für weise und klug in einem Ausmaß, das nach je-

der Richtung hin weit jenseits ihrer Jahre liegt.« In Spanien hatte sie sich beinahe den Ruf einer Heiligen erworben und sowohl die Liebe ihres Gatten als auch die ihres Volkes für sich gewonnen. Und doch, so bemerkte Soranzo, tat Philipp trotz seiner Liebe und Achtung wenig, um sie glücklich zu machen. Viele Tage verbrachte sie allein, kaum verließ sie ihre Gemächer, selten sah sie ihren Gemahl, »wie sie es gern wollte«. Aber, so schloß der scharf beobachtende Venezianer, »sie verbirgt ihre Gefühle . . . und bringt zum Ausdruck, daß sie dem König lediglich zu gefallen wünscht und nur das will, was er will«. Elisabeths Leben, so schien es, war ein melancholisches Echo des Lebens, das ihre Mutter gehabt hatte[24].
Bei Elisabeths königlichem Einzug in Bayonne war an alles gedacht, denn Katharina hatte bestimmt, daß die Zeremonien nicht nur eine gewisse Solidarität der Familie, sondern auch Frankreichs Ruhm und Reichtum bekunden sollten. Elisabeth zog bei Kerzenschein in die Stadt ein und ritt auf einem weißen Zelter, den Karl aus den berühmten Stallungen von Tournelles hatte kommen lassen. Das Zaumzeug war ein verschwenderisches Geschenk ihres Gatten, das 4000 Dukaten wert gewesen sein soll. Während der nächsten beiden Wochen wurden die Spanier mit einer endlosen Folge von Aufzügen, Maskenfesten, Bällen, Turnieren und Abendessen traktiert. Ronsard, dessen Dienste man sich wieder versichert hatte, apostrophierte die Ereignisse:

O glückliches Zeitalter, wert, genannt zu werden
Das goldene Zeitalter, wenn es überhaupt je eines gegeben hat,
Da der Spanier in loyaler Freundschaft
Frankreich liebt, so daß beide eins werden.[25]

Dem Poeten gestattete man seine Übertreibung, aber er blendete das scharfe Urteil des Spaniers Alba nicht. Wenn überhaupt etwas, so bestärkte diesen die Verschwendung von Bayonne in seinen Empfindungen hinsichtlich der französischen Narretei, denn sonst zeugte doch alles ganz eindeutig davon, daß sich Frankreich in einem gefährlichen Engpaß befand. Wenn die in Bayonne versammelte Familie auch das Bild eines Landes im Frieden verkörperte, so zeigten doch die Berichte, die ständig aus Tours, Blois und Pamiers eintrafen, ein von Gewalttätigkeit und Unruhe geschütteltes Land.

Genau diese innere Zwietracht war es, die Alba im Interesse Spaniens auszuweiten hoffte. Philipp hatte ihm ausdrückliche Instruktionen mit auf den Weg gegeben: auf den Zusammenkünften sollte in erster Linie die religiöse Frage behandelt werden. Um den katholischen Glauben in Frankreich zu festigen, sollten der protestantische Kultus verboten, seine Geistlichen vertrieben und die Dekrete des Konzils von Trient veröffentlicht werden. Philipps vorgebliche religiöse Absichten verhüllten jedoch seine Interessen an den tiefer liegenden politischen Problemen. Die Neue Religion entfachte unvermeidlicherweise das Feuer der Revolte. Es mußte daher in Frankreich ausgelöscht werden, damit es nicht auf die Niederlande oder gar, noch schlimmer, auf Spanien selbst übergreifen konnte. Versteckt hinter aller moralischen Beredsamkeit Albas war das die Hauptsache.

Katharina hatte trotz des Vertrauens auf ihre Betörungskünste bei Alba nur geringe Chancen. Er war in erster Linie Soldat: hochgewachsen, steif aufgerichtet – trotz seiner fünfundfünfzig Jahre –, sein Gesicht fahl und ausgemergelt von allen Mühsalen des Krieges, sowie durch seinen schwarzen Bart in die Länge gezogen. Seine Augen verrieten ebenfalls den Krieger: wach, ruhelos, aufmerksam. Unempfänglich für Schmeicheleien war er von Anfang an der Königin-Mutter überlegen.

Albas Feindseligkeit stellte keinerlei Überraschung dar, dagegen war Katharina nicht vorbereitet auf die subtilen Veränderungen, die mit ihrer Tochter vorgegangen waren. Sie war immer stolz auf Elisabeths Intelligenz gewesen; von all ihren Kindern besaß sie den feinsten Sinn für Politik. Jetzt hingegen fand Katharina, daß sich dieser Sinn gegen sie selbst richtete. »Meine Tochter, Du bist sehr spanisch geworden«, klagte Katharina gegenüber Elisabeth, worauf ihre Tochter erwiderte: »Ich bin Spanierin, ich gebe es zu; es ist meine Pflicht; aber ich bin immer noch Deine Tochter, genauso wie ich es auch war, als Du mich nach Spanien gesandt hast.«[26] Der letzte Satz enthielt eine feine Rüge: wie sehr Elisabeth nunmehr »Spanierin« sein mochte, es war doch das unvermeidliche Ergebnis der Übernahme jener Rolle, die ihre Mutter ihr zugedacht hatte. Als Alba schließlich bei der Zusammenkunft auf das religiöse Problem zu sprechen kam, benahm sich Elisabeth weiterhin als »Spanierin«, wobei sie eher dem Abgesandten ihres Gemahls als ihrer Mutter zustimmte. Obgleich Alba Katharinas Haltung ausweichender fand als er ursprünglich angenommen hatte, stellte er zuletzt die unmittelbare Frage: »Hat die Neue Religion seit dem Frieden von Amboise gewonnen oder verloren?« »Sie hat gewonnen«, erwiderte sie ohne Zögern. Das Zwiegespräch erhitzte sich mehr und mehr, bis Alba erbittert ausrief: »Diese verruchte Sekte muß aus Frankreich vertrieben werden!« Doch Katharina wich diesem Streitpunkt aus, da sie nicht willens war, über die Wiederaufnahme des Krieges zu diskutieren. Als Alba L'Hôpital seiner religiösen Einstellung wegen kritisierte und Katharinas Klugheit in Frage stellte, weil sie ihn als Kanzler im Amt hielt, gab sie zurück: »Er ist nicht so schlecht, wie Sie denken.« »Aber«, so replizierte Alba, »Sie können doch nicht leugnen, daß er ein Hugenotte ist.« »Nein, er ist keiner«, antwortete die Königin-Mutter. Die Auseinandersetzung stand zwei zu eins, als Elisabeth konterte: »Sogar zu Lebzeiten meines Vaters galt er als Hugenotte. Solange er Kanzler ist, werden die Katholiken unterdrückt und die Hugenotten begünstigt werden.«

Katharina war auf Albas Attacke gefaßt gewesen, nicht aber auf Elisabeths Widerspruch. Sie war verlegen und bestürzt. Alba, der seine eigene Stellung natürlich durch Elisabeths Haltung gestärkt sah, schrieb befriedigt an Philipp: »Ihre Majestät entledigte sich ihrer Pflicht aufs vortrefflichste.« Doch selbst mit Alba und Elisabeth im Bunde gegen sich, gedachte die Königin-Mutter keinen Schritt zurückzuweichen: sie würde nicht zugeben, daß Toleranz Frankreich alles andere als Harmonie eingebracht habe; sie würde der Annahme der Konzilsbeschlüsse von Trient nicht zustimmen; sie weigerte sich entschieden, Frankreich wieder auf den Weg des Krieges zu führen[27].

Nicht am Konferenztisch war es, daß Alba auf seine Siege pochte, sondern es geschah bei geheimen Zusammenkünften mit den katholischen Herren. Er schmeichelte Monlucs Eitelkeit dadurch, daß er ihn glauben machte, seine Handlungen würden Frankreichs Schicksal bestimmen. Er ermunterte Montpensier zu einer Tirade gegen die hugenottischen Führer, die mit der Drohung endete, die religiöse Frage könnte am besten dadurch gelöst werden, »daß man Condé, dem Admiral, Andelot, Rochefoucauld und Gramont den Kopf abschlägt«. Er beschwatzte Bourdillon zu der Feststellung: »Wenn er [der König] noch länger wartet [gegen die Hugenotten vorzugehen], wird es nicht nur um den Glauben geschehen sein, sondern um die Krone selbst.« Als die Konferenz vorüber war, hatte Alba einige katholische Herren betört, Philipp »als den wahren Vater der französischen Katholiken anzuerkennen«. Es war ein entscheidender Schritt vorwärts in der spanischen Politik[28].

Was Katharina anbetrifft, so waren ihre Gewinne schwer abzuschätzen. Ihre Freude, ihre Tochter wiederzusehen, war vermischt mit Besorgnis über Elisabeths »spanische Einstellung«, ferner darüber, daß sie ihr Ziel, nämlich Philipp Auge in Auge gegenüberzutreten, verfehlt hatte und in Alba nur einem armseligen Stellvertreter begegnet war. Die Vermählungen, die sie empfohlen hatte (ihre Tochter Margot – jetzt zwölf Jahre alt – mit Philipps Sohn Don Carlos, ihr Sohn Anjou mit Johanna von Portugal), hatten keinen Beifall bei den Spaniern gefunden. Weit entfernt von jeder Stärkung der französischen Position, sei es in inneren, sei es in äußeren Angelegenheiten, sollten die Zusammenkünfte von Bayonne einen Schatten werfen, dem Katharina niemals wieder entkam. Welches Prestige die Königin-Mutter auch immer gewann, es war unbedeutend im Vergleich mit dem Mißtrauen, das die Zusammenkünfte daheim hervorgerufen hatten. Kaiser Maximilian hatte recht behalten, als er bekannte, daß jedes Bemühen katholischer Souveräne, zusammenzukommen, Verdacht auf protestantischer Seite wachrufen würde. Trotz Karls Briefen, worin er versicherte, die Zusammenkünfte seien allein »blutigen Tränen und natürlicher Liebe« entsprungen, und trotz Katharinas Beteuerungen, diese Gespräche würden in keiner Weise die Duldung beeinträchtigen, die bereits gewährt worden war, wuchs das allgemeine Gefühl des Mißtrauens weiter an. Die Hugenotten, so berichtete Castelnau, waren »in erheblicher Weise alarmiert«[29].

Was eigentlich in Bayonne zwischen Katharina und Alba geschehen war, welche geheimen Versprechungen miteinander ausgetauscht, welche geheimen Pfänder gegeben wurden, das alles ist lange Zeit hindurch Gegenstand von Spekulationen geblieben.

Was in Bayonne wirklich geschah, war in gewisser Hinsicht weniger wichtig als das, wovon die Zeitgenossen *glaubten,* daß geschehen sei. Und die Hugenotten hegten keinerlei Zweifel, daß man sie verraten habe. »In Bayonne ist eine Entschließung gefaßt worden . . . die Anhänger der Neuen Religion sowohl in Frankreich als auch in den Niederlanden zu vernichten«, schrieb Turenne kategorisch in seinen Memoiren. Die Zeugnisse für einen solchen Treubruch sind gering; vielmehr finden sich Anhaltspunkte für Katharinas Erklärung, daß sie unbeugsam in ihrem Entschluß geblieben war, den Hugenotten die Stange zu halten.

Anfang Juli jedoch schrieb Katharina an Philipp und versicherte ihn »der Hingabe, die wir für unsere Religion hegen, sowie des Verlangens, daß alles zur Befriedigung des Gott geschuldeten Dienstes geschehen möge«. Sie schloß mit der verhüllten Andeutung: »[Ich bin] sicher, daß die Königin, meine Tochter, Euch alle anderen Abmachungen, die wir miteinander für die Aufrechterhaltung und Stärkung unserer Freundschaft getroffen haben, erläutern wird, eine so vertrauliche Angelegenheit, daß sie niemals wagen würde, mit anderen darüber zu sprechen.«[30]

Katharinas Interpreten haben vergebens nach schlüssigen Zeugnissen dafür gesucht, was es wohl mit dieser streng vertraulichen Angelegenheit auf sich gehabt haben könnte. Einige meinten, es sei um eine Art begrenzten Massakers gegangen, gemäß Monlucs Ratschlag, daß das religiöse

Problem gelöst werden könnte, wenn die hugenottischen Führer nur dazu entschlossen wären. Andere haben darin das erste Versprechen jener »Mette von Paris«, jenes großen Massakers am Tage St. Bartholomäi gesehen, das im Sommer 1572 stattfand. Für beide Interpretationen gibt es nur ungenügende Beweise. Vielmehr ist es am Platze, in diesem zweideutigen Versprechen ein weiteres Stück Irreführung zu sehen, wodurch Katharina vergeblich hoffte, Philipp an ihrer Seite zu halten, ohne etwas von ihrer Innenpolitik zu opfern.

In der Tat, am gleichen Tag, an dem sie so rätselhaft an Philipp schrieb, schrieb sie auch an Montmorency nach Paris und bat ihn dringend, das Toleranzedikt rigoros zu befolgen, um die Verdächtigungen jener »unruhigen Seelen«, die die Ergebnisse der Konferenz von Bayonne fürchten, zu beschwichtigen. Sie schloß dann mit einer für sie charakteristischen, irreführenden Feststellung: »Während dieser Gespräche haben wir uns nur für Gesten der Zuneigung, für Bankette und gutes Leben interessiert, und nur in ganz allgemein gehaltenen Formulierungen für den wechselseitigen Wunsch, die Freundschaft zwischen uns weiter zu pflegen.«[31] Wenn sie einerseits hoffte, Philipp durch Andeutungen hoch und heiliger Versprechungen zufriedenzustellen, so hoffte sie gleichermaßen Montmorency zu beruhigen, indem sie ihm versicherte, die Besprechungen seien niemals über die seichteste Art des Meinungsaustausches hinausgegangen. Es scheint außergewöhnlich, daß Katharina, die so scharfsinnig in vielen ihrer Urteile sein konnte, nicht etwa vorauszusehen vermochte, daß ihre Anstrengungen, Freund von gegensätzlichen Kräften zu sein, nur mit einem Mißlingen enden konnten. Doch selbst solches Mißlingen war nicht imstande, sie zu belehren, und ihr ganzes Leben hindurch war sie einem Lauf der Dinge verhaftet, der letzten Endes ihr Schicksal besiegelte.

II

Die Rundreise des Königs büßte nach Bayonne alles ein, was sie noch an Glanz aufwies. Die hugenottische Feindseligkeit war mit Händen zu greifen, als es weiter nach Norden ging. In Angoulême wurde der Zug vor einer Verschwörung gegen den König (»ein Aufruhr wie in Amboise«) gewarnt. In La Rochelle herrschte trotz sorgfältig vorbereiteter Bewillkommnung eine Atmosphäre der Verdächtigungen und Kühle. Sogar Blois stand unter hugenottischem Einfluß, und Condé und Jeanne d'Albret traten öffentlich als Prediger auf. In dem Bemühen, ihren guten Willen gegenüber den Hugenotten zu demonstrieren, schoß Katharina über das Ziel hinaus und weigerte sich trotz der Einsprüche der Katholiken, einzugreifen, vorausgesetzt, daß die Gottesdienste »im Geheimen abgehalten« wurden.

Eine der Hauptursachen für Reibungen zwischen Katholiken und Protestanten war Colignys Verwicklung in den Mord an dem Herzog von Guise. Bei einer Gegenüberstellung zwischen dem Admiral und dem Kardinal von Lothringen setzte sich Katharina für Versöhnung ein und unterstrich, daß sich Frankreich niemals eines »allgemeinen Friedens« erfreuen würde, solange die »privaten Streitereien« nicht beigelegt wären. Lothringen machte geltend, daß er weder »Haß noch Rachegefühle« hege, aber darauf dringe, »Gerechtigkeit obwalten zu sehen«. Coligny erwiderte hierauf mit erneuter Versicherung seiner Unschuld. Schließlich wurde Coligny nach zweiwöchigen hoch aufgeladenen Reden und »Ermittlungen« (obwohl das Ergebnis doch von Anfang an feststand) für unschuldig erklärt, und der König »verurteilte« beide Männer dazu, nicht mehr »schlecht voneinander zu sprechen.« Die üblichen Umarmungen wurden ausgetauscht, und die Fehde war angeblich beendet[1].

Die beiden Monate, die der Hof in Moulins weilte, waren in weitem Umfang Geschäften gewidmet. Eine Notabelnversammlung war einberufen worden und tagte unter Leitung von L'Hôpital, der ein festgefügteres Justizsystem einzuführen hoffte. Eine Idee leitete ihn: alles mußte sorgfältig Gesetz und Edikt untergeordnet werden. Niemand, nichts durfte dem Gesetzeskodex entzogen werden. Für integre Leute schien L'Hôpital, der Idealist, einen einwandfreien Kurs zu steuern, für Zyniker dagegen zu hoch hinaus zu wollen. Seine Grundsätze waren zu spekulativ, zu abstrakt, um das in Alltagsprobleme versunkene Frankreich zu beeinflussen. »Alles ist ja schön und gut, aber es wird sich alles in Rauch auflösen«, kommentierte der pragmatisch denkende Álava[2].

Die Sitzungen in Moulins zehrten die letzten Kräfte sowohl Katharinas als auch Karls auf, und die Schlußetappe der Rundreise verlief ganz mechanisch. Nachdem der Hof Moulin verlassen hatte, zog er weiter in südlicher Richtung nach der Auvergne, dann wiederum nach Norden durch das Bourbonnais, Nivernais, bis er nach sechs Wochen St. Maur erreichte. Er hatte in den sechsundzwanzig Monaten, die er unterwegs war, etwa 3000 Meilen zurückgelegt.

Der König war während der Reise um »zwei Daumen gewachsen«, aber keineswegs widerstandsfähiger geworden. Der englische Gesandte vermerkte, wie »schmächtig« er noch war mit seinen »großen Knien und Füßen«, schlecht proportioniert auf seinen dürren Beinen. Seine Intelligenz war »für seine Jahre gut entwickelt«, wie Smith beobachtete, aber niemand, der Karl während der Reisemonate gesehen hatte, war von seinen königlichen Eigenschaften beeindruckt. Er war jetzt sechzehn Jahre alt, nach Maßstäben der Renaissance schon erwachsen. »Es ist höchste Zeit, daß der König ein Mann wird«, schrieb ein englischer Agent an Throckmorton mit offenkundiger Mißbilligung[3]. In nichts hatte die königliche Rundreise die in sie gesetzten Hoffnungen gerechtfertigt: Die Leute waren von ihrem König nicht beeindruckt, die Hugenotten störrischer denn je, die katholischen Herren dichter an Spanien herangerückt. Was Spanien selbst betrifft, so wurde es trotz seiner Freundschaftsbekundungen für Frankreich im Jahr 1566 immer mehr zur Quelle von Quertreibereien.

Während seines Aufenthaltes in Moulins hatte der Hof Nachrichten erhalten, wonach eine französische Expedition nach Florida, die Coligny, bereits auf die Bedeutung der Kolonisierung bedacht, gefördert hatte, von den Spaniern niedergemetzelt worden war. »Ich bin außer mir«, schrieb Katharina in ihrer Wut ihrem neuen Gesandten in Spanien, Baron de Fourquevaux. Als sie Álava zur Rede stellte, protestierte er im Ton rechtschaffener Entrüstung, es seien die Franzosen, die man für ihr Eindringen in bereits von Spanien abgesteckte Territorien tadeln müsse. »Der Handel ist frei«, gab Katharina zurück und machte Álava darauf aufmerksam, daß sie irgendeine Wiedergutmachung für eine »derart grausame und unmenschliche Tat« erwarte[4]. Trotz ihres Zornes fürchtete sie die Folgen eines totalen Bruchs mit Spanien und beeilte sich, ihrer Tochter zu versichern, daß, wie tief sie jene Tat auch getroffen habe, kein Grund für einen Riß in der Freundschaft zwischen »unseren beiden Häusern« vorliege.

In den kommenden Monaten wurde die Freundschaft mit Spanien des weiteren durch Ereignisse in den Niederlanden herausgefordert. Die Niederlande empfanden unter dem Einfluß der Reformation die spanische Herrschaft in wachsendem Ausmaß als Unterdrückung und waren entschlossen, sich politisch und religiös davon zu befreien. Philipp hielt ihre Bestrebungen für unerträglich. Sie seien eine Beleidigung seines göttlich verankerten Königtums und eine Bedrohung der wirtschaftlichen Sicherheit Spaniens. Gegen Ende des Jahres 1565, nachdem er sich zur Niederschlagung jeder Revolte entschlossen hatte, befahl er Alba, eine Armee in Sizilien, Neapel und Mailand anzuwerben. Katharina, die wußte, daß der bequemste Weg in die Niederlande über Frankreich führte, schrieb voller Ängste an Fourquevaux: »Ich bitte Sie, die Augen offen zu halten und zu sehen, was sie herausfinden können.«[5] Die Aussicht eine Armee von 10 000 Mann unter spanischem Oberbefehl ihren Weg durch Frankreich nehmen zu sehen, entflammte die Hugenotten in Zorn und Furcht, und Coligny ließ in aller Öffentlichkeit keinen Zweifel daran, daß das Königreich, sollte Philipp jetzt in Frankreich einrücken, dem Untergang geweiht war. Karl wies mit unerwarteter Entschlossenheit die Bitte Spaniens auf sicheren Durchzug zurück und erklärte, daß die Hugenotten sich einer solchen Armee offen in den Weg stellen würden, eine Möglichkeit, die er unter keinen Umständen riskieren könne.

Philipp erblickte in Karls Weigerung einen hugenottischen Sieg und war sich dessen bewußt, daß Coligny, falls er stark genug war, nicht nur die spanischen Truppen aus Frankreich heraushalten, sondern obendrein noch seine Glaubensgenossen in den Niederlanden aktiv unterstützen würde. Das war eine irritierende Aussicht, und Philipp versuchte ihr noch dadurch entgegenzuwirken, daß er Katharina warnend darauf hinwies, Frankreich würde großes Mißgeschick erleiden, wenn sie weiter an ihrer liberalen Einstellung gegenüber den Hugenotten festhielte[6].

Katharina und Karl blieben indessen unerbittlich, und Alba mußte sein Heer von Genua aus durch Savoyen und die Franche-Comté führen, immer vorsichtig der französischen Ostgrenze entlang. Als Gerüchte über die Stärke dieser Armee bis zu Katharina drangen, begann sie sich zu fragen, ob die Hugenotten wohl recht hatten mit ihrer Warnung, daß Philipps Ziel nicht einfach die Niederlande, sondern Frankreich selbst sei. Ihre Panik war ansteckend, und im Frühsommer erschienen Coligny, Condé und Montmorency mit ihren Söhnen und Neffen am Hof, um sich und ihre Männer »für den Dienst des Königs« anzubieten. Anstatt nun dieses Angebot gnädig anzunehmen, erinnerte sie Karl, gereizt und voller Verdacht gegen die Beweggründe der Hugenotten, im zornigen Ton daran, daß sie ja gar keine Männer anzubieten hätten, denn »jeder Franzose unterstehe dem Befehl des Königs«[7]. Das war eine törichte Antwort, bezeichnend für jene Launenhaftigkeit, die in so vieler Hinsicht später die Oberhand über Karl gewinnen sollte.

Mehr und mehr gerieten sowohl der König als auch die Königin-Mutter während des Sommers 1567 übers Kreuz mit den Anhängern der Neuen Religion. Es hatte »erbitterten Streit« zwischen dem Admiral und der Königin-Mutter gegeben, die ihm vorwarf, durch die Überweisung von 60 000 Kronen an die Protestanten in den Niederlanden die Wirren ange-

facht zu haben. Im späteren Sommer hatte Condé ihren Ärger noch weiter vergrößert durch die Ausstreuung des Gerüchts, der König beabsichtige das Befriedungsedikt zu widerrufen. Doch alles in allem war Katharina gezwungen, ihren Ärger zu verbergen, wollte sie sich die Hugenotten nicht noch weiter entfremden. Correro hatte in der Tat den Nerv von Katharinas Einstellung berührt, wenn er nach Venedig schrieb:
»Die Königin . . . wagt nicht, den Hugenotten den leisesten Argwohn zu zeigen; sie gibt vor, nicht zu merken, was sie tun, und toleriert sie mit unbegrenzter Geduld, empfängt sie auf herzliche Weise, begünstigt sie mit offensichtlicher Zuneigung. Demnach . . . hofft sie, sie zu besänftigen und zufriedenzustellen und nach und nach jene turbulente Gesinnung zu zerstreuen, die sie eher dem Ehrgeiz und einem Rachebegehren zuzuschreiben geneigt ist als irgendwelchen religiösen Gefühlen.«[8]

Was Katharina nicht erkannte und was daher die Ereignisse des folgenden September zu einer so bestürzenden Überraschung für sie machte, war, daß es ihr nicht gelang, sie »zufriedenzustellen«. Sie versäumte, sich klar zu machen, daß sie durch die Konferenz von Bayonne jede Aussicht verwirkt hatte, das Vertrauen der Hugenotten zu behalten. Es war ihr eigener flagranter Irrtum gewesen, aber seine Folgen waren unabwendbar. Die Hugenotten waren überzeugt, daß sie von Katharina verraten worden seien, und Katharina war, wenigstens teilweise, daran schuld. Ihr wurde ganz einfach nicht bewußt, daß jene mysteriösen Anspielungen und halben Versprechungen, womit sie so verschwenderisch um sich warf, niemand zufriedenstellten. Wiederum war es Correro, der ihre Schwäche durchschaute. *Liberalissima di parole,* schrieb er von ihr. Sie war »zu freigiebig mit Worten«, was ihr letztlich nicht Vertrauen, sondern Mißtrauen einbrachte.

Es waren traurige und aufregende Tage für Katharina, denn alle ihre Bemühungen, »zufriedenzustellen«, waren fruchtlos geblieben. Frankreich bewegte sich abermals auf kriegerische Auseinandersetzungen zu – und dieser Gedanke erschreckte sie. Furcht war allerdings ein Luxus, den sie sich nicht leisten konnte, und sie war bestrebt, ihre gewohnte Selbstsicherheit zu wahren. Correro, der unter die Oberfläche sah, bemerkte teilnahmsvoll: »Ich weiß, daß man sie mehr als einmal in eigener Person weinend beim König angetroffen hat – nicht aus irgendwelchem Ärger gegen Seine Majestät heraus – sondern um jene zu täuschen, die den Stand der Dinge von ihrem Gesicht ablesen wollten; nach außen wird sie stets in gefaßter und frohgemuter Haltung auftreten.«[9]

Im September 1567 hielten die Hugenotten eine Synode auf Colignys

Schloß in Valéry ab. Es war eine aufgeregte Versammlung, denn Condé, schon immer ein Meister im Umgang mit Feuerstein und Pulverfaß, hatte alles zur Hand, was er brauchte, um ein Feuer zu entfachen: der Königin-Mutter konnte man ganz offensichtlich nicht trauen; der König behandelte die Hugenotten wie Abschaum; der Kardinal von Lothringen stand erneut hoch in der Gunst; Behinderungen der »Religion« nahmen zu. Selbst wenn Condé keine weiteren Beweise der Gefahr als diese gehabt hätte, sie würden genügt haben. Aber während der Tagung in Valéry langten Nachrichten ein, daß Schweizer Soldaten unter dem Befehl der Krone die Grenze nach Frankreich überschritten hatten, daß die beiden populären Führer der niederländischen Sache, die Grafen Egmont und Hoorn, von Spanien zum Tode verurteilt worden waren. Das war ein positiver Beweis für all das, was sie befürchteten: ihre religiösen Rechte, ihre Freiheit, ja ihr Leben standen auf dem Spiel. Ihre Verärgerung, vereint mit Condés natürlichem Ungestüm, trieb sie zu unverzüglichem Handeln. Sie wollten sich der Person des Königs bemächtigen – nicht in böser Absicht gegenüber Seiner Majestät – sondern um ihn (und sich selbst) den Machenschaften des Königs von Spanien und seiner »Hispanisierer« zu entziehen.

Einer der ersten Hinweise auf Unruhen wurde von Sir Henry Norris aufgegriffen, der am 13. September an Leicester über das »Auftreten von Bürgerunruhen« schrieb, die er bemerkt habe. Der Hof, der sich damals in Montceaux aufhielt, wurde ebenfalls über einige verdächtige Vorkommnisse in Kenntnis gesetzt, aber Katharina ging leichthin darüber hinweg. »Es geht hier ein Gerücht ohne viel Gehalt um, daß die von der Neuen Religion einige Unruhe hervorrufen wollen, aber es ist nur eine Art von Unbehagen, das sie empfinden«, schrieb sie an Fourquevaux[10]. Das Gerücht genügte jedoch, den Hof zur Übersiedlung von Montceaux nach der Stadt Meaux zu veranlassen. Mittlerweile hatte Condé seinen ursprünglichen Plan wieder aufgenommen: Deutschland wurde gebeten, Berittene zu entsenden, die ihren Glaubensgenossen zu Hilfe kommen sollten; die Hugenotten ließ man wissen, daß man von ihnen die Beisteuerung der notwendigen Geldmittel erwarte, und daß sich die wehrfähigen Männer als Soldaten zu versammeln hätten. Ohne Zögern führte er seine Männer aus Valéry heraus in Richtung auf Montereau, wo sie bleiben würden, bis es an der Zeit war, auf Meaux vorzustoßen.

Um den 24. September hatte der Hof verblüfft und erschrocken erkannt, daß es sich hier nicht mehr um ein lokales Scharmützel, sondern um eine wohlvorbereitete Revolte handelte. Sofort wurden die Schweizer alarmiert, raschest aus Chateâu-Thierry abzumarschieren und dem König zu Hilfe zu kommen. In Meaux spaltete sich die königliche Partei darüber, ob man in Meaux bleiben oder versuchen solle, den König sicher nach Paris zu geleiten. Es ging wieder zu wie in Amboise, aber diesmal waren es Berufssoldaten, gegen die man antrat. Diejenigen, welche Paris den Vorzug gaben, gewannen die Oberhand, und vor Tagesanbruch setzten sich der König, die Königin-Mutter und andere Mitglieder des Hofes, flankiert von der Schweizer Garde, nach Osten auf die Hauptstadt zu in Bewegung. Als es heller wurde, erhaschten sie einen flüchtigen Blick auf die Kavallerie der Rebellen, die sich jedoch vor dieser Übermacht zurückzog. Wenn man den Erzählungen von Zeitgenossen glauben darf, war Karl eher von Wut als von Furcht ergriffen und an einem bestimmten Punkt ritt er an die Spitze seiner Truppen und schwenkte seine Arkebuse. Der Konnetabel eilte hinter ihm her und warnte ihn: »Sire, Sie dürfen Ihre Person nicht in dieser Weise aufs Spiel setzen.« Für die Königin-Mutter bedeutete die Reise allerdings sechzehn Stunden unverminderter Furcht. Als der Zug endlich abends in Paris angekommen war, konnte sie nur schreiben: »Gott sei Dank, wir sind entkommen.«[11] »Ich kann Ihnen nicht schildern«, berichtete Barbaro nach Venedig, als der Hof sich endlich wieder im Louvre eingerichtet hatte, »mit welcher Furcht die Flucht aus Meaux verbunden war, aber auch mit welchem Zögern, da ein weiterer Verbleib in Montceaux zwar unsicher war, doch der Abzug ebenso gefährlich, und hinzu kam die Gefahr der inzwischen mutig überstandenen Reise nach Paris. Endlich ist die totale Verwirrung zu erwähnen, die während der letzten wenigen Tage die Stadt ergriffen hat.«[12]

Die Hugenotten waren durch ihren Anfangserfolg in freudige Stimmung versetzt worden. Wenn es ihnen auch nicht gelungen war, sich der Person des Königs zu bemächtigen, so hatten sie doch die Katholiken zum Laufen gebracht. Erfolgreich waren Orléans und Soissons besetzt und die Hauptstadt von ihren Versorgungsquellen abgeschnitten worden. Doch wirkte sich ihre Unbarmherzigkeit gegen sie selbst aus, denn die Bauern, die zusehen mußten, wie sie die Ernte verbrannten und Feuer an die Windmühlen legten, flohen nach Paris und nahmen genügend Nahrungsmittel mit, um der Stadt die quälende Gewißheit, von aller Zufuhr abgeschnitten zu sein, zu ersparen. Unterdessen versicherte Condé weiter, er gedenke dem König keinerlei Schaden zuzufügen, er wünsche nur, das Reich vor der Bedrohung durch Spanien zu retten und es in seiner früheren Freiheit wiederherzustellen.

Condé erging sich unentwegt in Äußerungen hochgestimmter und edler

Absichten, aber als im folgenden Monat ruchbar wurde, daß er Münzen hatte schlagen lassen mit der Aufschrift »Ludwig XIII., von Gottes Gnaden, Erster König der Gläubigen des Evangeliums«, verdarb ein Mißton seinen hochgemuten und ritterlichen Ruf nach Gerechtigkeit. Obgleich Katharina erzürnt war, so überraschte doch Condés Anmaßung keineswegs. Während andere von ihm als religiösen Führer sprachen, war sie geneigt, ihn mehr von bourbonischen Ambitionen angetrieben zu sehen als von hugenottischer Frömmigkeit. Als ihr berichtet wurde, daß er von einigen der Hugenottenkönig genannt wurde, kommentierte sie trocken: »Der Mann ist verrückt geworden.«[13]

Verrückt mag er gewesen sein; doch handelte es sich um eine Verrücktheit, die mit Charme und äußerst zielbewußt zutage trat, und die Hugenotten gingen mit Eifer darauf ein. Gegen Ende Oktober konnte ein englischer Agent die Lage abschätzen: »Die Kräfte der Anhänger der Neuen Religion sind sehr groß und werden gut und klug geführt, so daß es beinahe unmöglich für den König ist, ihre Pläne zu erfahren . . . Das Ziel ist die Vernichtung des Hauses Guise, um so die Regierung des Königs und die Führung der Geschäfte in die Hand zu bekommen . . .«[14]

Am 10. November ließ sich die Armee des Königs nach einem letzten Versuch, zu einem Kompromiß zu gelangen, unter der Führung des Konnetabels mit den Streitkräften Condés bei St. Denis ein. Nach 50 Jahren, die er im Dienste des Königs stand, hatte Anne de Montmorency jetzt die letzte Gelegenheit, sich als loyaler Soldat des Königs zu erweisen. Er hatte drei Souveräne überlebt und ihnen brav gedient. Zweimal war er in Ungnade vom Hof verwiesen worden, um vorübergehenden Günstlingen Platz zu machen, doch wenn er gebraucht wurde, kehrte er ohne Widerrede zurück. Kein Mensch konnte sich so vieler sich widersprechender Fehler schuldig gemacht haben, wie sie ihm zur Last gelegt wurden: er sei ein zu halsstarriger Katholik; er sympathisiere zu sehr mit den Protestanten; er wühle durch seine Anhänglichkeit an die Guisen zuviel Unruhe auf; er sei der Krone untreu geworden durch Begünstigung seiner Neffen in Châtillon. Gewiß, der Konnetabel war nicht fehlerfrei: er war ehrgeizig, empfindlich gegenüber der geringsten Abfuhr und auf königliche Ehren für alle seine Söhne erpicht. Aber keine dieser kleinen Leidenschaften konnte jemals über seine große Leidenschaft für Frankreich triumphieren. Jetzt, in seinem vierundsiebzigsten Lebensjahr, reich gekleidet in ein goldgesticktes Wams, bewies er seine Begeisterung für die Schlacht, die seine Jugend gekennzeichnet hatte.

Die Schlacht von St. Denis war von kurzer Dauer. Es war Nachmittag geworden, bevor die gegnerischen Kräfte zur Stelle waren. Während der verbleibenden Zeit des Tageslichtes waren Hugenotten und Katholiken in ein unentschiedenes Gefecht miteinander verstrickt. Die erste Nachricht, die der im Louvre versammelten königlichen Familie überbracht wurde, war die von der tödlichen Verwundung des Konnetabels. Mit seinem stellenweise zerhauenen Gesicht und einer in seinem Rücken steckengebliebenen Kugel war er vom Schlachtfeld weggetragen worden, um sich noch zwei Tage hinzuschleppen, bis er starb. Es schien eine Ironie des Schicksals, daß er, der in so vielen ausländischen Kriegen und für so viele »ruhmreiche Ziele« gekämpft hatte, in einer kleinen, erbitterten Schlacht fallen sollte, im Kampf gegen einen Feind, der seine geliebten Neffen in seinen Reihen zählte.

Mit seinem Tod war Katharinas erstes Bindeglied zum Hofe Frankreichs dahingegangen. War es doch Montmorency gewesen, der sie nach Marseille zur Hochzeit begleitet hatte, der mit der Durchführung der Zeremonien jener ersten Wochen betraut war. Er hatte ihr während der schweren Jahre ihrer Unfruchtbarkeit mit Zuspruch beigestanden, und wenn sie sich auch über seine Freundschaft mit Diane de Poitiers geärgert hatte und später über seine Verbindung mit den Guisen, so war er nichtsdestoweniger ein tröstliches Monument der alten Ordnung. Doch es war Karl, nicht Katharina, der diesem Gefühl des Verlustes Ausdruck verlieh: »Sie können sich den Schmerz vorstellen, den ich empfinde, und außerdem, wie notwendig ich ihn in so einer Zeit brauche«, schrieb er an Fourquevaux. »Denn ich brauche mehr denn je seine Tüchtigkeit, seine Erfahrung und seine große Stärke. Das sind Dinge, die man gewöhnlich nicht in einem Menschen vereint findet . . .« Eine noch größere Huldigung stellte die Aufschrift auf der Kapsel dar, die Montmorencys Herz enthielt: »Hier ruht das Herz, dem unser Vertrauen galt, ein Herz von Tapferkeit, ein Herz von Ehre . . . das Herz von drei Königen.«[15] Trotz des Todes des Konnetabels gilt die Schlacht von St. Denis im allgemeinen als königlicher Sieg, obgleich er in keiner Weise jener ruhmvolle Triumph ist, zu dem ihn Katharinas Briefe machen. In einem Brief an Philipp vom 14. November schilderte sie, wie sich der Feind nachts davongestohlen habe in tödlicher Furcht vor der königlichen Armee. »Dieser Sieg«, so fuhr sie stolz fort, »ist nicht nur von Bedeutung für unseren Frieden und unser Wohlergehen, sondern für die ganze Christenheit.« Und Karl schrieb, den Ton seiner Mutter übernehmend, daß die Hugenotten »in solcher Eile und Unordnung davongelaufen sind . . ., daß man sehr wohl von einer wilden Flucht reden kann«[16].

Wenn der Vorfall auch übertrieben wurde, um Eindruck auf Philipp zu machen, so war es doch wahr, daß die hugenottischen Streitkräfte ermüdet und enttäuscht waren, und daß ein entscheidender königlicher Sieg möglich schien. Unglücklicherweise fehlte es der königlichen Armee jedoch an Führung. Nach Montmorencys Tod war Anjou zum Generalleutnant bestellt worden. Wenn Anjou auch eine populäre Figur war, so begegnete man seiner Ernennung mit bösen Vorahnungen, denn viele hatten das Gefühl, daß die Zeiten einen erfahreneren Soldaten erforderten als einen Knaben, der erst unlängst seinen 16. Geburtstag gefeiert hatte. Anjou war von den Söhnen Katharinas der begabteste. Sein gesundes Aussehen, seine breiten Schultern und seine Kraftreserven standen im scharfen Gegensatz zu seinem älteren Bruder, und Karl nahm diesen Kontrast verbittert übel. Bei seinem Verlangen, ein Kriegerkönig zu sein, beunruhigten und ärgerten ihn die Stunden, die er am Beratungstisch zu verbringen gezwungen war. Als Anjou, offensichtlich der Liebling seiner Mutter, mit der Führung der Armee betraut wurde, ein Amt, nach dem sich Karl sehnte, wuchs sein Groll noch. Es war das erste offene Zeichen jener Feindschaft, die ihre Söhne ihr ganzes Leben hindurch voneinander trennen und Katharina in den Mikrokosmos eines häuslichen Krieges verwickeln sollte.

Katharina, sonst so geheimnisvoll in vielen ihrer Manöver, zeigte offen ihre Zuneigung für Anjou. Am 23. November schrieb sie den ersten jener Briefe, von denen ihre Korrespondenz voll ist, einen Brief reiner mütterlicher Ergebenheit, in einem Ton abgefaßt, der sich gegenüber keinem ihrer anderen Kinder genauso wiederfindet:

»Mein Sohn, ich bin so glücklich gewesen, von Dir zu hören; aber ich fürchte, Du mußt ein wenig ermüdet gewesen sein von diesem ersten Marsch, der sehr lang gewesen ist . . . Ich bitte Dich, daran zu denken, was Du versprochen hast – Dich so zu verhalten, daß Deine Gesundheit nicht leidet, damit Du imstande bist, die Ehre und das Ansehen zu gewinnen, die Du Dir so sehr wünschst.«[17]

Katharinas Rolle als *Regina Madre* kommt nirgends klarer zum Ausdruck, als in ihrem Umgang mit Anjou. Während sie mit der Hand der Königin das Dokument unterzeichnet, das ihn in den Krieg schickt, ist es die Hand der Mutter, die ihn wieder zurückreißt in die Sicherheit ihrer mütterlichen Liebe.

Bald stellte es sich heraus, daß Anjou seiner Aufgabe nicht gewachsen war. Anstelle eines königlichen Sieges waren Gerüchte im Umlauf, daß sowohl das protestantische Heer als auch die deutschen Reiter ungehindert durch die Champagne schwärmten. Philipp, der rasch neue Wirren heraufziehen sah, bot sofort an, Truppen nach Frankreich zu entsenden. »Er war bereit, selbst an die Spitze aller seiner Streitkräfte zu treten, um die Hugenotten zu Paaren zu treiben und Seine Majestät in Freiheit zu setzen«, berichtete Castelnau[18]. Den ganzen November hindurch bis in den Dezember hinein drängte Spanien die französischen königlichen Streitkräfte zur Schlacht und erinnerte sie daran, daß die Häretiker »mit der Wurzel ausgerottet werden müssen«. Für eine Weile lief alles zum Vorteil Spaniens: Anjou tappte im Felde herum; der König stand spanischer Streitkräfte wegen in Verhandlungen; die Hugenotten wurden schwächer. Alles gehe sehr gut, schrieb Anton Kardinal Granvelle, vorausgesetzt, daß die Königin-Mutter daran gehindert werden könne, »irgendeine wackelige Brücke zu bauen«[19]. Die »wackelige Brücke«, auf die Granvelle anspielte, war natürlich der Friede mit den Hugenotten. Álava, der spanische Gesandte, übte seinen ganzen Druck aus, um einen solchen Schritt zu verhindern, aber trotz dieser Nötigung fuhr Katharina fort, zu versichern, daß Friede in Frankreichs bestem Interesse läge.

Es war zunehmend klar geworden, daß Anjou die Armee nicht führen konnte, und zu Jahresbeginn ritt Katharina, die über neue Zänkereien zwischen den Führern der königlichen Streitkräfte unterrichtet worden war, nach Châlons, um selbst die Führung über die auseinanderstrebenden Cliquen zu übernehmen. Vierzehn Tage später kehrte sie nach Paris zurück, müde, gleichgültig, untröstlich und ohne Gewißheit, irgendetwas zustandegebracht zu haben, das der Mühe wert gewesen wäre. Welchen Weg sie auch einschlug, überall fand sie ihn von Feindseligkeit blokkiert. Besonders in Paris war die Atmosphäre von Mißtrauen erfüllt. In einer Episode aus der Legende, die immer mehr um sie herum wuchs, ist die Rede davon, daß sie eines Nachts, als sie in Begleitung des Königs durch die Straßen von Paris ritt, sich zu ihm gewandt habe, um ihm etwas zu sagen. Da sei eine spöttische Stimme aus dem Dunkeln ertönt: »Sire, glauben Sie ihr nicht, denn sie wird Ihnen nie die Wahrheit sagen.«[20]

Ende Januar 1568 hatte die Bewegung für den Frieden Auftrieb erhalten. Auf dem Schlachtfeld gab es keine Siege und zuhause kein Geld – die Versprechungen aus Florenz, Venedig, Rom erwiesen sich als hohl. Auch die Hugenotten waren verarmt und demoralisiert. England war es leid, Männern zu helfen, die gegen ihren König revoltierten, und die deutschen Reiter waren nur vom eigenen Interesse beseelt. »Beide Parteien beginnen dieses Krieges immer überdrüssiger zu werden«, schrieb Sir Henry Norris in jenem Winter nach England[21]. Ungeachtet des Einspruchs des päpstlichen Nuntius, der Drohungen von Álava und des Widerstandes der Sorbonne war Katharina zum Frieden entschlossen. Zuerst widersetzte sich der König selbst den Plänen seiner Mutter, und am 27. Februar schrieb Giovanni Petrucci nach Florenz: »Seine Majestät ist von Natur sehr blutdürstig . . . und in Gegenwart der Königin erwiderte er, als ihm der Friede vorgeschlagen wurde: ›Sie wollen mich zwingen, Frieden zu machen, aber ich werde ihn nicht halten, weil ich meine Feinde zu bestrafen wünsche; und ich werde mir diejenigen merken, welche jetzt versuchen, mich umzustimmen.‹ «[22] Einen Monat später wurde trotz des anfänglichen Widerstands des Königs der Friede von Longjumeau unterzeichnet.

In Chartres ordnete Condé unverzüglich die Auflösung der Armee an, und die Hugenotten begannen in ihre Häuser zurückzukehren. In den Städten wurden die normalen Geschäfte wieder aufgenommen. Auf dem Lande blickten die Bauern auf ihre verwüsteten Felder und verbrannten Häuser. Frankreich hatte sich nur etwas mehr als sechs Monate im offenen Konflikt befunden. Aber der Keil war so tief hineingetrieben worden, daß kein papierener Frieden den Riß heilen konnte. Im vorangegangenen Sommer hatte Haton in seinen Memoiren einen »gewaltigen Wind« geschildert, der über Frankreich hinweggefegt sei. Es war ein Wind, stärker, als man ihn jemals gespürt hatte. Sogar nach den Erinnerungen der ältesten Leute war etwas Ähnliches bisher noch niemals vorgekommen. Er beugte alles vor sich nieder und ließ den Weizen, schön und golden, niedergedrückt auf den Feldern zurück. Das Land war so ausgetrocknet und der Wind so stürmisch, daß es unmöglich war, das Korn zu ernten. Faulend lag es auf den Feldern, und in jenem Jahr gab es keine Ernte. Einige sagten, es sei Gott, der Hand auf ihre Ländereien als Strafe für ihre Sünden gelegt habe; andere wiederum sagten, es sei der Teufel, der diejenigen verhöhne, die mit ihm Geschäfte machten. Vielleicht waren es ganz einfach die Winde des Krieges, denn niemand, der etwas von der Gewalt des Krieges verstand, konnte glauben, daß das, was in Longjumeau zustande gekommen war, den Sturm beruhigen könnte[23].

Es war ein Friede, der von Anfang an zum Scheitern verurteilt war. Auf keiner der beiden Seiten herrschte das Gefühl über genügend Lautstärke zu verfügen, um ihn zu verwirklichen, und demzufolge spürte keine die Verpflichtung, ihn zu halten. Coligny fand ihn »saumäßig«, Lothringen »beschämend«. Sogar der Kanzler, der stets ein Vorkämpfer für den Frieden war, hob hervor, daß der Friede nicht zustandekommen könne, solange beide Seiten nicht ihre Waffen niederlegten. Auch innerhalb der königlichen Familie kam es über den Frieden zu ständigen Auseinandersetzungen. Der König erklärte jetzt trotz seines anfänglichen Widerstandes, daß er ihn verstärkt zu sehen wünsche. Anjou indessen war anderer Meinung. Nachdem er einmal den militärischen Oberbefehl innehatte, war sein Appetit angeregt worden. Es gefiel ihm, Befehle auf dem Schlachtfeld zu geben, und es gefiel ihm, die Feinde des Königs zu schlagen. Welche Aussicht auf Ruhm würde er haben, wenn es keine Heere mehr zu führen gäbe? Er widersetzte sich mit aller Kraft dieser unbedachten Kapitulation vor den Protestanten. Als Ergebnis gewann er bald den Ruf, ein gnadenloser Verteidiger der katholischen Sache und ein ergebener Helfer der Partei der Guisen zu sein. Sechs Wochen nach der Unterzeichnung des Friedens schrieb Norris nach England: »M. d'Anjou hat sich in sein Zimmer eingeschlossen, nachdem er höchst verächtliche Worte gegen die Leute von der Neuen Religion geäußert hatte, nämlich er hoffe, auf ihren Bäuchen herumzumarschieren . . . Die Eifersucht . . . worüber ich früher schon berichtet habe, ist zwischen dem König und M. d'Anjou wieder aufgelebt.«[24]

Sogar Katharina, deren Friede es doch war, sprach kleinlaut darüber zu Correro und erläuterte ihm, daß es keine Alternative gegeben habe, daß es mitunter Umstände gäbe, die erforderten »gegen sich selbst anzugehen, um ein größeres Übel zu vermeiden«. Wehmütig rief sie dem venezianischen Gesandten jene glücklichen Tage ins Gedächtnis zurück, da jedermann sicher durch Frankreich wandern konnte, und wies darauf hin, daß sich jetzt die königliche Familie nicht bewegen könne, ohne bewacht zu werden. »Sogar in diesem Raum«, so fuhr sie fort (und hier, so sagt Correro, flüsterte sie nur noch wie bei einer Verschwörung), »gibt es vielleicht Leute, die uns gern tot sähen, uns töten möchten mit ihren eigenen Händen.« Aber sie schloß dann mit einem Anflug ihres unwandelbaren Glaubens an ihr eigenes Schicksal, der oft ihren einzigen Trost darstellte: »Gott wird das nicht zulassen; unsere Sache ist in Seiner Hand sowie die der gesamten Christenheit. Er wird uns nimmermehr verlassen.«[25]

Doch alle Anzeichen sprachen deutlich dafür, daß Frankreich schon »verlassen« war. Mit Plünderungen verbundene bewaffnete Auseinandersetzungen fanden weiterhin statt, als ob kein Friede unterzeichnet worden wäre. Im Süden setzte Monluc, angestachelt durch seine Erbitterung gegen Jeanne d'Albret, seine erbarmungslose Politik gegen die Hugenotten fort, und in Toulouse hörten die Katholiken nicht auf zu morden und zu plündern. Als Vergeltung kam es zu Schändungen von Altären, Beschädigung von Statuen, zur Mißhandlung alter Priester, zur Folterung und

Verspottung von Ordensangehörigen. Obgleich Condé gehorcht und seine Armee aufgelöst hatte, erwies sich sein aufgelöstes Heer als ebenso zerstörerisch wie ein unter der Fahne befindliches. Ruhelos, ohne Sold und an Grausamkeiten gewöhnt zogen seine Angehörigen durch Frankreich, keinem Oberbefehl verantwortlich, und hielten das platte Land in Schrecken.

Inmitten all des Tumultes wurde Katharina krank. Wochenlang war sie ans Bett gefesselt, und zwar wegen eines, wie es ihr Sohn oberflächlich nannte, »Katarrhs«, was indessen in einem Brief an Kardinal Granvelle genauer als Rippenfellentzündung beschrieben wurde. Diese ging Hand in Hand mit Fieber, heftigen Kopfschmerzen und Blutsturz. Tagelang lag sie dem Tode nahe darnieder mit Fiebertemperaturen von solcher Höhe, daß ihre Betreuer ihr Nachtgewand fünf bis sechs Mal während der Nacht wechseln mußten. Sie hütete das Bett bis mitten in den Mai hinein. Es war am 17. Mai, als Norris an Cecil schrieb: »Die Königin-Mutter ist wohl jetzt wiederhergestellt. Wenn sie gestorben wäre, so würde der Hof in eine gefährliche Lage geraten sein.«[26] Obgleich Karl inzwischen die Zügel der Regierung in seine Hände genommen hatte, (»befehlend als König«), fehlte es ihm jedoch an Kraft, seinen Anordnungen Nachdruck zu verleihen. Als Katharina gegen Ende des Monats wieder imstande war, sich um die Geschäfte zu kümmern, war es schon zu spät, die Scherben des Friedens zu kitten.

Den ganzen Sommer über nahmen die Klagen der Hugenotten zu. Heinrich von Navarra, Jeanne d'Albrets Sohn, der jetzt ins Mannesalter kam, schrieb und protestierte gegen das Verhalten Monlucs in Guyenne und bat den König, daß er selbst mit dieser Regierung betraut würde, die ihm als rechtmäßigem Erben gebühre. Im Juli schrieb Condé, der nach dem Friedensschluß in die Picardie gereist war, voller Zorn: »Wir müssen Zeuge unseres eigenen Todes sein, zusehen, wie unsere Frauen vergewaltigt, junge Mädchen ihren Müttern und Vätern weggeraubt werden . . .« Katharinas besänftigende Antwort: »Lassen Sie uns Ihnen versichern, daß es unsere Absicht ist, das Edikt in Gänze durchzuführen«, war wertlos. Wenn sie nicht Ausdruck von Doppelzüngigkeit war, so zeigte sie zumindest Machtlosigkeit an[27].

Im August erhielten Condés Zorn und Mißtrauen neue Nahrung durch eine Warnung vor einem Komplott, das die Königin-Mutter geschmiedet habe, um ihn in Noyers, einer kleinen, in der Gebirgsgegend von Morvan versteckt liegenden Stadt zu umzingeln. Ob es nun tatsächlich Katharinas Plan war oder nicht, wie es in Tavannes Memoiren behauptet wird, es war jedenfalls der letzte Schlag, der Condé veranlaßte, ein Manifest zu veröffentlichen und den Krieg zu erklären. Abermals bekundete er, daß er die Waffen nur im Interesse des Königs aufnehme und gegen jene richte – besonders gegen den Kardinal von Lothringen – die sich »weder um Gott noch das Land kümmern, sondern nur um ›ihre eigenen Interessen und ihr eigenes Wohlergehen‹«. »Somit«, schrieb Castel, »hatte man die Maske fallen lassen, und beide Parteien bereiteten sich auf einen neuen Krieg vor.«[28]

Dieses Mal schien alles zugunsten der Hugenotten zu stehen. La Rochelle, jetzt ihr Hauptquartier, war eine starke Stadt mit günstiger strategischer Lage. Die hugenottischen Führer waren kraftvoll, fähig, erfahren. Sie vermochten in den Menschen sowohl ein Gefühl religiöser Sendung zu wecken als sie auch zur Wut auf ihre »Verfolger« anzustacheln. Ihre Widersacher erschienen dagegen merkwürdig unentschlossen. Sie waren bankrotte Leute, denen es nicht nur an Geld, sondern auch an gegenseitigem Vertrauen, an einem gemeinsamen Ziel und entschlossenem Handeln gebrach. Karl fehlte es trotz des Versprechens in seiner Kindheit an der Fähigkeit, die Energien des Hofes in sich zu vereinigen. Jetzt in seinem neunzehnten Lebensjahr hatte er den Titel des Königs von Frankreich mehr als acht Jahre inne. Während dieser Jahre hatte er zuweilen Mitleid, zuweilen Hoffnung erweckt, selten aber ein wirkliches Gefühl des Respekts. Im Sommer 1568 hinderte ihn eine langwierige Krankheit mehr denn je an der Erfüllung seiner Aufgaben. Es war keine hoffnungslose Erkrankung, sondern ein sich hinschleppendes und immer wiederkehrendes Fieber, das ihn schwach und lustlos machte. Es war zweifellos der Anfang jenes Lungenleidens, das seinen Tod herbeiführen sollte. Am 23. August berichtete der florentinische Gesandte: »Der König ist einige Zeit lang krank gewesen; er ist sehr schwach.« Kurz darauf schrieb Katharina voller Freude an Montpensier über die »vollständige Wiedergenesung meines Sohnes«, um freilich in der folgenden Woche zuzugeben, daß er schon wieder an Fieber litt. »Der König ist krank«, notierte Petrucci besorgt[29].

Des Königs Gesundheit war allerdings nicht die einzige Ursache der Unentschlossenheit des Hofes bei der Fortsetzung des Krieges. Es herrschte vielmehr verzweifelte Geldnot. Einige Zeit früher hatte Lothringen an Philipp geschrieben: »Ich schwöre bei Gott, ich weiß nicht, was der König im nächsten Monat zu essen haben wird.«[30] Spanien indessen unternahm keinerlei Anstrengungen, zu helfen, und Lothringen versuchte Unterstützung aus Rom zu erlangen, indem er dem Papst versicherte, daß

der Sieg der katholischen Partei in Frankreich der gesamten Christenheit zum Heil gereichen werde. Erst jetzt kam die päpstliche Erlaubnis zur Nutzung der Einkünfte aus den kirchlichen Ländereien unter der Bedingung, daß das Toleranzedikt widerrufen würde.
Für den Kardinal und die Mitglieder seiner Partei war das die Ideallösung, aber für Männer wie François de Montmorency (der die Nachfolge seines Vaters angetreten hatte) sowie für den Kanzler war sie unerträglich. L'Hôpital weigerte sich, das königliche Siegel darunter zu setzen, worauf ein Auftritt folgte, der den Hof erzittern ließ. Der Kardinal klagte in seiner Wut L'Hôpital sowie dessen Frau und Tochter an, Calvinisten zu sein. Der Kanzler, der sich noch unter Kontrolle hatte, erhob sich, um zu antworten, als Lothringen ihm entgegenstürmte und ihn, so berichtete der englische Gesandte, »beim Bart genommen hätte«, wäre nicht Montmorency dazwischengesprungen. »Der Kardinal«, fuhr Norris fort, »wandte sich in großer Erregung an die Königin und sagte, daß er, Montmorency, die einzige Ursache der Unruhen im Reiche wäre . . . Der Kanzler wiederum bezeichnete den Kardinal als die Hauptursache allen Unglücks, das Frankreich in diesen acht Jahren zugestoßen sei.«[31]
Diese Szene war mehr als ein momentaner und gleich wieder bedauerter Ärger. Sie war die Summe von Jahren der Feindseligkeit. Bisher hatte L'Hôpital, der so vernunftbegabt war, persönliche Feindschaft um Frankreichs willen auf sich genommen. Nunmehr sah er, daß die Friedensliebe und die Vernunft eines einzigen Mannes nicht genügten, um sich der Flut entgegenzuwerfen. Seine Anwesenheit würde nichts ändern. Er mochte wohl für einen Augenblick Hindernisse auftürmen, aber sie würden vom Strom widerstrebender Leidenschaften hinweggespült werden. »Sogar der König empfing ihn nicht länger mit Wohlwollen«, bemerkte De Thou in seiner Geschichte[32]. Er wurde immer älter, und der Gedanke an ein ruhiges Leben auf seinem Gut löste große Freude in ihm aus. Er kam um die Erlaubnis ein, sich zurückziehen zu dürfen, und der König nahm die Siegel von ihm in Empfang, während er ihn in seiner Stellung als Kanzler weiterhin bestätigte. L'Hôpital hatte nachgegeben, und zu angemessener Zeit wurde das neue Edikt des Königs verkündet: jeder öffentliche Gottesdienst mit Ausnahme des katholischen, war verboten, und alle Pastoren wurden aus Frankreich bei Androhung der Todesstrafe verbannt.
Am 4. Oktober brach die königliche Armee unter Führung des diensteifrigen Anjou nach Orléans auf. Seinem Abmarsch ging eine feierliche religiöse Prozession voraus, an der der König teilnahm, mit unbedecktem

Haupt und einer brennenden Kerze in der Hand. Aber es war Anjou, nicht Karl, der den leuchtenden Mittelpunkt bildete. Der Kontrast zwischen beiden war seit Karls jüngster Krankheit noch deutlicher geworden. Der König war so oft zur Ader gelassen worden, daß seine Venen versagten sowie sein Arm anschwoll und sich entzündete. Sorge und Leid hatten ihre Spuren zurückgelassen. Obgleich die Brüder im Lebensalter nur etwas mehr als ein Jahr auseinander waren, so schienen sie doch zwei Generationen anzugehören. Anjou war das Ebenbild eines Kriegerfürsten. Es hieß, daß der Kardinal von Lothringen gesagt habe, er, Anjou, würde sich sehr gut unter der königlichen Krone machen.
Kurz nach dem Abmarsch der Armee erhielt Katharina Nachrichten, die sie völlig unvorbereitet trafen: ihre Tochter Elisabeth war am 3. Oktober im Wochenbett gestorben. Im vorangegangenen Frühjahr hatte Fourquevaux die Königin-Mutter von der Schwangerschaft der Königin in Kenntnis gesetzt, und wie üblich hatte Katharina einen Brief voller mütterlicher Ratschläge geschrieben: daß mäßige körperliche Bewegung gut für Elisabeth sei, daß sie spazieren gehen und sich nicht ins Bett legen oder in ihren Gemächern einschließen solle, wie es der spanischen Gewohnheit entspreche – »denn diese Leute würden es am liebsten sehen, wenn sie niemals einen Schritt machte, es sei denn in einer Säfte oder auf ihrem Stuhl getragen«, schloß sie mißbilligend.
Trotz der Ratschläge ihrer Mutter nahm Elisabeths Gesundheit ab. Sie wurde von Schwindelanfällen gepeinigt, zuweilen verlor sie das Bewußtsein. Ihr Puls schwankte abnormal. Eine Zeitlang versuchte sie, ihren Zustand zu verbergen, nachdem sie allzuviel von den spanischen Ärzten hatte erdulden müssen, um zu wünschen, sich ihnen wiederum anzuvertrauen. Gegen Herbst jedoch war sie ans Bett gefesselt, und gegen Ende September wußte sie, daß sie nicht wieder gesund werden würde. Katharina, die vom Ernst des Zustandes ihrer Tochter keine Ahnung hatte, fuhr fort, Briefe voller guter Ratschläge zu schreiben und warnte Philipp, ihr zuviel zu essen zu geben und sie an ausreichender Körperbewegung zu hindern. »Nur zwei Mahlzeiten am Tag und nichts dazwischen mit Ausnahme von ein bißchen Brot«, empfahl sie, ohne zu wissen, daß Elisabeth gar keine Kraft mehr hatte, spazierenzugehen und zu essen[33]. Am späten Morgen des 3. Oktober genas Elisabeth nach anstrengenden Stunden eines frühgeborenen Kindes, das gerade lange genug lebte, um noch getauft zu werden. Viermal hatte sie sich den Mühsalen der Kindesgeburt unterzogen, aber niemals war es ihr gelungen, ihrem Gatten einen männlichen Erben zu schenken. Diesmal überlebte sie ihr Kind nicht.

Karl hatte die Nachricht am 18. Oktober erhalten, aber er brachte es nicht über sich, sie schon vor dem folgenden Morgen an Katharina weiterzugeben. Als er sie ihr erzählte, sagte sie nichts, erhob sich aber nach einem Augenblick und zog sich still in ihre eigenen Räume zurück. Als sie einige Stunden später zurückkehrte, waren ihre Augen trocken, berichtete der venezianische Gesandte, obwohl ihr die Trauer vom Gesicht abzulesen war. Sie nahm ihren Platz am Ratstisch ein und sagte: »Gott hat mir jede Hoffnung, die ich in dieser Welt hatte, genommen . . . aber ich will meine Tränen trocknen und werde mich ganz und gar der Sache des Königs, meines Sohnes, und der Gottes widmen.«[34] Die Gesinnung, wenn auch nicht die Worte, ist gewiß authentisch. In solch gefahrvollen Zeiten konnte sie es sich nicht leisten, die untröstliche Mutter zu sein. Sie mußte in erster Linie die politische Führerin sein. Sogar in ihrem Kummer war sie sich der politischen Folgen von Elisabeths Tod bewußt. Ein wichtiges Bindeglied mit Spanien war zerbrochen und es mußte so bald als möglich ersetzt werden. Deshalb öffneten ihre Trostbriefe an den hinterbliebenen Philipp auch die Tür für Heiratsverhandlungen zwischen dem Allerchristlichsten König und ihrer schönen, talentierten Tochter Marguerite.

Mitte November war sie bereits voll beschäftigt mit diesen neuesten Bemühungen um das Zustandekommen einer Ehe. Vielleicht fügt sich Katharina nirgends vollkommener in die Legende von der »ränkevollen Florentinerin« ein als durch ihre Instruktionen, die diese Heirat betrafen. Sie schrieb Fourqueveaux von der Trauer, die sie über den Verlust von Elisabeth empfand, und fügte dabei unvermittelt hinzu: »Aber als Mutter möchte ich, wenn möglich, ihre Schwester gern an derselben Stelle sehen«, selbstverständlich nicht um ihrer selbst willen, sondern für »das Wohl dieses Königreichs und die Wahrung des Friedens zwischen diesen beiden Königen«. Bald, so machte sie ihn aufmerksam, würde der Kardinal von Guise bei ihm in Madrid eintreffen, der abgesandt worden sei, um dem König das Beileid anläßlich des Verlustes, den sie beide erlitten hätten, auszudrücken. »Doch«, so warnte sie, »sprechen Sie nicht über das, was ich Ihnen erzählt habe, bis er selbst davon zu Ihnen spricht.«
In der folgenden Woche waren ihre Instruktionen noch präziser und geheimer: sie riet ihm, die Dinge so zu regeln, daß es nicht so aussehe, als käme der formelle Heiratsantrag von ihrer Seite, »denn junge Frauen sollten von Männern gefragt werden und nicht hingehen und sich selbst anbieten«. Sie war sicher, Fourqueveaux würde irgendwie verstohlene Wege finden, um einige in Philipps Diensten stehende Herren zu beein-

flussen. »Vor allem«, so schloß sie, »müssen Sie einen der folgenden drei für sich gewinnen: den Kardinal, den Prinzen von Eboli oder den Beichtvater.«[35]

Es war eine Korrespondenz, die eher mit dem Aroma des italienischen Marktes ausgestattet war als dem des französischen Hofes. Es war letzten Endes eine verfehlte Sache, denn Margot, kaum 17 Jahre alt, tanzte noch im Zeichen der betörenden Musik ihrer ersten Liebesaffäre. Ihr Partner war Heinrich, der junge Herzog von Guise, Sohn von Guise Le Grand, der den ganzen Stolz und das gewinnende Wesen seines Vaters geerbt hatte. Philipps Spione waren natürlich schnell dabei, ihren Herrn in Kenntnis zu setzen. Für einen derartigen moralischen Leichtsinn war in den Gemächern des katholischen Königs kein Raum, und Katharinas Hoffnungen, Margot auf den Platz ihrer seligen Schwester zu setzen, waren für immer dahin.

Es gab wenig, was Katharina zum Trost gereichen konnte, als sich das Jahr 1568 dem Ende zuneigte. Elisabeth war tot; Margot hatte sich kompromittiert. Im Feld war nichts Bemerkenswertes geschehen. Es herrschte ein bitterkalter Winter und keines der beiden Heere war für jene Monate voller Schnee und Eis sowie für den unvermeidlich herannahenden Hunger gerüstet. »Täglich sterben Soldaten«, schrieb Norris an Burghley am Tage nach Weihnachten[36]. Einige Mitglieder des Rates des Königs – insbesondere François de Montmorency und sein Bruder Damville – hatten mit Gesprächen über einen Frieden begonnen, aber Lothringen blieb hartnäckig dabei, den Krieg fortzusetzen. Ein Vergleich mit den Häretikern war unmöglich, so betonte er; man hatte bereits den Fehler eines »schmählichen Friedens« begangen; man konnte sich nicht noch einen leisten. Diesmal schlug sich Katharina selbst auf die Seite des Krieges und nahm sogar Philipps spanisches Hilfsangebot an. Ohne Zweifel war Englands Haltung ein Faktor, der sie in diese Richtung trieb, denn während Elisabeth dem französischen Gesandten versicherte, »daß sie niemals etwas unternehmen würde, was beim König Anstoß erregen könnte«, war es für jedermann offenkundig, daß die Hugenotten Hilfe von jenseits des Kanals erhielten. »Sie [Elisabeth] versorgt unsere Rebellen mit Munition, Artillerie, Geld und Soldaten; sie kapert unsere Schiffe, sie sperrt unsere Untertanen ein«, schrieb Lothringen an Philipp in seinem Bemühen, ihn zu gleichartiger Unterstützung wachzurütteln. »Wir brauchen Geld«, fuhr er fort, »denn es ist der Nerv des Krieges.«[37] Trotz Lothringens Bitte kam keine Hilfe aus Spanien. Die Entscheidung über die Annahme spanischer Hilfe hatte Katharina in größter Beklemmung erreicht, und sie war, gleich einem armen Vetter, verärgert über diese weitere Demütigung, die das Warten auf Philipps willkürliche Entscheidungen bedeutete. Im Januar schrieb sie verärgert an Fourquevaux: »Von jetzt an brauchen wir andere Hilfe als nur Worte und Versprechungen.« Aber Alba, der den Oberbefehl über die spanischen Truppen innehatte, zögerte und setzte auseinander, daß Spanien seine Soldaten in anderen Teilen des Königreiches brauche, daß seine Leute ermüdet und ruhebedürftig und Truppenbewegungen bei solch schlechten Wetterverhältnissen sehr schwierig seien[38].

Niemand konnte seinem Hinweis auf das schlechte Wetter widersprechen, denn Frankreich hatte nur selten unter einem schlimmeren Winter gelitten. Die von Eis bedeckten Bäume hoben sich gleich Geistern von dem verwüsteten platten Land ab. Tag für Tag ging die Sonne bleich und frostig an einem Himmel voller Schnee auf. Durch alle Provinzen konnte der Durchzug von Truppen anhand verkohlter Häuserreste und erfrorener Menschenleiber verfolgt werden. »Die Armen haben nicht einmal mehr etwas, um sich zuzudecken«, vermerkte der venezianische Gesandte. Die Soldaten waren nicht besser daran. Während Châtillon nach England schrieb und um Schuhwerk für die hugenottischen Soldaten bat, schrieb Norris zur gleichen Zeit an Elisabeth, daß die Armee des Königs »alle lebensnotwendigen Dinge völlig entbehre«[39].

Als der Hof in Metz weilte, wurde Katharina von einem ihrer langwierigen Fieberanfälle heimgesucht. Seit Elisabeths Tod hatten sich bei der Königin-Mutter schleichende Veränderungen eingestellt. Ihre Augen waren oft angeschwollen, als hätte sie geweint; es kostete sie große Mühe, ihre Fassung zu behalten. Sie wirkte plötzlich älter, weniger spannkräftig, weniger hoffnungserfüllt. Der Winter war sehr lang gewesen, so lang, daß man kaum an einen Frühling glauben konnte.

Mitte März indessen kam gleichsam als ein Stoß, der den Hof wachrüttelte, die Nachricht vom großen Sieg der Königlichen bei Jarnac im Poitou. Es war beinahe Mitternacht, als der Bote im Gemach des Königs ankam und ihn aus dem Schlaf rüttelte mit den Worten: »Sire, ich bringe Ihnen gute Nachrichten.« »Der König warf sich sofort auf die Knie«, schrieb der toskanische Gesandte. »Er dankte Gott in großer Demut und Ergebenheit.«[40] Nachdem er seine Kniehosen angezogen und sich einen Umhang über die Schulter geworfen hatte, suchte er unverzüglich die Räume seiner Mutter auf, um sie trotz aller Beschwörungen ihrer Bedienten zu wecken und ihr zu erzählen, daß Condé tot und der Sieg auf der Seite des Königs sei. Die ganze Stadt Metz war in Aufregung, und der König, jetzt

Heinrich, Herzog von Alençon

Margot von Valois,
Gemahlin des späteren Heinrichs IV. von Frankreich

im vollen Staat, begab sich sofort in die Kathedrale, während die Bürger im Fackelschein und unter Glockengeläut das *Te Deum à la royal* sangen. Jarnac war ein wichtiger, wenn nicht entscheidender Sieg, und Anjou war durch seinen eigenen Erfolg geblendet. In den Briefen, die er schrieb und in denen er seinen Sieg bestätigte, stellte er sich selbst als den vom Schicksal auserwählten Führer der katholischen Sache dar. »Es hat Gott in seiner heiligen Gnade gefallen, der katholischen, apostolischen und römischen Religion sowie der Gerechtigkeit der königlichen Sache günstig gesinnt zu sein . . . Ich bin in ihre Armee eingebrochen und habe sie vor mir hergejagt in einem Galopp über mehr als zwei Meilen«, schrieb er an den Herzog von Urbino[41]. Mit der Nachricht von Anjous Sieg ging eine Woge der Belebung über das Land hin. Katharina fühlte sich plötzlich besser, ihre alte Energie lebte augenblicklich wieder auf. Anjou, in den sie geradezu vernarrt war, hatte den ersten Hauch des Frühlings überbracht. Ein königlicher Sieg genügte freilich nicht, um die Hugenotten zu schlagen. Der Tod Condés hatte sie erschüttert, aber die Art und Weise seines Sterbens fachte ihre Wut an. Schwer verwundet war er in Gefangenschaft geraten und ohne Verfahren erschossen worden. Dann wurde sein entseelter Körper aufs schimpflichste zur öffentlichen Schaustellung auf einem Esel umhergeschleppt. Schließlich ließ man seine entstellte und entehrte Leiche wie die eines gewöhnlichen Verbrechers auf einer Steinplatte liegen. Solche Demütigungen wie diese würden die Hugenotten nicht leicht vergessen.

Obgleich Katharinas Hoffnungen anfänglich neu aufkeimten, wurde die Königin-Mutter im Mai erneut von Mißgeschick heimgesucht. Wenn Anjou auch aus der Schlacht von Jarnac als Held hervorgegangen war, so fehlte es ihm an Führereigenschaften, um seine Truppen bei der Stange zu halten: seine eigenen Soldaten desertierten, weil sie keine Löhnung erhielten; er war uneins mit Lothringen und Aumale; er fürchtete, daß der Admiral Truppen bei Saintonge massierte, und daß der Feind darangehe, La Charité zu belagern. Überall schienen die Hugenotten dem Erfolg nahe zu sein. »Ich sehe mich selbst in Gefahr, den Ruf zu verlieren, den ich soeben erlangt habe«, schrieb Anjou an seine Mutter mit jenem Zug von Gereiztheit, der sein ganzes späteres Leben kennzeichnen sollte[42]. Dies reichte aus, um Katharina zur Abreise zu veranlassen und sich mit ihrem Sohn in Limoges zu treffen. Von hier schrieb sie am 9. Juni an Karl und versichte ihm, daß sie den Mut nicht verloren habe und keine Gelegenheit auslassen werde, all diesem Elend ein Ende zu bereiten. Unterdessen, so berichtete ein Beobachter, lief sie täglich durch das Lager, sprach mit den

Soldaten und versuchte, ihren Mut zu heben. Ein anderer Beobachter bemerkte, die Königin haben in ihrer Verzweiflung Zuflucht bei der Magie gesucht. Einige der Wachsfiguren ihrer Feinde waren tatsächlich geschmolzen. Drei hervorragende hugenottische Führer waren innerhalb kurzer Zeit gestorben: Condé, Andelot und der Pfalzgraf von Zweibrücken. Nur Coligny – offensichtlich unverwundbar – war übriggeblieben.

III

Mit Condés Tod trat der junge Heinrich von Navarra die nominelle Führung der Hugenottenpartei an, aber in Wirklichkeit war es Coligny, der führte und dirigierte. Katharinas feindselige Gesinnung gegenüber dem Admiral wies die scharfen Kanten hintergangenen Vertrauens auf. Sie war sich des Führertalents Colignys bewußt geworden; sie vertraute ihm, solange er der Krone gegenüber Loyalität bewies; sie war den Guisen mutig begegnet, als sie sich darüber erregten, daß Coligny am Hofe bleiben sollte, wohin er Katharinas Meinung nach mit Recht gehörte. Zum Dank dafür stellte er eine Armee gegen den König auf. Ein solcher Vertrauensbruch rief Katharinas unversöhnlichen Haß hervor. Im Jahre 1569 wurde Coligny vom Pariser Parlament wegen des Verbrechens des Verrats »an Gott und dem König« verurteilt, außerdem wurde er seines Adelstitels für verlustig erklärt und in effigie gehenkt. Einige Zeit später setzte das Parlament auch noch eine Belohnung von 50000 Goldkronen für denjenigen aus, der Coligny lebendig oder tot dem König ausliefern würde. Derartige Drohungen ließen jedoch die Gestalt des Admirals unter seinen Glaubensgenossen nur noch größer erscheinen, und Anfang September schrieb Burghley: »Coligny ist der Führer der Hugenotten, obwohl es nominell Navarra und der junge Condé sind. In Frankreich übertrifft die Macht des Admirals die des Königs.«[1]

Mit Anjous überragendem Sieg bei Moncontour im Oktober kam es zu erneuten Friedensverhandlungen. Es war ein hartnäckiges Ringen, das sich sechs Monate hinschleppen sollte, wobei sich jede Seite darüber im klaren war, daß sie in etwa Zugeständnisse machen mußte, aber zu einem harten Handel entschlossen war. Ende Juli war es offenkundig, daß es trotz der drohenden Haltung Spaniens und der päpstlichen Kurie zum Frieden kommen würde. »Sie gehen alle zum Teufel«, schrieb Álava angewidert an Philipp[2]. Mit Abschluß des Friedens am 8. August 1570 in

St. Germain-en-Laye gewannen die Hugenotten das Recht auf Gewissensfreiheit, auf öffentliche Ausübung ihres Bekenntnisses, wo immer es vor dem Krieg erlaubt gewesen war, auf eine Generalamnestie und auf vier Städte als Sicherheitsplätze. Die Hugenotten begrüßten den Friedensschluß mit größter Freude und Befriedigung, denn er gewährte ihnen mehr als sie erhofft hatten. Die Katholiken wiederum hielten ihn für nicht annehmbarer als den vor zwei Jahren in Longjumeau unterzeichneten. Monluc, einer der grimmigsten unter den katholischen Herren, schrieb: »Da haben wir nun gekämpft und immer wieder gekämpft, aber trotzdem verfügen sie über soviel Kredit beim Rat des Königs, daß die Edikte ständig zu ihren Gunsten ausfallen. Wir werden unsere [Rechte] mit Waffengewalt erringen.«[3] Keine der beiden Seiten hatte großes Vertrauen in die Dauerhaftigkeit des Friedens, denn die grundsätzlichen Fragen waren nicht gelöst worden. Auf diese Schwäche wies Henry Norris in seinem Brief an Elisabeth hin: »Obgleich dieser Friede zu einer gewissen Gemeinsamkeit und zivilerem Verhalten unter den niederen Klassen geführt hat, die sich dazu infolge Kriegsmüdigkeit veranlaßt sahen, so hat er keinerlei echte Versöhnung unter den Adligen gebracht, so daß der ursprüngliche Grund und die Quelle des Krieges immer noch weiterbestehen.«[4]
Katharina machte sich unterdessen die vorübergehende Flaute zunutze, um sich dem Anliegen, das ihrem Herzen am teuersten war, zu widmen: der Verheiratung ihrer Kinder.

Vor fünf Jahren, während der königlichen Rundreise, hatte sie ihre ersten Annäherungsversuche unternommen, um eine Heirat zwischen Karl und Elisabeth von England zustande zu bringen. Den Winter und das Frühjahr 1565 hindurch hatte sie ihrem Gesandten, Paul de Foix, ausdrückliche Instruktionen erteilt, der englischen Königin zu versichern, daß sie an Karl insgesamt – »sowohl an seinem Körper als auch an seiner Seele« – Gefallen finden würde. Katharina war von einem geradezu hemmungslosen Eifer beseelt. Angesichts Karls Jugend fand Sir Thomas Smith, der englische Gesandte, solche Beflissenheit unangebracht. Als Karl bekannte, er liebe die englische Königin, antwortete Smith, vielleicht nicht ganz glücklich: »In Ihrem Alter, Sire, weiß man doch noch gar nicht, was Liebe bedeutet.«[5] Wenn Karl bei dieser Abfuhr auch errötete, so blieb er bei seinen Beteuerungen. Selbst der Umstand, daß Elisabeth über dreißig und Karl erst fünfzehn Jahre alt war, dämpfte seine Begeisterung nicht. »Ich sehe darin keinen Mangel«, versicherte er Smith. »Ich meine, sie könnte mit mir ebenso zufrieden sein wie ich mit ihrem Alter.«

Aber Elisabeth war keineswegs so zufrieden und gestand im Verlauf einer

Privataudienz, die sie De Foix gewährte, »sie fürchte, es würde wie mit Maria und Philipp von Spanien gehen«, und fügte hinzu, »sie würde lieber sterben als sich verschmäht und verlassen sehen«. Im Juli teilte De Foix Karl und der Königin-Mutter das tiefste Bedauern Elisabeths mit, ihre vornehmsten Berater hätten sich im Hinblick auf »den großen Altersunterschied« gegen diese Heirat ausgesprochen[6].

Nach Elisabeths Ablehnung leitete Katharina Verhandlungen nach einer anderen Richtung hin ein, und zwar schrieb sie an Fourquevaux, er möge Philipps Hilfe gewinnen für die Erfüllung ihres »großen Wunsches . . . den König, meinen Sohn, mit einer der beiden Töchter des Kaisers vermählt zu sehen«[7]. Trotz Katharinas eifriger Bemühungen sollten mehr als zweieinhalb Jahre vergehen, bevor diese Verhandlungen zum Abschluß gelangt waren. Es ging indessen um eine Heirat, auf die zu warten sich lohnte, denn Zeitgenossen stimmten darin überein, daß es wenig Prinzessinnen in Europa gab, die es mit Elisabeth von Österreich aufnehmen konnten. »Eine der besten, süßesten, klügsten und tugendhaftesten Königinnen, die je regiert haben«, schrieb Brantôme in einem Ausbruch von Begeisterung[8].

Am 27. November fand die Hochzeit Karls IX. von Frankreich und Elisabeths von Österreich, einer Tochter des Kaisers Maximilian, unter »großem Pomp« in der Kathedrale von Mézières statt. Trotz Tagen mit eisigem Regen war der Weg von den Wohnunterkünften des Königs bis zur Kirche mit Teppichen belegt und die Stadt reich mit Wandbehängen ausgestattet worden. Die Braut, blaß und von der Reise ermüdet, war in weißen Satin mit Silber gekleidet, mit einem Umhang aus violettem Samt, der mit Hermelintupfen besetzt und mit Lilien bestickt war. Ihre Krone, »von ungeheurem Wert«, war ein Reif aus Diamanten, Rubinen und Smaragden[9].

Die Braut, für die all dieser Luxus aufgewendet wurde, war gerade fünfzehn Jahre alt geworden. Sie war anmutig und wohlgestalt, gesetzt und nüchtern in ihrem Auftreten. Da sie nur wenig Französisch beherrschte, so neigte sie dazu, schweigsam zu bleiben. Katharina muß in ihr einen auffälligen (und tröstlichen) Gegensatz zu ihrer anderen Schwiegertochter, der hochgewachsenen und gebieterischen Maria Stuart, erblickt haben. Kaum drei Monate war die Braut in Frankreich, als sie in unmittelbare Nähe des Todes geriet. Katharina hatte ihre Nachkommenschaft beizeiten an die Anstrengungen von Reisen gewöhnt, aber tagelanges Fahren in rüttelnden Wagen auf gefrorenen Wegen, als sogar Pelze und Kissen nichts gegen die Kälte ausrichteten, war für Elisabeth allzu hart gewesen.

»Sie ist so krank gewesen, daß wir darüber beinahe verzweifelten«, schrieb Katharina an Fourquevaux Ende Januar. »Es war verursacht durch die lange Reise und das schlechte Wetter, das wir hatten während ihrer Fahrt in das Königreich und auch dann noch seit ihrer Ankunft.«[10] Nachdem Karl erfolgreich verheiratet worden war, hatte Katharina Zeit, sich der Heirat ihres zweiten Sohnes, Anjou, zu widmen. Noch einmal wandte sie sich an Elisabeth von England. Im vorangegangenen Mai hatte sie die Möglichkeit mit dem englischen Gesandten erörtert, der erwiderte, er denke, daß seine Herrin »glücklich« sein würde, darüber zu »sprechen«. Diesen Herbst entsandte Katharina einen ihrer italienischen Vertrauten, Guido Cavalcanti, nach England, um die Angelegenheit weiter zu verfolgen, die von Elisabeths Staatsmännern einer ernsthaften Prüfung unterzogen wurde. Ihr Hauptberater, Lord Burghley, setzte eine Reihe von Schriftstücken auf, die vom »Nutzen, den eine Heirat mit dem Herzog von Anjou mit sich bringen würde«, handelten. »Diese Dinge müssen sorgfältigst bedacht«, und »vernünftige Forderungen müssen erhoben werden«. Das Gewicht des Vorschlags schien vorwiegend auf der Habenseite zu liegen: die spanische Macht würde eingeschränkt; der »Groll des Papstes mit seinen Bullen und Exkommunizierungen würde sich in Rauch auflösen«; Calais würde zurückgegeben werden; Anjou würde gute Einkünfte mitbringen. Der Hauptposten auf der Sollseite war die Frage der Religion. Für Elisabeth selbst freilich war noch die Frage des Alters ein Angelpunkt. Sie fürchtete, wie sie La Mothe-Fénelon, dem französischen Gesandten, eröffnete, daß sie in das Alter gekommen sei, in dem eine Heirat nicht um ihrer selbst willen, sondern nur im Interesse des Königreichs in Frage käme[11].

Im allgemeinen jedoch fühlte sich Katharina durch die Berichte aus England ermutigt. Es war Anjou, nicht Elisabeth, der die Heiratsverhandlungen zu behindern begann. Am 2. Februar schrieb Katharina verzweifelt an Fénelon: »Mein Sohn hat mich veranlaßt, dem König, seinem Bruder, zu sagen, daß er sie nicht zu heiraten wünsche, selbst wenn sie es wolle . . . Ich bin nicht fähig gewesen, ihn auf meine Seite zu ziehen, obgleich er mir gegenüber gehorsam ist.«[12] Während der nächsten paar Monate blieb Anjou unschlüssig. Obgleich der König und die Königin-Mutter auf diese englische Verbindung erpicht waren, widersetzte sich die ultrakatholische Partei unter Führung des Kardinals von Lothringen aufs heftigste. Sie sah in einer solchen Ehe einen strategischen Schachzug der Hugenotten, um Anjous Macht im Land zu schwächen und größere Unterstützung von England für ihre Sache zu erzielen. » Sie können dessen si-

cher sein«, schrieb Kardinal Pellevé, »Monsieur wird niemals König sein; er wird lediglich der Gemahl der Königin sein.«
Für einen jungen Mann mit Anjous Ambitionen reichte eine solche Warnung aus, um ihn abzuschrecken. Sir Thomas Walsingham, der neuernannte englische Gesandte in Frankreich, schrieb an Burghley: »Der Papst, der König von Spanien und der Rest der Verbündeten . . . suchen ihn, mit welchen Mitteln auch immer, davon abzubringen.« Eines der angewandten Mittel war der Vorschlag einer Heirat zwischen Anjou und Frankreichs früherer Königin, Maria Stuart[13]. Eine solche Möglichkeit muß sicherlich faszinierend auf Anjou gewirkt haben. Obgleich er seine Schwägerin mehr als zehn Jahre nicht gesehen hatte, so muß doch seine Erinnerung an sie als an eine kluge, schöne und teilweise französisch geprägte Person erhalten geblieben sein. All dies waren Eigenschaften von unermeßlichem Wert für einen Valois. Hinzu kam, daß Maria Stuart eine Heroine war, wie sie in alten Romanzen beschrieben wurde: aus ihrer rechtmäßigen Heimat vertrieben und jetzt in einem fremden Land gefangengehalten. Eine solche Heirat würde einen zweifachen Helden aus ihm machen. Außerdem würde sie ihm Anspruch auf die Krone von Schottland verleihen und – wenn sein Onkel, der Kardinal, recht behielt – vielleicht auch noch zu gegebener Zeit auf den Thron von England.
Das waren schönste, wenn auch überschattete Verlockungen, doch was am nächsten lag, das war der Zwang seiner Mutter und der Zorn seines Bruders. Die Feindschaft zwischen beiden Brüdern hatte mit Anjous wachsender Popularität stetig zugenommen. Karl, das war klar, wünschte seinen Bruder außer Landes zu sehen. Da er dessen Bestrebungen kannte, lehnte er es ab, Anjous fromme Skrupel gegenüber einer Heirat mit einer protestantischen Königin ernst zu nehmen und hegte den Verdacht, das Zögern seines Bruders würde von dem Wunsch genährt, in Frankreich selbst Macht zu gewinnen. Im Juli »geriet Karl in Wut« und bedrohte seinen Bruder im Beisein des englischen Gesandten. Walsingham zögerte nicht, die Szene Burghley zu schildern:
»›Sie schieben das Gewissen als Grund vor‹, [hatte Karl ausgerufen], ›aber ich weiß, es ist eine spätere Rente, die Ihnen vom Klerus angeboten worden ist, der Sie gern hier behalten möchte als Vorkämpfer des katholischen Glaubens. Ich sage Ihnen klipp und klar, ich will hier keinen anderen Vorkämpfer haben als mich selbst. Und da ich sehe, daß Sie so sehr wünschen, unter solchen Umständen hier zu bleiben, so obliegt es mir um so mehr, genau auf Sie aufzupassen . . .‹ Hierauf zog sich Monsieur [Anjou] in sein Kabinett zurück und vergoß einen halben Tag lang Trä-

nen . . . Der König ist nicht willens, ihn hier zu behalten, und Monsieur ist bang, hier zu bleiben . . . Die Königin-Mutter hat seit dem Tod ihres Gatten niemals soviel geweint.«[14]

Selbst die Drohungen seines Bruders konnten jedoch Anjou nicht umstimmen, und er fuhr fort, darauf hinzuweisen, er könne sich niemals nach England verheiraten, wenn ihm nicht formelle Zusicherungen gegeben werden, die ihn in den Stand setzten, seine Religion zu praktizieren. Elisabeth, die nicht glauben wollte, daß eine so vorteilhafte Heirat an der religiösen Frage scheitern könnte, fuhr unterdessen fort, sowohl dem früheren Gesandten De Foix als auch dem amtierenden, Fénelon, mit bezaubernder Laune zu begegnen. Ihr gefielen die zwei Bilder von Anjou, die Cavalcanti mitgebracht hatte und sie sagte dazu zu Fénelon: »Dies ist nur eine Bleistiftskizze, ein bißchen verschmiert, aber im Gesicht ist ein Anflug von Würde und ernster Reife, was mich glücklich stimmt, denn ich habe niemals den Wunsch gehegt, von einem Kind zum Altar geführt zu werden.«[15] Im September allerdings wuchs ihre Unruhe, und sie fand, daß sie die religiöse Frage doch nicht würde so beiseite schieben können, wie sie es gern getan hätte. Sie war die Starrköpfigkeit von Anjou leid sowie argwöhnisch gegenüber De Foix' gutem Glauben. Letztlich hatte es den Anschein, als gäbe es Zugeständnisse nur von ihrer Seite. Als De Foix nach Frankreich abreiste, wandte sie sich gereizt an einen ihrer Gesandten und sagte: »Wir haben nichts erreicht, denn Monsieur De Foix, der mit unserer Antwort nicht zufrieden war, hat alles getan, was in seiner Macht stand, um uns zu veranlassen, Dinge zu tun, die er getan zu sehen wünschte.«[16]

Katharinas neuerliche Bekundungen, daß ihre Wünsche nicht »erkaltet« seien, daß »der König und ich diesen Wunsch unentwegt hegen«, fanden nicht länger Elisabeths Vertrauen. Katharina, die nicht einsehen wollte, daß ihr *mignon* sich irrt, schrieb am 28. September an Fénelon, Anjou hänge »so sehr an seiner Religion«, daß er kaum anders habe handeln können. Und sie schloß: »Wir sind sehr betrübt, daß wir ihr keine andere Person gleich meinem Sohn Anjou anzubieten haben; aber es besteht ein sehr großer Unterschied zwischen ihm und meinem Sohn Alençon.«[17]

Diese Feststellung kann als Prolog dienen für das rührendste der Heiratsdramen, in das ihre Kinder zu verstricken Katharina sich anschickte.

Die Monate der Heiratsverhandlungen hatten sich als schwierig für Anjou erwiesen. Diejenigen, welche ihm vorwarfen, die Religion als einen Deckmantel für seine wahren Gründe zu benutzen, hatten zweifellos recht. Zunächst einmal war er leidenschaftlich verliebt, und der offenkundige Reiz und die Jugend der Renée de Châteauneuf ließen ihn vor der geplanten Verbindung mit der königlichen Jungfrau unangenehm erschauern. Mehr noch, er setzte der Politik seines Bruders wachsenden Widerstand entgegen. Nach dem Frieden von St. Germain hatte es den Anschein, als entferne sich Karl mehr und mehr von den Interessen der katholischen Partei: er weigerte sich, der Katholischen Liga des Papstes gegen die Türken beizutreten; er gewährte dem protestantischen Führer der Niederlande zwei Geheimaudienzen; er weigerte sich, in einer Frage der Souveränität in Italien auf Philipps Seite zu treten; was aber am gefährlichsten war: er hatte Admiral Coligny ermuntert, an den Hof zurückzukehren.

Tavannes, der später eines der treuesten Mitglieder der Katholischen Liga werden sollte, faßte Anjous eigene Gedanken ohne Zweifel am treffendsten in Worte, als er über den gefährlichen Einfluß der Hugenotten auf den König schrieb:

»Sie waren entschlossen, Ihre Majestäten zu einem Krieg mit Spanien zu zwingen und sie mit ihren eigenen Freunden, den Engländern, zu alliieren, sie waren sowohl in den ausländischen als auch in den Bürgerkrieg verwickelt, sie sorgten für Intrigen am Hof durch die Montmorencys, sie versetzten den König in Schrecken und riefen seinen Neid hervor gegen die Ehre seines Bruders, den sie vermittels einer englischen Heirat aus Frankreich zu verbannen trachteten.«[18]

In der Tat war Karl im Begriff, sich bewußt zu werden, daß die Ziele der katholischen Partei nicht durchweg im Interesse Frankreichs lagen. Im Jahre 1570 war es selbst Karl klar, daß Spanien und Rom in erster Linie daran gelegen war, Mittel zu finden, um die französische Innenpolitik zu ihrem eigenen Vorteil zu manipulieren. In Zeiten wirklicher Not hatten sich Philipp und Pius recht nachlässig verhalten, wenn es um die Hilfeleistungen ging, die sie zuvor so großzügig versprochen hatten. Karl sah weder einen Vorteil darin, seinen nützlichen Vertrag mit den Türken zu opfern, um sich dafür an einem religiösen Kreuzzug zu beteiligen, noch wünschte er Spaniens Vorherrschaft durch Unterstützung von Philipps Ansprüchen auf Siena auszudehnen. Sein Ziel war vor allem der Friede im Inneren. Er wünschte, wie er es in einem Brief an Fourquevaux erläuterte, »seine Untertanen in Freundschaft und Harmonie wieder zu einen . . . und alle Zeichen der Teilung zu beseitigen«. Das war das Ziel, das seine Politik gegenüber den Hugenotten sowie besonders gegenüber dem Admiral Coligny bestimmte[19].

Coligny hatte die Initiative zur Versöhnung mit der Krone ergriffen, indem er an Katharina schrieb und sie bat, zu glauben, daß es keinen Grund für den König gäbe, ihm gegenüber Argwohn zu hegen. »Niemals würde ich irgend etwas gegen Eure Majestät unternehmen, selbst wenn ich dazu in der Lage wäre«, versicherte er ihr. Trotz seines Bekenntnisses zur Aufrichtigkeit war es natürlich ein Brief aus der Schule der Renaissance-Diplomatie. Die bescheidenen Bekundungen seiner Dienstbereitschaft schafften ein derart verräterisches Verhalten, wie es im Frieden von Hampton Court zum Ausdruck gekommen war, oder die Tatsache, daß er sogar jetzt noch von vielen der König von La Rochelle genannt wurde, nicht aus der Welt. Einige Monate später schrieb Coligny abermals und bat Katharina, denjenigen keinen Glauben zu schenken, welche sagten, er würde den König bedrohen, und versicherte: »Es gibt keinen Herrn in Frankreich, dem mehr als mir am Wohlstand und Frieden des Königreichs gelegen ist.«[20]

Obgleich die Bekundungen des Admirals Katharinas Verdacht nicht gänzlich beschwichtigten, so war die Wiedereinsetzung des Admirals in seine alte Stellung der einfachste Weg, die Hugenotten zu gewinnen und somit den Frieden zu sichern. Ende Juli schrieb der florentinische Gesandte, daß der Admiral »das Wohlwollen der Königin zurückerworben« habe, und am 12. September 1571 erschien Coligny auf die Einladung des Königs hin in Blois. Karl, dessen Hauslehrer er gewesen war, begrüßte ihn warmherzig, umarmte ihn dreimal und ergriff – nach der Darstellung von D'Aubigné – seine Hand und sagte: »Jetzt, da wir Sie haben, werden wir Sie behalten.« Über Katharinas Aufnahme des Admirals herrscht keine Übereinstimmung mit Ausnahme darüber, daß sie ihn aus Krankheitsgründen im Bett liegend empfing, »kühl« sagen die einen, »herzlich« die anderen. Anjou unternahm keine Anstrengungen, sein Mißfallen zu verbergen. Er empfing den Admiral ebenfalls vom Krankenlager aus, betrachtete ihn schweigend und sagte nach einem Augenblick, als er ihm den Rücken zugekehrt hatte: »Ich betrachte ihn rein als alten Mann.«[21]

Obgleich sich Coligny selbst durch solche Feindseligkeit nicht aus der Fassung bringen ließ, so wurden doch einige am Hof nervös bei der Frage, was wohl mit ihm geschehen würde. La Huguerye bemerkt in seinen Memoiren, daß Montpensier eines Tages den Admiral, dem er in einer trüb erleuchteten Halle begegnete, fragte: »Was machen Sie hier allein – es ist sehr unklug!« Worauf Coligny antwortete: »Bin ich nicht im Hause des Königs, und zwar auf sein Ehrenwort hin?« »Aber«, gab Montpensier zurück, »der König ist nicht immer Herr im eigenen Haus.«[22] In der Tat, draußen, nicht nur in Frankreich, sondern auch an den Höfen von Madrid und Rom waren Gerüchte im Umlauf, man habe Coligny zu dem einzigen Zweck nach Blois eingeladen, um ihn ins Jenseits zu befördern. Für diejenigen indessen, welche den König beobachteten, war dies ganz offensichtlich unwahr. Seine Zuneigung und sein Respekt vor Coligny waren deutlich – so ostentativ, daß die Guisen sich aus Unmut auf ihre Güter in Joinville zurückzogen, außerstande, zuzusehen, wie königlich »der Mörder« von Franz von Guise behandelt wurde. Karl unternahm keinerlei Anstrengungen, sie zurückzuhalten; vielleicht glaubte er an Condés Prophezeiung vor seinem Tod, daß es niemals Frieden in Frankreich geben würde, solange der Kardinal von Lothringen am Hofe weilte.

Die Veränderung in Karls Haltung ist nicht leicht nachzuzeichnen. Er war jetzt über einundzwanzig Jahre alt und hatte mehr als die Hälfte seines Lebens auf Frankreichs Thron verbracht. Während dieser Jahre hatte er etwas von der Freundlichkeit seiner Kindheit verloren. Dafür war er ruhelos, ungeduldig und argwöhnisch geworden. Sein Ehrgeiz überflügelte seine Fähigkeiten. Die Bewunderung für seinen Vater war kräftig in ihm entwickelt, und er trachtete danach, Heere zu führen und ein Krieger-König zu sein. Statt dessen war er ans Bett gefesselt durch das Fieber, das ihn abwechselnd aufregte oder apathisch zurückließ, so daß die Berichte der Gesandten mit Bemerkungen gespickt waren, der König sei krank. Er wurde immer ärgerlicher über seine eigene Schwäche, auf diejenigen, welche sich ihm widersetzten, ja selbst auf seine Berater. Er hatte, wie berichtet wurde, einige unerfreuliche Auftritte mit seiner Mutter gehabt. Karl war des übertriebenen Eifers und ihrer Vorherrschaft allmählich überdrüssig geworden und entschlossen, sein eigener Herr zu sein. Er war überdies auch mißtrauisch gegenüber den Guisen geworden und schenkte den Gerüchten immer mehr Glauben, daß Spanien (unterstützt vom Haus Guise) heimlich Pläne hegte, Frankreich solange zu schwächen, bis er »gezwungen sein würde, dem König von Spanien alles zuzugestehen, was dieser forderte«[23].

Zu seiner Verteidigung neigte er dazu, sich an die ursprüngliche Politik seiner Mutter anzulehnen, nämlich die Hugenotten als Bollwerk gegen spanische Machtansprüche zu benutzen. Zum ersten Mal begann er den hugenottischen Vorschlägen ernstlich sein Ohr zu leihen, nämlich den Niederlanden einige Hilfe zuteil werden zu lassen. Was gäbe es wohl für einen besseren Weg, Spanien »einen Denkzettel zu verpassen«, setzte er dem toskanischen Gesandten auseinander. Es war vielleicht der erste offene Hinweis auf die Möglichkeit einer formellen Verwicklung in jene Unternehmung, die einmal die flandrische heißen sollte. Mit Karls wach-

sender Abneigung gegen Spanien und die Guisen sollte der Einfluß des Admirals vorherrschend werden. Zu Beginn des Monats August bemerkte Walsingham in seinem Bericht an Burghley: »Der König versteht sich mit keinem anderen Menschen besser als mit dem Admiral, und es besteht große Hoffnung, daß er sich seiner in den vertraulichsten Angelegenheiten bedienen wird, denn er fängt an, zu sehen, wie unzureichend andere sind, von denen einige anderen mehr ergeben sind als ihm, einige mehr spanisch als französisch gesinnt sind oder mehr Wert auf ihre Privatvergnügungen als auf die öffentlichen Angelegenheiten legen.«[24]
Katharina fand die jüngste Politik ihres Sohnes zu weitgehend. Wenn sie auch immer dafür eingetreten war, die Hugenotten in das Königreich zu integrieren, auf daß sie Frankreich stärken und nicht spalten würden, so widersetzte sie sich jeder offenen Aktion, die nur den Groll Spaniens hervorrufen mußte. Sie schrieb jetzt unentwegt an Fourquevaux und instruierte ihn, Philipp zu versichern, daß Karl keinen Bruch wünsche, daß es bloßes Gerücht sei, er würde sich mit den Hugenotten verbünden, um in den Niederlanden einzufallen.

Trotz Katharinas Bemühungen war ein Krieg mit Spanien ein offenes Thema im Herbst 1571. Coligny war für den Krieg, und im Augenblick war Colignys Stimme die stärkste. Der König, jetzt ein Mann, war geneigt, sein Vertrauen eher in andere Männer zu setzen als in eine Frau. Katharina war nicht überrascht, daß dem Admiral, der so lange als Heerführer gewirkt hatte, in militärischen Dingen nachgegeben wurde. Was sich unerwartet ergab, waren die vertraulichen Beziehungen, die Karl zu ihm unterhielt. Er nannte Coligny Vater. Das Messer saß gefährlich nahe ihrem Herzen mit ihrer Berufung als *Regina Madre.* So ganz und gar hatte sich Katharina in die Geschicke ihrer Kinder vergraben, daß sie vergessen zu haben schien, einmal ohne sie existiert zu haben. Auf irgendeine ungewöhnliche Art und Weise war Katharina zusammen mit ihrem Gemahl gestorben, und eine neue Frau war nach seinem Tod erstanden. Sie hat sich kaum den Luxus der Witwenschaft gegönnt. Diese »arme Ausländerin, die kein Fleckchen gehabt hatte, wo sie sich einmal allem entziehen konnte« – wie sie einmal beschrieben worden ist – hatte für sich selbst eine neue Berufung geschaffen, eine Berufung, deren Stichhaltigkeit darin beruhte, daß sie der überlebende Elternteil ihrer Kinder war. Jetzt hatte Karl durch ein einziges Wort diese Berufung in Frage gestellt. Als Königin hätte sie vielleicht Colignys politischen Einfluß gelten lassen, aber als Mutter wurde sie von einer Eifersucht ergriffen, die zu tödlicher Feindschaft führte.

Im Augenblick jedoch verbarg sie ihre Gefühle und fuhr fort, den Admiral für ihre eigenen Friedenspläne auszunutzen, unter denen die Verheiratung ihrer Tochter Marguerite mit Jeanne d'Albrets Sohn, Heinrich von Navarra, im Vordergrund stand. Wenn auch noch nicht neunzehn Jahre alt, so war Margot – Göttin unter den Prinzessinnen, wie Brantôme sie später nennen sollte – bereits der Gegenstand von wenigstens zwei gescheiterten Heiratsplänen gewesen. Nach der hastigen Offerte, die Katharina Philipp nach Elisabeths Tod gemacht hatte, gab es noch langwierige Verhandlungen, um Margot Sebastian von Portugal anzutrauen. Dies war ganz offensichtlich unter spanischer Zustimmung im Lauf der Unterredungen in Bayonne vorgeschlagen worden, als Margot erst zwölf Jahre alt war. Doch Philipp, der bereit war, als Vermittler aufzutreten, hatte die Zeit vertrödelt, und sechs Jahre später wartete Katharina immer noch auf eine schlüssige Antwort. Pikiert infolge dieser Nachlässigkeit gegenüber dem königlichen Haus Frankreichs schrieb sie mit scharfen Worten an Philipp, daß sie diese Verzögerungen »sehr eigenartig« finde, und daß seine »schwachen Entschuldigungen« sie und ihre Tochter zum »Gespött« machten. Margot war jedoch mit solchen Verzögerungen durchaus zufrieden, denn, so schrieb Norris an Burghley: »Wenn es nach dem Willen des jungen Fräuleins ginge, so würde sie lieber in Frankreich bleiben als in Portugal Feigen essen.«[25]

Je mehr Margot über Sebastian erfuhr, um so weniger Zuneigung empfand sie für ihn. Es hieß, er sei kränklich, exzentrisch – und habe Todesangst vor Frauen. Der Sieur de Malicorne, der die Verhandlungen leitete, beschrieb ihn als einen religiösen Fanatiker, völlig unter dem Daumen von zwei Theatiner-Patres. »Er trägt ein Buch vom heiligen Thomas in seinem Gürtel«, schrieb Malicorne, »und eilt von Ort zu Ort, bis er alle, die ihn begleiten, durcheinanderbringt, so daß er endlich mit seinen Theatinern allein sein kann. Man spricht von ihm als einem sprunghaften jungen Prinzen mit sehr wenig Charakter.«[26]

Sebastian mußte Margot als kümmerlicher Ersatz für Henri von Guise vorkommen, an dessen Aufmerksamkeiten sie sich ergötzt hatte. Aber wo Margot in Guise nur einen galanten jungen Helden sah, der für ihre Reize empfänglich war, da vermeinte ihr Bruder die manipulierende Hand des Kardinals von Lothringen zu verspüren. Welch besseren Ankerplatz für Guise'schen Ehrgeiz konnte es geben als eine Heirat des jungen Herzogs mit des Königs Schwester? Aber hier war Lothringen über das Ziel hinausgeschossen. Der König und seine Mutter, außer sich angesichts einer solchen Zumutung, hatten Henri Guise fristlos aus dem Hofdienst entlassen, und Margot – die niemals der Liebling ihrer Mutter war – war einer erniedrigenden Zurschaustellung königlicher Wut ausgesetzt. Enrico Davila, der zeitgenössische italienische Historiker, erzählt, der Zwischenfall habe sich auf einem königlichen Ball zugetragen. Der spanische Gesandte schilderte in seinem Bericht an Philipp den Auftritt weit dramatischer:

»Gegen fünf Uhr morgens erschien Karl, nur in sein Nachthemd gekleidet und vom Grafen de Retz begleitet, bei seiner Mutter. Nachdem sie einige Minuten miteinander gesprochen hatten, schickten beide nach der Prinzessin. Etwa eine halbe Stunde später erschien sie in Begleitung von Madame de Retz. Nachdem die Gräfin weggeschickt worden war und man den Grafen als Türwächter dagelassen hatte, damit niemand eintreten konnte, stürzten sich Mutter und Sohn auf Marguerite und schlugen roh auf sie ein. Als sie damit fertig waren, waren ihre Kleider derartig zerrissen und ihr Haar derartig zerzaust, daß die Königin-Mutter, fürchtend, jemand würde sie so sehen, eine Stunde damit verbrachte, ihre Kleider wieder zu richten.«

Innerhalb weniger Tage war Henri Guise mit Katharina von Cleve vermählt[27].

Wenn es auch schon einiges Gerede über eine Heirat zwischen Margot und dem jungen Prinzen von Navarra vor dem Frieden von St. Germain gab, so kam es erst im Herbst 1571 zu ernsthaften Verhandlungen. Zu Anfang des Jahres übermittelte Katharina eine Einladung an Jeanne d'Albret, an den Hof zu kommen. Jeanne zögerte und schrieb an Katharina: »Ich würde sehr gern kommen, aber ich bin etwas stolz. Ich möchte der Ehren und Gunstbeweise teilhaftig werden, die ich meinem Gefühl nach mehr als diejenigen verdiene, welche sie empfangen.«[28] Über die folgenden Monate hin wurde die Korrespondenz fortgesetzt: Katharina bat dringend um ihre Anwesenheit, Jeanne erhob Einwände, aus gesundheitlichen Gründen, aus geschäftlichen Gründen, wegen des Zustandes ihres kleinen Königreiches. Es war ganz klar, die Königin von Navarra zögerte, sich in eine Falle zu begeben, wie sie einmal ihrem Mann gestellt worden war.

Es war nicht leicht, Jeannes Befürchtungen zu zerstreuen, denn sie hatte allzu lange damit gelebt. In jenem Herbst vermerkte Petrucci in seinen Depeschen: »Sie hegt Befürchtungen, Hoffnungen, sie ändert ihre Meinungen, sie weiß weder, wie sie vorgehen soll, noch genau, was sie will.«[29] Schließlich nahm sie Katharinas Einladung an und verließ gegen Anfang Dezember Béarn auf der ersten Etappe ihrer Reise an den Hof.

Das Wetter war höchst unerfreulich, und Jeanne hatte sich noch nicht wieder ganz erholt von einer jener schweren Erkältungen, für die sie zunehmend empfänglich war. Während sie nach Norden weiterreiste, geriet sie in immer heftigere Schneegestöber, und nachdem sie sich erst einmal außerhalb ihres gebirgigen Königreiches befand, gab es weniger Schutz vor den schnellen Winden, die den Schnee zu manchmal unpassierbaren Verwehungen zusammenfegten. Überall lagen geborstene Bäume herum oder sie waren bis auf den Boden niedergedrückt mit ihrer schweren Eislast. Die Kälte war so heftig, notierte Haton, daß »der Wein in den Fässern einfror«[30].

Mehr als zwei Monate war Jeanne nach Norden unterwegs und gezwungen, häufig Pausen auf ihrem Weg einzulegen. Sie ließ ihren Sohn in Agen zurück, wo er bleiben sollte, bis ihn weitere Direktiven erreichten. Als sie in der Touraine eintraf, wurde in ihr Verdacht rege durch einen von Katharina entsandten Boten, der sie anwies, nach Tours zu gehen anstatt nach Blois, wo der Hof gerade weilte. Jeanne faßte dies unverzüglich als eine absichtliche Beleidigung auf, obgleich sich Katharina wirklich infolge der unerwarteten Ankunft des päpstlichen Nuntius in Blois zu dieser peinlichen Änderung gezwungen sah. Es war einfach undenkbar, Michele Kardinal Alexandrini und Jeanne d'Albret unter einem Dach zu beherbergen, besonders deshalb, weil die Mission des Nuntius darauf hinauslief, die beabsichtigte Heirat zu vereiteln.

Einige Monate lang bildete die Frage eines Dispenses für Marguerite von Valois, einen Blutsverwandten zu ehelichen und einen Häretiker dazu, ein Problem für die päpstliche Kurie. Katharina hatte ihren Gesandten, Ferals, angewiesen, alles Notwendige zu veranlassen, um den Dispens zu erhalten, aber Pius blieb hartnäckig, indem er forderte, daß der Bräutigam vor der Hochzeit »zur wahren Religion« konvertieren müsse. Im November vermerkte Petrucci: »Der Papst ist entschlossen, in dieser Angelegenheit keinen Dispens zu gewähren.«[31] Katharinas Neigung zur Verheiratung ihrer Kinder mit protestantischen Souveränen versetzte Pius in Schrecken, der Frankreich (bisher als »älteste Tochter der Christenheit« angesehen) schon vom katholischen Zentrum hinweggleiten sah, hin zur Achse der protestantischen Mächte. Das Papsttum, das schon England verloren hatte, konnte sich den Abfall Frankreichs nicht leisten.

Obgleich Antonio Salviati, sein außerordentlicher Nuntius, schon lange in Frankreich weilte, entsandte Pius jetzt Kardinal Alexandrini an den französischen Hof. Seine Absicht: Einfluß auf Karl und die Königin-Mutter zu nehmen, um die Einstellung der Heiratsverhandlungen mit

Navarra zu erreichen, jene mit Sebastian von Portugal wieder aufzunehmen und Frankreich in die Katholische Liga herüberzuziehen. Alexandrini, der erfahren hatte, daß Jeanne d'Albret schon unterwegs war, beschleunigte seine Schritte und schlüpfte am 7. Februar nach Blois hinein – gerade noch vor der Königin von Navarra. Mehr als zwei Wochen hielt sich Alexandrini in Blois auf, schmeichelnd, gebietend, einschüchternd. Als er wieder abreiste, waren weder Katharina noch ihr Sohn um Haaresbreite zurückgewichen.

Am 2. März langte Jeanne in Blois an, und die Heiratsverhandlungen nahmen ihren Anfang. Obgleich an Macht höchst ungleich, verschieden in ihren Zielsetzungen und in der Anwendung von Mitteln zur Erreichung dieser Ziele, waren Katharina und Jeanne einander nicht ganz fremd. Sie waren niemals attraktive Frauen gewesen. Jeanne war hochgewachsen, eckig, mit einer hervorstehenden dünnen Nase und ausgeprägten Lippen. Sie war Partnerin von zwei Ehen: zur ersten, später für nichtig erklärten, war sie im Alter von zwölf Jahren von ihrem Onkel Franz I. gezwungen worden; die zweite war sie mit dem Eifer der Liebe eingegangen.

Es war ihr Unglück, daß Anton von Bourbon keine Partie für ihre Zuneigung, ihre Bewunderung gewesen war, oder vor allem für ihre Treue. Er hatte sie schlecht behandelt, ihre Liebe in seine Dienste genommen, wenn es ihm paßte, und sie öffentlich verschmäht, wenn es ihm zum Vorteil gereichte. Selbst als die Glut ihrer Liebe erkaltet war, war ihr Stolz – und sie hatte ein gehöriges Stück davon abbekommen – bitter gekränkt. Später schrieb sie kurz und bündig über ihren Gemahl, er habe »einen Stachel nicht nur in meinen Fuß, sondern in mein Herz« gesetzt[32]. Lange vor seinem Tod hatte er sie verlassen und ihr die volle Verantwortung für ihr Königreich und ihre Kinder überlassen. Sie war immer für die Interessen anderer Leute ausgenutzt worden: zuerst von ihrem Onkel Franz I., dann von ihrer Mutter und schließlich von ihrem Gemahl. Solche Ausbeutung hatte sie bitter gemacht. Die »lächelnde Braut« von Châtellerault war dürr geworden, mit zusammengepreßten Lippen, starr in ihren Prinzipien, argwöhnisch und empfindlich gegenüber Geringschätzung. Als sie Katharina über den Verhandlungstisch ansah, fürchtete sie, abermals ausgebeutet zu werden.

Die rundliche Figur der Königin-Mutter war in vieler Hinsicht weit weniger eindrucksvoll als die ihrer Gegnerin. Sie war kleiner als die Königin von Navarra, und die »stattliche Figur«, die schon in ihrer Jugend zu bemerken war, trat jetzt deutlich hervor. Ihre Haut war fahl, und ihre Gesichtszüge waren verschwommen im Vergleich zu den scharfen Zügen von Jeanne. Es gab nur wenig Dynamisches an ihr. Sogar ihre Augen mit ihrer sonderbar undurchsichtigen Abschirmung ließen ihren scharfen Verstand nicht ahnen. Sie, ebenso wie Jeanne, hatte unter dem Zwang gestanden, ein Königreich und eine Familie mit ureigenen Mitteln zusammenzuhalten. Auch sie war benutzt, verraten und ausgebeutet worden. Ihre Kindheit hatte sie inmitten von Schrecken und Einsamkeit verbracht. Sie war zum Heil des Papsttums verheiratet und an einen fremden Hof geschickt worden. Mehr als zehn Jahre lang hatte sie als Königin an einem Hof leben müssen, wo jedermann wußte, daß der König ein vergnüglicheres Bett gefunden hatte. Auch sie war immer argwöhnischer und mißtrauischer geworden. Aber während Jeanne standfest geworden war, war Katharina verschlagen geworden. Jeanne war eine tiefreligiöse Frau geworden – beinahe eine Fanatikerin. Katharina hatte ebenfalls eine Religion entdeckt: ihr Glaubensbekenntnis bestand aus ihren Kindern und in deren Recht, über Frankreich zu herrschen. Nichts anderes würde sie gelten lassen.

In der Gelegenheit, Margot mit dem Thronerben von Navarra zu verheiraten, sah sie ein unvergleichliches Mittel zur Stärkung Frankreichs. Es würde eine Hochzeit nach hugenottischem und katholischem Ritus werden und somit das Ende der Parteiungen, Teilungen und des Bürgerhaders bedeuten. Es würde auch zum Ende der spanischen Hoffnungen und englischen Träumereien führen. Frankreich brauchte sich niemals mehr von deutschen Reitern und päpstlichen Truppen ausplündern zu lassen. Um eines solchen Zieles willen war sie bereit, mit allen Mitteln, die sie nur kannte, zu kämpfen. Zunächst aber mußte sie Jeannes Widerstand brechen.

Nach den Briefen zu urteilen, die die Königin von Navarra im März an ihren Sohn und ihre Minister schrieb, war Katharinas erstes Angriffsmittel das der Einschüchterung. Jeanne berichtete, ihre Gemächer seien ärmlich möbliert, sie werde bespitzelt und verspottet. Die Königin-Mutter »stichele« gegen sie, Anjou versuche, sie »mit einer Mischung aus Spott und Tücke« zu nötigen. Was die Braut anlange, so sei sie sehr anmutig, aber man erlaube Jeanne nicht, sie allein zu sehen. »Ich habe bei drei verschiedenen Gelegenheiten dagegen Vorstellungen bei der Königin erhoben«, so schloß sie, »aber alles was sie tut, ist, mich zu verspotten, und hinterher erzählt sie anderen glatt das Gegenteil dessen, was ich gesagt habe, mit dem Ergebnis, daß mich die anderen tadeln.«[33] Eine derart offene Einschüchterung steht scheinbar nicht mit Katharinas gewohnter Haltung im

Altersbild Katharinas

Elisabeth von Valois, Gemahlin Philipps II. von Spanien

Einklang, es sei denn, Jeannes Halsstarrigkeit hatte sie in die Enge getrieben.

Es war nicht nur die Art und Weise, in der man mit ihr verfuhr, die Jeanne zum Zögern veranlaßte. Sie war keine Frau, die in Fragen der religiösen Überzeugung Kompromisse schloß, und sie bemerkte am Hofe eine moralische Verkommenheit, die sie anwiderte. »Um nichts in der Welt möchte ich, daß Du hier lebst«, schrieb sie ihrem Sohn, der noch in Agen wartete. »Obgleich ich wußte, daß es schlimm ist, finde ich es sogar noch schlimmer, als ich fürchtete. Hier machen Frauen den Männern den Hof statt umgekehrt. Wenn Du hier wärest, so würdest Du niemals ohne besonderes Eingreifen von Gott entkommen können.«[34] Was Margot angeht, so hatte Jeanne anfangs einen guten Eindruck von ihr, stellte dann aber fest, daß sie sich, so hübsch sie auch war, »selbst verdirbt« durch zuviel Schminke. Mehr und mehr empfand Jeanne Abneigung gegenüber der vorgeschlagenen Heirat.

Letzten Endes jedoch war sie gezwungen, nachzugeben, denn Katharina hielt die Trumpfkarten in der Hand. An irgendeinem Punkt der Verhandlungen kam es zu einer leisen Andeutung, der Papst könnte veranlaßt werden, Jeannes erste Ehe für gültig zu erklären. In diesem Falle würde Heinrich von Navarra wie jeder Bastard aller seiner Erbrechte verlustig gehen einschließlich seiner Stellung als Erbe von Navarra und als Erster Prinz von Geblüt. Das war ein grausamer und unerwarteter Schlag, eine von jenen fein ausgedachten und skrupellosen Handlungen, die Katharina soviel Feindschaft eintrugen und zur Entstehung der Legende von der grausamen und verschlagenen Königin beitrugen.

Am 11. April wurde der Ehevertrag endlich von Karl, Katharina und Jeanne unterzeichnet. Der Bräutigam wurde aufgefordert, nach Norden zu reisen, und Jeanne, verwirrt, besorgt und besiegt, zog sich nach Vendôme zurück, um auszuruhen und zu versuchen, ihre alte Lebenskraft wiederzugewinnen.

Einen Monat später reiste sie weiter nach Paris, um sich an den Hochzeitsvorbereitungen zu beteiligen. Es war für jedermann erkennbar, daß sie ernstlich krank war. Die Herzogin von Nemours schrieb, nachdem sie sie gesehen hatte: »Die Königin von Navarra ist hier. Sie ist alles andere als wohlauf, aber sehr tapfer.«[35] Am 4. Juni sollte ihr auch ihre Tapferkeit nicht mehr weiterhelfen, und sie war gezwungen, das Bett zu hüten. Zwei Tage später suchte Katharina, begleitet von ihrem Sohn, sie in ihrer Unterkunft auf. Katharina schwieg sich seltsamerweise über diesen Besuch aus, der sich wahrscheinlich auf die üblichen Redensarten am Krankenbett beschränkte. Damals war es schon klar, daß sich Jeanne nicht wieder erholen würde, und am 9. Juni starb sie. Ihre letzte Nacht verbrachte sie im Gebet, unter dem Beistand von Coligny und Pastor Merlin, der aus dem Psalter und dem Evangelium des Johannes vorlas. Nach dem Hinscheiden wurde ihr Leichnam, in weißen Satin mit einem Umhang aus purpurnem Samt gehüllt, auf einem einfachen schwarzen Bett niedergelegt. Das Königen zukommende Zeremonial wurde eingehalten, soweit es die hugenottische Sitte erlaubte, aber vieles aus dem vertrauten katholischen Ritual vermißte man. Margot, sich des Todes ihres Vaters und ihres Bruders Franz erinnernd und eingedenk des schweren Weihrauchduftes, der flackernden Schatten der blaßorangen Kerzen und des einschläfernden Geleiers endloser lateinischer Verse, bemerkte mit Verwunderung: »Keine Priester, kein Kreuz und nicht einmal Weihwasser.«[36]

Die Nachricht von Jeannes Tod wurde nicht gleichgültig aufgenommen. Sie war eine Frau gewesen, die widersprüchliche Gefühle hervorgerufen hatte: unauslöschliche Feindschaft oder leidenschaftliche Anhänglichkeit. Die Katholiken erblickten in dem Ereignis Gottes Gerechtigkeit, die einen Gegner zu Boden streckte. Aus Spanien schrieb Alba triumphierend: »Ganz Madrid jubelt, daß sie der Teufel endlich geholt hat.«[37] Die Hugenotten dagegen weinten um ihren Verlust.

Trotz Jeannes offenkundiger Krankheit wurde die Königin-Mutter unverzüglich eines Giftmordes beschuldigt: sie hätte die Handschuhe aus florentinischem Leder, die sie Jeanne geschenkt hatte, entsprechend präpariert; sie hätte eine Dienerin gedungen, Jeannes Nahrung zu vergiften; sie hätte ihren italienischen Kosmetiker bestochen, ihr ein entsprechendes Parfum anzurühren. Sogar als die Autopsie den langsamen Verlauf des Leidens ergab, hielt der Verdacht an und setzte weitere Striche in das legendäre Gemälde von der grausamen und verräterischen Florentinerin.

Die unheimliche Königin

Glauben Sie ihr nicht,
denn sie wird Ihnen nie die Wahrheit sagen.
ANONYM

I

Sicherlich war Katharina nicht für den Tod Jeannes verantwortlich, er bereitete ihr aber auch keinen Kummer. Sie war auf jeden Fall erleichtert, eine unentwegte Gegnerin los zu sein. Nachdem Jeanne nunmehr tot war, glaubte Katharina sicher zu zu sein, daß deren Sohn leichter zur römischen Religion gezwungen und somit die Frage des päpstlichen Dispenses leichter gelöst werden könnte. Zunächst teilte auch Rom den Optimismus Katharinas. Im Mai war Gregor XIII. an die Stelle von Pius V. getreten, und Ferals, der Ugo Boncompagni kennengelernt hatte, bevor dieser die Tiara erhalten hatte, versicherte Katharina, daß der Papst »kooperativ« sein würde. Gregor entpuppte sich jedoch als ebenso hartnäckig wie sein Vorgänger. »Alle Verordnungen der Kirche stehen im Widerspruch zu dem, was Sie fordern«, antwortete er dem französischen Gesandten grob. Als Ferals einwandte, daß es sich um eine Angelegenheit von großem öffentlichen Interesse handle, wandte sich Gregor zur Seite und sagte, er hätte viele Dinge zu erledigen. Sogar Ferals Versicherung, daß Navarra zweifellos unmittelbar nach der Hochzeit Katholik werden würde, vermochte den Pontifex nicht zu bewegen[1].

Am 3. Juli schrieb Katharina selbst nach Rom und rühmte diese Heirat als ein Mittel, das den Frieden bringen würde, »den Seine Heiligkeit so sehr ersehnt«. Es wäre doch schließlich, so legte sie dar, »eine gewöhnliche Bitte«, und sie wäre sicher, daß sie leicht gewährt werden würde. Gregor blieb immer noch störrisch. Wenn er meinte, daß er durch solche Maßnahmen Katharina zum Schweigen bringen könnte, so kannte er seine Gegnerin schlecht. Vor dem Tod von Pius V. hatte Katharina an Ferals geschrieben: »Erinnern Sie den Papst daran, daß England jetzt wegen der Verweigerung eines solchen Dispenses vom Heiligen Stuhl getrennt ist ... Doch ist von Frankreich nichts Derartiges zu fürchten, denn der König und meine anderen Söhne sind sämtlich gute Katholiken.« Diese Drohung war sehr deutlich, und Katharina war imstande, sie vor dem neuen Pontifex zu wiederholen.

Karl, wütend über Gregors fortgesetzte Weigerungen, prangerte den Papst als »jenen heuchlerischen alten Frömmler« an und drohte, die Heirat seiner Schwester *à la Huguenote* zu veranlassen, wenn Gregor die königlichen Bitten nicht erfüllen würde. Am 14. August, vier Tage vor der Hochzeit, lag der Dispens immer noch nicht vor. Katharina war entschlossen, die Hochzeit stattfinden zu lassen, wünschte aber weder sich selbst noch ihren Sohn in die Lage einer offenen Herausforderung des Papstes zu versetzen. Sie ordnete an, jede Verbindung mit Rom bis nach der Trauung zu unterbrechen. »Sie dürfen keinen Kurier, der von Rom kommt, passieren lassen ... bis der Montag vorbei ist ... und müssen aufpassen, daß keiner von ihnen heimlich durchschlüpft«, hatte sie angeordnet[2].

Die Weigerung des Papstes, den Dispens zu erteilen, machte es schwierig, einen Prälaten zu finden, der die Trauungszeremonie vornahm. Die Bischöfe von Auxerre, Châlons, Angers äußerten Bedenken, denn sie verspürten keinerlei Verlangen, im Widerspruch zu den offenkundigen Wünschen des Heiligen Stuhls zu handeln. Karl gewann schließlich den Kardinal von Bourbon, einen nervösen, schwankenden Prälaten, den er unter Drohungen und vagen Versicherungen, daß der Dispens in Aussicht stände, dazu zwang. Es wäre für Bourbon, Bruder von Anton de Bourbon und deshalb Onkel des Bräutigams, schwierig gewesen, sich zu weigern.

Der Monat, der der Hochzeit vorausging, war voller Unruhe. Am Hofe herrschte erregte Stimmung. Die Verhandlungen mit Jeanne d'Albret waren zermürbend gewesen. Die Haltung des Papstes hatte Verstimmung erzeugt, und Karl, dessen Gesundheit immer schwächer geworden war, verlor immer mehr die Kontrolle über sein Temperament. Das Wetter trug außerdem zu den Spannungen bei, denn Paris hatte selten einen heißeren August gekannt. Das Volk fürchtete den Ausbruch von Seuchen, da die Stadt, die von Tausenden von Besuchern überquoll, unter der Last neuer Nöte erzitterte. Die sanitären Verhältnisse, ständig ein Problem, wurden immer primitiver. Die Seine floß braun und träge dahin. Die Luft war schwer und bedrohlich. Obgleich die Königin-Mutter darauf beharrte, daß diese Heirat wirklich der »Friedenskuß« für Frankreich sein würde, war nur wenig Freude zu verspüren. Sogar der Einzug des Bräutigams in die Stadt trug eine düstere Note, als er, immer noch in Trauer um seine Mutter, zwischen den in Gold und Scharlach gekleideten Gestalten der jüngeren Brüder des Königs, Heinrich von Anjou und Franz von Alençon, einherritt.

Heinrich von Navarra, der Anfang Juli endlich in Begleitung seines Vetters Heinrich, Prinz von Condé, mit 1500 hugenottischen Reitern eingetroffen war, legte nur spärliche Begeisterung bei der Aussicht auf die Hochzeit an den Tag. Er war ein junger Mann von neunzehn Jahren, klein von Wuchs, dünn, drahtig, mit seltsamen Augen, einer peinlich langen Nase und einem schiefen Zug um seinen Mund. Er war bekannt für seine Neigung für Frauen und den Spieltisch. Drei Jahre früher hatte Correro nach sorgfältigen Beobachtungen berichtet, daß er »lebhaften Geistes, aber von seiner Mutter sorgfältig in der neuen Religion erzogen worden ist, und daß er der Meinung des Volkes nach die Geißel unserer Zeit werden könnte, wenn Gott dieser Lage nicht abhilft.«[3]

Nicht jedermann nahm Navarra so ernst. In mancherlei Hinsicht schien er der Sohn seines Vaters zu sein, und diejenigen, welche Anton gekannt hatten, vermuteten, daß der Sohn ebenso leicht beeinflußbar sein würde. Bei drei ihm gutgeschriebenen »Konversionen« rechneten die meisten Leute auf eine vierte. Navarra jedoch blieb überraschend fest, obwohl offenkundig war, daß es die Lage erleichtert hätte, würde er nach Rom hin ein freundliches Kopfnicken gezeigt haben. Selbst die Trauungszeremonie trug seinem protestantischen Bekenntnis Rechnung. Da kein Häretiker eine katholische Kirche betreten durfte – selbst wenn es sich bei diesem um ein Mitglied aus königlichem Blut handelte – sollte der Trauungsgottesdienst auf dem Platz vor der Kathedrale von Notre Dame stattfinden. Wochenlang schleppten und hämmerten Arbeiter das Holz für den Bau der großen Tribüne, auf der der Gottesdienst stattfinden, und für die Galerie, über die das königliche Paar schreiten sollte. Innerhalb der Kathedrale behängten die Leute des Königs die Mauern mit Wandteppichen, schmückten das Kirchenschiff um den Hochaltar mit Tausenden von Blumen und Kerzen, hißten die königlichen Banner und stellten auch mit einem einmaligen Mangel an Takt die hugenottischen Standarten auf, die bei Jarnac und Montcontour erbeutet worden waren.

Am Sonntag, dem 17. August fand die Verlobungsfeierlichkeit im Louvre statt. Der Bräutigam unterzeichnete den Ehekontrakt und schenkte seiner Braut einen Diamantring im Werte von 10000 Kronen.

Beim Morgengrauen des folgenden Tages war Paris schon auf den Beinen, denn wenn es sich auch für die konservativen Pariser nicht um eine populäre Hochzeit handelte, so versprach sie doch ein großes Schauspiel zu werden. Die Trauung war für Mittag anberaumt, aber zu der Zeit, als die Sonne emporstieg, war bereits jedes Fenster entlang des Weges vermietet, und die Straßen waren infolge der Massen von Neugierigen, Mißvergnügten und Hoffnungsvollen unpassierbar geworden – denn es gab neben der königlichen Familie viele, die hofften, diese Verbindung würde das Ende des religiösen Konfliktes bedeuten. Um zehn Uhr waren die Ratsherren und Polizeivorsteher in ihren kurzen roten Roben sowie die Bogen- und Hakenbüchsenschützen des Königs angetreten, um die Massen an Ort und Stelle zu halten und einen Absperrungsgürtel für den königlichen Festzug zu bilden.

Nach stundenlangem Warten in der Sonnenhitze des Mittags geriet die Menge plötzlich in Bewegung, fiel jedoch in harrendes Schweigen, als die Sonne den metallenen Schimmer der Waffen der königlichen Garde zurückwarf. Hierauf erschienen die königlichen Musikanten, Trompeten schmetterten hoch empor, um die Ankunft der Braut anzukündigen. Dann schritt Margot auf der Galerie, die parallel zur Kathedrale verlief, einher, kerzengerade und stolz trotz des Gewichts ihrer Robe. An ihrer Seite ging Karl, gebeugt und blaß; obwohl nur zwei Jahre älter als die Braut, war er bereits von dem tödlichen Anflug seines Valois-Erbes gezeichnet. Der blaßgelbe Satin, worin er gekleidet war, hob noch seine ungesunde Farbe und Auszehrung hervor. Neben ihm war Margots Energie geradezu handgreiflich zu spüren. Ihr kleiner dunkler Kopf war hoch aufgerichtet unter dem Gewicht kostbarer Steine in ihrer Krone, ihr Körper wirkte behende und munter unter all dem Gepränge rings um sie her. Margots Gewand war von violettem Samt, reich bestickt mit Lilien, und darüber fiel trotz der drückenden Hitze ein königlicher Mantel, dessen fünfzehn Fuß lange Schleppe von drei Prinzessinnen getragen werden mußte. Margot war bereits von geradezu legendärer Schönheit, legendärem Reiz und Witz. Ihr gefiel es, zu prunken, und von ihrem Hochzeitstag schrieb sie triumphierend: »Ich glänzte in Diamanten.«[4]

Sie war indessen eine kalte Flamme, sowohl von Leidenschaft als auch von Liebe unberührt. Nicht die Spur einer Romanze gab es in dieser Verbindung, die Frankreich heilen sollte. Sie war Katharinas politischer Plan vom Anfang bis zum Ende. Was Margot und Heinrich anlangte, so schienen sie aneinander überhaupt nicht interessiert zu sein. Margot fand ihren Bräutigam ungeschliffen und häßlich und nach wenigen Tagen intimen

Zusammenlebens beklagte sie sich darüber, daß er übel rieche. Heinrich schien, obwohl er eine der schönsten und begabtesten Frauen Frankreichs heiratete, teilnahmslos und unbeeindruckt zu sein. Seine Mutter hatte ihn gewarnt, keinem an diesem liederlichen Hof zu trauen, und er schien sich diesen Rat zu Herzen zu nehmen.

Es ging das Gerücht, Margot hätte sich stürmisch gegen diese Heirat zur Wehr gesetzt, sie würde noch im Banne ihrer Mondscheinromanze mit dem Herzog von Guise stehen, und während der Trauungszeremonie hätte der König ihrem kleinen eigenwilligen Kopf einen Klaps versetzen müssen, damit er sich neigte und »Ja« zu den Fragen des Ehegelübdes sagte. Schließlich hatte sie jedoch nachgegeben, wie sie es immer gegenüber dem unerbittlichen Willen ihrer Mutter tat, die ihr ganzes Herz an diese »Hochzeit zweier Religionen« gehängt hatte. Das Ereignis wurde auf einer Münze verewigt, die die Symbole des Lammes und des Kreuzes trug mit der Umschrift *Annuntio vobis pacem* (Ich verkündige Euch Frieden). Im Lichte der kommenden Ereignisse dürfte es schwer sein, sich ein ironischeres Gedenken vorzustellen.

Für den Rest der Woche waren alle regulären Betätigungen abgesagt, um dem Hof zu erlauben, vier Tage lang in Maskeraden, Bällen, Soupers, Veranstaltungen von Musikern, Dichtern und italienischen Komödianten zu schwelgen. Es war in erster Linie Katharinas Heirat: sie schwelgte darin. Aber trotz all ihrer Bemühungen – und sie ließ es an nichts fehlen – vermochte sie nicht jene Atmosphäre von Fröhlichkeit hervorzurufen, die solche Festlichkeiten normalerweise mit sich bringen. Die Feindschaft zwischen Katholiken und Protestanten, die seit Jahren bestand, konnte nicht einfach durch ein königliches »fiat« gebannt werden. Wenn auch die Feindschaft an der Oberfläche durch die Wiedereinsetzung des Admirals etwas abgenommen hatte, so war durch die Frage Spanien und die Niederlande eine neue Dimension in dem religiösen Konflikt geschaffen worden.

Im vorangegangenen Juli hatte Karl eine Reihe von Besprechungen mit Ludwig von Nassau gehabt, dem Bruder Wilhelms von Oranien, des Anführers der niederländischen Revolte, der sein Bestes getan hatte, den König davon zu überzeugen, daß Philipps Ziel darin bestand, »die Dinge in Frankreich aufzurühren«, bis Karl mangels jeglicher Hilfsquellen eine billige Beute der spanischen Vorherrschaft werden würde. Es wäre sicherlich besser, Coligny das zu gewähren, was er verlangte: französische Truppen zur Unterstützung der Rebellen in den Niederlanden einzusetzen. Im April hatten die Wassergeusen, wie sich die Rebellen selbst nann-

ten, außergewöhnlich großes Glück. Während es die Spanier an Aufmerksamkeit fehlen ließen, nahmen sie Briel, Vlissingen, und innerhalb weniger Tage hatten sie fast ganz Middelburg in ihrer Gewalt.
Der Sieg ermutigte Karl. Obgleich er weiterhin Briefe nach Spanien schrieb »so voller Versprechungen, daß man, wenn sie nicht gehalten würden, niemals mehr imstande sei, überhaupt noch jemand zu glauben«, versprach er gleichzeitig Ludwig von Nassau, dem unterdrückten Volk der Niederlande zu Hilfe zu kommen. Katharina legte kaum mehr Entschiedenheit an den Tag. Auch sie fürchtete die spanische Macht, doch wünschte sie nicht das mögliche Risiko einer Niederlage einzugehen. Mit einer gewissen maskulinen Verachtung schrieb Tavannes: »[Sie] bewegt sich zwischen Frieden und Krieg hin und her, wie eine Frau, die zur gleichen Zeit alles oder nichts will.«[5]
Heute kann man genauer sagen, daß Katharina sich zwischen verschiedenen Wegen, den Frieden zu wahren, hin und her bewegte. Krieg bildete niemals einen Bestandteil ihrer Entschlüsse. Indessen kam es in Wirklichkeit, wie sie fand, immer weniger auf ihre Entscheidung an, da der Admiral zum Leitstern an Karls Horizont wurde. »Er tut alles, was er kann, um den König zum Partner seiner bösen Absichten zu machen«, schrieb der spanische Gesandte, Juan de Zúñiga, zu Beginn des Sommers an Alba[6]. Bis zu einem gewissen Ausmaß hatte Coligny Erfolg, denn Karl stimmte der Entsendung einer geheimen Streitmacht in die Niederlande unter dem Oberbefehl des hugenottischen Führers Jean de Genlis Anfang Juli zu. Coligny, der nach der königlichen Audienz in Jubel ausbrach, rief seinen Freunden zu: »Gott sei gelobt, alles geht sehr gut. Bevor wir uns versehen, werden wir die Spanier aus den Niederlanden vertrieben haben«, und er fügte hinzu: »Ich würde nicht einmal mein Leben beklagen, wenn ich es für eine so gute Sache verlöre.«[7]
Unterdessen war Filippo Strozzi befohlen worden, eine französische Flotte in Bereitschaft zu halten, bis das Ergebnis der Expedition bekannt wäre. Genlis erwies sich unglücklicherweise nicht als Meister seiner Aufgabe. Nachdem er in einen spanischen Hinterhalt geraten war, wurde seine kleine Streitmacht vom Sohn des Herzogs von Alba in Stücke gehauen. Einige, darunter Genlis selbst, wurden gefangengenommen, und man fand genügend Beweismittel, um den französischen König der Teilnahme an dem Rebellenunternehmen zu bezichtigen. »Ich habe einen Brief in meinem Besitz«, schrieb Albas Sekretär triumphierend, »der Sie in Erstaunen versetzen wird; ich habe niemals in meinem Leben derartiges gesehen.«[8] Die Beweismittel konnten kaum schädlicher für die franzö-

sisch-spanischen Beziehungen sein, und Katharina erging sich jetzt geradeheraus in Verurteilungen der Politik Colignys.

Coligny war jedoch nicht so leicht einzuschüchtern. Er glaubte an das, was seine Glaubensgenossen in den Niederlanden unternahmen; er hielt Philipp für den größten Feind Frankreichs, und er weigerte sich, von seinem Ziel abzulassen. Der venezianische Gesandte berichtete, der Admiral habe den König davon in Kenntnis gesetzt, daß er, da dieser »dem Prinzen von Oranien jede Hilfe und Unterstützung zugesagt hat«, hoffe, der König werde es ihm nicht verübeln, wenn er sein Versprechen »im Bunde mit allen verfügbaren Freunden, Verwandten und Dienern und, sollte es notwendig sein, sogar unter Einsatz meiner eigenen Person halte«. Trotz Genlis Mißerfolg hoffte Coligny immer noch, Frankreich auf die Seite der Niederlande zu bringen. »Sein Mut ist unbesiegbar«, schrieb Walsingham voller Bewunderung an Burghley[9]. Während der ersten Augustwoche berichtete ein spanischer Agent besorgt dem Kardinal Granvelle: »Diejenigen, welche gerade aus Frankreich kommen, sagen, daß dort große Vorbereitungen im Gange sind . . . Der König von Frankreich versichert uns zwar ein für allemal, daß er bei diesem Spiel nicht mitmache; aber der Admiral ist jeden Tag mit ihm zusammen . . . Ich befürchte sehr, die Franzosen führen uns an der Nase herum.«[10]

Coligny hatte zu jener Zeit ungehindert Zugang zum König, denn Katharina war nach Châlons abgereist, um mit ihrer Tochter, der Herzogin von Lothringen, zusammen zu sein, die auf dem Weg zu Margots Hochzeit krank geworden war. Für Katharina war die Zeit ihrer Abwesenheit recht kritischer Natur, denn Coligny nutzte die Tage, um Karl unwiderruflich in den Krieg zu treiben. »Der Admiral ist ebenso mächtig geworden, wie es der Konnetabel Montmorency zu sein pflegte«, schrieb Michieli[11].

Als die Nachricht von den fortgesetzten Kriegsvorbereitungen bis zu Katharina gedrungen war, brach sie unverzüglich nach Paris auf. Ihre Feindschaft gegenüber Coligny hatte eine fieberhafte Höhe erreicht. Obgleich sie versucht hatte, der Zuneigung ihres Sohnes für ihn nicht zu offen entgegenzutreten, konnte sie doch nie vergessen, daß Coligny sie einmal im Stich ließ, als sie verzweifelt seiner bedurfte, daß er einen Vertrag unterzeichnete, der französischen Boden einer auswärtigen Macht überantwortete, und daß von ihm höchstwahrscheinlich jener Mann gedungen wurde, der den Herzog von Guise ermordet und somit den Bürgerkrieg in Frankreich angefacht hatte. Am schmerzlichsten war für sie jedoch die Erkenntnis, daß er die Zuneigung ihres Sohnes auf sich gelenkt und ihm beigebracht hatte, die einzige Lektion, die ihm ein Leben lang von ihr erteilt worden war, zu vergessen: daß sie die *Regina Madre* war, der Schoß, der ihn hervorgebracht und genährt hatte, die Quelle seiner Kraft, die beherrschende Liebe seines Lebens.

So tief saß ihr Haß, daß sie vielleicht seine Wurzeln gar nicht sehen konnte. Sie war nicht unaufrichtig, wenn sie behauptete, daß ihre Feindseligkeit dem berechtigten Zorn einer Königin entspränge, die einen Feind mitten im Staate sah, einen Verräter, der private Interessen über das öffentliche Wohl stellte. Daß es noch tiefer liegende Gründe gab, geht allerdings klar aus Katharinas Handlungen hervor. Man braucht sich gar nicht an die Einzelheiten von Tavannes' Erzählung von Katharinas Zusammentreffen mit ihrem Sohn am 4. August zu halten, um den Grad ihrer Wut zu ermessen. Besorgt darüber, was dem Staat widerfuhr, sowie über die Abnahme ihres Einflusses, ließ sie ihrem Zorn ihrem Sohn gegenüber freien Lauf:

»Ich kann kaum glauben, daß Du mir, nachdem ich so viel Schmerzen auf mich genommen habe, um Dich aufzuziehen und Dir die Krone zu retten, als sowohl Hugenotten als auch Katholiken sie an sich zu reißen wünschten, und nachdem ich mich selbst für Dich geopfert und soviele Risiken auf mich genommen habe, in dieser Weise dankst. Du verbirgst Dich vor mir, die ich Deine Mutter bin, um Dich mit Deinen Feinden zu beraten. Du entledigst Dich der Waffen, die Dich unterstützt haben, um Dich auf jene zu verlassen, die Dich gern umbringen möchten. Ich weiß, daß Du in geheime Beratungen mit dem Admiral verstrickt bist. Du möchtest Dich selbst in einen Krieg mit Spanien stürzen, so daß Dein Königreich die Beute sowohl Spaniens als auch derjenigen der Neuen Religion werden wird. Nachdem ich das alles gesehen habe, bitte ich nur um eines: die Erlaubnis, mich vom Hofe zurückzuziehen, an den Ort meiner Geburt.«[12]

So lautet Tavannes' Erzählung, und da sein Pathos offensichtlich nicht erdichtet ist, besteht auch kein Zweifel daran, daß Katharina gegen den Admiral und sein Streben nach Krieg Stellung nahm. Sie kleidete ihre persönliche Heftigkeit in Argumente, die die Wohlfahrt des Staates im Auge hatten. Sie sagte Karl, sie habe gehört, daß die Engländer ihre Streitkräfte aus den Niederlanden zurückzögen, und daß ohne ihre Unterstützung jede aggressive Unternehmung mit einem Fehlschlag enden würde. Sie wiederholte ihre abgedroschenen Warnungen vor dem Admiral, der bereits den Beweis geliefert habe, daß er Frankreich seinen eigenen Interessen zuliebe verkaufen würde. Karl, der immer leicht zu beeindrucken war, wurde jetzt in seiner Ergebenheit wankend. Am 9. August fand eine Vollversammlung des königlichen Rates statt. Um Colignys Mißtrauen zu zerstreuen, lud Karl nicht nur Staatsmänner, sondern auch Militärs ein wie Montpensier, Nevers, Tavannes. Aber trotz der überzeugenden Redekunst des Admirals, trotz eingehender Beratungen über einen Bericht, den Duplessis-Mornay, ein eben aus den Niederlanden zurückgekehrter junger Hugenotte vorgelegt hatte, fiel die Schlußentscheidung des Rates am 10. August gegen einen Krieg mit Spanien aus. Der Admiral bekannte im Angesicht der Niederlage bitter: »Da ein dem meinen entgegengesetzter Rat die Oberhand gewonnen hat, habe ich nichts mehr zu sagen.« Aber dann wandte er sich zur Königin-Mutter und soll jene Worte ausgesprochen haben, die verschiedenartig interpretiert worden sind, sei es als einfaches Bedauern oder als Androhung zukünftiger Gewalttätigkeit: »Nun, der König hat sich entschlossen, diesen Krieg nicht zu führen; Gott gebe, daß kein anderer über ihn komme, dem sich zu entziehen er nicht in der Lage sein wird.«[13]

Katharina hatte gewonnen. Es sollte keinen Krieg geben. Doch Coligny agitierte weiter. Er bedauerte die Entscheidung des Rates bitter, nicht nur aus politischen und religiösen Gründen, sondern seines persönlichen Stolzes wegen. Er hatte seinen Glaubensgenossen Hilfe versprochen, und die Entscheidung des Königs würde ihn zwingen, sein Wort zu brechen. Sogar während der Zusammenkünfte des Rates hatte er erklärt, er müsse sich an sein Versprechen halten, und jetzt fuhr er fort, Truppen auszuheben und stundenlang mit dem zaudernden jungen König zu debattieren. Am 11. August schrieb der Prinz von Oranien an seinen Bruder: »Der Admiral hat mich wissen lassen, daß er trotz der vorangegangenen Niederlage der Franzosen im Begriffe sei, 12000 Arkebusenschützen und 2000 Reiter bereitzustellen.« Und zwei Tage später berichtete der venezianische Gesandte: »Dreitausend Hugenotten haben sich unlängst an der Grenze versammelt, um zu versuchen, Mons zu helfen . . . Man sagt, der König habe diese Truppenbewegungen untersagt, aber wir haben das Gefühl, daß man ihm nicht mehr gehorchen wird wie in der Vergangenheit.«[14]

Was auf einer Ebene ein politischer und ein Religionskrieg zwischen zwei bedeutsamen Kräften war, war auf der anderen eine Schlacht um die Beherrschung des unentschlossenen Königs. Es gab sogar solche, die behaupteten, Katharinas Unnachgiebigkeit hätte ihren Grund in erster Linie in ihrer Furcht, daß der Krieg ihre Regierungsgewalt beeinträchtigen könnte. Wenn auch ihre Gründe sicherlich komplexerer Natur und nicht nur in dem Wunsch nach persönlicher Macht zu suchen waren, so darf der tödliche Kampf zwischen Katharina und dem Admiral nicht verniedlicht

werden. In dieser Atmosphäre von Furcht und Haß hatte jene Verbindung stattgefunden, die die Geschichte die Bluthochzeit genannt hat.
In den auf ein großes Ereignis folgenden Tagen herrscht immer eine deprimierende Atmosphäre. Die Stimmung in Paris, die vor der Hochzeit voller Neugierde, Besorgtheit und Hektik war, hatte jetzt verdrossenem Zuschauen Platz gemacht. Die Wandbehänge und Banner waren aus Notre Dame wieder entfernt worden. In der Kathedrale vermischte sich der widerliche Geruch toter Blumen mit dem Duft von Fackeln und schalem Räucherwerk. Am stärksten von allem war der üble Nachgeruch tausender schwitzender Körper, die sich in der Kathedrale eng zusammengedrängt hatten, um an der Messe teilzunehmen. Die immer schmutzigen Straßen von Paris waren jetzt doppelt so verunreinigt nach dem Gelage mit Wein und Fleisch, das der Bevölkerung zu Ehren der Hochzeit gespendet worden war. Unerträgliche Hitze hielt die Stadt weiterhin unter Druck. Ungesunde Nebelschwaden schwebten über den Brücken und Kais. Die Atmosphäre war mit einem uneingelösten Versprechen von Regen geladen.
Die Pariser waren ein eng zusammenhaltendes Völkchen; sie verhielten sich kühl gegenüber Fremden und verspürten keinerlei Wunsch, ihre überfüllte Stadt mit dem hugenottischen Herrn aus dem Süden zu teilen. Es herrschte Verstimmung in der Gegend rund um die rue de Béthisy, wo die Hugenotten auf Kosten der Bürger untergebracht waren. Es herrschte Verstimmung im Louvre, wo viele Diener des Königs entfernt worden waren, um dem hugenottischen Adel Platz zu machen. Unter den Hugenotten wollte man gerüchtweise wissen, sie wären deshalb in einen bestimmten Teil der Stadt verwiesen worden, damit die Pariser leichter ihre Rachegefühle an ihnen auslassen könnten. Unter den Parisern wiederum waren Gerüchte in Umlauf, wonach sich die Hugenotten zu einer verräterischen Aktion zusammengeschlossen hätten. Über sein Fassungsvermögen hinaus bevölkert, von hitzigem Temperament, intolerant, glich Paris einem Pulverfaß. Der Funke, der es entzündete, fiel am Morgen des 22. August.
An jenem Morgen fand eine Sitzung des Rates des Königs statt. Nach ihrem Ende trat Coligny aus dem Louvre heraus und strebte in Begleitung einiger hugenottischer Herren seinem Haus in der rue de Béthisy zu. Unterwegs auf der rue de Poulies hielt er einen Augenblick an, um seinen Schuh in Ordnung zu bringen. Während er damit beschäftigt war, fielen zwei Schüsse. Obgleich vor Schmerzen gekrümmt, nickte er nach einem Fenster hin, aus dem Rauch herausströmte, und zwei seiner Begleiter eil-

ten dorthin, um des Angreifers habhaft zu werden. Die Kugeln waren in Colignys rechte Hand und linken Arm eingedrungen. Daß sie abgefeuert worden waren, um Coligny zu töten, stand außer Frage. Sie hätten zweifellos ihr Ziel erreicht, wäre es nicht zu jener unzeitigen und unerwarteten Bewegung gekommen. Coligny, der stark blutete, sich aber noch in der Gewalt hatte, wurde nach Hause gebracht. Während ein Bote nach dem Arzt des Königs geschickt wurde, hörte Coligny dem Bericht der beiden Männer zu, die versucht hatten, den Mörder zu ergreifen. Als sie den Raum erreicht hatten, so schilderten sie ihm, fanden sie ihn leer, obwohl die rauchende Büchse noch auf dem Tisch lag. Ermittlungen ergaben, daß das Haus, aus dem die Schüsse abgefeuert worden waren, dem Kanonikus Villemur gehörte, der früher im Dienst des Hauses Guise gestanden hatte. Der beinahe zum Mörder gewordene Täter war Charles de Louviers, Sieur de Maurevert, ein früherer Page des Hauses Lothringen. Der Name Guise ertönte zu oft in der Erzählung, um nur als bloßer Zufall angesehen zu werden.

Innerhalb einer Stunde war der Hof von dem Mordversuch unterrichtet. Karl erhielt die Nachricht, als er gerade mit Charles de Teligny, dem Schwiegersohn des Admirals, Tennis spielte. Seine Reaktion glich mehr der eines ungeduldigen Kindes als der eines ergebenen Freundes. »Was denn«, schrie er, »werde ich denn niemals Frieden haben!«

Katharina wurde von dem Vorkommnis in Kenntnis gesetzt, als sie sich gerade zu Tisch gesetzt hatte. Ohne eine Miene zu verziehen, erhob sie sich schweigend und zog sich in ihr Gemach zurück, wo sie ganz allein mit ihrem Sohn eine Zeitlang verweilte. Ihr Verhalten veranlaßte Zúñiga zu einem Bericht an Philipp, daß der Angriff auf Coligny für sie keine Überraschung gewesen wäre. Solche Gedankengänge entbehren indessen der Logik. Sollte in der Tat, wie viele ihrer Zeitgenossen glaubten, Katharinas zarte italienische Hand Colignys Todesurteil unterschrieben haben, dann war die Nachricht, daß der Admiral nur verwundet worden sei, gewiß nicht die Nachricht, auf die sie wartete, wie Zúñiga glauben machen will. Wenn überhaupt, so wartete sie auf die Nachricht vom Tode des Admirals. Wäre der Schäfer getötet worden, so hätten die Schafe leicht zerstreut werden können. Ein verwundeter Schäfer war eine Möglichkeit, auf die sie nicht hatte vorbereitet sein können[15].

Gewiß, Katharina hatte Gründe, den Tod Colignys zu wünschen. Er hatte bereits bezeugt, daß er seine religiöse Einstellung über das Wohl seines Landes stellen würde. Auch war sie eifersüchtig auf die Zuneigung, die er in ihrem Sohn wachgerufen hatte, sowie auf die immer weiter anwachsende Macht, die unvermeidlich ihre eigene beeinträchtigte. Neun Jahre lang, seit dem Tod von Franz von Guise, war sie vom Haus Guise angestachelt worden, den Admiral für seine angebliche Verwicklung in den Tod des Herzogs zu bestrafen. Auch Spanien hatte sie aus Furcht davor, was Coligny in den Niederlanden alles anrichten würde, ermutigt, das Land solcher aufrührerischer Führer zu entledigen. Am 5. August war ein Brief des päpstlichen Nuntius in Madrid eingetroffen, der vorschlug: »Wenn der Allerchristlichste König beabsichtigt, das Königreich von seinen Feinden zu säubern, so ist der Augenblick dafür gekommen. Im Benehmen mit dem König von Spanien könnte er jetzt vor allem diejenigen, welche übrig geblieben sind, vernichten, während der Admiral in Paris ist, wo das Volk der katholischen Religion sehr ergeben ist, und es würde sehr einfach sein, den Admiral für immer loszuwerden.«[16] Bei der Ermordung Colignys würde es also an ausländischer Unterstützung nicht fehlen.

Daß Katharina in gewisser Hinsicht mit einbezogen war, ist schwer zu leugnen, obwohl das Maß ihrer Komplizenschaft schwer zu bestimmen ist. Viele ihrer Zeitgenossen hatten das Gefühl, sie und Anjou wären mit der Hilfe von Madame de Nemours, der Witwe von Franz von Guise, für das Komplott verantwortlich. Wie weit indessen auch Katharina in die ganze Sache verwickelt gewesen war, die Ereignisse, die sich gegenwärtig abspielten, lagen nicht in ihrer Absicht, denn die Art und Weise, in der sich das Komplott buchstäblich als Fehlschuß erwiesen hatte, versetzte sie alle miteinander in Gefahr. Was Karl anlangt, so waren seine Reaktionen nach dem ersten Ausbruch gereizten Ärgers die eines ergebenen Freundes. Ambrose Paré, sein Leibarzt, wurde sofort in die rue de Béthisy entsandt, und nachmittags erschien Karl selbst in Begleitung seiner Mutter, seiner zwei Brüder und einiger katholischer Herren zu Besuch bei dem Admiral.

Wenn Katharina und ihr Günstling Anjou für diesen Mordversuch verantwortlich waren, so muß die Zeit, die sie mit dem König in der Wohnung des Admirals zugebracht hat, ihre Kraft, zu heucheln, bis zum Zerreißen strapaziert haben. Coligny, der gestützt im Bett saß, bleich und schmerzverzerrt nach den peinvollen Untersuchungen, denen Paré ihn hatte unterziehen müssen, hatte noch niemals so kraftvoll gewirkt. Obgleich beide Arme bandagiert waren, war er mehr denn je der Meister des Königs. Die Wunden, die er erlitten hatte, hatten ihn vom umstrittenen Staatsmann zum religiösen Märtyrer erhoben. Karl nannte ihn Vater mit noch tieferer Zuneigung als zuvor und bekannte: »Der Schmerz ist Ihrer, aber der Kummer ist mein.« Wessen Karl später auch angeklagt sein mochte, hier scheint es keinen Grund zu geben, seine Aufrichtigkeit in Zweifel zu ziehen.

Es ist unmöglich auszumachen, wie weit Karl anfänglich die Mittäterschaft seiner Mutter vermutete. Unglaubhaft ist, daß er einen solchen Verdacht nicht hegte. Als die verwickelte Last des Königtums anwuchs, hatte er mehr und mehr eine Mitleid erregende Unausgeglichenheit seiner Gefühle offenbart, die zwischen krampfhafter Betriebsamkeit und passivem Verhalten hin und her schwankte. Ruhelos, lustlos, apathisch, sollte er sich plötzlich in stundenlang währende gewaltsame Betriebsamkeit stürzen, die seinen schmalen Vorrat an Energie erschöpfte. Von überwältigender Empfindlichkeit in mancher Hinsicht, empfand er abnormale Freude an Gewalt und Blutvergießen, wobei er die Erregung der Jagd als auslösendes Moment brauchte.

Welche Rolle er als Ehegatte gespielt hat, ist kaum erkennbar, denn seine Gemahlin, die liebenswürdige, sich im Hintergrund haltende Elisabeth von Österreich, hat keinerlei Aufzeichnungen hinterlassen. Nur drei Menschen scheinen einen nachhaltigen Einfluß auf den König ausgeübt zu haben: seine Mätresse, Marie Touchet, der Admiral und seine Mutter. Für die beiden ersten empfand er echte Zuneigung; für die Mutter das Zugehörigkeitsgefühl des Kindes, das andererseits auch Befreiung von ihrer beherrschenden Gegenwart suchte.

Im Sommer 1572 konnte das geringste Vorkommnis Karls empfindliches Gleichgewicht aus der Ruhe bringen. Wie sehr er sich damals mit dem Verdacht beschäftigte, seine Mutter könnte für den Mordversuch an dem Mann, den er Vater nannte, verantwortlich sein, ist einfach unvorstellbar. Was Katharina betrifft, so enthielt sie sich jedes Wortes oder jeder Geste, die einen Anhaltspunkt dafür bieten könnten, was sie während jener ungewissen Stunden gedacht haben mochte. Sie glich einer belagerten Stadt. Alles Leben war hinter diesen dunklen, undurchdringlichen Augen verborgen.

Die Rolle, die die Königin-Mutter im Verlauf der Ereignisse der nächsten achtundvierzig Stunden gespielt hat, bleibt weiterhin mysteriös. Trotz der Fülle von zeitgenössischen Darstellungen, die vom Massaker der Bartholomäusnacht handeln, stützen sich die wenigsten auf solidere Grundlagen als das Hörensagen, ein Hörensagen, das durch die heftige emotionale Befangenheit derer, die es weitergaben, noch weniger verläßlich wird: Katholiken, die die Ereignisse aus der rächenden Hand Gottes kommend, als endliche Offenbarung Seines göttlichen Zorns gegen die

Häretiker sahen, oder Hugenotten, die über den ungeheuerlichsten und grausamsten Verrat herzogen, der jemals seit Erschaffung der Welt stattgefunden hat. In einem Punkt jedoch waren sich auch die am weitesten auseinandergehenden Gerüchte einig: die schattenhafte Gestalt, die die enorme Maschinerie in Bewegung gesetzt hat, war jene florentinische Frau – die italienische Krämerin, die ihnen immer wieder gezeigt hatte, wie sie Versprechungen machen konnte, dann die Dinge schob, neue Versprechungen machte und abermals schob. Die Legende von der düsteren, skrupellosen, aber mächtigen Königin, die nach Frankreich das ganze italienische Erbe der Doppelzüngigkeit mitgebracht hatte, war bereits Gestalt geworden.

Kaum ein Jahr zuvor hatte sie den Admiral in Blois willkommen geheißen und ihm versichert, sie beide könnten für das Wohl des Staates zusammenarbeiten. Jetzt schien wenig Zweifel zu bestehen, daß sie seinen Tod angestiftet und den tödlichen Haß der Guisen für ihre eigenen Zwecke nutzbar gemacht hatte. Aber Coligny war nicht gestorben, und am Abend des 22. August schien es wahrscheinlich, daß er sich wieder erholen würde. Die Aussicht war schreckenerregend, denn seine Macht würde infolge dieses mißlungenen Anschlags auf sein Leben um das Hundertfache anwachsen.

Schon waren Navarra und Condé, umgeben von ihrer aufgebrachten Gefolgschaft, beim König vorstellig geworden, um Gerechtigkeit zu verlangen. Karl sicherte tief bewegt zu, daß der Gerechtigkeit Genüge geleistet würde, ja daß der Admiral sogar in den Louvre gebracht werde, um seine Sicherheit zu garantieren. Das Angebot wurde sofort zurückgewiesen, denn den Hugenotten erschien der Louvre noch gefährlicher als die öffentlichen Straßen. Sie würden bleiben, wo sie waren, versicherten sie dem König, der ihnen dann eine Wache für Colignys Haus versprach. Obgleich die Lage in Paris höchst gespannt war, war es noch zu keinem ernsthaften Zwischenfall gekommen, und die Nacht zum Freitag, so müssen wir annehmen, verlief ruhig.

Welches geheime Drama sich zwischen der Verwundung des Admirals am Freitag Morgen und dem Beginn des Massenmordes in den frühen Stunden des Sonntags abspielte, ist niemals aufgeklärt worden. Zeit, Ereignisse, Charaktere bewegen sich hin und her und wechseln je nach ihren Erzählern, die auf dies und das eingehen und jenseits der historischen Tatsachen zu einem surrealistischen Drama gelangen, in dem die grausamen Ereignisse weniger durchsichtig sind als die Atmosphäre, die sie geschaffen haben.

Wie wurde das eigentliche Massaker geplant und von wem? Wieviel von den furchtbaren Ereignissen des 24. August war wirklich geplant, und wieviel das Ergebnis von Blutgier und Gewalttätigkeit des Mobs? Hatte es eine geheime Versammlung gegeben in den kühlen, grünen Gärten der Tuilerien, unter Vorsitz von Katharina, einer untersetzten, dunklen Gestalt, umgeben von ihren finsteren Italienern (Gondi, Birague, Nevers) und ihrem geliebten Sohn Anjou? War es hier, daß der »Spion« Bouchevannes erschien, um sie darüber zu informieren, was auf den hugenottischen Beratungen geschehen war, über Vergeltungspläne gegen die königliche Familie und die Führer des Königreichs? Und war es infolgedessen hier, wo das Komplott, das Königreich von den hugenottischen Führern zu befreien, geschmiedet wurde? Letzteres wird durch mehr als die Legende bezeugt. So findet sich in der Sammlung von Edikten und Weisungen, die aus dieser Zeit noch erhalten geblieben sind, ein Schriftstück für die Nacht vom 23. August, das lautet: »Königliche Anordnung, getroffen in geheimer Beratung unter Anwesenheit der Königin-Mutter, der beiden Brüder des Königs und einiger anderer persönlicher Ratgeber, die das Blutbad von St. Bartholomäus zum Gegenstand hat.«[17]

Die Legende besteht auf der Behauptung, der König habe an der ursprünglichen Planung niemals teilgenommen. Karl, so heißt es, war in das Komplott bis zur späten Nacht des Sonnabend nicht eingeweiht, bis Katharina und ihre Berater es ihm als *fait accompli* unterbreiteten. Das Bild des Königs in jenen letzten Stunden vor dem Blutbad gleicht dem einer Puppe, einer armseligen willenlosen Kreatur, genötigt von der Mutter, die er sowohl fürchtete als auch brauchte. Doch letzten Endes war es nicht Katharina, die Karl überzeugte, sondern Albert de Gondi, der einmal sein Hauslehrer gewesen war. Auf die empörte Weigerung des Königs, den Tod des Admirals zu befehlen, erwiderte Gondi mit der Enthüllung der »hugenottischen Verschwörung« gegen die königliche Familie. Das dünne, bläßliche Gesicht mit seinen müden, geäderten Augen wanderte, auf Widerspruch aus, von einem zum anderen, aber statt dessen bestätigten alle Gondis Mitteilung. Karl war Gegner für sie. Und, so sagt die Legende, in einem Anfall von Wut und Verzweiflung habe er ausgerufen: »In Gottes Namen, dann tötet sie. Tötet sie alle, so daß keiner zurückkommen und mir Vorwürfe machen kann.« Dann sei er aus dem Raum gerannt und habe die Tür hinter sich zugeschlagen.

Es ist eine dunkle und schreckliche Szene: der Raum voll vom Nebel von der Seine her und vom beißenden Geruch brennender Kerzen; der junge König aschfahl vor Furcht und Erschöpfung; sein Bruder Anjou, der Rivale, agil und zuversichtlich; seine Mutter in Bosheit gehüllt und unterstützt von ihren geheimen Beratern. Die Wahrheit ist zweifellos weniger gespenstisch als die Legende, doch ist sie düster genug, und Karl erteilte in der Tat die Befehle, die die Todesmaschinerie in Gang setzte. Es wurde nach dem Bürgermeister geschickt und dieser gewarnt, die Hugenotten planten einen Aufstand. Er sollte die geeigneten Maßnahmen zum Schutze der Stadt treffen. Die Tore von Paris wurden geschlossen, die Boote den Fluß entlang angekettet, die städtische Garde alarmiert. Das Signal für den Angriff auf die Führer der Hugenotten sollte das Glockengeläut der Kirche von St. Germain-l'Auxerrois sein, das früher die königliche Familie zum Gebet gerufen hatte. Es ist nicht klar, welche Stunde ausgemacht worden war, aber die meisten Quellen geben an, daß das Blutbad lange vor Morgengrauen begann.

Unterdessen war dem Herzog von Guise die Aufgabe übertragen worden, den Mann zu töten, der gleichsam versehentlich seinen ersten Bemühungen entkommen war. In der rue de Béthisy waren die von Navarra aufgestellten Wachposten schnell niedergemacht, und trotz der Bemühungen von Colignys Dienern, die Türe zu verbarrikadieren, erlangte ein halbes Dutzend Männer aus dem Haushalt von Guise Zugang zu dem Admiral. Wehrlos, nur mit seinem Nachtgewand bekleidet, mit nutzlos herabhängenden Armen, wurde er im Nu durchbohrt. Etwas länger dauerte es, um ihn aus dem Fenster in den Hof zu werfen, wo Guise und dessen Onkel Aumale warteten, denn eine seiner bandagierten Hände hatte sich krampfhaft am Fenstersims festgehalten und mußte gewaltsam losgerissen werden. Erst vor einigen Tagen hatte Coligny an seine junge Frau geschrieben: »Ich würde es bei weitem vorziehen, bei Dir zu sein, als mich hier noch länger aufzuhalten . . . Aber man muß das öffentliche Wohl über seine privaten Interessen stellen . . . Reg' Dich nicht auf, denn ich versichere Dir . . . ich werde nichts unternehmen, was Grund zu Auseinandersetzungen geben könnte.«[18] Er hatte vergessen – oder vielleicht war es ihm niemals ausreichend zum Bewußtsein gekommen –, daß Coligny zu sein allein schon genügend Grund bot.

Was nach Colignys Tod geschah, ist in Hunderten von Erzählungen wiederholt worden. Die Jahre der Spannung endeten in einer Explosion, die in einer Welle von Zerstörung Feuer an die Stadt legte, das sich durch sich selbst nährte. Paris erlebte 24 Stunden beispielloser Schlächterei. Das Heilige Blutbad hatte begonnen. Diejenigen, welche dem Admiral am nächsten standen, hatten keine Zeit, zu trauern, denn sie wurden sofort aus ihren Häusern gezerrt und durch die Straßen gejagt. Die dunklen, engen

Gassen mit ihren unvermittelten Krümmungen waren ideal für die Jagd, und als die Hugenotten aus ihren Häusern stürzten, um nach Wegen zu suchen, auf denen sie entkommen könnten, wurden sie in den Straßen zusammengeschlagen oder halb tot an die Seine geschleppt.

Ganze Familien lagen in den ersten Stunden der Morgendämmerung niedergestreckt herum, denn weder auf Alter noch auf Geschlecht war Rücksicht genommen worden. Um die Mittagszeit waren die Straßen an einigen Stellen mit Leichen versperrt, und die Seine war mit Blutlachen durchzogen. Die Anführer hatten jede Kontrolle verloren. Paris war ein gefräßiges Tier geworden: grausam, ohne Vernunft, unkontrolliert. In seinem Schrecken lief der Bürgermeister Le Charron in den Louvre und bat, doch etwas zu unternehmen, um dem Mob Einhalt zu gebieten. Mit einer ausdruckslosen Geste ordnete der König an, daß »allem Morden, Plündern, Rauben und jedem Aufruhr sofort ein Ende zu bereiten sei«. Karl wußte kaum, was er während jener schrecklichen Stunden tat, denn auch er war vom Blutdurst angesteckt worden. Da viele hugenottische Edelleute aus Anlaß von Navarras Hochzeit im Louvre untergebracht waren, machte der Louvre sein eigenes Gemetzel durch. Kaum war das Ave Maria ausgeläutet, als Navarra und Condé entwaffnet und unter Bewachung in die Gemächer des Königs gebracht wurden. Während sie warteten, wurden ihre Gefährten einer nach dem anderen in den Hof geführt, wo sie mit kalter Brutalität von den Schweizer Garden ermordet wurden. Navarra und Condé war mit Rücksicht auf ihre Stellung eine Alternative angeboten worden: Tod oder die Messe – und sie bekamen drei Tage Bedenkzeit, sich zu entscheiden.

Bei Einbruch der Dunkelheit war ein erschöpftes Paris zur Ruhe gekommen, obgleich vereinzeltes Töten und Plündern bis zum nächsten Tag fortgesetzt wurde. Als die stille Abendluft sich über die Stadt ausgebreitet hatte, wurde der üble Geruch der toten Menschenleiber unerträglich. Zeichen der Zerstörung waren überall sichtbar. Geplünderte Läden, einige halb ausgebrannt, standen leer da mit zerbrochenen Fensterscheiben und Türen, die nutzlos in ihren Angeln hingen. Die Seine, jetzt vom Blut getrübt, war übersät mit Leichen, die sich in grotesker Weise entlang ihren Ufern stauten. Überall lagen Tote herum, viele von ihnen nackt, denn Diebe hatten sie, sobald sie zu Boden gefallen waren, ausgezogen. Ganz Paris war ein Leichenschauhaus. Es war das Werk eines wahnsinnig gewordenen Volkes, ein Werk, von dem sich Frankreich jahrelang nicht mehr erholen sollte.

Noch bevor das Gemetzel vorüber war, wurde die Verantwortung dafür der Königin-Mutter zugeschoben: dies war das Werk der Florentinerin. Aufgewachsen in der Tradition der blutigen und verräterischen Sizilianischen Vesper, hatte sie jetzt die Frühmette von Paris entfesselt. Dies war die Frucht jener Besprechungen, die vor sieben Jahren in Bayonne stattgefunden hatten. Alle jene Jahre hatte sie gewartet und Pläne ausgearbeitet, bis jede Einzelheit festgesetzt war und sie nur noch den Befehl geben mußte, die Sturmglocke zu läuten. Sie war die zweite Isebel, raffiniert, böse, grausam. »Die eine ruinierte Israel; die andere hat Frankreich ruiniert«, hieß es in einer populären Ballade, die umlief. »Von der einen wurden Gott geweihte Propheten massakriert, von der anderen Hunderttausend derjenigen, die dem Evangelium folgten, in den Tod getrieben.«[19]

Welche Rolle Katharina bei dem Gemetzel auch gespielt haben mag, klar scheint zu sein, daß sie keines Vorbedachts beschuldigt werden kann. Diejenigen, welche behaupteten, das Blutbad sei während der Besprechungen in Bayonne geplant worden, enthüllen nur, wie wenig sie die Königin-Mutter verstanden haben. Katharina gehörte nie zu denen, die von langer Hand planen. Sie hatte das Gemüt und die Schläue eines Opportunisten, darauf bedacht, jede sich nur bietende Gelegenheit zu ergreifen. Zuweilen waren ihre impulsiven Handlungen von Erfolg begleitet; häufig hatte sie Anlaß, sie zu bedauern. Es war eher Furcht als vorsätzlicher Verrat, wodurch ihr Verhalten während jener Augusttage bestimmt wurde. Geduldig und beharrlich war sie, doch Furcht konnte sie nicht ertragen. Diese entnervte sie und machte sie unklug, und oft wurde sie dadurch in mangelhaft durchdachte und schwankende Unternehmungen gestürzt. Der Angriff auf den Admiral war tragisch mißlungen, und erschreckt über die Kette der dadurch entfesselten Ereignisse hatte sie eine verzweifelte Offensive eingeleitet.

Jetzt war sie im Louvre mit den tragischen Nachwirkungen zurückgeblieben. Die Jahre, die sie mit Erörterungen darüber verbracht hatte, welche Art von Toleranz Frankreich den Frieden erhalten würde, sie waren nutzlos vertan. Die symbolische Hochzeit zwischen Margot und Navarra, für die sie sich unablässig eingesetzt hatte, stellte sich jetzt als unverzeihliche Doppelzüngigkeit heraus. Navarra und Condé, die immer noch unter Bewachung standen, fuhren fort, gegen diesen schändlichen Verrat zu protestieren. Auf dem Hof draußen hatten die Leichen angefangen zu stinken. Der König, um dessentwillen sie, wie sie erklärte, ihre Entscheidung getroffen hatte, konnte ihr zu keinem Ausweg verhelfen. Der Schrecken des Blutbades hatte ihn völlig außer Fassung gebracht. Verlo-

ren in Schuld und Schrecken irrte er ziellos im Louvre herum und erteilte Befehle, die nicht ausgeführt werden konnten.
Am Montag abend hatte es einigermaßen den Anschein, als wäre die Ordnung in Paris wiederhergestellt. Katharina war sich zutiefst bewußt, daß die Pariser unter Kontrolle zu bringen nur der erste und kleinste Schritt war, mit den Auswirkungen des Blutbades fertig zu werden. Vor ihr lag die ungeheuere Aufgabe, für die Regierung Frankreichs und die Monarchen Europas eine plausible Erklärung für das Geschehen jenes Tages zu finden, der bald der Blutsonntag genannt werden sollte.

II

Es dauerte nicht lange, bis sich die Nachricht vom Pariser Blutbad überall herumgesprochen hatte. Verschiedenartig gefaßt und verschiedenartig interpretiert, gelangte sie ostwärts nach Deutschland, südwärts nach Spanien, nach Venedig und nach Rom. Théodore de Bèze erhielt die Nachricht in Genf. Der Schrecken verschlug ihm die Sprache, denn mit dem wiedergenesenen Coligny als Karls rechter Hand und dem mit der Schwester des Königs verheirateten Navarra hatte er eine Periode der Toleranz und des Friedens erhofft. Ein halbes Dutzend Mal während der sich hinziehenden Religionskriege hatte man eine derartige blutige Tat vorausgesehen – aber nicht jetzt. Erschüttert von Trauer und voller Furcht für die Zukunft schrieb Bèze an einen Glaubensbruder in Heidelberg: »Diese wenigen Zeilen, die ich Dir schreibe, teuerster Bruder, sind für Dich und für alle unsere Freunde bestimmt. Wir verharren in Trauer und Klage. Möge Gott uns gnädig sein. Wie oft habe ich dies vorausgesagt und wie oft habe ich mich bemüht, es abzuwenden . . . Betet für die unter uns, die ein gleiches Schicksal erwartet.«[1]
Bèze hatte recht mit der Annahme, daß das Massaker noch nicht vorbei war. Lange nachdem in Paris die Ordnung wieder eingekehrt war, ging die Metzelei in den Provinzen weiter. Toulouse, Bourges, Mons, Orléans, alle hatten ihr blutiges Zeugnis abzulegen. Noch am 19. Oktober schrieb Filippo Cavriana nach Florenz von der »anhaltenden Ausplünderung und Verfolgung« der Hugenotten. Obgleich er berichtete, Karl »ist zufrieden, daß die Gerechtigkeit gegenüber den Anführern ihren Lauf genommen hat, und wünscht, den anderen Gnade zu gewähren«, so war des Königs Wille nicht stark genug, um den Ausschlag zu geben. »Die

Wut der Bevölkerung ist entfesselt worden«, schloß Cavriana, »und durch die Gier nach dem Besitz anderer sowie durch die Mißachtung des Ediktes angefeuert, haben sie viele getötet und fahren noch fort, sie zu töten.«[2] Sogar die Gouverneure des Königs, der Krone sichtlich ergebene Männer, nutzten das herrschende Chaos aus, um ihre eigenen Rachegefühle im Namen der Gerechtigkeit zu stillen.

Bèze hatte guten Grund, zu zittern. Doch die Nachricht, die er Anfang Oktober erhielt, traf ihn tiefer als das Blutbad selbst: Navarra und Condé, die beiden jungen hugenottischen Führer, hatten ihrer Häresie abgeschworen und waren in den Schoß von Rom zurückgekehrt. Für die Eiferer von Genf war ein solcher Verrat einfach unvorstellbar, aber den beiden jungen Prinzen, die im Louvre gefangen saßen und gequält wurden, erschien er als der einzige vernünftige Ausweg. Vielleicht wäre ihnen selbst diese harte Entscheidung nicht geblieben, hätte es nicht unlängst die Vermählung Navarras mit Marguerite gegeben, und hätte Katharina mit ihrem praktischen Sinn nicht erkannt, daß ein lebendiger Navarra nützlicher sein würde als ein toter.

Es war nichtsdestoweniger eine bittere und demütigende Wahl und dazu eine, die Condé anfangs nicht verkraften konnte. Katharina, die Anstalten traf, ihre Bedingungen zu mildern, hatte Karl seine Drohungen und Brutalitäten ausgeredet und statt dessen den Prinzen Stellung, Reichtum und Einfluß in Aussicht gestellt, falls sie bereuen und zur römischen Kirche zurückkehren würden. Im Augenblick fanden die Prinzen Karls Drohungen eher erträglich als Katharinas Verlockungen, denn sie wünschten allenthalben klarzustellen, daß es sich um eine erzwungene Konversion handle, wofür sie nicht verantwortlich gemacht werden könnten. Selbst der spanische Gesandte anerkannte diese Zwangslage und er schrieb an Philipp: »Soweit es mich angeht, scheint es mir, daß sie, selbst wenn sie gewollt hätten, keine andere Haltung einnehmen konnten, denn sie befinden sich restlos in der Gewalt dieser Herrscher.«[3]

Condés anfängliche Rufe »lieber den Tod als Rom« verstummten bald, und Navarra, der dem toskanischen Gesandten Petrucci zufolge »immer sanft wie ein Lämmchen geredet hat«, bekannte, daß das Lämmchen bereit war, in die Herde Petri aufgenommen zu werden »und dem König zu dienen, wie immer er kann«[4]. Seine Bitte, ihm einen gelehrten Theologen zuzuteilen, der ihn unterweisen sollte, war sofort gewährt worden, und Hugues Sureau de Rosier, wohlbekannt als abtrünniger hugenottischer Geistlicher, wurde für diese Aufgabe von Orléans herbeigeholt. Die Unterweisung hatte endgültigen Charakter, denn Karl war entschlossen, den öffentlichen Widerruf im Rahmen der Feier des St.-Michael-Tages stattfinden zu lassen.

Am 29. September, noch nicht ganz sechs Wochen, seitdem er vor den Toren von Notre Dame vermählt worden war – unwürdig, den geheiligten Bereich zu betreten –, wurde Navarra zu einem Platz unweit vom Hochaltar und ganz in der Nähe des Königs geleitet. Es war eine geradezu ironische Wendung der Dinge, ihn jetzt weiß gekleidet und mit einem roten, reich mit Staubperlen besetzten Samtumhang an Zeremonien teilnehmen zu sehen, die zu verabscheuen er gelehrt worden war. Neben ihm schritt Condé, entgegen all seinen Protesten ebenfalls im Netzwerk des Staates gefangen. Als er zum Altar schritt, in den Händen seine Gaben für die Opferprozession, beobachtete Katharina ihn aufmerksam. Sie hatte bemerkt, wie Condé ärgerlich an seinem Umhang hantierte und aus seinem langen Ärmel sein protestantisches Gebetbuch als Ausdruck schweigenden Protestes hervorholte, aber in Navarras Verhalten konnte sie keinen Fehler finden. Diplomatisch und höflich, hatte er viel von der Anmut – und vielleicht auch von der Wankelmütigkeit – Antons, seines Vaters. Es schien wenig von Jeanne d'Albret in diesem jungen Mann zu stecken, der so leicht zu kapitulieren vermochte. Er schien keinerlei Bedauern über die Ereignisse zu empfinden, die erst vor einem Monat in Paris stattgefunden hatten; sie schienen in der Tat kaum Widerhall in ihm zu wecken, obgleich sie ihn mit einem Schlag alle seine teuersten Freunde gekostet hatten. Der venezianische Gesandte Correro hatte dereinst seine warnende Stimme erhoben, daß der junge Prinz von Béarn »einmal sehr leicht die Geißel unserer Zeit werden könnte«, aber es gab nur wenig, worin die Königin-Mutter in dem dünnen, drahtigen jungen Mann, der gerade seine Gaben auf dem Altar niederlegte, einen Beweis für eine solche Bekundung erblicken konnte[5]. Er schien nicht mehr als jeder andere schwache Bourbone an der Leine gehalten werden zu müssen, bis man ihn zum praktischen Gebrauch einsetzen konnte. Nichtsdestoweniger war es kein kleiner Sieg. Navarra lag bei allem äußeren Glanz in Ketten, und als er sich während der Rückkehr auf seinen Platz umdrehte und sich vor Katharina verbeugte, hörten die in unmittelbarer Nähe der Königin-Mutter Stehenden, wie sie in lautes triumphierendes Lachen ausbrach.

Es war ein schwer erkämpfter Triumph. Viele Dinge waren in den Tagen, die auf den Blutsonntag folgten, schief gegangen, und Katharina war nicht blutdürstig. Sie war nicht aus dem Holz eines Nero oder Caligula geschnitzt, obgleich Paris bald ein Pamphlet lesen sollte, das sie anklagte, grausamer als alle anderen zu sein[6]. Sie war nicht einmal eine Klytämnestra. Wenn sie eine starke Frau war, so war dies eine Stärke, die sie sich um des eigenen und des Überlebens ihrer Söhne willen anerzogen hatte. Um dessentwillen waren auch Folter und Tod manchmal notwendig. Aber dieses Mal hatte es zuviel Tod, zuviele Leichen, zuviel Blut gegeben. Paris hätte niemals in ein Schlachthaus verwandelt werden dürfen. Doch wenn Katharina auch die florentinische Abneigung gegenüber Auswüchsen besaß, so verfügte sie genauso über das florentinische Talent für praktische Diplomatie. Das Gemetzel war jetzt Geschichte; es gab nichts, was sie daran noch hätte ändern können. Ihre Pflicht bestand nunmehr ganz eindeutig darin, der bedrückenden Situation mit der bestmöglichen Miene zu begegnen.

Karl konnte sich von dem Blutsonntag nicht erholen. Was auch immer seine Rolle bei der Metzelei, wie groß auch seine Feindschaft gegen seine hugenottischen Untertanen gewesen sein mag, niemals hat er diese tiefgreifenden Auswirkungen seiner Tat gewollt. Wohl war ihm gesagt worden, daß ein kleiner Aderlaß an einem erkrankten Glied den ganzen Körper kräftigen würde, und er hatte es geglaubt. Jetzt, als er die Berichte seiner Gesandten aus Rom und Venedig, Österreich und Spanien las, erkannte er, daß er sein Königreich geschwächt, nicht gestärkt hatte. Karl, eben auf seinem Gipfel angelangt, war politisch niemals gewandt gewesen; und im September 1572 war er offensichtlich der Aufgabe, die vor ihm lag, in keiner Weise gewachsen. Es war Katharina, die die Verantwortung für die königlichen Entscheidungen übernehmen mußte.

Die ursprüngliche Erklärung, daß das Massaker aus einer Fehde zwischen den sich miteinander streitenden Häusern Châtillon und Montmorency hervorgegangen sei, wurde alsbald fallen gelassen. Als Karl am 26. August vor dem Parlament erschien, übernahm er die volle Verantwortung für das Blutbad, indem er erklärte, daß seine Handlungsweise die einzig mögliche gewesen sei, um das hugenottische Komplott zur Ermordung des Königs, der Königin-Mutter und der königlichen Brüder zum Scheitern zu bringen. Für katholische Höfe (wo Katharina nicht mit Schwierigkeiten rechnete) würde eine solche Darstellung ganz einfach die Treulosigkeit und Grausamkeit der Hugenotten in grelleren Farben schildern; an protestantischen Höfen Deutschlands und Englands würde die Erklärung die religiöse Seite der Angelegenheit an den Rand und die der königlichen Autorität sowie das Verbrechen des Königsmords in den Brennpunkt rücken. Weder England noch die deutschen Fürsten konnten bei aller Sympathie für die Protestanten tatenlos dem beabsichtigten Majestätsverbrechen zusehen. So unterstrich der Brief, den Karl an seinen Agenten Gaspard von Schomberg in Deutschland während der zweiten Septemberwoche schrieb, daß die wirkliche Erklärung für die Ereignisse in Frankreich »in der verruchten Konspiration, die gegen meine eigene Person sowie gegen die Königin, meine Mutter, meine Brüder und gegen meinen Staat geplant war«, zu suchen sei[7].

Doch die so sorgfältig aufgesetzten Briefe der Königin-Mutter und ihres Sohnes verfehlten ihre Wirkung sowohl auf die protestantischen als auch auf die katholischen Souveräne. Karls Schwiegervater, Kaiser Maximilian, faßte die Gefühle vieler zusammen, als er murmelte: »Zu blutig, zu blutig«, und hinzufügte: »Wenn man etwas vollbringen will, dann kann man immer Gründe dafür finden.«[8] Aus Venedig schrieb Arnauld du Ferrier, einer der erfahrensten und glaubwürdigsten französischen Diplomaten, mit einer Offenheit, die nur wenige zu riskieren wagten, an die Königin-Mutter: »Es ist eine nicht zu leugnende Wahrheit, daß die Metzeleien in ganz Frankreich nicht nur den Admiral und die anderen Führer der Neuen Religion getroffen haben, sondern auch viele arme unschuldige Leute, und das hat diejenigen, die früher Ihrer Krone treu ergeben waren, sehr stark berührt und ihre Gefühle sogar geändert.« Einige Zeit später schrieb er erneut und wies Katharina warnend darauf hin, daß die Ereignisse in Paris Karls Aussichten auf die römische Kaiserwürde zunichte machen könnten und daß sie sogar schon Anjous Aussichten auf den polnischen Thron vermindert hätten, einen Thron, den Katharina schon lange für ihren zweiten Sohn begehrt hatte[9].

Aus Rom kam indessen unzweideutiges Lob. In der Ewigen Stadt war Unduldsamkeit gegenüber der Häresie das beherrschende Kriterium für christliche Könige geworden, und Karl, der zuweilen wegen seiner Weichheit in Verdacht geraten war, hatte jetzt seine Recht auf seinen Titel als Allerchristlichster König bewiesen. Der Bote, der die Nachricht nach Rom brachte, war hochgepriesen worden, und der Papst hatte ohne Zögern erklärt: »Karl, König von Frankreich, trägt seinen Titel als Allerchristlichster nicht einfach nur als einen antiquierten Titel, der zu seinem Erbe gehört, sondern mit neuem Recht, das er jüngst erworben hat und das er für die Vernichtung der Häretiker, der Feinde Christi, verdient.«[10]

Sich der Besorgnisse Roms über die Häresie wohl bewußt, hatte Karl in seinem Brief an Ferals die Religion als Begründung seines Handelns hervorgehoben, was noch stärker unterstrichen wurde vom Herzog von Montpensier, der an den Papst geschrieben und Karls »Entschlossenheit zur Vernichtung all dieses Abschaums« gelobt hatte. Gregor beeilte sich zu antworten, daß er die Tat »hundertmal wohltuender als fünfzig Siege gleich dem von Lepanto« finde[11]. Lobpreisungen wie diese aus Rom wirkten jedoch wie ein Stich, und Katharina und Karl sahen sich durch solches Lob mehr gefährdet, als es durch Tadel der Fall gewesen wäre. Gregors unqualifizierte Billigung des Massakers ließ bald das Gerücht aufkommen, die katholischen Mächte (Frankreich, Spanien, das Heilige Römische Reich), angeführt von Rom, hätten sich zu einer weitgespannten Verschwörung zusammengetan, um die Häresie in ganz Europa auszurotten. Der Gedanke ließ Katharina erbleichen. Frankreich konnte sich Feindschaft mit England nicht leisten, die ein solches Gerücht hervorrufen würde. Sie hoffte, die Wunden zu schließen, die durch das Blutbad entstanden waren, und sie nicht weiter zu öffnen.

Spanien brachte gleich Rom uneingeschränktes Lob für die August-Ereignisse zum Ausdruck. »Für mich ist es die beste und erfreulichste Nachricht, die ich zur Zeit empfangen konnte«, hatte Philipp geschrieben. Jean de Vivonne, Sieur de St. Gouard, der französische Gesandte in Madrid, hatte Philipps eigene Worte bestätigt. »Obwohl er von allen Fürsten in der Welt derjenige ist, der sich am besten verstellen kann«, hatte er an die Königin-Mutter geschrieben, so konnte er doch seine Freude, derartige Nachrichten zu erhalten, nicht verbergen«[12]. Katharina fand jedoch bald heraus, daß man ihr am Hof Madrid weit mehr zuschrieb, als sie mit ihrer Sicherheit zu vereinbaren vermochte: sie sah sich mit dem gefährlichen Mal des Vorbedachts versehen. Obwohl sie Philipp einige Tage nach der Bluttat geschrieben hatte, sie bitte ihn, sich mit ihr darüber zu freuen, daß sie »durch die göttliche Gnade« von den »verruchten Händen« jener »üblen Rebellen verschont geblieben seien«, tischte Zúñiga seinem Herrn eine etwas andere Geschichte auf. Wenn er auch zugab, daß das meiste, was in Paris geschehen war, den Eingebungen des Augenblicks entsprungen sein mochte *(repentino),* so behauptete er dennoch, daß die Ermordung des Admirals mit Vorbedacht geschehen sei *(caso pensando)*[13]. Er war nicht geneigt, Katharinas Erklärung, es habe sich um reine Selbstverteidigung gehandelt, hinzunehmen.

Am 12. September hatte Zúñiga eine Audienz, die die Königin-Mutter als ausgesprochen peinlich empfand. Er versicherte, daß sowohl Philipp als auch der Herzog von Alba sehr erfreut darüber seien, daß sie das, worüber sie in Bayonne miteinander diskutiert hätten, zur Ausführung gebracht habe[14]. Es hätte kaum eine schädlichere Feststellung geben können, denn nichts würde Frankreich bei Elisabeth und den deutschen Fürsten, worunter sich auch viele katholische befanden, mehr in Mißkredit bringen als die versteckte Andeutung, daß die blutigen August-Ereignisse seit der Bayonner Konferenz vor mehr als sieben Jahren geplant gewesen wären. Es wurde immer klarer, was Du Ferrier gemeint hatte, als er ihr voller Verzweiflung geschrieben und sie gefragt hatte, wie sie sich auf eine Aktion habe einlassen können, die ihren eigenen Interessen derart entgegengesetzt und nur imstande war, die Macht des Königs von Spanien zu vergrößern. Für Du Ferriers gewiegte diplomatische Erfahrung war Philipps Feindschaft weit weniger gefährlich als seine »Freundschaft«. Sogar Cavriana, weniger scharfsinnig als Du Ferrier, hatte seine ursprüngliche Begeisterung gezügelt und war dabei, die von weniger Triumph zeugende Seite der Münze zu sehen. In einem Bericht an den Großherzog von Florenz kommentierte er: »Spanien wächst auf unsere Kosten«, und fügte hinzu: »Philipp erfüllt mich mit Argwohn.«[15]

Trotz des Argwohns, den Philipp hervorrief, gab es nichts Falsches in seinem Freudenausbruch. Die Ereignisse in Paris hatten ihn in der Tat, wie er an Katharina geschrieben hatte, mit Glück erfüllt, und ohne seinen diplomatischen Finger zu erheben, befand er sich jetzt in der besten strategischen Lage. Jede Depesche aus Frankreich stimmte ihn freudiger. Zúñiga berichtete, Karl sei krank und ruhelos und sowohl er als auch seine Mutter seien »beunruhigt«, und fügte hinzu: »Selbst wenn sie ihren Tisch gedeckt vorfänden, so würden sie nicht genug Vertrauen haben, daran Platz zu nehmen.«[16] Für den jungen Herrscher von Frankreich empfand Philipp wachsende Verachtung.

Karl, der immer mehr feststellte, wie schlecht die Nachricht von dem Blutbad aufgenommen wurde, fuhr fort, die Dinge so hinzuschieben, daß sich für seine Aktion ein glaubhafter Grund finden ließ. Eine Erklärung wurde Philipp gegeben, eine andere dem Papst, eine dritte Elisabeth und den deutschen Fürsten. Nicht ein derartiges Frisieren der Tatsachen war es, das Philipps Verachtung hervorrief, sondern die kümmerliche Art und Weise, in der es geschah. Mit jeder Anstrengung, sich lieb Kind zu machen, wurde Karls Lage immer unhaltbarer, und bald berichtete Zúñiga seinem Souverän, daß er keine Allianz, die Karl zu schließen versuche, zu fürchten brauche, denn dieser genieße nirgendwo mehr Vertrauen.

Philipp sah jetzt eine einmalige Gelegenheit für einen Bruch zwischen England und Frankreich, der darin erfolgreich gipfeln könnte, England für sich zu erobern. Triumphierend schrieb er an den Rand eines Dokumentes, das eine derartige Unternehmung betraf: »Ja, hetzen Sie die Engländer gegen die Franzosen auf. Sehr gut. Ich billige das.« Und kurz darauf noch ausführlicher: »Worauf es ankommt, und was ich wünsche, ist die Macht, alle christlichen Fürsten gegen England zu einigen mit dem Ziel der Unterwerfung dieser Insel unter den katholischen Glauben, indem die Häresie ausgerottet und England gezwungen wird, zu unserem heiligen und jahrhundertealten Glauben zurückzukehren; und diesem Ziel will ich mich ganz und gar widmen.«[17]

Philipps Ziel, Unruhe zwischen England und Frankreich zu stiften, bedurfte einiger Hilfe von außen. Das Massaker war eine gute Sache gewesen. Als Walsingham an den Hof gerufen wurde, war es das erste Mal, daß er gewagt hatte, aus seiner Wohnung herauszukommen, seitdem vor mehr als 48 Stunden Alarm geschlagen worden war. Während dieser zwei Tage hatte er hinter verrammelten Türen gelebt und sie nur geöffnet, um den Strom englischer Flüchtlinge einzulassen, deren einzige Sicherheit in seiner diplomatischen Immunität beschlossen lag. Als er am Dienstag Morgen einer königlichen Eskorte durch die Straßen von Paris folgte, wo noch nackte und zerfetzte Menschenleiber herumlagen, versuchte er die Auswirkungen einer derartigen Schlächterei auf die englisch-französischen Beziehungen abzuschätzen und seine eigene günstigste diplomatische Haltung zu bestimmen.

Dann, im königlichen Audienz-Zimmer, hörte er schweigend Karls Ausführungen zu, worin das religiöse Element sorgfältig ausgespart und der Nachdruck auf den Verrat und die Rebellion gelegt wurde, zu der sich die »aufrührerischen« Hugenotten gegen die königliche Familie verschworen hatten. Die Geschichte klang nicht ganz wahr in englischen Ohren, aber Walsingham sagte wenig dazu, da er sich des schütteren Grundes bewußt war, auf dem er stand, bis er über Instruktionen von Elisabeth verfügte. Er brachte seine Klagen bezüglich einiger Engländer an, die während des Blutbades getötet worden waren, er nahm Karls Ausdruck des Bedauerns entgegen und kehrte nach Hause zurück, um seinen Bericht an die Königin zu schreiben.

In den folgenden Wochen wuchs Walsinghams Mißtrauen gegenüber der Erklärung des Königs, zumal da die Grausamkeiten anhielten, zwar weniger fanatisch, weniger offen, aber immer noch wurden Hugenotten erstochen oder aufgehängt, ihr Besitztum konfisziert und ihre Heime geplündert. Was er jetzt sah, war nicht einfach die Vernichtung einer Sekte, sondern die Zerstörung eines ganzen Landes. »Diese Art des Vorgehens«, so schrieb er an Elisabeth, »wird von den Katholiken selbst aufs äußerste verdammt, die dieses Land zu verlassen wünschen, um von dieser absonderlichen Regierung loszukommen, denn sie sehen, daß hier niemand seiner Besitztümer oder seines Lebens sicher sein kann.«[18]

In England wartete unterdessen Fénelon besorgt auf Instruktionen aus Paris, die näher umreißen würden, was er Elisabeth sagen sollte. London quoll über von Gerüchten, aber Fénelon konnte nicht dazu Stellung nehmen, bevor er nicht offizielle Instruktionen erhalten hatte. Beleidigt, gereizt und bedroht schrieb er verzweifelt an den französischen Hof: »Sie glauben ja gar nicht, wie sehr jedermann hier von dieser Nachricht bewegt ist . . . Man legt sie verschieden aus, mehr nach eigenen privaten Vorurteilen als der Wahrheit entsprechend.« Als endlich die offiziellen Instruktionen eintrafen, war er auch noch immer zum Warten verdammt, da Elisabeth, entschlossen, ihrer Verärgerung auf besondere Weise Ausdruck zu verleihen, sich weigerte, ihm eine Audienz zu gewähren. Als sie schließlich seiner Bitte nachkam, tat sie nichts, um seine Fassungslosigkeit zu beschwichtigen. »Ich traf sie in ihrem Privatgemach«, schrieb Fénelon, »im Beisein einiger Lords ihres Rates und einiger ihrer führenden Hofdamen, die alle in Schweigen verharrten.«[19]

In dieses Schweigen geriet Fénelon. Elisabeth trug tiefe Trauer, ebenso ihre Lords und Damen. Sie sprach kein Wort, noch ließ sie sich zu irgendeiner Willkommensgeste herbei. Fénelon sah sich weniger in der Rolle eines Gesandten als der eines Mörders, der gekommen war, die Familie, der er Leid angetan hatte, um Verzeihung zu bitten. Als die Königin endlich zu sprechen anhub, geschah dies nicht im Zorn, wie er erwartet hatte, sondern in einem Ton »schwer und traurig«, mit der Frage, wie er später nach Frankreich schrieb, »ob denn die befremdlichen Nachrichten, wie sie über einen Fürsten öffentlich verbreitet würden, den sie so geliebt und verehrt und dem sie mehr Vertrauen geschenkt habe als der ganzen übrigen Welt, wirklich stimmten?«

Ihrem Zorn hätte Fénelon besser begegnen können, aber er tat sein Bestes, gemäß den ihm erteilten Instruktionen, um das »verruchte Komplott« gegen die königliche Familie darzulegen und den Zwang zu unverzüglichem Handeln sowie die Trauer des Königs darüber, daß Unschuldige soviel hätten leiden müssen, zu erläutern. Als die Königin ihr Haupt schüttelte und sagte, sie ziehe Bestrafung unter Beschreitung der normalen Wege der Justiz vor, antwortete er rasch, wie er später dem König mitteilte: »Ich bat sie, doch in Betracht zu ziehen, daß es darum ging, den Stier bei den Hörnern zu packen . . ., daß die Unschlüssigkeit einer einzigen Stunde ausgereicht hätte, Ihr Leben und das der Sie umgebenden Menschen zu vernichten . . . Die Plötzlichkeit der Gefahr gewährte dem König nicht eine einzige Stunde des Nachdenkens . . . Notstand zwang ihn, das Leben des Admirals anstelle des eigenen zu opfern.«

Aber er konnte des weiteren nur berichten, daß die englischen Ohren, die seinen Erklärungen zuhörten, weit davon entfernt waren, überzeugt zu sein[20]. Elisabeth hatte nicht die Absicht, Frankreich so leichthin freizusprechen. Trotzdem hatte sie, was sie öffentlich auch von sich geben mochte, nicht die Absicht, die diplomatischen Beziehungen völlig abzubrechen. Je stärker sie die Macht Spaniens empfand, desto mehr brauchte sie die Hilfe Frankreichs in ihrem Kampf auf Leben und Tod gegen den katholischen König.

In der Zwischenzeit gedachte sie jedoch den schwankenden jungen König und seine florentinische Mutter sich ein wenig vor ihr krümmen zu lassen, bevor sie Frieden schloß.

Am Tage nach Fénelons Audienz veranlaßte Elisabeth Burghley, an Walsingham zu schreiben und ihn folgendermaßen zu instruieren:

»Und Sie sollen ihr [der Königin-Mutter] auch sagen, daß sie bei aller ihrer Klugheit und der Erfahrung, die sie mit dem tiefen Haß der Parteien gegen den Admiral gemacht hat, doch erst hätte anordnen müssen, die Informationen zunächst einmal zu prüfen und den Admiral sowie seine Parteigänger, die in Verdacht geraten waren, anklagen und verurteilen zu lassen, womit der Gerechtigkeit Genüge getan worden wäre. Das hätte dem König zur Ehre gereicht und wäre im Angesicht Gottes richtig gewesen, so daß zum einen die Schuldigen, wie es sich gehört hätte, gelitten hätten, und zum anderen das Blut von Unschuldigen geschont worden wäre.«[21]

Katharina ließ sich indessen nicht einschüchtern, und als in der folgenden Woche Walsingham empört seiner Überraschung Ausdruck verlieh, daß die Entscheidung getroffen worden sei, den Hugenotten das Recht der Ausübung ihrer Religion zu verbieten, antwortete sie scharf: »Genauso, wie Ihre Herrin die Katholiken in England leiden läßt.« Wohl war sich Katharina dessen bewußt, daß Elisabeth nicht nachgeben würde, solange es ihr nicht zum Vorteil gereichte. Fénelons pessimistische Bewertung der Lage in England kam nicht überraschend. »Ich versichere Ihnen, Madame«, so hatte der Gesandte geschrieben, »daß dieser jüngste Zwischenfall . . . so tiefe Wunden geschlagen hat, daß es eines höchst geschickten Arztes und des vorzüglichsten Balsams bedarf, um eine sofortige Heilung zu bewirken.«[22]

Katharina hegte in ihrem unversiegbaren Optimismus allerdings die Gewißheit, solch einen »vorzüglichen Balsam« zur Hand zu haben, und zwar in der Person ihres jüngsten Sohnes Franz, des Herzogs von Alençon. Als im Januar zuvor die Heiratsverhandlungen zwischen Elisabeth und Anjou abgebrochen worden waren, war Katharina rasch dabei, Anjous jüngeren Bruder vorzuschlagen, der vielleicht mehr dem Geschmack der Königin von England entsprechen mochte. So sehr war sie darauf bedacht, ihren jüngsten Sohn ins Spiel zu bringen, daß sie den englischen Sekretär Killigrew, wie dieser selbst amüsiert berichtete, während eines Maskenfestes am Hofe beiseite nahm, um ihm zu versichern, daß Alençons Einkünfte größer wären als die Anjous. Mitte Januar war Sir Thomas Smith zu dem Schluß gelangt, daß eine solche Heirat wohl der Prüfung wert sei, und er hatte an Burghley geschrieben, daß Alençon an Land und Gütern ebenso reich sei wie Anjou, freilich nicht so »hochgewachsen und hübsch«, dafür aber nicht so »widerspenstig, papistisch und störrisch wie ein Maultier . . . Was das Kinderkriegen anbetrifft«, so hätte man ihm versichert, daß Alençon dazu »fähiger als der andere ist«[23]. Kaum eine Woche später schrieb Walsingham, der sich niemals falschem Optimismus hingab, voller Zuversicht, daß er es für möglich hielte, Alençon zu einem Besuch Englands zu veranlassen, wenn Elisabeth ernsthaft interessiert wäre.

Die Frage dieses Besuches wurde jedoch nicht sofort in Angriff genommen. Während der ersten Monate des Jahres 1572 war Katharina mit jenen unerhört zähen Verhandlungen mit Jeanne d'Albret beschäftigt und hatte die Verheiratung ihrer Tochter der ihres Sohnes vorgezogen. Für jemand von weniger Entschlußkraft wäre das Pariser Blutbad das Totengeläute für solche Aspirationen gewesen, aber für Katharina war ein Fehlschlag niemals mehr als ein vorübergehender Zustand. Während sie auf der Suche nach schlüssigen Entschuldigungen für das Blutbad war, versuchte sie, die Verhandlungen über eine Heirat zwischen Elisabeth und Alençon wieder aufzunehmen. Sogar Elisabeth, die doch mit einer gewissen raschen Entschlußkraft ausgestattet war, erschrak angesichts der Tollkühnheit der Königin-Mutter. Am 28. September schrieb sie an Walsingham: »Wenn der König einerseits alle diejenigen in seinem Reich, die dieselbe Religion wie wir bekennen, vernichtet und bis zum letzten Mann ausrottet und andererseits uns mit seinem Bruder zu verheiraten wünscht, so scheint uns dies doch zunächst eine in sich selbst widersprüchliche Sache zu sein.«

Katharina setzte sich nichtsdestoweniger durch, und so »widersprüchlich« Elisabeth den Vorschlag auch fand, so verwarf sie ihn keineswegs vollständig. Walsingham wurde unterdessen angesichts dieser »schönen Reden und freundlichen Angebote« immer skeptischer und kam zu dem Schluß, daß er es besser finde, die Franzosen zum Feind zu haben[24]. Doch

trotz Walsinghams Zweifeln war der Keil angesetzt worden, und die Königin-Mutter verlor keine Zeit, ihn immer tiefer zu treiben.
In demselben Monat wurde Albert de Gondi, jener »scharfsinnige Florentiner«, in den Katharina so großes Vertrauen setzte, mit einem aus drei Teilen bestehenden Auftrag nach England entsandt. Er sollte Elisabeth fragen, ob sie Patin von Karls neugeborener Tochter werden, einen Freundschaftsvertrag abschließen und, wenn möglich, über eine Anleihe verhandeln wolle. Daß er auch alles, was er nur konnte, über Elisabeths Heiratsabsichten in Erfahrung bringen sollte, bedarf keiner weiteren Erwähnung.
Obwohl Gondi niemals eine populäre Figur in Frankreich war – unter anderen schilderte Brantôme ihn als »spitzfindig, verschlagen, korrupt« – so fand Elisabeth ihn sowohl intelligent als auch eindrucksvoll[25]. Eindruck rief er ganz gewiß hervor, denn er reiste mit einem Aufwand, den sich nur wenige königliche Prinzen leisten konnten. »Es reicht aus, diejenigen sich ins Fäustchen lachen zu lassen, welche Vater und Mutter dieses Gesandten kannten«, schrieb ein feindselig gesinnter Zeitgenosse. Aber Elisabeth war entzückt, fand ihn einen glänzenden Gewinn für ihren in Canterbury versammelten Hof, und als Gondi nach Frankreich zurückkehrte, geschah es mit der erneuerten Freundschaft der Königin von England sowie mit ihrem Versprechen, Patin der kleinen Prinzessin Elisabeth-Marie zu sein. Daß Gondi nicht die Gewährung einer Anleihe erreicht hatte, war unwichtig im Vergleich zu dem Freundschaftsangebot, das die Türen für weitere Heiratsverhandlungen offen ließ.
Schon früher im gleichen Monat hatte Katharina Fénelon instruiert, Elisabeth zu versichern, daß Alençon ihr »ergebener Diener« bliebe, und daß sowohl sie als auch der König wünschten, mit Elisabeth ebenso aufrichtig und unmittelbar wie immer zu verkehren, und sie fügte hinzu, daß »der Tod des Admirals und seiner Anhänger in keiner Weise dazu geführt hätte, darin eine Änderung eintreten zu lassen«. Sie fuhr, meist zusammenhanglos, mit ihren Plänen fort, Alençon und Elisabeth von Angesicht zu Angesicht miteinander bekannt zu machen, indem sie vorschlug, Elisabeth solle nach Dover reisen, während sie und Alençon nach Calais oder Boulogne kommen würden, um alsdann »eines schönen Tages« ein Treffen auf hoher See zustandezubringen[26]. Elisabeth antwortete nicht, und das vorgeschlagene Treffen fand niemals statt.
Es ist unmöglich, Mutmaßungen darüber anzustellen, wie der Lauf der Geschichte sich geändert haben würde, wäre »Gloriana«, die Katharina alsdann ins Schlepptau zu nehmen beabsichtigte, dem jungen Mann begeg-

net. Gewiß, sie wäre von seiner physischen Erscheinung nicht beeindruckt gewesen. Er sah nämlich noch jünger aus als seine achtzehn Jahre, und Elisabeth näherte sich den Vierzig. Alençon störte bereits die Eleganz des französischen Hofes. Getauft auf den Namen Herkules, wurde er nach dem Tode seines älteren Bruders Franz von seinem anspruchsvollen Namen gnädig erlöst, um dafür ein anderer Franz zu werden. Wenn wir seinem Gefährten bei Hofe, dem Grafen Turenne, glauben dürfen, so war er in seiner Kindheit immerhin recht ansehnlich: »Dunkel wie die Medici«, mit einem gewissen Medici-Charme, aber gleichzeitig mit der Geschicklichkeit seines Vaters in Spielen und Turnieren begabt, in denen er öfters seine Brüder Karl und Heinrich besiegte. »Ein freundliches Gemüt«, so fuhr Turenne fort, »der das Böse in jeder Form haßt und sich niemals den geringsten Zorn anmerken läßt.«[27] Als er nach einer gefährlichen Pockenerkrankung wieder aus seinem Zimmer auftauchte, war von dem vielversprechenden jungen Prinzen wenig übrig geblieben. Seine Erscheinung hatte sich völlig verändert: sein Gesicht war von tiefen Pockennarben gezeichnet, mit blutunterlaufenen Triefaugen versehen, seine Stimme dünn und quäkend, seine Nase von beinahe doppelter Größe, »mehr geeignet für eine Stift- als für eine Federzeichnung«, wie es ein englischer Agent anschaulich ausdrückte[28]. Auch sein Geist hatte sich tief verändert. Das war kaum verwunderlich, denn als Alençon wieder von seinem Bett aufstand, fand er, daß es keine Rolle mehr für ihn in einer Welt zu spielen gab, in der hübsche Gesichter und männliche Körper den ersten Preis erhielten.

Er war aufgewacht und fand sich selbst schwach, bar jeder Anmut und zum Staunen häßlich. Als der Jüngste in einer ehrgeizigen Familie war er schon immer der Unwichtigste gewesen; bis jetzt hatte er genügend Zutrauen gehabt, mit seinen Nachteilen fertig zu werden. Einige Zeit vorher hatte der venezianische Gesandte Michieli geschrieben: »Der Herzog von Alençon ist sehr jung, aber er verfügt über mehr Anmut und Stil als die anderen sowie über einen sehr guten Verstand.« Jetzt kommentierte er mißbilligend: »Sie machen ihn zur Zielscheibe ihres Spottes.«[29] Kein Valois konnte Lächerlichkeit ertragen, am wenigsten von allen Alençon, der ihren Stachel so plötzlich spürte. Auf diesen Wechsel seines Geschicks war er nicht vorbereitet und fand instinktiv Zuflucht in der Zurückgezogenheit. »Er ist eine sehr schweigsame Person«, schrieb Cavalli, »auch ist es nicht leicht, herauszubekommen, was er denkt.«[30]

Die Königin-Mutter fand es viel schwieriger, mit dieser verblüffenden Schweigsamkeit ihres Jüngsten fertig zu werden als mit seiner Häßlichkeit und seiner wachsenden Reizbarkeit. Vielleicht fürchtete sie, daß Cavallis Urteil beinahe ins Schwarze treffen mochte. »Es heißt, daß er einen ungeheueren Ehrgeiz in sich verbirgt«, schrieb der Florentiner[31]. Katharina wünschte ihre Kinder ehrgeizig zu sehen – ihre bitterste Enttäuschung war, daß sie oft nicht genügend ehrgeizig zu sein schienen –, aber sie wünschte niemals, daß sie unabhängig wurden. Und Alençon unter all ihren Kindern brauchte seine Mutter nicht.

Katharina war ständig leidenschaftlich stolz auf ihre Kinder, vielleicht deshalb, weil sie der einzige Beweis waren, den sie von ihrem eigenen Wert hatte. Als sie mit vierzehn Jahren mit Heinrich von Valois vermählt wurde, wußte sie, daß sie nach Frankreich verheiratet worden war, um Kinder für Frankreich zur Welt zu bringen. Der linkische Jüngling, der sie zu sich ins Bett genommen hatte, hatte dies nicht aus Liebe zu ihr getan, sondern deshalb, weil sein Vater Franz und ihr Onkel Leo es als für ihre Reiche nützlich erachtet hatten. Es war ihr Schoß, der in den Augen dieser Männer von Wert war. Die Jahre ihrer Kinderlosigkeit würde sie niemals vergessen, jene zehn langen Jahre, als sie den Praktiken von Ärzten und Wahrsagern sowie Zaubersprüchen ausgesetzt war – und alles ohne jeglichen Nutzen. Es ist kein Wunder, daß sie, als 1543 ihr erster Sohn geboren wurde, eine Welle des Triumphes in sich verspürte, die ihrem gesamten Leben Farbe verlieh. Ihre Mutterschaft war ihr Sieg gewesen, und das blieb so bis zu ihrem Tode. Sie lobte das Leben ihrer Kinder, weil deren Leben auch ihr eigenes war. Ihr *l'affetto di signoreggiare* war mehr als ein Trieb, er war eine mütterliche Berufung. Alençon, mehr als alle ihre anderen Kinder, sollte dieser Berufung Schachmatt bieten.

Schon in den ersten Monaten der Heiratsverhandlungen mit England beließ Alençon die Dinge nicht in Katharinas Händen. Statt dessen ließ er sich auf jene Geheimdiplomatie ein, die sein kurzes Leben kennzeichnen und schließlich zu seinem Ruin führen sollte. Alençon spielte, während er nach außen mit dem Beistand seiner Mutter einverstanden war, sein eigenes Spiel hinter ihrem Rücken. Doch während Gondi von seiner erfolgreichen Mission in England berichtete, brachte Alençon seinen eigenen Abgesandten auf den Weg.

Von Anfang an hatten die Verhandlungen zwischen Elisabeth und Alençon etwas Lächerliches an sich; dabei ging es um mehr als die Frage des Altersunterschiedes, um mehr als die Häßlichkeit des in Rede stehenden Bräutigams. Man hat den Eindruck von tatsächlich existierenden Leuten, die ein Phantasiestück aufführen. Es schien sich mehr um ein Falschspiel als um ein reelles Geschäft zu handeln. Es ist höchstwahrscheinlich, daß es für »Gloriana« nie mehr als ein Spiel war, aber nie ein Spiel aus reiner Freude oder aus purer persönlicher Eitelkeit, sondern ein Spiel, bei dem es um ungeheuere Einsätze politischer Macht ging. Es war Alençons selbstmörderischer Fehler, mit tödlichem Ernst dabei zu sein. Alençon war bei all seinen Kniffen, all seinen Ränken und seiner Hintertreppendiplomatie zu seinem eigenen Schaden leicht zu durchschauen.

Der Mann, den Alençon im Dezember 1572 entsandte, um ihn bei Elisabeth zu vertreten, wies von Anfang an jenen Anstrich auf, den die Sache erhalten sollte. Der Sieur de Maisonfleur hatte weder das Empfinden noch die Hilfsmittel, um Elisabeths kühlem Pragmatismus zu begegnen. Er war ein Hugenotte, der, nachdem er der Bartholomäus-Nacht mit Mühe und Not entkommen war, von fanatischen religiösen Träumen beseelt war. Seine Rhetorik war von hochfliegendem religiösem Romantizismus: Alençon sollte der Messias sein, der neue Moses, der sein Volk ins gelobte Land führte, und Elisabeth sollte natürlich zu seiner Rechten sitzen. Er war verliebt in seine Rolle als Geheimagent, der für eine unnötige und dazu noch possenhafte Aura der Ungewißheit und des Mystischen sorgte. Es war Maisonfleur, der die Schauspieler in dem Drama mit ihren romantischen Namen ausstattete: Alençon als Don Lucidor, Elisabeth als Madame de Lisle und Katharina, der Bösewicht des Stückes, als Madame Serpente, die Schlange.

In diesem religiösen Ritterdrama sah sich Maisonfleur als wichtigste treibende Kraft. Als Elisabeth zögerte, geißelte er ihre mangelhafte Moral. »Es wäre angebrachter, Madame«, schrieb er einmal, »daß Sie weniger an diese rein körperliche Schönheit denken, die Hauptsache ist, daß Gott gedient wird.« Als Alençon zögerte, gab er ihm zu bedenken, daß nur er über die Macht verfüge, Elisabeth ihr Mißtrauen gegenüber Frankreich überwinden zu lassen. »Es ist unmöglich, Ihnen zu schildern, wie übertrieben das Mißtrauen von Madame de Lisle in dieser Angelegenheit ist. Man hat ihr so sehr eingeredet, die ganze Sache sei ein Manöver von Madame Serpente, daß es beinahe unmöglich ist, sie von dieser Meinung abzubringen. Sie sagt nämlich, sie sei bei dem ganzen Wettrennen schon so oft getäuscht worden, daß sie allem, was auch immer von der anderen Seite kommt, keinen Glauben mehr schenken könne . . . Kommen sie also, Signor Lucidor.«[32]

Aber Signor Lucidor zögerte weiter, vielleicht weil er fürchtete, Elisabeth würde ihn in der Tat wegen seines Mangels jener »rein körperlichen Schönheit« verschmähen, worüber Maisonfleur so ritterlich hinweggegangen war, mehr noch, vielleicht weil er eingesehen hatte, daß die heimlichen Gespräche, die er ohne königliche Zustimmung eingeleitet hatte, niemals in einer Hochzeit zwischen zwei europäischen Großmächten enden konnten. Wenn aus seinen Beziehungen zu Elisabeth mehr als ein Flirt werden sollte, dann mußten dazu offizielle Verhandlungen geführt werden.

Während Maisonfleurs »geheimen« Verhandlungen hatte Katharina ihr eigenes Vorgehen umrissen, und zwar nicht ohne Erfolg. Gegen Ende des Jahres hatte sie Fénelon instruiert, Elisabeth zu versichern, daß Alençon weiterhin ihr »ergebener Diener« sei, und beschrieb begeistert seinen Übergang in die Mannesjahre. »Er ist sehr groß und kräftig geworden, so daß er jetzt ein ganzer Mann ist . . . Er hat sich sehr stark verändert seit der Zeit, als sie sagte, er würde für ihren Sohn gehalten.«[33] Im folgenden Monat schrieb sie an Worcester, der Elisabeth bei der Taufe von Karls kleiner Tochter vertreten sollte, und erklärte, daß Alençon nicht anwesend sein könnte, weil er mit der Belagerung von La Rochelle im Kampf gegen die Hugenotten beschäftigt sei, und fuhr dann fort: »Er hat sich völlig geändert – und zwar zum Besten – seit der Ankunft von Lord Lincoln in Frankreich; sein Gesicht sieht viel besser aus, und sein Bart beginnt zu wachsen. Er ist ebenso hoch gewachsen wie seine zwei älteren Brüder. Bei der Belagerung, wohin ihn die Pflicht gerufen hat, lernt er befehlen.« Alençons militärische Fertigkeit verfehlte ihren Eindruck auf Worcester, der Katharina bei einer Begegnung Vorhaltungen machte: »Es ist doch ärgerlich, daß der König ihn in einem Krieg gegen seine eigenen Untertanen eingesetzt hat. Es wäre besser für ihn gewesen, wenn er nicht dorthin gegangen wäre. Das hätte wirklich einen besseren Eindruck bei unserer Königin gemacht und in ganz England.«[34]

Unerschrocken nahm die Königin-Mutter die Verhandlungen über die normalen diplomatischen Kanäle wieder auf und am 5. Februar schrieb sie ihrem Gesandten in England: »Ich bitte Sie, nicht eine einzige Gelegenheit vorübergehen zu lassen, von der Sie glauben, daß sie dieser Angelegenheit förderlich sein könnte, denn, wie ich Ihnen schon viele Male früher mitgeteilt habe, Sie würden damit dieser Krone und mir im besonderen, aber auch meinem Sohn, dem Herzog von Alençon, einen großen Dienst erweisen.«[35] Das ganze Frühjahr 1573 hindurch wurde das Spiel zwischen Katharina und Elisabeth, die sich jetzt fest am Spieltisch niedergelassen hatten, fortgesetzt. Obgleich es klar war, daß Katharina der Angreifer zu sein gedachte, so ließen alle ihre Angriffe nur Elisabeth als die Stärkere zurück.

Bei dieser wie bei so manchen anderen sowohl diplomatischen als auch militärischen Unternehmungen blieb Elisabeth Siegerin mit Hilfe des ganz einfachen Mittels, nämlich abzuwarten. Katharina füllte die Zeit mit einer wahren Flut von Einsprüchen aus: Alter, gewiß, das brauchte kein Problem mehr zu sein, jetzt, da Alençon ins Mannesalter gekommen war, noch sollte das Bekenntnis ein Hindernis bilden, denn sie versprach Walsingham gegen Ende März: »Mein Sohn wird unsere Religion nur privat ausüben, und zwar mit seinen intimsten Dienern, die ebenfalls Franzosen sind.« Was den anderen Grund anlangt, worüber sie hatte munkeln hören: sie sei dessen gewiß, daß Elisabeth viel »zu klug und weise« sei, um »ein hübsches Gesicht« zu heiraten, anstatt vielmehr zum Vorteil ihrer eigenen Geschäfte. Dieser Punkt aber war es gerade, auf den Elisabeth in ihren Instruktionen an Walsingham immer wieder zurückkam. Sie sah in Alençons Verunstaltung »durch die Pocken« eine »größere Schwierigkeit«. Maisonfleurs Argument, daß sie »dankbar sein sollte für die Vorteile, die sie selbst hinsichtlich Schönheit und Esprit ihm gegenüber besitzt«, stieß auf taube Ohren[36].

In einem Punkt war Elisabeth unerbittlich: sie würde keinen Mann als Gatten akzeptieren, ehe sie ihn nicht gesehen hatte. Obgleich Katharinas früheres Bestreben, ein solches Treffen zustande zu bringen, gescheitert war, so versuchte sie es emsig noch einmal, und gegen Ende April schrieb sie an Elisabeth, daß Alençon bereits für einen Paß nach England eingekommen wäre, »so daß er Ihre Hände küssen und sich bekannt machen darf, gerade so wie er ist«[37]. Angesichts eines Alençon, der beinahe schon vor ihrer Türschwelle stand, trat Elisabeth abermals den Rückzug an, wie sie es später in so manchen ähnlichen Situationen tun sollte. Warnend schrieb sie Mitte Mai an Katharina, daß ein solches Treffen nicht als endgültige Regelung angesehen werden dürfe. Vielleicht, so schloß sie, würde es für Alençon besser sein, zu warten, bis eine genauere Abmachung getroffen werden könnte. Aber Katharina, die nie unnachgiebiger war als dann, wenn es um die Zukunft ihrer Kinder ging, weigerte sich, Elisabeths Vorschlag anzunehmen, und erwiderte fast unterwürfig, daß man in Frankreichs keineswegs beleidigt sein würde, sollte die Vermählung nicht zustandekommen. Ende Mai jedoch erhielt Katharina Nachrichten, die ihr Interesse von Alençon auf seinen älteren Bruder lenkte. Sie vernahm in diesem Monat, daß Anjou der Thron von Polen angeboten worden war.

Es war keine Auszeichnung, die unerwartet kam. Jahre hindurch schon hatte Katharina bei ihren unaufhörlichen Bemühungen, Throne für alle ihre Kinder zu finden, ihre Augen auf Polen gerichtet. Sigismund August war alt geworden, und da die Herrscher, die Polen erwählte, häufig von außerhalb des Reiches kamen, so schien diese Krone für Anjou wie geschaffen. Im Blick auf sie hatte sich Katharina im Herbst 1571 der Hilfe des toskanischen Gesandten Petrucci versichert, um die Zustimmung des Papstes für ihren Plan zu erlangen.

»Seitdem der Papst immer wieder zu verstehen gibt, daß er ihn wie einen Sohn liebt«, so schrieb sie Petrucci, und »daß er ihn auf jede nur mögliche Weise fördern würde . . . so bietet sich hier der Augenblick, in dem er sein Wohlwollen beweisen kann.«[38]

Das genaue Ergebnis dieser Verhandlungen ist nicht klar, aber zu Beginn des Jahres 1572 schrieb Du Ferrier triumphierend aus Venedig: »Allenthalben geht hier das Gerücht um, daß Monseigneur sein Teil bekommen wird, Madame; denn wenn Volkes Stimme Gottes Stimme ist, wie die Heilige Schrift sagt, dann wird er zum König gewählt werden.«[39]

Freudig bewegt durch Du Ferriers Prognose setzte Katharina ihre Taktik fort. Die polnische Mission war Jean de Monluc, Bischof von Valence (nicht zu verwechseln mit dem grimmigen Feind der Hugenotten, Blaise de Monluc) anvertraut worden, der in sich die in der Natur des Gascogners liegende Schläue mit Jahren diplomatischer Erfahrung vereinte. Katharina war jedoch niemals zufrieden mit ihren amtlichen Diplomaten; sie brauchte auch ihre Geheimagenten. Also entsandte sie Jean de Balagny, Monlucs unehelichen Sohn, nach Polen, der sie, verkleidet als wandernder Scholar, unoffiziell informiert halten sollte.

Kurz nach Balagnys Ankunft in Polen erhielt Katharina Nachricht vom Tode Sigismund Augusts, und sofort bekam Monluc den Befehl, nach Polen aufzubrechen. Er war jedoch noch nicht weiter als bis St. Dizier gelangt, als er von den tragischen Ereignissen des 24. August hörte. Das Pariser Blutbad behinderte Monlucs Reise beträchtlich; in Verdun eingesperrt, in Frankfurt bedroht, erreichte er Polen erst Ende Oktober. Als er endlich die Grenze überschritt, gewahrte er ein von der Pest heimgesuchtes Land. Während er durch die öde Landschaft mit den verstreut liegenden und verlassenen Bauernhäusern reiste, wurde er sich dessen bewußt, daß es nicht einfach die Pest war, die die Menschen Abstand halten ließ, sondern es herrschte außerdem noch eine ausgesprochen antifranzösische Stimmung. Immer mehr bekam Monluc auf seiner Weiterreise nach Warschau zu spüren, daß keinem Franzosen mehr als ein widerwilliges Willkommen seit den tragischen Ereignissen des August entboten wurde. Polen war selbst stolz auf seine religiöse Toleranz, und das Pariser Blutbad lief einem seiner politischen Grundsätze zuwider. Wie groß Anjous Aussichten auch gewesen sein mögen, sie hatten sich im Herbst 1572 erheblich vermindert.

Gleich im Oktober hatte der päpstliche Legat Giovanni Kardinal Commendone an den Kardinal von Cuomo geschrieben: »Die Nachricht vom Tode des Admirals, die aus Frankreich eingetroffen ist, hat die Häretiker hier äußerst bestürzt und viele unter denjenigen, welche Parteigänger von Monsieur d'Anjou waren, befremdet.«[40] Jean de Coisnin, Monlucs Sekretär, der später seine Erinnerungen an jene Jahre veröffentlichte, zählte die grausigen Berichte auf, die sich nach dem Massaker über Polen ergossen: wilde Polemiken, Augenzeugenberichte über Greueltaten, lebendige Bilder, »die jede Art eines grausamen Todes wiedergaben«. Das Schlimmste aber war, so erinnerte sich Choisnin, daß viele Darstellungen Karl und Anjou nicht nur als Zuschauer zeigten, sondern sie schilderten, wie sie zum Ausdruck brachten, daß »es ihnen leid tat, daß die Scharfrichter nicht noch grausamer waren«[41].

Es war Monlucs Aufgabe, den Berichten entgegenzutreten, die wöchentlich aus England, Frankreich, Deutschland und der Schweiz eintrafen, und zu erläutern, was sich »in Wirklichkeit« während jener August-Tage zugetragen hatte. Seine »wahre und aufrichtige Darstellung der Unruhen in Paris« gab die Auffassung wieder, die bereits in ganz Frankreich verbreitet war: ein »heimtückischer Aufruhr« hatte um sich gegriffen, der unterdrückt werden mußte, wenn die königliche Familie mit dem Leben davonkommen sollte. Was für Schreckenstaten auch immer begangen wurden, sie waren nicht das Werk der königlichen Familie, sondern der wahnsinnig gewordenen Pariser – des Mobs. Wir können ganz gewiß nicht glauben, so legte Monluc dar, als er von Karl sprach, daß sich ein liebenswürdiger und tugendhafter Fürst plötzlich in ein grausames Ungeheuer verwandeln sollte. Was Anjou anbetraf, so schilderte Monluc ihn als den idealen Prinzen: »Leicht zugänglich, geduldig beim Zuhören, klug beim Antworten.« »Man studiere doch dieses Gesicht«, so fuhr er fort, »kann man in diesen Gesichtszügen, die die Zeichen von Freundlichkeit und Güte tragen, die leiseste Spur von Grausamkeit feststellen?«[42] Die Verteidigung war gut formuliert, aber es blieb abzuwarten, ob sie ausreichend genug war, um die wütenden Angriffe, die besonders aus den hugenottischen Hochburgen Genf und Basel kamen, abzuwehren. Monluc selbst schien wenig Hoffnung zu haben, da er verbittert schrieb: »Dieser üble Wind, der aus Frankreich gekommen ist, hat das Schiff zum Sinken gebracht, welches wir gerade bis zum Eingang des Hafens bugsiert haben.«[43] Er sah wenig Anlaß, noch länger in Polen zu bleiben, und warte-

te, wie er sagte nur auf jene Weisungen, die ihm erlauben würden, nach Frankreich zurückzukehren.
Solche Weisungen wurden natürlich nie gegeben. So entmutigend die Lage auch sein mochte, Katharina konnte niemals eine Niederlage zugeben. Der polnische Wahlreichstag sollte erst im Frühjahr wieder zusammentreten; das verhalf zu einem ganzen Winter, um zu planen und Druck auszuüben. Katharina war überzeugt, daß sie im Frühjahr einen Kandidaten für den polnischen Thron würde präsentieren können, so gewinnend, so stark, so fähig zu Kriegführung und Staatsgeschäften, daß kein anderer sich mit ihm messen konnte. Sie war fest entschlossen, daß Anjou eine Krone gewinnen sollte.
Während Monluc in Polen wartete, bereitete sich Anjou als Generalleutnant der Streitkräfte des Königs darauf vor, seinen Ruf als Befehlshaber zu mehren. Als Folge der August-Ereignisse hatte die Bevölkerung von La Rochelle dem König den Gehorsam aufgesagt. Im November war die Lage derart ausweglos geworden, daß Karl der Stadt den Krieg erklärte und sie zu »Rebellen, Unruhestiftern im Staat, und unserer wohltätigen Gnade für unwürdig« erklärte. Anjou waren Vollmachten verliehen worden, »sie mit allen Mitteln, worüber Sie verfügen, zu züchtigen«[44]. Die Aufgabe, die sich Anjous jugendlichen Augen als geradezu enttäuschend einfach darstellte, war im Grunde genommen gewaltig. Als Anjou Paris zu Beginn des Januar verlassen hatte, sah er sich dem schlechtesten Wetter, das möglich war, ausgesetzt: die Flüsse waren über die Ufer getreten, Kälte und Feuchtigkeit drangen überall durch. Bevor der Monat vorbei war, war seine Armee von schlimmsten Erkrankungen befallen, und Anjou selbst von einer schwächenden Erkältung. Geldknappheit machte sich bemerkbar, und die 6000 Schweizer, die der Gesandte Pomponne de Bellièvre angeworben hatte, waren noch nicht eingetroffen. Anjou schrieb an Karl und bat um Hilfe, aber Karl antwortete nicht.
In den nächsten wenigen Monaten schmolzen Anjous Ruhmesträume zusammen, nachdem er erkannt hatte, daß er sich hier nicht auf dem offenen Schlachtfeld von Moncontour befand, wo der Sieg eine Sache von Stunden war. Die Einnahme von La Rochelle sollte Wochen ruhmloser Schinderei bei der Aushebung von Gräben bedeuten, um zu versuchen, die soliden Fundamente der Zitadelle zu unterminieren. Er trieb seine Soldaten hart an, aber von ihren Arbeiten war nicht viel zu sehen. Aus Furcht vor Karls schroffem Urteil schrieb er Ende Februar: »Ich bitte Dich untertänigst, mir zu glauben, wenn ich sage, daß ich weder Zeit verliere noch eine Gelegenheit vorübergehen lasse.«[45] Aber von den acht Stürmen, die

zwischen Februar und Juni auf die Stadt unternommen wurden, war keiner entscheidend. Selbst die Bemühungen, sie durch Hunger zu bezwingen, waren zum Scheitern verurteilt, denn in einer Mondnacht glitten vier Schiffe in den Hafen und versorgten die Stadt.

La Rochelle schien unbesiegbar zu sein. Die Bürger, die trotz Drohung mit Hunger und Tod die Hoffnung auf den Sieg nicht aufgaben, pflanzten sogar an einem Maitag ihrer Sitte entsprechend einen Eichenbaum, Symbol des Lebens, »um unserem Feind zu zeigen«, wie der Chronist schrieb, »daß diese Stadt niemals wanken wird«[46].

Im Lande ringsrum gab es wenig Anzeichen von Leben. Hier wütete die furchtbare, der Cholera ähnelnde Krankheit, die *la colique de Poitou* genannt wurde, unter der königlichen Armee. Étienne Pasquiers selbstgefällige Behauptung, »niemals gab es ein besseres Schlachtfeld als das vor La Rochelle«, war offensichtlich von einem Mann geschrieben, der nicht ein einziges Mal gesehen hatte, wie die Soldaten des Königs zu Hunderten in den eisigen Sümpfen starben[47]. Mit den Frühlingsregen nahm die Seuche zu, und Anjous Armee befand sich weniger im Krieg mit sterblichen Menschen als mit Hunger, Morast und Krankheit. Denn für jeden Mann, der seinen Wunden erlag, wurden zehn durch die Ruhr zu Boden gestreckt. Anjou sah sich zum ersten Mal in seinem Leben als Opfer eines Fehlschlages. Verzweifelt wünschte er sein überragendes Können zu zeigen; statt dessen hatte er auf allen Seiten an Gesicht verloren, oder genauer gesagt, auf allen Seiten mit Ausnahme von einer: Katharina fuhr fort, an seinen allfälligen Erfolg zu glauben und ihn in diesem Glauben zu ermutigen.

Am 2. April schrieb sie einen Brief voller mütterlicher Sorge und Vertrauens. Sie schalt ihn, weil er mit »Dein ergebenster Diener« zeichnete, und fuhr fort:

»Ich wünsche, daß Du mein ›ergebener Sohn‹ bist, und mich als die ergebenste Mutter ansiehst, die ein Kind jemals hatte; so gebrauche bitte nicht länger das Wort ›Diener‹, sondern lieber das, was Du wirklich für mich bist . . . Ich habe Dich ganz klar darauf aufmerksam gemacht, daß ich lieber möchte, Du erwirbst Ansehen und Ruhm, anstatt Dich bei mir zu haben – obgleich dies ein großes Glück für mich bedeuten würde. Aber ich gehöre nicht zu jener Art von Müttern, die ihre Kinder nur für ihr eigenes Vergnügen haben wollen, vielmehr möchte ich Dich gern als den ersten in Größe, Ehren und Ruf sehen.«[48]

Der Ruhm, den Katharina für ihren Lieblingssohn suchte, wurde Wirlichkeit, als am 28. Mai Karl und Katharina die Nachricht erhielten, daß

Anjou zum König von Polen gewählt worden war. Katharina blähte sich vor Stolz auf: die alte Prophezeiung, daß alle ihre Söhne auf Thronen sitzen würden, wurde nach und nach Wahrheit! Karl vernahm es ebenfalls mit Genugtuung, wenn auch aus verschiedenen Gründen. Die Rivalität zwischen den beiden Brüdern war nach dem Massaker auf dem Höhepunkt angelangt, und Karl hatte das Gefühl gewonnen, daß er niemals wirklich Ruhe finden würde, solange sein unternehmungslustiger junger Bruder nicht außerhalb des Königreichs weilte.

Was den neuen König anbetrifft, so ist über das Echo von seiner Seite wenig zu berichten. Sein anhaltender Fehlschlag vor La Rochelle schränkte zweifellos seinen Stolz ein. Seine Lage war zumindest zwiespältig. Einerseits hatte er das Gefühl, als Sieger von dannen gehen zu müssen, um Polen mit seinem militärischen Geschick zu beeindrucken; andererseits erkannte er, daß man in einem Lande, wo die religiöse Toleranz klar zutage lag und eine seiner wesentlichen Grundlagen bildete, den Sieg über »Häretiker« und ihre Unterjochung kaum mit Wohlwollen betrachten würde.

Mitte Juni jedoch lag die Entscheidung über Sieg oder Niederlage nicht länger in Anjous Händen. Damals war nicht mehr zu leugnen, daß die königliche Armee La Rochelle niemals bezwingen würde. Sowohl Karl als auch die Königin-Mutter setzten sich für einen Kompromiß-Frieden ein, und am 28. Juni schrieb Karl an seinen Bruder: »Wir müssen Frieden schließen, wenn wir klug sind.« Abermals fühlte sich Anjou an der Nase herumgeführt. Karl war es gewesen, der den Krieg erklärt hatte, und jetzt war es Karl, der den Frieden bestimmte. Doch Karl hatte ihn niemals mit der Macht ausgestattet, die er brauchte, seine verzweifelten Bitten um mehr Leute, mehr Geld, mehr Waffen niemals ernst genommen.

Es war ein verbitterter Prinz, der am 8. Juli Niort verließ, zwei Tage nach der Unterzeichnung des Friedens, um nach Tours zu reisen und dann mit einem Prahm die Loire hinab nach Orléans und vielleicht weiter bis Paris.

III

Anjous Wahl war weniger schwierig gewesen, als es Monluc angenommen hatte. Als das Wahlparlament am 5. April auf den weiten Ebenen im Südosten von Warschau eröffnet wurde, war die Zahl der Kandidaten auf zwei zusammengeschmolzen: Erzherzog Ernst, Sohn des deutschen Kaisers Maximilian, und Anjou. Trotz des kraftvollen Eintretens Österreichs und der Kurie zugunsten des Erzherzogs konnten sie es mit Monlucs verlockenden Versprechungen nicht aufnehmen. Er pries nicht nur Anjous Tugenden, sondern umriß auch näher die Versprechungen, die Anjous Bruder, der Allerchristlichste König, Polen für den Fall von Anjous Wahl machen würde: eine dauernde Allianz mit Frankreich; ein Gelöbnis, Polen stets dann, wenn es angegriffen werden würde, zu helfen; ein günstiger Handelsvertrag; das Gelöbnis, 4000 Hakenbüchsenschützen gegen die agressiven Nachbarn der Polen, die Moskowiter, ins Feld zu schicken. Zur Erwiderung rief die Menge »lauthals«: »Gallum, Gallum: Wir wollen den Franzosen.« Als am 9. Mai, am Vorabend von Pfingsten, die offizielle Abstimmung stattfand, war die Entscheidung schon gesichert. Der Erzbischof, »der vor Freude bebte«, erließ die feierliche Proklamation: »Wir haben als unseren König den erlauchtesten Herzog von Anjou.« Am Tage darauf schrieb Monluc voller Jubel an Katharina: »Madame, ich habe gehalten, was ich versprochen habe; Sie werden Monseigneur als König dieses Reiches sehen.«[1]

Katharina, aufgeheitert, verschwendete wenig Gedanken darauf, wie Monlucs sorgfältig ausgearbeitete Versprechungen erfüllt werden könnten. Statt dessen schwelgte sie in ihrem Sieg und freute sich, wie ihre auswärtigen Gesandten berichteten, über die günstigen Reaktionen auf Anjous Wahl. In der ersten Junihälfte schrieb sie Anjou im vollen Rausch mütterlichen Stolzes: »Ich weiß kaum, wie ich Gott danken soll, denn jetzt sehe ich Dich in der Rolle, die ich mir immer für Dich gewünscht habe . . . Ich bitte Dich jetzt, sie in Seinem Dienst und dem Deines Bruders wahrzunehmen, der glücklicher ist, als ich ihn, angesichts Deines günstigen Geschicks, je gesehen habe«, und dann mit eigener Hand: »Wir haben das *Te Deum* gesungen und Freudenfeuer in Paris entzündet . . . und ich bitte Dich von ganzem Herzen, Dir von jetzt an zu erlauben, Dich König nennen zu lassen, was Du ja Gottlob jetzt auch bist.«[2]

Karl übermittelte seinem jüngeren Bruder seine Glückwünsche; er hätte kaum anders handeln können. Aber sein Brief, kaum mehr als ein paar Zeilen lang, war trotz der Bekundungen seiner Freude steif und verlegen: »Teurer Bruder . . . Ich bin so erfreut, daß ich kaum etwas zu sagen weiß. Ich lobe Gott von ganzem Herzen. Bitte vergib mir, denn mein Glück hält mich davon ab, viel zu sagen. Ich weiß kaum, was ich sagen soll.«[3] Es war zweifellos ein aufrichtiges Zeugnis seiner Zwiespältigkeit. Die lang anhaltenden Spannungen zwischen den Brüdern, die von Monat zu Monat zunahmen, bildeten einen offenen Gegenstand des Hofklatsches. Der Herzog von Nevers, immer Diplomat, hatte Anjou geraten, er möge versuchen, seine Gefühle vor seinem Bruder zu verbergen und »Gelegenheiten für Zornesausbrüche« vermeiden[4]. Das war ein Kurs, den Nevers, zehn Jahre älter und im Besitz von mehr praktischen Erfahrungen, hätte steuern können, Anjou dagegen gebrach es an Geschick für ein solches Spiel. Seine Stellung wurde dadurch schwieriger, daß durch die Schrecknisse des Blutbades etwas Gewaltsames in Karl entfesselt worden war, und seine Wutausbrüche immer häufiger und immer vernunftwidriger geworden waren. Anjous Popularität vergrößerten die Schwierigkeiten nur. Er verfügte von Kindheit an über einen Charme und eine Würde, die seinem älteren Bruder abgingen. Meist ohne es überhaupt darauf anzulegen, sah er sich viel rascher geliebt und stieß eher auf spontanen Gehorsam. Der Florentiner Vincenzio Alamanni faßte die Lage schlagfertig zusammen, als er schrieb: »Infolge des Ranges und der Autorität, womit er ausgerüstet war, war er so mächtig geworden, daß es besser war, ihm zu dienen anstatt dem König . . . Gott gebe, daß er sich nicht eines Tages mit dem König messen will.« Antonio Salviati verstärkte diese Meinung noch, als er, der Vorsicht halber verziffert, an den Heiligen Stuhl schrieb und warnte: »Sollten diese Brüder weiter am Hofe bleiben, so weiß jedermann, daß fürchterliche Zerwürfnisse unter ihnen nicht zu verhindern sein werden.«[5]

Katharina, die ihr ganzes Leben hindurch in das Friedenskonzept vernarrt war, erfuhr den ersten bitteren Vorgeschmack von Krieg in der eigenen Hofhaltung.

Am 19. August kamen die polnischen Gesandten in Paris an. Die Pariser konnten nicht anders als sich beeindruckt zeigen, denn die Polen erschienen mit einer Pracht, die sowohl imponierend als auch bizarr war. Im ganzen waren es annähernd 200 Herren, jeder mit seinen Dienern. Ihre Kutschen wurden von je sechs bis acht Pferden mit Geschirren gezogen, die sorgfältig mit Silber und Edelsteinen verziert waren. Den Parisern erschienen sie als die größten Männer, die sie je gesehen hatten, königlicher ausgestattet durch ihre Bärte und Mützen mit hohen Federn. Ihre hohen gelben, metallgeschmückten Stiefel, ihre gebogenen Krummsäbel, ihre Bogen und Köcher trugen zu ihrem großartigen Erscheinungsbild bei. Als sie die Stadt durch die rue de la Juiverie passierten, boten sie den Parisern, die aus den Fenstern lehnten und sich in den Torwegen drängelten, lachten und sich auf die ausländische Kleidung und die eigenartige Sprache aufmerksam machten, ein fesselndes Schauspiel. Ein Tagebuchschreiber erwähnt, daß Katharina aus Ärger über eine derartige Zurschau-

stellung schlechter Manieren der Menge gellend zurief, sie sollten sich gefälligst ruhig verhalten.
Zwei Tage später kamen die Gesandten in den Louvre zu ihrer ersten formellen Audienz beim König und bei der Königin-Mutter. De Thou erinnerte sich mit Staunen, daß sie alle Lateinisch sprachen, viele Deutsch und Italienisch und einige einwandfrei Französisch. Am 22. August hatten sie ihre offizielle Begegnung mit dem neuen König von Polen. In ihren langen Gewändern aus goldener und vielfarbener Seide schienen sie den zerbrechlich aussehenden Valois zu überragen. Adam Konarski, der Bischof von Posen, hielt die formelle Einladungsrede auf Lateinisch, aber Heinrich, im Bewußtsein seiner mangelnden Sprachkenntnisse, erwiderte so kurz wie möglich und überließ es dem Grafen von Cheverny, der Lateinisch »wie Horaz selbst« sprach, ausführlicher fortzufahren[6].
Als die Besprechungen aufgenommen wurden, stellte sich alsbald heraus, daß sich die polnische Auffassung vom Königtum weitgehend von der der Valois unterschied. Die Macht, womit der polnische Monarch ausgestattet war, war verhältnismäßig begrenzt. »Machtlos, Unrecht zu begehen, werden Sie allmächtig sein, Gutes zu tun«, erklärten die polnischen Herren dem neugewählten König[7]. Für Anjou war dies aber nicht gut genug, und angesichts solch beschränkter Macht wurde er stutzig. Zúñiga, der über die Wende der Dinge in Jubel ausbrach, schrieb Philipp, daß die Polen zu begreifen begännen, wie wenig Anjou eigentlich wußte, und daß Anjou seinerseits so wenig Gefallen an einigen Artikeln des königlichen Eides fand, daß er beinahe entschlossen war, den Eid gar nicht erst zu leisten. »Die Polen«, fuhr Zúñiga fort, »wünschen ihm also solche Bedingungen aufzuerlegen, daß er auf dieselbe Stellung beschränkt wird wie der Doge von Venedig«, um dann eindrucksvoll zu bemerken: »Jeden Tag hat der Herzog geweint wie ein Kind, und seine Mutter hat ihm gut zugeredet und ihn drei oder vier Stunden täglich getröstet.«[8]
Es war nicht einfach die Beschneidung seiner königlichen Prärogativen, die Anjou in Tränen ausbrechen ließ, es war vielmehr der Gedanke, Frankreich verlassen zu müssen. Anjou war bestenfalls eine provinzielle Natur, ein Mensch, der zu schätzen wußte, was er kannte, der die Sicherheit des ihm Vertrauten brauchte. Er würde nie gerne auf Reisen gehen, nicht einmal innerhalb seines eigenen Königreiches. Als er später über Frankreich herrschte, war es seine Mutter, die an seiner Statt reiste. Anjou blieb zuhause und las die Briefe, die sie ihm sandte, und nur selten reiste er weit weg. Obwohl eine Königskrone enorme Anziehungskraft auf ihn ausübte, konnte eine Krone in einem fremden Land niemals recht nach

seinem Geschmack sein. Er würde, so schrieb Cavalli nach Venedig, »ein Viertel der Krone von Frankreich allen Provinzen eines anderen Königreichs vorziehen«[9].

Trotz seiner Vorbehalte ging Anjou schließlich auf die ausgehandelten Bedingungen ein und leistete am 10. September im Beisein seines Bruders den erforderlichen Eid. Drei Tage später fand die formelle, vom Wahldekret vorgesehene Feier statt. Der große Saal des Justizpalastes war zu diesem Zweck hergerichtet worden. Der Raum war bis an die Grenze seines Fassungsvermögens mit Menschen angefüllt, als der Herzog von Guise in seiner Rolle als Großmeister die polnischen Abgesandten zu dem Tisch geleitete, wo die Silberkapsel mit dem Dekret lag. Wiederum war es Adam Konarski, der sprach, und Cheverny, der antwortete. Die Rede, so formal sie rhetorisch auch sein mochte, enthielt alles, was Katharinas Ohr erfreute, und reichte aus, die Feindseligkeiten zu zerstreuen, die während der Debatten aufgekommen waren:

». . . nachdem unsere Augen in allen Teilen Europas Ausschau gehalten haben, und nachdem wir unter reiflicher Überlegung erörtert haben, welchen Prinzen wir zu unserem König erwählen sollten, einen Prinzen, der fähig wäre, zu regieren, und der durch die Milde seiner Natur imstande wäre, in unserem Lande jene Freiheit zu bewahren, die seiner Gewohnheit entspricht, sind der Senat und eine große Anzahl von Edelleuten ohne Bestechung und ohne Heuchelei übereingekommen, Sie zum König von Polen und Großherzogtum von Litauen zu wählen.«[10]

Trotz der Rückschläge, der Enttäuschungen, des politisch gebotenen Gewährenlassens war Anjou endlich König von Polen, und Chevernys Schlußworte hoben das Ereignis aus der Sphäre sorgfältig manipulierter politischer Geschäfte zu jenem göttlichen Bereich empor, der einen so bedeutenden Teil von Katharinas politischer Mystik ausmachte. »Gehen wir jetzt«, rief Cheverny aus, »wohin uns Gottes Wille und unser Glauben ruft!«[11]

Am folgenden Tag trat Paris zur formellen Prozession des neuen Königs von Polen an. Von der Port St. Antoine über Notre Dame und hin bis zum Louvre bewegte sich der Festzug. Trotz der Hitze des Altweibersommers erschien Anjou in voller Rüstung. Die Reiterei von Paris, die Gemeindeältesten in ihren seidenen Umhängen, die Parlamentsmitglieder in Purpur – alle schritten langsam durch die unzähligen *arcs de triomphes,* die mit Inschriften zum Lob und Ruhm Polens, der Größe Anjous und der Ergebenheit gegenüber den Königen von Frankreich und Polen geschmückt waren. Die Menschenmengen drängten sich und hingen aus den Fenstern, um einen Blick auf die drei königlichen Brüder zu erhaschen, die in brüderlicher Eintracht einherritten. Nur der englische Gesandte vermerkte den in sich gekehrten Ausdruck in Karls Gesicht und die Verachtung, die er kaum verbarg.

In jener Nacht fand zu Ehren Anjous ein Fest in den Gärten der Tuilerien statt, jenes Palastes, in dem Philibert Delorme auf Katharinas Befehl eines der feinsten Bauwerke der französischen Renaissance geschaffen hatte. Die Unterhaltung der Gäste war Ronsard und Jean Dorat übertragen worden, die ein klassisches Maskenspiel komponiert hatten, das die königliche Familie schmeichelhaft darstellte. Die Königin-Mutter, mit einem Helm auf dem Kopf und einer Hellebarde in der Hand, war die Pallas Gallica; Karl, mit einem Adler in der Hand und einem Drachen zu seinen Füßen, war Jupiter Servator; und Anjou, mit einer Leier, einem Köcher und Pfeilen, war Apollo Gallicus.

Für das eine Mal hatte Katharina ihrem italienischen Geschmack freien Lauf gelassen, und ein Mitglied der polnischen Delegation, das noch niemals so kostspielig Gestalt gewordene Phantasie gesehen hatte, schrieb voller Staunen nach Polen:

»Am 15. September veranstaltete die Königin-Mutter ein wunderbares Bankett in ihrem sehr schönen Garten. Hier sahen wir sechzehn Nymphen, die die sechzehn Provinzen Frankreichs darstellten . . . Wir sahen ein Gebirge, auf dessen Gipfel ein Eunuch mit einer wundervollen süßen Stimme sang, während etwas tiefer eine Frau sang, von einer Laute begleitet. Sie beklagte . . . den Weggang des Königs von Polen und wünschte ihm Glück.«

Josefowicz hatte allen Grund, beeindruckt zu sein. Wer konnte in der Tat beim Anblick all dieses Glanzes glauben, daß Frankreich etwas ganz anderes als ein sehr mächtiges und übermäßig reiches Königreich war? Katharinas Unterhaltung der Gäste hatte wie alles andere in ihrem Leben seine politische Seite[12].

Zwei Wochen später brach die königliche Familie von Paris nach Fontainebleau auf, wo sie das St. Michaelsfest feierte. Jetzt gerieten die polnischen Gesandten zunehmend in Unruhe über die Freizügigkeit des französischen Hofes: sie waren nicht nach Paris gekommen, um unterhalten zu werden, sondern um ihren gewählten König in ihre Heimat zu bringen. Anjou hatte es indessen nicht eilig und blieb weiter bei seinem Bruder im königlichen Schloß von Villers-Cotterêts, wo Karl sich seiner Jagdleidenschaft hingeben konnte. Die polnischen Abgesandten konnten ihren Ärger nicht länger verbergen. Einer von ihnen soll vor Widerwillen

abgereist sein, und der Nuntius schrieb nach Rom: »Die Stimmung unter den polnischen Gesandten wird immer schlechter infolge des andauernden Verzugs ihres Königs.«[13]
Anjous angeborene Abneigung, Frankreich zu verlassen, wurde jetzt durch die Krankheit seines Bruders verstärkt. Karl, der sogar im Verlauf des Sommers von Schweißausbrüchen und Blutfluß betroffen wurde, erkrankte im Anschluß an einen Jagdausflug in Vitry ernsthaft. Sechzehn Tage lang weilte der Hof am Ort seines Souveräns. Am 9. November schrieb Zúñiga an Philipp: »Möge Gott ihn behüten, denn es würde ein großes Unglück bedeuten, ihn zu verlieren.« Einen Tag später berichtete auch Cavalli von der ernsten Natur der Erkrankung Karls und erläuterte, daß es sich nicht um ein einfaches Fieber handele, wie die Ärzte ursprünglich festgestellt hatten, sondern um Blutungen, die den ganzen Körper ergriffen[14]. Es war klar, daß Karl nicht imstande sein würde, seinen Bruder bis zur französischen Grenze zu begleiten.
Katharina war außer sich vor Kummer und Sorge. Wenn Karl sterben würde, während Anjou in Polen weilte, was sollte dann aus dem Königreich Frankreich werden? Es war eine Frage, die nicht nur Katharina allein stellte, und ein Zeitgenosse umriß die Lage, indem er ausführte: »Bei diesem Gesundheitszustand des Königs kann es dazu kommen, Frankreich selbst zu verlieren, denn der Herzog von Alençon wird keine Gelegenheit versäumen, die Dinge den von ihm gewünschten Lauf nehmen zu lassen.«[15] Dieser Lauf würde natürlich so aussehen, daß er unter starkem Beistand der hugenottischen Partei, die in ihm bereits einen möglichen Messias sah, die Führung der Nation übernähme.
Vorläufig jedoch besserte sich die Gesundheit des Königs, und am 12. November verabschiedeten sich die Brüder endgültig voneinander. Tränen wurden auf beiden Seiten vergossen, und Karl schrieb an Du Ferrier nach Venedig: »Ich bitte Sie zu glauben, daß unsere Trennung für uns beide so schmerzlich gewesen ist, daß ich niemals tieferes Bedauern über etwas, das mir zugestoßen ist, empfunden habe. Jedoch ist es zu seinem eigenen Wohl und der Ehre unseres Hauses, daß er weggeht, und das verleiht mir einigen Trost.«[16] Im Licht der anhaltenden feindseligen Gesinnung Karls gegenüber seinem jüngeren Bruder ist eine derartige Äußerung des Kummers verdächtig, aber an Anjous Tränen war nicht zu zweifeln, denn er war im Begriff, alles hinter sich zu lassen, was er am meisten geliebt hatte.
In den nächsten wenigen Wochen setzten Katharina, Alençon und Anjou ihre Reise in östlicher Richtung fort. Am 25. November verließen sie

Nancy und kamen am folgenden Tag in St. Nicolas-de-Port an. Die wenigen Tage, die noch übrigblieben, wurden in Blâmont verbracht, und am 3. Dezember, drei Monate später als ursprünglich vorgesehen, nahm Anjou endgültig Abschied von seiner Mutter und von Frankreich. Ob, wie es die Legende will, Katharina ihrem Sohn ins Ohr flüsterte: »Mach Dir keine Sorgen, Du wirst bald zurück sein«, ist unmöglich auszumachen. Es war nicht schwierig, sich in Prophezeiungen zu ergehen, denn die Zeichen von Karls tödlicher Krankheit waren sichtbar für jeden, der zu sehen verstand.

Zehn Tage nach Anjous Abreise nach Polen gesellte sich Katharina in Reims wieder zu Karl. Das Zusammentreffen bot wenig Tröstliches für sie. Dem König ging es besser, das war wahr, aber er war offensichtlich vom Tod gezeichnet. Krankheit und die unerträgliche Last des Königtums hatten das ihre getan, und Katharinas nach außen bekundeter Optimismus hatte einen hohlen Klang. Trotz seiner Schwäche war die Jagd weiterhin Karls Leidenschaft – vielleicht deshalb, weil sie das einzige war, worin er Erfolg zu haben schien, vielleicht auch deshalb (wie seine Feinde sagten), weil sie jenen eigenartigen Lustgefühlen entgegenkam, die nur im Wege der Gewalt befriedigt werden konnten. Jedenfalls blieb er stundenlang im Sattel und ritt mit einer Geschwindigkeit, die seine Begleiter erschöpfte, niemals zufrieden, bevor er nicht seine Strecke erlegt hatte, und er kehrte erst mit Einbruch der Dunkelheit zurück, in Schweiß gebadet und aufs äußerste erschöpft.

Mit einem solchen König konnte Frankreich nicht überleben. Katharina wußte es, doch sie hatte keine Macht, es zu ändern. Anjou hätte Frankreich vielleicht retten können, aber Anjou, ihr kriegerischer Sohn, war von ihr nach Polen geschickt worden. Wenn man auf den ausgemergelten Körper des Königs blickte, auf seine Haut wie Pergament, seine gelblichen Augen mit ihren geschwollenen Lidern, so war es schwer zu glauben, daß dies das »wundervolle Kind« war, das Michieli zwölf Jahre zuvor beschrieben hatte: »Alles, was man von einem König nur erhoffen kann«, so hatte der Venezianer geschrieben, »seine Gaben, sein Geist, seine Leutseligkeit, seine Großzügigkeit, sein Mut – alles kann man von ihm erhoffen.« Indessen hatte Michieli schon damals erkannt: »Er ist nicht sehr kräftig; er ißt und trinkt sehr wenig, und man wird bei körperlichen Übungen sehr vorsichtig mit ihm umgehen müssen . . . er liebt Waffentaten und alle Übungen, die zweifellos eines Prinzen würdig sind, aber eben zu heftig . . .«[17]

Nach Anjous Abreise warf sich Karl geradezu stürmisch auf die Regierungsgeschäfte. Es geschah dies zweifellos in dem Bemühen, sich selbst zu bestätigen – gegenüber seinem Rat, seinen Feinden, den Gerüchtemachern, die hinter vorgehaltener Hand verbreiteten, der König sei nach der Bartholomäus-Nacht wahnsinnig geworden, vor allem aber gegenüber seiner Mutter, die ganz offensichtlich seinen Bruder bevorzugte. Es mußte Karl unbillig erschienen sein, daß ihm, der die Last des Königtums seit seinem zehnten Lebensjahr auf sich genommen, der die Ratschläge seiner Mutter ohne Murren angenommen hatte, die Zuneigung der Mutter niemals als erstem galt. Doch sogar während sein Groll zunahm, fuhr er fort, sie regieren zu lassen, so daß der Nuntius ärgerlich schrieb: »Das ist ein König, der sich von seiner Mutter beherrschen läßt.«[18] Es war eine so tief verwurzelte Gewohnheit, daß mit ihr jetzt nicht mehr gebrochen werden konnte.

Kurz nach Weihnachten reisten Karl und Katharina nach Chantilly, um Montmorency zu besuchen und mit ihm über den Zustand des Königreiches zu diskutieren. Franz von Montmorency hatte die Rolle übernommen, die früher sein Vater spielte. Er verharrte im Widerstand gegen die ultrakatholische Einstellung, suchte die Hugenotten zu besänftigen, ohne sich ihnen anzuschließen, und hielt an der Feindseligkeit seiner Familie gegenüber den Guisen fest. Die Pariser empfanden keine Liebe für Montmorency und sahen, wie von ihm derselbe gefährliche Einfluß auf den König ausging, den Coligny einstmals ausgeübt hatte. Der florentinische Gesandte, der ihre Gefühle teilte, schrieb besorgt während Karls Aufenthalt in Chantilly: »Wenn Montmorency so fortfährt wie er angefangen hat . . . so besteht kein Zweifel, daß er in diesem Königreich größere Bedeutung erlangen wird denn je.«[19] Montmorencys Einfluß reichte indessen nicht aus, um einem Königreich, das voller Mißtrauen war, den Frieden wiederzubringen. Eines der weitreichendsten Ergebnisse des Blutbades im August war der Wechsel der politischen Einstellung der Hugenotten zum Thron. Früher hatten sie immer darauf bestanden, loyale Untertanen des Königs zu sein, und bekannt, nur für die Befreiung des Königs von dem »gefährlichen Einfluß« solcher Leute wie die Guisen zu wirken, was sie auch immer unternehmen würden. Nach dem Massaker wurden jedoch ihre royalistischen Sympathien in Frage gestellt. Was am 24. August geschehen war, erschien ihnen als Verrat ihres Königs. Zum ersten Male begannen sie einen Disput über ihre Anhänglichkeit an die Krone. Die spontanen Angriffe auf den König, die Königin-Mutter, die Familie Guise, die auf das Blutbad gefolgt waren, wichen einer gemäßigteren – und weit tödlicheren – Folge von Flugblättern, die die Frage nach einem »gerechtfertigten Aufruhr« stellten.

Vom Herbst 1573 bis zu Karls Tod, neun Monate später, ergossen sich Flugblätter über ganz Frankreich, die die Frage aufwarfen, ob ein Volk die Waffen gegen einen König erheben dürfe, wenn dieser König sich als verantwortungsloser Tyrann erwiesen habe, und die auf dieses Recht nicht nur verwiesen, sondern es auch billigten. Ein *Politischer Dialog über den Umgang mit der Macht, die Autorität und die Pflichten von Fürsten* fragte in der Tat, inwieweit man Tyrannei ertragen solle, und an welchem Punkt das Volk eines Königreiches die Pflicht habe, zu »den Waffen zu greifen«, um »sein Leben und seine Freiheit zu verteidigen«. »Ist es denn nicht rechtens«, meinte der Autor, »wenn Volk und Adel sich mit Waffengewalt gegen den Verrat und die Grausamkeit eines souveränen Herrn zur Wehr setzen?« François Hotman warf in seinem *Franco-Gallia* dieselbe grundlegende Frage auf, während Bèze in seinem *Du Droit des Magistrats,* dem *Recht der Ämter,* darlegte, daß absolute Macht nur von Gott allein ausgeübt werden könne, daß, obwohl der König an dieser göttlichen Macht teilhabe, königliche Macht stets der verantwortlichen Pflichterfüllung durch den Souverän verhaftet sei. Der noch radikalere *Reveil-Matin* zögerte nicht, sich zugunsten des Tyrannenmordes auszusprechen.

Im Endergebnis stellten die Flugblätter fest, daß die königliche Gewalt nicht absolut ist, daß sie der Gesellschaft, die sie regiert, rechenschaftspflichtig ist, und daß, sollte sie unverantwortlich ausgeübt werden, die gesetzmäßigen Vertreter dieser Gesellschaft das Recht haben, sich solcher Tyrannei zu widersetzen. Ausdrücke wie »Wahl«, »Recht des Volkes«, »Billigung durch das Volk« kamen immer öfter vor. Nichts konnte für die Auffassung, die die Valois vom Königtum hatten, nachteiliger sein[20]. Eine solche Literatur war ein Anzeichen dafür, daß die Hugenotten weit davon entfernt waren, lediglich »Prediger des Evangeliums« zu sein, und daß sie ihre Augen einzig und allein auf das himmlische Königreich gerichtet hatten. Die Möglichkeit, sie in aller Ruhe in das Königreich zu integrieren, worin ihnen volle Religionsfreiheit gewährt werden sollte, war nicht länger gegeben. Würden sich auch viele aus dem einfachen Volk mit einer solchen Maßnahme zufrieden gegeben haben, ihre Führer vertraten offensichtlich eine andere Ansicht. Die Fragen, die sie stellten, gingen über den religiösen Rahmen hinaus, sogar über ihre persönliche Feindseligkeit gegenüber dem König. Sie rückten ein neues Konzept des Königtums in den Vordergrund, das die düstere Färbung des Genfer Republikanismus trug.

Die Hugenotten wurden gestärkt durch eine lose Allianz mit einer Gruppe gemäßigter Katholiken, den *Politiques,* »den Politischen«, unter der Führung von Montmorency-Damville, dem zweiten jener mächtigen Söhne, die der Konnetabel hinterlassen hatte. Die Politik der *Politiques* stand dem nahe, was die Königin-Mutter lange Zeit befürwortet hatte: religiöse Toleranz als Mittel heimischer Harmonie, Kompromiß anstelle von Bürgerkrieg. Eine der bitteren Früchte des Blutbades für Katharina war die Feststellung, daß ihre Gegner Männer waren, deren Ansicht der ihrigen so nahe stand, und die Erkenntnis, daß sie sich in nicht wiedergutzumachender Weise der Sache der Harmonie, für die sie so lange eingetreten war, entfremdet hatte. Sie hatte das Vertrauen selbst derjenigen, die früher für sie eintraten, verwirkt.

»Katharina von Medici ist nicht nur Italienerin, sondern dazu noch Florentinerin«, so hieß es damals in einem Angriff gegen sie. »Und unter allen Nationen hält Italien die Spitze, was List und Schläue anbetrifft; und in Italien wiederum hält die Spitze die Toscana; und in der Toscana Florenz . . . Wenn diese Kunst der Täuschung in jemand lebendig wird, der kein Gewissen hat – wie es sehr oft unter den Leuten jenes Landes der Fall ist – so überlasse ich es Eurer Phantasie, Euch auszumalen, zu welchen Übeln das führen mag. Und bei alledem stammt Katharina auch noch aus dem Hause Medici.«[21] Das Massaker, so empfand man, hatte das ganze Ausmaß ihrer Falschheit entlarvt. Während sie so einnehmend vom Frieden sprach, war sie dabei, das Eisen für den Krieg zu schmieden. Sie hatte Coligny getäuscht, sie hatte Jeanne d'Albret an der Nase herumgeführt. Die Ehe, die sie als ein Symbol des Friedens vorgeschlagen hatte, war mit dem blutigsten Kuß in der Geschichte vollzogen worden. Katharina würde man niemals wieder Glauben schenken. Die *Politiques* wandten sich mit Abscheu vom Thron ab und rückten näher an die verratenen Hugenotten heran.

Sie vertraten die Ansicht, Frankreich keinen schlechten Dienst zu erweisen, wenn sie den Wunsch hegten, ihrem Land durch eine Politik der Toleranz zu dienen, die alte Wunden heilen, Hindernisse zwischen widersprüchlichen Interessen niederreißen und das Königreich in seiner früheren Größe wiederherstellen würde. Sie waren der Parteiungen, die den Hof in ein Chaos verwandelten, sowie des korrupten und verantwortungslosen Steuersystems und der fortgesetzten Weigerung, die Generalstände einzuberufen, überdrüssig. Ihre erste Sorge war nicht religiöser Natur, sondern vielmehr eine Frage des *bien public.* Das Gemeinwohl des Königreiches war das Band, das sie alle zusammenhielt. Wenn noch irgendein Zweifel über die Kraft eines solchen Bündnisses bestand, dann brauchte der Hof nur nach Süden zu blicken, wo der politische Scharfsinn von François La Noue und Montmorency-Damville etwas geschaffen hatte, das einer Nebenregierung ähnlich sah. Doch trotz der Tatsache, daß diese beiden Männer fraglos mit Führereigenschaften ausgestattet waren, träumten die »Politischen« von einem anderen Führer, von einem, dessen Stellung ihre Sache ungemein kräftigen würde. Sie richteten ihre Blicke auf den Herzog von Alençon. Die Historie läßt diese Wahl etwas sonderbar erscheinen, denn wie künftige Ereignisse beweisen sollten, war Alençon mit jener dunklen Kraft behaftet, die sogar echte Münze zu einer Fälschung werden ließ. Er war auch nicht jener kraftvolle Führer, nach dem die »Politischen« Ausschau hielten, sondern ein Mann königlicher Abstammung, der sich ihren Wünschen gefügig zeigen würde. In diesem Licht war Alençon eine vollkommene Wahl.

Das Klima am Hof hatte Alençon für eine solche Werbung aufgeschlossen gemacht. Er war das jüngste und das geringste unter den königlichen Kindern und man hatte ihn entsprechend behandelt. Seine Unzufriedenheit war unverkennbar. Eine Zeitlang hatte sich seine Mutter selbst emsig für die von ihr gewünschte Vermählung mit Elisabeth eingesetzt, aber bald waren dringendere Geschäfte dazwischengekommen: Karl mußte bei der Herrschaft über das Königreich unterstützt werden, und Anjou mußte zum polnischen Thron verholfen werden. Was mit Alençon geschah, war stets weniger wichtig. Selbst als Kind hatte er weder die Zuneigung noch den Beifall seiner Mutter gefunden. Als er neun Jahre alt war, hatte Katharina amüsiert über ihn an den Herzog von Guise geschrieben: »Ich bin gerade aus Amboise zurückgekehrt, wo ich einen kleinen Mohren sah, der nichts anderes als Krieg und Stürme im Kopf hat.«[22] Obgleich dies zehn Jahre her war, hatte sich *le petit moricaud* wenig verändert. Sein Kopf war immer noch voll von Kriegen und Stürmen, und sein Herz von großer Bitterkeit erfüllt. Es war ein außerordentlich gefährliches Gemisch.

Eine Zeitlang hatte Karl seinen jüngsten Bruder lästig gefunden. Schon im Herbst 1572 war er besorgt über Alençons hugenottische Sympathien gewesen. Obgleich dieser bei der Belagerung von La Rochelle in der königlichen Armee Dienst geleistet hatte, wurde seine Loyalität bereits angezweifelt. »Paß auf ihn auf«, hatte der König seinem Bruder Anjou geraten und ihn davor gewarnt, den jüngeren Bruder mit irgendwelcher Autorität auszustatten, der sie, so fürchtete er, zugunsten der Hugenotten einsetzen könnte. Ständig zu einer untergeordneten Position unter einem

Bruder, den er verachtete, gezwungen, sehnte sich Alençon nach dem Tag, an dem Anjou nach Polen abreisen würde, so daß seines Bruders Autorität auf ihn übergehen würde. Es war indessen ein vergeblicher Traum, denn weder Karl noch Katharina wollten ihm die Stellung eines Generalleutnants des Königreichs anvertrauen.

Hätten sie dem »kleinen Mohren« eine verantwortliche Stellung übertragen, so würden sie vielleicht seine Loyalität gewonnen haben. Es ist eine fragwürdige Hypothese, denn Alençon scheint von Anfang an jene entscheidende Saite entbehrt zu haben, die Auffassungen wie Loyalität, Liebe, Rechtschaffenheit zum Erklingen bringt. Es war eine Musik, die er niemals gelernt hatte – vielleicht weil sie ihm niemals beigebracht worden war. Während man zunächst versucht ist, über Alençon hinwegzugehen als den verächtlichsten Typ eines Opportunisten, der noch jämmerlicher wirkt durch seine Unfähigkeit, selbst in Schändlichkeiten erfolgreich zu sein, so war er vielleicht gar nicht einmal das minderwertigste von Katharinas Kindern, sondern das seiner Umgebung gegenüber empfindsamste. Aufgewachsen in einer Atmosphäre von Komplotten und Gegenkomplotten, in einer Atmosphäre, in der die Wahrheit auszusprechen entweder ein Luxus oder eine Narrheit war, sollte er rasch lernen, daß das Überleben von seiner eigenen Verantwortlichkeit abhing, daß er das, was er wünschte, mit seinen eigenen Händen pflücken mußte. Zu seinem Verhängnis wurde ihm niemals bewußt, daß sein Ehrgeiz, das Mißtrauen gegen seine Mutter, der Neid gegenüber seinen Brüdern aus ihm eine Frucht machte, reif, von anderen Leuten gepflückt zu werden. Indem er sich einbildete, andere für sich zu gebrauchen, wurde er schließlich der am meisten Ausgebeutete von allen.

Obgleich er im Herbst 1573 in Verbindung mit Wilhelm von Oranien gestanden hatte und angeblich ein Angebot geprüft haben soll, den Aufstand in Flandern zu leiten, wandte er sich jetzt von diesem Plan ab und der Führerstelle zu, die ihm die »Politischen« anboten. Trotz des Mißtrauens, das seine eigene Familie gegen ihn hegte, wurde Alençon in diesem Punkt nicht von vornherein beargwöhnt oder abgelehnt. Manche hatten sogar eine hohe Meinung von ihm. Er schien der einzige Sohn zu sein, der sich Katharinas herrschender Hand entzogen hatte. Er war offensichtlich weniger in das Blutbad verwickelt gewesen als die anderen Mitglieder der königlichen Familie. Er wurde wegen seiner geistigen Unabhängigkeit und seines unbekümmerten Wagemutes bewundert. Der von den »Politischen« entworfene Plan bot Alençon die Stellung eines Partisanenführers. Sie hielten an der Hoffnung fest, daß mit Karls Tod – und es gab nur wenige, die nicht glaubten, daß dieser vor der Tür stand – Anjou vom Thron ausgeschlossen würde wegen seiner gegenwärtigen Bindung an Polen. In diesem Falle würde Alençon der rechtmäßige Erbe sein. Wäre er dann der Sache der »Politischen« verbunden, so würde der König der ihre sein. Rivalisierende Parteien würden ihrer Macht beraubt sein, bürgerlicher Zwist könnte sein Ende finden und Frankreich wieder geeint werden. Der erste Schritt zu einer solchen Unternehmung war, sich der Person des Herzogs zu versichern. Aber das sollte nach Alençons vorsichtigen Erklärungen nicht einfach sein. Seine wachsende Freundschaft mit Heinrich von Navarra hatte ihn verdächtiger denn je gemacht, und sowohl er als auch Navarra wurden streng beobachtet. So begann die Verschwörung von St. Germain, ein Unternehmen, das diese jungen Herren vom Zwang des Valois-Hofes befreien sollte.

Gegen Ende Februar wurde die Königin-Mutter darauf aufmerksam gemacht, daß sich Gruppen von Reitern in der Nähe von St. Germain versammelten, und daß einige Diener beobachtet hatten, wie Waffen in das Quartier von Navarra gebracht wurden. Karl, der seit dem Blutbad überall Komplotte sah, war in Schrecken versetzt. Die Tore wurden sofort geschlossen und mit Wachen versehen, die Schweizer Garde wurde alarmiert und Alençon vor den König geführt. Seine kriecherischen Antworten auf die zornig vorgebrachten Bezichtigungen des Königs und seiner Mutter riefen nur Verachtung hervor. »Euer Heiligkeit sollten bedenken, daß dies ein Mann ohne Mut ist«, schrieb der Nuntius nach Rom, nachdem er Kenntnis von Alençons Verhalten bekommen hatte. Er bekannte alles, rutschte auf den Knien und bat den König zu glauben, daß er ihm keinen Schaden zufügen wollte und daß er jede Art von Strafe, ja sogar den Tod verdient habe. »Der Herzog bleibt niedergeschlagen und halbverrückt«, schrieb Cavalli und stellte den ins Auge fallenden Gegensatz zwischen Alençons verzweifelten Anstrengungen, des Königs Verzeihung zu gewinnen, und Navarras unerschütterlicher Haltung fest[23]. Karl war indessen weniger auf die Bestrafung der Bösewichter aus als auf seine eigene Sicherheit. Sein jetziges Verhalten unterschied sich auf jämmerliche Weise von jener jugendlichen Heiterkeit, mit der er der Gefahr während der Unternehmung von Meaux ins Auge gesehen hatte. Sechs Jahre zuvor war er über die Weigerung des Konnetabels verärgert, ihn in der Vorhut zu belassen; jetzt gab er trotz der relativen Sicherheit von St. Germain Befehl zum sofortigen Aufbruch nach Paris. Die Panik des Königs steckte den Hof an, und im Durcheinander der allgemeinen Verwirrung wurden Pferde, Wagen und Karren mit allem, was eben zur

Hand war, beladen und auf die offene Landstraße geführt. »Einige konnte man ohne Stiefel sehen, andere wiederum ohne Strümpfe oder Schuhe«, erinnerte sich De Thou[24]. Der Schrecken stand in keinem Verhältnis zur tatsächlichen Gefahr, denn nicht mehr als 200 Mann hatten sich bei St. Germain versammelt.

Es hätte ein lächerlicher Auftritt sein können, wäre nicht durch den Zustand des Königs ein tragisches Element hinzugekommen. Karl ging als letzter. Die Erregung hatte ihn krank gemacht, und er war gezwungen, langsam mit der Kutsche zu reisen. Achthundert Schweizer ritten mit ihm, aber weder sie noch seine Mutter konnten die Beschwerden der Reise mildern. Obwohl es nur einige wenige Meilen von St. Germain nach Paris waren, so unterbrach man die kalte, langsame Reise, um die Nacht im Schloß des Grafen de Retz in St. Cloud zu verbringen. Als Katharina vorschlug, Residenz im Louvre zu nehmen, wollte Karl trotz der Anstrengung, die ihm die Reise bereitete, nichts davon wissen. Für Karl war der Louvre sicher vor den Lebenden, aber nicht vor den Toten. Vielleicht, so meinten die hugenottischen Prediger, begegnete er in seinen Träumen den Geistern der Toten oder hörte er ihre Schreie, die aus den aus der Seine emporsteigenden Nebeln herübergeweht wurden. Vielleicht roch er immer noch Blut. Jedenfalls zog er es vor, als Residenz das mit grauen Zinnen versehene Schloß von Vincennes zu nehmen. Dabei war es düsterer mit seinen kleinen Fenstern, den hohen Türmen und dikken Mauern, aber im Augenblick barg es weniger Schrecken für den König.

Vincennes sollte indessen weder Frieden noch Sicherheit gewähren. Im vergangenen Dezember hatte Karl an seine Gouverneure geschrieben und sie gewarnt vor »Personen, die von Haus zu Haus ziehen und die Herren und andere Leute zum Aufruhr und Ungehorsam aufstacheln unter dem Vorwand des öffentlichen Wohles«[25]. Was er in St. Germain erfahren hatte und was er erneut in Vincennes erfahren sollte, war, daß die von ihm erwähnten Personen aus seinem eigenen Haushalt stammten. Es war die Politik von Karl und der Königin-Mutter gewesen, die Ereignisse in St. Germain auf die leichte Schulter zu nehmen. Sowohl Alençon als auch Navarra war befohlen worden, Erklärungen abzugeben, worin sie ihre Loyalität gegenüber dem König versicherten sowie ihren Entschluß, sich seinen Feinden zu widersetzen. Mit solchen Erklärungen schien sich Katharina abzufinden, obwohl es auch andere wie den Kardinal von Lothringen gab, die warnend darauf hinwiesen, daß, wenn der König nicht strengere Maßnahmen ergreifen würde, seine Feinde weiterhin aufsässig blieben. Sogar Valentine Dale, der englische Gesandte, der unterdessen die Stelle von Walsingham eingenommen hatte, war von dem herrschenden guten Einvernehmen überrascht und schrieb an Burghley: »Der König macht seine Späße mit Navarra und dem Herzog . . . und behandelt sie mit freundlicherer Miene als je zuvor.«[26]

Es war weder Liebe noch Gnade, sondern die pragmatische Einstellung seiner Mutter, die die Haltung des Königs bestimmte. Obgleich Katharina Alençon niemals unter Kontrolle zu bringen vermochte, so durchschaute sie jedoch ihren jüngsten Sohn sehr klar. Er war gescheitert, er war gedemütigt und öffentlich getadelt worden und jetzt wurde er an der Leine gehalten. Wenn diese Leine nicht lang genug sein würde, um ihm ein Gefühl von Freiheit zu lassen, so könnte er versuchen, sie alle zu vernichten. Durch Lächeln und Versprechungen gedachte sie seine Leidenschaft für die Freiheit einzuschläfern, aber etwas Überwältigendes war in Alençon erwacht. Weder der Luxus des Hofes noch die Schmeicheleien seiner Mutter oder seiner Mätresse konnten es unterdrücken. Ehrgeiz nagte in ihm gleich einem Krebs. Er hatte seine eigenen fieberhaften Erregungen, die sein Blut nicht minder als das des Königs zum Rasen brachten und schließlich seinen Untergang verursachten.

Den März hindurch wuchs die Spannung in ganz Frankreich. Der Graf von Montgomery – jener junge Lord, der für Heinrichs II. Tod vor 15 Jahren verantwortlich und nunmehr einer der Führer der Hugenotten war – war mit englischen Waffen und englischen Soldaten in die Normandie eingebrochen. Die Provence, die Dauphiné, Guyenne standen alle in Waffen »gegen die Tyrannei«. Zündende Flugblätter nahmen überhand; Plakate mit Anklagen gegen die Regierung oder Verhöhnungen der königlichen Familie wurden gezielt angebracht, eines sogar an der Tür der Königin-Mutter mit dem Text: »Den König von Polen nach Polen, den Herrn Herzog nach England, die Königin-Mutter unter die Erde, dem König seinen Frieden.«

Mittlerweile nahm ein anderes Komplott, in das wiederum Alençon und Navarra verwickelt waren, in Vincennes Gestalt an. Am 6. April saß Alençon einer geheimen Zusammenkunft vor, auf der beschlossen wurde, einen neuen »Ausbruch« am 9. April zu versuchen. Sowohl Franz von Montmorency als auch der Graf von Brissac wohnten der Zusammenkunft bei, obgleich sie später behaupteten, ihre Anwesenheit wäre ein Versuch gewesen, Alençon von seinem gefährlichen Vorhaben abzubringen. Wieder einmal hing alles von der Geheimhaltung ab, aber es gab nur wenig Verlaß auf Geheimhaltung an einem Hof, wo Katharina ihre bezahlten »Ohren« überall hatte. Yves de Brinon berichtete alles, und am Morgen des 7. April enthüllte Katharina die Verschwörung dem König. Wütend warf er das Tablett mit seinem Frühstück zu Boden und schrie: »Dieser Verrat darf nicht geduldet werden!« So heftig war der anfängliche Zorn des Königs, daß Cavalli schrieb, er hätte gedacht, beide Prinzen würden auf der Stelle zum Tode verurteilt werden[27]. Wieder war es Katharina, die zur Mäßigung riet. Ihre Wut gegen den undankbaren, mißratenen Sohn war ebenso unerbittlich wie die von Karl, aber da sie das Bild des Königs immer mehr vom Tode geprägt sah, so zögerte sie, den Thron ohne einen Erben zu belassen. Wenn Alençon und Navarra hingerichtet würden und Karl sterben sollte, welcher Gefahr würde Frankreich dann ausgesetzt sein? Zweimal war sie Zeuge gewesen, wie zwei vom Ehrgeiz besessene Männer im trüben Wasser fischten, das nach dem Tod eines Königs aufgewühlt worden war. Wenn sie auch niemals gewillt war, die Macht in Alençons Hände zu legen, so würde seine Anwesenheit doch ein Symbol gesetzmäßiger Autorität abgeben. Als sie Karl riet, sich die »Höchststrafe« für einige der rangniederen Verschwörer vorzubehalten und Alençon und Navarra unter strenge Bewachtung zu stellen, stimmte er zu.

Im Nu wurde Vincennes zur Festung. Die Prinzen wurden ergriffen und gezwungen, ihre Degen zu übergeben, während andere Mitglieder der Verschwörung aufgespürt und verhaftet wurden. Die Stimmung war völlig verschieden von der in St. Germain, und Navarra bekannte später, er hätte um sein Leben gebangt. Als die Jagd auf die Verschwörer zu Ende war, saßen mehr als 100 angeblich darin verwickelte Leute im Gefängnis. Unter ihnen befanden sich Montmorency und Brissac, ferner die beiden fragwürdigen Freunde Alençons Boniface de La Molle und Hannibal de Coconat sowie der kleine italienische Astrologe der Königin-Mutter Cosimo Ruggieri, der, wie es hieß, geholfen hatte, üble Zauberkräfte gegen den König zu beschwören.

Auf einer Sitzung, an der Karl, Katharina und der Kanzler teilnahmen, drang letzterer mit Entschiedenheit in den König, »um des ganzen Königreichs willen ein Exempel zu statuieren und strenge Maßnahmen zu ergreifen, auf daß Milde nicht als Schwäche und Unentschlossenheit erscheine«. Dieses Mal sollte Gerechtigkeit, nicht Milde vorherrschen. »An Gerechtigkeit gegenüber diesen Schurken soll es nicht fehlen; um das Feuer von Anfang an zu löschen, müssen einige Köpfe rollen«, soll Katharina angeblich dem spanischen Gesandten Zúñiga gesagt haben. »Sie haben nicht nur Gott und den König beleidigt«, so fuhr sie fort, »sondern sie

haben zwei junge Prinzen mißbraucht und getäuscht, die noch den Geschmack von Milch auf ihren Lippen haben.«[28]
Es war ein komisches Bild für zwei junge Männer, deren Unschuld kaum ihre Kindheit überlebt haben dürfte, aber es war ein für Katharinas Politik typisches Bild. Obgleich sie zugeben mußte, daß ein Staatsverbrechen begangen worden war, so wollte sie nicht eingestehen, daß es seinen Ursprung im Busen der königlichen Familie hatte. Sie wollte ihre private Wut an Alençon auslassen, aber sie war entschlossen, seine öffentliche Würde als Valois-Prinz unangetastet zu lassen.
Alençon und Navarra verbrachten ein trübes Ostern. Sie hatten davon geträumt, das Oster-Halleluja in der Freiheit von St. Maur zu singen. Statt dessen wurden sie in ihren getrennten Räumen unter Verschluß gehalten. Wenige Informationen sickerten zu ihnen durch. Ihre persönlichen Diener waren durch Leute des Königs ersetzt worden. Die Tore waren verschlossen und bewacht, und selbst diejenigen, welche eintreten durften, wurden sorgfältig durchsucht. Von Zeit zu Zeit drangen Nachrichten ihrer Mitverschwörer zu ihnen: Brissac und Montmorency hatte man trotz der Beteuerungen ihrer Unschuld in der Bastille eingesperrt; La Molle war in Vincennes verhaftet worden, und Coconat verbarg sich anfangs in einem Kloster in Paris. Beide sollten der Folter überantwortet werden, bis sie dazu gebracht werden konnten, die Wahrheit zu sagen. Bei La Molle war das fast augenblicklich der Fall; bei Coconat mußte die Folterung wiederholt werden, bis er genug ausgeplaudert hatte, um ihn des Verrats zu überführen. Obgleich Alençon auf den Knien um ihr Leben bat, wurden beide Männer (die so schön waren, so heißt es, daß Frauen beim Gedanken an ihren Tod in Ohnmacht fielen) öffentlich hingerichtet.
Ihre »Geständnisse« waren für Katharina der schließliche Beweis, daß Alençon und Navarra die unschuldigen Opfer übler Leute gewesen waren. Dennoch fuhr sie fort, sie hinter Schloß und Riegel zu halten. Als der englische Gesandte aufgrund einer Botschaft von Navarra, in der dieser Befürchtungen für sein Leben äußerte, Katharina wegen der strengen Bewachung des Palastes um Auskunft gebeten hatte, versicherte sie ihm, es geschähe um der eigenen Sicherheit der Prinzen willen, und sie fügte vertraulich hinzu: »Wir sind hier alle gut bewacht.«[29]
Am 13. April wurden Beauftragte des Pariser Parlaments herbeigeholt, um bei den Prozessen gegen Alençon und Navarra als Zuhörer anwesend zu sein. An Alençons salbungsvollen Unschuldsbeteuerungen und Bitten um Gnade war wenig Neues. Navarras Erklärung dagegen war weniger ein Geständnis als vielmehr eine Verteidigungsrede. Als er wie einen

Prolog die Daten seines Lebens aufzählte, veränderte er den Standpunkt dergestalt, daß nicht mehr er es war, dem der Prozeß gemacht wurde, sondern vielmehr der Monarchie, die seine Familie, seine Anhänger und ihn selbst immer wieder verraten hatte. Die Verschwörung, in die er sich eingelassen hatte, war kein Verbrechen gegen den König, sondern ganz einfach eine Anstrengung seinerseits, einem Hof zu entfliehen, wo er in beständiger Furcht und unter dauerndem Verdacht lebte[30]. Es war dies die erste öffentliche Stellungnahme des Mannes, der 15 Jahre später der erste Bourbonen-König von Frankreich werden sollte. Es ist bedauerlich, daß Katharina keinen Kommentar zu Navarras Erklärung hinterlassen hat. Weder rhetorisch noch in ihrem Stil konnte sie ihren Eindruck auf sie verfehlt haben. In den kommenden Jahren sollte sie entdecken, daß er weniger der Sohn seines Vaters war, als sie sich eingebildet hatte. Er sollte in der Tat ein Gegner werden, dessen Scharfsinn es mit ihrem aufnahm. Die Erklärungen der Prinzen trugen indessen nicht dazu bei, ihre Lage zu ändern. Ihre Einschließung hielt unvermindert an. Sie bekamen niemanden zu sehen; sie hatten keinen Zugang zur Welt außerhalb von Vincennes. Als der englische Gesandte versuchte, mit ihnen in Verbindung zu treten, war er gezwungen, zweifelhafte Zuflucht bei einem bestochenen Diener zu suchen. Als die Gesundheit des Königs immer bedenklicher wurde, wurde ihre Aussicht, die Freiheit wiederzuerlangen, immer geringer, denn Katharina gab sich alle Mühe, Anjous aus Polen übermittelten Ratschlag zu befolgen: »Alles muß geschehen, um den Herzog von Alençon davon abzuhalten, die Macht an sich zu reißen.«[31]

Während der zweiten Hälfte des Monats Mai hätten die beiden Gefangenen ebensogut zur Haft in einem Verlies verurteilt sein können, denn angesichts der Sorgen um König Karls Gesundheit schien man sie vollkommen vergessen zu haben.

»Der König ist nur noch Haut und Knochen«, schrieb ein englischer Agent, »seine Beine und Schenkel sind so schwach, daß er sich nicht aufrechthalten kann.« Eine Zeitlang hatte Karl Blut gespuckt, jetzt begann er unter subkutanen Blutungen zu leiden. Am 23. Mai wurden alle Audienzen abgesagt, und die Ärzte des Königs kamen in seinem Gemach zusammen, um nach einem Heilmittel gegen das krampfhafte Atmen und die heftigen Schweißausbrüche zu suchen. Karl war nicht mehr zu heilen, aber er unterzog sich nochmals einem Aderlaß und einem Einlauf. »Nutzlose Heilmittel«, so kommentierte Simon Goulart, »die ihn nur weiter schwächten.«[32]

Katharina hat keine Aufzeichnungen über ihre Gedanken während der letzten Tage von Karls Krankheit hinterlassen. Sie, die sich so oft darüber beklagt hatte, daß sie niemanden habe, auf den sie sich verlassen könne, fand dies jetzt buchstäblich bewahrheitet. Anjou war in Polen; Alençon war ein Verräter. L'Hôpital und der Konnetabel waren tot. Den ältesten Sohn des Konnetabels hatte sie eingesperrt, und sein zweiter Sohn unternahm alles, was er konnte, um sich zum Herrn über die Dauphiné zu machen. Sogar die Guisen waren nicht am Hof. Von all denjenigen, mit welchen sie geistigen Austausch pflegte, war keiner übriggeblieben: Condé, Anton, Jeanne d'Albret, Franz von Guise – alle waren tot. Sie war 55 Jahre alt und hatte sie alle überlebt – sogar einen Gatten und zwei königliche Söhne. Ihre Einsamkeit war unermeßlich, und darüber lag der Schatten eines weiteren Verlustes.

Es ist unmöglich, zu glauben, daß sie nicht erkannt hätte, wie nahe Karl dem Tode war. Sie hatte den Tod zu oft gesehen, um den höflichen Versicherungen der Ärzte zu vertrauen. Doch hier betrog sie sich jetzt selbst. Ihre Briefe sind voll von festem Vertrauen in die Wiedergenesung des Königs. Anfang Mai äußerte sie in einem Brief an den Herzog von Savoyen ihre Freude, daß ihr Sohn auf die ihm verordnete Medizin ansprach. »Gott sei Dank«, schrieb sie, »ist nichts weiter übriggeblieben als eine große Schwäche und die Reste eines Hustens, der nicht weiter schlimm ist.« Und sogar noch am 23. Mai schrieb sie an Fénelon nach England: »Mein Sohn fühlt sich immer besser und besser . . . und sein Fieber nimmt beständig ab. Er hatte fünf Fieberanfälle gehabt, aber die Ärzte hoffen, daß er nur noch einen oder zwei haben wird, um die Zahl sieben vollzumachen; denn diese Anfälle sind jetzt sehr leicht, Gott sei Dank!«

Vier Tage später schrieb sie an die Pariser Behörden, daß aller Grund besteht, auf eine »vollständige Heilung« zu hoffen. Es war zeifellos ihre Art und Weise, der Panik zu begegnen, die ausbrechen würde, wenn das Volk erführe, wie nahe der König dem Tode war. In Wirklichkeit täuschte sie niemand. Paris kochte über von Klatsch und Gerüchten, und am Hof begann man schon in der einfachen Zukunftsform zu schreiben: »Wenn der König sterben wird . . .«[33]

Ende des Monats hatte Karl selbst der Wahrheit ins Auge gesehen, und am 30. Mai schrieb er an Matignon in die Normandie: »Sie haben von meiner Krankheit zuvor schon gehört . . . heute habe ich den Zustand erreicht, in dem ich darauf warte, Gottes Wohlgefallen an mir zu erfahren, denn alles Menschliche liegt in Seiner Hand.«[34] Im vergangenen Herbst hatte Karl bereits Urkunden unterzeichnet, worin festgesetzt wurde, daß der Thron, falls er ohne männlichen Erben sterben sollte, auf seine Brüder übergehen würde. Jetzt versicherte er in einem einen Tag vor seinem Tod geschriebenen Brief, daß Katharina, die während seiner Krankheit »sich mit größerer Sorgfalt denn je um meine Angelegenheiten und die meines Königreiches gekümmert hat«, als Regentin amtieren würde, »bis der König von Polen, der mein legitimer Nachfolger ist, angekommen sein wird. Sowohl Alençon als auch Navarra«, so schloß er, »haben der neuen Regentin Gehorsam versprochen, gemäß der Liebe und Zuneigung, die sie ihr entgegenbringen.«[35]

Karl hatte die Grenzen seiner Kraft erreicht. Er konnte keine Nahrung mehr bei sich behalten – seine einzige Erquickung war ein bißchen Eis, um seine ausgetrockneten Lippen zu kühlen. Als Katharina kam, um von der erfolgreichen Schlacht bei Domfront zu berichten, in der Montgomery, der hugenottische Führer, gefangengenommen worden war, sagte er nichts, und dann wie aus weiter Entfernung: »Alle menschlichen Dinge gehen mich weiterhin nichts mehr an.«[36] Am Morgen des 30. Mai, nach einer Nacht voller Atemnot im Todeskampf, starb der König. Katharina war bei ihm, und seine letzten Worte galten ihr: »Ma mère«, so sagte er. Einige dachten, es wäre ein nicht mehr zu Ende gesprochener Wunsch, aber Katharina nahm es als letzten kindlichen Ausdruck der Anhänglichkeit und Abhängigkeit ihres Sohnes.

Mutter des Königs

Heinrich, von seiner Mutter Gnaden
ungewisser König von Frankreich.
Anonym

I

Zum dritten Mal schloß Katharina die Augen eines Königs zur ewigen Ruhe und gab Anweisungen für das verwickelte Zeremoniell.

Der Tod verlieh Karl Würde. Oft abgestempelt als wahnsinnig, krank, widernatürlich, wurde er jetzt, wie Goulart zynisch berichtete, so hingestellt, »als ob es niemals eine vollkommenere und heiligere Persönlichkeit als ihn gegeben hätte«. Arnaud Sorbin kam bei seinen Bemühungen, den König entsprechend zu preisen, ins Stottern, und Blaise de Monluc beteuerte auf läppische Art: »Ich wage sogar zu sagen, daß er, wenn er am Leben geblieben wäre, noch große Dinge verrichtet hätte.«[1]

Übertreibung und Rückblick waren indessen das Werk von Außenstehenden. Innerhalb des Hofes selbst hatte man keine Zeit für rückwärts gerichtete Blicke. Der Leib des Königs wurde einbalsamiert und für die vierzig Tage, die dem Begräbnis vorangingen, in einen Metallsarg gelegt. Um den Sarg sammelten sich zwölf Mitglieder der vier bedeutendsten religiösen Orden, deren Aufgabe es war, endlose Gebete zu intonieren und den Sarg immer wieder mit Hilfe ihrer silbernen Wedel mit Weihwasser zu besprengen. In einem Nebenraum war ein Bildnis des Königs aufgestellt, das ihn mit einer lilienbestickten Satintunika, einem hermelinbesetzten karmesinroten Umhang über den Schultern und mit einer edelsteinfunkelnden Krone auf dem Haupt zeigte. In beiden Räumen war der volle Kreis seines Lebens und Sterbens dargestellt, von menschlichem Ruhm und menschlicher Begrenztheit – was der Mensch erreichen mochte und wie er schließlich gezwungen war, sich zu ergeben. In dem Ritual war eine mächtige Wahrheit enthalten, aber Katharina hatte keine

Zeit dafür. Am 1. Juni verlegte sie den Hof in den Louvre und überließ es den Ordensleuten und einigen Vertretern des niederen Adels, Karl in Vincennes Gesellschaft zu leisten.
Im Louvre errichtete sie eine weitere Festung. Alle Tore außer dem Haupttor hatten verschlossen zu sein, und dieses wurden von den königlichen Bogenschützen und der Schweizer Garde streng bewacht. Jetzt, sie wußte es, war der strategische Augenblick für eine Erhebung gekommen, und dagegen trachtete sie jede Vorsichtsmaßregel zu treffen. Vincennes war von Paris zu weit entfernt gewesen; vom Louvre aus konnte sie die Stadt in ihrem prüfenden Auge behalten, auf der Hut vor den ersten Zeichen von Unruhe. Da sie wohl wußte, daß ihre Regentschaft von vielen »mit großem Mißfallen« betrachtet wurde, so verlor sie keine Zeit, sie zu stärken. Am 3. Juni wurden beim Pariser Parlament Bestätigungsurkunden registriert, die erklärten, daß Katharina diese Verantwortung »auf Bitten« von Alençon, Navarra, dem Kardinal von Bourbon und anderen übernommen habe. Ein Zirkularschreiben mit der Unterschrift von Navarra und Alençon war bereits hinausgegangen und schärfte den Provinzgouverneuren ein, daß sie während der Zeit, in der man auf die Rückkehr von Anjou wartete, Katharina »Hilfe und Gehorsam« zu leisten hatten, die »mit ihrer Klugheit, ihrem weitgespannten Erfahrungsschatz und ihrer einzigartigen Ergebenheit gegenüber der Krone« die Stellung einer Regentin einnehmen würde[2].
Unterdessen schrieb Katharina selbst des längeren an ihre Gesandten und andere Notabeln und brachte ihre große Betroffenheit über den Verlust durch den Tod ihres Sohnes sowie ihr Widerstreben gegen die Übernahme der Last der Regentschaft zum Ausdruck. »Ich habe diese Bürde übernommen, obgleich es meine Absicht gewesen war, alle solche Geschäfte beiseite zu lassen und Frieden und Ruhe im Leben zu suchen«, so erläuterte sie[3]. Es war ein Bekenntnis, das nicht einmal naive Naturen glauben würden. Wenn irgendetwas, so hatte das Alter Katharinas Energie beflügelt. Trotz ihrer gesundheitlichen Anfälligkeit war sie außergewöhnlich tatenfroh: sie ritt ihren Höflingen voran, trieb ihre Diener an den Rand der Erschöpfung und ließ ihre Sekretäre sich überarbeiten, so daß einer von ihnen sich beklagte, seine Arme wären von zuviel Schreibarbeit ganz lahm. Zu intrigieren war ebenfalls eine ihrer Lebensgewohnheiten geworden. Anfänglich linkisch und ungeschickt, war sie gegen ihren Willen zum Tanzen aufgefordert worden; doch bald schon entdeckte sie ein bislang verborgenes Geschick dazu, und seit langem war sie überall dort zu finden, wo die Musik am lautesten spielte. Oft tanzte sie um ihr

Katharina in Konferenz mit dem Kardinal von Lothringen

Connetable Anne de Montmorency

Leben, und die Gefahr machte sie erfinderisch. Sie bestimmte mit vertrackten Schritten eigener Erfindung den Rhythmus, wobei sie mit einigen unerwarteten Bewegungen oft denjenigen ein Bein stellte, die mit ihr Gleichschritt zu halten trachteten. Der Rhythmus der Musik war eins geworden mit ihrem Pulsschlag. Navarra fühlte diesen Puls, als er viele Jahre später scharfsinnig kommentierte: »Madame, Sie werden bei dieser Unruhe immer stärker; wenn Sie Frieden hätten, so würden Sie nicht wissen, wie Sie eigentlich leben sollten.«[4]

Wenige Stunden nach Karls Tod hatte sie einen Brief nach Polen abgeschickt und ihren Sohn nicht weiter als »Anjou«, sondern mit seinem Taufnamen angeredet: Heinrich von Frankreich. Es war ein Brief, in dem sich Trauer mit dem Trost mischte, daß ihr Liebling bald Frankreich regieren würde:

»Ich dachte, ich würde verzweifeln, als ich die Liebe sah, die er mir gegen Ende entgegenbrachte, wie er nicht imstande war, mich zu verlassen, und mich bat, Dich in aller Eile holen zu lassen . . . Und nun ist er tot, nachdem er die letzte Ölung erhalten hat . . . Das letzte Wort, das er aussprach, war *›Ma mère‹*. Das ist ein großer Kummer für mich gewesen, und ich finde keine andere Tröstung . . . als Dich bald hier zu sehen, denn Dein Königreich braucht Dich dringend.«

Und dann schrieb sie mit einem hellen Aufschrei ihres Herzens: »Wenn ich Dich jemals verlieren sollte, so würde ich mich lebendig mit Dir begraben lassen.« Eines solchen Dramas bedurfte es indessen nicht. Heinrich war der einzige Sohn, den sie nicht durch den Tod verlieren sollte. Statt dessen verlor sie ihn Jahr für Jahr immer mehr durch Enttäuschungen und am falschen Ort gehegte Hoffnungen. Bevor er Polen verließ, schrieb sie voller Vertrauen: »Ich bin sicher, daß es dort niemals einen so weisen König gegeben hat.« In Wirklichkeit hatte der »weise König« bereits begonnen, seine Possen zu treiben[5].

Es ist interessant, darüber nachzusinnen, was wohl aus Heinrich geworden wäre, hätte man ihn nicht so schnell nach Frankreich zurückgerufen. Es ist kaum glaubhaft, daß er noch lange in einem Königreich geblieben wäre, das seinem Geschmack so zuwider war. Von Anfang an fühlte er sich zu Polen überhaupt nicht hingezogen, und bei seiner Ankunft in Krakau wuchs seine Abneigung nur. Er haßte die Kälte, die heftigen Schneefälle und die düstere, massive Architektur des Palastes. Sein Adel, hochgewachsene, robuste Männer, machten ihn durch ihre Körpergröße zum Zwerg und verurteilten ihn durch ihre Sprache zum Schweigen. Er unternahm keine Anstalten, sich ihnen anzupassen, sondern zog sich mit der reservierten Haltung der Valois in den Kreis seiner französischen Begleitung zurück. Schließlich hatte er gemäß der Tradition der Valois zu regieren begonnen – einer Mischung aus göttlichem Willen und Intrige. Sogar vor seiner Ankunft in Krakau hatte er Rambouillet geschrieben, es sei doch wohl sicher, daß seine Gemächer genügend private Ausgänge und Eingänge hätten, und er fügte hinzu: »Sie kennen die Neigungen meiner Mutter in dieser Hinsicht.«[6]

Als er am 12. Juni die Nachricht vom Tod seines Bruders erhielt, begrüßte er sie mit Freude, in die sich nur ganz leicht etwas Familientrauer mischte. Was er dann tat, ist ein Zeichen jener Torheit, deren sein Leben voll ist. Ohne sich zu beraten oder Rat einzuholen, sogar ohne Unterrichtung seiner Minister, stahl er sich aus dem Geheimausgang seines Gemachs und trieb, nur von wenigen Begleitern umgeben, sein Pferd wie ein Dieb oder wie ein Wahnsinniger bis zur polnischen Grenze. Es war ein lächerlicher Aufbruch, und amüsiert schrieb ein zeitgenössischer Verseschmied eine Ode, worin er Heinrich singen ließ:

Lebe wohl, Polen lebe wohl.
Lebe wohl mit deinen Wüsten, deinen Gewässern, deinen eis- und schneebedeckten Wogen.
Lebe wohl, o Land, ein ewiges Lebewohl.
Deine Lüfte, deine Sitten haben mir so mißfallen,
Daß alles erst ganz und gar geändert werden muß,
Soll ich jemals wieder an diesen Ort zurückkehren.[7]

Anfang Juli kam er an der Grenze des venezianischen Staates an. Italien hatte ihn zu jeder Zeit angezogen, da er aber aus der Einsamkeit und Kälte Polens kam, so lag es vor ihm wie ein irdisches Paradies. Gleich einem zum Leben in der Finsternis verurteilten Gefangenen feierte er seine Erlösung, indem er das Sonnenlicht Italiens einsog und spürte, wie Gnade und Wärme wieder in ihn hineinströmten. Keines von Katharinas Kindern besaß mehr natürlichen Zauber und Anmut als Heinrich, und die Leute, die jetzt kamen, um ihn willkommen zu heißen, konnten dies in vollen Zügen spüren. Du Ferrier schrieb am 6. Juli an Katharina:

»Ich habe ihn gesund und fröhlich angetroffen, wie Sie es sich nur wünschen können. . . . Er bereitete den Fürsten und Herren, die zu seiner Begrüßung erschienen waren, eine große Freude, sowie, in der Tat, allen Leuten und den Dörfern, durch die er hindurchkam. Er wird von jedermann bewundert, nicht nur wegen seines freundlichen Wesens, sondern auch wegen jener königlichen Liebenswürdigkeit und Menschlichkeit, die sein Gesicht erstrahlen lassen . . . Wenn die Prophezeiungen, die über ihn angestellt worden sind, wahr werden, dann wird er einer der größten Fürsten der Welt sein.«[8]

Obgleich der Brief alles enthielt, was Katharina nur wünschen konnte, so wäre es ihr lieber gewesen, wenn Heinrich selbst geschrieben und ihr seine Eindrücke vom Land ihrer Geburt geschildert hätte. Mit Ausnahme eines kurzen Briefes aus Österreich gegen Ende Juni hatte er sich ihr gegenüber jedoch in Schweigen gehüllt. Dieser Brief war zur Quelle großer Freude geworden, denn darin hatte er ihr gesagt, er beabsichtige, in jeder Hinsicht ihren Rat zu befolgen, und schloß: »Ich bin der Sohn, der Ihnen stets gehorsam war, und ich bin es noch bestimmter und entschlossener denn je. Glück überströmt mich bei dem Gedanken, Sie zu sehen.«[9] Alle Hoffnungen Katharinas konzentrierten sich auf seine Rückkehr. Ihre Hoffnungen auf ihren Sohn und für Frankreich unter seiner Herrschaft waren grenzenlos. Ihr Krieger-König, der Held von Jarnac und Moncontour, war unvergleichlich.

Am 10. Juli, nach der vorgeschriebenen Trauerzeit, wurde Karls Leichnam in feierlicher Prozession zur Kirche von St. Antoine-des-Champs gebracht. Zwei Tage später wurde das endgültige Totenamt in Notre Dame zelebriert und sein Leichnam neben seinem Bruder und Vater in St. Denis beigesetzt. Am Ende des Gottesdienstes rief ein Herold im Rahmen des symbolischen Rituals aus: »Der König ist tot«, und brach den Stab Karls entzwei. Aber als seine Stimme zurückschallte und inmitten der Gewölbe der Basilika erstarb, verkündete ein zweiter Herold: »Der König lebt, lang lebe Heinrich III.!«[10] Es war die erste öffentliche Äußerung des Namens des neuen Königs, und für das katholische Paris hatte er einen sehr lieblichen Klang.

Doch teilte nicht ganz Frankreich diese Freude. Die Hugenotten und sogar die gemäßigten »Politischen«, die jetzt von Montmorency-Damville angeführt wurden, erinnerten sich mit Sorge an Heinrichs heftige Parteinahme zugunsten der Politik der Guisen. Katharina regierte im Bewußtsein, daß es gefährliche Monate werden würden, mit schwerer Hand. Franz von Montmorency wurde in der Bastille festgehalten; Alençon und Navarra hatten, obwohl sie in den Louvre gebracht worden waren, ihre Freiheit noch nicht wiedererlangt. Ihre Fenster waren verrammelt und ihre Wachen verstärkt. Zweimal hatten sie versucht, zu entkommen: einmal in Frauengewänder gekleidet und ein anderes Mal durch eine unverschlossen gebliebene Hintertür. Obgleich beide Versuche fehlgeschlagen waren, war Katharina aufgeschreckt, als es offenkundig geworden war, daß England ihnen materielle Hilfe anbot. Im Juni hatte sie beobachtet, wie sich Sir Thomas Leighton mit Alençon im Flüsterton zu unterhalten versuchte, und sie hatte in ihrer Entrüstung an Fénelon geschrieben, daß Elisabeth falsch informiert wäre, wenn sie dachte, diese jungen Prinzen seien ungebührlich gedemütigt worden. »Im Gegenteil«, so bemerkte sie, »sie sind sehr glücklich, und ich freue mich über sie.«[11]

Gegen Ende Juli wuchs Katharinas Verärgerung über Englands fortgesetzte Einmischung, besonders als sie Nachricht von erneuter englischer Aktivität um Calais erhielt. Dieses Mal schrieb sie an Elisabeth selbst und machte sie darauf aufmerksam, daß Alençon von gewissen Engländern »verführt« würde, die ihm erzählen, daß »Sie ihm 50000 Taler geben sowie Leute schicken würden, um ihm zu helfen, eine Armee aufzustellen . . . nicht nur um Unruhe in diesem Königreich zu stiften, sondern innerhalb der gesamten Christenheit«. Katharina war gewöhnlich nicht so offen bei ihren Angriffen, und Fénelon, der Elisabeths Antwort fürchtete, riet seiner Königin warnend, »den Verdacht, den Sie gegenüber dieser Fürstin geäußert haben, zu mäßigen . . . damit Sie nicht ein offenes Bündnis mit den Protestanten eingeht«[12]. Katharinas starre Antwort bestand in einer Verschärfung der Navarra und Alençon betreffenden Vorschriften, und sie ließ sie nicht aus dem Auge, wohin sie sich auch immer begaben, so daß Dale sie amüsiert »ihre Kücken« nannte und an Walsingham schrieb, daß Alençon »nicht wagt, mit jemand anders zu sprechen, noch irgendjemand es wagt, mit ihm zu sprechen«[13].

In solcher Stimmung traf der Hof während der größten Hitze des Monats August in Lyon ein, um die Ankunft des neuen Königs abzuwarten. Nebel stiegen aus den träge dahinfließenden Flüssen rings um die Stadt auf, und um die Mitte des Tages versank Lyon in einen dämmrigen Schlaf, halb unsichtbar unter dem schimmernden Dunstschleier. Katharina war geraten worden, ihre Reise aufzuschieben, bis sie weitere Nachricht von Heinrich erhalten hätte, aber die Königin-Mutter war ungeduldiger als eine Braut. Ganz gleich, wovon ihre Briefe handelten, sie waren alle auf dieselbe Melodie gestimmt: die Ankunft Heinrichs. »Wenn mein Sohn kommt«, wurde ihr Leitmotiv.

Die Ungeduld war indessen ganz und gar auf Katharinas Seite. Der erst so ungeduldige König, der sein Pferd in seiner Hast, Polen zu verlassen, zu Tode gespornt hatte, hatte es nun überhaupt nicht mehr eilig, nachdem er in Italien angelangt war. Am 15. Juli sah man ihn in Conegliano, und von da geleiteten ihn die französischen Gesandten Du Ferrier und De Foix weiter südlich nach Venedig. Das »Juwel der Adria« weckte den Sybariten in ihm, und Heinrich ging wie ein Verliebter darauf ein. Er war zu gleicher Zeit angeregt und beruhigt. Polen war vergessen – und Frankreich war es in der Tat auch. Dieses Mal schlug sein Medici-Blut durch, sowie sein feines, raffiniertes Valois-Erbe mit seiner ausgefallenen Freude an den Künsten.

In Venedig wurde er mit »Trompeten und Kanonen« willkommen geheißen, während ihm hundert wohlgestalte junge Männer zu Diensten standen. Die Herzöge von Nevers und Ferrara sowie der päpstliche Legat Buoncompagni warteten darauf, ihm in drei mit schwarzem Samt sowie violett und mit goldenem Stoff ausgeschlagenen Gondeln das Geleit zu geben. Sogar die Reiter sahen geheimnisvoll und verführerisch in ihren gelben Satin-Gewändern und türkischen Turbanen aus. Nach der Einsamkeit von Krakau war Heinrich freudig erregt angesichts der Menschenmenge, die auf dem Platz zusammengeströmt war, um ihn zu sehen, als er die Kathedrale von San Marco zu feierlichem Gebet und Danksagung betrat.

Neun ausgelassene Tage lang nahm er an Banketten, Gesellschaften und Bällen teil. Er glitt unter den *arcs de triomphe* hindurch, die Palladio zu seinen Ehren entworfen hatte. Er besuchte die Läden auf dem Rialto sowie die Künstler-Ateliers. Er saß für ein Porträt von Tintoretto, der ihn in übertrieben königlicher Haltung malte: leutselig, gut aussehend, mit einer hohen Halskrause, die seinem schmalen Valois-Gesicht Profil und Charakter verlieh. Kein Porträtmaler hat jemals seine königliche Anmut so gut eingefangen. Die Würde kam zum Ausdruck, aber auch die hohe Intelligenz, die Kraft, sich durchzusetzen und zu befehlen. Etwas anderes indessen fand Eingang in das Porträt, etwas das sich in der feingestalteten Weiblichkeit der Hände und der undurchdringlichen Zurückhaltung in den Augen verriet. Es war kein Gesicht, das bereitwilliges Vertrauen weckte, noch leichthin Zufriedenheit ausstrahlte[14].

Im Augenblick hatte noch kein einziger Windstoß seine Fröhlichkeit zerzaust. Alles in Venedig erfreute Heinrich, am meisten vielleicht, wie die Bevölkerung auf seine eigene Person ansprach. Es gab nur einen einzigen Kritiker, der nicht in den einhelligen Beifall einstimmte. Der päpstliche Legat war nicht beeindruckt. Er fand den französischen König kühl und zurückhaltend, sein Aussehen armselig und seinen Kopf mehr dem eines Spaniers als dem eines Franzosen ähnlich. Die purpurfarbenen Schuhe, ebenso die kleine purpurfarbene Kappe erschienen ihm gekünstelt und frivol[15]. Aber Buoncompagnis kritische Haltung ging unter in der allgemeinen Lobhudelei, auf die Heinrich mit Geschenken von königlicher Üppigkeit einging: Parfum, Juwelen, Emaillekunst und ein Diamant von ungewöhnlicher Schönheit für den Dogen. Als seine Schatzkiste leer wurde, lieh er sich Geld von seinen Gastgebern mit denselben Gebärden des Wohlwollens und der gleichen gewinnenden Anmut. Daß er Schulden hinterließ, geht aus einem Brief hervor, den er von Cremona aus an Du Ferrier schrieb. »Ich hoffe, Ihnen von Turin aus«, so versprach er, »all das Gold, Silber und die notwendigen Schuldscheine für die Perlen und anderen Dinge, die ich in Venedig gekauft habe, zuzusenden.«[16]

Obgleich Heinrichs Brief das Datum des 9. August trägt, brauchte er mehr als drei Wochen, um die Reise durch die norditalienische Berglandschaft bis nach Turin zurückzulegen, sowie einen weiteren Monat für das abschließende Stück in östlicher Richtung nach Lyon. Katharina, die an Fénelon am 6. August geschrieben hatte: »Er ist jetzt in Turin und wird bald in Lyon sein«, war sehr enttäuscht. Nicht nur, daß Heinrich seine Zeit vertrödelte, sondern er trat auf, als habe er vergessen, daß ein Land, das einer starken führenden Hand dringend bedurfte, in Sorge auf ihn wartete. Im August schrieb Dale in einiger Verwirrung an Burghley: »Vom 17. Juli bis zum 6. August lagen keinerlei Nachrichten vom König von Frankreich vor.«[17]

Während Katharina wartete, entwarf sie ein Memorandum, das sie durch den Kanzler Cherverny an Heinrich sandte. Es war nicht nur eine Aufzählung ihrer Hoffnungen auf ihren Sohn, sondern ein Testament, das ihre politischen Erfahrungen enthielt. »In sein Königreich einzuziehen wie ein Fürst«, das war das Ziel, das sie ihm vor Augen hielt, und sie führte eine Reihe von Punkten auf, die der Sicherung seiner Herrschaft dienen würden: niemals Günstlingswirtschaft zu betreiben, nie »einen Mann alles in Händen halten lassen«; fleißig sein, sich persönlich mit allen Angelegenheiten befassen, besonders mit den fiskalischen Dingen, die täglich überprüft werden sollten; fest sein, so daß er von Anfang an als der Herr anerkannt wird, andernfalls würde das Volk geneigt sein, zu sagen: »Er ist jung, wir können mit ihm machen, was wir wollen.«[18] Es war ein meisterhaftes Dokument, kurz und bündig, zwingend, praktisch, geeignet den Zustand Frankreichs zu ändern. Die Tragödie bestand darin, daß der junge Mann, der in der ersten Septemberwoche in Frankreich eintraf, bereits unfähig war, es zu verwirklichen.

Als endlich die Nachricht eintraf, daß die Ankunft des Königs nahe bevorstehe, begab sich die königliche Familie westwärts über das Plateau von *les terres-froides* – ein einzigartig unpassender Name angesichts der Anfang September herrschenden Hitze – um Heinrich in Le Pont-de-Beauvoisin zu treffen. Von dieser ersten Begegnung hat nur Margot, die sich

mit ihrem Bruder schon überworfen hatte, ihre Eindrücke geschildert. »Obgleich die Jahreszeit sehr heiß war . . . kam eine so große Kälte über mich, daß ich am ganzen Körper zitterte«, schrieb sie in verhängnisvoller Vorbedeutung und bemerkte, dies sei »ein geheimer Wink dessen, was noch kommen sollte« gewesen[19]. Katharina hinterließ keine Aufzeichnung ihrer Reaktionen, obgleich Zúñiga in seinen Depeschen an Philipp bemerkte, daß die Königin-Mutter weinte. Wenn es so gewesen ist, dann dürfte es eine Mischung aus Freude und Enttäuschung gewesen sein.
Daß sich Heinrich verändert hatte, war offenkundig. Seine frische Farbe war einem dunkleren, fahlen Aussehen gewichen. Sein Haarschnitt und die affektierte Kappe verliehen seinem Gesicht den Anschein, schmäler zu sein. Buoncompagnis Kommentar, er ähnele mehr einem Spanier als einem Franzosen, war nicht unbegründet. Seine Kleidung jedoch spiegelte nichts von dem herben spanischen Geschmack wider, sondern mehr von der überladenen venezianischen Mode. Allenthalben ließ er seiner Leidenschaft für violetten Satin freien Lauf. Seine Blusen und Kappen waren mit Knöpfen und Bändern von violetter und roter Farbe verziert, seine Ärmel nach der neuen Mode geschlitzt; Korallen- und Silberarmbänder klingelten von seinen Handgelenken, und Ohrringe baumelten von seinen Ohren.
Als er am späten Nachmittag des 6. September seinen königlichen Einzug in Lyon hielt, wimmelten die Straßen und Fenster von Menschen. Viele erinnerten sich des hübschen Jungen, der seinen älteren Bruder Karl begleitet hatte, als der Hof hier vor zehn Jahren Aufenthalt genommen hatte. Damals stach seine Lebenskraft deutlich von dem hinfälligen, schwachen König ab. Alle hofften, daß diese Lebenskraft Frankreich wieder auf die Beine bringen würde. Ihre anfängliche Begeisterung wurde jedoch bald in das verwandelt, was De Thou als »Abscheu« beschreibt[20]. Die Haltung des Königs, das entsprach der Wahrheit, war einwandfrei. Er fuhr durch die Stadt in einer großen Karosse und saß seiner Mutter gegenüber, zu der er in »großer Verehrung« aufschaute; er begrüßte die Stadtältesten aufmerksam, nahm ihr Versprechen, ihm loyal zu dienen, entgegen und versicherte sie der Ergebenheit von seiner Seite.
Er war korrekt bis zum Übermaß, aber es fehlte die ursprünglich von seinen Untertanen erwartete und erhoffte Wärme. Er hatte, so schien es, einen grenzenlosen Abstand zwischen sich und das Volk, über das er nun herrschen sollte, gesetzt. Man nahm Notiz von seiner italienischen Kopfbedeckung, seiner gekünstelten Kleidung, seinen Mandelaugen mit ihren schweren Lidern und man fand ihn ausländisch. Seine Höflinge, die an ei-

nen gewissen freundlichen und lockeren Umgangston mit ihren Herren gewöhnt waren, wurden bald durch die Vorschriften, die Heinrich erließ, vor den Kopf gestoßen: er wollte allein essen, nach einem sorgfältig ausgearbeiteten zeremoniellen Ritual; die Zahl derjenigen, die Zugang zu ihm haben würden, sollte drastisch beschnitten werden, die Stunden, in denen er erreichbar war, gekürzt. Sein Rat sollte verringert, und über wichtige Angelegenheiten sollte im geheimen Beschluß gefaßt werden. Das Ergebnis war unmittelbar sichtbar und verhängnisvoll. »Große Verwirrung herrscht am Hof«, schrieb Giovanni Morosini nach Venedig, »denn diese Veränderungen . . . scheinen den Höflingen so unerträglich, daß viele in ihre Wohnsitze abgreist sind, unfähig, den Gedanken zu ertragen, daß sie den König nicht öfter sehen und nicht in der Lage sein sollten, sich mit ihm mit derselben Vertraulichkeit zu unterhalten, wie sie es bisher gewöhnt waren.«[21] Nichts konnte den guten Willen seiner Diener aufwiegen, und Katharina, die klar erkannte, wie notwendig es für einen Souverän war, sich seinem Volk herzlich und ungezwungen zu zeigen, muß diesen plötzlichen Veränderungen mit schmerzlichen und bösen Vorahnungen zugesehen haben. Wäre Heinrich ein Philipp II. gewesen – genügsam, schweigsam, der Einsamkeit und Stunden peinlich genauer Arbeit ergeben – so hätte eine solche Handlungsweise ihre Wirkung nicht verfehlt. So, wie die Dinge lagen, löste sich das Bild des zurückhaltenden Monarchen sofort auf und wurde ersetzt durch das eines Gecken, der jede Nacht tanzte, Frauen, die ihm Komplimente machten, Juwelen schenkte, die er nicht bezahlen konnte, und der leichtsinnigen Vergnügungen nachjagte, so, wie er einstmals dem Ruhm nachjagte. »Er hat gar kein Gefühl mehr für Werte«, vermerkte Michieli in seinen Depeschen, und sogar der loyale Monluc schrieb traurig: »Ich habe ihn vollständig verändert vorgefunden.«[22]

Katharinas Loyalität verurteilte sie zum Schweigen, obgleich ihre Enttäuschung an ihren Träumen gemessen werden muß. Wenn der König in einem Anfall von närrisch wirkender Verschwendungssucht gewisse Ländereien an den Herzog von Savoyen abtrat, ohne die Meinung oder Zustimmung seines empörten Rates einzuholen, tat Katharina, was sie konnte, um diesen Irrsinn zu beschönigen. Einige Narreteien indessen konnte sie nicht beschönigen. Damville und die »Politischen« hatte er bereits durch seine autokratische Ablehnung, über ihre Bedingungen auf einer früher in Turin abgehaltenen Konferenz zu diskutieren, verloren. Jetzt war es offenkundig geworden, daß er nicht beabsichtigte, Zugeständnisse an die Hugenotten zu machen, die Steuer zu ermäßigen oder die Generalstaaten einzuberufen. Er würde die Dauphiné und Languedoc seiner Autorität unterwerfen, er würde Frankreich von seinen Feinden säubern und er würde es mit Waffengewalt tun, da kein anderer Kurs möglich schien. Es war die leichtsinnige Entscheidung eines Mannes, der nicht gelernt hatte, mit den eigenen Hilfsquellen hauszuhalten. Dieselben Regungen, die ihn veranlaßt hatten, über seine Mittel hinaus Anschaffungen auf dem Rialto zu machen, veranlaßten ihn jetzt zu weit gefährlicheren Überspanntheiten. Sein grausamer Befehl, die Ernte im Languedoc zu verbrennen, und seine Bereitschaft, spanische Hilfe anzunehmen, um seine eigenen Untertanen zu unterdrücken, verminderte sein Ansehen noch mehr.

Im November 1574 befand sich Frankreich wiederum in einem offenen Konflikt und hatte vier königliche Armeen im Felde stehen, wovon eine vom König selbst geführt wurde. Obwohl es Heinrich an militärischer Haltung, die früher seine Unterführer beeindruckt hatte, ganz offensichtlich gebrach, brüstete er sich mit seinem soldatischen Geschick und prahlte, er würde Frankreich bald von seinen Feinden säubern. Gegen Ende November jedoch erhielt der König Nachrichten, die ihn vollständig demoralisierten: Maria von Cleve, die Gemahlin von Condé, in die er zwei Jahre ebenso leidenschaftlich wie sinnlos verliebt war, war bei der Niederkunft gestorben. Als er die Nachricht erhielt, war er einer Ohnmacht nahe und in den nächsten Tagen lag er voller Kummer, zu nichts fähig, darnieder. Als er sich wieder zeigte, hatte er seine extravagante Kleidung durch eine noch bizarrere ersetzt. Seine Ohrringe und Armbänder hatte er abgelegt, statt dessen trug er eine Schnur mit besonders fein geschnitzten Totenköpfen. Seine Kniehose, sein Wams und sein Umhang waren tiefschwarz. Die Tatsache, daß kein König von Frankreich selbst bei einem Todesfall innerhalb der königlichen Familie schwarz trug, kennzeichnete um so mehr die unberechenbare Natur seines Betragens.

Religion war jetzt an die Stelle des Eros getreten, und zum ersten Mal fand Heinrichs krankhafte Empfindlichkeit Zuflucht bei einer leidenschaftlichen Bußfertigkeit. Hatte er einst sein eigenes Blut dazu benützt, um an die schöne Prinzessin von Cleve zu schreiben, so schloß er sich jetzt den »Battus«, einer Flagellantengruppe, an und vergoß sein Blut für die reine Sache der Religion. Es war das erste sichtbare Anzeichen jener Verdrehtheit, die alles, was noch sauber in ihm war, vergiften sollte. Der Garten hatte seine erste *fleur du mal* hervorgebracht. Augier de Busbecq schrieb mit erstaunlicher Untertreibung an Maximilian: »Ich bin erschrocken, daß hier nicht alles aus Gold ist.«[23]

Katharina jedoch, die entschlossen war, zu tun was sie konnte, um alles golden zu machen, leitete die Vorbereitungen für die Krönung ihres Sohnes ein. Mit einer Art von naivem Aberglauben hoffte sie, Frankreich durch Salbung ihres Sohnes mit Chrisam und seine Krönung mit Gold von seinen Leiden zu heilen. Aber kein gewöhnliches Ritual konnte Heinrich in den Führer verwandeln, den Frankreich nötig hatte. Der päpstliche Legat Frangipani hatte die Lage scharfsinnig erfaßt, als er im Dezember an Kardinal Cuomo geschrieben hatte: »Das wahre und echte Heilmittel gegen das Übel, von dem dieses Königreich befallen ist, ist ein König, der Mut hat, der versteht, was es heißt, König zu sein, und der auch einer sein will . . .«[24] Der Wille zur Herrschaft fehlte Heinrich, obgleich immer noch der heiße Wunsch vorhanden war, König zu spielen – in entsprechendem Aufzug zu erscheinen, die Zuschauer zu blenden. Sein Auftreten erinnerte immer noch an die Spiele, die die königlichen Kinder vor Jahren gespielt hatten, nämlich in behelfsmäßigen Bischofsgewändern oder Halskrausen nach Art der Prediger herumzutollen und sich in ihrer Frivolität über die Rollen, die sie spielten, lustig zu machen. Selbst damals hatte es bei Hofe Leute gegeben, die die Stirn über solche Spiele runzelten, aber Katharina hatte in ihrer Großzügigkeit darüber hinweggesehen und gesagt, dies wären ja nur normale Kinderspiele. Es war Heinrichs Unglück, daß er niemals über seine Liebe zur Verstellung hinausgewachsen war. In einem von Krieg und Schulden ruinierten Land fand niemand gefallen an einem verspielten König.

Katharinas Enttäuschung muß ungeheuer gewesen sein. Beinahe zehn Jahre lang hatte sie ihre Hoffnungen auf diesen Lieblingssohn gesetzt, den sie »mein Augapfel« nannte. Er war jetzt fünf Monate in Frankreich, und während dieser Zeit war kaum etwas geschehen, das ihre Hoffnungen gerechtfertigt hatte. Die »Politischen« hatten ihn unnachgiebig gefunden; seine Offiziere gleichgültig; seine Edelleute anmaßend. Sogar seine Gesundheit war eine Enttäuschung, denn, wie Salviati bemerkte, nach ein oder zwei durchbrachten Nächten war er so ermüdet, daß er sich eine Woche lang nicht aus dem Bett erheben konnte. Daß eine Krönungszeremonie ausreichen würde, um all dies zu ändern, schien unwahrscheinlich, aber Katharina hielt hartnäckig an jeder Hoffnung auf eine Vergoldung des königlichen Bildes fest.

In der Tat hatte die Krönung das Gegenteil zur Folge. Die lange Reise von Lyon nach Reims war kalt und gefährlich gewesen. Die Alpenwinde bliesen unaufhaltsam über die Ebenen des Zentralmassivs. Schneestürme ließen Verwehungen entstehen, die den königlichen Zug verlangsamten.

Die Flüsse führten Hochwasser. Stürmischer als das Wetter selbst war der junge König. Müde, schlecht gelaunt und noch voller Trübsinn über den Tod von Maria von Cleve, litt Heinrich III. geradezu unter seiner Krönung.

Der König, der, wie es hieß, kein Geld hatte, um die abgewetzten Kleider seiner Pagen durch neue Umhänge zu ersetzen, wurde ohne großen Luxus gekrönt. Es war noch zu früh für Blumen, um seinen Weg damit zu schmücken, und trotz des Menschengedränges und der großen Anzahl rauchender Fackeln war die Kathedrale von Winterkälte erfüllt. Diejenigen, welche in der Nähe des Königs standen, berichteten, daß er, als die Krone auf sein Haupt gesetzt wurde, »laut sagte, sie täte ihm weh«, und daß sie beinahe zweimal verrutscht wäre[25].

Kurz nach dem *Sacre,* der Salbung, heiratete Heinrich »ganz schnell und heimlich, geradezu verstohlen« Louise de Vaudémont. Sie war, wie es hieß, ein »hübsches« Mädchen, bekannt für ihre Tugend. »Ein friedfertiges, frommes Gemüt«, so nannte sie der Tagebuchschreiber Pierre de L'Estoile, aber sie war eine Base der Guisen, eine Tatsache, die vielen mißfiel, die darin »die dünne Spitze des Keiles« der wachsenden Macht der Guisen sahen. Es war eine weitere Enttäuschung für Katharina, die nicht nur die Gefahr erkannte, das Haus Lothringen in solcher Nähe des Thrones zu sehen, sondern nach noch weit höheren Zielen für ihren Sohn als dieses strebte. Im vergangenen Herbst hatte Busbecq von der Möglichkeit einer Vermählung des Königs mit der Witwe seines Bruder, Elisabeth von Österreich, gesprochen und im November hatte sich Philipp II. über eine Heirat zwischen Heinrich und einer seiner Töchter schriftlich geäußert. Es gibt kein Zeugnis darüber, was aus diesen oder jenen Verhandlungen geworden ist, oder was den König jetzt zu dieser unvorhergesehenen Bindung trieb. Einige wollten wissen, Louise ähnele Maria von Cleve. Das mochte die krankhafte Einbildung des Königs beflügelt haben, aber Katharina, für die Heirat stets ein politisches Werkzeug war, konnte dies nur schwerlich befriedigend gefunden haben[26].

In diesen Monaten handelte der Sohn den Wünschen seiner Mutter allenthalben zuwider. Sie hatte ihm geraten, sich seinen Adeligen von Herzen gefällig zu zeigen. Statt dessen hatte er sich von ihnen zurückgezogen, machte aus seinem Gemach »ein Heiligtum« und aus sich selbst »einen Gott«. »Wir haben niemals soviel Verbeugungen und Kratzfüße machen müssen«, schrieb Louis Regnaut, ein Mitglied des Hofes. »Es wäre besser für uns, zu lernen, in Frieden zu leben, statt uns mit all diesen Narrenpossen abzugeben«, war seine offenherzige Schlußfolgerung[27]. Katharina hat ihren Sohn auch davor gewarnt, sich mit »Günstlingen« zu umgeben, die sich in hohe Stellen einschlichen, nicht durch ihr Verdienst, sondern durch Schmeichelei. Ein Klüngel von jungen Männern mochte zu einem jungen Prinzen passen, aber für einen König konnten daraus nur Feindschaft und Eifersucht entstehen. Doch Heinrich hatte bereits »jene wilden jungen Männer«, die *mignons,* um sich versammelt, die er mit verschwenderischer Aufmerksamkeit sowie einem Vermögen bedachte, das er gar nicht besaß. Geld war ein derartig alltägliches Problem am Hof, daß L'Estoile dazu schrieb: »Der allgemeine Klatsch geht dahin, daß der König nicht genug Geld für seine Mahlzeiten hat; er muß sich die Mittel, von denen er lebt, leihen.«[28]

Der feierliche Prunk, womit sich der verarmte König umgab, ließ nur die Loyalität und den Respekt seines Volkes schwinden. Im Juni schrieb Busbecq voll dunkler Ahnungen an Maximilian:

»Ich sehe, daß der Respekt vor der Majestät des Königs in befremdlicher Weise Schaden genommen hat, und daß das Gemüt der Menschen, die den Respekt vor dem Namen ihres Königs abgeschüttelt haben, wie Tiere ein hartes Joch abschütteln, verwildert . . . Wenn es am Ende dann in Frankreich schließlich zum Krieg kommt, und Condé mit starken Kräften* anrückt, wie man glaubt, so wird der Kampf nicht um Religion oder Land oder darum gehen, wessen Meinung die vorherrschende sein soll, oder wessen Popularität größer ist als die des Königs, oder wer das Königreich verwalten soll, sondern ganz einfach darum, wer herrschen wird.«[29]

Busbecqs Einschätzung der Lage war keine Übertreibung. Heinrichs schroffe Behandlung von Damville, den er im vergangenen August in Turin getroffen hatte, und seine spätere Weigerung, mit den Abgesandten der Hugenotten zu verhandeln, hatten verderbliche Folgen heraufbeschworen. Im Januar 1575 waren formelle Artikel einer Vereinbarung zwischen den Abgesandten der »Politischen« und der Hugenotten zustandegekommen, und Damville war an die Spitze ihrer vereinten Streitkräfte getreten. Er war eine populäre Figur – ein tapferer Soldat und ein tatkräftiger Verwaltungsmann – und Busbecq schrieb bald: »Die Herren strömen unter seiner Fahne zusammen.« Trotz seiner radikalen Einstellung betonte Damville beharrlich, es sei seine Absicht, »sein Leben für die Rettung des Königreichs, für den König und gegen seine üblen Berater in die Schanze zu schlagen«[30].

* Condé war schon früher nach Deutschland entkommen, wo er sich um Hilfe für die Sache der Hugenotten bemühte.

Im April waren Vertreter der Hugenotten entsandt worden, um mit dem König zu verhandeln. Sie gingen sachte und diplomatisch ans Werk und schienen anfangs in der Lage zu sein, eine friedliche Regelung zu erreichen. Ihrem Verhalten entsprach indessen nicht die Hartnäckigkeit, mit der sie an ihrer prinzipiellen Forderung festhielten: die Wiederherstellung der vor dreizehn Jahren registrierten liberalen Gesetzgebung, die als das Januar-Edikt bekannt ist. Was zum Scheitern der Besprechungen führte, ist nicht klar. Einige behaupteten, daß Heinrich, der Starrheit der Abgesandten überdrüssig, wütend geworden sei und ihre Bittschrift ins Feuer geworfen habe. Andere wiederum deuteten an, Katharina habe die Forderungen der Hugenotten kurzerhand zurückgewiesen, und ihr Sohn sei ihrer Weisung gefolgt. Das Bild von Katharina als Tyrannin hatte zunehmend Gestalt gewonnen, als die Schwäche des Königs immer klarer zutage getreten war. »Der König ist vollständig unterwürfig und die Regentin hat triumphiert«, schrieb Salviati[31]*.

Die Monate Mai und Juni hindurch war Katharina mit einer Reihe von Briefen an Damville beschäftigt, worin sie ihm versicherte, ihr Sohn wäre willens, alles zu tun, um den Frieden zu bringen, und sie bat Damville um seine Hilfe und Einflußnahme in dieser Sache. Im August schrieb sie in derselben Tonart an Condé und bat ihn, auf den König zu hören und sich doch nicht einfach den Ratschlägen jener Männer zu überlassen, die zu leichthin sein Ohr gewonnen hätten. »Wählen Sie den wahren Pfad«, so bat sie ihn und versicherte ihm, er würde viel glücklicher leben, wenn er dem König Gehorsam leiste. Ihre Worte hatten indessen wenig Wirkung, denn seit dem Blutbad waren alle ihre Versprechungen verdächtig. Sowohl Katholiken als auch Protestanten mißtrauten ihr gleichermaßen und legten alle ihre Unternehmungen als Spiel um persönliche Macht aus. »Ihr Ziel ist, immer an der Macht zu bleiben«, schrieb Michieli frei heraus in seinem Bericht nach Venedig. Und in einem Brief an Kardinal Granvelle kommentierte ein Beobachter: »Diejenigen, welche gerade aus Paris gekommen sind, erzählen, daß das Volk sehr unzufrieden ist, wenn es auf die Jugend und Faulheit seines Königs blickt, der sich ganz und gar den Händen seiner Mutter überläßt, die ihn entsprechend ihrer Laune beherrscht, was ihn eines Tages teuer zu stehen kommen könnte.«[32]

Aus anderen Perioden ihres Lebens hat Katharina einige Aufzeichnungen über ihre Gemütsbewegungen hinterlassen, aus denen hervorgeht, daß sie einsam, voller Furcht, mißtrauisch und unfähig war, in irgend jemand

* Salviatis Ausdrucksweise ist ungenau; Katharina hatte seit der Rückkehr Heinrichs von Polen aufgehört, Regentin zu sein.

Vertrauen zu setzen, sowie unsicher, welchen Hilfsangeboten sie vernünftigerweise glauben konnte. Aus dieser Periode jetzt hat sie nichts hinterlassen, doch es muß eine Zeit wachsender Einsamkeit gewesen sein. Zu Beginn des Frühjahrs, kurz nach ihrer Rückkehr nach Paris, erfuhr sie den Tod ihrer Tochter Claudia, Gemahlin des Herzogs von Lothringen. Ermüdet von den langen Monaten, in denen sie zwischendurch immer wieder Reisen unternommen hatte, und noch mehr durch die Enttäuschung über ihren Sohn war sie über diesen unerwarteten Verlust untröstlich. Sie suchte ihr Lager auf und »weinte lang«. Von den sieben Kindern, die sie von klein auf großgezogen hatte, war Claudia das vierte, das starb: Franz, Elisabeth, Karl und jetzt Claudia. Nur drei waren noch am Leben, und zwei von ihnen – Margot und Alençon – hatten ihr Vertrauen bereits verspielt. Heinrich allein war übrig, auf dem nun das ganze und anspruchsvolle Gewicht ihrer Liebe ruhte. Seine Antwort auf diese Liebe war eine augenscheinliche Unbekümmertheit, die seine Mutter verwirrte und verwundete. Weit davon entfernt, die Trauer seiner Mutter über den Tod seiner Schwester zu teilen, blieb er ungerührt und setzte seine Runden von Banketten, Bällen, Jagdpartien fort, als ob Claudia ihm nichts bedeutet hätte.

Heinrich hatte bereits mit jener verderblichen Lebensweise begonnen, die tragischen und lästigen Seiten des Lebens zu übergehen und sich in Vergnügungen, Religion und abstrakter Philosophie zu verlieren. Für Katharina lag es klar zutage, daß er im Begriff war, seine königliche Macht zu verscherzen, doch selbst bei all seiner Narrheit liebte sie ihn und wollte getrost die Last, mit der er nicht fertig werden konnte, tragen. Die Erfahrung hatte sie den Wert der Macht gelehrt, und sie konnte nicht mit ansehen, wie ihr Sohn sie so leichtsinnig aus den Händen gleiten ließ. Doch bei jeder Anstrengung, die Macht des Königs abzustützen, sah sie sich der Anklage gegenüber, sie tue dies nur ihres eigenen undurchsichtigen Vorteils wegen. Es war das unvermeidliche Ergebnis des Blutbades, daß sich Katharina in ein Gefängnis von Mißtrauen eingesperrt sah.

II

Während des Sommers 1575 war der Hof ein wahrer Alptraum an Zwietracht und Verdächtigungen. Kurz nach seiner Rückkehr hatte Heinrich seinem Bruder und seinem Vetter Navarra verziehen, aber es war nichts weiter als eine papierene Vergebung. In Wirklichkeit blieben beide weiter unter erniedrigender Bewachung von Männern, die ihnen »nachspürten, wohin sie sich auch immer begaben«. Margot, deren von Kindheit an gegen ihren Bruder Heinrich gehegte Feindschaft nach ihrer Heirat nur noch größer geworden war, verbündete sich jetzt mit den »widerborstigen Prinzen«, weniger aus Zuneigung für ihren Gatten als viel mehr aus Abscheu vor ihrem Bruder. Margots Haltung machte das aus Feindseligkeit und Mißtrauen bestehende Familiengewebe nur noch verwickelter. »Eine wahre Hölle herrscht unter ihnen«, schrieb Dale an Walsingham, »keiner lebt in Ruhe und Frieden mit dem anderen, weder die Mutter mit dem Sohn, noch der Bruder mit dem Bruder, noch die Mutter mit der Tochter.«[1]

Im Juli erreichte die Spannung ihren Höhepunkt, als sich herausstellte, daß Alençon in dauernder Verbindung mit Condé stand*. Der König machte ihm heftige Vorwürfe und warnte ihn, daß er, wenn er sein Verhalten nicht ändere, noch »straffer an die Leine genommen werden würde«. Katharina, überzeugt, daß Alençons Verlangen nach Freiheit und Macht durch solche Maßregelungen nur Auftrieb erhielten, suchte dem mit Hilfe mütterlicher Nachsicht entgegenzuwirken und bemühte sich, ihren Jüngsten durch kleine Schritte zu fördern, die ihn, wie sie hoffte, zufriedenstellen würden. Aber selbst dadurch rief sie nur das Mißvergnügen des Königs hervor, der Alençons von Katharina nachsichtig beurteilte Dreistigkeit tadelte und hinzufügte: » Sie sind es, Mutter, die ihm den Kopf hoch halten.«[2]

Das Fieber, das Alençon verzehrte, wurde allerdings nicht durch die kleinen Vergünstigungen, für die sich Katharina einsetzen konnte, gebändigt. Jenes Verlangen zu regieren, das in Heinreich mit so vielen unedleren Metallen eine Mischung eingegangen war, floß rein und klar in ihm. Es war an die Stelle blutsbestimmter menschlicher Zuneigung oder Klugheit getreten. Die Ironie lag darin, daß von allen Söhnen Katharinas ausgerechnet in dem einzigen, dem vom Schicksal niemals bestimmt war, eine Krone zu tragen, der Wille zu regieren, pulsierte. Katharinas Ahnungen hinsichtlich Alençons sollten sich nur allzu bald als richtig erweisen. Am 15. September gelang es ihm, der den Zwang am Hof einfach nicht länger ertragen konnte, zu entfliehen, um nichts als Entsetzen, Ärger und Anschuldigungen zurückzulassen. Tags darauf schrieb Morosini nach Vene-

* Als Heinrich König von Frankreich wurde, ging sein Titel Herzog von Anjou auf Alençon über. Aus Gründen der Übersichtlichkeit wurde jedoch hier der Titel Alençon beibehalten.

dig: »Gestern trat das Ereignis ein, das schon immer befürchtet wurde und als der totale Ruin dieses unglückseligen, vom Unglück verfolgten Königreiches angesehen werden kann: nämlich, Monsieur, der Herzog von Alençon, ist vom Hof geflüchtet.«[3]

Die Flucht ging ganz einfach vonstatten. Alençon, der sich auf einem »Liebesabenteuer« befand, war in aller Stille aus der Hintertür der Dame hinausgeschlüpft und in einer geliehenen Kutsche direkt nach Dreux gefahren, wo ihn, so hieß es, einige hundert bewaffnete Männer erwarteten. Heinrich, der vor Furcht und Zorn tobte, befahl sofort, alle Häfen zu bewachen, und beauftragte den Herzog von Nevers mit der Verfolgung. Unterdessen verfaßte er einen Bericht an seinen Adel, worin er entschieden den Gerüchten entgegentrat, Alençon wäre geflohen, weil Pläne bestanden hätten, ihn in der Bastille oder an einem anderen »sicheren« Ort unterzubringen. »Gott ist mein Zeuge«, schrieb der König, »der brüderlichen Liebe, die ich ihm ständig entgegengebracht habe.« Das Bekenntnis seiner brüderlichen Liebe wurde freilich einigermaßen beeinträchtigt durch seine drohende einstweilige Verfügung, Alençon »festzunehmen und zu verhaften, wo er auch immer angetroffen wird, und zu mir zu bringen«. Heinrich, stets zu übertriebenen Gefühlsausbrüchen geneigt, zeigte sich jetzt völlig unfähig, während der ersten Krise seiner Regierung Haltung zu bewahren. »Er handelte, als wäre das Königreich verloren«, schrieb Goulart, »es ertönten Alarmrufe von allen Seiten, und ganz Frankreich wimmelte von Kurieren und Benachrichtungen an die Provinzgouverneure, die er bat und beschwor, ihm treu zu bleiben.«[4]

Alençon zeigte weit mehr Selbstbeherrschung. Nach seiner Flucht hatte er unmittelbar an den König geschrieben, um ihm seine Loyalität zu bekunden, aber auch gegen seine Ungerechtigkeit zu protestieren, mit der er ihn und seine Diener behandelt habe. Er habe die Gelegenheit genutzt, seine Freiheit wiederzugewinnen, so erklärte er, »um Gefahr für mein Leben auszuschließen, nachdem ich gewarnt worden bin . . . für mich sei ein Platz in der Bastille vorbereitet . . . Nichtsdestoweniger ist meine Ergebenheit, die Ihnen sowie dem Frieden dieses Königreiches zu Diensten steht, dergestalt, daß ich nur um die Sicherheit meiner Person und um das Recht bitte, meine Tage in Freiheit zu verbringen.«[5]

Katharina hatte mittlerweile schon Verhandlungen mit Alençon angebahnt. Mehr noch als der König erkannte sie die Gefahr, die sein Aufenthalt draußen in der Provinz in sich barg, wo er ein Heer von Aufständischen um sich versammelte. Trotz seiner Erklärung, er wünsche nichts anderes als die Bewahrung des Königreiches und die Wiederherstellung

Links: Gaspard de Coligny – Rechts: Michel de l'Hôpital

Heinrich von Navarra, später Heinrich IV. von Frankreich

seiner früheren Gesetze und Statuten, zeigte Alençon wenig Interesse für eine Annäherung, die Katharina zu bewirken sich abmühte. In den zwei Wochen, die auf seine Flucht folgten, war sie südlich von Mantes nach Houdan gereist, durch die bewaldeten Höhen rings um Dreux, hinter Châteaudun, und schließlich in die Gegend des Schlosses von Chambord. Auf ihre Bitten, sich mit ihr zu treffen, antwortete Alençon zunächst, es würde ihm »große Freude« bereiten, sie wiederzusehen, aber wenige Tage später gab er zu verstehen, er wäre in großer Eile, um nach Beaugency zu gelangen und könnte nicht verhalten, bis er über die Loire gesetzt wäre.

Katharina setzte ihre Verfolgung unermüdlich fort; endlich, am 29. September 1575, wurde ein Treffen zwischen Chambord und Blois in die Wege geleitet. Später schrieb sie an Heinrich, daß Alençon, als er ihre Kutsche erblickt habe, sofort abgestiegen und ihr entgegen gerannt sei. Seine offenkundige Freude, seine Mutter wiederzusehen, machte ihn indessen nicht gefügiger, denn er fuhr fort, den König anzuklagen, daß er die Guisen bevorzuge und weiterhin seine Einkerkerung plane. Als Katharina ihren Sohn bat, nicht »zwei Königreiche aus einem« zu machen, bekam sie keine Antwort. Zwei Tage lang redeten sie hin und her, ohne zu einer Vereinbarung zu gelangen.

Inzwischen hatte sie mit ihren Schmeicheleien aufgehört und kurz vor einer ihrer Zusammenkünfte mit Alençon schrieb sie ihm ganz offen und versuchte, ihm die Augen zu öffnen vor der Tatsache, daß er alles aufs Spiel setze, woran sein Herz hängt, durch offenen Widerstand gegen seinen Bruder. Hier stellt sich wiederum die Frage, ob sie nicht einen schlechten Rat erteilt hat:

»Es ist mir gleichgültig, ob es jemand für richtig oder falsch hält, aber ich beabsichtige, diesem Königreich zum Frieden und Deinem eigenen Leben zur Sicherheit zu verhelfen. Ich weiß sehr wohl, daß es Leute gibt, die Dir erzählen wollen, daß dem nicht so ist; und warum? . . . Sie wagen nicht zu sagen, daß es in ihrem eigenen Interesse liegt, wenn sie dieses Königreich in Gefahr bringen und Dein Leben aufs Spiel setzen. Ich bitte Dich, darüber nachzudenken . . . Bitte vergib mir, daß ich so zu Dir spreche, aber meine Liebe zu Dir zwingt mich, so zu sprechen . . . Ich werde jetzt schließen und Gott bitten, Dich gut zu beraten.«[6]

Den Oktober über blieb Katharina in Blois und fuhr fort, zu überreden, zu drängen und zu drohen. Sie versuchte, ihre Panik bei der Nachricht zu verbergen, daß Thoré, der dritte der Brüder Montmorencys, mit mehr als 1000 Reitern zu Alençon gestoßen war. Die ursprüngliche Gruppe, die sich in Dreux hinter Alençon gestellt hatte, war jetzt zu einer Streitmacht mit der gefährlichen Bezeichnung »Armee von Monsieur« angewachsen. Trotz der Männer, die in Scharen zu ihm geströmt waren, unternahm Alençon jedoch keinerlei offene Anstrengung, sich auf einen Krieg vorzubereiten. In Wirklichkeit schien er ganz zufrieden zu sein, nichts zu unternehmen. Er reiste auf dem platten Land umher, unterhielt sich über die Errichtung eines Hauptquartiers in Orléans, machte Ansprüche auf La Charité geltend und reizte den König durch sein feindseliges Auftreten. Den ganzen Herbst hindurch blieb er in der Gegend um die Loire, immer in der Nähe, aber niemals erreichbar. Der »kleine Mohr«, wie Katharina ihn in seiner Kindheit genannt hatte, fing an, seiner Rolle Gestalt zu verleihen. Er würde niemals ein großer Krieger werden – diese Rolle erstrebte er nicht –, doch würde er auf seine Weise Blut vergießen. Er war behende und gewandt, und seinen plötzlichen Bewegungen war schwer zu folgen. Selbst wenn er untätig war, bildete er eine Quelle von Sorgen, denn seine Untätigkeit glich der Drohung eines heraufziehenden Sturmes. Bevor sein kurzes Leben zu Ende ging, würde er seinen königlichen Bruder beinahe zum Wahnsinn treiben. Es war ein mageres Ergebnis, aber in Alençons eifersüchtigen Augen galt es als eine Art von Erfolg. Für Katharina war nichts mühseliger, als diese sorgenvollen Tage fruchtlosen Wartens und falscher Hoffnungen zu ertragen. In einer anderen Stimmung hätte sie sich über jene Wochen weit weg von Paris gefreut. Blois war im Herbst sehr schön. Die Felder waren abgeerntet. Das Laub entlang den Ufern der Loire hatte sich golden gefärbt. Einige Blätter waren bereits gefallen, und das flache, fruchtbare Land war auf Meilen hin sichtbar. Andere Teile Frankreichs mochten über mehr exotische Schönheit verfügen, aber nichts kam der ruhigen Anmut der Touraine gleich. Auf allen Seiten ragten die großen Schlösser empor, die Franz I. so sehr geliebt hatte: Chambord mit seinen mächtigen runden Türmen und seiner perfekten Symmetrie; die juwelenhafte Eleganz von Chenonceaux; Amboise mit seiner von Glanz und Schrecken zeugenden Geschichte; der merkwürdige mittelalterliche Charme von Chaumont. Doch Katharina war sich dessen bewußt, daß dieses ruhige Land, wenn es zum Kriege käme, das Schicksal so vieler anderer Gegenden Frankreichs erleiden würde. Herbstliche Melancholie überkam sie, und sie schrieb an Heinrich, daß sie von Trauer ergriffen werde »bei dem Gedanken, daß solch ein schönes Königreich sich in solcher Gefahr befindet«[7].

Was sie sich als Aufgabe von Tagen vorgenommen hatte, zog sich wochenlang hin, ohne daß sie ihrem Ziel spürbar näher kam. Mitte Oktober schrieb Busbecq skeptisch: »Man nimmt an, daß Alençon morgen zu seiner Mutter in die Stadt Blois zurückkehren wird, um Frieden zu schließen. Aber mir kommt die ganze Sache verdächtig vor, und selbst wenn er zurückkehren sollte, so glaube ich, daß nichts vereinbart werden wird.«[8] Busbecq behielt recht. Inzwischen war es Ende November geworden, bevor der Friede geschlossen wurde. Der Waffenstillstand von sechs Monaten, der schließlich in Champigny am 21. November unterzeichnet worden war, löste nur wenig. Am gleichen Tag schrieb Katharina besorgt an den König und beklagte sich, daß die Hugenotten behaupteten, sie wäre nicht bevollmächtigt, eine solche Regelung zu treffen, und daß infolgedessen Alençon sie niemals hätte unterzeichnen sollen[9]. Jedenfalls hatte seine Unterschrift nur geringe Bedeutung, denn er traf keinerlei Anstalten, seine Armee aufzulösen, sondern blieb weiter in Verbindung mit Condé. Die hugenottischen Führer La Noue und Turenne hatten bereits Verstärkung herangeführt, und Condé holte schon deutsche Reiter nach Frankreich, die sich der Armee von Monsieur anschließen sollten. Allenthalben war Alençon überlegen. Katharina hatte in keiner Weise mit einem solchen Ergebnis gerechnet. Sie hatte gehofft, Alençon durch Eingehen auf einige seiner Forderungen für die Krone zurückzugewinnen. So hatte sie den König überredet, Montmorency und Brissac aus der Bastille freizulassen, Alençon – als eine wohlwollende Geste – sein Silbergeschirr, Pferde und persönliche Diener zu überstellen und ihm jene sicheren Orte, die er gefordert hatte, zu übergeben. Dagegen ließ sich Alençon zu keinen Zugeständnissen herbei. Im Februar 1576 hatte er zumindest 30 000 Mann in seinem Dienst mit der Aussicht auf noch mehr.

Am 6. Februar tauchte eine Gefahr auf, mit der niemand gerechnet hatte: Heinrich von Navarra floh vom Hof, um sich an die Spitze der hugenottischen Sache zu stellen.

Navarra, liebenswürdig und ohne Arg, hatte jedweden Verdacht eingeschläfert. An Alençons Flucht hatte er nicht teilgenommen; in der Tat, sie schien ihn kaum interessiert zu haben. Er wurde öfters in der Gesellschaft des Herzogs von Guise und dessen Bruders Mayenne gesehen. Noch öfter sogar sah man ihn in der Gesellschaft von Damen des Hofes (besonders in der von Katharinas Circe, der blonden und schönen Charlotte de Sauves), denn wenn auch Navarras hochgebildete Gemahlin nichts an ihm zu bewundern fand – er war weder hübsch noch geschliffen –, so war er doch im Begriff, sich den Ruf eines recht zufriedenstellenden Liebhabers zu erwerben. Weit davon entfernt, politisch gefährlich zu werden, war er eher ein Gegenstand der Unterhaltung. Sogar Cavalli, der sich gewöhnlich als so scharfsinnig erwies, hatte nach Venedig geschrieben, daß Navarra sehr stark seinem Vater ähnele, ziemlich leichtsinnig und unbeschwert sei und infolgedessen als »nur von recht geringer Bedeutung« eingeschätzt werde[10].

Seine Flucht, die so völlig unvorhergesehen erfolgte, ließ den König in Verzweiflung zurück. Wenige Tage nach Navarras Weggang schrieb Heinrich an Michel Castelnau, Sieur de Mauvissière, seinen jüngst ernannten Gesandten in England:

»Ich betrachtete ihn so eng an mich gebunden, daß er niemals fähig sein würde, sich von mir zu trennen . . . Er erzählte mir gestern abend, daß er beabsichtige, zurückzukehren und hier zu schlafen; aber anstatt zurückkehren ließ er mich durch Sieur de St. Martin wissen, es wäre ihm erzählt worden, daß ich beabsichtigte, ihn zu verhaften. Gott ist mein Zeuge, ich habe niemals auch nur den Gedanken oder den Wunsch gehabt, dies zu tun . . . Ich bedauere dies tief, denn er geht unter einem derartig falschen Eindruck weg . . . daß dies nur weiterhin den Frieden behindern wird, den herbeizuführen ich mein Bestes getan habe. Es ist alles sehr entmutigend.«[11]

Es wurde noch entmutigender, als die Nachricht eintraf, die Hugenotten würden sich um Navarra scharen, um »ihren Herrn heimzuholen«. Bald hieß es, er hätte etwa 3000 Reiter und 9000 Fußsoldaten zu seiner Verfügung. Sollte sich diese Streitmacht mit der Armee von Monsieur vereinen, so wäre Frankreich ruiniert.

Erneut machte sich Katharina ans Werk, um einen dauerhaften Friedensschluß zu entwerfen. Die Krone hatte weniger denn je in das Geschäft einzubringen; alles lag auf Seiten von Monsieur. Es gab sogar einige, die Alençon anstachelten, auf Paris selbst loszuziehen, doch trotz mehr als einer greifbaren Aussicht auf Erfolg zögerte er. Genau dieser Umstand des Zögerns war es, den Katharina ins Spiel zu bringen hoffte, indem sie sein Vertrauen in seine Ratgeber erschütterte und seine Gier mit Versprechungen einer großen Apanage weckte, falls er zu seiner Familie, die ihn liebte, zurückkehren würde. Katharina fühlte sich in diesem Winter gar nicht wohl, da sie von Ischias geschwächt war, so daß es ihr schwerfiel, zu gehen oder selbst längere Zeit zu stehen. Sie wurde allmählich alt, und die Streitereien ihrer Kinder zehrten an ihr. Der englische Gesandte bemerkte in einem Brief an Walsingham, daß ihm »ihr Auge nicht mehr so lebendig vorkommt, wie es sonst der Fall war«[12]. Ihre Entschlossenheit war indessen ebenso leidenschaftlich wie je.

Der Winter und der Frühling 1576 gestalteten sich zum Alpdruck. Zusätzlich zu den vereinigten Streitkräften von Condé, Alençon und Navarra wurden deutsche Reiter unter der Führung von Johann Casimir von der Pfalz herangeführt. Sie wurden, wenn man den Chroniken glauben darf, zum wahren Schrecken. Brutale, undisziplinierte Söldner, fühlten sie sich niemand untertan. Krieg war eine vertragliche Abmachung und Plündern bildete einen Teil des gerechten Lohnes für eine gefährliche Beschäftigung. Als sie die Mosel überschritten hatten und der reichen Gegend um Dijon zustrebten, flohen die Bauern voll Panik in die befestigten Städte, nachdem sie ihre Habseligkeit auf Schubkarren oder kleine Handwagen geladen hatten; ihre Kühe und Schafe trieben sie vor sich her. Um sich selbst zu schützen, bildeten sie kleine Haufen, und Stöcke und Mistgabeln waren ihre einzigen Waffen zur Verteidigung. Burgund und Bourbonnais waren bald leergefegt. In Langres erwiesen sich die Versprechungen, die Stadt zu schonen, als wertlos: sie wurde geplündert, alles bewegliche Gut auf Wagen geladen und die Bauernhäuser wurden angezündet. Nicht einmal Johann Casimir hatte seine Söldner unter Kontrolle. Im März konnte es Katharina nicht mehr mit anhören. Sie war der Ratgeber müde, die davor warnten, daß der König angesichts seiner schwachen Stellung nur einen schmachvollen Frieden erzielen könnte. Für sie gab es keinen »schmachvollen Frieden»; es gab nur die Schmach des Krieges, die Schmach, daß Frankreich sich selbst zerstörte. Am 13. März kamen die Abgesandten der »Politischen« und der Hugenotten mit dem Rat des Königs zusammen, um ihre Vertragsbedingungen zu präsentieren. Die Verhandlungen zogen sich eine Woche lang hin, bis der Rat, indem er die Bedingungen als »maßlos übertrieben« bezeichnete, den Verhandlungsraum stolzen Hauptes verließ. Doch Katharina blieb unverzagt. Innerhalb der nächsten sechs Wochen schrieb sie Briefe, führte geheime Unterhandlungen, teilte Schmeicheleien aus und machte Versprechungen. Während der ersten Maiwoche gelang es ihr abermals, die gegnerischen Parteien an einen Tisch zu bringen.

Dieses Mal traf man sich in Châtenay bei Sens in einem einsamen, auf offenem Feld stehenden Haus, um die Möglichkeit eines Überfalls aus dem Hinterhalt auszuschließen. Alençon nahm an diesem Treffen teil, und obwohl alle Anzeichen dafür sprechen, daß Katharina an ihren Jüngsten nur wenig Liebe verschwenden würde, führte sie sich jetzt ganz und gar als Mutter auf. Er war, wie sie ihn nannte, ihr *fils égaré,* ihr verlorener Sohn, der in den Schoß der Familie zurückgekehrt war. Zum Zeichen des Glücks, daß diese Einigung zustande gekommen war, und als Unterpfand

des guten Willens seines königlichen Bruders wurde Alençon mit den Provinzen Berry, Touraine und Anjou belehnt, außerdem erhielt er jährliche Einkünfte in Höhe von 100000 Goldkronen ausgesetzt[13].
Es war eine außergewöhnliche Abmachung, eine, die bittere Kritik gegen Katharina heraufbeschwor. Die Katholiken hatten das Gefühl, sie habe den König angesichts seines aufsässigen Bruders gedemütigt. Die Hugenotten mißtrauten solcher plötzlichen Freigebigkeit und behaupteten, sie würde die hugenottische Macht auf listige Weise schwächen, indem sie Alençon zurück an den Busen der königlichen Familie führe. Der Friede, der schließlich am 4. Mai in Beaulieu unterzeichnet wurde, unterlag allenthalben scharfer Kritik. Die Guisen waren wütend, der Papst protestierte schriftlich und der König, so verlautete gerüchtweise, weinte vor Kummer, als er den Vertrag unterzeichnete. »Monsieurs Frieden« wurde er verächtlich genannt.
Katharina war keineswegs stolz auf den Frieden, aber sie war realistisch genug, einzusehen, daß sie nur wenig Möglichkeiten zur Wahl hatte. Die wirkliche Macht war eindeutig hinter Alençon gestanden. Er hätte haben können, was er wünschte, sei es mit Gewalt oder sei es mit strategischen Mitteln, und dann wäre selbst der Schein der Macht den Händen des Königs entglitten. Wie es nun stand, hatte Katharina zumindest diesen Schein gewahrt. Sie hatte huldvoll zugehört, sie hatte verhandelt, sie hatte zur Mäßigkeit geraten und schließlich hatte sie nachgegeben. Nachgeben war eine königliche Prärogative, und Katharina hatte versucht, königlich mit ihr umzugehen. Es war ein ihr eigenes politisches Prinzip, ihre Verzweiflung niemals zu zeigen. Im Anschluß an die Verschwörung von St. Germain und die Flucht von Alençon und Navarra hatte sie sich geweigert, sich das Ausmaß der zu erwartenden Unannehmlichkeiten einzugestehen, so daß der englische Gesandte mit Erstaunen bemerkte: »Die Königin gibt die großen Feindschaften im Busen ihrer Familie immer noch nicht zu.«[14] Sie war sich durchaus dessen bewußt, daß der Friede von Beaulieu den Anhängern der Neuen Religion außergewöhnliche Vorteile gewährte – in der Tat, die Hugenotten schienen selbst angesichts derartiger Freiheiten überrascht zu sein –, aber sie hatte den Frieden herbeigeführt, sie hatte allen Raum zum Atmen verschafft.
Wie der Schein von Heinrichs Macht gewahrt werden würde, war ein weit schwierigeres Problem als der Friede selbst. Heinrichs Trägheit und Leichtsinn waren ein Gegenstand öffentlichen Gespöttes geworden. Mitte Juli kehrte Heinrich in Begleitung von Königin Louise (deren Anmut und Bescheidenheit die Zuneigung und die Sympathie des Volkes

gewonnen hatten) aus der Normandie zurück, mit Käfigen voller schnatternder, langschwänziger Affen, vielfarbiger Papageien und mit winzigen Hunden, die in Dieppe gekauft worden waren. Diese abnorme Liebe für exotische Kleintiere war lediglich eine Affektierheit mehr bei einer Persönlichkeit, die schon ans Bizarre grenzte.

Eine bemerkenswerte Veränderung war mit dem König im Laufe des Jahres 1576 vorgegangen. Seine übertriebene Kleidung war immer auffälliger geworden: immer mehr liebte er schwarzen Satin mit reich bestickten Hemden und enormen Kragen; seine zierlichen Valois-Hände glitzerten von Juwelen und nur selten war er ohne schwere Ringe in seinen Ohren zu sehen. Sein Gebrauch von Puder und Schminke stach immer mehr in die Augen und seine ganze Haltung war betont feminin. Obgleich darüber geklatscht wurde, er wäre immer noch ein häufer Besucher der Pariser Bordelle, so verschwendete er immer mehr Zeit, Geld und Energie an seine *mignons* – jene exotischen jungen Männer mit ihrem langen gelockten Haar, ihren kleinen Samtmützen und ihrem schweren, widerlichen Parfum. »Es kommt immer mehr Gerede über die *mignons* auf«, schrieb L'Estoile, »die vom Volk gehaßt und verachtet werden, ebensosehr wegen ihrer hochnäsigen Manieren, wie wegen ihres effeminierten und anmaßenden Auftretens, am meisten aber wegen der übermäßigen Freigebigkeit, die der König ihnen gegenüber bezeigt. Die weitverbreitete Meinung ist, daß dies die Ursache vom Ruin des Volkes ist.«[15]

Gegenüber den *mignons* war Katharina hilflos. In Kenntnis der Neigung ihres Sohnes, sich mit Schmeichlern zu umgeben, hatte sie ihn schon beizeiten davor gewarnt, sich zusammen mit Günstlingen zum Neid der übrigen Mitglieder des Hofes von der Welt abzuschließen. Aber Heinrich mochte nicht auf sie hören. Jetzt versuchte sie, ihm mit den Nöten des Königreiches beizukommen: seine Schatzkiste war leer, sein Kredit gesunken. Das Volk mühte sich unter einer ruinösen Steuerlast ab. Die Reiter weigerten sich, Frankreich zu verlassen, solange sie nicht entlohnt waren. Am meisten aber nahm das Verlangen nach der Einberufung der Generalstaaten zu, was entsprechend den Friedensbestimmungen von Beaulieu versprochen worden war. Heinrich verharrte in merkwürdiger Unbekümmertheit bei Katharinas Vorhaltungen. Gleich Karl schwankte er zwischen übertriebenem Betätigungsdrang und Zurückhaltung. Selbst die Entscheidung des polnischen Reichstages, daß er keinerlei Ansprüche auf den polnischen Thron für sich selbst oder für seine Erben erheben könne, schien ihm völlig gleichgültig zu sein.

König Heinrich war erst 25 Jahre alt, doch seine jugendliche Kraft war bereits verschwendet. Seine Leidenschaft für Ehre und Ruhm, die einstmals die Hoffnungen seiner Mutter hatten steil emporsteigen lassen, war ausgebrannt. Je dringlicher die Probleme des Königreiches wurden, um so mehr zog er sich in die liederliche Laube seiner Wonnen zurück. Jahrelang hatte sich Katharina dem Glauben hingegeben, Heinrich sei jener *Chyren,* den Nostradamos prophezeit hatte. »An der Spitze der ganzen Welt wird der große *Chyren* stehen«, hatte der Seher geschrieben, und sie hatte *Chyren* für ein Anagramm von Heinrich gehalten. Aber hier gab es nur wenig Größe; sogar der Wille zur Größe war verkümmert. Spät im Sommer erschienen über ganz Paris hin Plakate, die höhnisch verkündeten: »Heinrich, von seiner Mutter Gnaden ungewisser König von Frankreich, eingebildeter König von Polen, Pförtner des Louvre, Aufseher von St. Germain-l'Auxerrois.«[16] Der Sohn, in dem Katharina den Messias Frankreichs gesehen hatte, war statt dessen zur Zielscheibe des Spottes im Land geworden.

Am 6. Dezember 1576 wurde die Sitzung der Generalstände, die schon vor dem Tod Karls IX. geplant war, zu Blois eröffnet. Obwohl die Krone für solche Versammlungen keinerlei Neigung verspürte, war nichts unterlassen worden, um sie zum Anlaß königlicher Prachtentfaltung zu nehmen. Hatte sich Katharina einstmals auf Heinrichs Krönung zur Verherrlichung der Krone verlassen, so verließ sie sich jetzt auf die Generalstände. Wenn man den König erst einmal in seiner Majestät zu sehen bekäme, so mochte manch unflätiger Klatsch zum Schweigen gebracht werden. Noch mehr: würde sich Heinrich erst einmal selbst im vollen königlichen Glanz sehen, so mochte er wohl seine hohe Auffassung vom Königtum zurückgewinnen.

Blois war ein idealer Aufenthalt. Das Beste vom Mittelalter und der Renaissance war hier vereint. Die anmutige Mischung von Ziegel und Stein, zu feinsten gotischen Mustern gestaltet, stand den reich verzierten Renaissance-Motiven gegenüber, die von dem verschwenderischen Geschmack Franz I. entworfen worden waren. Obgleich Blois nicht die malerische Lage wie Amboise oder die Eleganz von Chenonceaux aufwies, so hatte es doch etwas echt Königliches an sich. Im Verlauf seiner langen Geschichte waren dort Könige geboren und ihre Triumphe gefeiert worden. Seine Mauern hallten von mehr als 200 Jahren französischer Königsgeschichte wider. Mit der Großartigkeit seiner Architektur, seinem Reichtum an Skulpturen und seiner ausgesuchten Möblierung bildete Blois einen vollkommenen Hintergrund, den König von Frankreich zu präsentieren – wohlwollend, majestätisch, aufmerksam gegenüber den Bedürfnissen seines Volkes, mit dem vollen Gewicht und dem Ruhm der Lilien hinter sich.

Am Morgen des 6. Dezember wurden die im Hof versammelten Abgeordneten namentlich aufgerufen, ihre Plätze in der Halle einzunehmen. Sie marschierten hintereinander durch den Audienzraum mit seinem Fußboden aus schwarzem und weißem Marmor, der nach volkstümlichen italienischen Mustern gelegt war, hinein in die große Halle, deren Säulen man mit violettem, lilienbestickten Samt geschmückt und deren Wände man mit Teppichen behangen hatte, auf denen Heldentaten und Zeugnisse königlicher Macht wiedergegeben waren. Zu beiden Seiten der Halle nahmen die Abgeordneten ihre Plätze ein, bischöflicher Purpur, die flammenden Roben des Adels und die bescheidene Kleidung der Bourgeoisie, wodurch sich die drei Stände unterschieden. Auf ein Zeichen des Herolds erhoben sich alle, als die Mitglieder der königlichen Familie eintraten, um ihre Plätze auf einem purpurverzierten und mit Teppichen belegten Podium einzunehmen, denn im Dezember war es kalt in der Halle. Zuletzt kam der König, hochgewachsen, königlich, selbstbeherrscht und nahm in seiner Majestät seinen besonderen Platz hinter dem Baldachin aus Satin ein.

Nichts war unterlassen worden, um ihn königlich erscheinen zu lassen, und trotz der lächerlichen Figur, die er während der letzten Jahre gemacht hatte, war Heinrich immer noch in der Lage, die Rolle des Monarchen zu spielen. Jetzt, als er sein Gesicht den Abgeordneten zuwandte, wirkte er feierlich und gebieterisch. Mit einer ebenso anmutigen wie herrischen Geste gebot er den Abgeordneten, sich zu setzen, und nahm selbst seinen Platz auf dem Podium ein. Zu seiner Linken saß Königin Louise, blaß, still und zurückhaltend; zu seiner Rechten seine Mutter, eine stattliche Frau von 57 Jahren, die im Laufe der Jahre immer mehr aussah wie der Abkömmling des italienischen Krämers. Weiter weg von ihr saß gebeugt, finster und verdrossen Alençon, der »verlorene Sohn«, der ein Königtum geteilt hatte und jetzt von den Siegern wie eine stolze Trophäe zur Schau gestellt wurde. Alle seine Versprechungen, die Hugenotten und die »Politischen« zu führen, waren gegenstandslos geworden. Der erste Windstoß hatte sie hinweggeblasen, und Alençon, dessen Eitelkeit wenigstens vorübergehend zufriedengestellt schien, war in den Schoß der königlichen Familie zurückgekehrt.

Gegenüber dem König hatten die vier Staatssekretäre ihren Tisch; und nur wenig entfernt davon saß der wichtigste Mann des Reiches, der Kanzler René de Birague, in seiner langen, schwarzen Robe mit der quadratischen Kanzlerkappe. Trotz seiner Stellung und seines Einflusses war Birague für Frankreich schlechthin nichts weiter als »einer aus der italienischen Brut«, einer von Katharinas Blutegeln, die sich vom Blut Frankreichs mästeten. »Keine Lilie blühte in seinem Herzen«, vermerkte der Herzog von Nevers, als er die rauhe Stimme und unvollkommene Ausdrucksweise beschrieb, die den Kanzler während der Versammlung der Generalstände so schwer verständlich machten[17].

Als Heinrich sich erhob, um zu den Generalständen zu sprechen, umgab ihn der Nimbus des Königtums. Für einen Augenblick war seine modische Affektiertheit verschwunden. Er stand, wie es einem König zukommt, allein. Er trug weder Armbänder noch Ohrringe. Sein weißes Wams aus Satin und sein samtener Überwurf verliehen ihm eine einfache Majestät, und von seinem Podium aus schien er noch höher gewachsen, als er tatsächlich war. Für einen Augenblick hatte er wieder etwas von jener gebieterischen Gegenwart, die Tintoretto in sein Porträt eingefangen hatte. Als er zu sprechen anhob, herrschte schweigende Aufmerksamkeit bei allen drei Sektionen seiner Zuhörerschaft.

Heinrich galt als einer der redegewandtesten Fürsten Europas. Er hatte außerdem etwas von einem Schauspieler an sich, mit dem Gespür eines solchen für die Wahl des richtigen Zeitpunktes und die Resonanz unter seinen Zuhörern und er verfügte über eine trotz ihrer Sanftheit weitreichende Stimme. Ihre Modulation erstreckte sich leichthin von der Bitte zum Befehl, von der Furcht zur Hoffnung. Er hatte viele seiner Begabungen vergeudet und selten nur brachte er die Seelenstärke auf, jene guten Eigenschaften miteinander zu verbinden, die ihm von Geburt an mitgegeben waren. Hier war er sich allerdings bewußt, daß die Zukunft Frankreichs sowie seine eigene Zukunft in einem erfolgreichen Ausgang der Versammlung der Generalstände beschlossen lagen, und hierauf richtete er alle seine Kraftanstrengungen. Er hieß die Abgeordneten willkommen, versicherte sie seines Vertrauens und rief ihnen den Ruhm des früheren Frankreichs, »die glücklichen und glorreichen Regierungen« seines Großvaters und seines Vaters, ins Gedächtnis zurück. Für sich, so fuhr er fort, würde er den Tod einem gespaltenen Königreich vorziehen und er würde lieber sehen, »daß sich das Grab über mir schließt anstatt Zeuge des Unheils sein zu müssen, das die Herrschaft meiner verstorbenen Brüder bedrängt hat«.

Was er sagte, war gemäßigt, darauf angelegt, niemand vor den Kopf zu stoßen, denn er erkannte die verzweifelte Notwendigkeit der Einigkeit.

Er drückte seinen Wunsch nach einem guten und gefestigten Frieden aus, versicherte den Abgeordneten, daß »alle Regelungen und Weisungen, die von mir in dieser Versammlung getroffen werden, unverletzbar sein werden«, und wiederholte seine Entschlossenheit, Frankreich zu seinem früheren Ruhm zurückzuführen. Frankreichs Schicksal wäre das seine, so versicherte er, und sollte es ins Unglück führen, so würde er nicht mehr leben wollen: »Oft habe ich Anlaß gesehen, zu Gott zu beten, daß es Seiner Gnade gefallen möge, mein Volk bald von seinem Mißgeschick zu erlösen oder meiner Herrschaft und meinem Leben in der Blüte meiner Jahre ein Ende zu bereiten.« An einer Stelle war Katharina beinahe zu Tränen gerührt, denn während seiner Bitte um Frieden wandte sich ihr Sohn ihr zu und spendete in aller Öffentlichkeit dem Beifall, was sie für die Lenkung des Königreiches getan hatte »inmitten der ungestümen Wogen und wütenden Winde von Parteiung und Spaltung, die über Frankreich von allen Seiten hereingebrochen waren . . . Alle diejenigen, welche Frankreich lieben«, so fuhr er fort, »müssen ihre große Wachsamkeit, Hochherzigkeit und Klugheit lobpreisen, womit sie ihre Regentschaft geführt hat, um das Königreich zu retten.«[18]

Während er sprach, hielt er die Mehrzahl seiner Zuhörer in Bann; seine Versprechungen waren ihre Träume. Aber selbst stundenlange Beredtsamkeit reichte nicht aus, um die Monate seiner Mißregierung auszulöschen. Selbst als er schwor, daß alle seine Versprechungen »unverletzlich sein würden«, protestierten die Hugenotten im Süden aufs lebhafteste, weil der Friede von Beaulieu *nie* gehalten worden sei, und daß die Männer aus der Umgebung des Königs unter den ersten gewesen seien, die ihn verletzt hatten. Noch abträglicher sei das eigene Verhalten des Königs gewesen: die Gleichgültigkeit, die ihn abseits von seinem Kabinett und den wichtigen Staatsgeschäften hielt, die Sucht, mit der er öffentliches Vermögen für privaten Luxus verschwendete, die Käuflichkeit und Verkäuflichkeit von Ämtern, die erbarmungslose Steuerlast, die Manipulierungen der Geistlichkeit – alle diese umfangreichen Vermögenswerte wurden jährlich nur zusammengehäuft, um seinen Günstlingen gefällig zu sein und den Hof zu amüsieren.

Die erste Darstellung königlicher Pracht war sinnbetörend gewesen, die erste Stunde königlicher Überredungsversuche bewegend – aber das genügte nicht. Seine Widersacher waren zu argwöhnisch und zu mächtig, um durch schöne Reden besänftigt zu werden. Schon vor dem Zusammentritt der Generalstände hatten die Hugenotten gegen sie geltend gemacht, daß die Art und Weise ihrer Wahl (die oft einen Teil katholischer kirchlicher Zeremonien bildete) die Möglichkeit einer gerechten Vertretung ausschließe. Condé und Navarra hatten die Versammlung für null und nichtig sowie für ungesetzlich erklärt und sich geweigert, daran teilzunehmen.

Die Hugenotten befanden sich trotz der liberalen Bestimmungen des »Friedens von Monsieur« in einer prekären Lage. Alençon machte sich, nachdem er erst einmal entdeckt hatte, daß die Butter auf dem Brot des Königs süßer schmeckte, kein Gewissen daraus, seine früheren Verbündeten zu verlassen, und er zog viele jener gemäßigten Katholiken mit sich, die sich auf eine Allianz gegen den König nie leichten Herzens eingelassen hätten. Somit sahen sich die Hugenotten plötzlich als kläglicheren Rest wie je zuvor, mit keinen anderen Hilfsquellen als einem papierenen Frieden und Versprechungen königlichen Wohlwollens. Die Generalstände, für deren Einberufung Condé so unermüdlich gewirkt hatte, waren aus einem Forum, vor dem sie frei hätten sprechen können, in eine elitäre Gruppe verwandelt worden, aus der sie ausgeschlossen waren. Condé sah sich der bitteren Wahrheit gegenüber, daß die Fülle der Errungenschaften, die der Friede in so reichem Umfang und auf so frohlockende Weise seinen Glaubensbrüdern gebracht hatte, sich in seinen Händen in Asche zu verwandeln begannen. Wenn Navarra zur Geduld riet, schüttelte Condé sein Haupt: vor dem Zusammentritt der Generalstände schon hatte er mit ungestümer, aber realistischer Einschätzung der Lage die Verhandlungen mit Johann Casimir wieder aufgenommen, um Kavallerie und Fußtruppen zu seiner Hilfe beim »Widerstand gegen die Tyrannei« zu erhalten.

Die größte Bedrohung der Krone aber sollte noch kommen, und zwar nicht aus dem Lager der offenen Opposition der Hugenotten, sondern aus dem der unnachgiebigen Katholiken unter der klugen Führung des jungen Herzogs von Guise. Einige Jahre lang hatten sich über ganz Frankreich hin Katholiken eng aneinandergeschlossen, um Frakreich katholisch bleiben zu lassen, koste es was es wolle. Obgleich es sich ursprünglich nur um kleine religiöse Gruppen handelte, die ganz einfach dem Glauben ihrer Väter und der Verbundenheit mit dem Papst Treue schworen, geeint unter einem kraftvollen Führer, so waren sie im Lauf der Zeit zu einer politischen und militärischen Organisation geworden, fähig, nicht nur für die Hugenotten, sondern für den Thron selbst zu einer Gefahr zu werden. Dies war die Basis der Katholischen Liga, die der Herzog von Guise bereits mit außerordentlichem Geschick in seine Hände zu nehmen begonnen hatte.

Heinrich von Guise war ein ehrgeiziger junger Mann von 26 Jahren. Von

seinem Vater hatte er das militärische Genie, den Mut und das Auftreten geerbt. Mit der gräßlichen Wunde, die er in der Schlacht von Dormans empfangen hatte, war ihm auch der Titel seines Vaters zugefallen: *Le Balafré.* Für eifernde Katholiken war der Titel längst zu einer verbindenden Parole geworden: wie der alte Herzog sie in Italien siegreich geführt, die Engländer in Calais geschlagen hatte und gegen die unverschämten Anmaßungen der Hugenotten fest geblieben war, so würde auch der neue *balafré* – dieser neue Narbengesichtige – ihr Führer werden.
Den ersten leibhaftigen Beweis von der Gefährlichkeit seines geschickten großen Meisters dürfte der König in Gestalt der Veröffentlichung des *David Mémorial,* der David-Denkschrift, erhalten haben. Das *David Mémorial* (das seine Bezeichnung vom Namen des Mannes herleitet, in dessen Besitz es gefunden wurde, und der es unter den Hugenotten bekannt machte) enthielt angeblich Aufzeichnungen über eine geheime Beratung, bei der man sich verschworen hatte, die Dynastie der Valois zu stürzen. Der Grundgedanke, der hinter der Verschwörung stand, war die Behauptung, daß das Haus Guise der wahre Abkömmling Karls des Großen (»sein grüner und blühender Sproß«) wäre. Die Valois dagegen wären nur die lasterhaften Nachkommen des Nebenzweiges der Capets. Um den rechtmäßigen Machtwechsel in die Wege zu leiten, würde der Herzog von Guise mit Unterstützung der militärischen Kraft der Katholischen Liga Frankreich von seinem liederlichen und illegitimen Herrscher »befreien«. Die Hugenotten würden für vogelfrei erklärt, Alençon, Navarra und Condé eingekerkert, Katharina und ihr verantwortungsloser Sohn in irgendeinem abgelegenen Kloster sicher unter Verschluß gehalten werden. Dann, so fuhr das *Mémorial* fort, würde Guise freie Hand haben, den Thron zu besteigen und Frankreich zum Ruhm Karls des Großen zurückzuführen[19].
Die Partei der Guisen leugnete naturgemäß die Echtheit des *David Mémorial* und behauptete, es wäre ganz offensichtlich von den Hugenotten hergestellt worden, um sie in Mißkredit zu bringen. Was der König auch immer von dem Mémorial denken mochte, es ließ ihn den Herzog von Guise in einem neuen Licht sehen und unterstrich die Gefahr, der seine eigene Stellung ausgesetzt war. Er konnte sich weder der Liga widersetzen noch erlauben, daß eine so mächtige Maschinerie von Guise gelenkt würde. In seinem Bemühen, zwischen zwei tödlichen Gefahren hindurchzusteuern, traf er eine Entscheidung, die tödlicher als alle anderen war: er beschloß, daß er, wenn der geeignete Augenblick erst einmal gekommen wäre, in aller Öffentlichkeit den Oberbefehl über die Liga übernehmen

würde. Während er insgeheim den örtlichen Verbänden der Katholiken Mut zusprach, setzte er sich öffentlich für Diskussionen über religiöse Freiheit ein, die in den Generalständen stattfanden. Zu Beginn des Jahres 1577 indessen erwies sich diese Doppelzüngigkeit als nicht mehr nützlich, und der König kündigte seinen Entschluß an, nur eine Religion im Königreich gelten zu lassen. *Un roi, une foi, une loi,* ein König, ein Glaube, ein Gesetz, war wiederum zum Gesetz des Reiches geworden.

In den hauptsächlich aus Katholiken zusammengesetzten Generalständen begegnete man der Entscheidung des Königs anfangs in fraglos gehobener Stimmung. Was Katharina angeht, so spürte sie sofort die Tragödie von Heinrichs Entscheidung. Die Wiederherstellung der Glaubenseinheit würde die Möglichkeit von Kompromissen ausschließen und Frankreich unvermeidlich in den Bürgerkrieg zurückstoßen. Nach Meinung Katharinas war ein solcher Konflikt durch nichts gerechtfertigt. Es ist geradezu eine Ironie, daß die »Legende von der Heiligen Katharina« sie in so grausamen und brutalen Farben gezeichnet hat, denn in vieler Hinsicht war sie weit weniger verroht als das Zeitalter, in dem sie lebte. Das Wüten des Krieges erschütterte sie. Die Felder Frankreichs von Schlachten verwüstet zu sehen, rief ihren Zorn hervor. Sie war nicht nur eine Krämerin, sondern hatte auch etwas von einer Bäuerin an sich, die sich an den reichen, gelben Roggen- und Weizenfeldern erfreut. Sinnlose Zerstörung beleidigte ihren unstillbaren Lebenshunger. Sie hatte die Begeisterung der Medici für Kunst und Architektur geerbt, für gutes Essen, für ein schönes Pferd. Krieg zerstörte nicht nur Leben, sondern auch alles, was das Leben angenehm macht. In ihren Augen konnte nichts eine derartige totale Verwüstung rechtfertigen. Als sie nunmehr vernahm, der König berufe sich auf seinen Krönungseid, um die plötzliche politische Wende zu begründen, und beteure, er habe bei seiner Salbung geschworen, den katholischen Glauben zu mehren und Frankreich gegen die Häresie zu verteidigen, da sah man sie sich an den Kardinal von Bourbon wenden, dem sie in bissigem Ton sagte: »Bringen Sie doch dem König bei, nicht so fromm zu sein.«[20]

Katharina stand mit ihrem Abscheu vor einem Bürgerkrieg nicht allein. Obgleich die Generalstände mit überwältigender Mehrheit für die Aufrechterhaltung eines einzigen Glaubensbekenntnisses gestimmt hatten, waren sie in der Frage des Krieges geteilt. In der Debatte, die sich anschloß, erhob sich Katharina ihrem Sohn zum Trotz und umriß ihre Einstellung vor der Versammlung.

Es war eine einfache, aufrichtige Rede, persönlicher, als man sie von einer

Frau erwarten konnte, die viele Jahre lang ihre wahren Gefühle für sich behalten hatte:
»Ich bin eine Katholikin und habe ein ebenso gutes Gewissen wie jeder andere. Zur Zeit des früheren Königs, meines Sohnes, bin ich manches große Risiko gegen die Hugenotten eingegangen und bin auch jetzt noch nicht bange vor ihnen. Ich bin jetzt achtundfünfzig Jahre alt und zum Sterben bereit und ich hoffe, in den Himmel zu kommen. Aber ich werde den Katholiken nicht die Vollmacht geben, dieses Königreich zu zerstören. Wenn es welche gibt, denen es gleichgültig ist, ob der Staat Schaden nimmt, nur damit sie sagen können, sie hätten die katholische Religion behauptet, oder wenn es solche gibt, die vom Ruin des Staates zu profitieren hoffen, so habe ich weiter nichts zu sagen – aber ich will nicht eine von ihnen sein.«[21]
Die »heuchlerische« Italienerin hätte nicht freimütiger sein können. Sie trat öffentlich für den Frieden ein, betrachtete sich aber deshalb nicht weniger als Katholikin. Was diejenigen anlangte, die Krieg wollten, nun, so sollten sie die Gefahr vor Augen geführt bekommen, in die sie ihr Land versetzten. Der König, der den strategischen Rückzug hinter die Macht der katholischen Partei angetreten hatte, war betreten und verärgert über die unverblümte Erklärung seiner Mutter zugunsten des Friedens. »Madame«, so hörte man ihn sagen, »das ist das dritte Mal, daß Sie zu mir über Frieden gesprochen haben. Ich sage Ihnen ganz rund heraus, sprechen Sie darüber nicht mehr zu mir, denn ich möchte es nicht mehr hören.«[22]
Es war wohl nach dieser Abfuhr, daß man Katharina voll bitteren Kummers über den Weg, den ihr Sohn eingeschlagen hatte, weinen sah. Doch war sie weit davon entfernt, sich geschlagen zu geben. Während der ersten Januarwoche schrieb sie ein längeres, für den König bestimmtes Memorandum nieder, worin sie ihre Entschlossenheit rühmte, einzig und allein auf das Königreich zu bauen, und ihm versicherte, er könne in solch einer heiligen Sache auf Gottes Hilfe zählen, aber vorschlug, da Gott »Rache und Grausamkeit verwirft«, einen anderen Weg als den des Krieges einzuschlagen, um seinen Entschluß zu verwirklichen. Sollte es möglich sein, die hugenottischen Führer für sich zu gewinnen, so erinnerte sie ihn, dann mochte der Rest sehen, wo er bliebe[23].
Vier Tage später machten sich Abgeordnete zu einer Zusammenkunft mit Navarra in Agen und mit Condé in St. Jean-d'Angély auf den Weg. Condés ursprüngliches Mißtrauen war durch diesen jüngsten Stellungswechsel des Königs bestätigt worden, und in einem Wutausbruch weigerte er sich, mit den Abgeordneten zu sprechen. Navarra zeigte sich gemäßigter.

Doch obwohl er, wie der toskanische Gesandte vermerkte, »eine Antwort, die bescheiden genug war«, gab, wich er nicht um Haaresbreite zurück. Er hörte voller Respekt zu – einige sagten sogar, mit Tränen in den Augen –, aber er schüttelte sein Haupt, wenn die Frage seiner Rückkehr in den Schoß der katholischen Kirche angeschnitten wurde, und erinnerte seine Gesprächspartner daran, daß über den Glauben nicht mit dem Schwert entschieden werden könne. Eines Tages würde er, falls sich seine eigene religiöse Überzeugung als Irrtum erweisen sollte, diesen Schritt in Erwägung ziehen. Krieg, so schien es, war unvermeidlich[24].

Waren die Hugenotten auch nicht zu gewinnen, so konnten sie jedoch geschwächt werden. Also ging Katharina zu taktischen Schritten über, um dafür zu sorgen, den Führer der »Politischen« abtrünnig zu machen: Montmorency-Damville. Damville war der Begabteste aus der Familie Montmorency. Als Mittdreißiger war er nicht nur Gouverneur im Languedoc, sondern auch Marschall von Frankreich und Generalleutnant in der Guyenne, in der Provence und in der Dauphiné. Wenn er auch ein standhafter Katholik blieb, so fand er, daß die Einstellung der Krone in Fragen der Religionsfreiheit unhaltbar war. Als von Heinrich III. in Turin seine Stellungnahme brüsk zurückgewiesen worden war, hatte Damville, zu stolz, um eine Abfuhr selbst aus dem Mund seines Königs hinzunehmen, die »Politischen« formell der Sache der Hugenotten zugeführt. Es war eine schüttere Allianz, denn Hugenotten und Katholiken trauten einander nicht.

Damville tat selbst wenig, das Problem zu vereinfachen. Unabhängig und autokratisch wie er war, nahm er Anstoß an der republikanischen Gesinnung, die dem hugenottischen Geist innewohnte, und er hegte keinerlei Verlangen, die Fahne des Aufruhrs gegen den König mit zu erheben. Trotzdem blieb er ein volkstümlicher Führer mit einer großen Gefolgschaft, besonders unter den Soldaten, die sowohl seinen Mut als auch sein taktisches Geschick schätzten. Es war gerade diese Zwiespältigkeit von Damvilles Haltung, die Katharina jetzt zu nützen hoffte. Im Januar schrieb sie an ihren Sohn: »Was Marschall Damville anbetrifft, so ist er es, den ich am meisten fürchte, denn er verfügt über Geschick, Erfahrung und die größte Gefolgschaft. Ich bitte Dich deshalb dringend, nichts unversucht zu lassen, um ihn zu gewinnen. Meiner Ansicht nach beruhen Erfolg oder Mißlingen auf seiner Handlungsweise . . . Biete ihm an, was immer er wünscht, um sein Mißtrauen zu überwinden und seinen Verdacht zu besänftigen.«[25]

Mittlerweile richtete Katharina ihre Anstrengungen darauf, Damvilles

Frau zu gewinnen. Charlotte de la Marck, jung, hübsch, ehrgeizig, war des Lebens im Süden schon überdrüssig geworden. In Montpellier mit seinen hugenottischen Synoden und Versammlungen, seinem ernsten und düsteren Moralkodex, seinem Hang zu nüchterner und frugaler Lebensweise, waren ihre Träume nie in Erfüllung gegangen. Als die Einladung der Königin-Mutter an den Hof eintraf, fand sie diese unwiderstehlich. Nach ihrer Abreise wuchs sich die Atmosphäre in Montpellier zur offenkundigen Feindseligkeit aus, und die Hugenotten, argwöhnisch gegenüber Damvilles Katholizismus und durch seine autokratische Herrschaft vor den Kopf gestoßen, lehnten ihn als Gouverneur ab. Katharinas entgegenkommendes Verhalten erfolgte genau zur rechten Zeit. »Biete ihm an, was immer er wünscht«, hatte sie ihrem Sohn mit unverhülltem Zynismus geraten. Während die Hugenotten Anschuldigungen gegen Damville richteten, lockte der König mit Geschenken. Einsam und ohne Schutz, blieb Damville kaum eine Wahl. Im Frühjahr hatte der »Fuchs« den Köder geschluckt und kehrte an den Hof zurück.

Im gleichen Monat wurde die Tagung der Generalstände formell geschlossen. Der Glanz, womit sie begonnen hatte, war nur von kurzer Dauer. Heinrich hatte nur wenig Geduld mit dem langsamen, knirschenden Räderwerk der Regierung. In seinen Augen bedeutete König sein zu blenden, zu befehlen, huldreich zu sein; es hatte nichts zu tun mit Argumenten und Debatten, mit der endlosen Überprüfung von Schriftstücken oder den Fragen und Wortklaubereien von Parlamentariern. Da er bei seinem Bemühen, den wohlwollenden Souverän zu spielen, auf Ablehnung stieß, suchte er sein Heil in einer Rolle, die ihm stets Trost verschaffte: der strahlende König.

In der Nacht, als eine Gruppe italienischer Schauspieler erschien, um ihr »liederliches Spiel« aufzuführen, übertraf der König sich selbst. Er erschien gepudert und geschminkt mit Schönheitsfleckchen auf seinen Wangen, den weiten Kragen offen, sein Hals gebeugt unter kostbaren Perlenketten, während sein randloser Hut nach Damenart von Diamanten, »die schwer wie Eisbrocken« waren, glitzerte. Er rief mehr Erstaunen hervor, als ihm selbst bewußt war, denn als er durch den Ballraum zog, klimperten die Gold- und Silberkettchen, die seine Kleidung zierten derart, daß der König einer gewaltigen Musiktruhe zu gleichen schien, die man aufgezogen hatte – die aber binnen kurzem von selbst ablaufen würde[26].

Es war nicht sein frivoles Auftreten allein, sondern weit mehr sein Eingehen auf die Katholische Liga, die Heinrichs Rolle als Souverän beeinträchtigte. Indem er ihre Führung übernahm, hatte er, das ist richtig, sich selbst vor der Beherrschung durch die Guisen bewahrt. Er hatte das Instrument, durch das er abgesetzt werden sollte, zu seinem eigenen gemacht. Es war ein außergewöhnlicher Streich, der ihn nicht nur vor einem mächtigen Feind rettete, sondern diesen Feind dazu noch in seinen Dienst stellte. Heinrich hatte, wie es die meisten in die Enge getriebenen Kreaturen tun, den Weg des geringsten Widerstands eingeschlagen, aber seine Handlungsweise sollte Folgen haben, von denen er sich nimmermehr erholte. Durch seinen Einsatz für die Liga hatte er sich selbst zu deren Parteigänger gemacht. Indem er sich mit einer Partei innerhalb seines Königreichs verband, hatte er seine Mittlerrolle verscherzt und war zum Feind eines Teiles seines Volkes geworden. In den Augen Katharinas, die sich nach dem Tod von Franz II. ihren Weg durch die tödlich verfeindeten Parteien hindurch gebahnt hatte, indem sie ihr ganzes Geschick für die Befreiung der Monarchie von jeder Parteinahme in die Waagschale warf, konnte Heinrichs Handlungsweise nur als Niederlage gelten, nicht nur für seine Person, sondern für die Auffassung von Königtum, wie sie es verstand.

Was in Blois nach außen gedrungen war, hatte sie zutiefst enttäuscht. In der Tat verließ niemand Blois mit Befriedigung. Diejenigen, welche auf dauerhafte religiöse Toleranz gehofft hatten, waren Zeugen geworden, wie die Artikel von Beaulieu verletzt und die Hugenotten als außerhalb des Gesetzes stehend abgestempelt wurden. Diejenigen, welche dem Krieg das Wort geredet hatten, waren enttäuscht worden. Außerdem waren sie erzürnt über eine leere Staatskasse und ein derart durch ungeheuerliche Steuern ausgebeutetes Volk, so daß man einen Krieg guten Gewissens gar nicht wagen konnte. Die Hugenotten waren natürlich verbittert und verzweifelt. Die Guisen, deren politischer Genius die Liga zusammengeschweißt hatte, sahen sich der von ihnen geschaffenen Maschinerie beraubt. Der junge Herzog von Guise, der von der Führung einer Armee geträumt hatte und davon, Frankreich für sich zu gewinnen, reiste mit leeren Händen aus Blois ab. »Launenhaftes Glück«, so ging der Reim rund, »Glück, dessen Räder sich drehen, um den einen Mann nach oben zu reißen und den anderen nach unten . . .« Im Augenblick war er nach unten gerissen worden, aber er würde geduldig ausharren; er würde warten. Und wenn der Augenblick kam, dann würde er wachsam sein, um ihn zu ergreifen.

Ausdauernde Vermittlerin

Es gibt keine Stunde am Tage oder in der Nacht,
in der ich nicht versuche,
irgendwelche friedlichen Mittel zu finden,
um die Lage zu retten.
KATHARINA VON MEDICI

I

Als Guise sich nach Norden auf seine Güter begab, marschierten zwei Armeen auf. Die Westarmee unter seinem Bruder Charles de Mayenne – den der König »seinem Naturell und seinen Anlagen nach für lenkbarer« hielt – und die Ostarmee, geführt von der spindeldürren Gestalt Alençons, der jüngst zum Generalleutnant des Königreichs ernannt worden war. Eingebildet auf seine Stellung und erpicht darauf, seinen Wert zu bestätigen, zog er die Loire abwärts und durch die fruchtbaren Weingärten rund um Issoire und Ambert; dann belagerte er die Stadt La Charité. Es war weniger eine Schlacht als vielmehr ein Schlachten. Alençon kannte keine Gnade gegenüber den Einwohnern, und als das Morden vorüber war, glich La Charité einem Leichenhaus. Es war sein erster Vorgeschmack vom Siegen, und er stieg ihm zu Kopf wie kostbarer Wein.
Voller Siegerübermut wandte sich Alençon in westlicher Richtung nach Plessis-les-Tours, wo sich der Hof niedergelassen hatte, diesmal ohne Furcht vor den Witzen und dem Spott der *mignons* des Königs. Über Nacht waren diese Günstlinge beiseite geschoben worden, da Heinrich Anstalten traf, den Kriegshelden zu empfangen. Am 15. Mai wurden die Gärten der alten Festung in ein Märchenland verwandelt. »Der König, der allen Dingen ihren Lauf ließ«, hatte einen Augenblick lang die Rolle des milden Bruders übernommen. Mit üppigem Aufwand hatte er 60 000 Francs für den schweren grünen Satin verschwendet, in den die Empfangsdamen gekleidet waren. Grün war die symbolische Farbe für

Wachstum, für Hoffnung, für Luxus. Im vorliegenden Falle war es die Farbe der Narretei, denn niemand vermochte die Maßlosigkeit dieses verschwenderischen Balls gutzuheißen.

Die Überspanntheit des Königs wurde drei Wochen später, am 9. Juni, noch übertroffen durch den Ball, den die Königin-Mutter für ihren siegreichen Sohn gab, einen Ball, der sprichwörtlich werden sollte. Schauplatz war das prächtige Schloß in Chenonceaux. Keinerlei Kosten waren jemals in Chenonceaux gespart worden. Der eindrucksvolle Eingang mit seinen großen, schattigen Bäumen, die Gärten von allerlei Art, feierlich in ihrer Färbung und Gestaltung, die ruhigen blau-grünen Wasser des Flusses Cher, auf die man beinahe von allen Räumen sah – Chenonceaux war in sich selbst ein Schauspiel von Eleganz und Geschmack. Aber Katharina wünschte, daß es diesen Abend noch mehr sein sollte. Gelegentlich brach Katharinas, im allgemeinen durch den praktisch denkenden Bankier, der in ihr steckte, zurückgehaltene Medici-Vorliebe für Glanz durch, und wenn dies geschah, dann war das, was sie plante, glänzend, betörend, ja geradezu heidnisch. So auch der Ball in Chenonceaux, der, so hieß es, mehr als 100000 Pfund kostete.

Der König selbst führte ihn an, gekleidet wie eine Frau, in rosa und silbernem Damast, sein Hals mit Perlenschnüren behangen, die enormen Schleppen seines Umhangs bestickt mit Smaragden und Perlen im Kleeblattmuster. Seine smaragdenen und diamantenen Ohrringe waren so schwer, daß sie seine Ohrläppchen in die Länge zogen, die fast bis auf die Schultern herabreichten. Sein Haar war violett gepudert, und die Edelsteine, die es schmückten, flimmerten und glitzerten, so daß sie im Halbdunkel wie große gefangene und eingesperrte Leuchtkäfer aussahen. Seine Eskorte bildeten die schönsten Hofdamen der Königin-Mutter, nur in durchsichtige Schleier gehüllt. Trotz ihres Hanges zum Bizarren war die Königin-Mutter nur in einfaches Schwarz gekleidet, wie es sich für ihr Bild als *Regina Madre* schickte. Königin Louise und Margot bildeten schroffe Gegensätze: Margot mit ihrem »weitausgeschnittenen Dekolleté« und ihrer unbezähmbaren Vitalität, Louise dagegen in unauffälliger Kleidung, mit so ruhigem Gehabe, daß keiner auf den Gedanken kam, sie überhaupt zu erwähnen[1].

Was die Königin-Mutter mit einer solchen Schaustellung zu gewinnen hoffte, ist schwer zu erraten. Ihre mütterliche Liebe zu Alençon würde sie wohl niemals zu solcher Freigebigkeit angetrieben haben. Doch was auch immer ihre Absicht gewesen sein mag, sie scheiterte, denn gegen den Ball erhob sich laute Klage.

Die Veranstaltungen zu Ehren des »umherirrenden Sohnes« standen in keinem Verhältnis zu seinen Triumphen. Gegenwärtig gab es keine entscheidenden Siege oder Niederlagen in dem traurigen Krieg, der sich durch den ganzen Sommer des Jahres 1577 hinschleppte. Nur sehr wenige hatten diesen Krieg gewollt, und jetzt brachte keine Seite das Geld oder die Energie auf, ihn fortzusetzen. Im Herbst war es für die hugenottischen Führer offensichtlich geworden, daß es klüger war, Frieden zu schließen. Die Hafenstädte Oléron und Brouage waren gefallen, und La Rochelle befand sich in schwerer Bedrängnis. Issoire lag in Schutt und Asche, die ländliche Umgebung von Guyenne war verwüstet, und die westlichen Provinzen von Anjou und Maine waren ausgeplündert und von Schrekken heimgesucht.

Am 17. September wurde der Friede von Bergerac – oder der Königsfriede, wie er genannt wurde – geschlossen. Allenfalls war er ein *modus vivendi,* der das Bestehen einer anderen Form des Christentums anerkannte, während er fortfuhr, sie zu drosseln. Obgleich er den Hugenotten das Recht gewährte, im ganzen Königreich in Frieden zu leben, so beschränkte er ihr Recht, ihren Glauben zu bekennen, auf einige bestimmte, im einzelnen bezeichnete Plätze. Ein solcher Kompromiß gefiel niemand, noch glaubte eine der beiden Seiten, daß es der König gern sähe, wenn dieser Friede wirklich Gestalt gewinnen würde. Der Bericht, den Sir Amias Paulet, Elisabeths Gesandter, für seine Souveränin niederschrieb, trug eine unverkennbar skeptische Note: »Gott gebe, daß er [der Friede] mit jener Aufrichtigkeit zustandegekommen ist, die sich für den Eid des gesalbten Königs geziemt.«[2]

Heinrich hatte in jenem Sommer weiter an Prestige eingebüßt. Denn während ihm Berichte zugingen von drohender Hungersnot, von unnatürlichen Stürmen mit Windstößen, stark genug, um Bäume zu entwurzeln und Ernten platt zu drücken, sowie von Hagelschauern, die Kleinvieh auf den Feldern töteten, setzte er sich über sie sämtlich hinweg und fuhr fort, sich mit seinen *mignons* zu amüsieren, die in dem königlichen Zufluchtsort Olinville eingetroffen waren, »auffällig und gekräuselt . . . ihr Haar verziert und die Schöpfe in die Höhe frisiert«. Für sie engagierte er die italienische Schauspielertruppe I Gelosi, die, wie die rechtschaffenen Pariser Bürger behaupteten, »nichts anderes als Unzucht und Ehebruch lehrten«. Seine Zeit widmete er seinen Affen, seinen Zwerghunden und seinen Wildeseln. Ganz besonders gefesselt war er von einem Zwerg, »nicht größer als ein dreijähriges Kind«, der ihm von Polen zum Geschenk gemacht worden war.

Im Vergleich zu diesen Dingen riefen die Geschäfte des Königreichs nur gelegentlich sein Interesse hervor[3].
Katharina tadelte die kindische Beschäftigung ihres Sohnes mit den *mignons*. Ihr Haß auf sie war unversöhnlich, denn sie erkannte, daß sie nicht einfach nur frivol, sondern auch gefährlich waren. Die Zuneigung des Königs für sie machte sie rücksichtslos und anmaßend. Sie benahmen sich herausfordernd gegenüber denjenigen, die weniger begünstigt waren, provozierten Duelle wegen nichts und wieder nichts und machten, was am gefährlichsten von allem war, Alençon zur Zielscheibe ihres ständigen Spottes.
Mochte sich Katharinas Jüngster früher damit abfinden, gekränkt zu sein und von Rache zu träumen, so war er jetzt durch seine wenigen militärischen Siege mutiger geworden. Der Held von La Charité hatte es nicht nötig, sich am Hofe festhalten zu lassen, am Zügel eines Bruders, der ihn verachtete, und unter den Augen seiner Mutter, deren Argwohn offen zutage lag. Der Wille zur Macht war in Alençon erwacht, und er war entschlossen, ihm freien Lauf zu lassen. Seine Träume von Ruhm waren gebieterischer geworden. Seine Brüder hatten allesamt über Königreiche geherrscht und er war entschlossen, ihrem Beispiel zu folgen.
Während Heinrich seine natürlichen Gaben verschwendete, nahm Alençon sein geringes Talent zusammen und brachte es fleißig zum Einsatz. Er glich einem Mann, der durch die Lupe eines Juweliers blickte und in vergrößertem Glanz das Juwel entdeckte, nach dem er suchte. Dessen Pracht riß ihn hin. Für ein solches Schmuckstück würde er ohne Bedauern alles verkaufen, was er besaß. Obgleich er sich infolge seiner verräterischen Flucht die Führung der Hugenotten und der »Politischen« verscherzt hatte, hing ein weit kostbareres Juwel aufreizend unmittelbar vor ihm: »Verteidiger der Niederlande«.

Die Niederlande waren seit langem ein wunder Punkt der französischen Politik. Selbst während der Herrschaft Heinrichs II. hatten die »Rebellen« um Hilfe gegen die von ihnen so genannte und verurteilte »spanische Tyrannei« gefleht. Während der Herrschaft Karls IX. hatten seine geheimen Unterredungen mit Wilhelm von Oranien Gerüchte ausgelöst, der französische König würde, seinen Sympathien nach zu schließen, Protestant werden. Die Intervention in den Niederlanden hatte wesentlich dazu beigetragen, der Feindschaft gegen Coligny Auftrieb zu verleihen, denn dieser war willens, Frankreich in einem Krieg gegen Spanien zu binden, um dadurch den belagerten niederländischen Provinzen beizustehen.

Keine Stimme hatte sich so beharrlich und zielbewußt gegen eine derartige Intervention erhoben wie die Katharinas.
Es war typisch für den verschlagenen Alençon, daß seine auf Ruhm gerichteten Gedanken um die Niederlande kreisten, wo es jetzt unter dem neuen Gouverneur Don Juan de Austria, dem Helden von Lepanto und illegitimen Bruder Philipps II., zunehmend hoch her ging. Don Juan war kein Diplomat, ihm fehlten die Geduld und die Gewandtheit am Konferenztisch. Er war Soldat, schroff, gebieterisch und an Niederlagen nicht gewöhnt. Sein anmaßendes Wesen und unberechenbares Temperament brachten die niederländischen Generalstaaten gegen ihn auf und veranlaßten sie, mit erneutem Interesse Ausschau zu halten nach Frankreich – und nach Alençon.
In Alençon steckte indessen eine Spur von Vorsicht, und er verspürte keine Lust, sich einer Sache anzunehmen, wenn er über so wenige Informationen aus erster Hand verfügte. Er brauchte einen Beauftragten, der das Terrain erkunden, die Schwierigkeiten beurteilen und die Unterstützung abschätzen sollte, die zu erwarten stand. Ein solcher Beauftragter mußte intelligent, klug und über jeden Verdacht erhaben sein. Im Frühjahr 1577 hatte Alençon einen raffinierten Plan entworfen: Margot würde für ihn die Niederlande erkunden. Ihr Geist, ihre Schönheit, ihr Wagemut machten sie hervorragend geeignet, die Rolle einer königlichen Spionin zu spielen.
Die Freundschaft zwischen der bezaubernden Margot und ihrem Bruder, »dem Mohren«, ist eine der interessantesten Beziehungen innerhalb der königlichen Familie. Man vermutete seinerzeit das Vorhandensein von Inzest. Dieser Vorwurf scheint allerdings jeder Grundlage zu entbehren, wenn auch der Ausdruck »merkwürdige Bettgenossen« in der Tat gebraucht worden sein mag. So verschiedenartig im Charakter sie auch gewesen sein mögen, beiderseitige Demütigung brachte sie einander näher. Sie waren Katharinas jüngste Kinder: ihre unbedeutendsten und von ihr am wenigsten geliebten. Wenn wir Margots Erinnerungen glauben dürfen, so sehen wir, wie sie sich in äußerster Furcht gegen ihre Mutter aufbäumt, wie sie nicht wagt, freimütig mit ihr zu sprechen, und wie sie zittert, wenn sie sie nur anblickt, während ihr Bruder Heinrich zum »einzigen Liebling« ihrer Mutter geworden war. »Zu mir ist sie jetzt weniger gütig«, schrieb sie, »sie hat ihren Sohn zum Idol gemacht, dem sie ständig gefällig sein will.« Diese offensichtliche Bevorzugung führt zu ständig gereiztem Widerspruch Margots sowohl gegen ihre Mutter als auch gegen ihren Bruder.

Ihre Vermählung mit Navarra goß nur noch mehr Öl ins Feuer. Es war ja nicht ihre Heirat, sondern die ihrer Mutter, eine politische Verbindung, die Frankreich den Frieden bringen sollte. Ihre Wünsche, selbst ihre religiösen Bedenken, blieben unbeachtet. »Ich bat sie«, so schrieb sie, »doch die Tatsache zu bedenken, daß ich Katholikin bin, und daß es mich sehr bekümmern würde, jemand zu heiraten, der nicht meiner Religion angehört.«[4] Trotz ihrer Klagen waren die Verhandlungen weitergegangen. Es kann mit Sicherheit im Licht von Margots Gemütsverfassung vermutet werden, daß es weniger die Religion, als vielmehr die Eigenschaften ihres Bräutigams waren, die sie verstimmten. Sie, die man als »schöner denn eine Göttin« geschildert hatte, konnte sich kaum darüber freuen, mit ihrem Vetter vom Lande verheiratet zu sein. Es war für eine Braut, die sich ihrem Mann nach jeder Richtung hin überlegen fühlte, eine geradezu verwirrende Entdeckung.

Als ihr Gemahl im Februar 1576 vom Hofe floh, war sie von ihrem Bruder der Komplizenschaft bezichtigt worden, trotz ihrer geradezu erniedrigenden Versicherungen, daß sie von Navarras Komplotten nichts gewußt habe, ja, daß sie ihren Gatten kaum noch sehe. »Nie fand er Zeit, zu mir zu kommen und mich aufzusuchen«, erklärte sie. »Er kam spät nach Hause und stand frühzeitig auf, er war vollständig von Madame de Sauves in Beschlag genommen.« Trotz ihres Leugnens hatte der König sie unter Hausarrest und Bewachung gestellt[5]. Ihre Mutter unternahm nichts, um ihren Arrest zu mildern. Man braucht gar nicht an Inzest zu denken, um das Band zu erklären, daß sich immer mehr um Margot und Alençon schlang. Sie standen außerhalb der königlichen Gunst, sie waren Ränkeschmiede und sie empfanden von Rache getränkte Freude, Unruhe zu stiften.

Unter dem Vorwand, die Mineralquellen bei Lüttich aufzusuchen, erhielt Margot Erlaubnis, nach Flandern zu reisen. Am 6. Juli trat sie mit einem sorgfältig ausgewählten Gefolge die Reise auf der Straße durch die Picardie zur Grenzstadt Le Catelet an. Margot fehlte es keineswegs an der Liebe der Valois zur Prachtentfaltung, und der Zug war eindrucksvoll genug, um die Picarden gaffend am Wegrand stehen zu lassen. Es mußten wohl noch Erinnerungen an alte Zeiten sein, bevor Frankreich fortgesetzt unter Waffen stand, in denen Franz I. und Margarete von Angoulême das Land draußen durch ihre königlichen Aufzüge in Staunen versetzt hatten. »Ich reiste in einer aus Säulen konstruierten Sänfte«, schrieb Margot stolz und schilderte die mit Opalen und Gold bestickten Vorhänge aus rubinrotem Samt sowie die glänzenden Glasfenster, in die Sinn- und Wahlsprüche eingeschnitten waren. »Jeder dieser Sprüche war verschieden«, fuhr sie fort, »einige auf Italienisch, andere in Spanisch.«[6] Hinter ihr kamen, kaum weniger erlesen, die Sänften mit den Hofdamen. Dann folgten, und zwar zu Pferde, die Ehrenjungfrauen, und den Schluß machten sechs Kutschen und Wagen mit dem Rest des Gefolges sowie den schweren Kisten mit Kleidung und Ausstattungsgegenständen.

Margot war eine gute Reisende und eine scharfe Beobachterin, und nur wenig von der sie umgebenden Szenerie entging ihr, weder die abwechslungsreiche Architektur, die verschiedenen Arten der Gärten, noch die öffentliche Beleuchtung, die die Straßen der Städte sogar nach Sonnenuntergang »taghell« erstrahlen ließ. Sie bemerkte mit besonderer Freude die ausgefallenen Uhren von Valenciennes und war gefesselt von ihren beweglichen Figuren und den Melodien, die die Stundenschläge begleiteten. Sie vergaß indessen niemals ihre Hauptaufgabe, denn es waren weit mehr die Menschen als die Uhren und die Gärten, denen ihr prüfender Blick galt. Margot hatte eine gewisse Gewandtheit ererbt, eine Konversation zu lenken, und selbst mitten in Ballveranstaltungen oder Festmählern stellte sie die Reaktionen auf die spanische Herrschaft, auf den neuen Statthalter Don Juan im Hinblick auf die Hoffnungen der Niederländer, die Unabhängigkeit zu erlangen, auf die Probe. In Cambrai war es, wo sie zuerst ihren ganzen Liebreiz zu entfalten begann, ein Liebreiz, dem der Kommandant der Zitadelle bald erlag. Er bestand darauf, mit ihr weiterzureisen und versprach ihr jede nur mögliche Hilfe angedeihen zu lassen. Noch erfolgreicher war sie in Mons, wo der Graf von Lalaing und seine schöne Frau die katholische Partei anführten, die im König von Frankreich immer noch den »legitimen Suzerän der Niederlande« sah. In einer solchen Atmosphäre wurde die Anregung Margots, ihr Bruder Alençon könnte den Niederländern bei der Gewinnung der Freiheit von den Spanieren behilflich sein, dankbar aufgenommen.

In Namur begegnete Margot jenem Mann, den sie zu beeindrucken und genauer in Augenschein zu nehmen wünschte: Don Juan. Illegitimer Sohn Karls V., der er war, hielt sich Don Juan für eine Gestalt von kontinentaler Bedeutung. Er verkörperte alles, was man von einem Renaissance-Helden erwartete: er war jung, stattlich, verwegen. Wenn sein mütterliches Blut auch alles andere als königlich war, so steigerte diese Tatsache nur die romantische Aura um den galanten Seitensprung des Kaisers und der Barbara Blomberg. Gleich Alençon ging es ihm vor allem um den Sieg, Lepanto war ihm berauschend zu Kopf gestiegen. Und wie Alençon war auch er darüber verärgert, daß er kein Königreich besaß, über das er als sein eigenes herrschen konnte. Als Philipp ihm die Statthalterschaft über die Niederlande anbot, nahm er diese bereitwillig an, denn er sah in seiner Herrschaft dort einen Meilenstein auf dem Wege zu weit glänzenderen Stellungen. Der Held von Lepanto war ein Mann von geradezu gefährlich hohen Erwartungen. Er hatte lang schon von einem Einfall in Schottland geträumt, um – mit schottischen Streitkräften fest hinter sich und der schönen Maria Stuart als Braut – England seinen Willen aufzuzwingen.

Die bezaubernde Margot, die mit Don Juan in Namur zusammentraf, wußte allerdings wenig von diesem Ränkespiel. Sie war hier, um Eindruck zu machen und zu beobachten, und, sollte es in ihrem und ihres Bruders Interesse liegen, zu locken. Die nächsten Tage waren ganz und gar, ihren Wünschen entsprechend, der Fröhlichkeit und den Huldbeweisen gewidmet. Namur machte sich die Gelegenheit zunutze, und Margot sah sich bald inmitten eines Wirbels von Banketten, Bällen und Festen. Don Juan verstand sich gleichermaßen auf seine Rolle, indem er Margot in der Öffentlichkeit begleitete und ihr die Ehre zukommen ließ, allein mit ihm zu speisen und sie auf der Fahrt in einem bunt geschmückten Boot entlang den kühlen Wassern der Maas zu begleiten. Musikanten waren überall dabei, und Margot fiel es leicht, sich diesen neuen spanischen Rhythmen anzupassen. Als meisterhafte Tänzerin wußte sie allen die Köpfe zu verdrehen, als sie und ihr Gastgeber – die eine dunkel, der andere blond, in bester romantischer Tradition – mit vollendeter Anmut die vornehme und feierliche Pavane Spaniens tanzten. Nach vier Tagen voller Feste geleitete Don Juan Margot zu dem Boot, das sie nach Lüttich bringen sollte, und entbot ihr einen formvollendeten spanischen Abschied. Margot fand Lüttich über alle Maßen schön und sechs Wochen lang ließ sie ihrer Freude an Geist und galanten Aufmerksamkeiten freien Lauf, wobei sie, soviel sie nur konnte, dem Charakter des Volkes sowie dem möglichen Widerhall, den Alençon hier finden würde, nachspürte. Ihr Besuch fand jedoch ein jähes Ende, als Alençon sie in einem Brief vor dem Verdacht des Königs angesichts ihres langen Wegbleibens warnte. Sie müsse Lüttich unverzüglich verlassen, ermahnte er sie, denn die Spanier, die durch ihre Anwesenheit geängstigt waren, würden bereits Komplotte schmieden, um sie zu fangen. Margot sah sich plötzlich selbst in die lächerliche Situation eines Spions versetzt, der sich in Feindesland hatte einlullen lassen. Ihre Lage war sowohl gefährlich als auch lächerlich, und der klugen Frau, die die lange Heimreise unter keinem anderen Schutz als den ihrer Geistesgegenwart antrat, gebührt Bewunderung. Diese Geistesgegenwart war indessen das Beste, was Valois-Blut mehrere Generationen hindurch hervorgebracht hatte. Margot war mit einer robusten Genialität ausgestattet, von der sie jetzt aufs äußerste Gebrauch machte. Überall, so fand sie heraus, stand das Volk plötzlich in Waffen. In Huy, einer kleinen Stadt an der Maas, halbwegs zwischen Namur und Lüttich, hielt sie sich die ganze Nacht über im Gasthof auf und hörte den lauten Drohungen der betrunkenen Dorfbewohner zu, die das Gebäude umstellt hatten. In Dinan waren die Dinge noch turbulenter. Margot erfuhr, daß der galante Don Juan, der ihr geschmeichelt und den Hof gemacht hatte, jetzt Pläne faßte, ihrer habhaft zu werden. Mit verzweifelter Hast ließ sie die Sänfte stehen und bestieg das Pferd. Nahe bei Cateau-Cambrésis entwischte ihre ganze Gesellschaft gerade noch einer ihr nachsetzenden Gruppe bewaffneter Hugenotten. Sie waren die ganze Nacht unterwegs und erreichten sicher Le Catelet am frühen Morgen, müde und durcheinandergerüttelt, aber jubelnd über ihre Befreiung. Alle wurden sie von ihr zum Narren gehalten: die Hugenotten, die Spanier und die Niederländer, sogar ihr heimtückischer Bruder. Wieder daheim auf dem erquickenden Boden Frankreichs war Margot mehr denn je entschlossen, ihre Unterstützung Alençon zu gewähren. Es war mittlerweile Oktober geworden, ehe sie zu ihrem jüngeren Bruder nach La Fère fuhr, und Dezember, als sie zusammen nach St. Denis weiterreisten, wo sie nach den Aufzeichnungen von Margot »mit großer Herzlichkeit« vom König und der Königin-Mutter begrüßt wurden. Es gab keinerlei Auftritte oder Vorwürfe, noch Anklagen wegen Treulosigkeit, denn der König konnte sich schwerlich eine Handlung leisten, die den brüchigen Frieden gefährden würde.

Das Jahr 1578 brachte Frankreich keine Erleichterung, weder in außenpolitischen Angelegenheiten noch in den inneren Verhältnissen. Rom widersetzte sich offen dem Versöhnungsfrieden von Bergerac, Spanien war spürbar ungehalten über Alençons allfälliges Eingreifen in den Niederlanden und Elisabeth von England verhielt sich weiter zögernd und legte sich in der Frage der französischen Heirat nicht fest. Um die inneren Angelegenheiten stand es gleichermaßen schlecht. Zu Beginn des Jahres 1578 schrieb Katharina an den König aus der Champagne, wohin sie sich zur Erholung begeben hatte: »Die Dinge befinden sich in einem schlimmeren Zustand, als ich gedacht hatte. Ich bitte Dich, Deine Finanzen sorgfältig unter Kontrolle zu halten, um Gelder für Deine Amtspflichten aufzutreiben, ohne gezwungen zu sein, Dein Volk auszurauben, denn Du stehst am Rand eines allgemeinen Aufruhrs – und wer Dir etwas anderes sagt, der täuscht Dich.«[7]

Heinrichs Antwort auf den Ratschlag seiner Mutter war, einfach neue Wege für Geldausgaben ausfindig zu machen. Im Frühjahr 1578 stiftete er einen neuen religiösen »Orden«, den Orden des Heiligen Geistes, den er als Organ zur Verteidigung des katholischen Glaubens umriß, der aber tatsächlich aus niemand anderem als der verzweigten Sippschaft seiner *mignons* bestand. Die Stiftung allein kostete 200 000 Kronen, die der König dem Kirchenschatz zu entnehmen verlangte, da es sich ja um eine religiöse Sache handelte. Der Papst verweigerte wutentbrannt nicht nur seine Zustimmung, sondern wies den Nuntius an, sich von der Feierlichkeit fernzuhalten. Auch Paris geriet über diese neuerliche Entfaltung luxuriöser Pracht in Zorn, als das Volk die Ritter in feierlicher Prozession vorüberziehen sah, ihre schwarzen Samtumhänge symbolhaft bestickt mit goldenen Lilien und feurigen Zungen.

Woher das Geld kam, konnte man sich nicht vorstellen, denn selbst die Steuern, unter deren Last die Leute schufteten, hätten dafür nicht ausgereicht. Aber Korruption war zur Gewohnheit geworden, und L'Estoile vermerkte mit dem scharfsichtigen Auge des Juristen und seiner bissigen Feder in seinem Tagebuch:

»Alle Ämter in Frankreich werden an den Meistbietenden verkauft, am meisten von allen die des Hofes – jedem Gesetz und aller Vernunft zuwider . . . Am widerlichsten ist der Handel mit Pfründen, deren überwiegende Mehrzahl sich in den Händen von Frauen oder verheirateten Männern befindet . . . selbst von Kindern an der Mutterbrust, so daß es den Anschein hat, als kämen sie schon mit Kreuz und Mitra auf die Welt . . . Kurz und gut, es ist nicht möglich, sich einen noch gewundeneren und widersprüchlicheren Krebs vorzustellen als die Regierung Frankreichs.«[8]

Katharina tat, was sie konnte, um ihrem Sohn begreiflich zu machen, daß er dabei war, sein Volk gegen sich aufzubringen. Aber während sie sprach, so vermerkte Goulart, »machte er sich mit seinem Rosenkranz zu schaffen oder probierte die Schritte und Takte eines neuen Tanzes aus«, – zwar eine übertriebene Darstellung, aber eine, die der Wahrheit vergleichsweise nahekam[9].

Während Heinrich fortfuhr, die Rolle des Königs der Zeitverschwender zu spielen, jagte Alençon stetig seinen Ruhmesträumen nach. Den Herbst 1577 und das Jahr 1578 über hielt die Korrespondenz zwischen Alençon, seiner Schwester und den Generalstaaten der Niederlande an. Diese schrieben an Margot, um ihr für ihren Eifer zu danken, und baten sie, »weiterzumachen und auszuharren«. In ihrer Antwort versicherte sie ihnen, sie habe »nur den einzigen Wunsch, ihnen in ihrer gerechten Sache beizustehen«, und wies abermals auf Alençons Sorge um »den Frieden und die Erhaltung« ihres Landes hin[10]. Je näher Alençon seinem Traum kam, desto unerträglicher wurde seine Stellung bei Hofe. Die *mignons,* mächtiger denn je, trieben ihr Spiel mit ihm, daß es kaum noch auszuhalten war, und machten sich über seine Kleidung, seine Gestalt und sein Pech in der Liebe lustig.

In ihrem Bemühen, offenen Konflikt zwischen ihren Söhnen zu vermeiden, ermutigte Katharina Alençon, den Hof vorübergehend zu verlassen und an einer Jagdexpedition teilzunehmen. Im letzten Augenblick jedoch zog der König seine Genehmigung zurück und demütigte seinen Bruder auch noch dadurch, daß er dessen Gemächer auf der Suche nach belastenden Papieren durchwühlte. Obgleich der König nichts weiter als einen unbedachten Liebesbrief fand, sperrte er Alençon in seinen Gemächern ein und blieb Katharinas Flehen um Milde gegenüber taub.

Die Folgen einer derartig willkürlichen Handlungsweise blieben nicht aus. Entschlossen, keine weitere Tyrannei zu erdulden, faßte Alençon Pläne, zu entfliehen. An dem Abend, der für seine Flucht ausersehen war, nahm Margot – bei weitem das gelassenste Mitglied der Familie – zusammen mit ihrer Mutter die Mahlzeit ein, zog sich dann in ihr Zimmer zurück und entließ alle ihre Damen bis auf die drei zuverlässigsten. Sie warf ein schweres Seil aus, das sie in einer Matratze in ihre Gemächer geschmuggelt hatte, und befestigte es an ihrem Fensterflügel. »Und somit«, schrieb ein belustigter Zeitgenosse, »entkommt der Erste Prinz von Geblüt, der präsumptive Thronfolger, durch ein Fenster, wobei er riskiert, sich den Hals zu brechen.« Zunächst ließ sich Alençon herab, wie ein Affe in der Luft baumelnd, dann kam sein Sekretär Simier, »bleich vor Furcht«, und zuletzt sein treuer Kammerdiener Cange[11].

Nachdem sie erst einmal aus Paris heraus waren, schlugen sie den Weg westwärts nach Angers ein und überließen es Margot, sich mit dem Zorn des Königs auseinanderzusetzen. Trotz der erdrückenden Zahl von Spuren, die sie belasteten (es kam zu allem noch hinzu, daß der Kamin in ihrem Zimmer Feuer gefangen hatte, als sie das verräterische Seil zu verbrennen versuchte), leugnete Margot einfach alles. Ihr Bruder, der nicht in der Lage war, sie einzuschüchtern, wandte sich nunmehr der Frage zu, wie er wohl seinen Bruder wieder an den Hof zurückbringen könnte, bevor dieser Frankreich in einen Krieg verwickeln würde.

Einmal mehr war es die Königin-Mutter, die sich trotz ihrer sechzig Jahre auf den Weg machte, um ihren umherschweifenden Sohn wiederzugewinnen. Der englische Gesandte hatte einst prophezeit: »Eines Tages werden sie sich gegenseitig die Kehle durchschneiden«, und als die Mißgunst unter Katharinas Söhnen zunahm, schien die Prophezeiung ihrer Erfüllung nahe.

Als Alençon drei Jahre zuvor vom Hofe geflohen war, hatte er auf die Bemühungen seiner Mutter mit vorgetäuschter Zuneigung reagiert, dieses Mal spielte er ihr nichts vor. Als sie in Angers ankam, gab es weder ein Willkommen noch irgendwelche Vorsorge für ihre Unterbringung. Amias Paulet unterrichtete überrascht seine Königin: »Die Königin-Mutter war zwei Tage in Angers, bevor sie mit Monsieur sprach, der im Schloß wohnte, seine Mutter dagegen in der Stadt.«[12] Die Initiative lag ganz bei Katharina.

Selbst als sie auf dem Schloß eintraf, wurde sie nicht als Königin-Mutter behandelt, sondern war gezwungen, durch das enge Pförtchen wie jede gewöhnliche Person einzutreten. Es war eine unheilvolle Begegnung. Alençon konnte nicht zur Rückkehr an einen Hof überredet werden, an dem er, so sagte er, verspottet und gequält worden war. Er versicherte indessen seiner Mutter, er hätte nicht die Absicht, Unruhe in Frankreich hervorzurufen. Es war weniger, als Katharina erwartet hatte, aber sie war selbst dafür dankbar. Auf ihrem Rückweg nach Paris schrieb sie einer Hofdame: »Ich bin einen Monat lang vom Hofe weg gewesen, um hinter meinem Sohn herzulaufen, der mir oft großes Leid verursacht, denn ich fürchte, er wird wieder etwas Törichtes anstellen. Aber Gottlob habe ich ihn angetroffen, entschlossen, nichts zu tun, was dem König, seinem Bruder mißfallen oder irgendwie den Frieden dieses Königreichs beeinträchtigen könnte.«[13]

Alençon hatte unterdessen an den König geschrieben und ihm auseinandergesetzt, daß er den Hof verlassen habe wegen der Art und Weise seiner Behandlung durch die *mignons* und wegen seines ungeduldigen Verlangens nach dem flandrischen Feldzug. Ein derartiger Feldzug, mochte er auch weniger gefahrvoll als ein Bürgerkrieg sein, mußte Frankreich freilich in eine sehr schwierige Lage gegenüber seinen Nachbarn bringen, denn sowohl Philipp als auch Elisabeth hatten klar zu erkennen gegeben, daß sie keinerlei Intervention in den Niederlanden dulden würden. Im Mai machte sich Katharina abermals auf die Suche nach Alençon. Diesmal hatte sie eine Reihe ansehnlicher Verlockungen anzubieten: im Austausch gegen Flandern würde ihm der König eine reiche Apanage im Süden verschaffen, ferner die Heiratsverhandlungen mit England wieder aufnehmen, oder – wenn er dies vorziehe – mit jedem von insgesamt einem halben Dutzend Höfen.

Flandern war nur Traum und Schatten, was Katharina dagegen anbot, war solide Substanz.

Alençon hörte zu, dankte ihr, lächelte, wich aber nicht einen Zoll breit zurück. Er war aller Versprechungen überdrüssig; er war dem Willkürsystem seiner Mutter von Lohn und Strafe entwachsen. Er wünschte etwas für sich selbst, etwas, was er durch eigenes Verdienst gewinnen konnte. Er wünschte ein Königreich.

Nichts, was Katharina sagte, konnte Alençon vor der Aushebung von Truppen für seine flandrische Expedition und der Annahme des Titels »Verteidiger der Niederlande« abhalten. Die während des Sommers 1578 zusammengezogenen Truppen waren eine Quelle neuer Besorgnisse für Frankreich, das bereits durch disziplinlose Soldaten verwüstet worden war. Alençons Rekruten waren nach Angaben eines Zeitgenossen »Männer aller möglichen Religionen und Lebensverhältnisse – darunter sogar Briganten und Räuber«. Sie terrorisierten das Volk, schändeten Kirchen und plünderten, wo sie nur immer konnten. »Oft sah man auf den Wegen«, so schrieb Hanton, »Leute, die braun und blau geschlagen und nur noch mit Fetzen, mit einem alten Hemd, bekleidet waren – nachdem sie in die Hände einer dieser Banden geraten waren.«[14]

Alençon wäre sicher weniger eifrig gewesen, eine Armee aufzustellen, hätte er gewußt, daß die glänzenden Versprechungen der niederländischen Generalstaaten äußerst vage waren. Sie fürchteten, daß ihre Allianz mit Alençon das Mißfallen Elisabeths hervorrufen könnte, denn es war offenkundig, daß lediglich England über ausreichende Mittel verfügte, um ihnen wirkungsvoll zu helfen. Auch waren sie nicht blind gegenüber Alençons wahren Eigenschaften. Hinter den prahlerischen und hochgestochenen Versprechungen verbarg sich persönliche Eitelkeit, die, so erkannten sie klar, wohl seinen ureigenen Ruhm über ihre Sache stellte. Er hatte seinen Weg bereits nach zweierlei Richtungen eingeschlagen; wer weiß, wieviel andere ihn noch verlocken mochten. Sie waren auf alle Fälle entschlossen, ihn seinem Können entsprechend einzusetzen, aber sie würden noch mehr Beweise seiner Standfestigkeit brauchen, ehe sie ihm Herrschaftsgewalt anvertrauten.

In derselben Woche, in der Alençon an der Spitze von 8000 Fußsoldaten und 800 Reitern die Grenze erreichte, verließ seine Mutter Olinville, um sechzehn Monate lang zu reisen. Ihr Ziel: den schütteren Frieden zu festigen, die unzufriedenen Südprovinzen vom guten Willen des Königs zu überzeugen, Navarra zu treffen und eine Wiederannäherung herzustellen.

Es war eine sehr unterschiedliche Karawane im Vergleich mit der, die sich vor vierzehn Jahren schwerfällig aus St. Maur herausbewegte. Damals brachte sie ihren jugendlichen Sohn Karl mit, der eben volljährig geworden war, um ihn seinem Volk vorzustellen. Trotz der Mühseligkeiten war es eine Reise voller großer Hoffnungen, denn Anfang 1564 hatte das Land erst angefangen, die Qualen von Auseinandersetzungen zwischen seinen Bürgern zu verspüren. Jetzt hatte es sie schon über fünfzehn Jahre aushalten müssen. In dieser Zeit war das Antlitz Frankreichs gealtert. Es war von jenen, die es hätten lieben sollen, verwüstet worden, und die Zeichen dieser Vergewaltigung waren aller Welt sichtbar.

Im Sommer 1578 war monatelang kein Regen gefallen, obgleich sich der Himmel immer wieder verdunkelte, unheildrohende Blitze zuckten und leises Donnergrollen den Hoffnungen der Bauern immer wieder einen Streich spielte. Flüsse trockneten aus, Bäche versiegten und das Weideland lag ausgedörrt und verwüstet da. Die Seine und Marne hatten einen niedrigeren Wasserstand als ihn je einer erlebt hatte. Das Vieh verdurstete, und Windmühlen standen bewegungslos auf den Fluren. In einer totenstillen Landschaft breiteten sich Hunger und Seuche spürbar aus und ließen immer mehr Zeichen des Schreckens hinter sich. Religiöse Prozessionen wanden sich langsam durch das Ödland, und ihre Bittgesänge um die Gnade des Regens erhoben sich beschwörend gen Himmel.

Doch weder Gott noch der König nahmen sich ihrer Gebete an. In der Normandie, in der Bretagne, in Burgund erhoben sich die Armen in ihrer Verzweiflung und baten, von der unerträglichen Steuerlast, die ihnen der König immer weiter auferlegte, befreit zu werden. Aber Heinrich hatte sich vor dem Aufschrei seines Volkes zurückgezogen. Der englische Gesandte war erstaunt über diese unnatürliche Fähigkeit, sich von der Wirklichkeit abzuwenden. »Viele finden es eigenartig«, so schrieb er, »daß der König, der doch über dieses gefährliche Treiben unterrichtet ist, in seinem Haus in Olinville bleibt wie ein Gefangener ohne Komfort oder Rat, entweder sorglos oder gefühllos gegenüber dem Verderben seiner selbst und seines Reiches, als hätte er sich damit abgefunden, daß guter Rat ihm doch nicht helfen könne.«[15]

Heinrichs Apathie stand im bemerkenswerten Gegensatz zu der kraftvollen Entschlossenheit, mit der sein Vetter Navarra die Hugenotten anführte. In den drei Jahren seit seiner Flucht vom Hofe hatte sich Navarra als eine dynamische Führerpersönlichkeit erwiesen. Während Mißerfolg den König von Frankreich lähmte, trieb er den König von Navarra an. »Ich werde nichts schonen, nicht einmal meine eigene Person«, schrieb er an

Damville, als die Besitztümer der Hugenotten immer mehr gefährdet wurden. Als er sich in verzweifelter Geldnot befand, gab er die Zustimmung zum Verkauf seiner Wälder in Champrond, Châteauneuf und Castelmoron in der Hoffnung, daß der aus dem Holz erzielte Erlös seine Armee für einige Monate länger beieinander halten würde. Katharina, die dereinst ihren Schwiegersohn allzu leicht hatte ziehen lassen, erkannte in ihm jetzt einen furchtbaren Gegner. Ihn für die Seite des Königs zu gewinnen, war der vornehmste Grund ihrer Reise in den Süden.

Katharinas Reise war eine Quelle unaufhörlicher Spekulationen. Die Tatsache, daß sie Margot nach dreijähriger Trennung zurück zu ihrem Gatten brachte, trug nur zur Vertiefung aller Vermutungen bei. Wollte Margot wirklich zurück? Sie hatte zwar erklärt, sie wolle lieber Königin in Pau oder Nérac sein als »eine Geisel in Paris«, jedoch hatte Paulet nach England berichtet, er sähe keinerlei Anzeichen dafür, daß sie am Verlassen des eleganten französischen Hofes interessiert sei, um ihn gegen ihren rustikalen Gemahl einzutauschen, und er schloß: »Die meisten Leute glauben ... daß die Königin von Navarra gar keine Lust hat, in die Gascogne zu gehen.« War sie also abermals von ihrer Mutter und ihrem Bruder genötigt worden? Und wenn, zu welchem Zweck? Bestand ihre Rolle darin, Navarra zurück an den Hof zu locken und somit die Macht der Hugenotten zu schwächen? Auf diese Fragen gibt es keine Antwort, und sogar Paulet mit seiner genialen Gabe, verschlungenen Hintergründen auf die Spur zu kommen, gestand seine Niederlage ein: »Ich glaube, kein Mensch kann sagen, was bei dieser zweiten Heirat zwischen dem König von Navarra und seiner Frau herauskommen wird.«[16]

Katharina, für die eine Heirat stets ein mächtiges politisches Werkzeug war, hatte bereits eine Verbindung zwischen Condé und Mademoiselle de Vaudémont, der Schwester der Königin, angeregt, sowie zwischen Alençon und Navarras Schwester, Katharina von Bourbon, in ihrem Bemühen, Bande zu schmieden zwischen dem Hof und den Hugenotten. Navarra war indessen nicht so leicht dafür zu haben. Die am Hofe der Valois verbrachten Jahre hatten ihn über die Netze und Fallstricke ausreichend belehrt sowie über die geeignetsten Wege, ihnen zu entgehen. Solche Heiraten, wie sie Katharina vorschlug, würden die hugenottische Führung unvermeidlich schwächen. Navarras eigene Heirat hatte die Partei der Hugenotten bereits an den Rand des Abgrunds gebracht, und er war entschlossen, dies nicht noch einmal geschehen zu lassen. Seine Ablehnung der Vorschläge der Königin-Mutter hatten deren Entschluß, ihn persönlich aufzusuchen, nur bestärkt.

Die Karawane, die in der zweiten Augustwoche aufbrach, war nicht großartig, aber sie war immer noch »eine Stadt auf Reisen«, mit ihren Stall- und Fuhrknechten, ihren Schneidern und Goldschmieden, Köchen und Zimmerleuten. Mehr noch, es war eine Stadt von Diplomaten, Kardinäle und Bischöfe, um Farbe und Rang hinzuzufügen; Fénelon, der so lange Zeit Gesandter am Hofe von Elisabeth war, Claude Pinart, Katharinas Staatssekretär, Guy de Pibrac, unlängst zum Präsidenten des Pariser Parlaments ernannt, Louis de Lanssac, der an der Spitze von Katharinas Sekretären stand. Außer diesen scharfsinnigen Beratern hatte sie auch ihre »fliegende Schwadron« mitgenommen, jene schönen und kultivierten Damen ihres Hofes, die, wie sie freimütig zugab, häufig ihren ureigenen diplomatischen Wert besaßen.

Es war eine eindrucksvolle Gesellschaft, deren Mut und Vitalität von Katharina, die selbst über die gleichen Eigenschaften verfügte, gelenkt wurden. Jetzt nahe den Sechzig, von beträchtlicher Korpulenz, von Rheumatismus geplagt, reiste sie immer noch voller Energie über die ungepflegten Landstraßen, entweder in einer Sänfte oder auf dem Rücken eines Maultieres, ohne persönliche Klagen, solange das, was sie unternahm, dem König oder seinem Königreich zum Wohle gereichte. Während jenes Sommers hatte sie ihrem vertrauten Berater Pomponne de Bellièvre geschrieben, der am Hofe zurückgeblieben war, um dem König zur Hand zu gehen: »Ich würde die ganzen Scherereien, die ich auf mich genommen habe, um hierher zu kommen, bedauern, wenn ich wie ein leckes Schiff heimkehren müßte; wenn Gott mir gnädig gewährt, was ich wünsche, so hoffe ich, daß dieses Reich aus meinem Werk Nutzen ziehen und in Frieden verharren wird.«[17]

Sie hatte sich eine sehr hohe Aufgabe gestellt, und zwar eine, die nicht nur von ihren Bemühungen, sondern auch vom guten Willen Navarras abhing. Von Anfang an gab es Hinweise, die Katharina mißtrauisch machten, was diesen guten Willen anging. Obgleich Navarra nach jeder Richtung hin ermutigend an sie geschrieben und ihr versichert hatte, wie sehr ihm an einem Treffen mit ihr gelegen sei, so schwand Navarras Interesse dahin, je näher sie dem Sitz seiner Macht kam. Ursprünglich hatte er versprochen, sie in Cognac zu treffen, wo seine Gemahlin am 12. September ihren königlichen Einzug hielt. Aber schon am 25. August schrieb Paulet an Elisabeth, er habe gehört, daß Navarra beabsichtige »sich zu entschuldigen«.

Eine Woche später zog die königliche Gesellschaft weiter nach Bordeaux, wo sie von Armand de Biron, dem Gouverneur von Guyenne, willkommen geheißen wurde. Ein Haus war für alle vorbereitet worden, mit Blick über die Gewässer, und hier erschienen die lokalen Autoritäten, um ihre Aufwartung zu machen. Kurz darauf hielt Margot ihren feierlichen Einzug, königlich bis in jede Einzelheit. Sie ritt auf einem »prächtig aufgeputzten« weißen Zelter. Sie selbst war in Orange gekleidet und glitzerte vor Silber und Gold. Das Volk konnte nicht genug von ihr bekommen, schrieb ein Zeitgenosse, der beobachtete, daß »sie immer wieder zu ihr aufsahen, sie bewunderten und sie in den Himmel hoben«[18]. Eine Woche blieb die Gesellschaft, geehrt und gefeiert – und immer noch in Erwartung Navarras.

Gegen Monatsende schrieb ihm Katharina, besorgt und gereizt wegen seiner Gleichgültigkeit: »[Es] ist unmöglich, einen nützlichen Entschluß zu fassen, wenn ich keine Gelegenheit habe, mit Dir zu sprechen . . . Komm doch zum Abendessen oder verbring den Abend hier, welcher Dir auch immer paßt, und zwar so lange, wie ich Zeit habe, mit Dir zu sprechen . . . und hör auf mit all diesem hin und her.« Navarra freilich war nicht bereit, seinem »hin und her« ein Ende zu setzen[19]. Er hatte herausbekommen, daß Vertagung und Verzögerung ausgezeichnete Waffen waren, um die Oberhand zu gewinnen. Anfang Oktober war Katharina, nervös und ungeduldig geworden, willens, auf jede Zusammenkunft einzugehen, die Navarra auch immer vorschlagen mochte. Obwohl sie froh war, Bordeaux zu verlassen, so sah sie die dort verbrachte Zeit nicht als verschwendet an. Am 29. September schrieb sie dem König: »Morgen hoffe ich, diese Stadt zu verlassen, und hinterlasse alles so gut wie möglich geordnet, so daß ich glaube – wie übrigens die Herren Deines Rates auch – daß alles in Frieden und Einigkeit weiter seinen Gang gehen wird.«[20]

Zwei Tage später, an einem für diese Jahreszeit ungewöhnlich heißen Oktobertag, fand die Begegnung mit Navarra in einem Haus in Casteras statt. Hier sah Margot zum ersten Mal nach zweieinhalb Jahren ihren Gemahl wieder, und Katharina hatte die Gelegenheit, ihren Schwiegersohn einer Prüfung zu unterziehen. Navarra stand jetzt in seinem sechsundzwanzigsten Lebensjahr. Seit seiner Flucht war er General, König, ein Anführer von Männern geworden. Er wußte seine Erfahrungen zu nutzen. Sein ungezwungener Charme, sein scharfer Geist waren noch vorhanden, aber sie hatten durch sein gesetztes und gebieterisches Wesen Farbe bekommen. Im allgemeinen war Katharina zufrieden mit dem, was sich ihren Blicken darbot, und am gleichen Abend schrieb sie ziemlich ausführlich ihrem Sohn: »Er war von einem Trupp stattlicher Herren begleitet, alle in guter Ordnung und wohlausgestattet. Er traf auf mich und

die Königin von Navarra, Deine Schwester . . . in einem oberen Raum des Hauses, wo wir auf ihn warteten. Auf schickliche Weise und offensichtlich mit tiefer Rührung hieß er uns aufs herzlichste willkommen.«[21]
Die Besprechungen verliefen anfangs reibungslos. Im Prinzip wünschten beide Seiten den Frieden. Beide hielten den Bürgerkrieg für beklagenswert; beide stimmten überein, daß das Friedensedikt streng eingehalten werden müsse. Sobald man jedoch auf Einzelheiten einging, wurden die Dinge schon komplizierter. Navarra beharrte auf der Behauptung, daß trotz wiederholter Bekundungen guten Willens durch den König das Edikt nicht befolgt würde. Katharina erwiderte hierauf mit Vorwürfen, die Hugenotten hätten verschiedene Plätze mit Gewalt eingenommen, worauf Navarra kurz und bündig antwortete, die Hugenotten litten Not, und »Hunger mag vieles erklären«[22]. Es war ein gezielter Vorwurf an die Adresse der Regierung ihres Sohnes, aber Katharina sah darüber hinweg. Sie konnte sich den Luxus eines Zwistes nicht leisten.
Navarras Hauptklage richtete sich jedoch gegen den Gouverneur Biron. Obgleich Biron ohne Frage ein loyaler Diener des Königs war, brachte ihm Katharina wenig Liebe entgegen. Sie fand ihn stolz und unnachgiebig. Zweifelsohne war er ein guter Soldat, aber gute Soldaten waren in Friedenszeiten zuweilen ein Hindernis. Wenn es nicht gelang, Biron und Navarra in ein harmonisches Verhältnis zueinander zu bringen, dann schien wenig Aussicht auf Frieden in Guyenne zu bestehen. Es war Margot mit ihrem jüngst entwickelten Talent, ihren Gatten zu beeinflussen, die ihn dazu brachte, sich mit Biron zu verabreden.
Doch anstatt zu einer Annäherung zu führen, ging das Treffen beinahe mit einem Duell zu Ende. Katharina, die immer noch vor Augen hatte, wie sich die beiden Gegner mit gezogenem Degen gegenüberstanden, schrieb ihrem Sohn in der gleichen Nacht:
»Biron traf den König von Navarra in meinem Zimmer, der gröber auf ihn einredete als ich und Deine Schwester es erwartet hatten . . . Der Marschall war sehr erzürnt. Ich versichere Dir, ich wußte einfach nicht, was tun, um die Sache wieder geradezubiegen, aber die guten Dienste Deiner Schwester und des Kardinals von Bourbon sowie die großen Anstrengungen, die ich mit diesen beiden auf mich nahm, führten recht und schlecht zur Wiederherstellung ihrer Beziehungen.«[23]
Trotz dieses Rückschlages fühlte sich Katharina im großen und ganzen ermutigt. Der Brief, den sie dem König aus Agen am 11. Oktober schrieb, war bei aller realistischen Einschätzung der Schwierigkeiten rückhaltlos optimistisch. Navarra war an jenem Morgen bei ihr zu Be-

such gewesen, und sie war über seine Einstellung erfreut. Die Reihe von Besprechungen, auf die sie sich geeinigt hatten, sollten am 15. Oktober in L'Isle-Jourdain stattfinden. Sie würden dabei sicher auch auf einige Schwierigkeiten stoßen, wie sie zugab, doch fügte sie dann schlau hinzu: »Wenn wir den Zeitpunkt etwa verschieben müssen, so wünsche ich, daß es von ihm ausgeht . . . damit er hinterher nicht sagen kann, es habe irgendeine Änderung der Vereinbarung gegeben, die wir gemeinsam unterzeichnet haben.«[24] Nachdem sie schon einiges infolge Navarras Verzögerungstaktik zu leiden gehabt hatte, war sie nunmehr entschlossen, daß von ihrer Seite keine weitere Verschiebung der Zusammenkünfte ausgehen sollte.

Dieser Brief, der annähernd 3000 Worte enthielt, ist einer der ersten jener erstaunlichen, ins einzelne gehenden Berichte, die Katharina ihrem Sohn während ihrer Reisen im Süden beinahe täglich sandte. Nirgendwo ist ihre Entschlußkraft besser erkennbar als in diesen Monaten. Da die meiste Zeit des Tages mit Reisen sowie mit öffentlichen Amtshandlungen oder privaten Gesprächen ausgefüllt war, so mußten wohl viele Nachtstunden für die Korrespondenz mit ihrem Sohn herhalten. Die Tatsache, daß die eigentliche Schreibarbeit von Sekretären erledigt wurde, bedeutet keinerlei Schmälerung ihrer eigenen Anstrengungen. Ihr entging nichts: ein Wort, ein Blick, der Tonfall eines Arguments, die veränderliche Ausgangslage einer Besprechung – alles wurde in jenem aufnahmefähigen Gedächtnis gespeichert, bis sie Zeit hatte, sich alles bis in die letzten Einzelheiten zu rekonstruieren. Trotz der arthritischen Schmerzen in ihren Händen, ihrer Gichtanfälle, ihrer schleichenden Koliken gehorchte ihr Leib immer noch ihrem unermüdlichen Willen.

Nach den Maßstäben der Renaissance war Katharina eine alte Frau – und in der Tat sah sie auch so aus mit ihrer fahlen Haut, ihren »Triefaugen« und ihrer abnormen Korpulenz, die es schwierig machte, ihr auf ihren Esel oder in ihre Sänfte zu helfen. Aber sie hatte ihren Körper so erzogen, daß er den Anforderungen ihres Ehrgeizes standhielt – ein Ehrgeiz, der nicht gestillt sein würde, bis Frankreich sich wieder im Frieden befand und ihr Sohn sicher auf seinem Thron war. »Mein Sohn«, so schloß sie ihren Brief, »ich sage mir, daß Du wohl all die Einzelheiten hören möchtest von dem, was hier vor sich geht, soweit es Deine Stellung betrifft, und das ist auch der Grund, weshalb ich nichts auslassen möchte . . . Es vergeht nicht eine Stunde des Tages oder der Nacht, daß ich nicht über einige Mittel nachdenke, um die Lage auf friedfertige Weise zu meistern.«[25] Sie unternahm nichts, ohne den König zu unterrichten: über die Briefe, die sie den Führern der Guyenne und des Languedoc sandte, oder über ihre Privatgespräche mit Montpensier, mit Bourbon oder Biron, ihre Bewertung Navarras und die besten Mittel, um ihn in seiner Loyalität gegenüber der Krone zu festigen; wie sie Geld verteilte, um die Zaudernden auf ihre Seite zu ziehen.

Antworten erhielt sie niemals. Weder bestätigte der Sohn die Briefe der Mutter noch versorgte er sie mit dem Material, um das sie ihn zuweilen ersuchte. Sie bat ihn, ihr Rat zu erteilen (»laß mich sofort wissen, welches Deine Wünsche sind«), ihr anzugeben, wie er gewisse Probleme behandelt zu sehen wünschte (»bitte schicke mir alle Papiere und Memoranden, die von diesem Gegenstand handeln«), ihre Versprechungen durch sein eigenes Wort zu bekräftigen. »Mein Sohn«, so schrieb sie verzweifelt gegen Ende Oktober, »sende mir sofort einen eigenhändig geschriebenen Brief für den König von Navarra.« Selbst solche Bitten wie diese schienen nicht ausreichend, um den gleichgültigen Heinrich wachzurütteln[26]. Am 31. Oktober drang sie abermals in ihn und bat ihn, doch den praktischen Mechanismus des Ediktes wenigstens in etwa in Bewegung zu setzen, denn, so unterrichtete sie ihn, obgleich die Hugenotten sagten, sie würden es beachten, so wünschten sie doch über Katharinas Wort hinaus zu erfahren, daß der König das Edikt auch wirklich ernst nahm.

Eingekeilt zwischen zwei gegeneinander intrigierende politische Parteien, war sie von Zeit zu Zeit auf Anerkennung bedacht, was ihre Aufgabe ihr abverlangte. »Im Bewußtsein Deiner heiligen und aufrichtigen Absicht«, so schrieb sie, »habe ich diesen Auftrag übernommen, obgleich er bei meinem Alter und in dieser Jahreszeit schwer auf mir lastet und es schwierig ist, ihn durchzustehen – besonders, wenn man Dich so lange Zeit nicht sieht; aber angesichts einer so lohnenden und Dir außerdem so am Herzen liegenden Aufgabe möchte ich nichts ungetan lassen.«[27]

Ihre Lage wurde noch ungewisser, als Navarra seine hinhaltende Taktik wieder aufnahm. Sie selbst war niemals für L'Isle-Jourdain als Ort der Begegnung. »Wir werden dort nicht viel an Verpflegung oder Behausung vorfinden«, hatte sie an Heinrich geschrieben. Doch jegliches Bemühen, diese Begegnung anderswohin zu verlegen, stieß nur auf weitere Verzögerung.

Den ganzen Oktober bis in den November hinein vergeudeten Katharina und Margot ihre Zeit in Toulouse. Es war kein unangenehmer Aufenthalt, denn Toulouse war eine stolze katholische Stadt, und die Huldigung, die sie der Königin-Mutter zuteil werden ließ, war eine Genugtuung. Am 1. November feierte Katharina das Allerheiligenfest in der Kathedrale. Es war das letzte der herbstlichen Feste, der Vorbote des Winters.

Was nach ihrer Meinung nur Wochen hätte dauern sollen, zog sich jetzt schon Monate hin. Die Ernten waren eingebracht, die Trauben im Faß. Schon welkten die Reben unter dem ersten Winterfrost. Immer noch nicht vermochte sie Navarra von der Stelle zu bewegen. Auch nicht einen Augenblick glaubte sie seinen Entschuldigungen. Sie wußte, daß er ihr nach wie vor mißtraute, daß er gegenüber all den Ausdrücken der Zärtlichkeit, mit denen ihre Briefe gespickt waren, gleichgültig blieb. Man konnte Navarra kaum Vorwürfe machen. Vier Jahre lang hatte er nach der Musik der Valois getanzt. Kein Schritt war ihm erlaubt gewesen, den nicht der Tanzmeister vorgeschrieben hatte. Jetzt war er sein eigener Meister, und er beabsichtigte, Katharina wissen zu lassen, daß er den Takt schlagen würde.

In der ersten Novemberwoche versprach er, sich mit ihr in L'Isle-Jourdain zu treffen. Erleichtert schrieb sie Heinrich und versicherte ihm, daß die Unterredungen, die Frankreich den Frieden bringen würden, bald beginnen sollten. Auf dem Weg zu der Begegnung machte sie in Pibrac halt und in einer plötzlichen Aufwallung von Begeisterung schrieb sie an ihre alte Freundin, die Herzogin von Uzès: »Es ist so schön hier, daß ich wünschte, der König von Navarra hätte keine Furcht mehr vor mir, und wir könnten unsere Besprechungen hier abhalten.«[28] Ihre Begeisterung war jedoch nur von kurzer Dauer, denn die nächsten zwölf Tage vergingen mit Warten. Ihr Tanzpartner hatte sie sich selbst überlassen.

L'Isle-Jourdain, grün und fruchtbar im Sommer, im Schatten riesiger Bäume und dicht am kühlen Wasser der Vienne, war den Winter über unerträglich. Öde, feucht, sturmgepeitscht bot es nur wenig Annehmlichkeiten, um der Königin-Mutter die langen Tage des Wartens zu erleichtern. Am 8. November war ihre Geduld beinahe erschöpft, und sie schrieb ihrem Sohn: »Ich bin wütend und auch ärgerlich, nachdem ich nun hier drei Tage warte, ohne irgendwelche Nachrichten vom König von Navarra zu erhalten, noch von Fénelon, den ich ausgesandt habe, um ihn zur Eile anzutreiben. Soeben habe ich noch einen anderen Boten losgeschickt . . . Ich höre, daß Navarra in Mauvezin übernachtet, um morgen abend zum Diner hier zu sein. Wenn das so ist, so hoffe ich, daß wir in einigen Tagen seine wahren Absichten kennen werden.« Drei Tage später war er immer noch nicht eingetroffen. »Wenn er einigermaßen Achtung vor meiner Person hätte, würde er ganz anders handeln«, schrieb sie entrüstet und erinnerte an die »Strapazen«, die sie »auf einer so langen Reise während einer so schlechten Jahreszeit« auf sich genommen habe. Nach zwei Tagen schrieb sie abermals: »Wenn er nicht zu kommen wünscht, dann bin ich entschlossen, ihn aufzusuchen . . . Ich bitte Dich«, so fuhr sie fort, »schreibe ihm selbst und sage ihm mit aller Bestimmtheit, wie schädlich dieses lange Hinauszögern für Deine Stellung und für das Wohl des Königreiches ist.«[29]

Ihr Ärger wuchs weiter an, als Navarra am 13. November einen Boten sandte, der erklärte, er, Navarra, fühle sich nicht sicher, wenn er nach L'Isle-Jourdain kommen müsse, und schlage daher vor, die Unterredung statt dessen in Pamiers, einer kleinen Gebirgsstadt in den Ausläufern der Pyrenäen, stattfinden zu lassen. »Ich war empört«, stellte Katharina fest, »denn ich wußte sehr wohl, was für eine Stadt das ist, und was für Leute dort leben; denn der größte Teil von ihnen besteht aus Räubern und Leuten übelster Existenz, ohne jeden Respekt vor irgendeinem Fürsten. Hinzukommt, daß es eine Gebirgsstadt ist mit einem derartig schlechten Klima, daß dort noch im Juni Schnee liegt, und, noch schlimmer, die Straßen zwischen hier und dort sind so fürchterlich, daß es einfach unmöglich wäre, sich jetzt dorthin zu begeben.«[30]

Daß Navarra eine solche Zusammenkunft allen Ernstes vorzuschlagen gedachte, war an sich schon eine Beleidigung. Aber wenn sie sich halsstarrig gegen Pamiers sträubte, so verhielt sich Navarra gleichermaßen gegenüber L'Isle-Jourdain. Schließlich brach Katharina am 19. November nach Auch auf mit keiner anderen Zusage als dem schattenhaften Versprechen einer Zusammenkunft in der hugenottischen Zitadelle Nérac im folgenden Monat.

Aus Furcht, der König könne denken, sie habe in seinem Dienst säumig gehandelt, schrieb sie beschwichtigend: »Ich habe keine Gelegenheit ausgelassen . . . Stunde um Stunde sind wir hinter den Dingen her . . . Wir verlieren keine Zeit.« Ihr Sohn hatte freilich keinen Sinn für Katharinas Drängen. Er hatte seine *mignons,* seine Gebete und seine platonischen Diskussionen. Darüber hinaus schien er unfähig zu sein, selbst Katharinas unverminderte Zuneigung zu erwidern. »Es gibt nichts auf dieser Welt, was mir größeres Glück gewähren würde, als bei Dir zu sein«, schrieb sie, bekannte aber gleichzeitig, sie wäre mehr als willens, selbst diese Freude zu opfern, wenn sie durch ihre Abwesenheit seine Sicherheit erhöhen könnte[31].

Inzwischen war Katharina von Auch nach Nérac gereist, wo Margot am 15. Dezember ihren formellen Einzug hielt. Während der vergangenen fünf Monate hatte sich Margot zum ersten Mal in ihrem Leben von ihrer

Mutter freundschaftlich behandelt gefühlt. Nicht nur war sie fähig gewesen, Navarra zu beeinflussen, sie hatte darüber hinaus auch den wesentlichen Inhalt ihres Versprechens, ihrem königlichen Bruder zu helfen, wahrgemacht. Katharina, dadurch überrascht und voller Freude, hatte schon günstig über sie an Heinrich geschrieben: »Ich möchte nicht vergessen, Dir zu sagen, mein Sohn, daß meine Tochter, die Königin von Navarra, alles nur mögliche in diesen Angelegenheiten tut, was Deine Angelegenheiten fördern kann.« Margot strahlte über jenes ungewohnte Lob. Navarra schien ebenfalls aufrichtig glücklich zu sein, sie bei sich zu haben, und der florentinische Gesandte Sinolfo Saracini ließ sich günstig über ihre »wahre und gegenseitige Liebe« aus und stellte Vermutungen über Margots wahrscheinliche Schwangerschaft an. Ihr Einzug in Nérac war königlich nach jeder Richtung hin. Als Königin von Navarra ritt sie auf dem Ehrenplatz zwischen ihrem Gemahl und seiner Schwester Katharina. Guillaume de Salluste Du Bartas, der beauftragt worden war, einige Verse aus diesem Anlaß zu dichten, nannte sie »Nachtigall«, »Amsel« und vor allem »das schönste Geschöpf auf der Welt«[32]. Hingerissen von solch romantischer Schmeichelei gewann Margot die Zuneigung der Menge, indem sie dem jungen Deklamator, der die Muse der Gascogne verkörperte, das reich bestickte Halstuch, das sie trug, zuwarf. Hier zeigte sich Margot von ihrer besten Seite: freigiebig, ungezwungen, großzügig bis zur Unklugheit. Es waren Charaktereigenschaften, die sie mit ihrem Bruder teilte, und die ihnen sowohl Freunde als auch Feinde in Hülle und Fülle einbrachten.

Die nächste Woche verbrachte Navarra damit, seiner Gemahlin zu beweisen, daß Nérac trotz seines Rufes der Schwerblütigkeit ebenso ausgelassen und verschwenderisch wie Paris sein konnte. Margot ging ganz darin auf, aber Katharina wurde von Unruhe befallen und brach wenige Tage vor Weihnachten mit ihrer Tochter nach Port-Ste.-Marie auf, einer kleinen Stadt an der Garonne, gleich weit von Nérac und Agen entfernt. Sechs Wochen lang blieb sie in der Abtei von Paravis und tat alles, was sie konnte, um die verfehlte Friedenskonferenz in die Wege zu leiten. Sie schrieb beinahe täglich an den König, schilderte ihre Diskussionen mit Navarra und den anderen Hugenottenführern und erläuterte ihre Bemühungen, das allgemeine Mißtrauen, das ihr entgegengebracht wurde, zu zerstreuen. Schließlich obsiegte ihre Beharrlichkeit, und am 4. Februar, vier Monate nach ihrem ersten Zwiegespräch mit Navarra, wurde die Konferenz in Nérac eröffnet.

II

Die Eröffnungssitzung der Konferenz verlief glatt. Navarra war ein liebenswürdiger Gastgeber, und Jean de Scorbiac, der für die Protestanten auftrat, sprach ohne Umschweife im Interesse des Königs, wies auf die »große Hoffnung« hin, die seine Partei auf die Güte Heinrichs setzte, und erinnerte die Abgesandten an ihre Pflichten gegenüber dem Souverän. Obgleich Katharina das Reden in der Hauptsache Pibrac überlassen wollte, antwortete sie selbst Scorbiac, pries den guten Willen der Protestanten und hob die »Liebe des Königs für alle seine Untertanen« sowie seinen großen Wunsch, das Friedensedikt tatsächlich durchgeführt zu sehen, hervor.

Während der nächsten vierundzwanzig Tage sollte Katharina die Delegierten so reichlich mit Arbeit versehen wie ihre Sekretäre. Sie ließ sie nicht zu Atem kommen. Schon vor Morgengrauen waren sie auf den Beinen und zuweilen saßen sie bis Mitternacht am Beratungstisch. Bevor alles zu Ende war, war Valence krank vor Erschöpfung, und Pibrac hatte das Bett hüten müssen. Katharina begann ebenfalls unter der Last ihrer eigenen Anforderungen zu straucheln. Kurz vor ihrer Abreise nach Port-Ste.-Marie fand Navarra sie bettlägerig. Obwohl sie die ganze Nacht über todkrank war, nahm sie sich zusammen, um bei Kräften zu bleiben, denn sie wollte binnen wenigen Tagen nach Nérac aufbrechen. Sie war rechtzeitig zur Stelle und versäumte keine Sitzung, aber die Anstrengung sah man ihr an.

Die Konferenz von Nérac schuf einen Präzedenzfall für die Sache der Hugenotten. Früher ging es bei allen Bemühungen, Katholiken und Protestanten an einen Tisch zu bringen, um religiöse Dinge. In Nérac dagegen fanden theologische Diskussionen nicht einmal am Rande statt: es ging um rein politische Angelegenheiten. Katharina war überzeugt, daß Frankreich ohne sofortigen Friedensschluß dem Ruin entgegengehen würde. Deshalb war sie entschlossen, Konzessionen zu machen, aber sie war sich auch dessen bewußt, daß allzu große Freizügigkeit gegenüber den Hugenotten die Krone nur in Händel mit den Katholiken verstricken würde. Da beide Seiten ja dem Frieden von Bergerac zugestimmt hatten, wollte sie sich vor allem praktischen Schritten zu seiner Durchführung widmen.

Das lauteste Begehren der Hugenotten richtete sich auf genügend »sichere Städte«, auf die sie als Zufluchtsorte rechnen konnten. Am 12. Februar schrieb Katharina ihrem Sohn, daß sie nach längeren Überlegungen allen

Artikeln zugestimmt hätten, »mit Ausnahme der Städte, die in ihrem Besitz waren und die sie nicht aufzugeben wünschten mit dem Hinweis darauf, daß sie ihnen Sicherheit gewährten, denn, so brachten sie vor . . . hätten sie während der Bartholomäusnacht nicht in La Rochelle Unterschlupf gefunden, so wären sie alle verloren gewesen«. Vor allem deshalb ist dieser blutleere und beiläufige Kommentar interessant, weil er Katharinas einziger schriftlicher Hinweis auf die Blutnacht ist. Tags darauf legte man Katharina ein Schriftstück vor, das neunundfünfzig Städte forderte, eine unmögliche Bedingung, zu der sie bemerkte: »Ich sagte ihnen, ich sähe, sie treiben ihren Schabernack mit mir.«[1] Sechs Tage später kündigte Navarra, gleichsam plötzlich kapitulierend, an, er sei willens, sich mit sechs Städten für die Dauer von sechs Monaten abzufinden. Schließlich einigten sich die Abgesandten auf vierzehn. Und mit dieser Übereinkunft lagen die Artikel bereit zur Unterzeichnung auf dem Tisch.

Am 25. Februar schrieb Katharina eigenhändig in triumphierender Stimmung: »Die Konferenz ist abgeschlossen, Gott sei Dank, und wir sind übereingekommen, das Edikt vollständig durchzuführen.«[2]

Es war kein leichter Monat. Nie zuvor hatte sie sich auf derart beharrliches Verhandeln eingelassen. Nur ein einziges Mal war sie nahe daran wütend zu werden, als die Delegierten, während sie beim Abendessen saß, zu ihr kamen und sie baten, abreisen zu dürfen aus dem einfachen Grund, daß ja doch keine Übereinkunft erzielt werden könne. Sie erhob ihre Stimme, so berichtete Damvilles Sekretär, und sprach zu ihnen »wahrhaft königlich«, indem sie sie warnte, sie würde sie, wenn sie nicht mitarbeiteten, allesamt »als Rebellen aufhängen« lassen. Diese Drohung genügte, sie wieder an den Beratungstisch zu bringen[3].

Es war gleich nach der endlich erfolgten Unterzeichnung der Artikel am 28. Februar, daß Katharina die große Last der Ermüdung, die sich ihrer bemächtigt hatte, verspürte. In einem kurzen Brief an die Herzogin von Uzès gab sie zu: »Ich bin immer noch derartig erschöpft von der Konferenz und der umfangreichen Korrespondenz, daß ich Ihnen zur Zeit keinen langen Brief schreiben kann.«[4] Obgleich sie am 8. März abermals schrieb, sie erwarte, gegen Ende der Fastenzeit in Avignon zu sein, so mußte sie den Rest des Monats März in Wirklichkeit dann doch in Agen verbringen.

Wenn irgendetwas, dann hatte sie ihre Erschöpfung unterschätzt, die sie zum Opfer verschiedener Krankheiten machte. Gegen Monatsende gab sie dem König gegenüber zu, daß die Ärzte auf neuen Abführmitteln bestanden hätten, um sie von einer entsetzlichen Erkältung, die ihr Auge

ernsthaft in Mitleidenschaft gezogen hatte, zu befreien. Sie war, wie sie weiter zugab, unfähig zu arbeiten.
Der Aufenthalt in Agen brachte ärgeres Leiden mit sich als die Krankheit selbst, denn sie war, da nun der Friede bestätigt war, eifrig darauf bedacht, nach Paris zurückzukehren, zweifellos deshalb, weil sie sich Sorgen um den Zustand der Regierung machte, mehr aber noch deshalb, so scheint es, weil es sie leidenschaftlich verlangte, ihren Sohn wiederzusehen. Als er ihr im Februar für alles, was sie tat, gedankt hatte, antwortete sie, es bestünde keinerlei Anlaß, ihr zu danken; *sie* wäre es, die für den Vorzug zu danken habe, in seinem Interesse wirken zu können. »Ich danke Dir von ganzem Herzen«, schrieb sie, »für jene aufrichtigen Briefe, die mir zu schreiben Du die Güte hattest . . . die mir gezeigt haben, wie angenehm berührt Du von dem warst, was ich in Deinen Diensten zu tun vermochte und wofür ich mich mit Leib und Seele einsetze, und ich werde fortfahren, so zu handeln, denn es gibt nichts in der Welt, das ich so sehnlich wünsche, wie Dein Königreich in Ruhe und Frieden zu sehen.«
Der Gedanke, zu jenem »teuren Sohn« zurückzukehren, wurde jetzt zu ihrer einzigen Beschäftigung. Während der ersten Märzwoche schrieb sie an die Herzogin von Nemours und verlieh aufs neue ihrer Hoffnung Ausdruck, binnen weniger Wochen in Avignon zu sein, um fortzufahren: »Und wenn es Gott gefällt, bald nach der Erledigung der Geschäfte in der Provence beim König, meinem Sohn, zu sein, den zu sehen mich so sehr verlangt, denn ich habe dieses Vorrecht niemals so lange Zeit entbehrt, seitdem er geboren ist. Als er in Polen war, da handelte es sich nur um acht Monate, und jetzt sind es schon siebeneinhalb.«[5]
Es steckt etwas Rührendes und Ehrfurchtgebietendes in dem Gedankengang dieser Frau, die es soviele Jahre lang auf sich genommen hatte, die Geschicke einer der größten europäischen Mächte zu lenken, eine Frau, die zuweilen skrupellos war, oft tyranisch, jetzt aber alt und krank, bettlägerig, die Wochen an den Fingern abzählend, die sie ihren Sohn nicht gesehen hatte, sowie die Wochen, bis sie ihn wiedersehen würde. Als sie vernahm, er sei soeben von einem ernsthaften Fieber wieder genesen, schrieb sie in einer Aufwallung mütterlicher Liebe: »Er ist mein ganzes Leben, und ohne ihn möchte ich weder leben noch sterben. Ich glaube, daß Gott ein Einsehen mit mir gehabt hat, da ich soviel Leid erfahren habe durch den Verlust meines Gatten und meiner Kinder, und daß er mich nicht vernichten wird, indem er ihn mir auch noch nimmt . . . Ich preise Gott dafür, daß er ihn für mich wieder hat gesund werden lassen, und ich bete, daß es für länger als mein eigenes Leben sein möge, so daß ich, so-

lange ich noch am Leben bin, erleben darf, daß ihm kein Leid widerfährt.«[6]

Wenn man ihre Dankbarkeit für ein winziges Körnchen seiner Zuneigung bedenkt, wie groß wäre dann wohl ihre Freude gewesen, hätte Heinrich die Fähigkeit besessen, auf ihre Liebe voll und ganz einzugehen. Die demütige Haltung gegenüber diesem teilnahmslosen und undankbaren Sohn ist einer der größten Widersprüche in Katharinas Leben.

Anfang April war sie wieder gesund genug, um sich auf den Weg zu machen. Sie verbrachte eine Woche in Toulouse, um dann weiter nach Castelnaudary zu ziehen und dort endgültig von Navarra und Margot Abschied zu nehmen. Genauso, wie Navarra sie anfangs über seine Absichten getäuscht hatte, fuhr er fort, diese am Ende zu verhüllen, indem er sie glauben machte, er würde mit ihr an den Hof zurückkehren. Navarra an den Hof zurückzubringen, wäre ihr größter Triumph! Es würde ihn Abstand von Guyenne gewinnen lassen, wo neuerliche Zusammenstöße mit Biron unvermeidlich schienen, es würde seine Führerrolle im hugenottischen Lager schwächen und es würde ein greifbares und über alle Zweifel erhabenes Zeichen der Harmonie im Königreich sein.

Am 12. April hatte sie freudig erregt geschrieben: »Mein Sohn, seit meinem letzten Brief, den ich Dir geschrieben habe, hat mir Pibrac (der gerade heute morgen aus L'Isle-Jourdain zurückgekehrt ist) von meiner Tochter berichtet ... daß der König von Navarra mit mir mitkommen will, wenn ich zu Dir zurückkomme ... Zweifelsohne wird der Friede hier besiegelt werden, wenn es sich herausstellt, daß er mit mir mitkommen wird – und ich bin sicher, er wird es.« Während der nächsten zwei Wochen hielt Navarra die Königin-Mutter weiter mit unbefristeter Hoffnung hin, ohne irgendetwas zu versprechen, so daß Katharina am 26. April nachzugeben gezwungen war: »Ich weiß immer noch nicht genau, ob mein Schwiegersohn, der König von Navarra, mit mir kommen wird.«[7] Ende des Monats war es klar, daß sich Navarra nicht aus dem Süden wegbegeben würde.

Trotz dieser Enttäuschung verlief das letzte Zusammentreffen nicht unfreundlich. Am Tage ihres Aufbruchs war Katharina ebenso überrascht wie gerührt, als sie hörte, Margot, die sich allein in ihrem Gemach befand, weine bitterlich bei dem Gedanken, von ihr getrennt zu werden. Es ist eine jener wenigen zärtlichen Erwähnungen ihrer Tochter, die wir überhaupt von Katharina besitzen. Diesmal hatte sie wirklich Freude an Margot gefunden: Diese hatte ihrem Bruder Treue gelobt und außerdem zugestimmt, pflichtgemäß im Süden zu bleiben und dem kleinen, rustikalen

Hof von Nérac vorzustehen. Am folgenden Tag traf sich Navarra mit seiner Schwiegermutter in Fanjeaux. Er drückte tiefes Bedauern über ihre Abreise aus und sprach, wie Katharina später schrieb, »offenherzig und voller Aufrichtigkeit, andernfalls wäre ich die am meisten im Irrtum befangene Frau der Welt«[8]. Er ritt eine ganze Strecke neben ihrer Kutsche her und sah ihr dann nach, als sie ihres Weges weiter nach Carcassonne fuhr.

Katharina hatte noch eine Reise von sechs Monaten vor sich. Sie war sehr müde und hätte es vorgezogen, sich gleich nordwärts nach Paris zu wenden. Doch wollte sie ihrem Sohn niemals eingestehen, wie quälend diese Reise gewesen war. Allein in ihren Briefen an die Herzogin von Uzès gab sie die Mühseligkeiten der letzten Monate zu. Auf der Fahrt durch die von Seuchen heimgesuchten Städte im Süden schrieb sie:

»Wäre es nicht der Pest wegen, ich würde Dir Nachricht geben über Deine Güter, aber Uzès und seine ganze unmittelbare Umgebung ist so stark verseucht, daß die Vögel, die an Ort und Stelle vorbeifliegen, tot zu Boden fallen. Dies hat mich veranlaßt, die andere Straße zu wählen, die zwischen den Seen und dem Meer. Dort mußten wir zwei Nächte in Zelten verbringen, also kampieren im Dienst meines Königs, den in guter Gesundheit wiederzusehen ich mich so sehne. Was mich anbetrifft, meine Gesundheit ist gut, nur daß Port-Ste.-Marie mir einen lästigen Katarrh einbrachte, der sich zu Ischias ausgewachsen hat. Das hat sich allerdings nicht weiter auf meine Spaziergänge ausgewirkt, als daß ich gezwungen bin, notfalls auf einem kleinen Maultier zu reiten. Ich glaube, der König würde lachen, wenn er mich darauf sitzen sähe.«[9]

»Im Dienste des Königs« war ihr Leitmotiv geworden. Es kühlte das Wetter, machte die behelfsmäßigen Feldbetten erträglich, beschleunigte die träge dahinschleichenden Tage. Einige erklären diese Aufrichtigkeit mit Ausdrücken wie jenen *affetto di signoreggiare,* dessen sie viele Jahre zuvor bezichtigt worden war. Vielleicht hatte dieser vorherrschende Wille zur Macht eine sonderbare Wendung genommen, so daß sie nicht länger in eigener Person zu herrschen wünschte, sondern in der Person ihres Sohnes. Noch immer bleibt das Geheimnis ungelöst: das Geheimnis ihrer nicht geheuchelten Liebe zu einem Sohn, der es Jahr um Jahr immer mehr an Anhänglichkeit fehlen ließ.

Es war November 1579 geworden, als Katharina Paris erreichte. Die Provence, die Dauphiné, das Languedoc, sämtlich »von innerem Hader gequält«, hatten sie sechs Monate lang aufgehalten. Physisch und psychisch am Ende ihrer Kraft, versetzte sie aber auch alles in Erregung: das Mißtrauen und die Zanksucht des Volkes, die gefährlichen Straßen, das unsichere Wetter. Am meisten ärgerte sie die andauernde Aufsässigkeit so mächtiger Führer im Süden, wie des Marschalls von Bellegarde.

Wäre es nichts weiter als der fadenscheinige Neidkomplex eines Edelmannes im Verlauf einer lokalen Revolte gewesen, Katharina hätte sich nicht weiter darüber aufgeregt. Bellegarde hatte indessen seiner Aufsässigkeit dadurch erhöhte Bedeutung verliehen, daß er Spanien und Savoyen mit einbezog. Nachdem er das Gefühl gewonnen hatte, zu Unrecht des Gouverneurspostens im Languedoc enthoben worden zu sein, und von Philipp und dem Herzog von Savoyen aufgehetzt worden war, die eine Gelegenheit mehr sahen, die französische Königsmacht zu schwächen, übernahm er im Frühjahr 1579 das Gebiet von Saluzzo. Mitten in der Hitze des Juli und August versuchte Katharina, Bellegarde zum Einlenken zu veranlassen. Sie schrieb wiederholt an Navarra und Margot und bat sie, ihn zum Frieden zu bewegen, sowie an Bellegarde selbst und forderte ihn auf, sich mit ihr zu treffen, wobei sie ihm versicherte, ihre Vorschläge würden ihn »vollständig zufriedenstellen«.

Mitte Oktober kamen Bellegarde und Katharina schließlich in Montluel zusammen, einer kleinen Stadt im Herrschaftsbereich des Herzogs von Savoyen. Savoyen hatte darauf bestanden, die Königin-Mutter durch einen königlichen Einzug zu ehren, und Katharina zog unter einem karmesinsamtenen Baldachin in Begleitung ihres Hofstaates durch Montluel, eine Straße entlang, die gegen einen jüngst erfolgten Pestausbruch ausgiebig mit Wohlgerüchen geschwängert war. Ein kleines Entgelt für alle von Savoyen verursachte Unruhe, aber wenn Huld ihren Zwecken dienlich sein würde, so war Katharina bereit, sie zu gewähren. Sie ging auf das verschwenderische Willkommen, das Sovoyen ihr bot, ein und nahm die Geschenke an, die Montluel ihr darbrachte.

Eine Woche später hatte sie ihr Ziel erreicht und schrieb triumphierend an den König: »Nach all meinen hartnäckigen Anstrengungen . . . ist es zu einem glücklichen Abschluß gekommen.« Sie schilderte im einzelnen die Besprechungen, die in ihren Gemächern stattfanden, wobei ihr Bellegarde auf den Knien die ihr gebührende Huldigung erwies und sie »des lebhaften Wunsches und der großen Neigung, ihr stets zu dienen«, versicherte. An jenem Abend, nach dem Nachtmahl, kehrte er zurück und »stand zu Füßen meines Bettes«, fuhr Katharina mit ihrer eigenartigen Mischung aus politischem Scharfsinn und mütterlicher Naivität fort. »Ich zeigte dem Marschall Dein Bild . . . und sagte zu ihm: ›Das ist der König,

Ihr Herr, dem ich Sie zugeführt habe, der Sie so sehr liebt und soviel Gutes für Sie getan hat.‹ Worauf er mir im Blick auf Dich tränenden Auges sagte, Du wärst so edelmütig und genau so, wie er Dich zu sehen sich gewünschte hatte.«[10]

Im Endergebnis kostete Bellegarde seine schließliche Reue gar nichts, denn Katharina hatte ihn als Gouverneur von Saluzzo unter der Oberherrschaft des Königs bestätigen müssen. Obwohl sie ihre Verhandlungen auch weiterhin für einen Sieg der Krone hielt, so war nicht zu verkennen, daß die Krämerin, welche Gestalt sie ihrem Geschäft auch immer verleihen mochte, nicht imstande gewesen war, ihr übliches hartes Verhandeln durchzuhalten. Katharina hatte an Spannkraft und Auffassungsgabe während der im Süden verbrachten Monate eingebüßt. Ein englischer Agent berichtete, er habe »sie niemals derart fassungslos gesehen« wie während der Bellegarde-Affäre, und obwohl der Venezianer Girolamo Lippomano fortfuhr, ihre unerschöpfliche Energie zu preisen, stellte Paulet eine schleichende Veränderung bei ihr fest. Über die letzte Audienz, die Sir Henry Cobham vor seiner Versetzung im November 1579 gewährt wurde, schrieb er: »Sie wirkt einigermaßen verfallen, und ihre Ärzte sind sich im Zweifel darüber, ob sie nicht eine Veranlagung zum Schlaganfall hat. Es schien mir, daß während unserer Unterredung ihre Stimme und ihre Kraft insgesamt nicht derart auf der Höhe waren, wie ich es eigentlich erwartet hatte, und ich habe mittlerweile herausgefunden, daß andere derselben Meinung sind.«[11]

Obgleich sie im Süden für Ruhe gesorgt hatte, ließen die Ängste der Königin-Mutter nicht nach. Alençon war gegenwärtig vollauf in den Niederlanden mit Beschlag belegt. Sogar noch vor ihrer Abreise in den Süden hatte er begonnen, Truppen für seine Unternehmung auszuheben. Sie hatte kein Mittel unversucht gelassen, um ihn von seinem Vorhaben abzubringen. Sie hatte seine Liebe für Frankreich und seine brüderliche Pflicht gegenüber dem König beschworen, aber Alençon hatte nur Ohren für die kriegerische Musik jenseits der Grenze. Sie verhieß Ruhm, und dieses Wort pulsierte gleich einer Beschwörung in ihm. Angesichts eines solchen Zauberbanns versagten Katharinas Künste. Aus Furcht vor den Rückwirkungen in Spanien und England schrieb sie zögernd an Philipp und stellte Alençons Handlungsweise als »jugendlichen« Übermut dar. Auch an Elisabeth wandte sie sich – denn England hatte klar zu verstehen gegeben, daß es keine französische Einmischung in den Niederlanden dulden würde – und bekannte: »Bis zum letzten Augenblick haben wir alles, was nur möglich ist, getan, um unseren Sohn, den Herzog von Alençon, umzustimmen oder von seiner Unternehmung abzuhalten in dem uns stärker als alles andere beseelenden Wunsch, mit Ihnen in Frieden, Freundschaft und guter Nachbarschaft zu leben.«[12]

In der Tat, eine von Katharinas hauptsächlichen »Ablenkungen«, die sie Alençon anbot, war eine englische Heirat gewesen. Im Frühjahr 1578 war Sir William Stafford nach Frankreich entsandt worden mit der ausdrücklichen Maßgabe, die Meinung des Königs über Alençons Verwicklung in die niederländischen Angelegenheiten festzustellen und, wenn möglich, die Heiratsverhandlungen wiederaufzunehmen. Zweifellos hoffte Elisabeth ebenso wie Katharina, die Verlockung der Heirat würde Alençon von den Niederlanden abziehen. Aber Heirat allein, nicht einmal mit der legendären» Gloriana«, konnte Alençon von seinem Ziel abbringen. Im Herbst 1578 hatte er sich unzweideutig zum »Retter der Niederlande« erklärt. Die Nachricht langte bei Katharina an, als sie im Süden auf ihre erste Unterredung mit Navarra wartete, und sie schrieb dem König ebenso betrübt wie verärgert: »Was die gegenwärtigen Affären meines Sohnes, Deines Bruders anbetrifft, wovon Du mir geschrieben hast . . . so weißt Du ja, wie tief das alles mein Herz verwundet hat, und ich sehe ihn mit Bedauern so schlecht beraten.«[13]

Alençon entdeckte unterdessen zu seinem Kummer, daß die Niederlande ein Land zwiespältiger Loyalität waren. Viele Städte, die zu »retten« er gekommen war, wiesen ihn teilnahmslos ab, weil sie auf die Zugeständnisse ihres neuen Landvogts, Alessandro Farnese, Herzog von Parma, einzugehen einem offenen Krieg mit Spanien vorzogen. Bestürzt und verraten suchte Alençon Zuflucht in Frankreich, wo ihn gegen Mitte Februar ein Brief von Königin Elisabeth erreichte, ein so warmherziger Brief, so voller Zuneigung und Verständnis für seine Demütigung, daß er sein Interesse an einer englischen Heirat neu zu entfachen vermochte.

Alençons Unvermögen, mit den Niederlanden zu Rande zu kommen, war genau das, worauf Elisabeth ihre Hoffnungen gesetzt hatte, doch der Brief, den sie ihm während dieser trostlosen Februartage zukommen ließ, war oberflächlich besehen, ein zärtliches Bedauern. Bei genauerer Prüfung entpuppt sich indessen sein Ton genau als der, den sie in ihren Beziehungen zu ihm unausgesetzt anschlug – gönnerhaft, schmeichelnd, nahe dem Spott. Es liegt etwas tief Tragisches in diesem kleinen, spindeldürren Prinzen, der sich so schnell beleidigt fühlte, wo gar kein Anlaß dazu bestand, der sich wie ein Kind auf den Knien schaukeln ließ und gar nicht merkte, wie sehr er dabei an den Rand der Verhöhnung geriet. »Ich versichere Ihnen«, so hatte Elisabeth am 14. Februar geschrieben, »ich bin sehr ungehalten, daß diese undankbare Menge, ein regelrechter Mob, solch einen Prinzen derart mißhandelt; und ich denke doch, daß Gott, wenn nicht Menschen, an ihnen dafür Rache nehmen wird, und ich freue mich, daß Sie ihren frevelhaften Händen heil entkommen sind.«[14]

Unterdessen waren sowohl Katharina als auch Mauvissière eifrig dabei, Alençon zu einem Besuch Englands zu ermutigen. Die Zeit war endlich reif dafür, und Mitte März schlüpfte Alençon in aller Stille nach Paris hinein, um sich mit seinem Bruder wieder zu versöhnen und ihn um Zustimmung zu seiner Reise nach England zu bitten. Heinrich zeigte sich ganz unerwartet der Lage gewachsen und begrüßte Alençon mit »Freude und Herzlichkeit«.

Katharinas sehnlichster Wunsch war in Erfüllung gegangen, und mit ihrem unausrottbaren Optimismus war sie nicht von dem Glauben abzubringen, daß Alençon seine verrückten Pläne wohl nun aufgeben werde. Am 24. März schrieb sie ihm aus Agen: »Mein Sohn, ich war unermeßlich glücklich, als ich endlich Nachricht von Dir bekam und von Deiner löblichen und aufrichtigen Absicht zu hören, nichts unversucht zu lassen, was der Freundschaft dienlich sein könnte, die (sowohl aus vernünftigen als auch natürlichen Gründen) zwischen Deinem Bruder und Dir bestehen sollte . . . Glaube mir, mein Sohn, Du hast jetzt mehr Grund, glücklich zu sein, als Du jemals durch diese überspannten Ratschläge hattest, die Dir erteilt worden waren. Du mußt glauben, daß wir Dir alle Rechte und allen Glanz sichern werden.« Was seine Vermählung mit Elisabeth anbetrifft, so war sie nach jeder Richtung hin damit einverstanden und hatte das Gefühl, er sollte nicht mehr länger zögern, die Reise nach England anzutreten. »Ich versichere Dir«, so fuhr sie fort,« »daß der König Dir auf jede ihm nur mögliche Weise helfen wird, wenn man auch anerkennen muß, daß er nicht über alle Mittel verfügt, nach denen ihn verlangt, um Dich ziehen zu lassen, wenn Du gern möchtest.« Aber sie fügte unter praktischer Würdigung aller Umstände hinzu, es wäre wohl auf lange Sicht besser, nur ein kleines, aus wohlausgesuchten Leuten bestehendes Gefolge mitzunehmen, statt zuviel Aufmerksamkeit durch Prachtaufwand zu erregen[15].

Die Möglichkeit, daß Alençon tun würde, worüber schon so lange diskutiert wurde, führte zu turbulenter Betriebsamkeit. Jean Simier war bereits nach England geschickt worden, um Elisabeth auf die Ankunft seines Herrn vorzubereiten. Katharina schrieb jetzt in Eile an den König, um ihn zu bitten, keine Zeit zu verlieren, und riet ihm, seinem Bruder mit einer »beträchtlichen Summe, so wie es Deine eigene Lage erlaubt«, unter die

Arme zu greifen. Der florentinische Gesandte berichtete, daß die englische Königin »durch diese Heiratsverhandlungen vollkommen in Anspruch genommen sei«, und daß er darin »eine sehr solide Kette« für die Verbindung dieser beiden Königreiche sähe. Elisabeth allein zögerte, verharrte in bescheidener Zurückhaltung und warf die Frage auf, ob es Alençon nicht in Verlegenheit bringen würde, über eine so weite Entfernung hin hierher zu kommen, bevor es zu handfesten Abmachungen gekommen war. Elisabeths angemessene Einwände wurden in der allgemeinen Freude übergangen, und Anfang Juli begab sich Alençon mit einem kleinen Gefolge aus Paris nach Boulogne-sur-Mer, wo er sich nach England einschiffte[16].

Acht fröhliche Tage lang sonnte sich Alençon in Elisabeths Wärme. Wenn sein Äußeres sie schockierte, zeigte sie es nicht; wenn sein dürftiges Gefolge sie enttäuschte, so ließ sie sich das ebenfalls nicht anmerken. Ihre Untertanen waren freilich weniger taktvoll, und es waren einige belustigende Verse im Umlauf über »Unseren französischen Odysseus«. Alençon war jubelnder Stimmung und vertraute darauf, daß die Hochzeit nur noch eine Frage von kurzer Dauer sein würde. Dieses Vertrauen wurde zwei Monate nach seiner Rückkehr bestätigt, als er zwei Geschenke von Elisabeth erhielt: ein juwelenbesetztes Mützenband (angeblich 4000 Kronen wert) und eine Uhr mit einem Begleitbrief: »Ich sende Euer Hoheit dieses eigenhändig geschriebene Briefchen, um Sie meiner guten Gesundheit zu versichern . . . Ich füge zwei kleine Geschenke hinzu. Ich möchte, daß Sie beim Tragen des einen um ihren Hals die Erinnerung an mich den ganzen Tag mit sich herumtragen. Und dann möchte ich, daß Sie in dem anderen ein Abbild der Krone dieses Königreichs sehen, die ich gern schnell mit eigener Hand auf Ihr Haupt setzen möchte, wenn ich nur könnte, wie ich wollte.«[17]

Nach Bekundungen wie diesen schienen kaum Zweifel zu bestehen, daß die so lang geplante Hochzeit zwischen Frankreich und England bald stattfinden würde.

Nur Simier, Alençons geschickter Abgesandter, der – so wurde jedenfalls geklatscht – seine eigene Wirkung auf Elisabeth nicht verfehlt hatte, behielt seine skeptische Meinung. »Ich werde warten, bis die Vorhänge zugezogen sind«, so schrieb er, »bis die Kerze gelöscht und mein Herr im Bett ist – und dann werde ich mit größerer Gewißheit sprechen können.«[18]

Die ersten Monate des Jahres 1580 bestätigten Simiers Zynismus. Der

Winter kühlte Elisabeths Eifer etwas ab – wenn die Tage in Greenwich überhaupt durch außerhalb von politischem Zweckdenken liegende Ursachen bestimmt waren. Bald erhielt Alençon einen Brief, der zwar zärtlich begann, aber eine unlösbare Frage enthielt: »Was mich betrifft«, so schrieb Elisabeth, »so gestehe ich, daß es keinen Prinzen in der Welt gibt, dem ich mich williger hingeben würde als Ihnen, noch einen, dem ich mich mehr verbunden fühlen oder mit dem ich die Jahre meines Lebens verbringen würde.« Aber, so fuhr sie fort, wie könnte sie wohl die delikate Gewissensfrage lösen, die in der Vermählung mit einem praktizierenden Katholiken enthalten war? Und selbst wenn sie imstande wäre, persönlich mit diesem Problem der Religion fertig zu werden, wie könnte sie das Einverständnis ihrer Untertanen gewinnen? »Ich möchte Sie nicht dadurch täuschen«, so schloß sie, »daß ich nicht vor Ihren Augen darlege, wie ich die Angelegenheit sehe.«[19]

Es liegt kein Zeugnis über Alençons Reaktion auf dieses unvorhergesehene Hemmnis vor, aber Katharina ließ sich nicht unterkriegen. »Es gibt nichts in der Welt, daß ich so sehr gewünscht habe und immer noch wünsche wie diese Heirat«, schrieb sie an Mauvissière in der Überzeugung, daß keine Gewissensfrage im Wege stehen dürfe[20]. Katharina kannte Elisabeth nur zu gut, um ihren religiösen Skrupeln nicht allzu viel Glauben zu schenken; wenn diese zögerte, so lagen ihre Gründe ganz woanders. Gerade als Alençons Glück in England zu wanken begann, wurde es wie durch einen ausgleichenden Zufall in den Niederlanden gestärkt. Kaum hatte sich Alençon Ende 1578 verärgert nach Frankreich abgesetzt, als die Protestanten, die sich jetzt in der Union von Utrecht zusammengeschlossen hatten, sich bewußt wurden, daß die von Parma angebotenen Zugeständnisse unzureichend waren. Sollten sie Spanien die Freiheit, die sie beanspruchen zu können vermeinten, gewaltsam entreißen müssen, so würden sie außer ihren eigenen noch fremde Kräfte benötigen. Die übereilte Abweisung Alençons, das erkannten sie jetzt, konnte sehr wohl ihren eigenen Untergang bedeuten. So schrieb im März 1579 einer ihrer Führer: »Ich bedaure zutiefst . . . die Sache meines Herrn, unseres Verteidigers, einen so schlechten Verlauf nehmen zu sehen . . . als ob wir niemals Wohltaten von Seiner Hoheit empfangen hätten . . . was mich mit Schrecken befürchten läßt, daß unsere Undankbarkeit die göttliche Rache hervorrufen könnte.«[21]

Im folgenden August hatte die protestantische Partei ein Manifest veröffentlicht, daß Philipp zum Tyrannen und jeden Rechtes auf Untertanengehorsam für verlustig erklärte. Die Souveränität, die sie Spanien verwei-

gerten, boten sie Alençon an. Es war mehr, als ihm jemals zuvor angeboten worden war, und er sprang vor Freude über diesen Siegespreis in die Höhe. Er antwortete unverzüglich auf die Briefe der Protestanten und versicherte sie »der ungeheuer großen Glückseligkeit«, die er verspüre, sowie der Hoffnung, die er für »einen nutzbringenden Abschluß Ihrer Sache« hege, einer Sache, so bekannte er törichterweise, »die mir ebenso am Herzen gelegen hat und weiter liegen wird wie die [Frankreichs]«[22].
Für Katharina – noch geschwächt und niedergeschlagen nach einer der schwersten Erkrankungen, die sie seit Jahren erlitten hatte – war die Angelegenheit eine Katastrophe. Denn daß der präsumtive Erbe des französischen Thrones in einem öffentlichen Schreiben erklärt hatte, die Angelegenheiten eines Klüngels zänkischer Protestanten in einer tributpflichtigen Provinz stünden seinem Herzen ebenso nahe wie die Interessen Frankreichs, ging über ihr Vorstellungsvermögen. Daß Alençon überdies jetzt die formelle Führung eines im offenen Aufruhr gegen den König von Spanien befindlichen Landes übernommen hatte, vergrößerte ihr Entsetzen noch.

Die Nachricht hatte sie in Paris erreicht, einer Stadt, die stumm unter einem Leichentuch von Krankheit und Tod lag. Die *coqueluche,* eine virulente Form des Keuchhustens, war im Juni über Paris hinweggefegt. Ein Heilmittel gab es nicht. Die Opfer litten ganz einfach unter krampfartigen Schmerzen, Erbrechen und Schweißausbrüchen, und nur wenn sie über genügend Widerstandskräfte verfügten, kamen sie durch. Die *coqueluche* war allerdings nur ein Vorspiel der Pest, die nach Behauptungen von Zeugen in jenem Jahr mehr als 30000 Menschen in Paris dahingerafft hatte. Zelte wurden in einem bestimmten Bezirk von Paris errichtet in der vergeblichen Anstrengung, die Ansteckung zu lokalisieren. Wer nur konnte, floh aufs Land. Wohnstätten wurden verlassen, Läden geschlossen, und die aller Existenzmittel beraubten Kaufleute, so vermerkte L'Estoile, verbrachten ihre Zeit wie gewöhnliche Tagediebe mit »Würfelspiel an den Straßenecken«. Das arme Volk, so schrieb der toskanische Gesandte, »weiß nicht, wie es seinen Lebensunterhalt bestreiten soll«[23]. Nachts raubten Diebe die verlassenen Häuser aus und plünderten die Läden.

Paris litt jedoch noch an etwas viel Verderblicherem und Beschämenderem als Armut und Krankheit. Moralischer Niedergang war zu seiner tödlichsten Heimsuchung geworden. Höchste Ämter wurden auch weiterhin gekauft und verkauft, Steuern für einen Hof erhoben, der nur herumhurte und sich wie eine gewöhnliche Straßenräuberbande herum-

schlug. Alles geschah ganz offen über den Kopf des Königs hinweg, der, obwohl noch keine Dreißig, schon alt war.
Heinrichs Blässe war auffallend, sein Gehör ernsthaft in Mitleidenschaft gezogen, und oft war er nach einem Tennisspiel so erschöpft, daß er das Bett aufsuchen mußte. Sir Henry Cobham war gelegentlich einer Audienz im August entsetzt über das Aussehen des Königs. Nach seiner Ankunft in Begleitung von Sir William Stafford, um Briefe von Königin Elisabeth zu überreichen, traf er Heinrich völlig unfähig an, sich den Staatsgeschäften zu widmen. Er glich einem senilen Mann. Selbst der Versuch, die Schriftstücke zu lesen, schien zuviel für ihn, und Cobham führte die Audienz rasch dem Ende zu. Noch am selben Abend berichtete er nach England: »Als wir merkten, daß Seine Majestät schwitzte, und die Flüssigkeit aus seinen Triefaugen langsam zu tropfen begann, da er den Brief der Königin zu lesen sich anschickte . . . verabschiedete sich Mr. Stafford, und ich zog mich auch zurück.«[24]
Die Krankheit des Königs war um so beunruhigender, als es bis jetzt noch keinen Thronerben gab. Louise war wie die Königin-Mutter früher auch mit allen zur Verfügung stehenden Heilmitteln gegen ihre Unfruchtbarkeit behandelt worden: Diät, Bäder, Arzneitränke, Gebete, Pilgerfahrten – alles ohne jeden Erfolg. Im Volke war es jedoch immer mehr zur Übung geworden, den Fehler nicht Louise anzulasten, deren geduldige Ergebenheit die Leute beeindruckt hatte, sondern der Verderbtheit des Königs. Es scheint merkwürdig, daß Katharina nicht mehr Verständnis für die Kinderlosigkeit des Königs aufgebracht hat, bis man ihr ins Gedächtnis zurückrief, daß sie ja selbst zehn Jahre habe warten müssen, bis sie endlich einen Sohn zur Welt brachte. Zweifellos war sie dessen sicher, daß Louise zur gegebenen Zeit einen Sohn gebären würde.
Im Sommer 1580 gab es dringendere Sorgen, die Katharina voll in Beschlag nahmen. Im vorangegangenen Mai hatten sich die im Süden hier und da auftretenden Scharmützel zu einem Krieg nach allen Regeln der Kunst ausgeweitet. Der Liebeskrieg, wie er fälschlicherweise genannt wurde, hatte nichts mit Liebe zu tun. Die ihn auslösenden Ursachen waren einmal die anmaßende Haltung Birons und zum anderen die Weigerung der Hugenotten, ihre »Schutzstädte« in Übereinstimmung mit den Artikeln von Nérac zurückzugeben. Im April hatte Navarra in einem Schreiben an den König seine Loyalität bekundet, aber gleichzeitig seine Kriegserklärung mit »der Not, in die wir durch die Fehler Ihrer Minister und Offiziere gestoßen worden sind«, gerechtfertigt[25]. Katharina erwiderte sofort und erinnerte Navarra an das von ihm gegebene Verspre-

chen. Sie warnte ihn vor üblen Ratgebern, versicherte ihm, sie erteile ihm Rat wie eine wahrhaftige Mutter, und schloß: »Ich kann einfach nicht glauben, daß Sie dieses Königreich sowie ihr eigenes zu ruinieren wünschen – und dazu kommt es nämlich, wenn abermals Krieg ausbricht.«[26] Dieses Mal hatte ihr Druck keine Durchschlagkraft, um den Konflikt aufzuhalten, und von April bis November befand sich Frankreich erneut in offenen Bürgerkriegswirren.

Weder Alter noch Gebrechlichkeit hatten Katharinas Fähigkeit ganz ausgehöhlt, eine günstige Gelegenheit zu erspähen. Nun sie nicht mehr in der Lage war, den Krieg zu verhindern, tat sie, was sie konnte, um ihn für ihre Ziele auszunutzen. Sie beschwatzte den König, Alençon als Vermittler im Süden einzusetzen. Es war ein riskantes und verwickeltes Gambit mit einem dreifachen Ziel: sie hoffte, Alençon würde wirklich Frieden schließen; sie hoffte außerdem, dieser Dienst würde die feindselige Gesinnung des Königs gegenüber seinem Bruder verringern, vor allem aber verließ sie sich darauf, daß Alençon durch all das zu stark in Anspruch genommen sein würde, um darüber seinen gefährlichen Zielen in den Niederlanden noch weiter nachzujagen.

Diese Taktik führte zu einem Teilerfolg. Gegen Ende November war es in La Fleix zu einem einigermaßen befriedigenden Frieden gekommen, und Bellièvre hatte voll des Lobes über Alençon geschrieben:

»Wäre Monseigneur, Ihr Sohn, nicht hier gewesen, um die Dinge in die Hand zu nehmen und den endlosen Problemen, die von Stunde zu Stunde anwuchsen, ein Ende zu bereiten . . . wäre es unmöglich gewesen, noch weiterzumachen. Aber er hatte sich den Dienst für den König so zu Herzen genommen und sich bei all seinen Unternehmungen so beflissen gezeigt, dem Willen Seiner Majestät Genüge zu tun, daß letzten Endes der Abschluß eines Friedens seinen Bemühungen zu verdanken ist.«

Es war aller Grund vorhanden zu glauben, daß Katharina, wie sie sich ausdrückte, noch Zeuge »einer völligen Wiederversöhnung aller meiner Kinder« werden würde[27].

Ihr schließliches Ziel, Alençon von den Niederlanden abzubringen, war indessen nicht so leicht zu erreichen. Wenn irgendwo, dann war er in die dortigen Angelegenheiten tiefer denn je verwickelt, als sich das Jahr 1580 seinem Ende zuneigte. Während er im Süden mit den Verhandlungen beschäftigt war, hatte eine Abordnung der Generalstaaten der Niederlande einen Vertrag entworfen, der Alençons formelle Verpflichtung gegenüber den Niederlanden festlegte. Wilhelm von Oranien, der im großen und ganzen nicht überzeugt war, ob Alençon all das, was er so ungeniert versprochen hatte, auch würde halten können, forderte eine Klausel, die besagte, daß Alençon auf das Bündnis mit dem König von Frankreich und auf dessen Unterstützung zählen könne. Heinrichs erste Reaktion war rundweg ablehnend. Doch war es, wie Katharina klar machte, kaum der richtige Zeitpunkt, um sich Alençon zu entfremden, der gerade im Augenblick damit betraut war, die Geister im Süden zu beruhigen. Sollte sich der König weigern, die Klausel zu honorieren, so wäre Alençon durchaus imstande, den Hugenotten ein Versprechen abzuschmeicheln, in den Niederlanden zu ihm zu stoßen. Heinrich, der sich durch den Ratschlag seiner Mutter überzeugen ließ, versprach also, daß er »getrieben vom Wunsch nach dem Wohl und der Größe seines Bruders ihm mit all seinen Kräften helfen und beistehen würde«.

Berauscht von seinem großen Glück teilte Alençon sofort den Generalstaaten mit, er würde ihr Angebot, ihm die Souveränität zu übertragen, annehmen: »Mit Rücksicht auf die begeisterte und lobenswerte Zuneigung, die Sie mir so offen entgegengebracht haben, nehme ich mit noch größerer Ungeduld die Wahl sowie den Wunsch, mich zu Ihrem Fürsten und Herrn zu machen, an . . . und verspreche Ihnen, daß ich unter Einsatz von Leib und Leben für die Rückgabe und Wiederherstellung Ihrer früheren Freiheiten eintreten werde.«[28] Es war, so glaubte er, endlich der Anfang des Ruhmes. Die europäischen Höfe sollten sehen, in wem sich wirklich der Ruhm der Valois verkörperte – nicht in der italienischen Krämerin mit ihrer bürgerlichen Neigung, zu versöhnen und zu mäßigen; ganz gewiß nicht in dem unsteten und verantwortungslosen König von Frankreich. Die wahre Saat der Größe der Valois lag in Alençon. Die Niederlande hatten seine Bestimmung erkannt, und bald würde ihnen England auf dem Fuß folgen. Elisabeth, wenn sie auch vorgab, über die religiöse Frage zu stolpern, würde schließlich durch seine Persönlichkeit und seine Triumphe verführt werden. Souverän der Niederlande, Gemahl von Elisabeth von England: Träume waren im Begriff, Form und Inhalt anzunehmen.

III

Katharina hörte die Musik, nach der Alençon marschierte, aber in ihren Ohren war es ein Grabgesang für Frankreich.

Sie erkannte jetzt, daß sie in ihrem Bemühen, ihn loszukaufen, ihm schlichtweg ermöglicht hatte, gegen sie zu handeln. Da sie gewohnt war, ihre Kinder zu lenken, hatte sie nie ernstlich daran gezweifelt, daß sie diesen lächerlichen Zwerg ihrer Brut dazu bringen könnte, ihren Wünschen willfährig zu sein. Gegen Ende des Jahres 1580 hatte Alençon sich jedoch entschlossen, aus Süden abzuziehen, um Cambrai zu entsetzen, das damals von Parma belagert wurde. Zwei Tage vor Weihnachten schrieb ihm Katharina aus Blois. Es war ein langer Brief voller Verzweiflung, der ihn beschwor, von seiner Unternehmung in den Niederlanden abzulassen. Es wäre doch jetzt Winter, so rief sie ihm ins Gedächtnis, eine Zeit, in der niemand mit Aussicht auf Erfolg einen Krieg wagen könne. Sie wies ihn darauf hin, daß er sich im Banne übler Berater befinde. Sie erinnerte ihn daran, daß in Frankreich noch nicht der Zustand wahren Friedens wiederhergestellt sei, daß er gebraucht werde, um sein wunderbares Werk der Versöhnung mit den Hugenotten fortzusetzen, und daß seine Unternehmung nur den Zorn Philipps auf Frankreich lenke, daß sich Elisabeth, die ihn doch so herzlich liebe, dieser Invasion widersetze. Nicht Flandern, sondern seine Hilfe bei der Festigung des Friedens und der Stärke Frankreichs würden seinen Ruhm ausmachen. »Mein Sohn«, so schloß sie, »ich bitte und beschwöre Dich um Deiner Ehre willen . . . Dein Vorhaben aufzuschieben.«[1]

Alençon widmete nicht nur dem Flehen seiner Mutter keinerlei Aufmerksamkeit, sondern kam auch Cambrai nicht gleich zu Hilfe, wie er versprochen hatte. Den ganzen Winter hindurch blieb er im Süden, um seine Streitkräfte zu vergrößern. Anfang Mai schrieb er an die Generalstaaten der Niederlande, um sich für sein langes Zögern zu entschuldigen, gleichzeitig aber zu versichern, daß er bereits Truppen ausgehoben habe und hoffe, seine Mutter zu überreden, ihn noch mit zusätzlichen Hilfsmitteln auszustatten.

In Wirklichkeit hatte er Katharinas Aufforderung, sie in Blois zu besuchen, in den Wind geschlagen, und während der zweiten Woche des Mai folgte sie ihm in die Stadt Alençon. Die drei Tage, die sie mit ihm verbrachte, erweiterten den Bruch nur. Er würde keinerlei Zusagen machen. Er brüstete sich damit, daß er das volle Vertrauen Navarras genieße, der ihm versprochen habe, ihn zu unterstützen, und machte sich hierauf über seinen Bruder lustig, indem er sagte: »Ich bin von oben bis unten ein genauso guter Katholik wie der König, nur daß ich nicht so viele Kirchen besuche.« Katharina, die sich durch diese Verspottung ihres »geliebten Sohnes« gereizt fühlte, verlor ihre Beherrschung und wandte sich an Alençons Begleiter, die sie des Ruins des Königtums anklagte: »Das da sind Deine Ränkeschmiede und Ratgeber, die all diese Unruhe über uns gebracht haben, und die ich am liebsten bestraft und am Galgen sähe.« Alençon, der solche Kritik nicht dulden wollte, rief seine Begleiter zu sich und zog von dannen[2].

Dieser Krieg im eigenen Hause belastete Katharina bis an die Grenze des Erträglichen. »Ich habe doch nur Euch zwei«, hatte sie früher an den König geschrieben, »und ich möchte doch so gerne, daß Ihr Herren der ganzen Welt seid.« Statt dessen kam es ihr vor, als würden die zwei ihr verbliebenen Söhne die Säulen des Hauses selbst zum Einsturz bringen, das zu verteidigen sie geboren waren.

Den ganzen März hindurch war der König so krank gewesen, daß Cobham von dem Gerücht berichtete, wonach der König »nicht mehr lange zu leben habe«. Gegen Ende des Monates war seine Schwäche auf dem Höhepunkt angelangt, und man hatte Katharina wegen ihres zwiefachen Kummers über ihre beiden Söhne »weinen« sehen. Im April sah sich Heinrich gezwungen, sich vom Hofe zurückzuziehen und Katharina die Führung der Staatsgeschäfte zu überlassen. »Er hat sich nach St. Germain-en-Laye zurückgezogen«, notierte Haton mißbilligend in sein Tagebuch »wie einige sagen, um die beschämende Krankheit, die ihn befallen hat, zu behandeln.«[3]

Als Heinrich im Mai zurückkehrte, war er, anstatt daß er seiner Mutter für die doppelte von ihr übernommene Last gedankt hätte, empört über ihre fortgesetzt versöhnliche Haltung gegenüber Alençons Halsstarrigkeit. Seine Kritik deprimierte sie über alle Maßen, und der englische Gesandte schrieb in seiner Depesche: »Mit Bitterkeit und unter vielen Tränen beklagte [sie] sich beim König, sie habe gemerkt, daß ihre Ratschläge für ihn nicht annehmbar seien«, und sie bat um seine Erlaubnis, sich zurückziehen zu dürfen, »wenn man ihr nicht weiter Beachtung schenken würde.«[4] Es war eine leere Bitte, denn Katharina wußte, daß der König ungeachtet seines Machtdünkels ohne sie nichts würde tun können.

Zu der anhaltenden Besorgnis über Alençons Pläne trat das verdoppelte Interesse an der englischen Heirat. Nach so vielen Aufschüben wurden die Verhandlungen jetzt beschleunigt, und im März 1581 reisten dreizehn Unterhändler nach England ab. Sie fanden Elisabeth in der Blüte ihrer Jahre. Sie selbst begrüßte sie in der großen Halle von Westminster. Sie lud die Abgesandten zur Stier- und Bärenhatz ein, zu privaten Musikveranstaltungen, bei denen sie zeigte, mit welchem Geschick sie selbst das Spinett spielen konnte.

Was die Heiratsbestimmungen betraf, so konnten die Unterhändler sie auf nichts festlegen. Elisabeth ging allen Entscheidungen aus dem Wege, während sie die Abgesandten aufs freigebigste behandelte, so daß nichts dagegen zu sagen war. Sie kehrten nach Frankreich zurück, »beladen mit Ehren und Silber«, aber mit geringen Ergebnissen, soweit es ihre eigentliche Mission betraf. Obgleich die Königin zugestimmt hatte, ein Schriftstück für die »Feier und den Vollzug der Heirat« aufzusetzen, umging ein solches in seinen Einzelheiten irreführendes Dokument geschickt die wesentlichen Punkte, nämlich die der Religion und des englisch-französischen Bündnisses.

Unterdessen fuhr Elisabeth fort, ihre herzlichen Beziehungen zu Alençon zu pflegen. Im zeitigen Frühjahr hatte er ihr offenbar Blumen zukommen lassen, wofür sie sich in einem Brief erkenntlich zeigte, dessen Koketterie für eine Frau von beinahe fünfzig Jahren fast peinlich wirkt:

»Mein Teuerster, ich danke ergebenst für diese süßen Blumen, von jenen Händen gepflückt, deren kleine Finger ich tausend Mal segnen möchte . . . Sie sind so frisch, als wären sie in dieser Minute gepflückt worden, und so erinnern sie mich sehr eindringlich an Deine eigene immergrüne Liebe zu mir . . . Ich verwende alle Aufmerksamkeit darauf, kein einziges Blatt oder Blüte zu verlieren, trotz all der anderen Juwelen, die ich habe.«[5]

Im Juli entsandte Elisabeth zur Bestätigung der Ernsthaftigkeit ihrer Absicht Sir Francis Walsingham an den französischen Hof, um ausschließlich über ihre Heirat zu verhandeln. Walsingham ragt als einer der wenigen unter denen hervor, die von Alençon einen günstigen Eindruck hatten. Nach dem ersten Zusammentreffen mit ihm schrieb Walsingham nach England, er habe ihn »mit geradezu einzigartiger Würde, wie keine andere Persönlichkeit, die ich jemals kennengelernt habe«, sprechen hören. Und später im gleichen Sommer bekannte er der Königin-Mutter, er betrachte ihren jüngsten Sohn als einen »solchen, der seiner Mutter so große Ehrerbietung erweist, wie es nur je ein Kind getan hat«[6].

Katharina muß dies als geradezu lächerlich empfunden haben, da sie sich gerade zu letzten Anstrengungen aufgerafft hatte, um Alençon von den Niederlanden fernzuhalten. Seine Unternehmungen entsetzten sie, und die Furcht war Katharinas Nemesis. Sie ließ sie überstürzt und unvernünftig handeln und führte dazu, daß sie von einem sorgfältig geplanten Weg abwich, um sich dafür einem Hirngespinnst von Sicherheit zu überlassen. Acht Jahre zuvor hatte die Furcht sie zu dem Massaker getrieben; jetzt führte sie sie auf einen der abwegigsten und erfolglosesten Pfade der Diplomatie.

In der Besorgnis, Alençons Verwicklung in die niederländischen Angelegenheiten würde ihn sowohl um seine Heirat bringen als auch zum Krieg mit Spanien führen, schlug sie jetzt vor, daß er die englische Heirat zugunsten einer Verbindung mit einer der Infantinnen von Spanien, die ihm die Niederlande als Teil ihrer Aussteuer einbringen würde, fahren lassen solle. In den Augen Katharinas war diese Lösung geradezu ideal: sie würde die Feindschaft zwischen Frankreich und Spanien beenden, Alençon würde das begehrte Königreich gewinnen und – was der friedliebenden Katharina als das Beste erschien – alles würde ohne Gewaltanwendung vonstatten gehen. Daß sie Walsingham soeben die Zusicherung einer Heirat zwischen Frankreich und England gegeben hatte, schien von geringer Bedeutung zu sein. Gefahren war in der Reihenfolge ihrer Bedeutung zu begegnen, und im Augenblick war der englische Löwe am wenigsten gefährlich.

Überraschenderweise machte Alençon, obwohl er auf Schwierigkeiten hinwies, kaum Bedenken geltend. Gleich seiner Mutter litt er an einem kurzen Gedächtnis, und der Gedanke an eine Heirat mit Spanien trübte die Erinnerung an jene frischen Blumen, die er »Gloriana« übersandt hatte. Unverzüglich wurde Bellièvre zu Parma ins Lager entsandt, um über einen Waffenstillstand zu verhandeln, während Katharina mit stets gleichbleibender Behutsamkeit ihre Unterredungen mit dem ahnungslosen Walsingham fortsetzte. Parma indessen zeigte sich halsstarrig und wies darauf hin, daß das Gespräch über Neutralität reichlich spät erfolge, da Alençons Truppen bereits an der Grenze stünden[7].

Alençon, verärgert über diese Abfuhr und ohne Hoffnung auf einen Waffenstillstand, weigerte sich, noch länger zu warten, und zog am 18. August in Cambrai ein. Zwei Wochen später stieß er nach Osten vor, um Cateau-Cambrésis zu nehmen. Voller Jubel sandte er Dutzende von Briefen hinaus, in denen geschrieben stand, wie leicht dieser »einzigartige Sieg« zu erringen gewesen war, und worin des weiteren das überwältigende Glück, in das er das Volk versetzt habe, beschrieben wurde. Für einen kurzen Augenblick waren Lobpreis, Dankbarkeit und Ehre, wovon er sein ganzes Leben lang geträumt hatte, auf seiner Seite.

Doch trotz seines Erfolges und der flehentlichen Hilferufe, die aus der belagerten Stadt Tournai zu ihm drangen, begann Alençon von einer zeitweisen Auflösung seiner Armee zu sprechen, weil es sehr schwierig sein würde, sie während der Wintermonate beisammenzuhalten. Solcher Wankelmut bewies, daß Navarras Meinung von ihm, die er einige Monate zuvor geäußert hatte, ins Schwarze traf: »Ich kann mir einfach nicht vorstellen, daß er jemals etwas zustande bringt, das groß ist, noch jene

Ehren festzuhalten fähig ist, die sich jetzt über ihm aufgehäuft haben.«[8] Alençon hatte tatsächlich seine Interessen abermals auf England gerichtet, indem er seine Vorbereitungen für einen Besuch bei Elisabeth abschloß, der drei Monate dauern sollte.

Hatte es Elisabeth schon gegenüber den französischen Unterhändlern nicht an Herzlichkeit fehlen lassen, so offenbarte sie jetzt eine Zuneigung und Leidenschaft für Monsieur, die selbst diejenigen überraschte, die sie aufs genaueste kannten. »Gloriana« erfüllte sogar Alençons goldene Träume. Ihr »kleiner Frosch« wurde umsorgt, liebkost und umschmeichelt. Die Königin gefiel sich in der Rolle der Aurora, indem sie ihn weckte, ihm Bouillon ans Bett brachte, Sitzungen ihres Rates absagte, damit sie nicht von ihm getrennt würde. Der spanische Gesandte Bernardino Mendoza, der voller Verachtung und mit Entsetzen den Verlauf der Werbung verfolgte, schrieb ärgerlich: »Die Königin kümmert sich um nichts anderes, sondern nur darum, mit dem Herzog in einem Zimmer vom Morgen bis zum Mittag und später bis zu zwei oder drei Stunden nach Sonnenuntergang zusammenzusein. Ich kann nicht sagen, was zum Teufel sie treiben.«[9]

Am 22. November gingen Mendozas Befürchtungen in Erfüllung, und er hatte die unangenehme Aufgabe, Philipp mitzuteilen, daß es nach außen ganz und gar den Anschein habe, als wäre eine Heirat zwischen dem präsumtiven französischen Thronfolger und der Königin von England beschlossene Sache.

Nach Mendoza war der entscheidende Augenblick eines Morgens gekommen, als Alençon und Elisabeth in der Galerie miteinander spazieren gingen, wo sich ihnen der französische Gesandte näherte und fragte, was er seinem Herrn berichten dürfe. »Sie antwortete«, so schrieb Mendoza, »folgendes dürfen Sie dem König schreiben: daß der Herzog von Alençon mein Gemahl werden wird«, und im gleichen Augenblick wandte sie sich zu Alençon, küßte ihn auf den Mund und zog einen Ring von ihrer Hand, um ihn Alençon als Unterpfand zu geben. Alençon gab ihr in Erwiderung hierauf einen Ring von sich, und kurz darauf befahl die Königin die Kammerfrauen und Kammerherren in die Galerie, wo sie mit lauter Stimme in Alençons Gegenwart das wiederholte, worüber ich soeben berichtet habe.«[10]

Solchen Nachrichten wuchsen Flügel. Enea Renieri teilte sogleich nach Florenz mit: »Monsieur hat soeben die Königreiche getauscht, indem er die Königin heimgeführt hat.« In Frankreich brüstete sich Heinrich III.

damit, daß er sagte: »Ich bin König von Frankreich, und mein Bruder ist König von England.« Katharina erteilte ihren Juwelieren unverzüglich Weisung, ein Armband für Elisabeth herzustellen, daß »zwischen dem Ellbogen und der Schulter getragen werden sollte«, geschmückt mit den astrologischen Zeichen, die Glück, Reichtum und Fruchtbarkeit symbolisieren. Das gesamte Geschmeide sollte aus Gold, Diamanten und anderen Edelsteinen bestehen, und als es fertig war, soll es angeblich 30000 Kronen wert gewesen sein.

In England wurde die Nachricht verschiedenartig aufgenommen – mit Stolz, mit Niedergeschlagenheit, mit Argwohn[11]. Für viele lag es jenseits ihrer Vorstellungskraft, daß Elisabeth, deren Persönlichkeit und Amt ihr so weitgesteckte Wahlmöglichkeiten verliehen, ihre Zuneigung diesem pockennarbigen kleinen Odysseus von jenseits des Kanals hätte zuteil werden lassen sollen. Ein ungenannter Beobachter schrieb an den Grafen von Nassau: »Nichts ist wahrer und genauer als der Vers von Ovid über Odysseus: ›Er war nicht hübsch, aber er verfügte über die Kunst der Rede, und alle Göttinnen des Meeres waren in Liebe zu ihm entflammt.‹«[12]

Die »Meeresgöttin« schien indessen ihre Entscheidung unverzüglich zu bedauern. Elisabeth wurde gewahr, daß sie zu weit gegangen war. Was am 22. November geschehen war, lag außerhalb öffentlicher Gemeinplätze oder privater Versprechungen: sie hatte in Gegenwart von vielen ihre Absicht, sich zu verheiraten, kundgetan und ihre Worte mit einem Ringwechsel besiegelt.

Die nächsten zwei Monate waren mit dem Versuch ausgefüllt, sich wieder herauszuwinden.

Alençon war jedoch blind gegenüber all ihren listigen Bemühungen, sich wieder aus der Affäre zu ziehen. Er war zu Elisabeth, um ihr den Hof zu machen, mit derselben Zielstrebigkeit gekommen, mit der er in die Niederlande aufgebrochen war. In beiden Fällen hatte ihn sein leichter Erfolg überrascht und mit Stolz erfüllt. Er würde den Sieg seinen Händen nicht entgleiten lassen. Als Elisabeth zur Sprache brachte, daß der Ringwechsel verfrüht gewesen sei, daß es eine ganze Reihe gewichtiger Fragen gäbe, die noch erwogen werden müßten, hatte Alençon, wie Mendoza berichtet, ausgerufen: »Wenn ich Dich nicht auf friedlichem Wege und mit Liebe als meine Gattin heimführen kann, so muß ich es gewaltsam tun, denn ich werde dieses Land nicht ohne Dich verlassen.«[13]

Elisabeth hatte allerdings nicht die Absicht, seine Gemahlin zu werden, denn Alençon war in seiner augenblicklichen Lage für sie von höchstem

Nutzen. Sie konnte ihn als eine Drohung vor Philipps Angesicht baumeln lassen, als ein Hilfsversprechen vor den Augen der Niederlande, als Tauschobjekt für ein nutzbringendes Bündnis vor Heinrich und Katharina. War sie erst einmal mit ihm verheiratet, so würden viele dieser Vorteile dahinschwinden. Während der verbleibenden Wochen seines Besuchs fuhr sie mit ihrem feingesponnenen Spiel fort. Sie deutete die Schwierigkeiten an, die ihrer Verbindung entgegenstanden, versuchte aber, die Verhandlungen nie zu einem Ende gelangen zu lassen. Als Alençon am 8. Februar England verließ, vermerkte der toskanische Gesandte, Elisabeth habe ihn bis nach Canterbury begleitet »unter größter Zurschaustellung ihrer Liebe zu ihm . . . und mit Versprechungen ihres Beistandes«[14]. Für Alençon war dies genügend Beweis dafür, daß er Britannien erobert hatte.

Untröstlich darüber, was er hinter sich gelassen hatte, aber in froher Stimmung über die immer lauter werdenden Hilferufe aus den Niederlanden kam er zwei Tage später in Vlissingen an und reiste sofort auf dem Wasserweg nach Antwerpen weiter. Seine Erwartungen erwiesen sich mehr als gerechtfertigt, denn er wurde, wie ein Augenzeuge berichtete, willkommen geheißen »nicht anders, wie die Juden die Ankunft des Messias erwartet hatten«. Hier wurde er in aller Form zum Herzog von Brabant gekrönt, worauf ihm Wilhelm von Oranien seine Amtsrobe umlegte. Zwanzigtausend Bürger waren zur Stelle, um ihn zu begrüßen, und vier Tage lang feierte man mit triumphalen Festzügen, Freudenfeuern, Festlichkeiten, Reden und schmeichelhaften Versen die Ankunft dieses »Clarissimus Princeps«.

Es gab indessen auch solche, die sich nicht so leicht durch eine derartige verschwenderische Schaustellung täuschen ließen. Ihnen war der Mangel an Beständigkeit dieses jungen Mannes nicht entgangen, der trotz ihrer offensichtlichen Notlage drei Monate im Gemach der englischen Königin vertändelt hatte. Er würde dort seine Tändeleien fortgesetzt haben, hätte man ihm nicht ein Ultimatum gestellt, mit der Warnung, daß er, wenn er nicht sofort käme, seine Chance für immer verspiele. Hinzu kam, daß Gerüchte im Umlauf waren, er betreibe heimliche Verhandlungen mit Spanien. Da es keine handfesten Beweise gab, die diese Anschuldigung stützten, beobachtete man ihn aufs genaueste, während er die Riten seines katholischen Glaubens in einem Land praktizierte, das diese vor einiger Zeit verboten hatte. Seinen Gegnern mißfiel sein autokratisches Gebaren. Wenn man sich auch einen Retter wünschte, so bedeutete dies nicht, daß man einen Herrscher wollte. Es bestand keine Absicht, seinen Titel mit

Souveränität auszustatten, denn man war der Herrscher überdrüssig, die, wie man es nannte, »an ihren Freiheiten nagten«.
Gegen Ende März richtete Alençon unter Nichtachtung des Charakters der Bevölkerung eine Adresse an die Generalstaaten, in der er es zu seiner Selbstbewunderung fertigbrachte, aber auch jeden Ausdruck zu gebrauchen, den man als anstößig empfand. Er schwor, getreulich alle Verträge einzuhalten und zu handeln »wie ein guter und gerechter *Fürst* es tun sollte, um über seine *Vasallen* und *Untertanen* zu *herrschen*«[15]. Das war die Sprache der Valois, und damit wollte man nichts zu tun haben.
Es wurde in der Tat von Tag zu Tag immer offenkundiger, daß Alençon nicht über die Hilfsmittel verfügte, um seine Versprechungen wahr zu machen. Er hatte kein Geld; seine Truppen, ein reiner Pöbelhaufen, erging sich plündernd auf dem platten Land. Der Graf von Leicester, der auf Elisabeths Bitten Alençon von Dover ab begleitet hatte, schrieb voller Verachtung: »Der Herzog von Alençon gleicht einem alten Schiff, das auf sandigen Grund geraten ist und auf Wind und Flut wartet, um wieder flott zu werden.«[16] Nur Alençon hielt die Illusion von Größe aufrecht.
Während des Sommers und Herbstes schwand sein Ruf dahin. Trotz der Tatsache, daß er in Frankreich König genannt wurde, verfügte er nur über geringe Macht in den Niederlanden. Da er wußte, daß er seine Armee ohne zusätzliche Hilfsmittel nicht würde unterhalten können, vervielfältigte er die Anzahl seiner Briefe an seinen Bruder, an seine Mutter und sogar an Elisabeth, worin er »Gloriana« gegenüber hervorhob, sie würde doch sicherlich nicht wünschen, ihren zukünftigen Gemahl durch unzureichende Hilfsquellen gedemütigt zu sehen. Aber die Verwandtschaft, die Alençon für garantiert hielt, wurde auf der anderen Seite des Kanals immer zweifelhafter. Während Alençon schnell bei der Hand war, zu schreiben, daß es für die Hochzeit doch keiner weiteren Vorbereitungen bedürfe als »seine Kleider in Ordnung zu bringen«, ging Elisabeth der Sache aus dem Wege. Katharina, die weit scharfsichtiger war als ihr Sohn, hatte bereits eine gewisse »Abkühlung« in Elisabeths Auftreten festgestellt und sie meinte trocken: »Es sind schöne Worte, aber es ist immer ein Haken dabei, der mich fürchten macht.«[17]
Im Sommer des Jahres 1582 begann sich Katharinas Haltung gegenüber Alençon zu ändern. Sollte sowohl die englische Heirat als auch sein Eingreifen in den Niederlanden scheitern, so würde er gezwungen sein, nach Frankreich zurückzukehren, und das wäre für alle Beteiligten unerträglich. Unter Bezugnahme auf Alençons schwankende Position schrieb sie im August an Bellièvre: »Ich leide große Pein . . . Wegen dem, was ich

für ihn bin, konnte es auch gar nicht anders sein.« Und, wie üblich, schloß sie mit Beschimpfungen auf jene »üblen Ratgeber«, die für seinen Ruin verantwortlich seien.

Es war ihre unvermeidliche Entschuldigung für alle ihre Söhne. Sie waren eben nichts als Kinder – naiv, leicht beeinflußbar, auf Wege geführt, die sie sonst niemals gewählt hätten. Die Folgen ihrer Handlungen waren niemals beabsichtigt, sondern »Zufälle«. Sie waren verraten, falsch unterrichtet, schlecht beraten, aber selten schuldig. Obgleich sie schrieb: »Ich sehe keinen anderen Ausweg als ihn Gott zu empfehlen und für ihn zu beten«, konnte ihr pragmatischer Sinn von solch einem mystischen Lauf der Dinge nicht befriedigt werden. Bald beschwatzte sie den König, seinem von Gefahren umgebenen Bruder zu helfen[18].

Heinrichs feindselige Einstellung gegenüber diesem »Mohren«, der Frankreich gefährden würde, nur um ein Herzogtum für sich selbst zu gewinnen, war jedoch tief und bitter. Im gleichen Monat August schrieb er wütend an einen seiner Staatssekretäre, Nicolas de Villeroy, daß man von ihm verlange, einen Krieg zu riskieren, um Alençons »Gesicht« zu retten. »Es ist erstaunlich, welche Verluste uns dieser kleine Affe einbringen würde«, so schloß er. »Möge Gott sich dieses Königreichs erbarmen, denn ohne Ihn, so denke ich, wären wir nicht besser daran als ein Wetterhahn; aber ich sage schon zu viel . . .«[19]

Der König war kaum in der Lage, dem »kleinen Affen« zu helfen, selbst wenn er es gewollt hätte. Wohin er auch immer blickte, überall sah er die Zeichen des Ruins. Königin Louise, die wegen ihrer Unfruchtbarkeit schon seit langer Zeit mit volkstümlichen Heilmitteln behandelt wurde, war immer magerer geworden und lebte zurückgezogener denn je. Der König hatte nach einem heftigen Anfall von Zahnschmerzen zugestimmt, sich einige Zähne »reißen« zu lassen, und zur gleichen Zeit wurde er das Opfer einer Reihe von schmerzhaften Geschwüren, die seinen Kopf bedeckten. Es ist daher kein Wunder, daß der englische Vertreter berichten konnte: »Er treibt viele Untertanen in eine melancholische Stimmung.«[20] Außerstande, Hilfe durch menschliche Heilmittel zu finden, suchte er während des Sommers 1582 Zuflucht bei seiner religiösen Besessenheit, indem er Heiligtum auf Heiligtum besuchte, Gaben spendete, Geld für Vigilienkerzen zurückließ, die Tag und Nacht brennen sollten, stets mit dem ausdrücklichen Wunsch, Gott möge ihm einen Erben schenken. Katharina war es unterdessen gelungen, Geld für Alençon zu borgen, und am 29. Oktober schrieb sie an den Herzog von Montpensier, dem sie 50000 Kronen für die Armee in Aussicht stellte, zu deren Oberbefehl dieser sich entschlossen hatte. »Gehen Sie damit nach Flandern so schnell wie Sie nur können«, so drang sie in ihn, denn »alle Hoffnung meines Sohnes ruht auf Ihnen.«[21]

Wäre sich Katharina des blutigen Endes bewußt gewesen, das diesen Truppen bestimmt war, wo würde sie gezögert haben. Alençons Prestige hatte sich spürbar verringert. Es war den Niederländern jetzt klar geworden, daß ihr königlicher Herzog von seinen verschwenderischen Versprechungen nur wenige zu erfüllen imstande war. Dazu kamen Gerüchte, daß er sich nicht scheuen würde, durch Verrat gewisse Städte zu seinem eigenen Vorteil an sich zu bringen, und, noch schlimmer, daß er heimlich in einen Anschlag auf das Leben von Wilhelm von Oranien verstrickt gewesen sei.

Alençon, der erkannt hatte, daß er an Boden verlor, war entschlossen, sich mit Gewalt zu nehmen, was er auf diplomatischem Wege nicht erreichen konnte. Gestärkt durch die Soldaten, die Montpensier und Biron herangeführt hatten, plante er eine Reihe von Angriffen auf Brügge, Dünkirchen, Ostende und Antwerpen. Am 16. Januar befahl er unter dem Vorwand, die Truppen inspizieren zu wollen, die Tore von Antwerpen zu öffnen, und marschierte zusammen mit seinen französischen Truppen in die Stadt ein. Was folgte, war bestimmt nicht Bestandteil seines Planes. Seine Soldaten, ohne Löhnung und mangelhaft diszipliniert, gerieten beim Plündern außer Rand und Band. Aber die Bevölkerung von Antwerpen, die in den ersten Augenblicken überrascht und erschreckt war, kämpfte gegen die Ausländer mit allen nur erreichbaren Waffen. Sofort wurden die Zugbrücken hochgezogen, und die französischen Truppen waren in der Stadt eingekesselt, die sie zu erobern hofften. Als das Gemetzel vorüber war, hatten 12000 Soldaten den Tod gefunden, so hieß es, und noch viel mehr waren in Gefangenschaft geraten.

Es war himmelschreiender Verrat. Alençon war natürlich gezwungen, den Rückzug anzutreten, und er führte die Überbleibsel seiner Armee nach Westen, um sie in Dünkirchen zu entlassen. Das Ereignis sollte als Raserei von Antwerpen oder bei einigen als Tollheit von Antwerpen bekannt werden. In Wirklichkeit war es die Tollheit Alençons – eine, von der er sich niemals wieder ganz erholte.

Katharina war wie gelähmt. Sie tat ihr Bestes, um den Vorfall herunterzuspielen, indem sie sofort an Wilhelm von Oranien von dem »tiefen Bedauern« schrieb, über das »Unglück, das über meinen Sohn hereingebrochen ist«. Aber keine ihrer Anstrengungen, das Ganze als einen unprovozierten Gewaltakt der Bürger von Antwerpen erscheinen zu lassen, war glaubhaft[22]. Alençon selbst hatte auch versucht, entsprechend vorzugehen, indem er dem Magistrat der Stadt eine Erklärung zukommen ließ, in der er ihm ins Gedächtnis zurückrief, daß er doch alles zum Wohle dieses Volkes riskiert habe, daß es ihm aber niemals voll vertraut oder wirkliche Macht in seine Hände gelegt habe. Jetzt sei der Höhepunkt an Kränkung erreicht worden. »Diese abgrundtiefe Gemeinheit«, der »geringe Respekt« und die »Verachtung«, womit er behandelt worden sei, hätten ihn derartig erbittert, daß er es nicht in Worte fassen könne. Aber seine Erklärung war in jeder Hinsicht fadenscheinig; sie war ein durchsichtiger Versuch, seine eigene Schuld auszuschließen.

Welches Vertrauen und welche Hoffnung das Volk der Niederlande auch in ihn noch gesetzt haben mochte, es war alles verspielt. Keine Anstrengung, seine verlorene Würde wiederzugewinnen, sollte etwas nützen. »Seitdem Frankreich Frankreich war«, schrieb Roger Williams an Walsingham, »niemals hat es derart große Schmach über sich ergehen lassen müssen.«[23]

Selbst dann erkannte Alençon die Zeichen seines eigenen Niedergangs noch nicht. Ehrgeiz war bei ihm zur Krankheit geworden. Seine Sinne waren verzerrt, so daß er, wo andere den langsamen Rhythmus der Niederlage heraushörten, immer noch die Trompete vernahm, die zum Triumph rief. Während des Frühjahrs war es offenkundig geworden, daß er versuchte, seinen Titel als Herzog von Brabant zu halten, sowie von »seinen Ländern« vor der Übernahme durch die Truppen Parmas zu retten, was er nur konnte. Nachdem er eine unklare Abmachung mit den Generalstaaten der Niederlande getroffen hatte, begab er sich Anfang April nach Dünkirchen. Noch nie sehr robust, war seine Gesundheit jetzt ernsthaft untergraben, und er kam in einer Sänfte an, »nicht viel besser als tot«, wie ein Beobachter bemerkte. Der toskanische Gesandte Giulio Busini faßte Alençons Zustand zu jener Zeit kurz und bündig zusammen: »Vollständig abgetakelt.«[24]

Während jener Wochen in Dünkirchen erlitt Alençon seinen ersten Blutsturz, und gegen Ende des Monats erfuhr Katharina, daß er dem Tode nahe gewesen war. Wenige Tage später gaben die Ärzte bekannt, er habe sich von diesem Anfall, den sie Tertiärfieber nannten, teilweise wieder erholt.

Katharina, die immer noch von einem geradezu törichten Optimismus ergriffen war, wenn es um die Gesundheit ihrer Kinder ging, schrieb dankbar an Bellièvre: »Gott war uns gnädig gewesen, indem er uns nicht mehr Last auferlegte, als wir zu tragen in der Lage sind . . . Gott hat ihm dieses Mal geholfen, und ich bitte Ihn von ganzem Herzen, daß Er fortfahren möge, das auch in Zukunft so zu tun.«[25]

Zu Beginn des Monats Juli hatte sich Alençon soweit wieder erholt, daß er sich nach Abbeville begeben konnte, wo er seine Bemühungen fortsetzte, eine Armee zur Rettung Dünkirchens vor den heranrückenden Truppen Parmas anzumustern. Doch fanden sich nur wenige Rekruten ein, denn, wie es ein alter Soldat ausdrückte: »Wer zum Teufel möchte schon nach Flandern gehen, wenn keiner je von dort wieder zurückkehrt?«[26] Nach wie vor unverzagt wandte sich Alençon wiederum an den König und machte ihn darauf aufmerksam, daß es im französischen Interesse läge, Dünkirchen und Cambrai von spanischer Kontrolle freizuhalten. Aber Heinrich lehnte es ab, sich in die Pläne Alençons verwickeln zu lassen.

Während der zweiten Juli-Woche reiste Katharina nach Chaulnes, um bei einem Treffen mit Alençon einen zweiten Versuch zur Wiederherstellung des häuslichen Friedens zu unternehmen. Alter, fortgesetzte Anfälle von Rheumatismus und Gicht hatten ihr das Reisen immer mehr erschwert, und als sie angekommen war, schrieb sie an den Herzog von Nevers, es wäre derartig heiß, daß sie ihr Gemach nicht verlassen könne. Immerhin brachte sie die Energie auf, mit Alençon zu sprechen, und versprach ihm im Namen des Königs die Würde des Generalleutnants des Königreiches sowie ein Einkommen von 200000 Franken, wenn er von seinem Unternehmen in den Niederlanden absehen und an den Hof zurückkehren würde. Obgleich Alençon einige vage Versprechungen machte, einzulenken, so war es doch klar, daß er nicht die Absicht hatte, sie auch zu halten. Selbst als Dünkirchen in die Hände der Truppen Parmas gefallen war, sprach er noch von einer neuen Armee, um nach Flandern zurückzukehren – dieses Mal, um Cambrai zu »helfen«[27].

Mit einem bemerkenswerten Kraftakt gelang es Alençon in der Tat, am 2. September in Cambrai einzuziehen. Trotz des anhaltenden Widerstandes seiner Mutter, seines Bruders und sogar seiner militärischen Ratgeber brachte er eine ansehnliche Armee auf die Beine und marschierte wieder auf der Straße des Ruhmes. Sein Sieg war ebenso flüchtig wie alle seine Träume. Geldmittel, mit denen er aus Frankreich gerechnet hatte, trafen nicht ein; die Reiter erschienen niemals. Es gab weder Geld, um seine Truppen zu entlohnen, noch Vorräte, um sie zu ernähren. »Wir werden alle eines elenden Hungertodes sterben«, schrieb einer der verzagten Hauptleute[28]. Im Oktober zeigten sich Auflösungserscheinungen unter den Soldaten trotz Alençons flehentlicher Bitten, doch noch einige wenige Tage auszuhalten. Unter den durch seine fortgesetzten Mißerfolge aufgebrachten Bürgern von Cambrai gab es Anzeichen, daß sie es vorziehen würden, ihre Tore Parma zu öffnen, anstatt in der gegenwärtigen Lage zu verharren.

Am 13. Oktober führte Alençon den zerlumpten Rest seiner Armee aus Cambrai heraus, wobei er die Undankbarkeit derjenigen brandmarkte, welchen er unter Einsatz seines Lebens zu Hilfe gekommen war. Er hatte den Tiefpunkt seines militärischen Glückes erreicht, aber eine Demütigung anderer Art wartete auf ihn. Nach elf Jahren sporadischer Verhandlungen scheiterte schließlich auch die englische Heirat.

Eine Zeitlang hatte Elisabeth Alençons Schicksal mit Besorgnis verfolgt. Als Sir William Stafford im September in Boulogne eingetroffen war, gewann er nach allem, was er sah, das Gefühl, daß eine solche Heirat Englands Königin erniedrigen würde, und er schrieb ohne alle Umschweife an Elisabeth:

»Über Monsieur, einem Prinzen, den ich um Euer Majestät willen geehrt habe, gebietet mir, so leid es mir tut, die Pflicht, die mich an Sie bindet, zu schreiben, was ich finde. Den ganzen Weg von der Küste hierher, wo ich ihn zu anderen Zeiten geehrt und geliebt vom Volk angetroffen habe, sehe ich ihn jetzt zehnmal mehr verabscheut als den König. Hier finde ich die Meinung der Leute über ihn nur wenig besser geworden, man hält ihn im allgemeinen für einen Mann, der nichts fertigbringt, der ganz und gar auf Unbeständigkeit gegründet ist, der nur angeblich nichtswürdigen und hinterlistigen Sinnes ist, so daß, da er die Unbeständigkeit selbst ist, kein Mensch weiß, ob er sich an ihn halten kann.«[29]

Staffords Berichte bestätigten nur das eigene Urteil Elisabeths, und als Alençon, jetzt jeder Hoffnung bar, an sie schrieb und ihre Hilfe erbat, erhielt er als Antwort nicht etwa den liebevollen Brief seiner »Gloriana«, sondern den eines beleidigten Monarchen, der sein eigenes Haus zu bestellen hatte und keinerlei Verpflichtung verspürte, einem Souverän zu Hilfe zu kommen, der zu schwach war, das seine zu bestellen. »Wer auch immer Ihnen diesen Rat gegeben haben mag, der hat geglaubt, unsere Freundschaft zu beflecken oder ganz und gar zu Bruch gehen zu lassen«, schrieb sie. »Erinnern Sie sich denn nicht, Monsieur, gegen wieviele Freunde ich gewappnet sein muß? . . . Ist der König, Ihr Bruder, denn ein so schwacher Fürst, daß er Sie nicht in Schutz nehmen kann, ohne eine andere Nachbarin, die genug auf ihrem Buckel hat . . . Ich hoffe unter anderem, Sie werden sich erinnern, daß derjenige es wohl verdient, erwischt zu werden, der ins Netz geht.«[30]

Alençon war in der Tat ins Netz gegangen und lag während des ganzen Novembers mit seinen kalten Regengüssen wie benommen von seinem eigenen Sturz darnieder. Er hatte sich nach Château-Tierry zurückgezogen, wo Katharina zu Beginn des Monats eintraf. Was sie sah, entsetzte sie. Alençon war jetzt bis auf Haut und Knochen abgemagert, geschwächt durch Blutstürze und Fieber. Stundenlang lag er da, in Schweiß gebadet, nach Atem ringend. Häufige Einläufe schwächten ihn noch mehr, doch fuhr Katharina fort, den Ärzten zu glauben, wenn sie ihr versicherten, ihr Sohn würde sich wieder erholen. Gleich Alençon selbst weigerte sie sich, zuzugeben, daß seine Krankheit tödlich war, und sprach weiter mit ihm über seine militärische Zukunft, über Wege zu einer Versöhnung mit seinem Bruder, von anderen Heiratsmöglichkeiten – nachdem Elisabeth nicht länger daran interessiert zu sein schien.

Katharina selbst hatte zu Anfang des Herbstes eine schwere Krankheit überstanden. Obwohl sie selbst nur von einer Kolik sprach, war sie allenthalben angegriffen. Sie konnte nichts essen, ihr Gesicht war sehr geschwollen und schmerzte gehörig; Arme und Beine waren ebenfalls schlimm entzündet. Sie selbst war geneigt, den Ernst ihres Zustandes zu unterschätzen, aber ihr Arzt beschrieb dem König alle quälenden Einzelheiten des Falles und seine Behandlung. Obgleich sie Ende Oktober berichten konnte, daß sie so gut wie wiederhergestellt sei, hatte die Krankheit sie doch schwach und verzagt zurückgelassen.

Ihre Niedergeschlagenheit konnte ihr schwerlich zum Vorwurf gemacht werden, denn 1583 war ein Jahr der Niederlagen und Enttäuschungen gewesen. Im Juli dieses Jahres hatte Katharina den beharrlichen Anspruch auf den Thron von Portugal infolge der schließlichen Niederlage der französischen Streitkräfte auf den Azoren fallen lassen. Ihr Rechtstitel, eine vage und schattenhafte Angelegenheit, die bis ins 13. Jahrhundert zurückging, war zuerst im Jahre 1578 nach dem Tod des wunderlichen Prinzen Sebastian, einst Margots Freier, geltend gemacht worden. Sebastians unmittelbarer Nachfolger, sein Onkel, Kardinal Heinrich, starb im Januar 1580, nachdem er kurze Zeit die Macht ausgeübt hatte. Diese Veränderungen wurden sorgfältig von einem anderen Onkel Sebastians, Philipp II., beobachtet. Er sah in Portugal ein gewinnbringendes, wenn nicht sogar einflußreiches Königreich und war begierig auf den Handel mit Ostindien, den Reichtum Brasiliens und die Besitzungen in Afrika, die die Kontrolle Portugals mit sich bringen würde. Schon vor dem Tod von Kardinal Heinrich hatte Philipp eine Armee in Richtung auf Portugal in Marsch gesetzt. Sechs Monate später war der umstrittene Thronprätendent, Don Antonio, gezwungen worden, sich in einem Schlupfwinkel zu verbergen. Philipps Armee war unter Alba und Santa Cruz siegreich in Lissabon einmarschiert. Im folgenden Frühjahr nahm Philipp den Treueschwur der Cortes, des portugiesischen Parlaments, entgegen, und sein Staatsstreich war gelungen.

Katharina weigerte sich jedoch nach wie vor hartnäckig, Philipps Autorität anzuerkennen. Von 1579 bis 1583 konzentrierte sich ein Gutteil der Korrespondenz der Königin-Mutter auf ihren Anspruch auf Portugal. Lange nachdem Philipp ganz offensichtlich anerkannt worden und die Union zwischen den beiden Kronen ein fait accompli geworden war, fuhr sie fort, ihren verschiedenen Gesandten zu schreiben und sie zu veranlassen, ihren Anspruch auf Portugal eindringlich zu betonen. Als der spanische Gesandte Juan Batista de Tassis darauf hinwies, daß all ihre Betriebsamkeit doch nutzlos sei, da Philipp das Spiel in Portugal bereits gewonnen habe, antwortete sie entrüstet, es sei doch nicht ihr Fehler, und sie habe doch ganz gewiß versucht, Philipp davon abzuraten. Als der Gesandte sie davor warnte, daß all ihr Reden über Frieden unglaubhaft würde, wenn sie mit dem Bau von Kriegsschiffen fortführe, wies sie darauf hin, daß es doch vor allem Philipp gewesen sei, der sich »den Weg nach Portugal erzwungen haben zum Schaden des Königreichs und der Gerechtigkeit«. Unerbittlich blieb sie bei der Behauptung ihres Rechtes auf Portugal[31]. Als der verbannte Don Antonio in Frankreich ankam und um Hilfe bat, versicherte Katharina ihn ihres Beistandes, wobei sie jedoch sehr vorsichtig zu Werke ging, um ihn nicht als König anzuerkennen und dadurch etwa ihren eigenen Rechtstitel zu gefährden.

Im Juni 1582 war eine französische Flotte unter dem Oberbefehl von Filippo Strozzi, Katharinas geliebtem Vetter, nach Terceira auf den Azoren unterwegs. Diese Flotte bestand aus über fünfzig Schiffen mit annähernd fünftausend Mann an Bord. Nach außen hin war es eine Flotte, mit der man rechnen mußte, aber viele der an dem Unternehmen Beteiligten waren skeptisch, was ihren Erfolg anging. Obgleich Strozzi selbst, der sich an Bord des Flaggschiffes *San Juan Baptista* befand, schrieb, es sei ein »großes, schönes Schiff«, wohlausgerüstet und »mit einer guten Truppe« an Bord, klingen die Erzählungen mancher Zeitgenossen weniger günstig. Sie sprachen von der Unfähigkeit der Befehlshaber, der Unerfahrenheit der Soldaten, mit den Problemen des Meeres fertigzuwerden, vom Mangel an frischem Wasser und genießbarer Nahrung wegen der langen Dauer der Fahrt[32]. Diejenigen, welche das Unternehmen unter einem schlechten Omen sahen, sollten bald recht bekommen.

Der Marquis von Santa Cruz, der Alba bereits so erfolgreich während des portugiesischen Staatsstreiches geholfen hatte, trat jetzt Strozzi mit vierzig Schiffen und siebentausend Mann entgegen. Die Schlacht war eine Katastrophe für Frankreich. Strozzi wurde getötet, aber was noch demütigender war, viele seiner Offiziere und Matrosen wurden hingerichtet, nicht in Übereinstimmung mit dem Seekriegsrecht, sondern brutal, wie Piraten, da Santa Cruz auf dem Standpunkt beharrte, daß Frankreich und Spanien niemals einander den Krieg erklärt hätten.
Wenige Wochen später, nachdem Katharina die Nachricht erhalten hatte, schrieb sie an Du Ferrier in Venedig: »Sie können sich vorstellen, welche Trauer und welchen Kummer ich über den Verlust meines Vetters, den Marquis von Strozzi, sowie über die Behandlung empfinde, die den Untertanen des Königs, meines Sohnes, zuteil geworden ist.«[33] Es ist bemerkenswert, daß Katharina trotz dieser enormen Verluste und persönlicher Demütigung sich immer noch weigerte, vor der spanischen Macht zu kapitulieren. Statt dessen war sie mit Plänen für eine neue Flotte beschäftigt, die im folgenden Sommer nach den Azoren segeln sollte. Wiederum war Santa Cruz siegreich und schrieb jubelnd an Philipp: »Ich habe meinen Soldaten drei Tage zum Plündern gewährt. Über die Rebellen ist bereits zu Gericht gesessen worden; was die Franzosen anlangt, so sind sie jetzt an der Reihe, da sie darauf bestanden haben, trotz der Strafe, die wir über sie im letzten Jahr verhängt haben, wiederzukommen.«[34] Diese zweite Niederlage war endgültig. Katharina ließ ihren Anspruch auf Portugal fallen. Wenn viele ihrer Biographen auch behaupten, sie habe niemals die Absicht gehabt, Portugal zu gewinnen, vielmehr habe sie ihren Anspruch nur als Tauschobjekt für Verhandlungen mit Philipp über eine friedliche Regelung in den Niederlanden und eine Heirat zwischen Frankreich und Spanien angesehen, so hatte sie doch einen hohen – und jeder Klugheit hohnsprechenden – Preis zu zahlen. Man ist geneigt, dem florentinischen Gesandten zuzustimmen, der die Episode abschätzig als *suo capriccio di Portogallo,* ihre portugiesische Laune, bezeichnete[35].

»Der bleierne Widerhall«

»Ich sehe nicht, was hier noch zu erhoffen ist.
Gott muß sehr zornig sein,
und wir ein wahrhaft verruchtes Volk,
daß wir so großes Übel erdulden müssen . . .«
KATHARINA VON MEDICI

I

Das Jahr 1583 verlief tragisch für Katharina. Zu ihrer eigenen Niederlage kam, daß alle ihre drei Kinder im Verlaufe dieses Jahres, um in der bildhaften Ausdrucksweise Elisabeths zu bleiben, ins Netz gegangen waren. Sie waren übel gestrauchelt und hatten nicht nur ihr eigenes Glück ruiniert, sondern auch Frankreich in eine gefährliche Krise gestürzt.

Nach einigen Jahren war es den meisten in Frankreich klargeworden, daß sie nur wenig von ihrem König erhoffen konnten. Den ganzen Winter und das Frühjahr über waren seine Unternehmungen immer sprunghafter geworden. Im Januar hatte er, ohne sich in der Sache zu beraten, eine ungeheuer hohe Steuer erhoben, deren Zahlung das Volk beharrlich verweigerte. Während der folgenden Monate suchte er Zuflucht in der Religion und versetzte seinen Hof in Bestürzung, als er von einer Pilgerfahrt zu Fuß zurückkehrte, bis zu den Knien im Schmutz watend, während seine königliche Kutsche neben ihm dahinrumpelte. Als er Paris erreichte, war er gezwungen, das Bett aufzusuchen.
Nicht lange darauf äußerte sich seine religiöse Manie in der Errichtung eines neuen Büßerordens. Angeführt vom König wandelten die Mitglieder dieser neugebildeten Kongregation durch die Straßen von Paris und sangen das *Salve Regina,* während von dem trüben Frühjahrshimmel der Regen herunterstürzte. Für das Volk war dies eine reine Posse. Ein Pariser Mönch wurde verhaftet, weil er gerufen hatte, es sei eine »Prozession von

Atheisten und Heuchlern«, und im Louvre wurden hundert Pagen wegen unverschämten Nachäffens der königlichen Prozession ausgepeitscht. Der venezianische Gesandte Lorenzo Priuli bemerkte mit Bedauern: »Der Zustand dieses Königreichs ist sehr schlecht . . . ich bedauere, daß der König sich so wenig Sorge um die Würde und die Interessen der Krone macht.«[1]

Im weiteren Verlauf des Jahres verschlimmerte sich der Gesundheitszustand des Königs immer mehr, und er befand sich oft im »Zustand der Bewußtlosigkeit«. Böse Träume hielten mit seiner Krankheit Schritt, und er war bald vom Verfolgungswahn besessen. Die Königin-Mutter konnte seine Handlungsunfähigkeit nicht länger verbergen, und nach einer Audienz schrieb Stafford zynisch an Walsingham:

»Er ist nicht mehr in der Lage, auf irgend etwas von Wichtigkeit unverzüglich zu antworten; ob aus Verschwiegenheit oder Unfähigkeit, überlasse ich dem Ermessen Euer Ehren.«[2] Es trat immer offener zutage, daß die königliche Gewalt nicht vom König selbst, sondern von seinen beiden Lieblingsmignons, Anne, Herzog von Joyeuse, und La Valette, Herzog von Épernon, ausgeübt wurde, an die er nicht nur Geld, sondern Macht und Stellung verschwendet hatte.

Sogar die Vorstellungen, die die Königin-Mutter erhob, wurden beiseite gefegt, denn, wie der englische Vertreter schrieb: »Ihr Ansehen ist sehr gering.« Der Hof war zu einem Schlangennest geworden, und Stafford, der immer schnell dabei war, sich am französischen Mißgeschick zu ergötzen, schrieb Walsingham:

»Gott sei Dank sind sie alle untereinander zerstritten, die zwei Brüder und die Königin-Mutter in verschiedenen Parteien, der König auf seiten seiner Mignons, er kümmert sich um nichts anderes mehr; die Königin-Mutter ist auf die Erhaltung ihres Ansehens bedacht und sucht noch zu herrschen und zu regieren, was ihr aber kaum mehr gelingt; Monsieur hält sich fern, er genießt noch einiges Ansehen in der Welt und will zeigen, daß er immer noch über Glaubwürdigkeit genug verfügt, um Gutes zu tun, und er vermeint, noch mehr tun zu können, aber in Wahrheit verträgt er sich weder mit seinem Bruder noch mit seiner Mutter noch mit den Protestanten oder Papisten und er hat keinen Freund.«[3]

Es waren nicht nur Alençon und der König, die sich in den Haaren lagen. Im Sommer des Jahres 1583 war Margot zum Brennpunkt des Streites geworden.

Katharina, die niemals die Hoffnung aufgegeben hatte, Navarra wieder zurück an den Hof zu führen, drang während des Winters 1582 weiter auf ihn ein, zusammen mit seiner Gemahlin nach Paris zu kommen. Wie üblich schien er über diese Aussicht erfreut, aber sobald die Zeit näherrückte, schützte er häusliche Geschäfte vor. Im Frühjahr jenes Jahres erschien Margot allein am Hof. Die ersten Monate war sie über alle Maßen glücklich, denn obgleich sie vom Reiz des Hofes in Nérac geschrieben hatte, war sie doch allzusehr eine Valois, um sich des längeren mit den kümmerlichen Vergnügungen des Südens zufriedenzugeben. Sie hatte Verlangen nach der Luft von Paris, von St. Germain, von Chenonceaux.

Trotz der anhaltenden Wirtschaftskrise im Land lebte der Hof nach wie vor im Glanz. Die Gewänder der Königin waren weiter aus ausgesuchtesten Stoffen geschneidert, steif von Gold- und Silberstickerei. Die Bankett-Tafeln waren aufwendig mit jeder Art von Speisen besetzt. Das Tafelservice selbst war derart, daß die Gattin des englischen Gesandten es mit Staunen beschrieb: »Vergoldete Kristallgläser verschiedener Stilarten, wie ich sie niemals gesehen habe.«[4] Im Vergleich dazu schien Nérac ein blasses Zwischenspiel, dessen Vergnügungen ebenso steif waren wie der Kopfputz der Hugenotten. In Paris brauchte Margot ihre Kleidung – oder ihr Auftreten – nicht länger den Erfordernissen protestantischer Sittenstrenge anzupassen. Sie konnte wieder tanzen – und sie tat es, indem sie durch den Hof mit der Grazie und dem Charme wirbelte, die sie zur meistbegehrten Prinzessin in Frankreich gemacht hatten. Der Herzog von Guise, einst ihr angeblicher Liebhaber, interessierte sie nicht länger. Er ging gebückt und war ernst geworden, stellte sie fest. Auch ihren Gemahl schien sie nicht zu vermissen, obwohl sie auf Bitten ihrer Mutter fortfuhr, ihm zu schreiben, um ihn zur Rückkehr an den Hof zu bewegen.

Von Anfang des Besuchs Margots an war Katharina entsetzt und bestürzt über die Beziehungen zwischen ihrer Tochter und deren Gatten. Als sie vernahm, daß Fosseuse, die jüngste und hübscheste von Margots Hofdamen, Navarras Mätresse war, forderte sie ihre Tochter auf, sie zu entlassen. Ihre Tochter dürfe einer derartigen Unwürdigkeit nicht ausgesetzt werden. Als diese Nachricht Navarra zu Ohren kam, wurde er wütend und machte Margot herunter, was wiederum von einem seiner Höflinge weitergetragen wurde. Gedemütigt und erzürnt erwiderte seine Gemahlin: »Selbst dann, wenn mich meine Geburt auf einen Platz gestellt hätte, der mich unwürdig machen würde, Deine Gemahlin zu sein, so wäre diese Antwort schon schlimm genug, aber angesichts dessen, was ich bin, ist sie ganz und gar unpassend.«

Katharina schrieb ebenfalls voller Zorn an Navarra. Obgleich sie gewöhnlich diplomatisch vorging, so war sie eine Löwin, wenn es sich um

die Ehre ihrer Kinder handelte, und der Brief erhellt eine Seite Katharinas, die man selten sah:
»Ich war erstaunt über die Sprache, welche Frontenac führte. Du bist nicht der erste junge Ehemann, der in Dingen dieser Art unklug gewesen ist, aber ich glaube, Du dürftest der erste und wohl auch der einzige sein, der sich hinterher einer solchen Sprache gegenüber seiner Gemahlin bediente. Das ist nicht die Art und Weise, Frauen ihres Standes zu behandeln, sie in aller Öffentlichkeit einer Laune für eine kleine Kurtisane wegen auszuschelten . . . Ich mag nicht glauben, daß eine solche Botschaft von Dir stammt, denn Du bist doch zu wohlerzogen, um nicht zu wissen, wie man die Tochter Deines Königs, und die Schwester dessen, der über das ganze Königreich gebietet, wie Du selbst ja auch, zu behandeln hat.«[5]
Der Brief schloß mit der erneuten Bitte, doch an den Hof zu kommen, wo alle diese Mißverständnisse bereinigt werden könnten. »Vertraue meinem Rat, den ich Dir als eine Mutter gebe, die Dich liebt und Dein Glück herbeiwünscht.« Katharinas Vorwurf veranlaßte jedoch ihren Schwiegersohn keineswegs dazu, Abbitte zu leisten, und Renieri vermerkte bald: »Die Königin von Navarra hat erklärt, sie wünsche nicht länger mit ihrem Gatten zusammenzuleben, der ein Lügner und ein Hugenotte ist.«[6]
Es kam sogar soweit, daß Margot ihre romantischen Beziehungen mit Jacques de Harlay, Sieur de Champvallon, dem Stallmeister Alençons, wieder anknüpfte, den sie zuletzt vor achtzehn Monaten gesehen hatte, als ihr Bruder Nérac besuchte. Ob er nun, wie einige behaupteten, ganz offen ihr Liebhaber war oder nicht, wahr ist, daß Margot geradezu närrisch in ihn verliebt war. Ihre überspannten Benennungen kannten keinerlei Maß: er war ihre »schöne Sonne«, ihr »lieblicher Engel«, ihr »Narcissus«[7]. Seine jüngst vollzogene Heirat erhöhte nur noch seine Anziehungskraft auf sie.
Ein derartiges Verhalten verblüffte freilich Katharina, die auf Margots Einfluß zählte, ihren Gemahl zum Frieden mit der Krone anzuhalten. Was den König anging, so peinigte ihn alles, was seine Schwester auch unternahm. Im Sommer 1583 lag ein Unwetter in der Luft, und als der Sturm losbrach, verwandelte er einen häuslichen Zank in einen internationalen Skandal. Die Episode, in deren Verlauf der König seine Schwester beleidigte, ist voller greller Einzelheiten, aber Busbecq, ein im allgemeinen verläßlicher Zeuge, beschrieb sie als einen Auftritt in aller Öffentlichkeit und berichtete, daß der König »in Anwesenheit vieler anderer« Margot alle ihre Liebhaber, die sie seit der Heirat gehabt hatte, vorgeworfen sowie Zeit und Ort ihres Zusammentreffens mit ihnen aufgezählt – sogar die

Existenz eines unehelichen Kindes kam zur Sprache – und ihr schließlich befohlen habe, Paris zu verlassen. Margot schien nach der Darstellung von Busbecq »nichts gehabt zu haben, was sie zu ihrer Rechtfertigung hätte vorbringen können«[8]. Wenn sie auf einen Fürsprecher gehofft hatte, so wurde sie bitter enttäuscht, denn Champvallon war geflohen – vermutlich in das sichere Deutschland.

Katharina war bestürzt. Eine solche Episode bot nicht nur das Bild eines Frankreich, das bis aufs Mark zerrissen und geschwächt war, sondern sie zerstörte, was noch viel peinlicher war, ihr eigenes Bild als die *Regina Madre,* die ihre Kinder im Bereich ihrer schützenden Liebe behütete. Sofort ließ sie Margot holen und traf sich mit ihr in ihrem Lieblingsgarten der Tuilerien. Aber selbst in jener idyllischen Atmosphäre von grünen Wiesen und plätschernden Brunnen gelang es ihr nicht, eine freundlichere Stimmung aufkommen zu lassen. Sie versicherte Margot, daß der König willens sei, zu einer freundschaftlichen Lösung zu gelangen, vorausgesetzt, daß sie »nicht mehr so scharf oder mürrisch« mit ihm spreche. Margot jedoch wollte keinerlei Versprechen abgeben. Sie sah nicht ein, warum sie sich als Angeklagte demütig verantworten sollte, während die Friedensbedingungen in den Händen des ungerechten Anklägers blieben. Sie erwiderte einfach, daß sich ihr Bruder allzu schnell eine schlechte Meinung von ihr bilde, und daß die Anklage, sie hätte ein Kind zur Welt gebracht, eine ganz grobe Lüge sei. Katharina erinnerte Margot in ihrer Verzweiflung daran, daß sie, da ihr der König selbst befohlen habe, Paris zu verlassen, keinen anderen Ausweg sähe.

Katharina war es nicht gelungen, Furcht oder Reue in ihrer Tochter zu wecken, und der englische Vertreter, dem jedwede Einzelheit bekannt war, schrieb in seinem Bericht: »Die Tochter trennte sich also von der Königin-Mutter, ohne zu weinen oder ihre Haltung zu ändern, und begab sich in den Nebenraum, wo sie sich heiteren Sinnes von den Prinzessinnen und den anderen Damen verabschiedete.«[9]

Am 8. August verließ Margot Paris und reiste nach Süden »mit einem kleinen, zusammengewürfelten Gefolge«. Sie zogen langsam ihres Wegs, denn Margot – wenn sie es auch ungern zugab – war nicht sicher, wo eigentlich ihr Bestimmungsort lag. Navarra hatte bereits zu erkennen gegeben, daß er nicht bereit war, seine Gemahlin, die öffentlich mit Schmutz beworfen worden sei, wieder bei sich aufzunehmen ohne »gehörige Genugtuung«[10]. Der König hatte sich mit seiner öffentlichen Anschuldigung selbst übernommen. Ein häuslicher Streit war zum Problem der auswärtigen Beziehungen geworden. Stafford, der seine Verwirrung wahrnahm, schrieb: »Der König würde gerne über alles Gras wachsen lassen . . . aber die Untersuchungen sind bereits soweit gediehen . . . daß ich glaube, am Ende braut sich ein Krach zusammen, denn der König von Navarra hat den König kurz und bündig wissen lassen, er wolle seine Frau nicht wieder bei sich aufnehmen und fordere Gerechtigkeit für seine Frau, wenn sie jemand beleidigt haben sollte; wenn aber nicht, dann verlange er Genugtuung von denen, die falsche Anschuldigungen gegen sie erhoben hatten.«[11]

Katharina, die die Folgen des leichtsinnigen Zornesausbruchs ihres Sohnes sah, suchte krank an Leib und Seele ihr Bett auf; sie war zu erschöpft, um die verwirrten Fäden wieder in Ordnung zu bringen. Doch sie wußte, daß die Verantwortung letzten Endes wieder auf sie fallen würde. Sofort wurde Bellièvre, ihr zuverlässigster Diplomat, zu Navarra entsandt, aber selbst er empfand den Weg zur Wiederversöhnung als schwierig. »Ich glaube nicht, daß es leicht sein wird, den König von Navarra zu überreden, seine Gemahlin ohne eine angemessene Genugtuung wieder aufzunehmen«, so schrieb er[12]. Katharina hatte nicht wie ihr Sohn das Bedürfnis, unschuldig zu erscheinen. Sollte öffentliche Genugtuung gefordert werden, so würde sie gern dafür sorgen. Als die Verhandlungen immer gespannter wurden, sandte sie Instruktionen, die so versöhnlich gestimmt waren wie nur möglich, an Bellièvre und übernahm einen der Wirklichkeit nicht entsprechenden Anteil der Verantwortung für den Margot angetanen Schimpf. Sie versicherte Navarra, daß die Dinge in den Berichten übertrieben worden seien. Die skandalösen Gerüchte, die ihm zu Ohren gekommen waren, seien, so rechtfertigte sie sich, nur Lügen, um bittere Gefühle gegen die königliche Familie aufkommen zu lassen. Navarra kannte Katharina nur allzu gut, um nicht zu spüren, daß sie eine Verantwortung auf sich nahm, die sie von Rechts wegen gar nicht zu tragen hatte, aber er bewunderte ihre Entschlossenheit, Vorwürfe und Beleidigungen hinunterzuschlucken, nur um Frankreich den Frieden zu erhalten.

Navarra wollte sich jedoch nicht mit einer solchen Demütigung abfinden. Er beabsichtigte, diese Affäre als Waffe zu nutzen, um territoriale Gewinne für die Hugenotten herauszuholen. Margot würde am Hofe von Nérac nur dann empfangen werden, wenn ihr Bruder eine Reihe besonders benannter Städte den Hugenotten übergeben hätte. Die Verhandlungen dauerten Monate, und Margot war zum ersten Mal in ihrem Leben jeglicher Mittel für ihren Unterhalt beraubt. Weder Schönheit noch Anmut konnten ihr nützen: sie war eine »besudelte« Ehefrau, und es gab keinen Platz mehr für sie.

Für eine Weile schlug sie ihren Wohnsitz in Châteaudun auf, wo man vom Schloß herab in das Tal der Loire sah. Es war ein schöner und romantischer Ort, aber Margots Gedanken waren viel zu trübsinnig, um über den tiefen Abgrund hinwegzusehen, ein Sinnbild dessen, was aus ihrem Leben geworden war. In ihrem Elend sah sie sich veranlaßt, in aller Bescheidenheit ihrem Bruder zu schreiben: »Sire, Ihr Urteil muß mir als wahrer Richter dienen ... lassen Sie Ihren Zorn beiseite und blicken Sie auf das, was ich habe erdulden müssen, um Ihnen zu gehorchen ... Ich bin immer noch Ihre Dienerin und Ihre Schwester, und Sie sind mein einziger Trost.« Auch an die Königin-Mutter schrieb sie und sprach in dunklen Andeutungen von Selbstmord. Außerdem bat sie, daß nach ihrem Tode irgend jemand die Wahrheit über ihr Leben berichten möge, so daß schließlich »jedem das Unrecht kundgetan wird, das mir widerfahren ist«[13].

Wenn sie gehofft hatte, Gnade und Mitleid zu finden, so irrte sie sich. Ihr Bruder sah keinen Weg, die Angelegenheit wieder zu ordnen, ohne seine eigene Stellung zu gefährden, und ihr Gemahl verspürte keinerlei Absicht, seinen unerwarteten Vorteil zu opfern. Es war Frühjahr 1584 geworden, als Navarra erlaubte, daß Margot zu ihm nach Nérac kam. Einige sagten, es sei eine liebevolle Wiedervereinigung gewesen; andere wollten dagegen wissen, daß Navarra seine Gemahlin kaum angesehen habe, und daß während der Mahlzeit ihre Augen voller Tränen gewesen seien. Katharina freilich empfand Freude über die Wiederversöhnung, dankte Bellièvre für alles, was er getan hatte, und schrieb ihm einen letzten Brief mit Ratschlägen, die er an Margot weiterleiten sollte: »Ich bete zu Gott«, so schrieb sie, »daß sie wie eine Frau von gutem Charakter und von Ehre leben möge, und wie es sich für eine Fürstin ihrer Stellung gehört.« Sie solle, so fuhr die Königin-Mutter fort, sich nur mit guten und tugendsamen Leuten umgeben.

»Sollte sie sagen, daß ich es nicht bin, so sagen Sie ihr ... was ich bin, was jeder weiß, daß ich gelebt habe, wie ich es bis in mein jetziges Alter hinein getan habe, dann wird sie beizeiten imstande sein, dasselbe zu tun, ohne Gott zu beleidigen oder öffentliches Ärgernis vor der Welt zu erregen ... Aber jetzt ... ich meine, sie sollte jedermann zurückweisen, der nicht würdig ist, in der Nähe einer gescheiten und tugendsamen Fürstin zu leben, die noch jung ist und sich vielleicht für hübscher hält als sie in Wirklichkeit ist. Ich weiß niemand, der ihr, wenn Sie wieder abgereist sind, derartige Dinge sagen könnte, denn, nachdem sie jetzt wieder mit ihrem Gemahl zusammen ist, möchte ich ihr natürlich nicht mehr schreiben,

denn er wird die Briefe sehen. Sagen Sie ihr, sie möge nicht zulassen, daß er Frauen aus ihrem Haushalt liebt.«[14]
Während Margot von Châteaudun aus Selbstmordabsichten geäußert hatte, rang Alençon in Château-Thierry mit dem Tode. Seine Krankheit ließ ihn nur noch zäher an seiner Macht festhalten. Er bemühte sich weiter, Cambrai zu halten, und bezichtigte seinen Bruder, die ihm gegebenen Hilfsversprechen gebrochen zu haben. »Ich bin über all das so außer mir, daß ich nicht weiß, was ich sagen soll«, schrieb Katharina an Bellièvre[15].
Alençons Bestrebungen wurden durch Wilhelm von Oranien gestützt, der wiederum hoffte, daß Heinrich III. durch Vermittlung Alençons seine vagen Hilfsversprechen gegen Spanien einhalten würde.
Dies war zweifellos der tiefere Grund von Alençons plötzlichem Auftauchen in Paris. Ohne Vorankündigung erschien er am Morgen des 2. Februar um zwei Uhr im Schlafzimmer der Königin-Mutter, noch gestiefelt und gespornt von der Reise. Katharina, die aus dem Schlaf fuhr, umarmte sofort ihren »kleinen Mohren« und ließ den König holen. Der toskanische Gesandte berichtete umgehend über diese unvorhergesehene Begegnung: »Es heißt, daß sich Monsignore dem König, sobald dieser das Gemach betreten hatte, zu Füßen warf und ihn bat, ihm zu verzeihen und alles mit seiner Jugend zu entschuldigen; er habe auch bekräftigt, daß einzig und allein Seine Majestät sein Herr und König sei, und daß er ihm in Zukunft gehorchen werde. So vielfältig waren seine Worte der Liebe und Unterwerfung, daß der König ihn emporhob, ihn umarmte und ihm sagte, daß ihm seine ganze Liebe gehöre, daß er jetzt von der Unrichtigkeit der Berichte seiner Diener über ihn überzeugt sei, daß er ihn als einen Bruder und wie einen Sohn liebe und ihm, da er keinen Erben habe, die Nachfolge auf den Thron übertrage.«
Diese bombastische Wiederversöhnung, die so plötzlich und unerwartet geschah, entwaffnete Katharina, die, so fuhr Busini fort, »zu weinen begann und sagte: ›Ich danke Gott, daß er mir nach so viel Leid die Gnade gewährt hat, Euch beide hier vor mir zu sehen, vereint und im Frieden. Glaubt mir, ich werde mich voller Glück zum Sterben niederlegen.‹«[16]
Katharina konnte schwerlich verkannt haben, daß Alençons plötzliche Annäherung nichts anderes als ein neuer Kunstgriff war, um die versprochenen Leute und Geld vom König zu bekommen. Aber sie war schon so verzweifelt, daß ihr sogar der Anschein von Frieden Genugtuung gewährte. Was immer Alençon durch diese Wiederversöhnung zu erreichen gehofft hatte, es wurde niemals Wirklichkeit, denn kaum einen Monat später lag er in Château-Thierry abermals todkrank darnieder. Am

14. März vermerkte L'Estoile, daß Katharina abgereist war, um ihren Sohn zu besuchen, »der sehr krank ist und aus Nase und Mund blutet«[17]. Innerhalb der nächsten vier Wochen verschlechterte sich Alençons Zustand trotz kurzer Perioden der Besserung. Am 16. April machte sich eine alarmierende Schwellung in seiner Kehle bemerkbar, und Stafford berichtete Walsingham, daß Alençon »von den Ärzten aufgegeben worden ist als nicht mehr zu dieser Welt gehörig«. Auch dann noch schrieb Katharina, die sich durch falsche Hoffnung aufrecht hielt, gegen Ende April an Bellièvre, ihrem Sohn gehe es besser, und die Ärzte hofften auf eine Wiedergenesung[18]. »Aber«, so äußerte sich Stafford, »sie sagen dies nur nach außen hin«, denn niemand, der Alençon gesehen habe, könne ihnen Glauben schenken. Totenbleich, vollständig abgemagert, war er jetzt so schwach, daß er »in Ohnmacht fällt, sobald er nur versucht, sich zu erheben«. Doch während der Augenblicke der Erleichterung zwischen Schweißausbrüchen und Erstickungsanfällen begann er von einer neuen Armee für die Niederlande zu sprechen und verlangte nach Feder und Papier, um seinen Bruder um Hilfe anzuflehen für »die armen Flamländer«. Gegen Ende Mai hatte sich sein Zustand kaum verändert, und Katharina reiste ab, um nach Paris zurückzukehren. Sie betrog sich immer noch selbst, indem sie Bellièvre mitteilte: »Ich sah ihn gestern und fand ihn, wenn ich die Krankheit, an der er leidet, in Betracht ziehe, in guter Verfassung . . . das gab mir Hoffnung . . . daß er wieder gesund werden wird, und daß Gott mir, die ich schon so viel verloren habe, gnädig sein und mir ersparen wird, noch jemand anders sterben zu sehen.«[19]

An Nachmittag des 10. Juni starb Alençon in Château-Thierry. Katharina weilte nicht bei ihm. Sie war in Paris geblieben. Man fragt sich verwundert, ob sie wohl absichtlich sein Sterbelager gemieden hat aus Gründen, die sie selbst nicht recht zu sagen wußte. Ihre Beziehungen zu allen ihren Kindern, besonders aber zu Alençon, waren ungewöhnlich komplexer Art. Sie konnte einen Sohn nicht lieben, der sich gegen ihre Führung aufsässig zeigte; sie konnte ihn aber auch nicht ganz verstoßen, denn das Schicksal Frankreichs hing bis zu einem gewissen Grad von seiner Loyalität ab. Sie brauchte ihn, selbst wenn sie ihn nicht liebte. Doch man vermutete, sie würde ihn gern geliebt haben, ja sie sei sogar von einem starken mütterlichen Pflichtgefühl beseelt gewesen, es zu tun. Vielleicht hielt sie Schuld eher als Gleichgültigkeit von Château-Thierry fern.

Das Gefolge um Alençon herum konnte nicht groß und auch nicht tief bewegt gewesen sein durch seinen Abgang. Alençon verfügte nicht über die Fähigkeit, Loyalität zu wecken. Zwar bildete er sich ein, Menschen zu seinem eigenen Vorteil zu gebrauchen, er selbst aber war letzten Endes der am meisten ausgenützte. Die Flamen hatten ihn ausgebeutet; seine Soldaten waren ihm weggelaufen; Elisabeth hatte ihn im Stich gelassen. Die schlechten Eigenschaften der Valois waren in ihm zur Karikatur geworden. Falsch, närrisch, in sich selbst verliebt – sogar seine guten Seiten waren verzerrt worden. Ehrgeiz hätte ihn stärken können; statt dessen hatte er sich aber wie ein Krebs in ihn hineingefressen, seine Lebenskraft ausgezehrt und ihn gegenüber der Wirklichkeit der Welt blind gemacht. Obgleich Katharina auf ihren Jüngstgeborenen mit Verachtung herabsah, so hatten beide eine Reihe von Eigenschaften gemeinsam. Sie waren Opportunisten, oft auf törichte Art und Weise versucht, den Vorteil des Augenblicks zu ergreifen, anstatt einen bleibenden Sieg abzuwarten. Sie waren verschlagen und liebten zu manipulieren – Katharina mit weit größerem Geschick als ihr Sohn. Vor allem aber waren sie von einem äußerst einfältigen Optimismus beseelt. Sie konnten nicht an einen Mißerfolg glauben. Solcher Optimismus führte bei Katharina dazu, über die Grenzen menschlichen Leistungsvermögens hinauszuwachsen; Alençon dagegen trieb er schlichtweg von einem Lausbubenabenteuer in ein anderes, und schließlich zu seinem Ruin.

Wie so oft der Fall: wo nur wenig persönlicher Kummer vorhanden war, gab es nach außen hin eine aufwendige Trauerbekundung. Drei Tage lang war Alençons Trauerzug in westlicher Richtung nach Paris unterwegs, während das Volk, das so oft entsetzt und voll Verachtung über den ungestümen kleinen Prinzen war, jetzt die Straßen säumte und sich verwundert fragte, was Frankreich jetzt wohl anfange, nachdem der Thronanwärter tot war.

Diejenigen, die er verraten hatte, und diejenigen, welche ihn verraten hatten, bekundeten ihre Trauer. Wilhelm von Oranien verlieh seiner »großen Traurigkeit angesichts dieser tragischen Nachricht« Ausdruck und rühmte den »großen Mut«, mit welchem sich Alençon »der Sorgen dieses Landes angenommen« hatte[20]. Walsingham schrieb aus England: »Monsieur ist tot. Niedergeschlagenheit hat uns befallen, und sowohl öffentliche als auch private Angelegenheiten sind für eine Zeitlang ins Stocken geraten.« Und der französische Gesandte teilte über Elisabeths Reaktion mit: »Was die Königin anbetrifft, so ist sie allem Anschein nach in Tränen aufgelöst sowie voller Trauer, und sie hat mir erklärt, daß sie sich wie eine Witwe fühle, die ihren Gemahl verloren hat, und wieviel ihr, wie ich wüßte, der verstorbene Monsieur bedeutet habe, und daß sie ihn stets als den ihren angesehen habe, obgleich sie doch nicht zusammengelebt hät-

ten, und viel derartiger Redensarten mehr.« Und dann fügte er scharfsinnig hinzu: »Sie ist eine Fürstin, die weiß, wie sie sich darzustellen und zu verstellen hat, damit es sich am besten für sie schickt.« An Katharina schrieb Elisabeth in beredtem Kummer: »Für mich selbst kann ich keinen anderen Trost als den Tod finden, der uns, wie ich hoffe, bald zusammenführen wird. Madame, wenn Sie in mein Herz sehen könnten, so würden sie das Bild eines Körpers ohne Seele erkennen; aber ich will Sie nicht länger mit meinen Klagen belästigen, denn Sie haben selbst genug davon.«[21]
Katharina schien in der Tat von Gram gebeugt. Die Nachricht von Alençons Tod hatte Paris in der Nacht erreicht, aber Heinrich hatte bis zum Morgen gewartet, bevor er sie seiner Mutter übermittelte. Zweimal, so vermerkte Busini, erhob sie ihre Hände – diese zarten, spitzen Hände, die ihr Sohn geerbt hatte – zu ihrem Gesicht, um die Tränen wegzuwischen. Vielleicht waren es weniger Tränen über den Verlust als des Bedauerns – des Bedauerns, was Alençon alles hätte sein können, und über ihr eigenes mütterliches Versagen. Am gleichen Tage schrieb sie an Bellièvre: »Sie können sich vorstellen, wie groß mein Kummer ist; infolgedessen werde ich Ihnen keinen langen Brief schreiben. Sie können sich vorstellen, was es bedeutet, so lange zu leben, daß ich jeden vor mir sterben sehe, doch ich weiß, daß man sich selbst dem Willen Gottes unterordnen muß, und daß alles Ihm gehört.«[22]
Was den König anlangt, so war er entschlossen, seinem Bruder ein so königliches Begräbnis auszurichten, daß alles Gerede von Eifersucht und Rivalität zwischen ihnen beiden für immer zum Schweigen gebracht würde. Alençons Leiche, geleitet von seinem Kapitän Biron und vierhundert Reitern, wurde zunächst in das Kloster von St. Magloire in der Vorstadt St. Jacques gebracht. Dorthin kam, als eben die Sonne unterging, die königliche Familie, um dem jüngsten Prinzen von Geblüt ihre Reverenz zu erweisen. Ihr voran ging die Schweizer Garde, deren gedämpfter Trommelschlag gleich Donner in der heißen Sommerluft dahinrollte. Dann erschien König Heinrich, in ein violettes Trauergewand gekleidet, sein spanisches Pferd ebenfalls mit einer Schabracke in violetter Farbe bedeckt. Er war von den Kardinälen begleitet, deren scharlachrote Gewänder in Purpur übergingen, sowie von den tiefschwarz gekleideten Mitgliedern des Hofes. Katharina, unter der Last ihrer schweren, lohfarbenen Trauerrobe, begleitete den Zug in einer Sänfte. Am Tag darauf wurde die Leiche nach Notre-Dame-des-Champs überführt und am Dienstag in die Kathedrale von Notre Dame. Am Mittwoch fand das endgültige Leichenbegängnis in St. Denis statt. Hier wurde Alençon an

der Seite seiner beiden königlichen Brüder, Franz und Karl, beigesetzt, um so endlich sein ein Leben lang angestrebtes Ziel zu erreichen: gleichberechtigt neben Königen, seinen Brüdern, zu thronen.
Alençon war noch keine dreißig Jahre alt, als er starb, aber mehr als zehn Jahre lang hatte er das Königreich in Aufruhr versetzt und den König gepeinigt. Er hatte Freude empfunden, seinen Bruder zu reizen, und ebensolche Freude, der königlichen Familie unlösbare Rätsel aufzugeben. Wenn er nicht bekam, was er wollte, so fand er eine perverse Freude daran, es auch anderen nicht zukommen zu lassen. In diesem Sinne war sein Tod sein Meisterstück, denn mit ihm war der letzte mögliche Valois als Nachfolger auf dem Thron verschwunden, und Frankreich vor ein Dilemma gestellt, das es für die nächsten zehn Jahre in einen Krieg stürzen sollte.
Mit dem Tod von Alençon fiel das Schwert, das so lange Zeit über der königlichen Familie gehangen hatte, auf sie herab. Die Linie der Valois war zu Ende. Keiner von Katharinas Söhnen hatte männliche Nachkommen gezeugt, und das Salische Gesetz verhinderte den Übergang der Thronfolge auf das weibliche Geschlecht. Folglich war nach dem Gesetz des Blutes Heinrich von Navarra, der Großneffe Franz' I., jetzt der legitime Nachfolger auf Frankreichs Thron. Für die meisten Franzosen schien diese Aussicht unerträglich. Daß jemals ein Hugenotte die Krone Frankreichs tragen sollte, war unvorstellbar. Selbst diejenigen, welche religiöser Toleranz zuneigten, stockten bei dieser Aussicht, denn in einer Zeit, in der Kirche und Staat unlöslich miteinander verbunden waren, wurde die Religion des Monarchen unvermeidlicherweise zur Religion des Staates: *Cuius regio, eius religio,* das galt immer noch.
Die unmittelbare Lösung, die sich Navarra anbot, war, seiner Häresie abzuschwören und zum römischen Katholizismus zurückzukehren.

Jahrelang hatte Katharina, die diese Begegnung mit der Krise eines Tages hatte kommen sehen, alles getan, was sie konnte, um Navarra in den Schoß von Rom zurückzulocken. Sie war immer wieder gescheitert, doch Navarra hatte nie die Möglichkeit eines solchen Schrittes kategorisch in Abrede gestellt. Seine Antworten waren stets tolerant, freundschaftlich und ließen die Tür für zukünftige Verhandlungen offen. Noch vor Alençons Tod hatte sie den König ermutigt, jemand zu Verhandlungen mit Navarra zu entsenden. Mitte Mai machte sich Épernon, der Mächtigste unter den *mignons,* auf den Weg in die Gascogne. Obgleich er angeblich die Absicht hatte, seine kranke Mutter zu besuchen, vermuteten die meisten fremden Diplomaten hinter der Reise politische Motive. L'Estoile vermerkte in seinem Tagebuch, daß Épernons Auftrag Navarra galt, und daß er Briefe des Königs mit sich führte, in denen dieser seinen Vetter bat, »an den Hof zu kommen und die Messe zu hören«[23].

In den Tagen zwischen Alençons Tod und seinem Begräbnis beschäftigte sich Katharina selbst damit, den Erfolg von Épernons Reise zu sichern. Sie bedurfte der Hilfe Margots, um das eingewurzelte Mißtrauen zwischen Navarra und dem *mignon* des Königs zu zerstreuen. Doch Margot selbst verabscheute die *mignons,* Épernon im besonderen, weil sie ihnen einen Teil der Verleumdungen vorwarf, denen sie am Hof ausgesetzt war. Es bedurfte der ganzen mütterlichen Kraft Katharinas sowie aller Diplomatie Bellièvres, um Margot auf ihre Seite zu ziehen. Trotz aller Erfahrungen hatte Margot immer noch nicht die Kunst der Unterwerfung gelernt. »Halsstarrig« hatte sie ihr Bruder Karl einmal genannt, und sie war immer noch halsstarrig. Sie weigerte sich rundheraus, Épernon zu empfangen oder irgend etwas zu veranlassen, um sein Zusammentreffen mit ihrem Gatten erfolgreicher zu gestalten.

Katharina war wütend und bombardierte den ganzen Juni hindurch bis in den Juli hinein Bellièvre mit Instruktionen für Margot. »Sagen Sie meiner Tochter, daß sie nachgerade im Begriff ist, meine Qualen zu erhöhen«, schrieb sie einen Tag nach Alençons Tod, und einen Monat später des weiteren: »Wenn sie sich weiter so verhält, muß sie gewärtig sein, daß der König nichts wieder von ihr hören will.« Eine solche Drohung konnte Margot kaum in Verwirrung gebracht haben, die überzeugt war, daß ihr Bruder glücklich über ihren Tod sein würde. Bellièvres Diplomatie war bis zum äußersten gefordert, als er versuchte, Katharinas immer herber werdende Botschaften in eine Sprache zu übertragen, die Margot annehmbar finden könnte: »Obgleich Sie Ihren Bruder verloren haben, dem Sie stets eine außergewöhnliche Liebe entgegengebracht haben, so hat Gott doch die Königin, Ihre Mutter, bewahrt, die sich um Sie weit größere Sorgen als über ihr eigenes Leben macht . . . Ich schreibe an Sie auf ausdrücklichen Befehl Ihrer Mutter und bitte Sie, doch ihre Instruktionen zu befolgen.«

Endlich mürbe geworden, erklärte sich Margot bereit, Épernon zu empfangen. In ihrem Brief an Bellièvre stellte sie sich selbst theatralisch als arme, schutzlose, von ihrer Familie ausgebeutete Frau dar. »Ich sehe klar, daß ich dieser Zusammenkunft weder entfliehen noch sie vermeiden kann«, so schrieb sie. »Mein Leben ist zur Lage eines Sklaven zusammengeschrumpft, denn ich muß dieser Kraft und Macht gehorchen, der zu widerstehen ich unfähig bin.«[24] Nachdem sie zugestimmt hatte, Épernon aufzuwarten, wollte sie dies auch mit königlichem Glanz tun. Unzufrieden mit ihrem eigenen Haushalt lieh sie sich Schüsseln, Tafeldecken, Servietten, Silbergeschirr. Als Épernon in Nérac am Abend des 4. August ankam, traf er auf eine gnädige Gastgeberin und ein eindrucksvolles Bankett.

Die drei in Nérac verbrachten Tage waren sein drittes Zusammentreffen mit Navarra. Anfangs waren sie in Pamiers zusammengekommen, wo Épernon den wahren Grund seines Besuches auseinandergesetzt hatte: da der König die Hoffnung auf Kinder aufgegeben habe, so wünsche er die legitime Thronfolge auf Navarra übergehen zu sehen. Der französische Adel würde, so erklärte er, ihn anerkennen unter der einzigen Bedingung, daß er katholisch werde. Navarras Antwort war gnädig, aber unzweideutig: solch eine Wendung wäre unmöglich. Épernon, der sich der Schwere seiner Mission bewußt war, gab sich nicht so leicht geschlagen und überredete Navarra zu einem zweiten Treffen, das in Pau während der ersten Julitage stattfinden sollte.

Selbst ein Mann von außerordentlichem Ehrgeiz, fand es Épernon unvorstellbar, daß Navarra eine Krone so einfach aus Loyalität gegenüber seiner Religion zurückweisen würde. Er nahm Navarras Weigerung in Pamiers nur als einen ersten Schritt hin, als ersten Zug in einem verwickelten und gewundenen Spiel. Sein erster Brief an Bellièvre war freudig erregt und optimistisch. Insoweit war er nicht allein. Eine von Margots Hofdamen schrieb später, wie gut die Dinge sich entwickelten, und Businі vermerkte in seinem Bericht, daß die »Herzlichkeit« und »Freundschaftszeichen« zwischen den beiden Männern nichts zu wünschen übrig ließen[25]. Wie sich herausstellen sollte, war dies falscher Optimismus auf allen Seiten, denn Navarra wurde nie schwankend. Als er Épernon verabschiedete, geschah es mit vielen guten Wünschen für den König, aber mit beharrlicher Zurückweisung seines Vorschlags.

Jedermann, der Navarra kannte, war es klar, daß seine Weigerung, in den Schoß der römischen Kirche zurückzukehren, nicht aus rein religiösen Gründen erfolgte. Navarra war kein Eiferer. Katharina und ihr Schwiegersohn teilten etwa die gleiche Einstellung in ihrem Verhältnis zur Religion. Sie war ein notwendiges Lebenselement, aber weder Glaube noch Kultus waren so wichtig, daß ein Land und ein Volk auf ihre Kosten ruiniert werden sollten. In der Tat fand sich Navarra oft außerhalb der Gunst seiner eigenen Geistlichen, die seinen Lebensstil für einen hugenottischen Führer zu großzügig fanden. Er wiederum war oft ungehalten über die unnachgiebige Einstellung seiner »gewichtigen Geistlichen« und die republikanische Gesinnung der meisten seiner religiösen Anhänger. Das wahre Anliegen Navarras war nicht so sehr Theologie als vielmehr praktisches politisches Handeln. Wohin würde ihn der Entschluß, zu widerrufen, führen? Die Versprechungen des Königs waren nobel, großzügig – und unrealistisch. Wäre der König anders gewesen als er war, so hätte man sich ernsthaft mit den bestehenden Schwierigkeiten auseinandersetzen können. Aber Navarra hatte Besseres zu tun, als dem Urteil oder dem guten Willen des Königs Glauben zu schenken.

Heinrich war Gegenstand allgemeinen Zornes. Katharina weinte, so berichtete Stafford, als sie sah, was aus ihm geworden war, »und sagte, daß ihr Sohn ihr aus den Händen gewunden worden sei durch diejenigen, welche ihn besitzen«. Im Winter vor Alençons Tod hatte er eine neue Bruderschaft gegründet, die Hieronymisten, die sich im Bois de Vincennes vereinigten. Es sollte eine Bußbrüderschaft sein, die Mitglieder in dunkles Grau gekleidet, ihr Silberschild mit einem eingravierten Kreuz, ihre Tage ausgefüllt mit stundenlangen Bußgebeten. »Seine Gefährten tun es nur um seinetwillen, und alle machen sich darüber lustig«, schrieb Stafford verächtlich. Der toskanische Gesandte war bereits dazu übergegangen, den König mit Geringschätzung als *Il Vescovo* – den Bischof – statt den König zu bezeichnen[26].

Sogar Alençons Tod mit dem damit verbundenen Dilemma hinsichtlich des Rechtes der Thronfolge rüttelte Heinrich nicht aus seinen Phantastereien wach. Gegen Juli vermerkte Stafford, daß jeder Fürst oder Edelmann, der auf sich hielt, den Hof verlassen habe, da sie von einem König, der nicht handelte, genug hatten. Er war ein Mann, der jenseits von sich selbst lebte, unfähig, mit der schrecklichen Wirklichkeit, die ihn umgab, fertig zu werden. »Mag auch sein ganzer Staat dabei vor die Hunde gehen«, schrieb Stafford, »wenn er eine närrische Spielerei im Kopfe hat oder ein Mönchsgewand anfertigen oder ein *Ave Maria* aufsagen möchte, lieber läßt er seinen Staat darüber in Trümmer gehen.« Er war das glatte Gegenteil eines Herrschers geworden, denn, wie Stafford mit seinem Scharfblick bemerkte: »Er ist einfach unfähig dazu, sich selbst etwas Gutes zu tun, und er hat nicht den Mut, zu versuchen, anderen Schaden zuzufügen.«[27]

Katharina war außer sich. Alençons Tod war leicht zu ertragen im Vergleich zu Heinrichs täglichem Verfall. Er war zu schwach, selbst zu handeln, und zu eigensinnig, sie an seiner Statt handeln zu lassen. »Arme Königin-Mutter«, schrieb Stafford in einem Ausbruch von Mitleid, »um so zu tun, als ob sie noch irgendwelche Glaubwürdigkeit genießt, muß sie alle Dinge von sich ausgehen lassen und die Last aller tragen und ihrem Sohn gefällig sein, der sich nicht mehr um sie kümmert . . . als ich mich um sie kümmere, der ich sie doch niemals sah.« Das war natürlich der Punkt, der sie am tiefsten schmerzte. Ihr Sohn war von ihr weggegangen in irgendein dunkles Land, wo sie ihn nicht erreichen konnte. Eines Tages forderte sie ihn verzweifelt auf, doch zu ihr zurückzukommen, aber obwohl er weniger als einen Kilometer von ihr entfernt war, bat er sie brieflich, ihn zu entschuldigen, »und er kam weder zu ihr noch erlaubte er ihr, zu ihm zu kommen, so daß sie wieder weinend und äußerst unzufrieden abreiste«[28].

Inmitten dieser verzweifelten Atmosphäre wirkte Navarras Weigerung, seinem Irrglauben abzuschwören, wie ein Trommelschlag des Todes. Der König, der sich in seine Phantastereien verloren hatte, begann, über eine Scheidung von der Königin zu sprechen, damit er Erben haben könnte, und spielte sich einem seiner Edelmänner gegenüber auf, daß seine Kinder einmal leben würden, um »in die Gräber derjenigen zu pissen«, die jetzt eine Verschwörung gegen ihn anzettelten[29]. Dieses Gerede von einer Vaterschaft war indessen nichts weiter als eine Illusion mehr, denn es lag auf der Hand, daß es nicht die Königin, sondern der König war, dem es nicht geglückt war, einen Thronerben in die Welt zu setzen.

Nur ein Narr würde den Versprechungen eines solchen Königs Glauben geschenkt haben – und Navarra war kein Narr. Heinrich hatte ihm versprochen, daß er, wenn er erst einmal abgeschworen hätte, von den Katholiken akzeptiert würde. Vielleicht. Aber die Chancen standen gegen ihn. Es war nicht üblich, aus reuigen Häretikern Könige zu machen. Mochte Navarra auch den Ruf genießen, in der Schlacht blitzschnell zuzuschlagen, in der Politik war er ein vorsichtiger Mann. Es war keineswegs erwiesen, daß seine Rückkehr zum Katholizismus auch nur einen einzigen katholischen Gefolgsmann für ihn gewinnen würde, aber es gab nicht den geringsten Zweifel, daß sich dann die Hugenotten von ihm abwenden würden. Es war ein Schritt, den er nicht riskieren konnte, denn, wie ein Freund später sagte: »Er wünschte nicht, durch einen Religionswechsel Freunde zu verlieren, deren er sicher war, um andere zu erwerben, über die er sich im Zweifel war.« Außerdem würde ein so rascher Wechsel nur »Heuchelei, Unbeständigkeit, Untreue« beweisen – kurz alles, was ihn unwürdig machen würde, König zu sein. Er schloß: »Nachdem es sich in dieser Angelegenheit um die Sache Gottes handelt, so ist Er es, von dem ich klare und sichere Eingebung erwarte.«[30]

Wenn auch vielen am Hof Navarras Entscheidung als Tragödie erschien, so war sie für eine Familie ein Fest, das auf Hungerjahre folgte.
Navarras standfeste Weigerung, abzuschwören, verlieh dem Herzog von Guise eine entscheidende Stellung. Die somit ins Zwielicht gerückte Frage der Thronfolge und der dadurch bedrohte Katholizismus in Frankreich waren ein ausreichender Anlaß, die Katholische Liga wiederzubeleben, an deren Spitze Guise vor acht Jahren gestanden hatte. Damals hatte der König durch einen unerwarteten Streich die Macht der Liga neutralisiert, indem er selbst die Führung übernahm. Guise war gezwungen worden, sich damit abzufinden, beiseite zu treten und den geduldigen Höfling zu spielen. Obgleich er in der Zwischenzeit nach außen hin nichts unternahm, hatte er das Ziel keineswegs aus den Augen verloren und tat, was er konnte, um die Liga am Leben zu erhalten. »Aus der Asche des Herzogs von Alençon«, schrieb der italienische Historiker Davila in seinem poetischen Stil, »begannen die halberloschenen Funken der Liga wiederaufzuleben und frisch emporzuglimmen.«[31] Eine gewichtige Wahrheit verbarg sich hinter diesem Vergleich, denn es war die Nachfolgefrage, die der Liga neue Impulse verlieh.
Die wiederbelebte Liga war weit einflußreicher als diejenige, welche in den Provinzen vor den Generalstaaten von 1576 entstanden war. Obgleich das allgemeine Ziel dasselbe war (die Wahrung des katholischen Glaubens in Frankreich), hatte das spezifische Nahziel (die Krone dem hugenottischen König von Navarra vorzuenthalten) eine Unmittelbarkeit, die die verschiedensten Bevölkerungsschichten ansprach. Die Unterstützung durch das Volk nahm in dem Umfang zu, in dem die Furcht geschürt wurde, was denn aus Frankreich unter einem häretischen Herrscher werden sollte. Man brauchte ja nur über den Kanal zu blicken, um zu sehen, was sich in einem Lande abspielte, wo ein Protestant herrschte: eingekerkerte Katholiken, Katholiken, die gefoltert wurden, damit sie ihre Glaubensgenossen verrieten – gemartert, verbrannt, mit aufgeschlitzten Bäuchen, Katholiken, zum bitteren Leben im einsamen Exil gezwungen.
Und all das wegen keines größeren Verbrechens als dem ihrer Loyalität gegenüber der Kirche von Rom.
Eine solche Propaganda war eine mächtige Waffe, und bald strömten Kaufleute, Bauern, Studenten, Handwerker herbei, um sich der Liga anzuschließen, die sie allein vor solchen Schrecken würde behüten können.
Hinzu kam, daß die Liga von 1584 weit besser organisiert war als ihre Vorgängerin. Mit ihrer Basis im konservativen Paris unter der entschlos-

senen Führung Guises breitete sich die Liga in den Provinzen aus unter eindeutiger Kontrolle ihres Ziels und ihres Aufbaus.
Mitte Juli 1584 vermerkte Busbecq, daß der Einfluß der Guisen »sehr groß« sei, und daß sie davon träumten, »die Macht zu übernehmen«[32]. Diejenigen, welche glaubten, der Herzog würde versuchen, den Thron für sich selbst zu gewinnen, unterschätzten allerdings seine Schlauheit. Im Bewußtsein der Schwäche seines Anspruches unterstützte er statt dessen den des dreiundsechzig Jahre alten Karl Kardinal von Bourbon.
Die Wahl war ganz und gar im Sinne von Guises Absichten. Bourbons Anspruch war nicht nur begründeter als sein eigener, sondern Bourbon war, was gleichermaßen wichtig war, auch ein Mann, den die Guisen leicht beherrschen konnten. Gleich seinem Bruder Anton vor ihm wurde er mit Schmeicheleien der Guisen überschüttet, und goldene Versprechungen hingen vor seinen Augen. Ein Zeitgenosse beschrieb ihn betrübt als »jenen guten Mann, senil, der sich mit diesen vergeblichen Hoffnungen schmeicheln läßt und sich zum Spielzeug des ehrgeizigen Herzogs macht«. Die Hugenotten äußerten sich weniger schmeichelhaft, nannten ihn den Roten Esel und machten sich über die Eile lustig, mit der er den Talar des Kardinals auszog, um ein königliches Gewand anzulegen[33].
Den ganzen Sommer über wuchs die Macht der Liga an. Jede größere Stadt verfügte über ihren Verband unter sorgfältiger militärischer Führung. Guise sammelte unterdessen Freunde um sich, reiste nach Burgund und in die Champagne und versprach denjenigen Waffen und Pferde, die ihm und seiner rühmlichen Sache folgen würden, und sprach »hochtrabend und aufs verächtlichste vom König«. Doch selbst dann, als Heinrich von dieser Aktivität erfuhr, rührte er sich nicht. »Er tut nichts, um ihn zu beseitigen«, schrieb Stafford verwundert, »und unternimmt keinerlei Anstrengungen, die öffentlichen Versammlungen zu unterbinden . . . wo, wie jedermann weiß, das Hauptthema ist, wie man den Kardinal von Bourbon an die erste Stelle rücken kann.«
Im November wurde Heinrich schließlich zum Handeln aufgeschreckt durch Gerüchte, die Liga habe einen Vertrag mit Spanien abgeschlossen. Am 11. November erließ er Bekanntmachungen, worin alle diejenigen des Hochverrats beschuldigt wurden, »die Ligen und Vereinigungen bilden oder sich mit Machenschaften und mit Handlungen befassen, die gegen den verfassungsmäßigen Zustand des Reiches gerichtet sind«[34]. Seine Worte entbehrten jeglichen autoritären Hintergrunds. Kaum vernommen, verhallten sie und hatten keine andere Wirkung als Guise zu zeigen, daß er in gewisser Hinsicht bereits Herr über den König war. Voller Stolz

über ihre Erfolge beim Volk kamen die Häupter der Liga zu Geheimberatungen in Joinville zusammen, dem angestammten Sitz des Hauses Guise, und zwar in den Tagen zwischen Weihnachten und Neujahr.
Unheilvoll ist das Licht, das auf die Ereignisse fiel, die sich im Schloß von Joinville abspielten, denn hier gingen die Guisen endgültig ein Vertragsverhältnis mit einer auswärtigen Macht ein. Jahrelang hatte Spanien versucht, die französischen Adligen zu verführen. Im Jahre 1562 hatte Philipp von Spanien alles getan, um Anton von Bourbon zu überreden, auf seine Seite überzugehen; zehn Jahre später machte er seinem Sohn vergeblich dieselben Anträge. Die ganzen Jahre hindurch hatte er sich unauffällig dem Haus Guise immer mehr genähert. Keine von beiden Seiten indessen wollte den persönlichen Ehrgeiz zugeben, der sie zu dieser engen Verbindung trieb; beide fuhren fort, zu bekunden, daß ihre Übereinstimmung von dem beiderseitigen Wunsch herrühre, Frankreich katholisch zu erhalten und die Einheit der Christenheit zu wahren.
In Joinville waren Heinrich von Guise und sein jüngerer Bruder Karl von Mayenne die Hauptabgesandten, die die Liga vertraten. Franz von Mainville vertrat den Kardinal von Bourbon, Juan de Moreo und Juan Batista de Tassis, die zu Spaniens zuverlässigsten Diplomaten gehörten, vertraten Philipp. Durch den Vertrag von Joinville wurde »ein Offensiv- und Defensiv-Bündnis für die Erhaltung der katholischen Religion und die Ausrottung aller Sekten und Häresien in Frankreich und den Niederlanden« geschlossen, und der Kardinal von Bourbon als Erbe Frankreichs anerkannt. Aber es ging um mehr als das; es gab auch einen Geheimvertrag mit Spanien, worin Guise versprach, Philipp gegen Gewährung jährlicher Hilfsgelder, die Guise in seinem Krieg gegen die Häretiker unterstützen sollten, bei der Wiedergewinnung bestimmter Gebiete zu helfen, die er in Cateau-Cambrésis an Frankreich verloren hatte. Der Vertrag sollte bis März geheim bleiben, wenn Philipp mit seinen Zahlungen beginnen und die Liga eine öffentliche Erklärung über ihre Ziele abgeben würde[35].
Die in Joinville beschlossene Geheimhaltung ließ sich kaum wahren. Anfang März wurde der König darauf aufmerksam gemacht, daß eine »große und mächtige Armee« aufgestellt würde, die sich nicht nur aus Franzosen, sondern auch aus »Ausländern« zusammensetze. Am 10. März vernahm man, der Kardinal von Guise habe ein Schiff voll mit Ausrüstungsgegenständen und Waffen die Marne hinaufgeschickt. Eine Woche später hieß es, der Herzog habe Châlons und darauf Langres, Chartres, Dijon und verschiedene Städte in der Dauphinée genommen. Irgendwann während dieses Monats erschien der Kardinal von Guise, der

besorgt war, die Pläne seiner Anhänger könnten frühzeitig entdeckt werden, am Hof, um dem König zu versichern, daß das, was ihm zu Ohren gekommen sei, ganz einfach »von Mißgunst eingegebene Gerüchte« seien. Es läge, so versicherte er Heinrich, keinerlei Anlaß zu dem Klatsch vor, Truppen aus Spanien und Savoyen hätten die Grenzen Frankreichs überschritten. Die Erklärungen des Kardinals klangen nicht überzeugend, und der König wandte sich kühl von ihm ab[36].

Die Bedrohung des Thrones lag auf der Hand, doch je mehr die Macht der Liga zunahm, desto kraftloser wurde der König. Die Gefahr hatte ihn aus dem Gleichgewicht gebracht. Nirgends hielt er sich mehr als wenige Tage auf, fortgesetzt seinen Wohnsitz, seine Pläne und seine Entschlüsse ändernd. »Seine Entschlüsse sind derart eigenartig und sein Vorgehen derartig unberechenbar, daß niemand seine Unternehmungen zu beurteilen vermag«, vermerkte Stafford. Elisabeth von England, die die Berichte ihres Gesandten las und über solche Apathie verwundert war, schrieb in Verachtung: »Jesus, hat es jemals einen Fürsten gegeben, der so in den Schlingen von Verrätern verstrickt war, ohne Mut und ohne Rat, wie man dagegen angeht!«[37] Staffords anhaltende Bemühungen um eine Audienz waren erfolglos, und während der Karnevalszeit bemerkte er angewidert: »Es ist unmöglich, an diesem Tage den König zu erreichen, denn er rennt sogar zur Stunde die Straßen auf und ab wie ein Verrückter.«[38] Nur ganz triviale Einzelheiten schienen ihn noch zu beschäftigen. Während Guise im Begriffe war, in Joinville das Schicksal Frankreichs im Benehmen mit den spanischen Abgesandten zu entscheiden, hatte sich der König zu vertraulichen Besprechungen zurückgezogen, um einen neuen Plan für die Reform der Kleidung und der Etikette am Hofe zu entwerfen. Angehörige seines Rates hatten sich von Oktober bis Mai in violetten Samt zu kleiden; Satin sollte während der Sommermonate an die Stelle treten. Mitglieder seines Haushalts sollten durch eine besonders gestaltete silberne Lilie hervorgehoben werden. Selbst das Ritual, wie dem König ein Glas Wasser zu reichen sei, wurde in allen Einzelheiten bestimmt. Der Gegensatz zu Guise war lächerlich. Von den Kanzeln von Paris – alle von Sympathisanten der Guisen besetzt – wurde über diesen *roi fainéant,* diesen nichtsnutzigen König, hergezogen, während sich aus den geheimen Druckereien endlose Ströme von Spottschriften ergossen, die Busini als »unflätige Schmähschriften« bezeichnete. Heinrich hatte jetzt jegliche Autorität eingebüßt, und als Antwort auf seine Schmähungen der Liga lief das Volk ihr in wachsendem Umfang zu.

Als der König endlich aufgerüttelt wurde angesichts des Ausmaßes dieses

Treuebruchs, war es schon zu spät. Guise bemächtigte sich französischer Städte mit Hilfe spanischer Waffen und spanischen Geldes, während der Heilige Stuhl denjenigen Ablaß gewährte, die für die Interessen der Liga tätig waren. Wie durch einen Taschenspielertrick war aus Heinrich, wie er feststellen mußte, ein Feind seines Landes und ein Verräter seines Glaubens geworden. »Ein Fürst wie ich . . . sollte nicht wegen Mangels an Frömmigkeit und Eifer für die Religion getadelt und angeklagt werden«, äußerte er hilflos gegenüber dem Nuntius[39]. Aber trotz seiner Bekundungen voller Treue gegenüber dem Glauben fuhren die Katholiken fort, ihn als Feind zu behandeln.

Das einzige Hilfsangebot kam von seinem Vetter Navarra, dessen Weigerung, katholisch zu werden, der nächstliegende Grund für die Macht der Liga geworden war. Jetzt bot er Männer und Waffen zum Dienst für den König an – 24000 Fußsoldaten und 3000 Reiter bis Ende Mai –, wenn Heinrich sie annehmen würde. Verzweifelt, wie er war, zögerte der König. Wenn er sich auch die Hugenotten nicht zu entfremden wünschte, in der Erkenntnis, daß sie sein einziges Bollwerk gegen die Liga waren, so konnte er sich doch keine offene Verbindung mit ihnen leisten. Ein solches Vorgehen würde nur der Liga noch mehr Auftrieb verschaffen. Es wäre ein hinreichender Beweis für die Behauptung, der König von Frankreich liefere das Land in die Hände der Häretiker. Er dankte Navarra für sein Angebot, bat ihn jedoch, sich ruhig zu verhalten und nach außen hin nichts gegen die Liga zu unternehmen.

Die Bitte des Königs schien hoffnungslos, und Stafford erläuterte trübsinnig: »Wenn es mein König wäre, so würde ich Gott bitten, ihm zu helfen.«[40]

Heinrichs schwindende Macht und die wachsende Arroganz der Liga hatten die Königin-Mutter in einen Zustand krampfhaft übersteigerten Kummers und Besorgnis versetzt. Alle ihre Anstrengungen, ihren Sohn zu warnen, waren umsonst. »Wir leben hier in geradezu unglaublicher Aufregung«, schrieb der englische Gesandte, »die Königin-Mutter weint, regt sich auf und schreit auf den König los, der, da er keine ihrer Warnungen beherzigt hat, jetzt keine drei Mann mehr zusammenbekommen kann . . . Die arme alte Frau liegt im Bett, ganz krank vor lauter Schwermut.«[41]

Aber der Sohn, der so lange Zeit den zuverlässigen Rat seiner Mutter in den Wind geschlagen hatte, wandte sich ihr jetzt mit jenem naiven Vertrauen zu, daß nur sie ihn irgendwie retten könne. Ohne Armee, auf die er zählen konnte, ohne Geld oder Hilfe aus dem Volk, stützte er sich auf den einzigen Menschen, der ihn nicht verlassen hatte. Wie ein erschrecktes Kind bat er seine Mutter, zu den Guisen zu gehen, um mit ihnen einen Vergleich um jeden Preis zu schließen. Die »Alte Dame«, die so lange außerhalb der königlichen Gunst stand, wurde jetzt in die Mitte des Geschehens gestoßen und ihr eine Rolle übertragen, die niemand anders übernehmen wollte.

II

Am 19. März 1585, genau einen Monat vor ihrem 66. Geburtstag, kroch Katharina, die immer noch nicht von ihrem letzten Kolikanfall und Katarrh wiederhergestellt war, in ihre Sänfte, um nach Epernay getragen zu werden, wo sie mit den Guisen zusammenzutreffen hoffte. Es ging das Gerede, sie litte ernsthaft an Gicht, aber sie leugnete es energisch und gab nur einen »kleinen Schmerz« in ihrem Knie zu.

Obwohl die Reise nicht schwierig war, nahm sie ihre Kräfte stark in Anspruch. Die Tage, da sie lachend auf ihrem kleinen Maultier über die engen Straßen der Pyrenäen ritt, waren vorbei.

Am 28. März schlug sie ihre Residenz in der berühmten Abtei von Epernay auf und wartete dort mit ihren Ministern. Ihr Gefolge war beträchtlich: es gehörten dazu ihre gewiegten Diplomaten Lanssac und Pinart sowie als Neuling auf der diplomatischen Bühne Pierre d'Espinac, der Bischof von Paris, ein schlagfertiger, ehrgeiziger Mann, der als Verbindungsmann zwischen der Liga und dem Hof dienen sollte. Während Katharina wartete, verkündete die Liga ihre in Joinville entworfene Erklärung in aller Öffentlichkeit.

Obgleich Guise fortfuhr, sie »die Erklärung des Kardinals von Bourbon« zu nennen, so verlautete gerüchteweise nicht nur, daß der Kardinal mit ihrer Abfassung nicht nur nichts zu tun gehabt habe, sondern daß er sie bis zu ihrer Veröffentlichung überhaupt nicht gesehen habe. Die Deklaration von Péronne (wie sie genannt wurde) war ein gründlich ausgearbeitetes Schriftstück, das, wie ein Zeitgenosse bemerkte, in einem »strengen und edlen Stil« abgefaßt war. Darin erläuterte der Kardinal das Anliegen der Liga (den von einem häretischen Prinzen bedrohten Glauben zu schützen) und erklärte sich selbst zum Thronprätendenten. Die Erklärung unterstrich, daß der Glaube Frankreichs infolge einer schlechten Regierung gefährdet sei, und klagte diejenigen an, welche sich »in die Freundschaft des

Königs eingeschlichen und seine Autorität geschwächt hätten«. Der Adel wäre versklavt, so hieß es weiter, der Klerus unter der Last des Zehnten gebeugt und das Volk durch Steuern aller Art bedrückt. »Die Kirche muß ein einheitliches Ganzes, der Adel in seiner Würde wiederhergestellt und dem Volk geholfen werden.« Das sollte die Aufgabe der Liga sein[1].

Obgleich sich die Erklärung von Péronne nicht scheute, dem König versteckte Beleidigungen an den Kopf zu werfen, schmeichelte sie auf ironische Weise der Königin-Mutter und flehte sie mit den Worten an: »Wir bitten in aller Ergebenheit die Königin, die Mutter des Königs, unsere verehrte Frau, ohne deren Weisheit und Voraussicht wir zerstreut und verloren wären, um ein glaubhaftes Zeugnis, das sie über unseren getreulichen Dienst abgeben kann.« Was die Liga durch solche Lobpreisung zu erreichen trachtete, ist schwer zu erraten. Nicht einmal Guise (»ein von vergeblichen Hoffnungen aufgeblasener Mann«) konnte erwarten, daß Katharina die Tätigkeit der Liga gutheißen würde[2].

In den nächsten paar Wochen stellt sich heraus, wie hohl die Schmeicheleien der Liga waren, denn anstatt auf das Ersuchen der Königin-Mutter einzugehen, eine gemeinsame Konferenz abzuhalten, blieben ihre Führer zu deren Ärger abwesend. Müde vom langen Warten verbrachte Katharina einige Tage in Château-Thierry und kehrte am Ostersonntag nach Epernay zurück. Ihre Gesundheit hatte sich verschlechtert, und Lanssac berichtete dem König, sie habe nachts an heftigen Schüttelfrösten und Fieber gelitten. Doch unermüdlich wie immer schrieb sie an Guise: »Ich bitte Sie, morgen hierher zu kommen, so daß wir mit den Verhandlungen beginnen können in der Hoffnung, daß Gott uns gnädig sein möge, ein gutes Ergebnis im Dienste des Königs, meines Sohnes, zu erzielen.« Zu ihrer Überraschung traf Guise auch am folgenden Tage ein. Trotz seiner Siege hatte sie ihn niemals weniger zuversichtlich gesehen. »Ich fand ihn sehr trübsinnig«, schrieb sie an den König, »und als er eingetreten war, begann er zu weinen.« Er war während der ganzen Unterhaltung verschlossener denn je, wich ihren Fragen aus und hörte sich ihre Anklagen stillschweigend an. »Ich konnte nichts aus ihm herausbekommen«, schrieb sie voller Verzweiflung[3].

Während der nächsten vier Wochen drängte sie vergeblich auf eine Reihe von Besprechungen. Ihre Briefe lassen wenig verlauten außer der täglichen Verbitterung über das nutzlose Warten. Eines Abends erschien der Herzog von Lothringen, um seinen brennenden Wunsch zu bekunden, dem König zu dienen, ritt aber wieder davon, ohne daß sie ihn mit irgendwelchen Aufträgen hätte betrauen können. Später kam der Kardinal von Bourbon (der *Petit Homme,* wie Guise ihn herablassend nannte) nach Epernay. »Er weinte und schluchzte, während er sein Bedauern ausdrückte, in diese Dinge verwickelt zu sein, doch sei er im Interesse unserer Religion dazu veranlaßt worden.« Der Kardinal von Guise, dem sie auf ihrem Wege zur Messe begegnete, war ebenfalls gebeugt und traurig, niedergeschlagen über den Lauf der Dinge. Doch welche Bedrücktheit sie auch Katharina gegenüber zur Schau stellten, an seine Freunde schrieb der Herzog von Guise voller Zuversicht: »Offensichtlich ist Gott unseren Plänen wohlgesinnt . . . alles verläuft gut.«[4]

Sie glichen Darstellern in einem Theaterstück, die Rollen spielten, von denen sie glaubten, Katharina würde sie ihnen abnehmen. Sie spielten mit ihr; sie wußte es und konnte doch das Spiel nicht beenden. Es war wie in einem Fiebertraum, in dem bekannte Gesichter auf- und untertauchen, lächelnd, wieder verschwindend, die Versprechen abgeben, deren sie sich niemals wieder erinnern. Mittlerweile hatten sich Katharinas Hüften und Schultern heftig entzündet und verursachten ihr qualvolle Schmerzen. Ihr Arzt Miron verordnete ihr Aderlässe, eine Vorsichtsmaßnahme gegen Blutstauungen in der Lunge. »Dennoch«, schrieb Miron dem König voller Bewunderung, »hält sie das nicht davon ab, sich wie immer mit den Angelegenheiten Eurer Majestät zu beschäftigen.«[5]

Als gegen Ende Mai die Besprechungen ernsthaft in Fluß kamen, war Katharinas natürlicher Optimismus ausgehöhlt durch ihre klägliche Gesundheit, die erzwungenen Verzögerungen und die Falschheit der Guisen. In der Vergangenheit war immer wieder einmal heitere Stimmung am Verhandlungstisch aufgekommen. Katharina hatte ein Gefühl für die Nuancen des Verhandelns, das feine Hin und Her von Geben und Nehmen, was sicherstellte, daß beide Parteien zu guter Letzt zufriedengestellt wurden. Sie wußte, daß ein gutes Geschäft auch gute Ware erforderte. Immer hatte sie in der Vergangenheit auch etwas Wertvolles anzubieten. Jetzt war es ihr mit quälender Gewißheit klar, daß sie nichts besaß. Die offengelegten Ziele der Liga hatten die Unterstützung des Volkes gewonnen, und ihre militärischen Erfolge verbürgten ihre Überlegenheit. Mit Hilfe spanischer Truppen und der zumindest halbherzigen Zustimmung des Heiligen Stuhls hatte die Liga den Sieg schon in der Tasche.

Guise ließ von Anfang an keinen Zweifel an seinen Forderungen aufkommen: einzig und allein die römische Religion sollte in Frankreich praktiziert, der Kardinal von Bourbon als Thronprätendent anerkannt werden, Guise den Oberbefehl über die königlichen Truppen erhalten. Die nächsten vier Wochen waren eine Komödie bitterster Art. Der Herzog von Guise spielte zunächst mit ihr, dann schüchterte er sie ein mit einer Demonstration seiner Stärke. »Truppen sind auf dem Marsch und treffen von überall her hier ein«, schrieb sie voller Sorge an den König. Der Kardinal von Bourbon erklärte überheblich: »Unser Kampf geschieht zu Ehren Gottes . . . Ich sage Ihnen, Sie werden, so Gott will, die herrlichste Armee erblicken, die jemals in den fünfhundert Jahren dieses Königreiches gesehen worden ist.«[6]

Zuweilen viel zu krank, um auf den Beinen stehen zu können, mußte Katharina vom Bett aus verhandeln. »Ich bin so magenkrank, daß ich Dir nicht schreiben kann«, entschuldigte sie sich gegenüber dem König. Wenige Tage früher hatte sie ihn dafür, daß sie nicht mit eigener Hand schrieb, um Entschuldigung gebeten, und erklärt, ihr Kiefer sei vor Zahnschmerzen derartig geschwollen, daß sich beim Neigen des Kopfes der Schmerz auf unerträgliche Weise verstärke. »Der Kardinal und der Herzog sind eingetroffen«, so schloß sie, »ich habe versucht, ihnen den großen Fehler auseinanderzusetzen, den zu begehen sie im Begriff sind.«[7]

Die Szene ist auf peinliche Weise lächerlich: die alte Königin, auf groteske Weise unbeholfen in ihren Bewegungen, schaut aus ihrem Bett heraus, ihr Gesicht ist von Zahnschmerzen entzündet, und sie macht den »Herrn der Welt« darauf aufmerksam, daß er einen großen Fehler begehe.

Den ganzen Juni hindurch fuhr Guise fort, mit ihr zu spielen, obgleich der Ausgang klar war. »Es geht nicht so sehr darum, daß es mich verletzt, der Lächerlichkeit preisgegeben zu sein«, so schrieb sie mit ungewohnter Bescheidenheit an ihren Sohn, »als vielmehr darum, daß so wenig Respekt vor Dir zu spüren ist.«[8] In der ersten Woche des Juli waren die Verhandlungen beendet, und die Königin-Mutter reiste gen Süden nach Nemours, wo der Vertrag zwischen der Krone und den Guisen unterzeichnet werden sollte.

Ihr Gefühl, einen Mißerfolg erlitten zu haben, lastete auf ihr wie der Tod. Oft schon war sie in der Vergangenheit gezwungen gewesen, mehr als ihr lieb war auf Kompromisse einzugehen, aber niemals zuvor stand sie derartig nackt da.

Doch war es nicht, wie sie schon ihren Sohn hatte wissen lassen, ihre eigene Demütigung, die sie hauptsächlich berührte; es war das Schicksal Frankreichs. Was die Liga vorschlug, war erschreckend. Es lag klar zutage, als sie mit Guise verhandelte, daß er trotz seiner Triumphe nicht mehr Herr über sich selbst war. Die spanischen Hilfsgelder, die seine Truppen zusammenhielten, hatten ihn bereits der Autorität Philipps hörig gemacht. »Der spanische Pensionär«, so wurde er später genannt. Katharina sah kein Ende. Ihr Sohn hatte sie beauftragt, das Unheil abzuwenden, und sie war gescheitert.

Am 9. Juli unterzeichnete sie das Edikt von Nemours im Bewußtsein, daß ihre Unterschrift nicht nur Guise, sondern Frankreichs erbarmungslosen Feind, Philipp von Spanien, stärken würde. So oft mit Worten schnell zur Hand, verurteilte sie Verzweiflung jetzt zum Schweigen. »Heute morgen habe ich die Friedensartikel an Dich abgesandt«, schrieb sie nur kurz ihrem Sohn[9]. Indem die militärische Gewalt den Händen von Guise überantwortet wurde, entwaffnete praktisch der Vertrag von Nemours den König. »Der König geht zu Fuß, und die Liga sitzt zu Pferde«, so kommentierte L'Estoile mit seinem ätzenden Witz[10]. Der Vertrag machte auch alles zunichte, was noch an kümmerlicher Religionsfreiheit vorhanden war. Häretikern waren öffentliche Ämter verschlossen; den evangelischen Geistlichen wurde ein Monat Zeit zum Verlassen des Landes eingeräumt; alle Untertanen hatten sich innerhalb von sechs Monaten zum katholischen Glauben zu bekehren oder sie mußten die Verbannung auf sich nehmen.

Der Vertrag glich einer Kriegserklärung. Des Königs tapfere Worte, mit denen er die Liga herausforderte – »eher würde ich mich in zwei Stücke zerreißen lassen, bevor ich mich zu einer solchen Feigheit herbeilasse« – waren jetzt ein besserer Witz.

Herausforderung hatte jetzt der Resignation Platz gemacht. Als der König in der folgenden Woche den Guisen in St. Maur begegnete, geschah es unter der Bekundung großer Herzlichkeit. Er bot ihnen seine Hand zum Kuß und umarmte sie hierauf »in lächelnder und fröhlicher Haltung«. Aber Cavriana, der die Szene scharf beobachtete, ließ sich dadurch nicht irre machen: »Niemals wird es irgendwelche Freundschaft zwischen ihnen geben, denn es besteht ein gegenseitiges Mißtrauen, das von Tag zu Tag wächst.« Er kommentierte später: »Umschlag wird auf Umschlag gefügt; das lindert den Schmerz, aber es wird ihn nicht heilen.«[11]

Niemand in Frankreich war mehr erstaunt über das Vertragswerk von Nemours als Navarra. Das ganze Frühjahr über hatte ihm der König Anlaß gegeben, zu glauben, daß er ihn näher an sich heranziehen würde als seine einzige Hoffnung gegen die Liga. Navarra hatte ihn beraten, ihn ermutigt, seine Truppen und die vorzüglichsten militärischen Führer angeboten. Daß der König, der die Ziele der Liga so gut kannte, kapitulieren würde, war einfach undenkbar. Später erzählte Navarra einem seiner Hauptleute, daß er bei Erhalt der Nachricht sein Haupt in den Händen vergraben habe, »und«, so fuhr er fort, »ich fürchtete mich so sehr vor.

dem Unheil, das über mein Land hereinbrechen wird, daß mein halber Bart weiß geworden ist«.

Zorn trat an die Stelle von Verzweiflung, und drei Tage später schrieb er an den König: »Ich höre, daß ein Frieden ohne mich und in der Tat gegen mich geschlossen worden ist. Sie haben die Partei ihrer Feinde gewählt, um ihre Diener, ihre treuesten Untertanen sowie diejenigen zu ruinieren, welche die Ehre haben, ihre nächsten Verwandten zu sein. Noch mehr, Sie haben Ihre Kräfte, ihre Autorität, ihre Hilfsquellen gespalten, um jene zu den Stärksten zu machen, die gegen Sie die Waffen erhoben haben. Ich finde das sehr schwerwiegend und geradezu unerträglich.«[12]

Es war der erste einer Reihe von Briefen, die bestimmt waren, dem König vor Augen zu halten, wie sehr dieser neue Vertrag den Thron in Gefahr brachte, und ihn so zu veranlassen, das Band zu zerschneiden, das ihn mit der Liga verknüpfte. Navarra fuhr fort, Heinrich Vorwürfe zu machen, und erinnerte ihn daran, der König habe ja selbst zugegeben, daß jene seine Feinde seien, daß ihre Religion nur ein Vorwand sei und daß sie das Land ruinieren würden. Gleichzeitig schrieb er an Katharina und rief ihr ins Gedächtnis zurück, er habe das Wort des Königs, daß nichts zu seinem, Navarras, Nachteil geschehen würde, ohne ihn zu informieren. »Doch jetzt«, so schrieb er weiter, »höre ich, daß es plötzlich zu einem Friedensvertrag gekommen ist, sowohl gegen seine Untertanen als auch gegen mich . . . Er ist im Begriff, jene Rebellen gegen sich selbst zu bewaffnen«, so führte er warnend aus, wobei er seine »Ergebenheit gegenüber Euer Majestät und dem Staat« wiederholte. Einen Monat später waren seine Briefe immer noch unbeantwortet, und er schrieb eindringlichst: »Bitte lassen Sie mich Ihre Absicht wissen.«[13]

Während Navarra wartete, baute die siegestrunkene Liga ihren Vorteil noch aus. Eine Zeitlang hatte sie Einfluß auf den Heiligen Stuhl genommen, um eine festere Haltung gegen die französischen Häretiker zu erzielen. Im Juli waren der Herzog von Nevers und Kardinal de Vaudémont mit entsprechenden Instruktionen nach Rom entsandt worden. Sie fanden den neuen Pontifex, Sixtus V., weniger zugänglich, als sie erhofft hatten. Er pries ihren Eifer, ermahnte sie aber, sich jeder Illoyalität gegenüber ihrem König zu enthalten. Er würde weder eine die Liga billigende Bulle erlassen noch Heinrich von Navarra exkommunizieren. Im Laufe des Sommers jedoch führten der vom spanischen Gesandten Enrique Graf Olivares ausgehende Druck sowie der Verlauf der Ereignisse in Frankreich zu einer Sinnesänderung bei Sixtus V. Am 9. September wurde die Bulle *Ab immensa,* die die Exkommunizierung dieser beiden »Söhne des

Zornes«, Heinrich von Navarra und Heinrich von Condé, aussprach, offiziell verkündet[14].

Navarra war außer sich und wies in seiner ersten Wut seine Agenten in Rom an, Plakate an den Straßenecken zu befestigen, die adressiert waren an »Monsieur Sixtus, Papst von eigenen Gnaden« – eine Vergeltungsmaßnahme dafür, daß der Papst ihn als »sogenannten König« bezeichnet hatte. Dann begann die ernsthafte Aufgabe, der Exkommunizierung entgegenzutreten und die Frage aufzuwerfen, ob der Papst überhaupt das Recht habe, sich in diese Dinge einzumischen. Navarra schrieb an das Parlament, an die Bischöfe, an die Edelleute, an den Dritten Stand. Er war ein Meister der Rede, nicht der hohen Schulrhetorik, aber mit Hilfe einer Redegewandtheit, die sich durch Witz, hohe politische Intelligenz und eine außerordentliche Begabung für Menschenbehandlung auszeichnete. Der Schluß seiner Schrift, die sich an den Dritten Stand wandte, sollte den einfachen Mann bewegen: »Nicht ich bin es, den ich bemitleide, sondern Ihr seid es«, so hieß es darin. »Ich habe nur deshalb Mitleid mit mir selbst, weil ich nicht die Macht habe, mich selbst zu verteidigen, ohne unschuldigen Menschen Leid zu verursachen . . . Ich nehme Anteil an all eurem Ungemach. Ich habe alle Mittel aufgewandt, um Euch vor dem Bürgerkrieg zu retten, und ich werde sogar mein Leben nicht schonen.«[15]

Dem König und der Königin-Mutter gegenüber blieb er unerbittlich und warnte sie mit verzweifelter Eindringlichkeit davor, wohin ihr politischer Kurs sie noch führen würde. »Ich kann den Tag voraussehen, Madame«, so schloß er seinen Brief an Katharina, »an dem sowohl Sie als auch der König, vielleicht zu spät, einsehen werden, in wessen Hand Sie die Waffen gelegt haben.« Katharina wurde unverzüglich der weitreichenden Wirkungen von Navarras Exkommunizierung gewahr und schrieb an Villeroy:

»In all dem sehe ich nur Schaden für den König, denn, wenn ich sehen würde, daß er über die Macht verfügte, so stark zu sein, wie ich es mir wünsche, dann gäbe ich keinen Pfifferling für diese ganzen Praktiken und den Handel; denn es gibt weder Papst noch König, und noch weniger Untertanen, die sich nicht äußerst glücklich fühlen würden, wenn jener diesem gefallen und dieser jenem gehorchen würde . . . Ich würde sanft zu allen sein, zu Päpsten und Königen, um in den Besitz solcher Kräfte zu gelangen, die mich in die Lage versetzten, zu befehlen und ihnen nicht zu gehorchen.«[16]

Die Freude der Liga über die Bulle war notwendigerweise von kurzer Dauer. Bald lag es klar zu Tage, daß sie, statt Navarras Macht einzuschränken, seine Volkstümlichkeit ungeheuer hatte anwachsen lassen. Ganz Frankreich lehnte die römische Einmischung in französische Angelegenheiten ab. Das war eindeutig spürbar geworden während des Konzils von Trient. Sogar die Bedrohung von Jeanne d'Albret mit der Exkommunizierung zwei Jahrzehnte früher hatte viele Leute auf ihre Seite gezogen, und Heinrich von Navarra war eine weit volkstümlichere Figur als es seine Mutter gewesen war. Sogar der König antwortete entrüstet auf diesen überzogenen Machtanspruch des Papstes. Als Sixtus an Heinrich schrieb und ihn bat, die Bulle zu verkünden, hörte ein Höfling den König mit krächzender Stimme sagen: »Mir scheint, der Papst würde es gern sehen, wenn ich als sein Generalprofos in Frankreich aufträte.«[17] Der starke Geist des Gallikanismus, der Frankreich immer wieder angesichts päpstlicher Einmischung störrisch gemacht hatte, wurde jetzt offen zugunsten Navarras hervorgekehrt. Montmorency-Damville, der Jahre zuvor zwischen der Sache der »Politischen« und seiner Loyalität gegenüber der Krone geschwankt hatte, erklärte sich jetzt endgültig für die Hugenotten. Andere wichtige Führer setzten sich trotz ihrer katholischen Gesinnung langsam von der Liga ab und näherten sich Navarra. Am Ende des Jahres schrieb Guise geringschätzig (aber zweifellos auch aus Furcht) von jenen »kalten Katholiken«, die zu den »Häretikern« überzuschwenken im Begriff seien. Es handelte sich in der Tat um Männer, die für die Häresie kaum etwas übrig hatten, aber entschlossen waren, jeden ausländischen Einfluß abzuwehren, dem die Liga Frankreich jetzt offen aussetzte. Obgleich Guise zu Parma gesagt hatte, er wünsche, daß dessen spanische Truppen lieber das Wappen von Lothringen anstatt des Roten Kreuzes von Spanien führen sollten, so war es für niemand zweifelhaft, woher diese Truppen kamen, oder wer sie letzten Endes befahl. Auf den Vertrag von Nemours hin hatte Navarra eine Verlautbarung herausgegeben, die sich gegen die Liga richtete und seinen Standpunkt umriß. Was in Nemours geschehen sei, müsse verdammt werden, erklärte er, denn es sei »ein Friede, mit Fremden auf Kosten der Prinzen von Geblüt geschlossen; mit dem Haus Lothringen auf Kosten des Hauses von Frankreich; mit Rebellen auf Kosten gehorsamer Untertanen; mit Agitatoren auf Kosten derjenigen, welche den Frieden mit allen ihnen zur Verfügung stehenden Mitteln erkauft haben . . . Ich gedenke mich dem von ganzem Herzen zu widersetzen«, so fuhr er fort »und zu diesem Zweck alle wahren Franzosen ohne Rücksicht auf ihr religiöses Bekenntnis entsprechend meiner Stellung im Königreich um mich zu scharen, denn es geht in dieser Zeit um die Verteidigung des Staates gegen die Usurpation durch Fremde.«[18]

Die Erklärung rührte an das Nationalgefühl der Franzosen und kräftigte das Bild Navarras als echte Zierde Frankreichs, bereit zum Widerstand, selbst unter Einsatz seines Lebens, gegen das Einsickern von »Ausländern« in das Vaterland.

Was Navarra allerdings sorgfältig umging, war die Tatsache, daß er selbst gleichzeitig mit »ausländischen Mächten« im Briefwechsel stand bei seinen Bemühungen, Unterstützung zu erlangen. Die Könige von Schweden und Dänemark sowie die deutschen Fürsten waren angegangen worden, aber es war hauptsächlich die Königin von England, auf die sich Navarra verließ. Indem er ihre Furcht vor Spanien ins Spiel brachte, wies er sie warnend darauf hin, daß Philipps Einmischung in die französischen Angelegenheiten nur der erste Schritt dazu sei, »sein volles Ansehen wiederzugewinnen«, und er erinnerte daran, daß Spanien entschlossen sei, selbst auf Kosten seiner Nachbarn, »den Gipfel seiner Größe« zu erreichen. Um ihrer eigenen Interessen willen, wenn nicht für die Sache der Religion, würde es ihnen zum Vorteil gereichen, der spanischen Macht entgegenzutreten.

Elisabeth erhielt die gleichen Ratschläge von vielen ihrer Diplomaten, die sie warnend darauf hinwiesen, daß ihr eigenes Haus sehr wohl »Feuer fangen« könnte, wenn der Brand in Frankreich nicht schleunigst gelöscht würde[19]. Wie üblich zögerte sie, da sie nicht willens war, die Feindschaft der französischen Krone auf sich zu laden, die offene Hilfe für Navarra unvermeidlich nach sich ziehen würde. Statt dessen nahm sie Zuflucht zu ihren üblichen umständlichen Hilfsmaßnahmen, indem sie Geld an einen Agenten überwies, der es seinerseits dem Herzog Johann Kasimir zur Bezahlung von Truppen zukommen ließ, die zu Navarra in Marsch gesetzt werden sollten.

Je mehr Nachrichten Katharina während des Sommers 1586 erhielt, desto mehr war sie über die Ausdehnung des Konflikts erschrocken. Es gehörte wenig Einbildungskraft dazu, um sich Frankreich von fremden Mächten zerstört vorzustellen. Der Konflikt wurde durch einen weiteren Verrat innerhalb der königlichen Familie verstärkt: Margot war trotz aller Loyalitätsbekundungen gegenüber ihrem Bruder, ihrer Mutter und ihrem Gemahl aus Navarra geflohen, um sich der Liga anzuschließen.

Margots Verhalten, daß immer unstet war, war jetzt unergründlich geworden. Waren ihre Beweggründe einfach Haß auf ihren Gemahl? Der Wunsch, mit ihrem Bruder abzurechnen? War sie durch eine der hohlen Versprechungen von Guise verführt worden? Ihre eigene Erklärung, sie fürchte Navarras Mätresse, Madame de Guiche, und bei ihrer Flucht sei es

um ihr Leben gegangen, entspricht in keiner Weise den Umständen. Margots Tat bleibt unerklärlich[20]. Im März 1585 war sie mit Erlaubnis ihres Gatten nach Agen gereist, einer zu ihrer Apanage gehörenden Stadt im Süden, um dort Ostern zu verbringen. Hier war sie geblieben und hatte die Rolle eines charmanten Gastes gespielt, der den führenden Männern der Stadt den Eindruck verschaffte, daß sie seitens ihres hugenottischen Gemahls »großen Gefahren« entgegensähe. Diese brachten hierauf ihr Mitleid zum Ausdruck, versicherten sie ihres Schutzes und befestigten die Stadt, wie sie es ihnen geraten hatte.
Bald, nachdem die Liga selbst entsprechende Erklärungen öffentlich verkündet hatte, entpuppte sich die »unglückliche Dame« als »tyrannische Herrin«. Sie verwandelte Agen in eine Festung, erhöhte die schwere Steuerlast, brachte ihre Soldaten in Privatquartieren unter und verweigerte den Bürgern den Abzug, als die Stadt durch die Pest bedroht war. Im Oktober hatte Agen mehr als genug von Margot. Gewarnt, daß die erzürnte Bevölkerung der Stadt nicht zögern würde, sich ihrer zu bemächtigen, ergriff die so anmaßende Margot eiligst wie ein Bauernmädchen in einer Postkutsche die Flucht.
In Carlat, einer uneinnehmbaren Festung in der Auvergne, fand sie eine unsichere Zuflucht. Welche Versprechungen ihr Guise auch gemacht haben mochte, diese hatten sicher nicht die bittere Not mit eingeschlossen, der sie sich in Carlat ausgesetzt sah. Das Schloß war während der Kämpfe verwüstet worden. Viele seiner Gebäudeteile hatte man als Baracken und Ställe benutzt. Die Fenster waren zerschlagen, die Tore hingen an gebrochenen Angeln, die Möbel waren in Stücke zerhackt oder gestohlen worden. Hier verbrachte Margot den Winter, krank von der tödlichen Kälte und den böigen Winden, die gegen den Basalthügel, auf dem das Schloß stand, anstürmten. Obgleich ihr später einige ihrer Wertsachen von Agen nachgesandt wurden, so schützten diese sie nicht vor der Kälte und dem immer stärker über sie hereinbrechenden Elend.
Mitte September hatte Guise an Philipp geschrieben und brüstete sich, daß die »Königin von Navarra sich mit uns verbündet hat«. Er versicherte Philipp, daß Margot von großem Nutzen bei der Verhinderung von Navarras Plänen sein würde, und kam um eine Unterstützung für sie ein, da sie sich in großer Geldnot befand. Aber es kam kein Geld, zumal da es ein Teil von Philipps Politik war, Guise kurzzuhalten. Er versah ihn gerade mit den notwendigsten Mitteln, um seine dauernde Abhängigkeit zu sichern. Obgleich zu einem bestimmten Zeitpunkt die Rede von einer Heirat zwischen dem spanischen König und Margot war, sobald sie erst ein-

mal ein sicherer Bundesgenosse der Liga geworden sei, wurden solche Gespräche nicht weiter fortgesetzt[21].

Margots Treuebruch war ein außerordentlich schwerer Schlag für Katharina, die, nachdem sie davon unterrichtet worden war, schrieb: »Es vergeht doch kein einziger Tag, der uns keine neuen Unannehmlichkeiten bringt . . . Ich habe niemals soviel gelitten . . . Ich glaube, daß Gott mir dieses Geschöpf als Strafe für meine Sünden gegeben hat.«[22] Später indessen wandte sie sich an Margot in Carlat und bot ihr das bequemere Schloß in Ibois an, das ihr selbst gehörte. Margot lehnte bezeichnenderweise ab, da sie die Demütigung, unter der sie litt, nicht zugeben wollte. »Ich danke Euer Majestät ergebenst für das Schloß, das Sie mir angeboten haben«, so schrieb sie ihrer Mutter. »Ich brauche es nicht, Gott sei Dank, da ich mich an einem sehr angenehmen Ort befinde, in der Gesellschaft vieler ehrenwerter Leute, und sowohl in Ansehen und Sicherheit lebe.« Was das Wagnis eines Krieges anging, so schloß sie es aus, indem sie ihrer Mutter versicherte, daß, was auch immer sie tat, nur geschah um nicht »in die Gewalt derjenigen zu geraten, welche mich meiner Besitztümer, meines Lebens und meiner Ehre berauben wollten«[23].

Margots Ausflüchte waren stets nur allzu durchsichtig gewesen. Es war für jedermann, der Carlat kannte, klar, daß das Leben dort kaum eine so gefällige Existenz bieten konnte, wie sie es darstellte. Katharinas Freundlichkeit war ebenso durchsichtig. Sie hatte weniger aus Mitleid für ihre Tochter als vielmehr aus ihrer Entschlossenheit heraus gehandelt, sie dem Einfluß der Liga zu entziehen. Und nachdem sie dabei gescheitert war, überließ sie die Sache ihrem Sohn. Der König setzte Soldaten auf die Spur seiner Schwester, und im folgenden Jahr wurde sie in Haft genommen. Einige sagten, der König wäre entschlossen gewesen, Margots Tod herbeizuführen, hätte nicht seine Mutter ihre schützende Hand über sie ausgestreckt. Anfangs schien ihr Geschick nur wenig besser als der Tod zu sein, denn sie war in der Festung von Usson eingesperrt, wo Ludwig XI. seine wichtigsten Gefangenen festhielt und sich damit brüstete, daß sie dort sicherer als in jedem anderen Gefängnis von Frankreich seien. »Nur die Sonne kann sich hier Eintritt verschaffen«, so hatte ein Zeitgenosse vermerkt. Mit der Zeit trat Margots natürliche Lebenskraft an die Stelle ihrer Verzweiflung, und achtzehn Jahre lang verbrachte sie ihr Leben in Usson in Abgeschiedenheit und unter ganz eigenen Bedingungen. Hier begründete sie einen bizarren kleinen Hof und spielte sich dort als Schirmherrin der Künste auf – in Wirklichkeit wurde sie immer dicker und exzentrischer, malte von sich selbst groteske Bilder und verlor jede

Berührung nicht nur mit der Politik, sondern sogar mit der Mode. Halb vergessen wurde die »gefährliche Königin« niemand mehr zum Verhängnis.

Im Jahre 1586 jedoch konnte man noch nicht voraussehen, daß Margots Verrat letzten Endes nutzlos war. Sie schien damals einer anderen gefährlichen Kraft zu gleichen, die die Macht der Liga stärkte, eine Macht, zu deren Überwindung der König weder Mittel noch Wege fand. Im Februar ließ der König nach Guise schicken. Was er sich von der Begegnung erhoffte, ist schwer zu sagen. Es war von Anfang an ein ungleicher Kampf. Guise stand in der vollen Blüte seiner Kraft: hochgewachsen, drahtig, entschlossen, mit der Narbe von Dorman, die ihm militärisches Ansehen verlieh. Im Gegensatz dazu wirkte der König doppelt so alt, wie er war. Sein Haar war völlig weiß geworden. Bleich und gebeugt, Gesicht und Hals voller vernarbter Geschwüre, war er seinem Gegner nicht ebenbürtig. Drei Monate lang hielt sich Guise in Paris auf, trotz der Gerüchte, der König sinne insgeheim auf seinen Tod und habe tatsächlich schon einen Italiener gedungen, der Guise ermorden sollte. Nach außen hin hatte es den Anschein, als sonne sich dieser in Heinrichs Gunst, obwohl sich Cavriana, stets mißtrauisch, warnend vernehmen ließ: »Sie können niemals Freunde werden.« Als Guise schließlich Mitte Mai nach Châlons abreiste, war es ihm gelungen, sich weiter in die Gunst des Volkes einzuschmeicheln und somit, wie L'Estoile vermerkte, »die Fundamente auf denen die Macht des Königs ruhte, zu unterhöhlen«[24].

Während Guise damit beschäftigt war, insgeheim die Macht zu unterhöhlen, tat der König alles, was er konnte, um von seinem Vertrag mit der Liga loszukommen. Da er mehr zu Navarra als zu Guise neigte, bahnte er jetzt neue Verhandlungen mit seinem hugenottischen Vetter an. Liebte der König bisher stets das Geheimnisvolle, so wurde er jetzt hinterhältig. Obgleich der spanische Gesandte genau spürte, daß ein geheimes Komplott zu erwarten stand, konnte er nicht herausfinden, was Heinrich eigentlich vorhatte. Einige derjenigen, welche er befragte, zerstreuten seine Befürchtungen, indem sie ihm sagten, der König führe nichts im Schilde, seine verstohlene Betriebsamkeit sei ganz einfach der Ausdruck eines zerrütteten Geistes. »Obwohl er fast jede Nacht auf ist und eigenhändig Memoranden schreibt, bis zwei Uhr in der Frühe, verbrennt er sie sämtlich am Tag darauf. Es heißt, daß es sich bei allem, was er schreibt, um die religiösen Orden handelt.« Viele versicherten ihm, so schloß der Gesandte, »daß der Verstand des Königs aus dem Gleichgewicht geraten und, wie man fürchte, nur allzu bald vollends dahin sei«[25].

Trotz seines geradezu absonderlichen Verhaltens war der König immer noch wachen Geistes genug, um zu erkennen, wo sein Vorteil lag. Da er von der Verbindung zwischen Guise und Spanien wußte, beeilte er sich, seine Pläne hinsichtlich eines Waffenstillstandes mit Navarra zu verwirklichen, indem er zu erkennen gab, daß es, wenn Navarra Katholik werden würde, nichts weiter gegen ihn als Thronerben einzuwenden gäbe.
Nichts würde Guises Plänen so sehr in die Quere kommen wie eine Konversion Navarras. Sie würde die Auflösung der Liga und den Ruin von Guises ehrgeizigen Absichten bedeuten. Navarra hatte wahrhaftig ins Schwarze getroffen, als er angedeutet hatte, daß die Anhänger der Liga ja, mochten sie es auch behaupten, gar keine christlichen Leute wären, die den Übertritt der Häretiker wünschten, sondern Ehrgeizlinge, die deren Vernichtung wollen. Philipp, der ebensoviel wie Guise zu verlieren hatte, war willens, jede Maßnahme zu ergreifen, die sich Navarras Anspruch auf den Thron in den Weg stellen würde. In Kenntnis der Hoffnungen des Königs auf die Konversion seines Vetters schrieb er umgehend an Olivares in Rom:
»Ich habe aus Frankreich erfahren, daß Schritte im Bunde mit Seiner Heiligkeit im Gange seien, um die Erlaubnis für den Widerruf von Béarnais [Navarra] zu erhalten . . . Das würde ganz einfach bedeuten, Feuer an Frankreich zu legen . . . Lassen Sie den Papst sich über die angebliche Aufrichtigkeit von Béarnais nicht hinwegtäuschen. An sie dürfen wir erst dann glauben, wenn Béarnais darum bittet, sich in ein Kloster zurückzuziehen und Buße zu tun, aber da es sich ja bei ihm nur um die Mittel handelt, den Thron zu erlangen, so handelt es sich, wie klar feststeht, nur um einen Vorwand. Die Kirche und die Inquisition erklären, daß ein Rückfall in die Häresie die Todesstrafe verdient.«[26]
Trotz Guises Widerstand erlitten die Pläne für ein Zusammentreffen zwischen Katharina und Navarra keinerlei Aufschub. Darin beruhte ihre einzige Hoffnung. Frankreich wurde diesen Sommer von Unglück geschüttelt. Die Ernten waren verdorben, und eine drohende Hungersnot gesellte sich zu einem drohenden Krieg. Stafford schrieb im Juni an Walsingham: »Von Frieden keine Rede, ebensowenig von Rücksicht auf das große Elend, das bereits in diesem Land herrscht und wahrscheinlich immer weiter von ihm Besitz ergreift. Gestern versicherte mir jemand, der gerade aus ›Avernia‹ gekommen war, daß dort bereits Tausende Hungers gestorben seien, und daß die Leute in diesem äußersten Winkel . . . sich von Gras ernähren . . . wie Pferde, und mit Gras im Mund tot niedersinken.« Nicht nur die Auvergne hatte die Geißel des Hungers verspürt.

Dicht bei Paris waren Zusammenrottungen von Menschen dabei, das halbreife Getreide zu mähen und es noch roh in den Mund zu stopfen[27]. Obgleich die meisten Leute das Vertrauen in den König völlig verloren hatten, erhoben seine Edelleute von Zeit zu Zeit schriftliche Vorstellungen bei ihm. »Der Zustand, in dem ich heute Frankreich erblicke, ist sowohl gefährlich als auch tragisch«, schrieb einer von ihnen im Sommer 1586. »Jedem, der über gesunden Menschenverstand und Urteil verfügt, scheint es klar, daß der Ruin dieses schönen Königreichs vor der Tür steht. Doch Sie, Majestät . . . statt zu versuchen, diese offenkundige Gefahr abzuwenden, scheinen in ihr eigenes Verderben und ihre eigene Vernichtung zu rennen.« Derartige Briefe, wenn sie ihn auch in wachsenden Schrecken versetzten, verliehen Heinrich keine Kraft zum Handeln. Abermals suchte er Zuflucht bei der Religion, so daß L'Estoile verächtlich kommentierte: »Man kann den König kaum aus seiner Mönchszelle herausbekommen.«[28]

In jenem Sommer entsandte Navarra den Grafen von Rosny (später berühmt geworden als Herzog von Sully) an den Hof, um zu ergründen, ob nicht mit irgendeinem Kompromiß gerechnet werden könnte. Sully, wenn auch nicht der genaueste unter den Chronisten, zeichnet ein Bild des Königs, das, mag es in den Einzelheiten auch nicht ganz wahr sein, doch den dekadenten Geist am Hof einfängt. Nachdem er geschildert hat, daß er die Nacht mit Villeroy verbracht habe, fährt er fort:

»Am folgenden Tag stellte er mich dem König vor, und ich werde niemals die geradezu absurde Haltung und das ganze Drum und Dran vergessen, worin ich diesen Fürsten in seinem Kabinett antraf. Er trug ein Schwert an der Seite, eine Kapuze hing von seinen Schultern, auf dem Kopf trug er eine kleine Mütze, ein Korb voll mit kleinen Hunden hing an einer langen Schnur um seinen Hals; und er selbst blieb so ruhig stehen, als er mit uns sprach, daß er weder Kopf, noch Füße noch Hände bewegte.«[29]

Kein Wunder, daß im wachsenden Umfang Gerüchte von einem Aufstand auftauchten, und daß die Straßen von Paris voll von »aufrührerischen Versen« waren. Elisabeth sah von der anderen Seite des Kanals her mit Staunen, wie ihr Mitsouverän, der zwanzig Jahr jünger war als sie, in eine todesähnliche Lethargie hinüberglitt. »Entschuldigen Sie«, schrieb sie ihm diesen Juni, »aber es ist meine Zuneigung, die mich wagen läßt, so freimütig zu sprechen. Vor Gott habe ich keinen anderen Grund als meine Liebe zu ihnen. Ich bin erstaunt, Sie verraten zu sehen von Ihrem eigenen Rat, von denjenigen, die Ihnen auf Erden am nächsten stehen, sowie dar-

über, daß Sie davon keinen Wind bekommen . . . Um Gottes willen, schlafen Sie doch nicht zu lang!«[30]
Die Warnung kam zu spät. Heinrich unternahm kaum etwas in diesem Sommer, es sei denn, seine Mutter zu ermutigen, Navarra ausfindig zu machen und mit ihm zu einer Vereinbarung zu gelangen.

Im Juli traf Katharina aktive Vorbereitungen für ihre Reise. Sie versuchte, der kritischen Einstellung der Liga dadurch zuvorzukommen, daß sie an den Heiligen Stuhl schrieb und dem Papst versicherte, sie handle lediglich aus Liebe zur katholischen Religion, und »Ich bitte Eure Heiligkeit, zu glauben . . . daß all dies . . . geschieht aus meinem Eifer heraus, den Ruhm Gottes zu verbreiten«. Guise, voller Zorn und besorgt über die Gerüchte, wonach bereits ein geheimer Waffenstillstand zwischen Navarra und dem König ausgehandelt worden sei, richtete eine nur schwach verhüllte Warnung an Katharina, die sich in Chenonceaux aufhielt. Er erinnerte sie daran, daß es von der Kirche verboten war, »mit exkommunizierten Häretikern zu verhandeln«, und daß es für sie geradezu töricht sein würde, sich in eine derart unmögliche Aufgabe verwickeln zu lassen. »Denn«, so schloß er, »es würde sehr bestürzend für uns sein, zum Ungehorsam gezwungen zu werden.« Gleichzeitig schrieb er an Sixtus V. und versicherte ihm, sie würden »fest und standhaft in unserem Entschluß bleiben, dem Weg der katholischen Religion zu folgen, für die wir unser Leben einsetzen«[31].
Trotz seiner Gelassenheit waren Guises Mitteilungen in diesem Herbst nicht frei von einem Anflug von Furcht. Um die Liga stand es nicht gut. Ihre militärischen Erfolge waren weit weniger eindrucksvoll, als er gehofft hatte; der Papst wurde immer skeptischer gegenüber seinen wahren Absichten; und was ihn am meisten bestürzte: Philipp war in wachsendem Umfang nachlässig in der Überweisung von Hilfsgeldern geworden, die er im Vertrag von Joinville zu zahlen versprochen hatte.
Katharina war weniger durch Guises versteckte Drohung außer Fassung gebracht als vielmehr durch das, was sie während ihrer Reise durch die Touraine sah. Überschwemmung hatte sich noch zu Hunger und Pest gesellt. Die Loire, normalerweise ein ruhiger, breiter Fluß, war über ihre Ufer getreten. Häuser und Brücken waren hinweggerissen worden, und von Roanne bis Nantes stand das Land unter Wasser. Als die Fluten wichen, war überall der Geruch von Verwesung spürbar. Die Ernten waren dahin. Die fruchtbaren Felder waren schwarz und dick mit Schlamm bezogen. Überall lagen Kadaver ertrunkener Kühe herum und dicht dane-

ben die Leiber von Bauern, die versucht hatten, ihre Herden zu retten. Als sie durch Tours kam, traten der Königin-Mutter Bürgermeister und Ratsherren entgegen und baten um ihre Unterstützung.

Hilflos schrieb sie eigenhändig an Bellièvre: »Es ist das erbärmlichste Schauspiel, das sich der Mensch vorstellen kann . . . Zur Pest, zum Hunger und zum Krieg ist noch eine Überschwemmung gekommen, die viele Menschen und eine riesige Anzahl Vieh ertränkt hat, so daß dieses ganze armselige Volk nach Erbarmen ruft.« Jedes neue Unheil verstärkte in ihr die Überzeugung, daß nur der Friede Frankreich die Rettung bringen könne. »Möge sich Gott dieses armen, geschlagenen Reiches erbarmen«, so schloß sie. »Wir werden Ihm den größten Dank zollen, wenn es Ihm gefallen möge, uns einen guten und dauernden Frieden zu gewähren, denn dies ist der einzige Weg, auf dem dieses Reich wiederhergestellt werden kann; sonst sehe ich keinen Weg, auf dem es gerettet werden kann.«[32]

Im Oktober weilte Katharina immer noch in Chenonceaux, aufgebracht über das ständige hinhaltende Zögern von Navarra. Obgleich ihr Vertrauen in ihre Mission gefestigt wurde, als Navarra eine Erklärung veröffentlichte, worin er versicherte, er sei willens, der Entscheidung eines »freien, nationalen Rates« zuzustimmen, so wollte er sich doch nicht festlegen, soweit es die Vereinbarung einer Zusammenkunft betraf. Katharinas Erfahrung machte sie zur geübtesten Unterhändlerin in Frankreich, jetzt aber ließ ihre ganze Erfahrung sie im Stich.

Sie war gewissermaßen zu sehr daran gewöhnt, leicht Vertrauen zu gewinnen. Sie hatte sich auf allzu viele wertlose Verträge eingelassen und ihren Namen unter allzu viele wirkungslose Waffenstillstandsabkommen gesetzt. Sie war allzu oft ausgewichen und hatte zu schnell versprochen. Ein ungenannter Franzose, der an einen in Rom lebenden Freund schrieb, kommentierte scharfsichtig: »Ich erinnere Dich daran, daß Du, als die Königin-Mutter ihre Reise antrat, nichts für unmöglich hieltest, was sie in die Hand nehmen würde; Du hieltest Frieden für eine ausgemachte Sache, weil sie willens war, darüber zu verhandeln. Was mich anbetrifft . . . Ich habe immer geglaubt, daß man mit ihr eine glückliche Wahl getroffen hat, doch ich habe gerade in diesem Vorteil viele Nachteile herausgefunden, und in dem, was mir so vollkommen vorkam, viele Beschränkungen.«[33] Dieser Standpunkt war wohlbegründet.

Außerdem hatte Katharinas Mißerfolg in Nemours ihrem Ruf weiter geschadet. Viele, die über die Macht, die dieser Vertrag der Liga zugespielt hatte, in Wut geraten waren, klagten sie an, sie hätte ihren eigenen Sohn den Guisen verkauft. Businis mildes Vertrauen war fehl am Platz, als er schrieb: »Der Friede wird zustande kommen, weil Katharina von Medici niemals ihre Aufmerksamkeit irgendeiner Sache in diesem Königreich gewidmet hat, ohne sie nicht ihrem Wunsch entsprechend zu Ende zu führen.«[34]

Mit der Entwicklung der Liga war sie in die Periode ihres Mißerfolgs eingetreten.

Mitte Oktober verließ Katharina Chenonceaux und reiste entlang der Loire nach Tours, wandte sich dann nach Süden, vorbei an der schneeweißen Eleganz von Azay-le-Rideau, und schließlich nach Westen in das hugenottische Land von Aunis. Sie war einverstanden, sich mit Navarra in La Mothe-St. Héraye zu treffen, trotz ihrer Klagen, daß diese Gegend »für meine Gesundheit, mein Alter und alle Krankheiten, an denen ich leide, alles andere als bekömmlich ist«[35].

Wenige Tage später zog sie nach der Stadt St. Maixent. Es war eine mutige Unternehmung, denn hier war sie unmittelbar am Rand des feindlichen Territoriums. Zweifellos war ihre Reise dorthin gedacht als Demonstration ihres Vertrauens, das sie in Navarra setzte, denn sie begab sich damit offen in seine Hand. Navarra hielt sich jedoch weiter zurück und wandte somit jene Verzögerungstaktik an, deren er sich vor sechs Jahren während der Monate vor den Besprechungen von Nérac mit Erfolg bedient hatte. Es war eine Technik, die seine Stellung sofort verstärkte, indem sie die Rolle der Königin-Mutter auf die einer Bittstellerin herabdrückte. »Mein Sohn«, so flehte sie, »treib nicht länger Dein Spiel mit mir«, und sie legte dar, daß der Friede einzig und allein erzielt werden könne, wenn Navarra sich zu einem Treffen mit ihr verstehen würde. Als Antwort erhielt sie indessen »nur schöne Worte und Entschuldigungen«[36].

Den ganzen November über blieb sie in St. Maixent. Sie hatte ein glänzendes Gefolge bei sich, einschließlich des Herzogs von Montpensier, den man der Liga abspenstig gemacht hatte, ferner des Herzogs von Nevers, dessen Gewissen ihn zwischen beiden Seiten hin und her schwanken ließ, sowie ihrer italienischen Landsleute Gondi und Birague und schließlich ihrer »fliegenden Schwadron«. Doch trotz all ihrer Bemühungen, heiter zu erscheinen, kam ihre nervöse Unruhe täglich mehr zum Vorschein. Sich in so unmittelbarer Nähe der hugenottischen Hochburg im Westen zu befinden, mußte sie beeinflußt haben. Immer besorgter wurde sie, daß möglicherweise ihre Briefe abgefangen wurden; so schrieb sie an Villeroy, sie habe seit zehn Tagen keine Nachricht mehr aus Paris erhalten, und fragte ihn, wieviele ihrer Briefe den König erreicht hatten. »Es ist ein schweres Leiden, ständig in Furcht zu verharren«, schloß sie[37].

Die Unterredungen, die schließlich am 13. Dezember begannen, führten sie sogar noch weiter nach Süden und auf noch gefährlicheres Gebiet. Navarra hatte endlich zugestimmt, sich mit Katharina in der kleinen Stadt St. Brice zu treffen, die von Jarnac und Cognac gleich weit entfernt liegt. Das Haus, das man verfügbar gemacht hatte, lag hinlänglich auf offener Flur, um es vor jedem Hinterhalt zu schützen. Es befand sich nach den Beschreibungen von Katharina inmitten eines hübschen Parks an den Ufern der Charente. Hier hatten sowohl Katharina als auch Navarra ihre getrennten Gemächer und kamen in einem »schönen, großen Raum« zu ihren Besprechungen zusammen. Diese Zusammenkünfte, auf die Katharina alle ihre Hoffnungen gesetzt hatte, währten fünf Tage und führten zu nichts. Navarra hatte niemals an ihren Erfolg geglaubt, zumal da er überzeugt war, daß sie nur ein Ansporn sein sollten, um ihn zur Konversion anzustacheln. »Ich benutzte jede Ausflucht, dies zu vermeiden«, so schrieb er später, »denn ich konnte erkennen, daß dabei nichts Gutes für uns herausspringen würde.«[38]

Von Anfang an fand das Treffen inmitten einer Atmosphäre von Furcht und Feindschaft statt. Die Tore waren mit Wachen aus beiden entgegengesetzten Lagern besetzt: fünfzig Katholiken und fünfzig Hugenotten standen sich Auge in Auge gegenüber, vollständig bewaffnet. Sogar der »schöne Raum«, der Katharina so gefallen hatte, konnte die Atmosphäre wechselseitiger Beschuldigungen nicht beseitigen. Die Legende will, daß man Katharina bei der Begegnung – aus Furcht, Navarra würde bewaffnet sein – gesehen habe, »wie sie ihn mit unaufhörlichen Liebkosungen überschüttete«, ihn umarmte, mit ihren Händen an ihm entlang fuhr, bis er schließlich lachend sein Wams aufknöpfte und erklärte: »Sie sehen, Madame, ich habe nichts verborgen.«[39]

Es waren sechs Jahre seit der letzten Begegnung zwischen der Königin-Mutter und ihrem Schwiegersohn vergangen. Für Navarra waren es Jahre voller Mühsal und oft voller Enttäuschung gewesen, aber sie hatten ihn reifen lassen. Er war klein, drahtig, abgehärtet – ein entschlossener und maßgebender Führer. Seine listigen Augen mit ihren verschleierten Lidern verrieten nur wenig. Verrat und Argwohn hatten in ihm ein ironisches Verhalten erzeugt, eine gelöste Freude an jeder Art von Scharlatanerie, die er mit viel Geschick gleich auszumachen wußte. In Nérac hatte er mit Vergnügen festgestellt, daß er seiner Schwiegermutter an diplomatischem Geschick ebenbürtig war. In St. Brice hatte er seine Überlegenheit entdeckt. Obwohl Katharina ihm öfter unter Klagen darüber, daß sie nicht mehr soviel wie in jüngeren Jahren reisen könne, geschrieben hatte, sie sei dem fortgesetzten Wechsel seiner Pläne nicht mehr gewachsen, war er doch nicht im vollen Umfang auf die Veränderungen, die mit ihr vorgegangen waren, gefaßt gewesen. Die Königin, die ihn in St. Brice umarmte, war eine alte Frau. Sie erhob sich unter Beschwerden von ihrem Stuhl und wankte unbeholfen auf ihren geschwollenen Beinen. Ihre Farbe, die niemals gut war, war jetzt von ungesunder Blässe. Es war für jedermann erkennbar, daß sie sich mit dieser Reise bis an die Grenze ihrer Leistungskraft gequält hatte.

Bis zu dem Tag, an dem das winterliche Licht durch die hohen Bogenfenster eindrang, hielten Hieb und Parade unvermindert an, wobei keine der beiden Seiten einen bemerkenswerten Vorteil zu erzielen verstand. Noch in der gleichen Nacht beschrieb Katharina in einem langen Brief an Heinrich alle Einzelheiten des Inhalts der Besprechungen am Tage. Während sie sich über die schlechte Behandlung, die ihr Navarra durch alle seine Verzögerungen hatte zuteil werden lassen, beklagte, so beschwerte er sich darüber, daß er ohne Anhörung verurteilt worden sei. Er hatte erklärt, ihre Gespräche seien zwecklos, da man bereits einige Armeen zusammengezogen habe, um ihn zu vernichten. Sie hatte erwidert, daß sie alles getan habe, was er wünsche, »ohne Rücksicht auf meine Zeit, mein Alter und die Mühsal der Jahreszeit«, daß sie wirklich geglaubt habe, er würde den Weg zum Frieden freimachen, wobei sie warnend darauf hinwies, daß er, wenn er sich dem verschließen würde, »es sein ganzes Leben lang bedauern wird.«[40]

Die Methode, sich gegenseitig zu beschuldigen, die sich bereits während ihres ersten Gedankenaustauschs abgezeichnet hatte, beherrschte die Besprechungen bis zuletzt. Navarra hatte recht gehabt – es gab hier nichts zu gewinnen. Aber Katharina, die wußte, daß ihr Sohn dem Untergang geweiht war, wenn es nicht zu einem Waffenstillstand mit den Hugenotten kam, bestand auf Fortsetzung der Unterredungen. Entgegen Navarras freimütigen Bekundungen, er könne zur Zeit nicht katholisch werden, hoffte sie dennoch, daß ein Abkommen erzielt werden könnte. Was sie ganz einfach nicht erkannte, war, daß Navarra, nicht der König, aus dieser Verzögerung Nutzen zog, denn er wartete ungeduldig auf die Ankunft deutscher Reiter. Der König schrieb unterdessen voller Verzweiflung an seine Mutter und wies sie an, Navarra alles nur Denkbare anzubieten – Pensionen, Land, eine Stellung am Hof. Die Erfahrung hatte ihn gelehrt, daß jeder Mensch seinen Preis hat. »Ich bin überzeugt«, schrieb er an Katharina, »daß es eine Saite gibt, die angeschlagen werden kann.«[41] Aber Navarra erwies sich als ein Mann, der in die Erfahrungen des Königs nicht einzuordnen war. Er würde sich nicht kaufen lassen – einesteils zweifellos deshalb nicht, weil er seiner Sache treu ergeben war, und zum anderen nicht, weil, wie feststand, der König gar nicht die Macht besaß, seine Versprechen zu halten.

Katharina und Navarra trafen sich am 17. Dezember zum letzten Mal. Obgleich einige sporadische Verhandlungen noch in den ersten Wochen des neuen Jahres stattfanden, war es sogar für Katharina klar, daß dabei nichts mehr herauskommen würde. »Hier sind wir Regen und Wind ausgesetzt«, schrieb sie voller Traurigkeit an Villeroy nach Navarras Abreise[42]. Von Trübsinn überwältigt traf sie Vorbereitungen, eine Eskorte zusammenzustellen, die ihren gesicherten Rückzug ermöglichen sollte. Sechs Monate lang hatte sie all ihre Kräfte und all ihre Hoffnungen darauf gerichtet, wie sie mit Navarra ins reine kommen könnte. In Wirklichkeit aber hatte sie nichts erreicht. Er hatte mit ihr gespielt und sie letzten Endes ausmanövriert.

Zweimal innerhalb von achtzehn Monaten war sie ausgerechnet in dem Spiel, mit dem sie sich immer gebrüstet hatte, geschlagen worden. Erst von den Guisen und jetzt von Navarra. Die florentinische Krämerin hatte keine Kontrolle mehr über den Handel. Jetzt setzten andere den Preis fest, und ihr blieb nichts anderes übrig, als ihn anzunehmen. »Himmel, Erde und Hölle sind alle gegen dieses arme Königreich«, schrieb sie, »und ich sehe nicht, was hier noch zu erhoffen ist. Gott muß sehr zornig sein, und wir ein wahrhaft verruchtes Volk, daß wir so großes Übel erdulden müssen ohne jede Hoffnung, ihm zu entkommen, es sei denn, er selbst rührt seine Hand, um uns zu helfen.«[43]

Einige Jahre zuvor hatte sie der Herzogin von Uzès mitgeteilt, sie scheue keine Kosten im Dienste des Königs. Sie hatte damals nicht gewußt, daß Bankrott in den Preis einkalkuliert werden mußte.

III

Bevor Katharina ihre Rückreise nach Paris antrat, erhielt sie Kenntnis von einem Ereignis, das geeignet war, Frankreich in ernste Mitleidenschaft zu ziehen: Maria Stuart war wegen Hochverrats am 18. Februar in Fotheringhay hingerichtet worden.

Die Nachricht kam nicht völlig unerwartet, denn das Urteil war von den englischen Richtern schon im vergangenen Herbst verkündet worden, doch die Hinrichtung einer Königin durch eine andere reichte aus, um Europa zu erschüttern. Katharina hatte ihre Schwiegertochter nicht gesehen, seitdem sie sechsundzwanzig Jahre zuvor von Frankreich in See gestochen war, um die Herrschaft in ihrem »eigenen Land« anzutreten. Damals, kaum neunzehn Jahre alt, hatte sie sich nach Schottland eingeschifft mit der ganzen Arroganz der Jugend, stolz auf ihre Schönheit und Anmut, die Tragödie des vorzeitigen Todes ihres Gatten überstrahlt von Gedanken an zukünftigen Ruhm.

Es war ein Ruhm, der sich ihr freilich ständig entziehen sollte. Von Anfang an stand ihre Art im krassen Widerspruch zu der ihrer berockten schottischen Höflinge. Sie hielten sie für überheblich, eitel, herrisch; sie war halb französisch – und sie war katholisch. In einem von der Theologie des John Knox beherrschten Land waren dies erhebliche Nachteile. Sie war außerdem (obwohl ihre Bewunderer dies niemals zugeben wollten) ein wenig töricht. Sie hatte sich vorgenommen, Königin nach französischer Art zu sein, und ihr autokratisches Gebaren wirkte oft abweisend auf diejenigen, die vorhatten, ihr die Wahrheit zu sagen, und ließ sie oft in die Netze derjenigen gehen, die ihr schmeicheln wollten. Sie beging sehr viele Fehler. Zwiespältig und schlecht beraten fiel sie von einer Torheit in die andere. Sie war wahrscheinlich weder bösartig noch unfehlbar. Wäre sie keine Königin gewesen, so hätte es sicher in jenen Tagen ausgereicht, würde sie ihr Gemahl von Zeit zu Zeit angefahren oder unter Hausarrest gestellt haben, sobald ihre Launen über ihr besseres Ich die Vorhand gewannen.

Königinnen sind unglücklicherweise nicht so leicht lenkbar. Verantwortlich gemacht für die Ermordung ihres ersten Gemahls und zwangsweise vom zweiten geschieden war sie im Vertrauen darauf nach England geflohen, daß ihre Base Elisabeth sie vor ihren aufsässigen Untertanen retten würde. Statt dessen erlitt sie eine Haft von neunzehn Jahren Dauer und war in dieser Zeit unaufhörlich in Verschwörungen verwickelt, um ihre Freiheit wiederzuerlangen – Verschwörungen, die ganz unvermeidlich Elisabeths Stellung bedrohten. Im Zusammenhang mit der Babington-Verschwörung im Jahre 1586 wurde sie schließlich des Hochverrats für schuldig befunden und trotz des einhelligen Widerstandes der katholischen Christenheit hingerichtet.

Die Reaktionen auf ihren Tod waren so zweideutig wie ihr ganzes Leben. Als die Nachricht von ihrer Verurteilung im vergangenen Herbst bis nach

Frankreich gedrungen war, wurde Bellièvre unverzüglich nach England entsandt, um Milde zu erbitten. Aber Heinrichs Erklärung, er würde sich »mit ganzer Kraft« gegen die beabsichtigte Hinrichtung von Maria Stuart zur Wehr setzen, wurde nicht ernst genommen[1]. Fest in der Gewalt der Liga konnte es sich Heinrich kaum leisten, seine Beziehungen zu England zu schwächen.

Maria Stuart war lange Zeit ein »Thema« für das Haus Guise infolge ihrer familiären Versippung gewesen. Die Blutsbande wurden zudem noch durch familiären Ehrgeiz gefestigt. Jahre zuvor gab es einen Gedankenaustausch unter den Katholiken Spaniens und sogar Frankreichs darüber, daß eigentlich Maria, und nicht Elisabeth, die rechtmäßige Königin von England sei. Um diese These hatte Don Juan seine leichtsinnigen Pläne für eine englische »Intervention« im Jahre 1576 gesponnen. Es war eine These, der Philipp von Spanien immer noch seine gespannteste Aufmerksamkeit widmete. Dies würde den Spielraum Spaniens und der Liga erweitern – und eben das konnte die französische Krone nicht riskieren. England und Frankreich waren als Bollwerk gegen die wachsende spanische Macht aufeinander angewiesen. Und sie konnten sich ebensowenig eine gegenseitige Entfremdung durch das Eingreifen eines spaltenden Elements wie Maria leisten.

Doch der ganze Vorgang war noch weit verwickelter. So sehr war die Königin der Schotten mit der »katholischen Sache« identifiziert worden, daß ihr nicht zu helfen die eigene Rechtgläubigkeit in Frage stellen würde. Infolgedessen wurde Stafford, der um eine Audienz nachsuchte, um dem König den »wahren Ablauf« der den Tod Marias begleitenden Umstände zu erläutern (Elisabeths Darstellung lautete nämlich jetzt so, als habe sie nicht beabsichtigt, den Hinrichtungsbefehl, der ihre Unterschrift trug, vollstrecken zu lassen), kühl von den Staatssekretären empfangen, die, dem venezianischen Gesandten zufolge, äußerten, daß »die Tat ruchlos und unmenschlich war, und daß der König sowie ganz Frankreich nicht umhinkönnen, ihr Mißfallen kundzutun«[2].

Katharina zeigte dieselbe Haltung wie ihr Sohn. Ihre Briefe waren voll von teilnahmsvoller Bezugnahme auf die »arme Königin«, ihre »geliebte Schwiegertochter«, auf die «Qual und Trauer«, die sie angesichts dieser tragischen Geschehnisse empfand[3]. Weder sie noch ihr Sohn konnten anders handeln. Hätten sie sich nicht nach Kräften für Maria Stuart eingesetzt, so wäre ihnen das als unumstößlicher Beweis ausgelegt worden, sie stünden heimlich auf Seiten der Protestanten – ein Beweis, dessen sich die Liga zu ihrem großen Vorteil bedient haben würde. Tatsächlich hatte einige Monate früher der spanische Gesandte Olivares versucht, dem Papst einzureden, daß, wenn Maria Stuart zu Tode kommen würde, es »mit voller Kenntnis und unter Zustimmung des Königs von Frankreich« geschähe, denn die Königin von England würde es niemals »wagen, ihm in einer so wichtigen Angelegenheit zu nahe zu treten«[4]. Scylla oder Charybdis, England oder die Liga: es schien kein Mittel für den König zu geben, beiden aus dem Wege zu gehen.

Die Guisen mit ihrem nie verzagenden Geschick, alles zum eigenen Vorteil zu wenden, nutzten jetzt den Tod ihrer Base aus. Gerade davor, so legten sie dem französischen Volk dar, hatten sie es gewarnt: so pflegten Protestanten mit Unschuldigen umzugehen – und respektierten dabei nicht einmal das Königtum. Was hat dann erst der einfache Bürgersmann zu erwarten, sollte ein Protestant den Thron Frankreichs besteigen? Bald wurde die schöne, freilich öfters törichte Königin der Schotten mit dem Nimbus einer Heiligen umgeben. Die Kirche hatte eine neue Märtyrerin. Von den Kanzeln von Paris herab wurde sie gepriesen, beweint und gegen diejenigen gewettert, die sie gestürzt hatten. Im Tode hatte Maria Stuart ihren französischen Hof wieder um sich vereint. Lebhaft begrüßt bei ihrer Ankunft in Frankreich als »das vollkommenste Kind« und später bei ihrer Vermählung mit Franz II. als »die schönste Frau der Welt«, war sie im Tode wieder ins Rampenlicht geraten und wurde nun als »Märtyrer-Königin« verehrt.

Nirgends stieß die Nachricht von ihrem Tod auf ein nachhaltigeres Echo als im Escorial. Im Juli zuvor hatte Maria, die nicht wünschte, daß der Thron auf ihren protestantischen Sohn überging, Philipp durch Mendoza schon davon in Kenntnis setzen lassen, daß sie, wenn er zu ihrer »Unterstützung« entschlossen sei, »meine Nachfolgerechte auf die Krone abtreten und testamentarisch auf den König, Ihren Herrn, übergehen« lassen würde[5]. Es war ein ungewöhnliches Versprechen, noch außergewöhnlicher, wenn man sich vergegenwärtigt, daß die Krone, auf die sie anspielte, ja nicht nur die von Schottland, sondern auch die von England war. Infolgedessen betrachtete sich Philipp nach Marias Tod als der rechtmäßige Erbe des englischen Thrones. Mit plötzlich ausgebrochenem Tatendrang begann er jetzt die verwickelte Maschinerie in Bewegung zu setzen, die von ihm das Unternehmen von England genannt, von der Geschichte aber als die Armada bezeichnet worden ist, was weit symbolträchtiger klang.

Katharina, die von Philipps Plänen und der Rolle, die Frankreich dabei zu spielen gezwungen werden sollte, keine Ahnung hatte, reiste mittlerweile westwärts nach Paris. Allenthalben sah sie sich Elend gegenüber. »Wenn doch der König nur entschlossener werden würde«, schrieb sie voller Überdruß an Bellièvre. »Wenn man ihn doch stark genug sähe, die Defensive oder gar die Offensive zu ergreifen, ich glaube, wir würden hier eine ganz andere Sprache zu hören kriegen«, fuhr sie fort, wobei sie auf die hochtrabende Rhetorik der Liga anspielte[6]. Dafür, daß der König Entschlüsse fassen würde, schien wenig Aussicht zu bestehen, denn mit jeder neuen Schicksalswendung glitt er immer tiefer in die Welt seiner Phantasie. Zur gleichen Zeit, als Katharina auf einen Wechsel hoffte, schrieb Mendoza verächtlich: »Der König hat während dieses Karnevals nichts anderes zu tun als unaufhörlich zu tanzen und an Maskeraden teilzunehmen. Die letzte Nacht tanzte er bis in den hellichten Tag hinein, hinterher hörte er die Messe und legte sich dann bis abends ins Bett. Dann begab er sich in sein Kapuzinerkloster, wo er sich jetzt noch aufhält und für niemand zu sehen oder zu sprechen ist.«[7]

Am 24. März war Katharina wieder in Paris. Sie nahm Wohnung im Kloster Les Filles Repenties, das sie gegründet hatte. Derart von Gicht geplagt, daß sie kaum allein ins Bett gehen oder das Bett verlassen konnte, war sie dennoch entschlossen, auf Bitten ihres Sohnes nach Reims zu kommen und zu versuchen, mit der Liga zu einem Vergleich zu gelangen. Es hatte nichts mit Prahlerei zu tun, sondern war lediglich eine Feststellung von Tatsachen, wenn sie an Bellièvre schrieb: »Gott stärkt mich und steigert meine Fähigkeit weit mehr, als es gemeinhin meinem Geschlecht entspricht, zur Erledigung all der Geschäfte, mit denen ich befaßt bin.«[8]

Am 24. Mai, genau zwei Monate nach ihrer Rückkehr nach Paris, war Katharina in Reims, wo sie sich mit dem Herzog von Guise und seinem Bruder Mayenne traf. Diese waren höflich und ehrerbietig – und geradezu aufreizend indolent. Als sie Guise eröffnete, ihre Hauptaufgabe bestünde darin, herauszufinden, was ihm mißbehage, wobei sie ihm versicherte, »der König wäre guten Willens, ihn mehr und mehr zu fördern«, wich er aus und versicherte ihr seinerseits, daß er sich stets der Gunst des Königs sicher fühle. Als sie die Diskussion auf den Wunsch des Königs lenkte, die von der Liga besetzten Städte in der Picardie geräumt zu sehen, wich er abermals aus. »Als ich sah, daß bei ihnen keine Antwort zu holen war«, so schrieb sie an den König, »erwiderte ich, daß Du sehr ungehalten sein würdest.[9]«

Sie fuhr fort zu sprechen, als ob der König immer noch König wäre, obgleich die Führer der Liga längst erkannt hatten, daß er es nicht mehr war. Katharinas überspannte Bekundungen amüsierten die Guisen. Sie brauchten sie nicht länger zu demütigen, wozu sie sich noch in Epernay veranlaßt sahen: in Reims erniedrigte sich Katharina selbst, indem sie ungezügelt, verschwenderisch und unrealistisch mit Versprechungen um sich warf. Es war, so ließ Guise trocken verlauten, ein wenig wie die Geschichte im Evangelium, in der Satan Christus die ganze Welt verspricht. Alles sehr schön, aber es lag nicht in seiner Macht darüber zu verfügen[10]. Nichts kam bei Katharinas Intervention heraus, und am 4. Juli traten sich Guise und der König Auge in Auge gegenüber. Das Ergebnis war katastrophal. Guise, der »ganz ungeschminkt sprach« und »alles Friedensgerede und andere nachteiligen Pläne beiseite schob«, drängte den König »ganz offen in diesen Krieg einzusteigen«[11].

Der König war hin und her gerissen. Nachdem er so lange in einer Zwickmühle gesessen hatte, wußte er kaum mehr, wer er eigentlich war oder was er dachte. Gian Francesco Morosini, der dieses Frühjahr als päpstlicher Legat nach Frankreich entsandt worden war, schrieb über ihn mit seltenem Einfühlungsvermögen: »Er füllt die Rollen zweier Personen aus: er ist ein König der Hoffnung und ein König der Tränen. Einerseits wünscht er die Niederlage der Hugenotten, fürchtet sich aber davor; andererseits fürchtet er die Niederlage der Katholiken, wünscht sie aber doch herbei. Diese auseinanderklaffenden, aber mächtigen Gemütsbewegungen erfüllen ihn mit Ängsten und machen ihn mißtrauisch, selbst seinen eigenen Gedanken gegenüber.«[12]

Heinrichs Entschluß, sich aktiv auf die Seite der Liga zu stellen, wirkte auf Navarra niederschmetternd. Noch einmal gaben die Hugenotten eine formelle Erklärung kund, worin sie versicherten, sie hätten die Waffen nicht gegen den König erhoben, sondern »für seine Sache und in seinem Dienst« sowie um Frankreich zu Hilfe zu kommen, das »überwältigt ist und unter der Ferse der Liga-Tyrannei stöhnt«[13]. Sie verdoppelten ihre Hilferufe an Elisabeth, die schließlich dem Rat ihres Ministers folgt, der in der Hilfe für die Hugenotten das praktischste Mittel sah, um die spanische Macht in Schach zu halten.

Im September 1587 war der »Krieg der drei Heinriche« voll entbrannt. Guise verfügte über eine schlagkräftige Armee im Norden, die Armee des Königs stand in der Touraine, und des Königs *mignon* Joyeuse stand bereit für eine heiße Schlacht im Süden. Im Vergleich dazu wirkte die Armee des dritten Heinrichs, Heinrich von Navarra, klein, bäuerisch und sehr erschöpft. Und seine Armee war es auch wirklich. Es war keine Armee, um Schlachten zu gewinnen, sondern nur für kleine Scharmützel und Streifzüge. Aber was ihr an Aufmachung fehlte, ersetzte sie durch Energie und

Beweglichkeit. Im Oktober stand sie angetreten, um nach Nordosten aufzubrechen und sich mit den deutschen und schweizerischen Söldnern zu vereinigen, die über Lothringen nach Frankreich kommen sollten. Aber dieses Mal hatte Navarra seine genauen Zeiteinteilungen zu gedrängt bemessen. Er hatte sich nicht klar gemacht, daß ihm Joyeuses Armee, prächtig anzusehen mit ihrer glänzenden Rüstung, ihren Samtröcken und flatternden Wimpeln, überlegen war, aber nun war es zu spät. Eingeschlossen in der kleinen Stadt Coutras, im Rücken Flüsse, die zu tief und zu reißend waren, um sie zu durchwaten, gab es keine Alternative zur Schlacht.

Coutras ist eine Schlacht, die sich in jeder Navarra-Legende festgesetzt hat: die Hugenotten, die in Ruhe bei nebelverhangenem Morgengrauen in Stellung gehen; die Augenblicke des Gebets, da ihnen die evangelischen Geistlichen die französische Übersetzung von Davids Siegespsalm (»Dies ist der Tag, den der Herr gemacht hat«) vorsprachen; die Verachtung des Feindes, der ihre gebeugten Knie als Zeichen von Feigheit nahm; Navarra selbst mit seiner weißen Feder, an der man ihn überall dort, wo die Schlacht am heftigsten tobte, erkannte. Und dann die ersten Zeichen unerwarteten Widerstands – die ersten Zeichen, daß die Psalmsänger auch Männer des Schwertes waren; der zähe, unvorhergesehene Widerstand, den sie dem Ansturm der königlichen Kavallerie entgegensetzten. So unerwartet war der hugenottische Widerstand, daß Joyeuses Streitkräfte auseinanderbrachen und zersprengt wurden. Sie gewannen ihre ursprüngliche Stärke nicht wieder. Bevor der Tag vorüber war, lag Joyeuse mit seinem überladenen Federputz tot auf der Walstatt, und die Hugenotten hatten einen überwältigenden Sieg erfochten. Es war ein bestürzender und unvorhergesehener Ausgang. Zum ersten Mal nahm die Liga die Kampfkraft der Hugenotten ernst.

Der Triumph der Hugenotten währte indessen nur kurze Zeit. Innerhalb von zwei Wochen hatte Guise das Gleichgewicht wiederhergestellt, indem er den deutschen Söldnern auf den fruchtbaren Auen der Beauce tödliche Verluste beibrachte. »Saul tötete Tausende, aber David Zehntausende«, sang die Liga jubelnd.

Während die Hugenotten und die Liga sich den Triumph teilten, bemächtigte sich des Königs eine defätistische Stimmung. Da in Wirklichkeit ja beide Parteien seine Feinde waren, so setzte ihn jeder Sieg Gefahren aus. Anfang Herbst hatte Katharina an ihn geschrieben: »Mein Sohn, ich bin so außer mir, Dich so nahe bei diesem schrecklichen Unwetter zu wissen, daß ich kaum weiß, was ich Dir schreiben soll.« Sie machte sich über den

Zustand Frankreichs große Sorgen, aber am meisten »über Deine eigene Person, die mir so teuer ist.«[14] Gleich ihrem Sohn wußte Katharina kaum, was sie sich wünschen sollte. Sie fürchtete die Siege der Hugenotten, doch vertraute sie dem König heimlich an, sie wäre erschreckt über Gerüchte, wonach Guise auf dem Weg nach Paris sei.

»Ein König der Furcht und ein König der Tränen«, hatte Morosini über Heinrich geschrieben. Es war zugleich ein Bildnis seiner Mutter.

Kurz vor Weihnachten kehrte der König aus dem Feld zurück, wo er einige Monate zugebracht hatte. Er war ohne jede Begeisterung empfangen worden. In den Augen des Volkes hatte er nichts weiter getan als eine Armee ins Feld geführt und sie wieder zurückgeholt. Die Siege gehörten Guise. Das Weihnachtsfest war freudlos, und es wäre noch weit freudloser gewesen, hätte der König gewußt, daß vierzig Mitglieder der Sorbonne einen geheimen Beschluß gefaßt hatten, daß man das Recht habe, »die Regierungsgewalt unfähigen Fürsten aus den Händen zu nehmen«[15].

»Jetzt begann das Jahr 1588, das alle kritischen Astrologen das Wunderjahr genannt hatten, weil sie eine große Reihe merkwürdiger Unglücksfälle sowie Verwirrungen im Ablauf der natürlichen Ereignisse voraussahen, so daß sie sicher waren, es würde zumindest zu einem Umschwung des Universums kommen, falls nicht überhaupt die Welt untergeht.«[16] So äußerte sich ein zeitgenössischer Historiker über die zwölf Monate, die so hoffnungslos begonnen hatten. Kurz darauf bekamen die Astrologen recht. Kälte, Hunger, Überschwemmungen suchten Frankreich mit erneuter Kraft heim. Und am 24. Januar hüllte Paris so dichter Nebel ein, daß es tiefe Nacht wurde in der Stadt. Nachmittags schwelten Fackeln in der schweren Luft, während verwirrte Bürger sich in den dunklen Straßen anrempelten. »Es war so stickig, und die Atmosphäre so düster«, vermerkte L'Estoile, »daß zwei Leute, die auf der Straße nebeneinander herliefen, einander nicht sehen konnten.«[17] Der Nebel wurde natürlich für ein »Zeichen« gehalten.

Östlich von Paris, in der Stadt Nancy in der Provinz Lothringen, braute sich eine andere Art von Düsternis zusammen. Hier fand Ende Januar ein Familienrat der Guisen statt, um die Artikel von Nemours nochmals zu bestätigen und noch schärferen Druck auf die Hugenotten zum Tragen zu bringen. Der König sollte sich noch unmißverständlicher zur Unterstützung der Liga und zur Verdammung der Häresie bekennen. Er sollte aus seinem Rat gewisse der Sympathie für die Hugenotten verdächtige Leute entfernen, weiter darauf sehen, daß die Beschlüsse des Konzils von

Trient befolgt und die Inquisition eingeführt würde. Die vom Leben und Eigentum der Hugenotten handelnden Klauseln waren ins einzelne gehend und streng. Als die Artikel im Februar dem König vorgelegt wurden, zögerte er, versuchte auszuweichen, und gab zuletzt doch nach. Er hatte keine andere Wahl. Die Liga saß so fest wie nie zuvor im Sattel. Selbst wenn Heinrich in der Lage gewesen wäre, Navarra zu Hilfe zu rufen, so war dieser jetzt viel zu angespannt, um sie zu gewähren. Der Sieg von Coutras war nur ein kurzes Aufflammen gewesen. Er hatte keine lang anhaltenden Wirkungen hervorgerufen, es sei denn, lebhafte Meinungsverschiedenheiten in den Reihen der Hugenotten, zumal da viele das Gefühl hatten, Navarra habe seine Zeit vergeudet und es unterlassen, aus seinem Gewinn Vorteile zu ziehen. Unterdessen vermochten die Schweizer und deutschen Söldner nichts auszurichten. Sie waren südlich von Lothringen umhergezogen, wobei sie den Ländereien der Guisen keinen Schaden zufügten, sondern vielmehr durch das fruchtbare Land von Burgund strichen. Sie versetzten die Bewohner längs der Loire in Angst und Schrecken, zündeten die Häuser und Ernten an und häuften in ihren plumpen Fahrzeugen geplündertes Gut auf. Ihre Führer konnten sie nicht in Zucht halten. Ziellos streunten sie auf dem flachen Land umher und weigerten sich, gegen die Armee des Königs vorzugehen, indem sie behaupteten, sie würden bezahlt, um gegen den Herzog von Guise zu kämpfen, nicht gegen den König.

Bald aber begann sich Frankreich für ihre Zerstörungswut zu rächen. Die Ruhr brach in ihren Reihen aus, und zwar so heftig, daß ihre Armee sich auf den Spuren ihrer Leiber verfolgen ließ. »Ich hätte niemals eine so hohe Sterberate für möglich gehalten«, schrieb Guise, der dieser Armee folgte. »Ich schwöre Ihnen bei meiner Ehre, daß ich mehr als achthundert tote Leiber gesehen habe.«[18] Den Reitern stand der Sinn nicht mehr nach Kämpfen, aber sie waren nicht willens, ihre reiche Beute im Stich zu lassen, und so nahmen sie ihre letzten Kräfte zusammen, um ihre schweren Wagen über das verschlammte Land zu schieben. Das Gewicht der Ladung hatte dazu geführt, daß die Räder bis zur Achse im Schlamm stecken blieben. Sie knarrten und ächzten unter den schwächlichen Anstrengungen der Soldaten, aber sie bewegten sich nicht weiter. Die hoffnungslos versackten Wagen wurden ebenso wie die Leichen ihrer Kameraden dem Verderben überlassen.

Das Scheitern der Reiter bedeutete gleichzeitig das der Hugenotten und folglich einen Sieg der Liga. Im Gefolge der Artikel von Nancy nahm ein gegen die Guisen gerichtetes Flugblatt schärfstens dazu Stellung:

»Der König, der sich so der Liga verschrieben hat, hat sich infolgedessen seinem eigenen Ruin verschrieben und ist gezwungen, seine Waffen in ihren Händen zu lassen. Aus seinem Ruin wird das Haus der Guisen erstehen: aus der Schwächung und dem Tod seines Ansehens werden Vorteil und Krone ihnen gehören . . . Der König ist jeden Ansehens beraubt und seiner Kräfte entledigt; der König ist unter ihrem Daumen und hat nach ihrem Belieben zu regieren und nur, insoweit sie es überhaupt wünschen.«[19]

Trotz aller Übertreibung, die sich aus der feindseligen Stimmung gegenüber den Guisen erklärt, war diese Darstellung ebenso schlicht wie wahr. Der König wußte es und spürte vorübergehend einen Anstoß, seine Autorität geltend zu machen. Zum ersten Mal seit Monaten sprach er, so vernehmen wir von einem seiner Sekretäre, als ob er erwarte, daß man ihm gehorchen würde. Es war ein kurzes Verhalten vor dem Kopfsprung ins Verderben.

Guise war mehr denn je Herr der Lage und schrieb an die Königin-Mutter in unerklärlicher Ergebenheit, um ihr zu versichern, er wünsche nichts weiter als dem König gefällig zu sein.

Diesen März sandte der König in einem letzten Versuch, der Liga Einhalt zu gebieten, Bellièvre nach Lothringen, um zu erkunden, welche Abmachungen sich wohl treffen ließen. Bellièvre war es von Anfang an klar, daß seine Mission scheitern würde. Die Herren der Welt hatten keinerlei Anlaß, Kompromisse zu schließen. Katharina schrieb im Vertrauen auf das Geschick ihres alten Freundes einige Male an ihn und versicherte ihm, die Schwierigkeiten seien ihr bekannt, und wiederholte ihre Zuversicht, er würde gewiß sein Bestes tun[20]. Es war die erste Mission dieser Art, für die man nicht sie ausgewählt hatte. Obwohl Katharina wußte, daß sie körperlich gar nicht mehr in der Lage war, anstrengende Reisen zu unternehmen, spürte sie zweifellos den Stich verletzten Stolzes.

In der Vergangenheit hatte ihr Sohn sie öfters zur Seite gedrückt, doch Verzweiflung hatte ihn immer wieder bewogen, sie zurückzurufen. Verzweifelt aber, wie er jetzt war, hatte er sich anderswo nach Hilfe umgesehen. Zweimal hatte sie in den vergangenen drei Jahren Mißerfolg gehabt: er hatte sie nach Epernay entsandt, um den Guisen ein Bein zu stellen, statt dessen aber hatte sie ihnen in den Sattel geholfen; er hatte sie nach Süden entsandt, um Navarra den Weg abzuschneiden, aber sie hatte einen trügerischen Waffenstillstand nach Hause mitgebracht, der Navarra Zeit ließ, seine Armee zu verstärken. Er würde sie nicht wieder entsenden. Mit ihrer lähmenden Gicht und ihren Zähnen, die so gräßlich schmerzten, daß man kaum verstehen konnte, was sie sagte, war Madame Katharina zu nichts mehr zu gebrauchen.

Die Ereignisse jenes Frühjahrs reichten aus, um all das, was die Astrologen über unnatürliches Geschehen und einen »Umschwung des Universums« vorausgesagt hatten, zu bewahrheiten. Der *deus ex machina,* der diesen »Umschwung« zuwege bringen sollte, war der König von Spanien. Schmächtig und gebückt, so emsig an seinen Schreibtisch gefesselt. daß man ihn zeitweise den Kanzlisten des Escorial nannte, hatte Philipp Träume, die geradezu maßlos waren. Er träumte gegenwärtig davon, die Achse, um die sich die Welt drehte, langsam zu verschieben, sowie einen neuen und uneinnehmbaren Sitz der Macht zu begründen. Der Hebel, den er anzusetzen beabsichtigte, war die Armada. Der Tod Maria Stuarts trieb die Pläne für die Armada vorwärts. Philipp war voller »heiliger Ungeduld«, England zu erobern und die Einheit der Christenheit wiederherzustellen.

Spanien war von der Unruhe, die der Schiffsbau mit sich brachte, erfüllt, doch so sorgfältig wurde das Geheimnis gehütet, daß nicht einmal Elisabeths geübte Agenten hinter dieses Rätsel kommen konnten. Entschlossen, seine Unternehmung fehlerfrei durchzuführen, unternahm Philipp Schritte, die sicherstellen sollten, daß die Armada ohne jede Störung unmittelbar Kurs auf England nehmen könnte. Zu diesem Zweck bediente er sich der Hilfe des von ihm ausgehaltenen Heinrich von Guise, der sich jetzt so tief in seiner Schuld befand, daß er ihm nichts abschlagen konnte. Um Frankreich von einer Intervention zugunsten Englands abzuhalten, mußte in Frankreich ein »Krach« losbrechen, der alle Kräfte binden würde. Paris befand sich bereits in Aufruhrstimmung; die Liga war, mit Ausnahme des Titels, in allem König. Während der ersten Maiwoche sollte Guise in Paris einziehen, sich der Person des Königs bemächtigen und sich selbst zum Herrn machen. Mittlerweile sollte des Königs *mignon* Épernon zum Abzug aus der Picardie veranlaßt werden, um seinem königlichen Herrn zu Hilfe zu kommen und auf diese Weise die nördlichen Küstengebiete frei für die Durchfahrt der Armada zu halten.

So geheimnisvoll gingen die Ränkeschmiede zu Werke, daß nicht einmal alle in das Unternehmen Eingeweihten die Befehlskette kannten. »Der Mann, der den ganzen Tanz in Szene setzte« (so formulierte es Cavriana), war Bernardino von Mendoza. Jüngst aus England vertrieben als Quelle von Zwietracht und Aufruhr, war er ein idealer Geheimagent. Verschwiegen, scharfsinnig, mit einem Hang zur Intrige, war er ungewöhnlich erfolgreich bei der Durchführung des Auftrags, den Philipp ihm anvertraut hatte. Im zeitigen Frühjahr 1588 hatte er begeistert über die Pläne für den Pariser Aufstand geschrieben: »Wenn dieses Vorhaben durchgeführt wird, dann werden dem König die Hände so fest gebunden sein, daß er unmöglich mit Worten, geschweige denn mit Taten, der Königin von England zu Hilfe eilen kann.«[21]

Trotz aller Geheimnistuerei war es offenkundig, daß irgendetwas in der Luft lag. Im vergangenen November hatte Katharina, beunruhigt über Gerüchte aus Spanien, an Longlée, ihren Gesandten in Madrid, geschrieben und ihn gefragt, was es mit der spanischen Flotte auf sich habe: war sie wirklich gegen die Niederlande gerichtet, oder war etwa Frankreich bedroht[22]? Einer von denen, die über die Planungen besonders gut Bescheid wußten, war Nicolas Poulain, ein angesehener Pariser Beamter, Mitglied der Sechzehn, wie die Pariser Gruppe der Liga hieß, und ein Agent des Königs. Unter großem persönlichen Risiko enthüllte Poulain dem König, was er über die Verschwörung wußte, aber dieser, sei es, weil er Poulain keinen Glauben schenkte, sei es, weil er vermeinte, sich nicht mehr aus der Schlinge ziehen zu können, unternahm wiederum nichts.

Ostern fiel dieses Jahr auf einen späten Termin, aber das Osterfest nahm in den Gedanken des Königs einen zweitrangigen Platz ein. Seine Andacht ging im allgemeinen Durcheinander unter. Es bedurfte keiner geheimen Information, um ihn gewahr werden zu lassen, daß Paris am Rand eines Aufruhrs stand. Anzeichen waren überall vorhanden. Von den Kanzeln wurde gegen den König gewettert und das Volk darauf aufmerksam gemacht, er plane ein blutiges Massaker, um Paris seiner katholischen Führer zu berauben, wie sein geisteskranker Bruder es einst der Hugenotten beraubt hatte. Aus Furcht und vor Zorn sandte das Volk Botschaft auf Botschaft an Guise und bat ihn, doch zu kommen und es zu erretten. Guise aber blieb in Soissons – nicht deshalb, weil er zauderte, sondern weil er den richtigen Augenblick abwarten wollte. Um seiner Entschlossenheit Nachdruck zu verleihen, hatte Philipp Juan de Moreo, seinen Bevollmächtigten beim Vertragsabschluß in Joinville, entsandt, um Guise seine weitere Hilfsbereitschaft zu versichern und ihm goldene Versprechungen in Aussicht zu stellen, was Spanien alles für ihn tun würde, wenn die englische Unternehmung erst einmal vorüber wäre.

Immer noch der vollendete Diplomat, fuhr Guise fort, respektvolle Briefe nach Paris zu senden und der Königin-Mutter noch am 3. Mai mitzuteilen: »Ich bitte Gott um die Gnade, daß meine Handlungen Anerkennung finden und lediglich danach beurteilt werden, was sie in Wirklichkeit sind.«[23] Trotz seiner Treuebekundungen hielten sich jedoch die Gerüchte, er sei unterwegs, um Paris zu nehmen, so hartnäckig, daß am 8. Mai Bellièvre nach Soissons geschickt wurde, um Guise zu warnen, daß jeder Versuch, nach Paris zu kommen, als bewußter Ungehorsam gegenüber der Krone angesehen, und daß er höchstpersönlich für jede Art Unruhe verantwortlich gemacht werden würde, zu der es kommen sollte. Es war ein zorniger Bellièvre, der beinahe postwendend nach Paris zurückkehrte. Wenn Guise den Befehl auch nicht offen mißachtet hatte, so war er hochfahrend und unnachgiebig gewesen. Bellièvre wies den König daraufhin, nur durch entschlossenes Handeln könnten die Dinge noch unter Kontrolle gehalten werden. »Er sagte dem König«, so äußerte sich Stafford in seiner Depesche, »daß er ihnen entweder das, was sie haben wollen, geben müsse – was zuzugestehen eines Königs nicht würdig wäre – oder er müsse sich ihnen als König zeigen.« Bellièvre hatte zweifellos gehofft, die Alternativen so deutlich dargestellt zu haben, daß sich Heinrich nunmehr gezwungen sähe, eine Entscheidung zu treffen. Aber nicht einmal das konnte den König zum Handeln aufrütteln. Statt dessen entledigte er sich seines eigenen Schuldgefühls dadurch, daß er sich in großem Zorn an Katharina wandte und sie zwang, sich doch einmal anzusehen, »wohin ihre ganze Taktik geführt hat«. Eine augenblickliche Verzweiflung hatte die Königin-Mutter überwältigt. Weder gab sie irgendeine Erklärung ab noch entschuldigte sie sich, bemerkte Stafford, sondern sagte ganz einfach, sie hätte doch »ihr Bestes getan«, und versicherte dem König, sie würde ausführen, was er auch immer beschlösse[24].

Die Entscheidung näherte sich dem Höhepunkt. Kurz nach Bellièvres Abreise aus Soissons machte sich Guise in Begleitung von weniger als einem Dutzend Männern (mehr brauchte er nicht) ebenfalls auf den Weg nach Paris. Die ganze Nacht über im Sattel trafen sie am nächsten Morgen in St. Denis, ganz in der Nähe von Paris, ein. Hier machten sie halt, um zu frühstücken, und dann ritten sie ganz unauffällig durch die Porte St. Martin nach Paris hinein. Der Herzog war noch gar nicht weit vorgedrungen, als man ihn erkannte. Die Menge reagierte begeistert. Man schätzte später, daß er um die Zeit, in der er das Herz von Paris erreicht hatte, 30000 Mann zur Verfügung hatte.

Die Ereignisse der nächsten fünf Tage liegen unter dem Schleier der Geheimhaltung und Legende verborgen. Wie es schon beim Gemetzel am Tage von St. Bartholomäus der Fall war, auch diesmal wurden die Tatsachen durcheinandergeworfen und widersprachen zuweilen einander, denn diejenigen, welche dabei waren oder sich ihrer erinnerten, verfolgten sie unter verschiedenartigen Gesichtswinkeln. Was die Begründungen anbetrifft, so ist man auf Vermutungen angewiesen; man muß versuchen, aus den weiteren Zusammenhängen der Lebensläufe der drei Hauptcharaktere ihre ebenso mysteriösen wie verwickelten Absichten herauszulesen.

Guises erster Schritt, nachdem er das Zentrum von Paris erreicht hatte, wich von dem so sorgfältig ausgearbeiteten Plan Mendozas ab. Statt sich die rue St. Antoine hinab nach seinem Wohnsitz zu begeben, schlug er die Richtung zu den Filles Repenties ein, wo Katharina öfter ihre Residenz zu nehmen pflegte. Sie hielt sich auch dort auf, aber sie glaubte trotz Bellièvres Bericht nicht, daß es Guise wagen würde, nach Paris zu kommen. Seine Ankunft war derart unerwartet, daß sie erbleichte, als sie davon unterrichtet wurde. Warum er ausgerechnet zu ihr gekommen war, wußte sie nicht; vielleicht, wie er so oft schon in der Vergangenheit erklärt hatte, um ihre guten Dienste zur Beeinflussung des Königs in Anspruch zu nehmen. Aber Einflußnahme wozu? Gewiß konnte er nicht von ihr erwarten, dem König zu raten, abzudanken zugunsten eines Mannes, der sie beide schon so tief gedemütigt hatte.

Katharina, die sich sehr zusammennehmen mußte, begrüßte Guise kühl und sagte ihm, wie es in einigen Berichten heißt, man hätte ihn herzlicher willkommen geheißen, wenn er zu einer anderen Zeit gekommen wäre. Ein Teil ihrer Unterhaltung war für jedermann im Raum zu hören. Sie fragte ihn, weshalb er gekommen sei. Er erklärte, es ginge ihm darum, seinen Namen zu entlasten von jenen verleumderischen Berichten, die über ihn ausgestreut würden, und er bat um Katharinas Fürsprache beim König. Was nun folgte, konnte niemand hören, denn sie drängte ihn gegen ein Fenster hin, und ihre Stimmen waren nicht mehr vernehmlich. Nicht lange darauf ließ sie ihre Sänfte kommen und begab sich, begleitet von Guise, in den nahegelegenen Louvre. Beide bildeten ein ungewöhnliches Paar: Katharina, klein und schwer, ihre ungesunde Blässe noch durch das unvermeidliche Schwarz ihrer Kleidung unterstrichen; Guise, einen Fuß größer als sie, gut aussehend, in weißem Satin mit einem schwarzsamtenen Umhang über seinen Schultern. Zum ersten Mal hörte Katharina in unmittelbarer Nähe den Ruf, der die martialische Musik für die nächsten fünf Tage abgeben sollte: *Lang lebe Heinrich, der Herzog von Guise!*

Guise stieg die riesige Treppe im Louvre allein empor, denn Katharina war zu kurzatmig, um mit ihm Schritt halten zu können. Allein ging er an der königlichen Wache vorüber, die in Habtachtstellung angetreten war.

Der König, der durch einen Boten Katharinas von Guises Anwesenheit in Kenntnis gesetzt worden war, erwartete, von einigen seiner Sekretäre umgeben, Guise im hinteren Teil seines Gemachs. In der kurzen Zeit, die Heinrich zur Verfügung gestanden hatte, um sich auf den Empfang Guises vorzubereiten, hatte er sich noch an Alphonse d'Ornano, seinen korsischen Oberbefehlshaber, gewandt und ihn gefragt, ob er an seiner, des Königs Stelle, Guise töten lassen würde. Ornano, ein Mann der Tat, unberührt vom Schwanken des Königs, gab zu verstehen, daß der König doch nur den Befehl zu geben brauche. Selbst als sich Guise näherte, wartete Ornano noch. Für einen Augenblick ließ der Stachel des Todes Guise schwach werden, und er sah sich gezwungen, wie ein Zeuge bekundet, sich gleichsam Hilfe suchend an eine schwere Truhe zu lehnen. Aber dieser Augenblick ging vorüber – wie so mancher Entscheidung heischende Augenblick in Heinrichs Leben –, und Guise, der wußte, daß es um sein Leben ging, als er den Louvre betrat, mußte das beseligende Gefühl des Erfolgs empfunden haben. Er hatte auf das Zaudern des Königs gesetzt. Und er hatte gewonnen[25].

Als er auf die Frage des Königs zu erklären anhub, er sei gekommen, um den Verleumdungen, die man gegen ihn vorbringe, ein Ende zu bereiten, schnitt ihm der König unvermittelt das Wort ab. Wenn, wie ein Zeitgenosse sich erinnert, Katharina in diesem dramatischen Augenblick wirklich die Halle betreten, sich ihrem Sohn genähert und ihm gesagt hat: »Ich habe Monsieur de Guise gebeten, nach Paris zu kommen«, so stehen wir vor einem unlösbaren Rätsel[26]. Sollte sie wirklich so schnell zu Guise übergegangen sein? Ist es dies, was ihm vorschwebte, als er sagte, er wünsche ihre Fürsprache bei ihrem Sohn? Und hatte es wirklich so wenig Anstrengungen gekostet, sie zu gewinnen? Dies zu glauben, ist einfach unmöglich, denn um eine solche Haltung einzunehmen, hätte sie ihre ganze politische und persönliche Vergangenheit auslöschen müssen. Wenn es auch wahr ist, daß Katharina oft allzu leichtfertig mit Versprechungen bei der Hand war und Treue schwor, die sie nie zu halten beabsichtigte, so war sie doch niemals ihrem Sohn untreu geworden. Verschlagen war sie zweifelsohne, aber in den Jahren treuer Verbundenheit, in den Mühsalen, die sie auf sich genommen, und den Meilen, die sie »im Dienste des Königs« zurückgelegt hatte, ist nichts von Verschlagenheit zu spüren.

Nur wenn sie über ihren Sohn bis zum äußersten verzweifelt gewesen wäre, hätte Katharina vor Guise kapitulieren können. Aber die Ereignisse der nächsten Tage zeigen, daß das nicht der Fall war. Vielleicht, und das scheint die glaubhafteste Deutung, hatte sie die im Raum herrschende

Atmosphäre verspürt, war sie überrascht von dem forschenden Blick Ornanos, sowie in ängstlicher Erwartung, was ihr Sohn tun würde. Nachdem sie auf ihrem Weg zum Louvre jene wilden, leidenschaftlichen Stimmen, die Guise zujubelten, vernommen hatte, erkannte sie die Aussichtslosigkeit der Lage des Königs, falls Guise getötet würde. Es diente wohl der Besänftigung seines Zornes, wenn sie selbst die Verantwortung für Guises Anwesenheit übernahm.

Was auch immer ihre Beweggründe gewesen sein mögen, Gewaltanwendung war vermieden worden. Die nervöse, unbehagliche Besprechung währte drei Stunden lang. Am Ende verließ Guise, der nichts geopfert hatte, den Louvre durch eine Geheimtür und bahnte sich den Weg durch die bewundernde Menge zum Wohnsitz der Guisen. Auch Katharina wurde wieder davongetragen durch die Straßen zu den Filles Repenties, vorbei an dem verlassenen Astrologenturm, den sie für ihren Günstling Ruggieri hatte bauen lassen. Sie brauchte nicht länger einen Astrologen. Die Tagesereignisse und die Rufe der Menge waren ausreichende Hinweise auf die Zukunft. »Doch die ganze Welt wird unter Umwälzungen leiden, Reiche werden vergehen und allüberall wird großes Wehklagen herrschen«, hatte ein Astrologe über das Jahr 1588 geschrieben. Das war Weissagung genug.

Während der nächsten zwei Tage wurden die Verhandlungen zwischen Herzog und König fortgesetzt. Am 10. Mai kehrte Guise in den Louvre zurück, diesmal begleitet von etwa 400 bewaffneten Männern – er hatte keine Lust, sein Leben zum zweiten Mal aufs Spiel zu setzen. Er und der König diskutierten über die Artikel von Nancy, die Stellung der Hugenotten, Épernons Unternehmungen im Norden. Aber die ganze Zeit hindurch waren sie beide Männer, die sich aus dem Wege gingen, und ihre Worte glichen hohlen Kugeln, ziellos umherrollend, sich von Zeit zu Zeit berührend, aber für keinen von beiden einen Vorteil bringend. Guise spielte um Zeit; Heinrich wußte kaum, worum er spielte.

Außerhalb des Konferenzraumes rollte das wirkliche Geschehen ab. Kleinere Scharen von Ligasoldaten bewegten sich fortgesetzt in Paris hin und her – vielleicht um die 1500 Mann am Mittwoch Morgen. Der König befahl ebenfalls militärische Verstärkung. Am Morgen des 12. Mai, gerade eine Stunde vor Morgengrauen, rückten 3000 Mann der Schweizer Truppen des Königs in Paris ein. Unter genauer zeitlicher Abstimmung und mit militärischer Schlagkraft schwärmen sie über die ganze Stadt hin aus und unterbrachen geschickt die Verbindungen der Stützpunkte der Liga untereinander. Es war ein meisterhafter Plan – um so meisterhafter, als er unerwartet zur Ausführung gelangte. Sogar Guise war allem Anschein nach auf diese Initiative des Königs ganz und gar nicht vorbereitet. Am frühen Morgen befand sich Paris unter dem Oberbefehl des Königs. Der tatenlose König hatte endlich gehandelt. Paris duckte sich während der frühen Morgenstunden des Donnerstag still nieder. Die Märkte waren geschlossen, die Rolläden der Geschäfte herabgelassen. Die Straßen blieben still und leer, ausgenommen das gelegentliche Aufschlagen von Stiefeln auf das Pflaster oder das zeitweise Klirren von Waffen. Die Schweizer, die bis an die Zähne bewaffnet waren, stellten fest, daß es nichts für sie zu tun gab. Da kein Feind in Sicht war, lösten sie ihre Gliederungen auf und trollten sich in den Straßen, durch die sie patrouillieren sollten. Die Bürger, die sie durch ihre halbgeöffneten Vorhänge beobachteten, fanden schließlich, daß sie gar nicht so schreckenerregend aussahen. Die Abenteuerlustigeren tauchten allmählich in den Straßen auf. Andere, vorsichtigere folgten ihnen, als sie sahen, daß ihren Nachbarn nichts geschehen war. Paris war bald wieder zum Leben erwacht. Es gab keine Kämpfe, nur argwöhnische Neugier auf beiden Seiten, der Soldaten und der Bürger.

Der erste Widerstand gegen die Soldaten des Königs kam, wie zu erwarten war, aus dem Quartier Latin. Aus den Straßen um die Sorbonne quollen Geistliche und Studenten hervor, formierten sich im Augenblick ihrer Ankunft, entschlossen, den Kommandos des Königs zu trotzen. Auf der Place Maubert begannen sie ein Hindernis zu errichten. Sie bauten es ganz grob, mit den Händen, unter Benutzung jeden nur erreichbaren Materials: aus Steinbrocken, Pflastersteinen, Fässern und alten Holzstücken. Das Werk war weder haltbar noch dauerhaft, aber es war die erste Barrikade am Tage der Barrikaden, als welcher er bekannt geworden ist.

Mit dieser Aktion auf der Place Maubert begann sich die Stimmung in Paris zu ändern. In kurzen Abständen wurden überall in der Stadt weitere Barrikaden errichtet, rasche und wirkungsvolle Mittel, um die Soldaten des Königs dort einzukesseln, wo sie gerade waren. Am Anfang wäre es für die Schweizer Augenblickswerk gewesen, diese rohen Hindernisse zu beseitigen, aber ihrem Befehlshaber war eingeschärft worden, von der Waffe keinen Gebrauch zu machen. Und die Schweizer selbst verstanden ihre Aufgabe so, daß es um den Schutz der Pariser vor »fremden« Eindringlingen gehe. Da sie keine Ahnung hatten, was eigentlich vor sich ging, unternahmen sie nichts, um die Pariser an ihrem Werk zu hindern, ja, an einigen Stellen halfen sie ihnen auch noch beim Bau der Barrikaden.

Als der König Bericht von diesem unerwarteten Widerstand erhielt, schwand sein Vertrauen vom frühen Morgen, aber entgegen allen Bitten seiner Hauptleute weigerte er sich nach wie vor, die Erlaubnis für eine Offensivaktion zu geben. Am frühen Morgen war der päpstliche Legat Morosini im Louvre erschienen, um den König zu bitten, »die schönste Stadt der Welt nicht zu zerstören«. Es hatte den Anschein, als ob der König alles nur Mögliche tat, um der Bitte des Legaten zu willfahren. Seine anhaltende Weigerung, zu kämpfen, machte es unmöglich, der Darstellung der Hugenotten Glauben zu schenken, die behaupteten, der König habe für den Fall von Unruhen befohlen, ohne jegliches Zögern Paris dem Feuer und dem Schwert zu überantworten. Als weitere Berichte eintrafen, befahl der König schließlich den Rückzug der Schweizer. Der Befehl kam zu spät. Jetzt war es für die Soldaten unmöglich geworden, sich ohne Blutvergießen zurückzuziehen, denn jetzt gab es fast alle hundert Fuß weit Barrikaden.

Was sich in Paris während jener späten Morgenstunden zutrug, war eine eigenartige Mischung aus spontanem und vorbedachtem Handeln. Einige Zeit vorher hatte Mendoza, sorgfältig in jeder Einzelheit, den Sechzehn auseinandergesetzt, wie leicht die Stadt mit einfacher Hilfe von Barrikaden unter Kontrolle zu halten sei. Es bedürfe keines besonderen Geschicks oder besonderer Waffen, um sie zu errichten. Jedermann könne dabei eingesetzt werden, und dennoch, so erklärte Mendoza weiter, könne durch ein so einfaches Mittel eine ganze Stadt ohne Blutvergießen unter Kontrolle gehalten werden. Was die Bürger selbst anlangte, so tanzten sie tatsächlich nach Mendozas Musik, obgleich sie zweifellos nicht wußten, wer die Melodie bestimmt hatte und warum.

Die Schweizer entdeckten jetzt zu ihrer tödlichen Überraschung, daß sie der Feind waren. Immer noch ohne Befehl, zu kämpfen, versuchten sie, sich durch die Barrikaden hindurchzuschlagen und sich in Richtung auf den Louvre zurückzuziehen. Während sie sich mit ihren Händen einen Weg durch den Schutt bahnten, wurden sie getreten und geschlagen, und sogar Steine flogen aus den Fenstern auf die engen Straßen. Bestürzt beim Anblick ihres eigenen Blutes versuchten sie verzweifelt, allen Umstehenden klar zu machen, daß sie keine Feinde seien, sondern Freunde, die hierher geschickt worden seien, um die Bürger vor feindlichen Kräften zu schützen. Da sie nur wenig Französisch konnten, suchten sie verlegen nach Redensarten, um die Wut der Bürger zu beschwichtigen. *»Bon Catholique«* riefen sie, indem sie sich bekreuzigten und um Gnade flehten. Von nun an setzten sie sich zur Wehr, aber selbst dann war es ihnen kaum

möglich, sich ihren Weg durch die Massen von Parisern zu bahnen, von denen sie unerbittlich umzingelt waren.
Im Louvre saß Heinrich von Furcht geschüttelt. Binnen weniger Stunden hatte sich die von ihm unter Anwendung einer so meisterhaften Strategie kontrollierte Stadt gegen ihn gekehrt. Die Furcht war stärker als der Stolz, und er entsandte einen Boten zu Guise, um ihn zu bitten, den Aufruhr zu unterdrücken.
Sein Ersuchen kam einem offenen Anerkenntnis gleich, daß Guise der Herr war. Von den Parisern schon längst als ihr Retter anerkannt, war er nun auch vom König anerkannt.
Guise spielte die Rolle mit ausgesuchter Finesse. Den ganzen Donnerstag Morgen über hatte er sich abseits gehalten und wartete in aller Ruhe in der rue St. Antoine ab. Solange die Straßen noch begehbar waren, kam Katharina zu ihm, zweifellos um ihn zu bitten, er möge seinen Einfluß geltend machen, das Volk zu beruhigen. Über diese Unterhaltung existiert keine Aufzeichnung, aber sie hatte jedenfalls Guise nicht zum Handeln veranlaßt. Er hatte abgewartet, bis das Durcheinander den kritischen Punkt erreichte, bis der König selbst ihn anflehte, um dann vorsichtig, damit er persönlich von dem Sturm nichts abbekommen würde, auszuziehen, und die Wasser zu beruhigen.
Viele zeitgenössische Erzählungen geben betont wieder, wie er, in weißen Satin gekleidet, aufgebrochen sei, ohne jede militärische Eskorte, nur von einem berittenen Haufen umgeben. Seine Gewandung war symbolisch für sein grenzenloses Vertrauen – ein Vertrauen, das unverzüglich gerechtfertigt wurde.
»Der dumme Pöbel«, schrieb L'Estoile angeekelt, »[war] sofort beruhigt allein schon beim Ertönen von Guises Stimme.«[27] Als man Rufe hörte »auf nach Reims«, war Guise allerdings rasch dabei, sie zum Schweigen zu bringen. Er war viel zu sehr Aristokrat, um sich von der Stimmung der Menge treiben zu lassen. Er wünschte sich etwas Stabileres als ein Königtum durch Zuruf. Wenn Mendoza mächtig genug war, die Musik zu spielen, wonach das Volk tanzte, so reichte Guises Macht viel weiter. In Guises Hand wurde das Volk selbst zum Instrument, auf dem er spielte.
Am späten Nachmittag kehrten die Truppen des Königs unter Mitführung ihrer Toten und Verwundeten und unter Guises freiem Geleit in den Louvre zurück. Wiederum machte sich Katharina vom Louvre zum Hôtel de Guise auf, um zu besprechen, über welche Bedingungen ein unterlegener König mit seinem Überwinder wohl verhandeln könnte. Die Bedingungen, die gestellt wurden, waren hart und erbarmungslos: Guise

sollte zum Generalleutnant des Königreichs ernannt und seine Bestallung auf einer Sitzung der Generalstaaten bestätigt werden; Navarra sollte von der Thronfolge ausgeschlossen werden; Épernon und andere »Feinde der Liga« sollten ihrer Ämter für verlustig erklärt werden; führende Regierungsämter sollten »gläubigen Katholiken« überantwortet werden; des Königs Privatwache, die Taillagambi, sollte aufgelöst werden. Alles in allem, die gesamte Macht sollte in Guises Händen ruhen, während dem König nichts anderes als der Titel bliebe.

Seines Erfolges sicher schrieb Guise noch diese Nacht an einen Freund: »Ich habe die Schweizer geschlagen sowie einen Teil der königlichen Garde, und ich halte den Louvre regelrecht unter Belagerung, so daß ich erwarte, mit allen Insassen gut zu Rande zu kommen. Dieser Sieg ist so überwältigend, daß man sich seiner stets erinnern wird.«[28]

Im Louvre dauerten die Diskussionen über Guises Bedingungen bis tief in die Nacht, wobei einige der Minister dem König unter realistischer Einschätzung der Lage rieten, den Forderungen des Herzogs nachzugeben, während andere, mit der Königin-Mutter an der Spitze, zu weiteren Verhandlungen rieten. Während dieser Gespräche konnte man das Stimmengewirr der Menge draußen hören, wo sich einige hundert Studenten der Sorbonne an der Spitze eines Mobs eingefunden hatten, entschlossen, Paris von seinem König zu befreien. Ihre Absichten waren von dramatischer Eindeutigkeit.

Die Nacht über saß der König, so hieß es, bewegungslos in seinem Audienzraum, eingekeilt zwischen den Überredungskünsten seiner Minister und dem fürchterlichen Gröhlen des Mobs. Nachdem er so viele entscheidende Augenblicke ungenutzt hatte verstreichen lassen, hatte er jetzt alles verloren. Zu späte Einsicht war ein quälender Gefährte, der ihn ermahnte, er hätte mehr auf Poulain hören sollen, der ihm geraten hatte, sich endlich aufzuraffen: entweder Guise gewaltsam von Paris fernzuhalten oder – falls dies mißlingen sollte – Ornano das Zeichen zu geben, auf das dieser gewartet hatte. In jedem Fall hatte er, der König, zu lang gewartet. Jetzt blieb nichts mehr zu tun übrig. Ein Zeuge bekundete, der König habe geweint, und gewiß hatte er allen Grund dazu – Tränen des Zorns, vielleicht, über diesen schweren Verrat durch sein Volk; Tränen der Machtlosigkeit, daß er zwar König war, aber weniger Macht hatte als seine Untertanen; Tränen aus Gewissensbissen, die bittersten aller Tränen, und die nutzlosesten.

Es gibt wenig Zeugnisse von den Rückwirkungen jener fünf tumultuarischen Tage auf Katharina. Es heißt allerdings, sie habe ebenfalls während des Frühstücks am Freitag morgen geweint, doch trotz ihrer Tränen hegte sie noch eine geringe Hoffnung, daß auf dem Verhandlungswege das eine oder andere gerettet werden könnte. Am selben Nachmittag ließ sie auf Bitten ihres Sohnes abermals ihre Sänfte kommen, um sich zum Wohnsitz der Guisen tragen zu lassen. Beiseite gedrängt nach dem Mißlingen ihrer Verhandlungen mit Navarra und Guise rückte sie jetzt wieder in den Vordergrund. Daß die »Ewige Unterhändlerin« für diese Schlußverhandlungen wieder ausgewählt werden würde, scheint vollkommen angemessen.

Katharinas Hoffnung auf Erfolg muß sehr groß gewesen sein, um sie die nächsten Stunden durchstehen zu lassen. Obwohl im Augenblick in den Straßen nicht gekämpft wurde, lag die Vorahnung, daß es zu Gewalttätigkeiten kommen würde, in der Luft. Die Barrikaden waren noch vorhanden. Verhetzte Mitglieder der Liga mischten sich nach wie vor unter das Volk und forderten es zu weiterem Handeln auf. Das tags zuvor vergossene Blut reichte gerade aus, um ihren Geschmack anzuregen.

Niemand in Frankreich (vielleicht nicht einmal der König selbst) war bei den Parisern so verhaßt wie Katharina. Obwohl sie doch jetzt schon fünfundfünfzig Jahre unter ihnen gelebt hatte, war sie eben immer noch die »Fremde«, eine von dieser »Italienerbrut«, die auf Kosten der Wohlfahrt des Landes schmarotzte. Trotz ihrer andauernden Bekundungen, sie sei »eine gute Katholikin« wurde ihre Rechtgläubigkeit immer wieder in Frage gestellt. Die gegen sie erhobenen Beschuldigungen waren mannigfacher Art: sie hätte die Herzen ihrer Söhne vergiftet; sie hätte ihre italienischen Landsleute sich auf Kosten Frankreichs bereichern lassen. Man nannte sie Isebel, nach jener grausamen biblischen Figur, die die Propheten Gottes getötet hatte, doch Isebel, so wurde immer wieder erwähnt, war ein fürchterliches Ende beschieden, denn ihr Leib wurde auf die Straße geworfen, um von Hunden zerfleischt zu werden.

Im vollen Bewußtsein dessen, daß man sie haßte, setzte sich Katharina in ihre Sänfte (die kaum Schutz gegen eine wütende Menge bot), um Guise aufzusuchen. Das Alter hatte sie anfällig werden lassen. Langsam und massig, der scharfe Blick von einst matt geworden, wurde sie von ihren Dienern durch das Tor des Louvre hinaus auf die von einer erwartungsvollen Menge bevölkerte Straße getragen. Man kann über den Widerhall, den sie auslöste, nur Vermutungen anstellen: Einen Zornesschrei? Oder einen voller Frohlocken, daß die Beute endlich ihren Händen überantwortet würde? Allgemeines Schweigen, weil sie doch, was sie auch sonst noch gewesen sein mochte, immerhin die Königin-Mutter war, und weil die Pariser ihre royalistische Gesinnung noch nicht aufgegeben hatten? Es war ein Gang voller ungewöhnlichen Mutes für eine Frau, für die Furcht niemals etwas Alltägliches geworden war. Als sich die Menge an ihrer Seite dahinschob und drängelte, mag sie sich an jenen Weg aus ihren Kindheitstagen, die Via San Gallo hinab, erinnert haben, als sie, ihr kleiner Esel dicht gegen Aldobrandini gedrückt, aus der Sicherheit der Murate in die feindliche Atmosphäre der Annunziata hinübergeleitet wurde. Dieser Gang war ihre erste enge Berührung mit der Gewalt und dem Tod gewesen. An beide hatte sie sich niemals gewöhnen können. Ihr ganzes Leben lang schreckten und erzürnten sie Katharina. Doch jetzt schritt sie mitten unter ihnen einher bei einer letzten Anstrengung, den König zu retten.

Wie ihr Weg verlief, ist nicht klar. Möglicherweise durch die kleinen Straßen nördlich des Louvre vorbei am Jeu de Paume bis hin schließlich zur erweiterten rue St. Antoine. Kein langer Weg, doch er muß ihr endlos vorgekommen sein, denn die Träger wurden gezwungen, alle hundert Meter anzuhalten, um befragt oder eingeschüchtert zu werden, bevor ihnen gestattet wurde, die Barrikaden zu passieren. Daß ihr Leben in Gefahr war, daran zweifelte Katharina wohl nicht. Erst am Nachmittag erreichte sie den Wohnsitz der Guisen.

Während der nächsten Stunden unterzog sich Katharina trotz ihrer Müdigkeit und Besorgnis der erschöpfenden Aufgabe, einen Weg zu finden, der Guise zu einer versöhnlicheren Haltung bringen würde. Sie bat ihn entsprechend den Weisungen ihres Sohnes, mit ihr in den Louvre zu kommen, und versicherte ihm, der König würde ihm »alles, wozu er nur in der Lage sei«, geben. Guise zeigte sich unbeeindruckt und »erwiderte kühl«, wie L'Estoile verlauten ließ, »daß er dem Louvre nicht traue«. Als sie ihn dringend bat, doch seine Macht einzusetzen, um den Pöbel zu zerstreuen, zuckte er nur mit den Achseln und sagte: »Das Volk ist wie ein Bulle, der kaum zurückzuhalten ist, wenn er erst einmal gereizt ist.«[29] Selbst ihr letzter Aufschrei, sie könne einfach nicht glauben, daß er die Krone zerstören wolle, statt ihr zu dienen, rief keinerlei Zugeständnis hervor.

Der Nachmittag war im Begriff, zur Neige zu gehen, als ein Bote ihre Unterhaltung unterbrach: der König sei geflohen.

Sowohl Guise als auch Katharina schienen ehrlich erschüttert zu sein. Guise beschuldigte die Königin-Mutter daraufhin sofort, ihn »an der Nase herumzuführen« oder ihn absichtlich am Konferenztisch festzuhalten, um seine Aufmerksamkeit von dem, was sich im Louvre zutrug, abzulenken. Katharina stellte dies aufs nachdrücklichste in Abrede und sah bestürzter und zerrütteter als Guise selbst aus. Es ist unmöglich, auszumachen, ob das alles nur glänzend gespieltes Theater von einem oder von beiden war, oder ob Heinrichs Entkommen wirklich ohne beider Wissen stattgefunden hatte. In jedem Fall ist es Tatsache, daß Heinrich, während er die ganzen unzähligen Nachmittagsstunden wartete, schließlich von seiner Furcht überwältigt wurde. Er verfügte über keinerlei Garantie, daß seine Mutter Guises harte Forderungen würde aufweichen können; er hatte nicht einmal die Gewähr dafür, daß seine Mutter lebend in den Louvre zurückkehren würde.

Als er gegen Abend erfuhr, daß die Porte Neuve unbewacht sei, traf er die einzige sofortige Entscheidung seines Lebens. Mit einigen Begleitern verließ er den Louvre auf Pferden, die er aus den Ställen der Tuilerien hatte kommen lassen, als wolle er zu irgendeiner Übung ausrücken. Der Plan war so kühn, so unerwartet, daß er gelang. Heinrich ritt unbemerkt durch die unbewachte Porte Neuve, die steilen Straßen, die zum Montmartre führen, hinauf. Die Nacht verbrachte er in der Nähe von St. Germain-en-Laye und am folgenden Tag war er unterwegs nach Chartres.

»Und so«, schrieb ein hugenottischer Kommentator, »entschlüpfte der köstlichste Leckerbissen allen.«

»Der Tag des Dolches«

Ich bin von den Trümmern des Hauses zermalmt worden.
KATHARINA VON MEDICI

Noch einmal bahnte sich Katharina ihren Weg durch die tobende Menge und kehrte in den Louvre zurück. Ob sie sich als Siegerin oder Geschlagene fühlte, hängt ganz davon ab, ob sie beim Entweichen des Königs ihre hilfreiche Hand geliehen hatte oder nicht. In jedem Fall hatte sich die gespannte Atmosphäre einigermaßen beruhigt. Die Stunden des Wartens waren vorüber. Irgend etwas war geschehen: der König hatte endlich gehandelt. Vielen erschien natürlich seine Handlungsweise als Eingeständnis der Niederlage. »Geflohen!« soll der Papst erstaunt ausgerufen haben, als er die Nachricht vernahm. »Aber warum? Aus Furcht, getötet zu werden? Aber wenn er so gestorben wäre, dann wäre er wenigstens wie ein König gestorben.«[1] Aber Heinrich war an einer Märtyrerrolle nicht interessiert. Auch seine Mutter nicht. Ein toter König war ein nutzloser König. Man mußte leben, um herrschen zu können, und sowohl Katharina als auch ihr Sohn hegten die unbeugsame Überzeugung von ihrem göttlichen Recht, zu herrschen.

Diese Nacht, zum ersten Mal nach beinahe einer Woche, schlief der Louvre. Ganz allmählich wurden die Barrikaden abgebaut, und das Volk ging nach Hause. Am folgenden Tag erhielt Katharina Nachricht von ihrem Sohn, die besagte, er sei in Sicherheit, und ihr auftrug, ihm nicht zu folgen, sondern in Paris zu bleiben und die Verhandlungen mit Guise fortzusetzen. Wie immer überließ der König die unlösbaren Aufgaben seiner Mutter.

Es gab nur wenige Leute in Paris, auf die sich Katharina verlassen konnte. Heinrich hatte sowohl Villeroy als auch Bellièvre mitgenommen und seiner Mutter nur Pinart dagelassen. Achille de Harlay, der Präsident des Pa-

riser Parlaments, würde auf ihrer Seite stehen. Harlay war ein verläßlicher Royalist, der, als er vom Entweichen des Königs hörte, mit bissigem Spott bemerkte: »Es ist sehr schade, wenn der Kammerdiener seinen Herrn hinausdrängt.«[2] Die Stadt selbst war bis auf das Parlament unzweideutig in Guises Hand. Katharina stütze sich sogleich auf die loyale Einstellung des Parlaments und erklärte, der König sei nicht etwa weggegangen, weil er seine Diener und das gute Volk von Paris habe verlassen wollen, sondern wegen der unentschuldbaren Zustände in der Stadt. Er sei nach Chartres gegangen, um seine Autorität zu wahren und seine Residenz dort zu nehmen, wo er seinen Regierungsaufgaben weiter obliegen könne. Sie selbst würde entsprechend den Instruktionen ihres Sohnes in Paris bleiben, wo sie, dessen war sie sicher, auf den guten Willen des Parlaments zählen könne. Es war Katharinas erster Schritt bei der Aufspürung »eines Heilmittels, das diese tödliche Wunde kurieren könnte«[3].
Der König hatte Paris in der Freitag Nacht verlassen. Am Montag übte das Haus Lothringen die volle Gewalt über Paris aus. Am Dienstag versandte Guise Schreiben an alle größeren Städte sowie an den König selbst, worin er die »Wirren« erläuterte, die die Stadt erschüttert hätten. Die allgemeine Unruhe und die Mißverständnisse seien von den »üblen Beratern« des Königs hervorgerufen worden, so unterrichtete er sie. Die gegenwärtige Gewaltanwendung sei durch die Anwesenheit »ausländischer Truppen« (die Schweizer Garde des Königs) ausgelöst worden, die das Volk erschreckt hätten, so daß es sich verständlicherweise durch Schutzmaßnahmen gewehrt habe. Was Guises eigene Ankunft betreffe, so sei dies seine letzte verzweifelte Bezeugung von Treue, ein lebendiger Beweis gegenüber dem König gewesen, daß alle Gerüchte über ihn falsch seien. Ganz gewiß, so hob er hervor, sei die Art und Weise, wie er die Wache des Königs »gerettet« habe (sie würden jetzt alle tot sein, wenn er nicht gewesen wäre) hierfür schon ein ausreichender Beweis[4]. Es war ein schlauer Schachzug Guises, die Initiative zur Abgabe einer Erklärung zu ergreifen, ehe sie von ihm verlangt wurde. Die Erklärung selbst war geschmeidig, verständlich und als solche korrekt. Als sechs Tage später der König seine Darstellung derselben Ereignisse zu Papier brachte, war es zu spät. Von seiner Liebe zu den Parisern zu sprechen, ihnen zu versichern, er würde »ihnen vergeben«, was geschehen sei, war doch nichts weiter als hohles Gerede. Hand und Fuß hatten nur Guises Darlegungen[5].
Einer von Guises fähigsten Beratern in jenen Tagen der Ungewißheit war Pierre d'Espinac, Erzbischof von Lyon, der eine untergeordnete Rolle während der Besprechungen in Épernay gespielt hatte. Beredt, scharf-

sinnig, ungemein ehrgeizig, hatte er seine Zeit abgewartet, bevor er sich für eine der beiden Seiten entschied. Trotz seines geistlichen Standes war es nicht die Sache der Religion, die ihn in Guises Lager zog, sondern die Aussicht auf Karriere. Er war ein vorsichtiger Mann, wie geschaffen, um Guises angeborenen Hochmut auszugleichen. Jetzt, da er im Begriffe stand, eine Strategie zur Aufrechterhaltung ihrer Macht zu entwickeln, riet er Guise, am Hofe zu verbleiben, jedermann für sich zu gewinnen, den er nur konnte, und zu gleicher Zeit seine eigenen Leute einzuschleusen. Er müsse den König davon abhalten, gegen ihn vorzugehen, und zwar durch eine Mischung aus Freundschaft und Macht. Auch müsse er in der Gunst von Villeroy und der übrigen Minister bleiben sowie in der der Königin-Mutter, deren »einziges Interesse die Größe ihres Sohnes ist«[6].

Guise hatte unterdessen Katharina schon mehrmals besucht. Noch in der Nacht, da ihr Sohn geflohen war, hatte er sie im Louvre aufgesucht und die »unangebrachte« Abreise des Königs beklagt, der doch, wie er sagte, keinen »einleuchtenden Grund« zum Mißtrauen gehabt habe. Am 20. Mai, genau eine Woche nach der Flucht des Königs, erschienen Guise, der Marquis von Elbeuf und d'Espinac zur Stunde der Vesper in den Tuilerien-Gärten, um Katharina das Schriftstück zu zeigen, das Guise als ein vorläufiges Abkommen zwischen dem König und der Liga aufgesetzt hatte. Sie überlas es und schüttelte ihr Haupt. »Ich sagte ihnen frei und offen«, so schrieb sie an ihren Sohn noch in dieser Nacht, »daß ich daraus nichts ersehen habe, was Dir zu gebührender Ehre gereicht.« Aber Guise blieb »bewundernswert fest« und weigerte sich, einzugestehen, daß es in seiner Handlungsweise irgend etwas Tadelnswertes gäbe. Drei Tage später kamen sie wieder zusammen, und Guise wiederholte, er verlange nichts für sich, sondern nur die Gewährleistung dessen, was jedermann wünsche: »die Sicherheit der katholischen Religion«[7].

Obgleich Katharina keinen greifbaren Vorteil errang, so verhinderte sie doch wenigstens einen sofortigen Erfolg der Liga, und zwar derart, daß der Kardinal von Guise voller Zorn dem Nuntius gegenüber erklärte, Katharina müsse angehalten werden, Paris zu verlassen, damit sie mit ihrem Geschäft rascher vorankommen würden. Ende Mai hatte man Übereinstimmung über zwei Artikel erzielt: Épernon sollte seiner Machtstellung enthoben und die Generalstaaten für diesen Herbst einberufen werden. Da Katharina die Zuneigung ihres Sohnes für Épernon kannte und fürchtete, sein Zorn und seine Eitelkeit könnten die Verhandlungen behindern, riet sie ihm: »Du mußt alles, was geschehen ist, vergessen und hinter Dir lassen und nie darüber sprechen.«[8] Das war der massive und pragmatische Rat einer gewiegten politischen Opportunistin. Hätte ihr Sohn die Fähigkeit besessen, ihn zu befolgen, dann würde der Lauf der französischen Geschichte eine andere Richtung eingeschlagen haben.

Obgleich Guise als unangefochtener König von Paris regierte, wurde den Ereignissen am Tage der Barrikaden nicht allenthalben Beifall gezollt. Morosini hatte von Anfang an die Betätigung der Liga beargwöhnt und schrieb nunmehr an den Papst: »Es sind schlechte Leute . . . und von fragwürdigen Absichten.«[9] Sixtus V. befand sich in einem Dilemma, indem er einerseits der katholischen Partei zustimmte, andererseits aber nicht willens war, eine Rebellion gegen den legalen Monarchen zu unterstützen. Morosini fuhr fort, zugunsten des Königs zu berichten, und versicherte dem Heiligen Stuhl, daß viele in Frankreich ablehnten, was geschehen sei, und daß die unvermeidliche Folge dieses Konflikts der Ruin Frankreichs sein würde. Als Guise, nervös geworden über Morosinis Sympathien für die Königlichen, diesem versicherte, es ginge ihm allein um »die Verteidigung der katholischen Religion und die Ausrottung der Häresie«, bestand der Nuntius darauf, daß die Versöhnung mit dem König der erste Schritt zu sein habe. Als Guise beteuerte, daß der König seinen Forderungen nicht zustimmen wolle, erwiderte Morosini: »Dann mäßigen Sie Ihre Forderungen.«[10]

Katharina, die die Aussicht, päpstliche Unterstützung zu erlangen, erkannte, schrieb umgehend an Villeroy und setzte ihm auseinander, sie habe mit Morosini gesprochen, »der mir berichtet hat, daß der König niemals bessere Aussichten gehabt habe, den Papst auf seine Seite zu ziehen, als gegenwärtig«[11]. Morosini übertrieb wohl in keiner Weise, wenn er sagte, daß viele Leute bereuten, so weit gegangen zu sein, doch nachdem sie es nun einmal getan hatten, fanden sie nur schwer einen Weg zurück. »Wir spielen alle die Mißvergnügten«, schrieb Pasquier, als er über die »schweren Fehler« nachsann, die zum Tag der Barrikaden geführt hatten: »Der Fehler von Monsieur von Guise, da er am Montag mit nur sieben Begleitern erschien, oder der Fehler des Königs, der Guise am Dienstag oder Mittwoch nicht festsetzte, wie er es hätte tun können.«[12]

England hatte selbstverständlich allen Grund über den »Wirrwarr in Paris« beunruhigt zu sein. Ein Frankreich im Griff der Liga würde unvermeidlich ein englandfeindliches Frankreich sein. Elisabeth versah Sir Thomas Leighton unverzüglich mit Instruktionen, dem König auszurichten, »sie kann nicht umhin, sich zu wundern, daß ein Fürst seiner Größe und Fähigkeit einen so schwächlichen und sonderbaren Kurs einschlägt«. Sie schlug vor, er solle sich der hugenottischen Streitkräfte bedienen, um diesen Aufruhr zu ersticken, denn, so versicherte sie ihm: »Niemand, dem Frankreichs Interessen am Herzen liegen, wird hier Haarspalterei betreiben, nur weil sie keine Katholiken sind.« Sie ermahnte den König, »Mut zu fassen, Guise einen Verräter zu nennen, der er ja ist, und viele Kräfte würden ihm zuströmen«. Elisabeths männliche Ermutigung war vergebliche Liebesmühe bei diesem »Schattenkönig«[13].

Nur in Spanien hatte man nichts auszusetzen. »Das Mißgeschick des armen Königs von Frankreich, so bedauerlich es wahrhaft auch sein mag, löst hier keinerlei Mißfallen aus«, schrieb der venezianische Gesandte in Madrid[14]. Zunächst war Philipp betroffen von der Flucht des Königs, doch Mendoza versicherte ihm, nichts könne jetzt in Frankreich passieren, was dem weiteren Ausbau der Armada im Wege stehen würde. Obgleich gegen Ende des Monats Longlée, der französische Gesandte in Madrid, verziffert an Heinrich berichtete: »Es hat den Anschein . . . daß alle Streitkräfte, die wir hier und in Flandern sehen, gegen die Königin von England eingesetzt werden«, trat Mendoza dieser alarmierenden Aussage entgegen, indem er Katharina versicherte, die spanische Flotte habe zum Ziel, die Gewässer von englischen Piraten zu säubern, die unaufhörlich Jagd auf spanische Schiffe machten[15].

Mendoza fand indessen nur noch wenig Glauben am französischen Hof. Eine zeitlang hatte sein Verhalten Verdacht erregt, und jetzt lag es für jedermann offen zutage, daß er während der Unruhen in Paris als Provokateur aufgetreten war. Seine Rolle ließ den Aufruhr noch schrecklicher erscheinen, denn sie war ein Fingerzeig, daß die Liga einer übergeordneten Macht hörig, und Guise, wie es ein Zeitgenosse formulierte, nichts weiter als »der Kammerdiener des Königs von Spanien« war. »Es herrscht in der Tat kein Zweifel«, schrieb Lippomano nach Venedig, »daß die Aktion des Herzogs von Guise nach Abstimmung mit den Ministern des Königs von Spanien erfolgt ist und von ihnen unterstützt wird.«[16] Derartige Enthüllungen ließen das Schicksal Frankreichs noch bedenklicher erscheinen.

Die Verhandlungen hielten den ganzen Juni über an. Jede Verzögerung machte die Liga nur stärker, und Katharina schrieb voller Ungeduld an ihren Sohn: »Wie sich das hinschleppt, ist sehr zu unserem Schaden, aber wir haben keine Möglichkeit es zu beschleunigen.« Es schien, als entglitte ihr die Initiative Tag für Tag immer mehr. Sie hatte versucht, an einer Politik festzuhalten, die den König nicht demütigen würde, aber sie war realistisch genug, um zu erkennen, daß sie alle den Forderungen der Liga schutzlos preisgegeben waren.

In der festen Überzeugung, ihr Sohn würde in den Bedingungen, die man ihm stellte, einen Verrat seiner königlichen Stellung erblicken, schrieb sie in mutloser Stimmung an Bellièvre:
»Ich würde lieber die Hälfte meines Königreichs hergeben, Guise mit der Würde des Generalleutnants ausstatten und sowohl von ihm als auch vom ganzen Königreich Anerkennung ernten, anstatt zu zittern, wie wir es jetzt tun, ob nicht noch Schlimmeres auf den König zukommt. Ich weiß, das wäre eine bittere Medizin, die er zu schlucken hätte; aber noch bitterer wäre es, alles Ansehen und jeden Gehorsam einzubüßen. Es würde ihm zur Ehre gereichen, wenn er sich vergleichen könnte, in welcher Form zur Zeit auch immer, denn die Zeit bringt viele Dinge in Bewegung, die wir nicht vorhersehen können, und wir bewundern doch diejenigen, welche der Zeit Zugeständnisse zu machen verstehen, um zu überleben. Ich bin dabei, eine Predigt zu halten; entschuldigen Sie mich, aber ich bin nie zuvor in solcher Notlage, noch mit so wenig Erleuchtung ausgerüstet gewesen, um einen Ausweg zu sehen. Wenn Gott nicht Seine Hand über uns walten läßt, dann weiß ich nicht, was geschehen wird.«[17]
Gegen Mitte Juli wurden die Artikel des Unionsediktes angenommen, und die Urkunde wurde am 15. Juli in Paris von Katharina, Guise und dem Kardinal von Bourbon unterzeichnet. In seiner Wirkung bestätigte es den Vertrag von Nemours: allein der katholische Glaube sollte in Frankreich praktiziert werden; Protestanten waren von der Thronfolge ausgeschlossen; Guise sollte sowohl Generalleutnant des Königreichs als auch Oberbefehlshaber der Armee werden; Épernon sollte von der Regierung ausgeschlossen werden, und die Herren der Liga (Aumale, Nemours, Montpensier) sollten wieder an die Spitze ihrer früheren Provinzen treten. Es war weder mehr noch weniger als das, was Guise zwei Monate früher schon gefordert hatte. Immerhin hatte das Verfahren (freilich nicht die Folgen) für den König einigermaßen den Schein von Autorität gewahrt, und das war in Katharinas Augen von großer Bedeutung. Auf die Registrierung des Edikts durch das Pariser Parlament folgten die üblichen Zeremonien – eine feierliche Prozession, ein Dankgottesdienst in der Kathedrale von Notre Dame, Feuerwerk in den Straßen. Aber, so führte L'Estoile aus, es herrschte unter dem Volk »keine rechte Freudenstimmung«[18]. Der Sturm, so fühlten alle, war noch nicht vorüber.
Die Sorglosigkeit, mit der der König kapituliert hatte, bereitete dem Volk Unbehagen. Stafford, der diese fortgesetzte Unruhe spürte, schrieb an Walsingham: »Er hatte ihnen soviel zugestanden, daß ihnen seine Willfährigkeit immer verdächtiger vorkam.« Das Volk, so fuhr er fort, fürchtete,

der König würde insgeheim auf Rache sinnen, und man weise Guise immer wieder darauf hin, daß er »geprellt und getäuscht« werde. Als ruchbar wurde, daß Guise nach Chartres ziehen wolle, um dem König von Angesicht zu Angesicht zu begegnen, bat ihn das Volk, doch in Paris zu bleiben. Aber Guise versicherte ihm in seiner grenzenlosen Zuversicht, er nähme es lieber auf sich, solchen Gefahren ausgesetzt zu sein, als aus Schwäche zurückzuweichen[19].

Als er nun am 3. August in Begleitung von Katharina und Bourbon mit dem König zusammentraf, wurde er weder zornig noch vorwurfsvoll begrüßt. Statt dessen hob ihn der König zu sich empor und umarmte ihn herzlich, als habe er, wie ihm seine Mutter geraten hatte, »alles vergessen, was geschehen war«. In Wirklichkeit aber sollte der König jene Tage der Furcht und der Demütigung niemals vergessen. Vielmehr sollten sie für die nächsten sechs Monate gleichsam sein Leitstern sein. Meistenteils wußte er sich gut zu verstellen, aber von Zeit zu Zeit legte ein Zornesblitz die immer noch schwärende Wunde bloß. Am Tage von Guises Ankunft brachte der König beim Diner einen Toast aus: »Auf unsere guten Freunde, die Hugenotten«, so schlug er vor, dann aber, gleichsam als Hintergedanken: »Und auf unsere guten Barrikadenbauer von Paris!« Er lächelte, als er sein Glas erhob, und Guise lächelte zurück; aber sein Haß ließ sich kaum verbergen.

Stafford fing die Stimmung ein, als er an Walsingham schrieb: »Was bei diesen Zusammenkünften in Chartres herauskommen wird, auf die jedermann mit scheelem Auge blickt . . . werde ich Ihnen baldigst berichten . . . In der Zwischenzeit kann ich Ihnen versichern, daß ich, obwohl es da gemeinsame Erklärungen und Niederschriften geben mag, niemals Geister sah, die untereinander noch mehr uneins gewesen wären.«[20]

Als die Generalstände im Oktober eröffnet wurden, hatte ein unerwarteter Machtwechsel heikelster Art stattgefunden. Obgleich Guise die Wahlen erfolgreich manipuliert hatte, so daß beinahe vier Fünftel der Abgeordneten verläßliche Anhänger der Liga waren, war seine Popularität nicht so einhellig sicher, wie es noch einige Monate früher der Fall gewesen war. »Ich weiß, daß die besseren Leute keine Liebe und Nachsicht mit ihm empfinden«, so ließ sich Stafford Ende August aus. Als kurz nach der Eröffnung der Generalstände der Herzog von Savoyen vom französischen Territorium Saluzzo Besitz ergriff, mit der durchsichtigen Entschuldigung, »es vor den Hugenotten zu sichern«, war Guises Popularität ernstlich in Frage gestellt. Viele Franzosen vermuteten sofort, daß er hinter diesem Aggressionsakt stünde, seitdem bekannt geworden war, Savoyen habe sich mit der Liga verbündet. In Wirklichkeit traf Guise keine Schuld, und weit davon entfernt, Savoyens Aktion zu billigen, schrieb er empört an Mendoza, daß »dieser Zwischenfall alle meine Absichten und Pläne zunichte machen wird«[21]. Es dürfte außerdem, so fürchtete er, den König in ein Bündnis mit den Hugenotten hineintreiben.

Der König spielte allerdings ein weit schlaueres Spiel. Er war entschlossen, seine verlorene Macht wiederzugewinnen – und er war entschlossen, sie allein wiederzugewinnen. Am 8. September versetzte er den Hof in Bestürzung, als er ohne Vorankündigung sämtliche Minister entließ. Alle Staatssekretäre, Villeroy, Pinart, Brulart, sein Kanzler Cheverny und sogar Pomponne de Bellièvre, allesamt wurden sie durch verhältnismäßig unbekannte und unerfahrene Männer ersetzt. Die Entlassungsurkunden wurden vom König eigenhändig ausgefertigt, zwingende Urkunden, ohne jegliche Erklärung oder Entschuldigung. »Villeroy«, so hatte er geschrieben, »ich war von Ihren Diensten sehr angetan; aber bitte, kehren Sie nach Hause zurück und warten Sie da, bis ich Sie wieder hole; fragen Sie nicht nach Gründen für mein Schreiben, sondern gehorchen Sie mir.« Der Entscheidung waren keinerlei Beratungen vorangegangen. Es war des Königs ureigenste Tat – und er beabsichtigte, in Zukunft weiter so zu handeln[22].

Die Ereignisse der letzten sechs Monate hatten Heinrich an den Rand des Untergangs gebracht. Immer von Mißtrauen beseelt, bildete er sich ein, wohin auch immer er sein Gewicht neigte, auf Treibsand zu stehen. Entschlossen, sich nicht unter ihm begraben zu lassen, nahm er sich vor, alle diejenigen von sich fern zu halten, denen er nicht zu trauen vermochte – am meisten seine eigene Mutter. Die Entlassung der Minister durch ihn war in Wahrheit die Entlassung der Königin-Mutter, deren Mannschaft sie letzten Endes waren. Sie hatten ihr gedient, bevor Heinrich den Thron bestieg. Sie waren gewohnt, Katharinas Rat einzuholen, sich ihrer Entscheidung zu fügen und sich erst dann auf die Autorität des Königs zu berufen, wenn alles geregelt war.

Demütigung hatte Heinrichs Gedächtnis verzerrt. Er hatte wohl die Jahre vergessen, da Staatsangelegenheiten als letzte auf seiner Prioritätenliste rangierten, und seine Mutter – und die Männer, die er jetzt entließ – die Verantwortung auf sich genommen hatten, die er damals zu lästig fand. Argwöhnisch, wie er war, konnte er sich wohl nur die Fälle ins Gedächtnis zurückrufen, in denen andere ihn im Stich gelassen hatten, niemals aber diejenigen, in denen er unter hohem Einsatz gerettet worden war. Katharina hatte ihren Sohn wohl richtig eingeschätzt, als sie an Bellièvre geschrieben hatte: »Ich weiß, daß er an dieser Medizin schwer zu schlukken haben wird.« Heinrich gebrach es an jener inneren Spannkraft, die es Katharina immer wieder gestattete, Demütigungen zu ertragen, ohne ihre Selbstachtung oder ihre Hoffnung einzubüßen. »Wir bewundern diejenigen«, so hatte sie an Bellièvre geschrieben, »welche zeitweilig nachzugeben wissen, um sich selbst über Wasser zu halten.« Das war eine Philosophie, die sie ihrem Sohn nicht beibringen konnte. Heinrich schien es, sie habe zuviel nachgegeben: er warf ihr den Mißerfolg mit Navarra in St. Brice und mit Guise in Nancy vor; er warf ihr vor, die Verhandlungen während des Tages der Barrikaden fortgesetzt zu haben, da es jetzt so schien, als wäre es besser gewesen, man hätte Ornano den Fangschuß abgeben lassen. Und später, nach Monaten ängstlichen Wartens, hatte sie ihm das tödliche Unionsedikt zur Unterzeichnung vorgelegt. Von jetzt ab würde er, umgeben von gehorsamen Männern, seine eigenen Entscheidungen treffen. Im Zeichen der Nachricht von der Vernichtung der Armada sowie in der Überzeugung, daß Guise und die Liga durch den Rückschlag, den die Spanier dadurch erlitten hatten, unvermeidlich in Mitleidenschaft gezogen sein würden, schöpfte er neue Hoffnung.

Die Generalstände, die in der zweiten Oktoberwoche in Blois zusammengetreten waren, ähnelten kaum solchen eines bankrotten Landes im Aufruhr. Sie waren nach Prunk und Ritual bis ins kleinste vorbereitet wie jene, denen Heinrich vor über zwölf Jahren vorgesessen hatte. Eine feierliche religiöse Prozession ging ihrer Eröffnung voraus. Das Allerheiligste wurde mit allem Pomp vorangetragen, ihm folgten die Abgeordneten in ihren Amtsroben in Viererreihen unter dem Gesang der vertrauten lateinischen Hymnen. Wenigstens für einige Stunden war es dem König gelungen, den Eindruck von Einigkeit und Solidarität hervorzurufen.
Am 16. Oktober begann frühmorgens die erste Plenarsitzung. Nach ihrem Einzug über den Hof und die breiten Marmortreppen hinauf nahmen die Abgeordneten ihre Plätze in der Banketthalle ein. Es war ein düsterer, eindrucksvoller Raum mit einem mächtigen Holzdach aus geschnitzter Eiche, nicht unterbrochen von jenen engen Laibungen, die sonst etwas Licht hindurchlassen. In seiner Rolle als Herr der Lage geleitete Guise den König durch die Reihen der Abgeordneten hin zum Thron. Gegen die dunkle Täfelung hob sich Guise in vollem Glanz ab. Gänzlich in weißen Satin gekleidet, die juwelenbesetzten Ritterorden um den Hals, den mit Edelsteinen beschlagenem Schwertgriff und einem mit goldenen Lilien bestickten Stab in seiner Hand, war er die prächtigste Erscheinung im

Raum. »Seine Augen schienen die ganze Versammlung zu durchbohren«, schrieb einer seiner Bewunderer, »gleichsam als wolle er erkunden, wer seine Freunde und wer seine Widersacher sind . . . sein Blick schien zu sagen: ›Ich sehe Euch alle, ich kenne Eure Gedanken.‹ «[23]

Die Eröffnungsansprache des Königs zeugte von nicht geringer Beredtsamkeit. Er versicherte den Abgeordneten, daß mit Hilfe des guten Willens des Volkes und seiner eigenen unerschütterlichen Entschlossenheit die Generalstände das Heilmittel gegen die Krankheit der Nation sein könnten. Er wiederholte seine Absicht, »immer mehr den Ruhm Gottes und unserer heiligen katholischen, apostolischen und römischen Religion leuchten zu lassen«, Frankreich davor zu bewahren, »unter die Herrschaft eines häretischen Königs zu fallen«, und verkündete, er wünsche nichts anderes als ihr »getreuer König« zu sein. Insoweit war seine Rede eine Aneinanderreihung konventioneller Redensarten. Aber, so fuhr er mit einem plötzlichen Wechsel des Tones fort, er allein sei nicht verantwortlich für die Leiden des Landes; er sei öfters durch ehrgeizige und ungehorsame Untertanen daran gehindert worden, das Gute zu tun, was er im Sinne gehabt habe. »Durch mein Unionsedikt«, so sagte er weiter, »habe ich ausdrücklich jede Vereinigung untersagt, die ohne meine Autorität gebildet wird; jede Aushebung von Truppen und Geldsammlung . . . und ich versichere, daß diejenigen, die mit derartigen verbrecherischen Handlungen entgegen meinem Befehl fortfahren, des Hochverrats für schuldig befunden werden.« Dieser Pfeil flog direkt auf Guise zu. Er konnte seine Wut nicht verbergen und, so vermerkte L'Estoile, der Herzog »verfärbte sich und verlor seine Haltung«[24].

Dieser erste Akt des Königs, seine Unabhängigkeit öffentlich zu bekunden, sollte nur ein sehr kurzer Sieg sein. Guise und der Kardinal ließen keinen Zweifel aufkommen, daß eine derartige Erklärung nicht in die amtlichen Protokolle der Generalstände aufgenommen werden konnte. Sie strichen die anklagenden Wendungen des Königs und legten ihm eine abgeänderte Fassung vor. Der König, in dem noch der Wunsch brannte, Herr über alle zu sein, weigerte sich, zu unterzeichnen. Sein Entschluß war indessen nur von kurzer Dauer. Wehrlos gegen die abwechselnden Schmeicheleien und Einschüchterungen der Guisen setzte er schließlich seine Unterschrift unter ein Dokument, das erheblich von dem, was er selbst aufgesetzt hatte, abwich. Einige wollten wissen, daß er dabei geweint und dieses Schriftstück für die tiefste Demütigung überhaupt gehalten habe. L'Estoile, gewöhnlich so nüchtern gesinnt, hüllte diesen Akt in symbolische Dunkelheit. »Man bemerkte, daß während dieses königlichen Widerrufs eine große dunkle Wolke sowie Nebel auftauchten«, so schrieb er, »die mitten am Tage das Anzünden von Lichtern notwendig machten. Irgend jemand sagte, es sei das Testament des Königs sowie Frankreichs, das gerade unterzeichnet worden sei, und eine Kerze hätte durch ihr Brennen den letzten Atemzug bezeugt.«[25]

Zwei Tage später wurde das Unionsedikt einstimmig von den Generalständen ratifiziert, ganz wie es Guise gewünscht hatte. »Und somit«, schrieb de Thou, »konnte es sich die Liga leisten, sich über den König lustig zu machen, der, was er auch unternehmen mochte, immer mehr an Macht einbüßte, was sie wiederum zu immer größerer Anmaßung veranlaßte«[26].

Diese Episode brachte es an den Tag: der König konnte Guise nicht Trotz bieten. Wenn Heinrich den Sieg über den König von Paris davontragen wollte, dann mußte er einen anderen Weg einschlagen. Da nun die Macht der Liga in den Generalständen triumphierte, sickerten Gerüchte von neuen Verschwörungen durch, daß man den König vollständig entthronen und ihn in irgendeinem abgelegenen Kloster einsperren wolle. Aus seiner nächsten Umgebung wurde Guise gewarnt, es mit dem König nicht zu weit zu treiben, aber er zuckte nur mit den Achseln und sagte: »Das ist ein König, der eingeschüchtert werden muß.« Darauf aufmerksam gemacht, daß selbst ein schwacher Mann gefährlich werden kann, wenn er erst einmal mit dem Rücken gegen die Wand steht, wies er nur daraufhin, daß er in Blois viele Freunde habe, und drohte, daß er, falls gegen ihn etwas unternommen werden sollte, »weit kürzeren Prozeß machen« würde als seinerzeit in Paris[27].

Im Dezember war die Begeisterung der Abgeordneten dahin. Sie hatten erreicht, was sie wollten, und wären alle gern nach Hause zurückgekehrt. Trotz des Glanzes von Blois versprach man sich wenig Bequemlichkeit von einem Winteraufenthalt. Hoch über der Loire lag es für die vom Fluß her wehenden feuchten Winde offen da, und die dicken Steinmauern und schmalen Fenster leisteten der Kälte noch Vorschub. Weit mehr aber als die undurchdringliche Düsterkeit wirkte die durchdringende Atmosphäre heraufkommenden Unheils erschauernd.

Während der Monate, in denen die Generalstände tagten, war von der Königin-Mutter wenig zu sehen. Mit der Entlassung der Minister durch den König hatte ihr Einfluß abgenommen, und sie hatte sich außer Sichtweite begeben. Abgesehen von einigen rätselhaften Äußerungen in einem Brief an Bellièvre gibt es keine Anhaltspunkte für ihre Reaktion auf die radikalen und unvorhergesehenen Aktionen des Königs. Es bedarf solcher

auch nicht, um sich vorzustellen, wie tief verwundet sie gewesen sein muß. Es war eine öffentliche Abfuhr brutalster Art, die gerade dann erfolgte, als sie in keiner Weise aufgefangen werden konnte.
Jetzt in ihrem siebzigsten Lebensjahr muß Katharina, die unter der Last ihrer Leiden gebeugt einherging, gewußt haben, daß sie sich allem unentwegtem Optimismus zum Trotz auf das Ende ihrer Tage zubewegte. Es war ein Leben, das, wie sie es so oft ausgedrückt hatte, im Dienste des Königs stand. Daß ein solcher Dienst nicht gänzlich Aufopferung bedeutete, liegt auf der Hand. Sie empfand, wie sie offen eingestand, Freude an ihrer politischen Rolle mit deren amüsantem, wechselndem Kräftespiel, und sie hatte aus der Liebe zu ihrem Sohn, in dessen Name sie auftrat, keinen Hehl gemacht. Sie hatte, so kann man sagen, getan, was sie wollte, doch all das linderte die Ablehnung nicht, auf die sie am Ende stieß.
Sie war vorübergehend als die rechte Hand ihres Sohnes bei der Eröffnung der Generalstände in Erscheinung getreten; sie hatte sein öffentlich vorgebrachtes Lob und seine Dankbarkeit für ihre Mitwirkung zur Kenntnis genommen, wiewohl sie wußte, daß es sich dabei nur um konventionelle Gesten handelte. Als die Tage kälter wurden, war sie durch rheumatische Schmerzen wie gelähmt, und hütete mehr und mehr das Haus. Sie wußte, daß der König verspottet und gequält wurde. Sie wußte, daß Morosini, entsetzt über Heinrichs Reaktion, den König gewarnt hatte, sein Ansehen würde noch weiter geschmälert werden, wenn Guise irgendetwas »zustoßen« sollte. Sie vernahm, daß der König ihm versichert hatte, er würde »Guises Leben hüten wie sein eigenes«. Aber ohne jemand an seiner Seite zu wissen, der seine Leidenschaften zügelte, war sie nicht sicher, ob Heinrich sein Versprechen auch halten würde[28].
In den Wochen vor Weihnachten nahmen die an Guise gerichteten Warnungen zu. Am 10. Dezember hatte er an Juan de Moreo geschrieben: »Sie glauben gar nicht, wieviel Warnungen ich erhalten habe . . . Ich bin in guter Hut mit Gottes Hilfe und dem Beistand meiner Freunde, von denen eine gehörige Anzahl um mich ist, so daß meine Feinde nicht wissen, wie sie etwas gegen mich unternehmen sollen.« Später veranlaßte ihn ein Zettel, der in seiner Serviette versteckt war, zur Vorsicht. Seine einzige Antwort war ein verächtliches: »Sie werden es wohl nicht wagen[29]!«
Sein fataler Irrtum bestand darin, nicht etwa den Mut, wohl aber die Verzweiflung des Königs zu unterschätzen. Denn zu irgendeinem Zeitpunkt während jener kurzen Wintertage hatte Heinrich beschlossen, daß Guise sterben müsse. Als seine Minister weniger drastische Schritte vorschlugen (Einkerkerung, Hochverratsverfahren), verwarf er solche Pläne. Er hatte

allzu oft verspürt, wie sich der Strick um seinen eigenen Hals zusammenzog. Sich der Tatsache bewußt, daß Guise der Herr sein würde, solange er lebte, plante Heinrich, ihn höchst eigenhändig zu ermorden.
Kurz vor Weihnachten gab der König bekannt, er würde am 23. Dezember eine kleine Einsiedelei unweit von Blois aufsuchen, um dort das Fest zu feiern. Infolgedessen rief er seinen Rat zu einer Sitzung am frühen Morgen zusammen. Kurz vor acht Uhr betrat Guise das Beratungszimmer, ohne zu bemerken, daß die königlichen Bogenschützen sich im Treppenhaus in Reih und Glied hinter ihm aufgestellt hatten, um eine etwaige Flucht zu verhindern. Er fand die übrigen Mitglieder des Rats, darunter seinen Bruder, den Kardinal von Guise, bereits versammelt.
Es war draußen noch dunkel, und ein kalter Graupelregen trommelte gegen die Fenster. Guise, der nur einen leichten Umhang über sein Wams geworfen hatte, befahl, Feuer zu machen, und knabberte an irgendwelchem Zuckerwerk, während er auf den Anfang der Ratssitzung wartete. Als er seinen Platz eingenommen hatte, teilte ihm Louis Révol, einer von Heinrichs neuen Staatssekretären, mit, der König wünsche ihn zu sehen. Guise erhob sich und begab sich durch den engen Gang in das Vorzimmer des königlichen Kabinetts. Kaum war er über die Schwelle getreten, als sich die Tür hinter ihm schloß. Er drehte sich um, aber die Falle war zugeschnappt. Ein Dutzend Mitglieder der königlichen Leibgarde, die sich hinter den Vorhängen verborgen hatten, stürzte sich auf ihn.
Trotz seiner Wunden fiel Guise nicht zu Boden, sondern schleppte mit übermenschlicher Kraft seine Mörder auch noch der Länge nach durch das Zimmer. Erst als er zu Füßen des Bettes des Königs hinfiel, kam Heinrich aus seinem Versteck hervor. Gleich einem halb im Traum verlorenen Mann murmelte er nur: »Ich wußte gar nicht, daß er so groß ist«, als er die blutige Gestalt ausgestreckt am Boden liegen sah.

Alles war genauso gekommen, wie es Mendoza Monate zuvor vorausgesagt hatte. »Einen offenen Angriff auf ihn braucht man nicht zu befürchten, denn er ist zu sicher bewacht«, hatte er an Philipp geschrieben; »die wirkliche Gefahr lauert im Kabinett des Königs, wo man nur allein hereingelassen wird, und wo ein Dutzend Leute über einen herfallen können.«[30]
Einige Stunden lang blieb der lange Körper dort liegen, wo er zu Boden gefallen war, nur bedeckt mit einem grauen Umhang. Als man ihn durchsuchte, fand man einen Zettel mit dem inkriminierenden Satz: »700000 Pfund im Monat sind nötig, um den Krieg in Frankreich weiter

zu führen.« Der Kardinal von Guise und der Erzbischof von Lyon wurden sofort verhaftet, und binnen weniger Stunden wurden weitere Mitglieder der Familie verhaftet, darunter der junge Sohn des Herzogs, der Prinz von Joinville, sowie der Kardinal von Bourbon. »Der Tag des Dolches«, den Cavriana Monate zuvor vorausgesagt hatte, war schließlich angebrochen.

Es ist kaum zu glauben, daß Katharina nichts von dem Handgemenge gehört hatte, zumal die Gemächer, wo sie bettlägerig war, unmittelbar unter denen des Königs lagen; doch erst am folgenden Morgen erschien ihr Sohn bei ihr, um ihr die Neuigkeit zu berichten. Cavriana, ihr Arzt, war dabei, als Heinrich triumphierend ausrief: »Jetzt bin ich König!«[31]

Es war das eingetreten, was sie befürchtet hatte, und Katharina nahm bestürzt den Jubel ihres Sohnes wahr. Sie konnte sein Siegesgefühl beim besten Willen nicht teilen, denn ihre Überlegungen waren sofort auf die unvermeidlichen Folgen gerichtet. »Erschlage den Hirten, und die Schafe werden versprengt werden.« Vielleicht. Aber in diesem Fall dachte sie nicht so. Die Liga war zu stark und Guise allzu sehr ihr Idol, um seinen Tod ungerächt zu lassen. Wo ihr Sohn den Sieg sah, sah sie allein die Niederlage.

Obwohl sie noch schwach war und vom Anfall einer Lungenentzündung fieberte, begann sie sich unverzüglich auf die praktischen Schritte zu konzentrieren, die jetzt erst einmal für die Sicherheit des Königs unternommen werden mußten: Was hatte er unternommen, um sich vor Guises Anhängern zu schützen? Welche Weisungen waren an die Städte ergangen, um Aufruhr vorzubeugen? Welche Erklärungen hatte er dem päpstlichen Legaten abgegeben? Aber Katharinas Besorgnisse berührten ihren Sohn kaum. In seiner Phantasie sah er sich jetzt endlich als König, unabhängig von allen anderen – sogar von seiner Mutter. Er würde nicht zulassen, daß die Kümmernisse der »Alten Dame« seine Freude trübten. Er entfernte sich, vermerkte Cavriana, »scheinbar ohne jedes Zeichen der Verwirrung . . . was mir wahrhaft verwunderlich vorkam«[32]. Diesen Nachmittag noch befahl er die Hinrichtung des Kardinals von Guise – eine Tat, die völlig außer acht ließ, ob sie der Heilige Stuhl billigen oder unterstützen würde.

Paris erfuhr die Nachricht von den Ereignissen gerade, als die ersten Weihnachtsfeiern begonnen hatten. Die Stadt geriet vor Kummer und Wut in schwere Unruhe. Die königlichen Wappen wurden herabgerissen und in die Seine geworfen, Statuen und Bilder des Königs beschädigt und umgestürzt, die königlichen Gemächer im Louvre geplündert, bekannte

Anhänger des Königs in die Bastille abgeführt – und überall hallten Rufe nach Rache für die Ermordung des »Königs von Paris«.
In Blois verlief Weihnachten düster und still, der König versuchte, einigermaßen Verständnis bei den fremden Gesandten zu finden, und die Königin-Mutter war noch immer in ihren Gemächern festgehalten. Die Nachricht, daß ihr Sohn die Hinrichtung des Kardinals angeordnet hatte, ließ sie taumeln. Wenn sie für diesen auch keinerlei Zuneigung empfand, so erkannte sie jedoch sogleich, wieviel Unterstützung von katholischer Seite das ihren Sohn kosten würde. Außerdem war sie abergläubisch genug, um nicht in Furcht zu geraten, da das Blut eines Kirchenfürsten vergossen werden sollte. »Ach, diese armselige Kreatur«, soll sie ausgerufen haben, »was hat er da getan . . . Er hat Hand angelegt an einen Mann, der oft den Leib und das Blut Unseres Herren konsekriert hat. Wie kann Gott ihm jemals verzeihen? Und was [das war für Katharina der springende Punkt] werden die anderen Souveräne dazu sagen?«[33]
Die Ereignisse während der Woche zwischen Weihnachten und Neujahr bleiben in Dunkel gehüllt. Katharina hatte ein wenig von ihren Kräften wiedergewonnen, aber sie hielt sich immer noch unter Cavrianas beständiger Obhut in ihren Gemächern auf. Es existieren keine Aufzeichnungen über Zusammenkünfte zwischen Katharina und ihrem Sohn, obgleich es wahrscheinlich ist, daß Heinrich sie von Zeit zu Zeit aufgesucht hat. Die Krankheit hatte sie teilnahmslos und bedrückt gemacht. Sie verfügte über keine Kraftreserven mehr, um einer Krise wie dieser zu begegnen. Die natürliche Spannkraft war von ihr gewichen, und Cavriana notierte am letzten Tag des Jahres: »Obgleich . . . so erfahren in den Dingen dieser Welt, so weiß sie trotzdem nicht, mit welchen Heilmitteln den Leiden der Gegenwart begegnet werden könnte, noch denen, die kommen werden.«[34]
Am 1. Januar fand Cavriana sie kräftig genug, um ihr die Erlaubnis zum Verlassen des Zimmers zu erteilen, und sie gab sofort Anweisung, sie zum Kardinal von Bourbon zu bringen, der noch gefangen saß. Es war zweifellos mehr als nur ein Trostbesuch. Vielleicht hoffte sie zu einem Kompromiß mit dem dreiundsechzig Jahre alten Prälaten zu kommen, denn er war immerhin gemäß der Unionsakte jetzt der Erbe der Krone. Mehr als eine Woche lang bangte Bourbon um sein Leben. Alle Träume von Größe, die Guise für ihn gesponnen hatte, schlossen ein Schicksal wie dieses aus. Bourbon besaß weder Mut noch Initiative. Seine Einkerkerung versetzte ihn in Schrecken. Er wußte, daß Guise tot war; er wußte, daß der Atem des Königs beim Tode eines Kardinals nicht gestockt hätte. Er mußte seinem Tod als nächsten logischen Schritt ins Auge sehen. Ka-

tharinas unvermutetes Auftauchen trug keineswegs zur Beschwichtigung seiner Befürchtungen bei. Nach L'Estoiles Aufzeichnungen warf er ihr alles vor – nicht eingelöste Versprechungen, gebrochene Verträge – und jetzt, unfähig, zu glauben, daß der kraftlose König auf einmal so wirkungsvoll zu handeln in der Lage gewesen wäre, schob er ihr die Schuld am Tod Guises zu. »Sie werden noch der Tod von uns allen sein!«, verfluchte er sie[35].

Es war die letzte Anstrengung der »Ewigen Unterhändlerin«. Schaudernd beim Gehen durch die kalten engen Hallen, kehrte sie weinend in ihre Gemächer zurück. Mehr konnte sie nicht tun. Der Mißerfolg hatte ihre noch vorhandene Energie erschöpft, und während der nächsten drei Tage lag sie zu Bett, geschüttelt von Erkältung und Fieber, geplagt von zunehmenden Atembeschwerden. Am 4. Januar berichtete Morosini nach Rom: »Sie hat sehr hohes Fieber, und obgleich die Ärzte meinen, es handle sich nur um eine fiebrige Erkältung und es bestehe keine Gefahr, geben das vorgerückte Alter der Patientin sowie ihr Rückfall Anlaß zu großer Besorgnis.«[36]

Ob sie während dieser letzten Tage noch gesprochen hat, davon hat niemand, nicht einmal der peinlich genaue Cavriana, etwas erwähnt. D'Aubigne vermerkte später, irgend jemand habe sie murmeln hören: »Ich bin von den Trümmern des Hauses zermalmt worden.«[37] Es war ein recht wohlgesetzter Vergleich aus dem Munde der sonst so freimütig sich auslassenden Königin. Doch er entsprach gewiß der Wahrheit. Schließlich verlor sie die Fähigkeit, zu klagen, und sie fiel von einer Bewußtlosigkeit in die andere, da alle ihre Kräfte durch ihre schwere Atemnot verzehrt waren. Am Morgen des 5. Januar war sie bei ausreichendem Bewußtsein, um einige letztwillige Verfügungen treffen zu können. Mittags verschied sie, umgeben vom König und einigen wenigen Mitgliedern des Hofes. Es gab nur noch wenige Familienangehörige, denn sie war die letzte ihrer Generation und hatte alle Kinder bis auf zwei überlebt. Sogar die Minister, die ihr die Jahre hindurch treu gedient hatten – Bellièvre, Pinart und Villeroy – waren nicht zugegen.

Ihr Leichnam wurde einbalsamiert und feierlich in der großen Audienzhalle aufgebahrt, wo so manches diplomatische Ringen mit ihrer Beteiligung stattgefunden hatte. Obwohl Heinrich, »der König, der Trauerzeremonien liebte«, alles in Schwarz ausstatten ließ, gab es nur wenig Anzeichen von tiefer Trauer. Sogar der König – ihr »Augapfel«, wie sie ihn so liebevoll genannt hatte – schien eher geistesabwesend als gramgebeugt zu sein. Sein Brief an den Heiligen Stuhl, der den Papst von diesem »persönlichen Kummer«, mit dem Gott ihn heimgesucht hatte, in Kenntnis setzte und die letzten Tage von Heinrichs Mutter schilderte, war rein amtlicher Natur – und oberflächlich[38].

Der Hugenotte Goulart berichtete in seinen Memoiren: »Nachdem sie sich noch ein paar Tage lang hingeschleppt hatte, starb sie zu Beginn des Jahres 1589, ohne daß jemand versucht hätte, ihr beizustehen, oder sich über ihre Krankheit oder ihren Tod Gedanken zu machen, als wäre sie die unbedeutendste Person im Königreich. Nach ihrem Tod . . . sprach man von ihr nicht viel mehr als von einer toten Ziege.«[39]

In Paris nahm man die Nachricht vom Tod der Madame Katharina in gehobener Stimmung zur Kenntnis. Die Bürger zogen durch die Straßen, schwenkten brennende Fackeln und riefen: »So mag die Rasse der Valois zugrunde gehen«, wobei sie ihre Fackellichter auslöschten. In La Rochelle triumphierten die Hugenotten ebenfalls, sie brannten ein Feuerwerk an und »neigten sich in Ehrfurcht vor dem Gottesgericht«, das die Bösewichter getroffen hatte. Während die Anhänger der Liga in Paris nach Katharinas Leiche schrien, um sie in die Kloake zu werfen, schickte sich Pasquier mit seinem weiterreichenden Blick an, ein Sonett zu ihren Ehren niederzuschreiben: »Hier liegt die Blume von Florenz«, so hub er an, und redete die Königin an als jene, die bemüht gewesen sei, ihre Kinder (und den Staat) vor Gewalttätigkeit zu beschirmen[40].

Obgleich es Katharinas letzter Wille war, in der prächtigen Gruft beigesetzt zu werden, die sie in St. Denis hatte bauen lassen, machte dies der Tumult in Paris unmöglich. Statt dessen wurde sie einstweilen in der Heiligen Erlöserkirche zu Blois bestattet. Die Leichenpredigt war dem Erzbischof von Bourges übertragen worden. Mit ausgesuchter Feinsinnigkeit wich er jedem Urteil aus und überließ diese schwierige Aufgabe dem Erlöser, dem er ihre Seele anvertraute. Während er Katharinas Taten pries – ihren Mut, ihre Energie, ihr diplomatisches Geschick – und mit dem Sohn um den Verlust einer solchen Mutter trauerte, erhob er schließlich seine Augen von Katharina hin zu jener ewigen Hoffnung, an die sie geglaubt hatte[41].

Es war Cavriana, dessen unverbrüchliche Ergebenheit ihn während jener trostlosen Monate bei ihr aushalten ließ, der ohne sich zu schämen über ihr Hinscheiden weinte. »Wir alle bleiben zurück ohne Licht oder Rat oder Trost«, so schrieb er, »und, um die Wahrheit zu sagen, mit ihr starb, was uns am Leben erhielt. Von nun an müssen wir unsere Gedanken anderswohin richten und irgendeine andere Stütze finden.«[42]

Epilog

Katharinas Tod erregte die Gemüter an den Höfen Europas kaum. Es gab eine Zeit, da hoffte sie, diese Höfe mit ihren Kindern zu bevölkern: Franz, ihr Erstgeborener, sollte über Frankreich herrschen und, mit Maria Stuart vermählt, über Schottland gebieten; Karl sollte sich den Titel des Kaisers des Heiligen Römischen Reiches Deutscher Nation holen; Heinrich sollte Polen haben; und Alençon sollte sich mit Elisabeth den Thron von England teilen. Auch ihre Töchter sollten ihre Plätze einnehmen: Elisabeth in Spanien, um die Politik Philipps II. zu lenken; Claude in Lothringen, um die Loyalität des Herzogs abzusichern; Margot in Navarra, um durch ihre Heirat mit Heinrich den Bürgerkrieg zu beenden und ihren Gemahl schließlich in den Schoß der römischen Kirche zurückzuführen.

Das waren Träume, würdig einer Kaiserin. Aber die umständlichen Anstalten, die stillschweigende Nachsicht und die Intrigen, die sie verwirklichen sollten, waren das Werk der italienischen Krämerin. Das hauptsächliche Rätsel von Katharinas Persönlichkeit besteht darin, daß sie beide Rollen in sich vereinte. Sie blickte auf Throne und Kronen, als ob es Waren wären, um die es zu feilschen galt. In einer Hinsicht hatte sie recht, aber da sie so lange auf dem Marktplatz stand, büßte sie jene königliche Haltung ein, die das Königtum entscheidend ausmacht. Der goldene Zauber einer solchen Haltung war, so meinte sie, weniger wichtig als der Alltagsrealismus am Verhandlungstisch. Sie war willens, ihr eigenes in Gold gefaßtes Bild zu opfern, um Kronen für ihre Kinder zu gewinnen. Doch letzten Endes verlor sie, und da sie alles aufs Spiel gesetzt hatte, verlor sie auch alles. Kein Valois herrschte über Europa. Franz, Karl, Alençon, Elisabeth, Claude, alle waren sie tot. Margot saß auf Befehl ihres Bruders hinter den Mauern der Festung von Usson. Heinrich allein trug noch eine Krone, aber es konnte von ihm kaum gesagt werden, daß er herrsche. In Wirklichkeit herrschte er schon jahrelang nicht mehr, und jetzt schwebte infolge des Mordes an dem Kardinal Guise die tödliche Drohung der Exkommunizierung durch den Papst über seinem Haupt.

Was, so hatte Katharina sich öfters gefragt, als sie auf ihrem kleinen Maultier durch ein vom Bürgerkrieg ruiniertes Land ritt, was sollte aus Frankreich werden? Der Tod war gnädig genug, indem er ihr den Anblick der nächsten Jahre ersparte. Denn kaum acht Monate später war der einzige ihr verbliebene Sohn tot. Heinrich, der letzte König aus der Dynastie Valois, wurde in seinen eigenen Gemächern von einem religiösen Fanatiker erstochen. Nach seinem Tod gelangte Heinrich von Navarra, der so lange der Mittelpunkt des Widerstandes war, auf den Thron und stürzte Frankreich in einen weit bitteren Bürgerkrieg als zuvor.

Alles, worauf Katharina ihre Hoffnung gesetzt hatte, war verloren, und Katharina mit dazu. Denn es war mehr als ihre sterbliche Existenz, die in Blois ausgelöscht war; es war auch die letzte Erinnerung an das, was sie in Wirklichkeit war. Die kultivierte Florentinerin, die anhängliche Gattin, die beharrliche Unterhändlerin, alle verschwanden sie hinter der Legende von der unheimlichen Königin. »Man sprach von ihr nicht viel mehr, als von einer toten Ziege«, hatte ein Zeitgenosse geschrieben. Es war eine bittere Tatsache, und die Geschichte, die zuweilen die schroffen Umrisse von Personen und Ereignissen glättet, war kaum freundlicher, vielmehr hing sie Katharina mehr Übeltaten an, als eine einzelne Person überhaupt hätte verursachen können.

Ihre Irrtümer, das ist nicht zu leugnen, waren gewaltig, ihre Politik zuweilen gefährlich unstet. Zweifellos war sie getrieben von jenem *affetto di signoreggiare,* den man ihr beständig vorwarf. Es dürfte schwer halten, einen Renaissance-Herrscher zu finden, der sich nicht von ihm leiten ließ. Aber hinter der Legende liegt das lebenswahre Bild, und dieses Bild ist es, das ich hoffe enthüllt zu haben. Aber jedes Bild, das habe ich herausgefunden, hat sein eigenes Geheimnis. Und dieses Geheimnis muß gewahrt bleiben.

Anmerkungen

Folgende Abkürzungen werden benutzt:
Arch. Cur. Archives Curieuses de l'histoire de France
BHPF Bulletin de la société historique du protestantisme français
CSP For. Calendar of State Papers, Foreign Series, Elizabeth
CSP Span. Calendar of State Papers, Spanien
CSP Ven. Calendar of State Papers, Venedig
EHR English Historical Review
LP Henry VIII Calendar of State Papers, Letters and Papers, Foreign and Domestic, of Henry VIII
Lettres Briefe Katharinas von Medici
MP Michaud et Poujoulat (Hrsg.), »Nouvelle collection des mémoires sur l'histoire de France«
Petitot Collection complète des mémoires relatifs à l'histoire de France
RH Revue historique
RHD Revue d'histoire diplomatique
RQH Revue des questions historiques
RR Revue rétrospective
\+ bedeutet Depesche

»Der einzige Zweig«

Kapitel I, Seite 11

1 Alfred von Reumonts »Die Jugend Katharinas von Medici« ist die vollständigste Quelle für Katharinas frühe Lebensjahre. Alle Anmerkungen beziehen sich auf die französische, mit Anmerkungen versehene Übersetzung von Armand Baschet, La Jeunesse de Catherine de Medici.
2 Fleurange, Mémoires. Petitot, Reihe 1, Bd. XVI, S. 325 ff.
3 ebenda
4 Reumont, Seite 30
5 Mariéjol, Catherine de Médicis, S. 6–7
6 Reumont, S. 42, Anm. 1
7 Ariosto, Opere minori, S. 216
8 Baschet. La Diplomatie vénitienne, S. 176–178
9 Varchi, Storia Fiorentino
10 Desjardins, Négociations diplomatiques de la France avec la Toscane, Bd. II, S. 1113
11 LP Henry VIII, Bd. IV, Teil 2, S. 583
12 Cronica di Suor Giustina Niccolini, in Reumont, S. 102
13 Desjardins, Négociations diplomatiques, Bd. II, S. 1111, 1113
14 Nicolas Raince in Lettres de Catherine de Médicis, Bd. I, S. XI.
15 LP Henry VIII, Bd. IV, Teil 3, S. 278; Bd. VI, S. 312–13, 564
16 Alberi, Relazioni degli ambasciatori veneti al senato, Reihe 2, Bd. II, S. 282
17 LP Henry VIII, Bd. VI, Granvelle, Papiers d'état, Bd. I, S. 472–550; Desjardins, Négociations diplomatiques, Bd. II, S. 1068 ff.

[18] Reumont, S. 172
[19] Du Bellay, Mémoires, Petitot, Reihe 1, Bd. XVIII, S. 205–09
[20] Louise de Savoie, Journal, Petitot, Reihe 1, Bd. XVI, S. 243
[21] Baschet, La Diplomatie vénitienne, S. 407–08; Brantôme, Œuvres complètes, Bd. III, S. 243
[22] Bouchot, Catherine de Médicis, S. 28–29
[23] LP Henry VIII, Bd. V, S. 15; Monluc, Commentaires et lettres, Bd. III, S. 137
[24] Ronsard, in Mariéjol, Catherine de Médicis, S. 35
[25] Freer, The Life of Marguerite d'Angoulême, Bd. II, S. 185–88
[26] Baschet, La Diplomatie vénitienne, S. 430
[27] Alberi, Relazioni, Reihe 1, Bd. IV, S. 47
[28] Baschet, La Diplomatie vénitienne, S. 477
[29] Freer, Marguerite d'Angoulême, Bd. II, S. 228
[30] Tommaseo, Relations des ambassadeurs vénitiens sur les affaires de Fance au XVI siècle, Bd. I, S. 279
[31] Freer, Marguerite d'Angoulême, Bd. II, S. 318
[32] Paillard, »La Mort de François I et les premiers temps du règne de Henri II, d'après les dèpêches de Jean de Saint-Mauris«, RH, Bd. V (1877), S. 84–120

Kapitel II, Seite 35

[1] Baschet. La Diplomatie vénitienne, S. 432–33; Tommaseo, Relations des ambassadeurs vénitiens, Bd. I, S. 287
[2] Paillard, »La Mort de François I«, S. 101; Freer, Marguerite d'Angoulême, Bd. II, S. 340
[3] Paillard, »La Mort de François I«, S. 112–13
[4] La Planche, Histoire de l'Estat de France . . . sous le règne de François II, S. 114
[5] Lettres, Bd. I, S. 6
[6] Ronsard, Œuvres complètes, Bd. III, S. 177
[7] CSP Span, 1517–1549, S. 327
[8] Tommaseo, Relations des ambassadeurs vénitiens, Bd. I, S. 287
[9] CSP For., 1547–1553, + 638
[10] Dianne de Poytiers, Lettres inédites, S. 219–22, 228
[11] ebenda, S. 78–79
[12] ebenda, Desjardins, Négociations diplomatiques, Bd. III, S. 253
[13] Baschet. La Diplomatie vénitienne, S. 479
[14] ebenda
[15] ebenda, S. 434–35
[16] Romier, Les Origines politiques des guerres de religion, Bd. I, S. 20
[17] Emile Picot, »Les Italiens en France au XVI siècle«, Bulletin Italien, Bd. I, II, III, IV
[18] Lettres, Bd. I, S. 56
[19] Ribier, Lettres et mémoires d'Etat . . . sous les règnes de François I, Henri II, François II. Bd. II, S. 431
[20] Lettres, Bd. I, S. 80, 66; Dianne de Poytiers, Lettres inédites, S. 102, Anm. 1
[21] Lettres, Bd. I, S. 105
[22] Labanoff. Lettres, instructions, et mémoires de Marie Stuart, Bd. I, S. 9; CSP For., 1547–53, + 295
[23] CSP Ven., Bd. VI, + 95
[24] Kervyn de Lettenhove, Les Huguenots et les Gueux, Bd. I, S. 86
[25] CSP Ven., Bd. V, + 1005
[26] ebenda, + 993
[27] Ruble, »Le Traité de Cateau-Cambrésis«, S. 85
[28] Romier, Les Origines politiques, Bd. II, S. 224
[29] Baschet. La Diplomatie vénitienne, S. 446; Lettres, Bd. I, S. LIII, Alberi, Relazioni, Reihe 1, Bd. IV, S. 72

[30] Bèze, Histoire ecclésiastique des églises reformées au royaume de France, Bd. I, S. 121
[31] Brantôme, Œuvres complètes, Bd. VIII, S. 4
[32] D'Aubigné, Histoire universelle, Bd. I, S. 237–38
[33] CSP For., 1558–1559, + 898
[34] Vieilleville, Mémoires, MP, Reihe 1, Bd. IX, S. 284
[35] Brantôme, Œuvres complètes, Bd. IX, S. 448–49
[36] Vieilleville, Mémoires, S. 284

Vorstoß zur Macht

Kapitel I, Seite 59

[1] Tavannes, Mémoires, Petitot, Reihe 1, Bd. XXIV, S. 256
[2] CSP For., 1558–1559, + 972
[3] Nabonne, Jeanne d'Albret, S. 103
[4] Davila, The Historie of the Civill Warres in France, S. 35
[5] L'Aubespine, Négociations, lettres, et pièces diverses relatives au règne de François II, S. 115, Anm. 2; Bouillé, Histoire des ducs de Guise, Bd. II, S. 19
[6] Desjardins, Négociations diplomatiques, Bd. III, S. 403
[7] Brantôme, Œuvres complètes, Bd. VII, S. 405
[8] Baschet, La Diplomatie vénitienne, S. 493
[9] Lettres, Bd. 1, S. 122; CSP For., 1558–1559, + 1306
[10] Pasquier, Lettres historiques, S. 35; Desjardins, Négociations diplomatiques, Bd. III, S. 404
[11] De Thou, Histoire universelle, Bd. III, S. 381
[12] Mignet, »Lettres de Jean Calvin receuillies«, Journal des Savants (1857), S. 411
[13] Bouillé, Histoire des ducs de Guise, Bd. 1, S. 32, Anm. 2; CSP For., 1599–1560, + 552
[14] Delaborde, Gaspard de Coligny, Bd. I, S. 397; La Planche, Histoire de l'état de France, S. 180
[15] CSP For., 1559–1560, + 266
[16] Labanoff, Lettres de Marie Stuart, Bd. I, S. 72
[17] L'Aubespine, Négociations, lettres . . . S. 27
[18] CSP For., 1559–1560, + 685
[19] Mignet, »Lettres de Jean Calvin receuillies«, Journal des Savants (1857), S. 384
[20] ebenda
[21] »Papiers de Noailles«, Le Cabinet Historique, Bd. XIX (1873), S. 25
[22] Castelnau, Memoirs of the Reigns of Francis II and Charles IX, S. 40
[23] CSP For., 1559–1560, + 881
[24] Paillard, »Additions critiques à l'histoire de la conjuration d'Amboise«, RH, Bd. XIV (1880), S. 103
[25] ebenda, S. 90
[26] D'Aubigné, Mémoires, S. 5
[27] Vieilleville, Mémoires, MP, Reihe 1, Bd. IX, S. 288
[28] Mignet, »Lettres de Jean Calvin receuillies«, Journal des Savants (1857), S. 479
[29] ebenda, S. 480–81
[30] CSP For., 1559–1560, + 952; Mignet, Journal des Savants (1859), S. 22–23
[31] CSP For., 1559–1560, + 337; 1560–61, + 32
[32] ebenda, + 777, 779
[33] Tavannes, Mémoires, Petitot, Reihe 1, Bd. XXIV, S. 283
[34] CSP For., 1560–1561, + 931
[35] Paillard, »Additions critiques . . .«, S. 345
[36] Lettres, Bd. I, S. 142
[37] ebenda, 140

[38] ebenda, Bd. I, S. LXXIX, 147; Croze, Les Guises, les Valois, et Philippe II, Bd. I, S. 75
[39] Castelnau, Memoirs, S. 86
[40] Mignet, Journal des Savants (1859), S. 31; Croze, Les Guises, Les Valois, et Philippe II, Bd. I, S. 80
[41] Lettres, Bd. I, S. LXXXI
[42] Mignet, Journal des Savants (1859), S. 34
[43] Bordenave, Histoire de Béarn et Navarre, S. 106; Vieilleville, Mémoires, MP, Reihe 1, Bd. IX, S. 297
[44] Baschet, La Diplomatie vénitienne, S. 503–04
[45] Layard (ed.), Despatches of Michele Suriano and Marc-Antonio Barbaro, S. 1
[46] Castelnau, Memoirs, S. 96
[47] CSP For., 1560–1561, + 716

Kapitel II, Seite 84

[1] Layard, Despatches of Suriano and Barbaro, S. 3–5
[2] CSP For., 1560–1561, + 744
[3] Brantôme, Œuvres complètes, Bd. VIII, S. 408; CSP Ven., Bd. VII, + 278
[4] Lettres, Bd. I, S. 154, 155, 568
[5] Tommaseo, Relations des ambassadeurs vénitiens, Bd. I, S. 419, 421, 423, 543
[6] ebenda, Bd. I, S. 437, 527, 557
[7] Romier, Catholiques et Huguenots à la cour de Charles IX, S. 3
[8] Lettres, Bd. I, S. 568
[9] Romier, Catholiques et Huguenots, S. 8
[10] CSP For., 1560–1561, + 789
[11] Mignet, Journal des Savants (1859), S. 148–149
[12] Baschet, La Diplomatie vénitienne, S. 511
[13] Pasquier, Lettres historiques, S. 60
[14] Lettres, Bd. I, S. 163, Anm. 1
[15] ebenda, S. 577
[16] Romier, Catholiques et Huguenots, S. 43
[17] Tommaseo, Relations des ambassadeurs vénitiens, Bd. I, S. 521, 525; Layard, Despatches of Suriano and Barbaro, S. 12
[18] Tommaseo, Relations des ambassadeurs vénitiens, Bd. I, S. 521
[19] ebenda, S. 425
[20] ebenda, S. 555
[21] Lettres, Bd. I, S. 581, 584
[22] CSP For., 1561–1562, + 28
[23] Lettres, Bd. I, S. XCIII–IV
[24] Romier, Catholiques et Huguenots, S. 96
[25] Lettres, Bd. I, S. 174, 178, 179
[26] Romier, Catholiques et Huguenots, S. 98, 105
[27] Lettres, Bd. I, S. 592
[28] Dareste, »Hotman d'après de nouvelles lettres des années 1561–1563«, RH, Bd. XCVII (1908), S. 298–99
[29] Haton, Mémoires, Bd. I, S. 156

Kapitel III, Seite 99

[1] Romier, Catholiques et Huguenots, S. 133
[2] Tommaseo, Relations des ambassadeurs vénitiens, Bd. II, S. 119
[3] Aumale, History of the princes of Condé in the XVIth and XVIIth centuries, Bd. I, S. 340–41
[4] D'Aubigné, Histoire universelle, Bd. I, S. 314

[5] CSP For., 1561–1562, + 507
[6] ebenda, + 612
[7] Romier, Catholiques et Huguenots, S. 269; Lettres, Bd. I, S. 238, Anm. 1
[8] Lettres, Bd. I, S. CXI, CXII, 242
[9] CSP For., 1561–1562, 713
[10] Lettres, Bd. I, S. 244, 247; Layard, Despatches of Suriano and Barbaro, S. 49
[11] CSP For., 1661–1662, + 730
[12] Haton, Mémoires, Bd. I, S. 187
[13] CSP For., 1561–1562, + 921
[14] Romier, Catholiques et Huguenots, S. 311
[15] Pasquier, Lettres historiques, S. 98; Guise, Mémoires, MP, Reihe 1, Bd. VI, S. 490
[16] La Noue, Mémoires, MP, Reihe 1, Bd. IX, S. 594
[17] D'Aubigné, Histoire universelle, Bd. II, S. 10
[18] Lettres, Bd. I, S. 283–84, 285, Anm. 2
[19] CSP For., 1561–1562, + 587; Romier, Catholiques et Huguenots, S. 344
[20] Santa Croce, »Lettres«, Arch. Cur., Reihe 1, Bd. VI, S. 89
[21] Haton, Mémoires, Bd. I, S. 235
[22] Lettres, Bd. I, S. 290–93
[23] CSP For., 1562, + 238, 246
[24] Kervyn de Lettenhove, Les Huguenots et les Gueux, Bd. I, S. 79; CSP For., 1562, + 174, 188; »Journal de ce qui s'est passé en France durant l'année 1562«, RR, Reihe 1, Bd. V, S. 169
[25] Lettres, Bd. I, S. 337–38, 346, 353
[26] Haton, Mémoires, Bd. 1, S. 305; Dareste, »Hotman d'après de nouvelles lettres«, RH, Bd. XCVII (1908), S. 305
[27] CSP For., 1562, + 179
[28] Kervyn de Lettenhove, Les Huguenots et les Gueux, Bd. I, S. 94
[29] CSP For., 1562, + 914
[30] Layard, Despatches of Suriano and Barbaro, S. 58
[31] Lettres, Bd. I, S. 436, Anm. 1; Nabonne, Jeanne d'Albret, S. 176–81; Baschet, La Diplomatie vénitienne, S. 518
[32] CSP For., 1563, + 12
[33] Castelnau, Memoirs, S. 216–17
[34] CSP For., 1563, + 354, 361; »Lettre . . . sur la mort du duc de Guise«, Arch. Cur., Reihe 1, Bd. V, S. 171–97
[35] Lettres, Bd. I, S. 516; Layard, Despatches of Suriano and Barbaro, S. 80
[36] CSP For., 1563, + 354

Bürgeraufruhr

Kapitel I, Seite 120

[1] Ronsard, Œuvres complètes, Bd. VI, S. 256
[2] Lettres, Bd. I, S. 529
[3] ebenda, Bd. II, S. 1, 4, XVI, V
[4] ebenda, S. VII
[5] CSP For., 1563, + 613, 636
[6] Lettres, Bd. II, S. XV
[7] ebenda, S. XVII
[8] CSP For., 1563, + 930
[9] Castelnau, Memoirs, S. 260
[10] Lettres, Bd. II, S. 76

[11] ebenda, S. 98; Desjardins, Négociations diplomatiques, Bd. III, S. 506
[12] »Avis donné par Catherine de Médicis à Charles IX«, Arch. Cur., Reihe 1, Bd. V, S. 245–54
[13] Lettres, Bd. II, S. 102–03
[14] ebenda, S. 157, Anm. 1
[15] ebenda, S. 119, XLVII: Bordenave, Histoire de Béarn et Navarre, S. 124–26
[16] CSP For., 1564–1566, + 487
[17] ebenda, + 524, 592
[18] ebenda, + 357
[19] Lettres, Bd. II, S. 218, Anm. 1, 217–18, 230, Anm. 3
[20] Champion, Catherine de Médicis présente à Charles IX son royaume, S. 134–40; CSP For., 1564–1566, + 754
[21] Tommaseo, Relations des ambassadeurs vénitiens, Bd. II, S. 67
[22] Lettres, Bd. II, S. XLI
[23] ebenda, S. 258, 259, Anm. 2
[24] Baschet, La Diplomatie vénitienne, S. 245
[25] Champion, Catherine . . . présente à Charles IX, S. 285
[26] Lettres, Bd. II, S. LXXVI
[27] ebenda, S. LXXVI–IX; Champion, Catherine . . . présente à Charles IX, S. 279–93
[28] Granvelle, Papiers d'état, Bd. IX, S. 288–91
[29] Castelnau, Memoirs, S. 304
[30] Lettres, Bd. II, S. 297, LXXX–VI
[31] ebenda, S. 297–98

Kapitel II, Seite 141

[1] Lettres, Bd. II, S. CII; Champion, Catherine . . . présente à Charles IX, S. 365
[2] ebenda, S. 395
[3] CSP For., 1564–1566, + 1100, 1685
[4] Lettres, Bd. II, S. 35–55, LXVII
[5] ebenda, S. 407–8
[6] CSP For., 1566–1568, + 406
[7] Champion, Charles IX, la France et le contrôle de l'Espagne, Bd. I, S. 68
[8] Baschet, La Diplomatie vénitienne, S. 520
[9] ebenda, S. 525
[10] CSP For., 1566–1568, + 1683; Lettres, Bd. III, S. 58
[11] Turenne, Mémoires, S. 10
[12] Desjardins, Négociations diplomatiques, Bd. III, S. 528, Anm. 2
[13] Kervyn de Lettenhove, Les Huguenots et les Gueux, Bd. II, S. 76, Anm. 3, 77; Champion, Charles IX, Bd. I, S. 88
[14] CSP For., 1566–1568, + 1789
[15] Charles IX, Lettres à M. de Fourquevaux, S. 125; De Crue, Anne, duc de Montmorency, S. 476
[16] Lettres, Bd. III, S. 75
[17] ebenda, 79
[18] Castelnau, Memoires, S. 329
[19] Granvelle, Correspondance du cardinal de Granvelle, Bd. III, S. 140
[20] Champion, Charles IX, Bd. I, S. 123
[21] CSP For., 1566–1568, + 1914
[22] Desjardins, Négociations diplomatiques, Bd. III, S. 569
[23] Haton, Mémoires, Bd. I, S. 426–27
[24] CSP For., 1566–1568 + 2177, 2178
[25] lettres, Bd. III, S. XXVII–III

26 Charles IX, Lettres à M. de Fourquevaux, S. 165; Granvelle, Correspondance, Bd. III, S. 234; CSP For., 1566–1568, + 2191
27 »Lettres de l'amiral de Coligny«, BHPF, Bd. XXI (1872), S. 455; Henri IV, Recueil des lettres missives, Bd. I, S. 5; Lettres, Bd. III, S. 143, Anm. 2, 159
28 Calendar of the Marquess of Salisbury at Hatfield House, Bd. I, S. 1185; Lettres, Bd. III, S. xxx; Castelnau, Memoirs, S. 363
29 Desjardins, Négociations diplomatiques, Bd. III, S. 576; Lettres, Bd. III, S. 173
30 Champion, Charles IX, Bd. I, S. 138
31 CSP For., 1566–1568, + 2550; Haton, Mémoires, Bd. II, S. 541
32 De Thou, Histoire universelle, Bd. V, S. 521
33 Lettres, Bd. III, S. 193; Forneron, Histoire de Philippe II, Bd. II, S. 147
34 Lettres, Bd. III, S. xxxiii
35 ebenda, S. 206, 210
36 CSP For., 1566–1568, + 2688
37 Lettres, Bd. III, S. 218, Anm. 1; Croze, les Guises, les Valois, et Philippe II, Appendix IV, S. 336, Anhang V, S. 340
38 Lettres, Bd. III, S. 219; Croze, les Guises, les Valois, et Philippe II, Anhang VI, S. 377
39 Haton, Mémoires, Bd. I, 576; Champion, Charles IX, Bd. I, S. 185; CSP For., 1569–1571, + 1, 82
40 Desjardins, Négociations diplomatiques, Bd. III, S. 556
41 Lettres, Bd. III, S. 231, Anm. 2
42 ebenda, S. xlv

Kapitel III, Seite 162

1 »Arrest de la court de Parlement contre Gaspart de Coligny . . .« Arch. Cur., Reihe 1, Bd. VI, S. 375–81; Haton, Mémoires, Bd. II, S. 565; Kervyn de Lettenhove, Les Huguenots et les Gueux, Bd. II, S. 188
2 ebenda, Bd. II, S. 207
3 Catherine, Memoirs, S. 425; Monluc, Commentaires et lettres, Bd. III, S. 456–57
4 CSP For., 1569–1571, + 1216
5 Ferrière, Le XVI siècle et les Valois, S. 184–85
6 Ferrière, Les Projets de mariage de la reine Elisabeth, S. 60–61; Lettres, Bd. II, S. 307
7 Lettres, Bd. III, S. 128–29
8 Brantôme, Œuvres complètes, Bd. IX, S. 594
9 Godefroy, Le Cermonial français, Bd. II, S. 35–37
10 Kervyn de Lettenhove, Les Huguenots et les Gueux, Bd. II, S. 261; Lettres, Bd. IV, S. 25–26
11 CSP For., 1569–1571, + 1477, 1478
12 Lettres, Bd. IV, S. 26
13 ebenda, S. viii; CSP For., 1569–1571, + 1521, 1571
14 CSP For., 1569–1571, + 1886
15 Fénelon, Correspondance diplomatique, Bd. IV, S. 186
16 Digges, The Compleat Ambassador, S. 133–34
17 Lettres, Bd. IV, S. 74–75
18 Tavannes, Mémoires, Petitot, Reihe 1, Bd. XXV, S. 192
19 Charles IX, Lettres à M. de Fourquevaux, S. 362
20 »Lettres de l'amiral de Coligny«, BHPF, Bd. XXI (1872), S. 457; »Papiers de Noailles«, Le Cabinet Historique, Bd. XX (1874), S. 40–41; Desjardins, Négociations diplomatiques, Bd. III, S. 643
21 Haton, Mémoires, Bd. II, S. 627; Desjardins, Négociations diplomatiques, Bd. III, S. 643; D'Aubigné, Historie universelle, Bd. III, S. 282–83
22 La Huguerye, Mémoires inédits, Bd. I, S. 95
23 Digges, The Compleat Ambassador, S. 125–26; CSP For., 1569–1571, + 1920

24 CSP For., 1569–1571, + 1921
25 Lettres, Bd. III, S. 327; CSP For., 1569–1571, + 1189
26 Lettres, Bd. IV, S. V
27 ebenda, Bd. III, S. LXIV
28 Roelker, Queen of Navarre: Jeanne d'Albret, S. 365
29 Desjardins, Négociations diplomatiques, Bd. III, S. 733
30 Haton, Mémoires, Bd. II, S. 656–57
31 Lettres, Bd. IV, S. 76; Desjardins, Négociations diplomatiques, Bd. III, S. 724
32 Jeanne d'Albret, Mémoires et poésies, S. 30
33 Roelker, Queen of Navarre, S. 372–74
34 ebenda
35 Lettres, Bd. IV, S. LI
36 »Bref discours sur la mort de la royne de Navarre«, BHPF, Bd. XXXI, S. 29; Marguerite de Valois, Mémoires et lettres, S. 25
37 Roelker, Queen of Navarre, S. 394

Die unheimliche Königin

Kapitel I, Seite 179

1 Lettres, Bd. IV, S. LIV, 106, Anm. 2
2 Desjardins, Négociations diplomatiques, Bd. III, S. 740–41
3 Tommaseo, Relations des ambassadeurs vénitiens, Bd. II, S. 155
4 Marguerite de Valois, Mémoires et lettres, S. 26
5 Kervyn de Lettenhove, Les Huguenots et les Gueux, Bd. II, S. 439; Tavannes, Mémoires, Petitot, Bd. XXV, S. 256
6 Lettres, Bd. IV, S. LVII
7 ebenda, S. LVI
8 ebenda, S. LIX
9 Digges, The Compleat Ambassador, S. 233
10 Lettres, Bd. IV, S. LXXI
11 Alberi, Relazioni, Reihe 1, Bd. IV, S. 281
12 Tavannes, Mémoires, Petitot, Bd. XXV, S. 291; Lettres, Bd. IV, S. LXIII
13 Alberi, Relazioni, Reihe I, Bd. IV, S. 285
14 Lettres, Bd. IV, S. LXXI
15 Betr. die zeitgenössischen Darstellungen des Angriffs auf Coligny und das Massaker s. bes. Arch. Cur., Reihe I, Bd. VII, VIII, IX
16 Lettres. Bd. IV, S. LXXVIII
17 »Extrait des registres et croniques du bureau de la ville de Paris«, Arch. Cur., Reihe I, Bd. VII, S. 213
18 »Relation du massacre de la Saint-Barthéelemy«, Arch. Cur., Reihe I, Bd. VII, S. 80–81
19 Haton, Mémoires, Bd. II, S. 1110, Anhang II

Kapitel II, Seite 197

1 »Deux lettres de Théodore de Bèze«, BHPF, Bd. VII (1858), S. 16–17
2 Champion, Charles IX, Bd. II, S. 130
3 ebenda, S. 183
4 Desjardins, Négociations diplomatiques, Bd. III, S. 824
5 Tommaseo, Relations des ambassadeurs vénitiens, Bd. II, S. 155, déportements de la reyne Catherine de Médicis, Arch. Cur., Reihe 1, Bd. IX, S. 3 ff.
6 Lettres, Bd. IV, S. 122

7 ebenda, S. CXVIII
8 Ferrière, Le XVI siècle et les Valois, S. 326
9 Champion, Charles IX, Bd. II, S. 109
10 Ferrière, Le XVI siècle et les Valois, S. 326; Cenival, »La politique du Saint-Siège et l'élection de Pologne«, Ecole française de Rome: Mélanges d'archéologiques et d'histoire, Bd. XXXVI (1916–1917), S. 146
11 Forneron, Histoire de Philippe II, Bd. II, S. 331, 330
12 Champion, Charles IX, Bd. II, S. 118–19
13 ebenda, S. 154
14 ebenda, S. 119
15 ebenda, S. 154
16 Forneron, Histoire de Philippe II, Bd. II, S. 333; Champion, Charles IX, Bd. II, S. 157
17 Pitteurs, »Un Ambassadeur d'Angleterre en France sous Elisabeth«, RHD, Bd. XXIII (1909), S. 295; Digges, The Compleat Ambassador, S. 240
18 Fénelon, Correspondance diplomatique, Bd. V, S. 113, 115, 122
19 ebenda, S. 122, 128; Ferrière, Le XVI siècle et les Valois, S. 331
20 Digges, The Compleat Ambassador, S. 249
21 ebenda, S. 242; Fénelon, Correspondance diplomatique, Bd. V, S. 135
22 CSP For., 1572–1574, + 84, 28
23 Digges, The Compleat Ambassador, S. 259, 269
24 »Mémoires de l'état de France«, Arch. Cur., Reihe 1, Bd. VIII, S. 14
25 Lettres, Bd. IV, S. 117, 123
26 Champion, Charles IX, Bd. II, S. 299
27 CSP For., 1572–1574, + 1206
28 Robinson, »Queen Elizabeth and the Valois Princes«, EHR, Bd. II, (1887), S. 63
29 ebenda
30 ebenda
31 ebenda, S. 65
32 Lettres, Bd. IV, S. 169
33 ebenda, S. 157
34 ebenda, S. 160
35 ebenda, S. 189; CSP For., 1572–1574, + 769
36 Lettres, Bd. IV, S. 208
37 Desjardins, Négociations diplomatiques, Bd. III, S. 722; Cenival, »La politique du Saint-Siège . . .«, S. 141
38 Lettres, Bd. IV, S. 156, Anm. 2
39 Cenival, »La politique du Saint-Siège . . .«, S. 151
40 Champion, La Jeunesse de Henri III, Bd. II, S. 198
41 ebenda, S. 202; Lettres, Bd. IV, S. CLVI
42 Champion, La Jeunesse de Henri III, Bd. III, S. 199
43 Goulart, Mémoires de l'état de France sous Charles IX, Bd. II, S. 16
44 Lettres, Bd. IV, S. 172–73
45 Barbot, »Histoire de La Rochelle«, Archives historiques de la Saintonge et de l'Aunis, Bd. III, S. 141
46 Pasquier, Lettres historiques, S. 219
47 Lettres, Bd. IV, S. 195

Kapitel III, Seite 218

1 Champion, La Jeunesse de Henri III, Bd. II, S. 202; Choisnin, Mémoires, MP, Reihe 1, Bd. XI, S. 431
2 Lettres, Bd. IV, S. 225–27

[3] »Election et règne de Henri d'Anjou en Pologne«, RR, Reihe 1, Bd. IV (1885), S. 48
[4] Champion, La Jeunesse de Henri III, Bd. II, S. 128; Charles IX, Bd. II, S. 119
[5] Desjardins, Négociations diplomatiques, Bd. III, S. 879; Champion, La Jeunesse de Henri III, S. 143
[6] Champion, La Jeunesse de Henri III, Bd. II, S. 222
[7] ebenda, S. 246
[8] ebenda, S. 254
[9] CSP Ven., Bd. VII, + 560
[10] »Election et règne«, S. 73
[11] Champion, La Jeunessé de Henri III, Bd. II, S. 258; »Election et règne«, S. 68
[12] Champion, La Jeunesse de Henri III, Bd. II, S. 260–62; Goulart, Mémoires de l'état, Bd. III, S. 2; De Thou, Histoire universelle, Bd. VII, S. 12
[13] Champion, La Jeunesse de Henri III, Bd. II, S. 293
[14] Champion, Charles IX, Bd. II, S. 281
[15] Lettres, Bd. IV, S. CLXXI
[16] Frémy, Un Ambassadeur liberal sous Charles IX et Henry III, S. 208
[17] Tommaseo, Relations des ambassadeurs vénitiens, Bd. I, S. 419–21
[18] Champion, Charles IX, Bd. II, S. 317
[19] Desjardins, Négociations diplomatiques, Bd. III, S. 894
[20] Goulart, Mémoires de l'état, Bd. II; Jensen, Diplomacy and Dogmatism, S. 31–34; Lettres, Bd. IV, S. CLXXIV
[21] Goulart, Mémoires de l'état, Bd. III, S. 423
[22] Lettres, Bd. I, S. 618
[23] Champion, Charles IX, Bd. II, S. 331; CSP Ven., Bd. VII, + 573
[24] De Thou, Histoire universelle, Bd. VII, S. 44
[25] Rocquain, La France et Rome pendant les guerres de religion, S. 165
[26] CSP For., 1572–1574, + 1331
[27] Champion, Charles IX, Bd. II, S. 359, 362
[28] Lettres, Bd. IV, S. CXCVII; CSP Ven., Bd. VII, + 581; Champion, Charles IX, Bd. II, S. 368
[29] CSP For., 1572–1574, + 1372
[30] Henri IV, Lettres missives, Bd. I, S. 60–70
[31] Champion, Charles IX, Bd. II, S. 386, Anm. 3; CSP For., 1572–1574, + 1403
[32] Recueil des choses mémorables avenues en France sous le règne de Henri II, François II,Charles IX, Henri III, S. 230
[33] Lettres, Bd. IV, S. 297, 303
[34] ebenda, S. 309, Anm. 1

Mutter des Königs

Kapitel I, Seite 239

[1] Goulart, Mémoires de l'état, Bd. III, S. 370; Monluc, Commentaires et lettres, Bd. III, S. 530; Sorbih, »Histoire véritable des choses mémorables avenues tant durant le régne que le jour du tréspas du . . . Charles IX«, Arch. Cur., Reihe 1, Bd. VIII, S. 273–331
[2] Recueil des choses mémorables, S. 233; Henri IV, Lettres missives, Bd. I, S. 70–71
[3] Lettres, Bd. IV, S. 308
[4] Henri IV, Lettres missives, Bd. II, S. 252
[5] Lettres, Bd. IV, S. 310–11, 312
[6] »Election et règne«, S. 99–104
[7] Haton, Mémoires, Bd. II, S. 1150, Anhang X
[8] Lettres, Bd. V, S. 59, Anm. 1
[9] Henri III, Lettres, Bd. I, S. 357

10 Jean de la Fosse, Journal d'un curé ligueur de Paris, S. 170; »Le Trèspas et obsèques de . . . Charles IX«, Arch. Cur., Reihe 1, Bd. VIII, S. 257–70
11 Lettres, Bd. V, S. 13, 24
12 ebenda, S. 53; Fénelon, Correspondance diplomatique, Bd. V, S. 167
13 CSP For., 1572–1574, + 1509, 1462
14 De Thou, Histoire universelle, Bd. VII, S. 79
15 Nolhac, Il Viaggio in Italia de Enrico III di Francia, Kap. 6, 7, 8
16 Lettres, Bd. V, S. 71, Anm. 1
17 CSP For., 1572–1574, + 1509
18 Lettres, Bd. V, S. 73–75
19 Marguerite de Valois, Mémoires et lettres, S. 84; Champion, Henri III, roi de Pologne, Bd. II, S. 176
20 De Thou, Histoire universelle, Bd. VII, S. 81; Champion, Henri III, roi de Pologne, Bd. II, S. 162–163
21 Champion, Henri III, roi de Pologne, Bd. II, S. 174
22 Lettres, Bd. V, S. XVI; Monluc, Commentaires et lettres, Bd. III, S. 531
23 Busbecq, Letters . . . to the Holy Roman Emperor, S. 39
24 Champion, Henri III, roi de Pologne, Bd. II, S. 274
25 L'Estoile, Mémoires-Journaux, Bd. I, S. 51; Le Sacre et le coronnement du roy de France (1575)
26 Busbecq, Letters, S. 40–41, 80; Recueil des choses mémorables, S. 248; Bouillé Histoire des ducs de Guise, Bd. II, S. 563; L'Estoile, Mémoires-Journaux, Bd. I, S. 50
27 Ferrière, »Catherine de Médicis et les Politiques«, RQH, Bd. LVI (1894), S. 428
28 L'Estoile, Mémoires-Journaux, Bd. I, S. 53
29 Busbecq, Letters, S. 108–9
30 CSP For., 1575–1577, + 106
31 Champion, Henri III, roi de Pologne, Bd. II, S. 153; Lettres, Bd. V, S. 120, 131
32 Granvelle, Papiers d'état, Bd. V, S. 395

Kapitel II, Seite 254

1 CSP For., 1575–1577, + 168, 176
2 ebenda, + 58
3 CSP Ven., Bd. VII, + 636
4 Henri IV, Lettres missives, Bd. II, S. 240, 243–44; Recueil des choses mémorables, S. 255
5 »Documents originaux relatifs au rôle du duc d'Alençon . . . et à l'histoire du Tiers-Parti«, RR, Reihe 2, Bd. V, S. 274–75
6 ebenda, S. 260
7 Lettres, Bd. V, S. 142
8 Busbecq, Letters, S. 140
9 »Documents . . . relatifs . . . du duc d'Alençon«, S. 274–75; Lettres, Bd. V, S. 161–65
10 Alberi, Relazioni, Reihe 1, Bd. IV, S. 320
11 Henri IV, Lettres missives, Bd. III, S. 366–67; Lettres, Bd. V, S. 185
12 CSP For., 1575–1577, + 583
13 Lettres, Bd. V, S. 286–95
14 CSP For., 1575–1577, + 583
15 L'Estoile, Mémoires-Journaux, Bd. I, S. 142–43
16 ebenda, S. 153
17 Baird, The Huguenots and Henry of Navarre, Bd. I, S. 130
18 ebenda, S. 130–31; Boullée, Histoire complète des états-généraux, Bd. I, S. 279
19 Mémoires de la Ligue, Bd. I, S. 2–7
20 Lettres, Bd. V, S. LVII
21 ebenda, S. LVII

[22] Desjardins, Négociations diplomatiques, Bd. IV, S. 110
[23] Lettres, Bd. V, S. 231–32
[24] Nevers, Mémoires, Bd. I, S. 470; Henri IV, Lettres missives, Bd. I, S. 113
[25] Lettres, Bd. V, S. 233–34, 247; Palm, Politics and Religion in Sixteenth Century France: A Study of the Career of Montmorency-Damville, S. 104–20
[26] Guillaume de Taix, in Freer, Henry III, King of France and Poland, Bd. II, S. 131–32

Ausdauernde Vermittlerin

Kapitel I, Seite 275

[1] Freer, Henry III, King of France and Poland, Bd. II, S. 138–39; Van Dyke, Catherine de Médicis, Bd. II, S. 227–28
[2] CSP For., 1577–1578, + 225
[3] L'Estoile, Mémoires-Journaux, Bd. II, S. 159, 219–220; Haton, Mémoires, Bd. II, S. 907
[4] Marguerite de Valois, Mémoires et lettres, S. 12, 15, 24
[5] ebenda, S. 33
[6] ebenda, S. 90
[7] Lettres, Bd. VII, S. 202
[8] L'Estoile, Mémoires-Journaux, Bd. II, S. 240–41
[9] Recueil des choses mémorables, S. 274
[10] Muller et Digerick, Documents concernant les relations entre le duc d'Anjou et Les Pays-Bas, Bd. I, S. 50, 73
[11] L'Estoile, Mémoires-Journaux, Bd. II, S. 235–36
[12] CSP For., 1577–1578, + 691
[13] Lettres, Bd. VI, S. 9–10
[14] Haton, Mémoires, Bd. II, S. 965
[15] CSP For., 1578–1579, + 393
[16] ebenda, + 21; 1577–1578, + 607
[17] Lettres, Bd. VI, S. 38
[18] Lauzun, Itinéraire de Marguerite de Valois en Gascogne, S. 35
[19] Lettres, Bd. VI, S. 46
[20] ebenda, S. 43
[21] ebenda, S. 47
[22] ebenda, S. 48
[23] ebenda, S. 64
[24] ebenda, S. 68
[25] ebenda, S. 73
[26] ebenda, S 83, 97–104
[27] ebenda, S. 100
[28] ebenda, S. 108
[29] ebenda, S. 110, 113, 116–17
[30] ebenda, S. 119
[31] ebenda, S. 119–34
[32] ebenda, S. 134; Vaissière, Henri IV, S. 181

Kapitel II, Seite 298

[1] Lettres, Bd. VI, S. 260, 261
[2] ebenda, S. 280
[3] ebenda, S. 292

[4] ebenda, S. 325
[5] ebenda, S. 296
[6] ebenda, Bd. VII, S. 134
[7] ebenda, Bd. VI, S. 335, 347
[8] ebenda, S. 357
[9] ebenda, S. 360
[10] ebenda, Bd. VII, S. 171, 179
[11] CSP For., 1579–1580, + 85; Tommaseo, Relations des ambassadeurs vénitiens, Bd. II, S. 449
[12] Lettres, Bd. VII, S. 12, 33, 30
[13] ebenda, S. 53
[14] Harrison, Letters of Elizabeth, S. 129
[15] Lettres, Bd. VI, S. 315–16
[16] ebenda, S. 332, 316, Anm. 1; Desjardins, Négociations diplomatiques, Bd. IV, S. 253
[17] Robinson, »Queen Elizabeth and the Valois Princes«, S. 74
[18] Lettres, Bd. VI, S. 374
[19] Harrison, Letters of Elizabeth, S. 136
[20] Lettres, Bd. VII, S. 225
[21] Muller et Digerick, Documents concernant . . . le duc d'Anjou et Les Pays-Bas, Bd. III, S. 12
[22] ebenda, S. 345
[23] Desjardins, Négociations diplomatiques, Bd. IV, S. 336; L'Estoile, Mémoires-Journaux, Bd. II, S. 365
[24] CSP For., 1578–1580, + 387
[25] Henri IV, Lettre missives, Bd. I, S. 296–97
[26] Lettres, Bd. VII, S. 252
[27] ebenda, S. 452, 310
[28] Muller et Digerick, Documents concernant . . . le duc d'Anjou et les Pays-Bas, Bd. III, S. 508; Kervyn de Lettenhove, Les Huguenots et les Gueux, Bd. V, S. 599

Kapitel III, Seite 312

[1] Lettres, Bd. VII, S. 304–9
[2] Kervyn de Lettenhove, Les Huguenots et les Gueux, Bd. VI, S. 137–38, 139, Anm. 1
[3] Haton, Mémoires, Bd. II, S. 1047
[4] CSP For., 1581–1582, + 200
[5] Calendar, Hatfield House, Bd. II, S. 280
[6] Digges, The Compleat Ambassador, S. 433; Murdin, A. Collection of State Papers Relating to the Affairs in the Reign of Elizabeth, S. 353
[7] Read, Mr. Secretary Walsingham, Bd. II, S. 58–79
[8] Sully, Memoirs, Bd. I, S. 92
[9] CSP Span., 1580–1586, + 211–212
[10] ebenda, + 336
[11] Desjardins, Négociations diplomatiques, Bd. IV, S. 413–14
[12] Kervyn de Lettenhove, Les Huguenots et les Gueux, Bd. VI, S. 231
[13] CSP Span., 1580–1586, + 243
[14] Desjardins, Négociations diplomatiques, Bd. IV, S. 418
[15] Rocquain, La France et Rome pendant les guerres de religion, S. 247–48
[16] Kervyn de Lettenhove, Les Huguenots et les Gueux, Bd. VI, S. 290
[17] Lettres, Bd. VIII, S. 48
[18] ebenda, S. 50
[19] ebenda, S. 51, Anm. 5
[20] CSP For., Mai–Dez. 1582, + 87
[21] Lettres, Bd. VIII, S. 68–69

[22] ebenda, S. 86–87; Prinsterer, Correspondance de la maison d'Orange-Nassau, Reihe 1, Bd. VIII, S. 142; Muller et Digerick, Documents concernant . . . le duc d'Anjou et les Pays-Bas, Bd. IV, S. 299–300
[23] Black, The Reign of Elizabeth, S. 357
[24] Muller et Digerick, Documents concernant . . . le duc d'Anjou et les Pays-Bas, Bd. IV, S. 406; Desjardins, Négociations diplomatiques, Bd. IV, S. 406, Anm. 2
[25] Lettres, Bd. VIII, S. 183
[26] Kervyn de Lettenhove, Les Huguenots et les Gueux, Bd. VI, S. 466
[27] Lettres, Bd. VIII, S. 111
[28] Kervyn de Lettenhove, Les Huguenots et les Gueux, Bd. VI, S. 478
[29] CSP For., Juli, 1583–1584, + 138
[30] Harrison, Letters of Elizabeth, S. 161
[31] Lettres, Bd. VII, S. 330, 399, 401
[32] ebenda, S. 384, 389–96, 394–405
[33] ebenda, Bd. VIII, S. 61
[34] Forneron, Histoire de Philippe II, Bd. III, S. 155
[35] Desjardins, Négociations diplomatiques, Bd. IV, S. 458

»Der bleierne Widerhall«

Kapitel I, Seite 329

[1] L'Estoile, Mémoires-Journaux, Bd. II, S. 112; CSP Ven., Bd. VII, + 795
[2] CSP For., Mai–Dez., 1582, + 167
[3] ebenda, + 69
[4] ebenda, 1579–1580, + 189
[5] Marguerite de Navarre, Mémoires et lettres, S. 289; Lettres, Bd. VIII, S. 36–37
[6] Desjardins, Négociations diplomatiques, Bd. IV, S. 421
[7] Lauzun, Itinéraire de Marguerite de Valois, S. 234
[8] Busbecq, »Lettres . . . 1582–1583«, Arch. Cur., Reihe 1, Bd. X, S. 94
[9] CSP For., Juli, 1583–July, 1584, + 183
[10] Lauzun, Itinéraire de Marguerite de Valois, S. 240
[11] CSP For., Juli 1583–July, 1584, + 183
[12] Lettres, Bd. VIII, S. 428–29
[13] Marguerite de Valois, Mémoires et lettres, S. 297; »Lettres inédites«, Archives historiques de Gascogne, Reihe 1, Bd. XI, S. 32–33
[14] Lettres, Bd. VIII, S. 180–81
[15] ebenda, 132
[16] Desjardins, Négociations diplomatiques, Bd. IV, S. 487–88
[17] L'Estoile, Mémoires-Journaux, Bd. II, S. 150
[18] CSP For., Juli, 1583–Juli 1584, + 539, 611
[19] Lettres, Bd. VIII, S. 188
[20] Prinsterer, Correspondance, Reihe 1, Bd. VIII, S. 406, 407
[21] Robinson, »Queen Elizabeth and the Valois Princes«, EHR, Bd. II (1887), S. 77
[22] Desjardins, Négociations diplomatiques, Bd. IV, S. 514; Lettres, Bd. VIII, S. 190
[23] L'Estoile, Mémoires-Journaux, Bd. II, S. 153
[24] Lettres, Bd. VIII, S. 190, 194; Lauzun, Itinéraire de Marguerite de Valois, S. 289
[25] Desjardins, Négociations diplomatiques, Bd. IV, S. 519; Lauzun, Itinéraire de Marguerite de Valois, S. 295
[26] CSP For., Juli, 1583–July, 1584, + 566, 376
[27] ebenda, + 752

[28] ebenda, + 752, 756
[29] Desjardins, Négociations diplomatiques, Bd. IV, S. 544
[30] Rocquain, La France et Rome pendant les guerres de religion, S. 266, Anm. 1
[31] Davila, The Historie of the Civill Warres of France, S. 499
[32] Busbecq, »Lettres 1582–1583«, Arch. Cur., Reihe 1, Bd. X, S. 117
[33] Péréfixe, The History of Henry IV, S. 52
[34] CSP For., 1584–1585, S. 31–33 (von diesem Band an sind die Depeschen nicht länger numeriert); Baird, The Huguenots and Henry of Navarre, Bd. I, S. 294; Rocquain, La France et Rome pendant les guerres de religion, S. 270
[35] Jensen, Diplomacy and Dogmatism, S. 55
[36] Lettres, Bd. VIII, S. 244, Anm. 1
[37] Black, The Reign of Elizabeth, S. 364–65
[38] CSP For., 1584–1585, S. 301
[39] L'Épinois, La Ligue et les Papes, S. 20
[40] CSP For., 1584–1585, S. 354
[41] ebenda, S. 343

Kapitel II, Seite 350

[1] »Déclaration des causes . . . « Arch. Cur., Reihe 1, Bd. XI, S. 7–21
[2] Recueil des choses mémorables, S. 282
[3] Lettres, Bd. VIII, S. 454, 245–48
[4] ebenda, S. 269, 286; L'Épinois, La Ligue et les Papes, S. 10
[5] Lettres, Bd. VIII, S. 455, 457
[6] ebenda, S. 290, 292
[7] ebenda, S. 265, 323–24
[8] ebenda, S. 303
[9] ebenda, S. 339
[10] L'Éstoile, Mémoires-Journaux, Bd. II, S. 199
[11] Forneron, Histoire de Philippe II, Bd. III, S. 232; Desjardins, Négociations diplomatiques, Bd. IV, S. 620
[12] Henri IV, Lettres missives, Bd. II, S. 87–88
[13] ebenda, S. 98, 125–26
[14] »Déclaration de notre Saint-Père«, Arch. Cur., Reihe 1, Bd. XI, S. 49–58; Pastor, The History of the Popes, Bd. XXI, S. 278–84
[15] Hernri IV, Lettres missives, Bd. II, S. 172–74
[16] ebenda, S. 152; Lettres, Bd. VIII, S. 350
[17] Baird, The Huguenots and Henry of Navarre, Bd. I, S. 366
[18] Hernri IV, Lettres missives, Bd. II, S. 129–30
[19] ebenda, S. 54–56
[20] Lauzun, Itinéraire de Marguerite de Valois, S. 268 ff; Merki, La Reine Margot et la fin des Valois, S. 318 ff; Lettres, Bd. VIII, Anhang V
[21] CSP For., 1584–1585, S. 462
[22] Croze, Les Guises, les Valois, et Philippe II, Bd. I, S. 352; Anhang 13; Bd. II, S. 277, Anhang 1
[23] Lettres, Bd. IX, S. 38
[24] Desjardins, Négociations diplomatiques, Bd. IV, S. 621; L'Estoile, Mémoires-Journaux, Bd. II, S. 119
[25] Croze, Les Guises, les Valois, et Philippe II, Bd. I, S. 315
[26] Henri IV, Lettres missives, Bd. II, S. 141–42; L'Épinois, La Ligue et les Papes, S. 49
[27] CSP For., 1586–1588, S. 8; L'Estoile, Mémoires-Journaux, Bd. II, S. 120
[28] Mémoires de la Ligue, Bd. II, S. 100
[29] Sully, Mémoires, Bd. I, S. 135

30 Henri IV, Lettres missives, Bd. II, S. 227
31 Lettres, Bd. IX, S. 22; Croze, Les Guises, les Valois, et Philippe II, Bd. I, S. 380, Anhang 29
32 Lettres, Bd. IX, S. 53
33 Mémoires de la Ligue, Bd. II, S. 76–77
34 Desjardins, Négociations diplomatiques, Bd. IV, S. 668
35 Lettres, Bd. IX, S. 68
36 ebenda, S. 78, 97
37 ebenda, S 87, 88
38 Henri IV. Lettres missives, Bd. II, S. 263–64
39 Vaissière, Henri IV, S. 278
40 Lettres, Bd. IX, S. 111–13
41 Brémond d'Ars, »Les Conférences de Saint-Brice«, RQH, Bd. XXXVI (1884), S. 515
42 Lettres, Bd. IX, S. 123
43 ebenda, S. 166

Kapitel III, Seite 369

1 Calendar, Hatfield House, Bd. III, S. 206
2 CSP Ven., Bd. VIII, + 477
3 Lettres, Bd. IX, S. 155, 166, 191, 194
4 CSP Span., Bd. IV, + 11
5 ebenda, Bd. III, + 581
6 Lettres, Bd. IX, S. 196
7 CSP Span., Bd. IV, + 24
8 Lettres, Bd. IX, S. 196
9 ebenda, S. 205–17
10 Croze, Les Guises, les Valois, et Philippe II, Bd. II, Anhang 6
11 ebenda, Anhang 10
12 L'Épinois, La Ligue et les Papes, S. 81
13 Henri IV, Lettres missives, Bd. II, S. 294–97
14 Lettres, Bd. IX, S. 230, 241
15 L'Estoile, Mémoires-Journaux, Bd. III, S. 136
16 Péréfixe, The History of Henry IV, S. 71–72
17 L'Estoile, Mémoires-Journaux, Bd. III, S. 138
18 Croze, Les Guises, les Valois, et Philippe II, Bd. II, S. 28, Anm. 2
19 Mémoires de la Ligue, Bd. II, S. 270
20 Lettres, Bd. IX, S. 331–32
21 L'Épinois, La Ligue et les Papes, S. 125
22 Lettres, Bd. IX, S. 300
23 ebenda, S. 486
24 CSP For., 1586–1588, Bd. XXI, S. 1, S. 605
25 L'Estoile, Mémoires-Journaux, Bd. III, S. 145
26 »Histoire de la journée des barricades de Paris«, Arch. Cur., Reihe 1, Bd. XI, S. 365–410; Mattingly, The Armada, S. 229
27 L'Estoile, Mémoires-Journaux, Bd. III, S. 146
28 Mattingly, The Armada, S. 242
29 L'Estoile, Mémoires-Journaux, Bd. III, S. 149
30 Recueil des choses mémorables, S. 304

»Der Tag des Dolches«

Seite 392

1 L'Épinois, La Ligue et les Papes, S. 149
2 ebenda, S. 155
3 Lettres, Bd. IX, S. 337–39; L'Épinois, »La Réconciliation de Henri III et du duc de Guise«, RQH, Bd. XXXIX (1886), S. 58, Anm. 2
4 »Lettre du Roy sur l'esmotion advenue à Paris«, Arch. Cur., Reihe 1, Bd. XI, S. 444–48; »Lettre escrite au Roy par Monseigneur le duc de Guise«, Arch. Cur., Reihe 1, Bd. XI, S. 449–57
5 L'Estoile, Mémoires-Journaux, Bd. III, S. 153
6 »Instruction à Monsieur de Guise . . . par l'archeveque de Lyon«, Arch. Cur., Reihe 1, Bd. III, S. 15–22
7 Lettres, Bd. IX, S. 339, 342–43
8 ebenda, S. 353
9 Hübner, Sixte-Quint, Bd. II, S. 200
10 L'Épinois, »La Réconciliation de Henri III et du duc de Guise«, S. 55
11 Lettres, Bd. IX, S. 355
12 Pasquier, Lettres historiques, S. 286–300
13 CSP For., 1586–1588, S. 633–36
14 CSP Ven., Bd. III, + 675
15 Longlée, Dépêches diplomatiques, S. 277; Lettres, Bd. IX, S. 348
16 CSP Ven., Bd. VIII, + 675
17 Lettres, Bd. IX, S. 372, 368
18 L'Estoile, Mémoires-Journaux, Bd. III, S. 156
19 CSP For., Juni–Dez. 1588, S. 5
20 L'Estoile, Mémoires-Journaux, Bd. III, S. 156; CSP For., Juni–Dez., 1588, S. 62
21 CSP For., Juni–Dez., 1588, S. 99
22 Villeroy, Mémoires d'état, Petitot, Reihe 1, Bd. XLIV, S. 44; Desjardins, Négociations diplomatiques, Bd. IV, S. 822
23 Matthieu, Histoire des derniers troubles de France, Bd. I, S. 119
24 Mémoires de la Ligue, Bd. II, S. 481–500; Matthieu, Histoire des derniers troubles, S. 119a–124b; L'Estoile, Mémoires, Journaux, Bd. III, S. 158–59
25 L'Estoile, Mémoires-Journaux, Bd. III, S. 158
26 Mémoires de la Ligue, Bd. II, S. 507
27 L'Épinois, La Ligue et les Papes, S. 219
28 ebenda, S. 221
29 Valois, Histoire de la Ligue, S. 287, Anhang II; L'Estoile, Mémoires-Journaux, Bd. III, S. 163 ff.
30 l'Épinois, La Ligue et les Papes, S. 199
31 Desjardins, Négociations diplomatiques, Bd. IV, S. 843
32 ebenda
33 Valois, Histoire de la Ligue, S. 300, Anhang IV
34 Desjardins, Négociations diplomatiques, Bd. IV, S. 852
35 L'Estoile, Mémoires-Journaux, Bd. III, S. 167
36 L'Épinois, La Ligue et les Papes, S. 273
37 »Le Martyre des deux frères«, Arch. Cur., Reihe 1, Bd. XII, S. 89
38 Lettres, Bd. X, S. 395, Anm. 1
39 Recueil des choses mémorables, S. 315
40 Pasquier, Lettres historiques, S. 386
41 Lettres, Bd. IX, S. 498–510
42 Desjardins, Négociations diplomatiques, Bd. IV, S. 853

Literaturverzeichnis

Der weite Umfang des zugänglichen Materials schließt eine erschöpfende Bibliographie aus. Die folgende Liste beschränkt sich auf eine Auswahl der bei der Abfassung des Buches benutzten Literatur. Die bibliographischen Angaben erfolgen in vereinfachter Form und enthalten nur das Wesentliche. Nach Möglichkeit werden dieselben Abkürzungen benutzt wie in den Anmerkungen.

ALBERI, EUGENIO (Hrsg.) Relazioni degli ambasciatori veneti al senato. Florenz, 1839–1862

ANQUETIL, LOUIS PIERRE L'Esprit de la Ligue. Paris, 1771

ARMSTRONG, EDWARD Constable Lesdiguières. EHR, Bd. X (1895), S. 445–70

AUMALE, HENRI D'ORLÉANS, DUC D' History of the Princes of Condé. London, 1872

BAGUENAULT DE PUCHESSE Catherine de Medicis et les conférences de Nérac. RQH, Bd. LXI (1897), S. 337–63

– Dix années de la vie de Marguerite de Navarre. RQH, Bd. LXXIV (1903), S. 158–62

– Les Négociations de Catherine de Médicis à Paris aprés la journée des barricades. L'Académie des sciences morales et politiques. Bd. I (1903), S. 697–709

– La Politique de Philippe II dans les affaires de France. RQH, Bd. XXV (1879), S. 1–66

– Le Renvoi par Henri III de Marguerite de Valois et sa réconciliation avec le roi de Navarre. RQH, Bd. LXX (1901), S. 389–409

BAIRD, HENRY MARTYN History of the Rise of the Huguenots of France. New York, 1907

– The Huguenots and Henry of Navarre. New York, 1886

BARBOT, AMOS »Histoire de La Rochelle«, Archives historiques de la Saintonge et de l'Aunis, Bd. XVII, XVIII

BARTHÉLEMY, EDOUARD »Catherine de Médicis, le duc de Guise et le traité de Nemours«, RQH, Bd. XXVII (1880), S. 464–95

BASCHET, ARMAND Les Archives de Venise. Paris, 1870

– La Diplomatie vénitienne. Paris, 1862

BEAUVAIS-NANGIS, MARQUIS DE Mémoires. Paris, 1862

BÈZE, THÉODORÉ »Deux lettres de Théodore de Bèze«, BHPF, Bd. VII (1858), S. 16–17

– Histoire ecclésiastique des églises réformées au royaume de France. Paris, 1833

BILLON, FRANÇOIS DE Le Fort inexpvgnable de l'honnevr dv sexe feminin. Paris, 1555

BLACK, JOHN BENNETT The Reign of Elizabeth, Bd. VIII, of the Oxford History of England. Oxford, 1959

BLAIR, EDWARD TYLER Henry of Navarre and the Religious Wars. Philadelphia, 1895

BORDENAVE, NICOLAS Histoire de Béarn et Navarre. Paris, 1873

BOUCHOT, HENRI Catherine de Médicis. Paris, 1899

BOUILLÉ, RENÉ Histoire des ducs de Guise. Paris, 1850

BOULLÉE, M. A. Histoire complète des Etats-Généraux. Paris, 1845

BRANTÔME, PIERRE DE BOURDEILLES, SEIGNEUR DE Œuvres complètes, Verlag L. Lalanne. Paris, 1864–82

»Bref Discours sur la mort de la Royne de Navarre«, BHPF, Bd. XXXI (1882), S. 12–30

BRÉMOND D'ARS, GUY »La Saint-Barthélemy et l'Espagne«, RQH, Bd. XXXV (1840), S. 386–412
– »Les Conférences de Saint-Brice«, RQH, Bd. XXXVI (1884), S. 496–523
BROWN, HORATIO »The Assassination of the Guises«, EHR, Bd. X (1895), S. 304–32
– »The Death of Catherine de Medici«, EHR, Bd. XI (1896), S. 748–50
BUISSON, ALBERT Michel de l'Hospital. Paris, 1950
BUSBECQ Letters of Ogier Ghislain de Busbecq. Tr. R. E. Jones and B. C. Weber. New York, 1961
– »Lettres: 1582–830«, Arch. Cur., Reihe 1, Bd. X, S. 53–138
CABIÉ, EDMOND Ambassade en Espagne de Jean Errard, seigneur de St. Sulpice. Paris, 1902
Calendar of Letters, Dispatches . . . Between England and Spain, Preserved at Simancas
Calendar of Letters and Papers, Foreign and Domestic, of Henry VIII
Calendar of the Manuscripts of the Marquess of Salisbury Preserved at Hatfield House
Calendar of State Papers, Foreign Series, Elizabeth
Calendar of State Papers, Foreign Series, Mary Tudor
Calendar of State Papers and Manuscripts in the Archives of Venice
Calendar of State Papers and Manuscripts Preserved in the Archives of Milan
CALVIN, JEAN Lettres, Verlag Jules Bonnet. Paris, 1854
CAPEFIGUE, J-B. Histoire de la réforme, de la Ligue, et du Henri IV. Paris, 1834–35
CASTELNAU, MICHEL DE, SIEUR DE LA MAUVISSIÈRE Memoirs. London, 1724
CATHERINE DE MÉDICIS Lettres. ed. Baguenault de Puchesse. Paris, 1901
CENIVAL, PIERRE DE »La Politique du Saint-Siège, et l'élection de Pologne«, École française de Rome: Mélanges d'archéologiques et d'histoire, Bd. XXXVI (1916–17), S. 108–203
CHALAMBERT, VICTOR DE Histoire de la Ligue. Paris, 1898
CHAMPION, PIERRE HONORÉ Catherine de Médicis présente à Charles IX son royàume. Paris, 1937
– Charles IX. Paris, 1939
– Henri III, roi de Pologne. Paris, 1943–51
– La Jeunesse de Henri III. Paris, 1942
CHARLES IX Lettres de Charles IX à M. de Fourquevaux, Verlag C. Douais. Paris, 1897
CHÉRUEL, ADOLPHE Histoire de l'administration monarchique en France. Paris, 1855
– Marie Stuart et Catherine de Médicis. Paris, 1858
CHEVERNY, PHILIPPE Mémoires. Bd. XXXVI, Petitot
CHOISNIN, JEAN DE Mémoires. Bd. XI, Michaud et Poujoulat
CIMBER ET DANJOU, Hrsg. Archives curieuses de l'histoire de France. Paris, 1834–40
COLIGNY, GASPARD DE »Lettres«, BHPF, Bd. XXI (1872), S. 451–63
CONDÉ, LOUIS DE BOURBON Mémoires de Condé. London, 1740
Cronique du roi Françoys premier de son nom, ed. G. Guiffrey. Paris, 1860
CROZE, JOSEPH DE Les Guises, les Valois, et Philippe II. Paris, 1866
DARESTE DE LA CHAVANNE, RODOLPHE »François Hotman et la conjuration d'Amboise«, Bibliothèque de l'école des Chartes, ser. 3, Bd. V (1854), S. 360–75
– »Hotman d'après de nouvelles lettres«, RH, Bd. XVIIC (1908), S. 297–315
D'AUBIGNÉ, THÉODORE AGRIPPA Histoire universelle, ed. A. de Ruble. Paris, 1886–1909
– Mémoires, Verlag M. Lalanne. Paris, 1854
DAVILA, ENRICO The Historie of the Civill Warres in France. London, 1647
DE CRUE, FRANCIS Anne de Montmorency. Paris, 1885
– Anne, duc de Montmorency, connétable et pair de France. Paris, 1889
– »La Molle et Coconat et les négociations du parti des Politiques«, RQH, Bd. VI (1892), S. 325–94
DEFRANCE, EUGÈNE Catherine de Médicis: ses astrologues et ses magiciens-envoûteurs. Paris, 1911
DELABORDE, JULES Gaspard de Coligny. Paris, 1882
DESJARDINS, ABEL, ed. Négociations diplomatiques de la France avec la Toscane. Paris, 1859–86
DESORMEAUX, JOSEPH Histoire de la maison de Montmorenci. Paris, 1764
DE THOU, JACQUES-AUGUSTE Histoire universelle. London, 1734
– Mémoires. Amsterdam, 1713

»Deux altercations entre le cardinal de Lorraine et le chancelier l'Hôpital«, BHPF, Bd. XXIV (1875), S. 409–15
Dianne de Poytiers Lettres inédites, ed. G. Guiffrey. Paris, 1866
Digges, Sir Dudley The Compleat Ambassador. London, 1655
Discours du grand et magnifique triomphe faict du mariage de François et Marie Stuart. Roxburghe Club, 1818
»Discours merveilleux de la vie . . . de Catherine de Médicis«, Arch. Cur., Reihe 1, Bd. IX, S. 1–113
»Documents authentiques sur la Saint-Barthélemy«, RR, Reihe 1, Bd. V, S. 358–72
»Documents originaux relatifs au rôle du duc d'Alençon«, RR, Reihe 2, Bd. V, S. 226–92, 321–66; Bd. VI, S. 113–44, 349–406
»Documents originaux sur la Saint-Barthélemy«, RR, Reihe 2, Bd. III, S. 193–97
Du bellay, Martin Mémoires. Bd. XVII, XVIII, XIX, Petitot
Du plessis-Mornay, Philippe Mémoires et correspondance. Paris, 1824–25
Dupré-Lasale, Émile Michel de l'Hôpital. Paris, 1875–99
»Election et règne de Henri d'Anjou en Pologne«, RR, Reihe 1, Bd. IV, S. 34–108
Erlanger, Philippe Diane de Poitiers. Paris, 1955
– Henri III. Paris, 1948
– Le Massacre de la Saint-Barthélemy. Paris, 1960
Estienne, Henri, ed. Discours merveilleux de la vie de Catherine de Médicis. Paris, 1574
Ferrière, Hector de la »Catherine de Médicis et les Politiques«, RQH, Bd. LVI (1894), S. 404–39
– »Les Dernières Conspirations du règne de Charles IX«, RQH, Bd. XLVIII (1890), S. 421–70
– »L'Entrevue de Bayonne«, RQH, Bd. XXXIV (1883), S. 457–522
– Le XVI Siècle et les Valois. Paris, 1877
– Les Projets de mariage de la reine Elisabeth. Paris, 1882
Fleurange, Robert III de la Marck Mémoires. Bd. V, Michaud et Poujoulat
Forneron, Henri Les Ducs de Guise et leur époque. Paris, 1877
– Histoire de Philippe II. Paris, 1887
Fourquevaux, Raymond de Rouer, Sieur de Dépêches. Paris, 1896–1904
Freer, Martha Henry III, King of France and Poland. London, 1858
– The Life of Jeanne d'Albret, Queen of Navarre. London, 1862
– The Life of Marguerite d'Angoulême. London, 1854
Frémy, Edouard Un Ambassadeur liberal sous Charles IX et Henri III. Paris, 1880
– Essai sur les diplomates du temps de la Ligue. Paris, 1873
Godefroy, Théodore Le Ceremonial français. Paris, 1649
Goulart, Simon Mémoires de l'état de France sous Charles IX. Meidelbourg, 1578
– Mémoires de la Ligue. Amsterdam, 1758
Granvelle, Antoine Perrenot, Cardinal de Correspondance, ed. C. Piot et E. Poullet. Brussels, 1877–96
– Papiers d'état, ed. C. Weiss. Paris, 1841–52
Guillaume, P. »La Mort de François II«, Bulletin du société archéologique d'Orléans, Bd. I (1960)
Harrison, G. B. Letters of Queen Elizabeth. New York, 1935
Haton, Claude Mémoires, Verlag F. Bourquelot. Paris, 1857
Henri II Lettres inédites, Verlag J. B. Gail. Paris, 1818
Henri III Lettres de Henri III, Verlag P. Champion. Paris, 1959–65
Henri IV Recueil des lettres missives, ed. Xivrey et Gaudet. Paris, 1843–76
Héritier, Jean Catherine de Médicis. Paris, 1959
– »Les Premièrs Années de Catherine de Médicis«, Les Œuvres libres, Bd. 218 (1939), S. 283–319
Hübner, Alexander von Sixte-Quint. Paris, 1870
Hume, Martin Courtships of Queen Elizabeth. London, 1906
Jeanne d'Albret Mémoires et poésies, ed. A. de Ruble. Paris, 1893
Jensen, DeLamar Diplomacy and Dogmatism. Cambridge, Mass., 1964

JOURDA, PIERRE Marguerite d'Angoulême. Paris, 1930
»Journal de ce qui s'est passé en France durant l'année 1562«, RR, Reihe 1, Bd. V, S. 81–116, 168–212
KERVYN DE LETTENHOVE Documents inédits relatifs à l'histoire du XVI siècle. Brussels, 1883
– Les Huguenots et les Gueux. Bruges, 1883–85
– Relations politiques des Pays-Bas et d'Angleterre. Brussels, 1882–1900
KIERSTEAD, RAYMOND F. Pomponne de Bellièvre. Evanston, Illinois, 1968
LABANOFF, ALEXANDRE Lettres, instructions, et mémoires de Marie Stuart. London, 1844
LA FOSSE, J. B. Journal d'un curé ligueur de Paris. Paris, 1866
LA HUGUERYE, MICHEL DE Mémoires inédits, ed. A. de Ruble. Paris, 1878
LA LANNE, LUDOVOC, ed. Journal d'un bourgeois de Paris. Paris, 1910
LA MOTHE-FÉNELON, BERTRAND DE SALIGNAC, SEIGNEUR DE Correspondance diplomatique. Paris, 1838–40
LA PLACE, PIERRE DE Commentaires de l'état de la religion et république. Paris, 1565
LA PLANCHE, LOUIS REGNIER DE Histoire de l'estaat de France . . . sous le règne de François II. Paris, 1576
L'AUBESPINE, SÉBASTIEN DE »Dépêches«, RHD, Bd. XIII (1899), S. 583–607; Bd. XIV (1900), S. 289–302
– Négociations, lettres, et pièces diverses, ed L. Paire. Paris, 1841
LAUZUN, PHILIPPE Itinéraire de Marguerite de Valois en Gascogne. Paris, 1902
LAYARD, SIR HENRY, ed. Dispatches of Michele Suriano and Marc-Antonio Barbaro. Huguenot Society of London, Bd. VI (1891)
L'ÉPINOIS, HENRI DE La Ligue et les papes. Paris, 1886
L'ESTOILE, PIERRE DE Mémoires-Journaux, Verlag Brunet et al. Paris, 1875–96
L'HOPITAL, MICHEL DE Œuvres complètes, Verlag P. J. Dufey. Paris, 1824–25
LONGLÉE, P. S. Dépêches diplomatiques. Verlag A. Mousset. Paris, 1912
LORRAINE, FRANÇOIS Mémoires-Journaux. Bd. VI, Michaud et Poujoulat
LOUISE DE SAVOYE Journal. Bd. XVI, Petitot
LOUTCHITZKI, JEAN »Cinquème guerre de religion«, BHPF, Bd. XXII (1873), S. 401–13
– Documents inédits pour servir à l'historie de la réforme et de la Ligue. Paris, 1875
– »Quatrième guerre de religion«, BHPF, Bd. XXII (1873), S. 252–68, 299–312, 352–74
MARGUERITE D'ANGOULÊME Lettres, Verlag F. Genin. Paris, 1841
– Nouvelles lettres, Verlag F. Genin. Paris, 1842
MARGUERITE DE VALOIS »Lettres inédites«, Verlag P. Lauzun, Archives historiques de la Gascogne, Reihe 1, Bd. XI, S. 1–46
– Mémoires et lettres, ed. M. F. Guessard. Paris, 1842
MARIÉJOL, JEAN HIPPOLYTE Catherine de Médicis. Paris, 1920
– La Vie de Marguerite de Valois, Paris, 1928
MATTHIEU, PIERRE Histoire des derniers troubles de France. Lyons, 1596
MATTINGLY, GARRETT The Armada. Boston, 1959
– Renaissance Diplomacy. Boston, 1955
MAYER, CHARLES JOSEPH, ed. Des États Généraux et autres assemblées nationales. Paris, 1788–89
MERKI, CHARLES La Reine Margot et la fin des Valois. Paris, 1905
MICHAUD, JOSEPH-FRANÇOIS, AND JEAN-JOSEPH POUJOULAT, eds. Nouvelle collection des mémoires sur l'histoire de France. Paris, 1836–54
MIGNET, FRANÇOIS »Lettres de Jean Calvin«, Journal des savants, 1857, 1858
MONLUC, BLAISE DE Commentaires et lettres, Verlag A. de Ruble. Paris, 1864
MOTLEY, JOHN LOTHROP The Rise of the Dutch Republic. New York, 1900
MULLER, P. L., ET DIGERICK, A. Documents concernant les relations entre le duc d'Anjou et les Pays-Bas. Utrecht, 1889–99
MURDIN, WILLIAM, ed. A Collection of State Papers. London, 1759
NABONNE, BERNARD Jeanne d'Albret. Paris, 1945
NEALE, JOHN E. The Age of Catherine de Medici. New York, 1939

NEVERS, LOUIS GONZAGUE, DUC DE Mémoires. Paris, 1625
NOAILLES, HENRI EMMANUEL DE Henri de Valois et de la Pologne. Paris, 1867
NOGUÈRES, HENRI La Saint-Barthélemy. Paris, 1959
NOLHAC, PIERRE Il Viaggio in Italia de Enrico III di Francia, Rom, 1890
PAILLARD, CHARLES »Additions critiques à l'histoire de la conjuration d'Amboise«, RH, Bd. XIV (1880), S. 61–108, 311–55
– »La Mort de François I et les premiers temps du règne de Henri II«, RH, Bd. V (1877), S. 84–120
PALM, FRANKLIN CHARLES Politics and Religion in the Sixteenth Century. Boston, 1927
»Papiers de Noailles«, Le Cabinet historique, Bd. XIX (1873), S. 225–304
PASQUIER, ÉTIENNE Lettres. Paris, 1629
– Lettres historiques, Verlag D. Thickett. Geneva, 1966
PASTOR, LUDWIG VON The History of the Popes, Verlag R. F. Kerr. St. Louis, 1923–53
PÉRÉFIXE, HARDOUIN DE The History of Henri IV. London, 1653
PETITOT, CLAUDE-BERNARD, ed. Collection complète des mémoires relatifs à l'histoire de France. Paris, 1818–29
PHILIPPE II Correspondance de Philippe II sur les affaires des Pays-Bas, ed. L. Gachard, Brussels, 1848–79
PICOT, ÉMILE »Les Italiens en France«, Bulletin italien, Bd. I–IV
PITTEURS, M. A. »Un Ambassadeur d'Angleterre«, RHD, Bd. XXIII (1909), S. 290–305
READ, CONYERS Mr. Secretary Walsingham and the Policy of Queen Elizabeth. Cambridge, Mass., 1925
Recueil des choses mémorables avenues en France. Paris, 1595
Recueil de diverses pièces servant à l'histoire de Henri III. Köln, 1599
Recueil des fragments historiques sur les derniers Valois, Verlag E. du Gord. Paris, 1869
REUMONT, ALFRED VON La Jeunesse de Catherine de Médicis, übersetzt, mit Anmerkungen versehen und erweitert von A. Baschet. Paris, 1866
RIBIER, GUILLAUME Lettres et mémoires d'Estat . . . sous les règnes de François I., Henri II, François II. Paris, 1666
RICHARD, P. La Papauté et la Ligue française. Paris, 1901
ROBINSON, A. M. F. »Queen Elizabeth and the Valois Princes«, EHR, Bd. II (1887), S. 40–77
ROBIQUET, PAUL Paris et la Ligue sous le règne de Henri III. Paris, 1886
ROCQUAIN, FÉLIX La France et Rome pendant les guerres de religion. Paris, 1924
ROELKER, NANCY LYMAN Queen of Navarre: Jeanne d'Albret. Cambridge, Mass., 1968
ROMIER, LUCIEN Catholiques et Huguenots à la cour de Charles IX. Paris, 1924
– La Conjuration d'Amboise. Paris, 1923
– Les Origines politiques des guerres de religion. Paris, 1922
– Le Royaume de Catherine de Médicis. Paris, 1922
RONSARD, PIERRE DE Œuvres complètes, ed. P. de Nolhac. Paris, 1923
RUBLE, ALPHONSE DE Antoine de Bourbon et Jeanne d'Albret. Paris, 1881–86
– L'Assassinat de François de Lorraine, duc de Guise. Paris, 1897
– Le Colloque de Poissy. Paris, 1889
– Jeanne d'Albret et la guerre civile. Paris, 1897
– La Première Jeanesse de Marie Stuart. Paris, 1891
– Le Traité de Cateau-Cambrésis. Paris, 1889
SAULNIER, EUGÈNE Le Rôle politique du cardinal de Bourbon. Paris, 1912
SULLY Memoirs of the Duke of Sully. Edinburgh, 1819
SUTHERLAND, N. M. »Calvinism and the Conspiracy of Amboise«, History, Bd. XLVII (1962), S. 111–38
– Catherine de Medici and the Ancien Régime. London, 1966
– French Secretaries of State in the Age of Catherine de Medici. London, 1962
– The Massacre of St. Bartholomew and the European Conflict. New York, 1973
TAVANNES, GASPARD DE SAULX DE Mémoires. Bd. XXIII, XXIV, XV, Petitot

TAUZIN, J.J.C. »Le Mariage de Marguerite de Valois«, RQH, Bd. LXXX (1906), S. 447–98

TOMMASEO, M. N., Hrsg. Relations des ambassadeurs vénitiens sur les affaires de France au XVI siècle. Paris, 1838

»Les Trespas et obsèques de Charles IX«, Arch. Cur., Reihe 1, Bd. VIII, S. 257–70

TURENNE, VICOMTE DE Memoires, ed. Baguenault de Puchesse. Paris, 1901

VALOIS, CHARLES, ed. Histoire de la Ligue. Paris, 1914

VAN DYKE, PAUL Catherine de Médicis. New York, 1922–27

VARCHI, BENEDETTO Storia Fiorentino. Köln (Colonia), 1721

VIEILLEVILLE, MARÉSCHAL DE Memoires de la vie. Bd. IX, Michaud et Poujoulat

VILLEROY, NICOLAS DE NEUFVILLE Mémoires d'état. Bd. XLIV, Petitot

VIVENT, JACQUES La Tragédie de Blois. Paris, 1946

WHITEHEAD, A. W. Gaspard de Coligny. London, 1904

WRIGHT, THOMAS, ed. Queen Elizabeth and Her Times. London, 1838

ZELLER, BERTHOLD »Le Mouvement Guisard en 1588: Catherine de Médicis et la journée des barricades«, RH, Bd. XLI (1889), S. 253–76

Bildverzeichnis

Gegenüber Seite 289:
Elisabeth von Valois, Gemahlin Philipps II. von Spanien
Spanische Schule 17. Jh.
Chantilly, Musée Condé
Photo: Photographie Giraudon, Paris

Gegenüber Seite 368:
Katharina in Konferenz mit dem Kardinal von Lothringen und dem Herzog von Guise
Stich von Duclos
Paris, Bibliothèque Nationale
Photo: Photographie Giraudon, Paris

Gegenüber Seite 369:
Connetable Anne de Montmorency
Gemälde François Clouet zugeschrieben
Chantilly, Musée Condé
Photo: Photographie Giraudon, Paris

Gegenüber Seite 384:
Gaspard de Coligny
Italienische Schule 16. Jh.
Paris, Bibliothèque de l'Histoire du Protestantisme Français
Photo: Photographie Giraudon, Paris

Michel de l'Hôpital
Französische Schule 15. Jh.
Chantilly, Musée Condé
Photo: Photographie Giraudon, Paris

Gegenüber Seite 385:
Heinrich von Navarra, später Heinrich IV. von Frankreich
Zeichnung eines anonymen Meisters, um 1600
Paris, Bibliothèque Nationale
Photo: Photographie Giraudon, Paris

Register

Stammtafel der Kapetinger – Valois – Orléans – Bourbonen
(folgende Doppelseite)

Ludwig IX. d. Hl., † 1270 ∞ Margarete v. Provence, † 1295

Beatrix, Erbin v. Bourbon, † 1310 ∞ Robert v. Clermont (2), † 1317

Ludwig I., † 1341

Johanna v. Champagne-Navarra, † 1305

- Peter I., Hz. v. Bourbon, † 1336
- Jakob I., Gf. v. La Marche, † 1362
  - Johann I., Gf. v. La Marche, † 1393 ∞ Katharina, Erbin v. Vendôme

- Ludwig X., † 1316
  - Johann I., † 1316
- Philipp V., † 1322

Valentina Visconti ∞ (1392) Ludwig v. d. Touraine u. v. Valois (2), Hz. v. Orléans, † 1407

- Johann, Gf. v. Angoulême, † 1467
  - Karl, Gf. v. Angoulême, † 1486
- Karl, Gf. v. Angoulême, Hz. v. Orléans, † 1465
  - Ludwig XII., † 1515 ∞ Anna, Erbin d. Bretagne, † 1514
- Johann, »Bastard v. Orléans«, † 1468

Peter II. v. Beaujeu, Hz. v. Bourbon, † 1503 ∞ Anna (T. v. Ludwig XI.)

Susanne, † 1521 ∞ Karl v. Bourbon-Montpensier, † 1527

Ludwig (v. Bourbon) I., Gf. v. Vendôme, † 1446

Johann d'Albret, † 1516 ∞ Katharina v. Foix, † 1517

Karl (v. Bourbon), Gf. v. Vendôme, † 1537

Heinrich d'Albret, Kg. v. Navarra, † 1555 ∞ (2.) Margarete, † 1549

- Margarete, † 1549
- Franz I., † 1547 ∞ Claudi[a], † 1524

- Ludwig I. (3), Pr. v. Condé, † 1569
- Karl (2), Kard. v. Bourbon, Eb. v. Rouen, 1589 als Karl X. Gegenkg., † 1590
- Anton v. Bourbon (1), 1555 Kg. v. Navarra, † 1562 ∞ Johann[a] d'Albre[t], Kgn. v. Navarr[a], † 1572

Maria v. Medici, † 1642 ∞ (2.) 1600 Heinrich IV., 1562 Kg. v. Navarra, 1589 Kg. v. Frankreich, † 1610

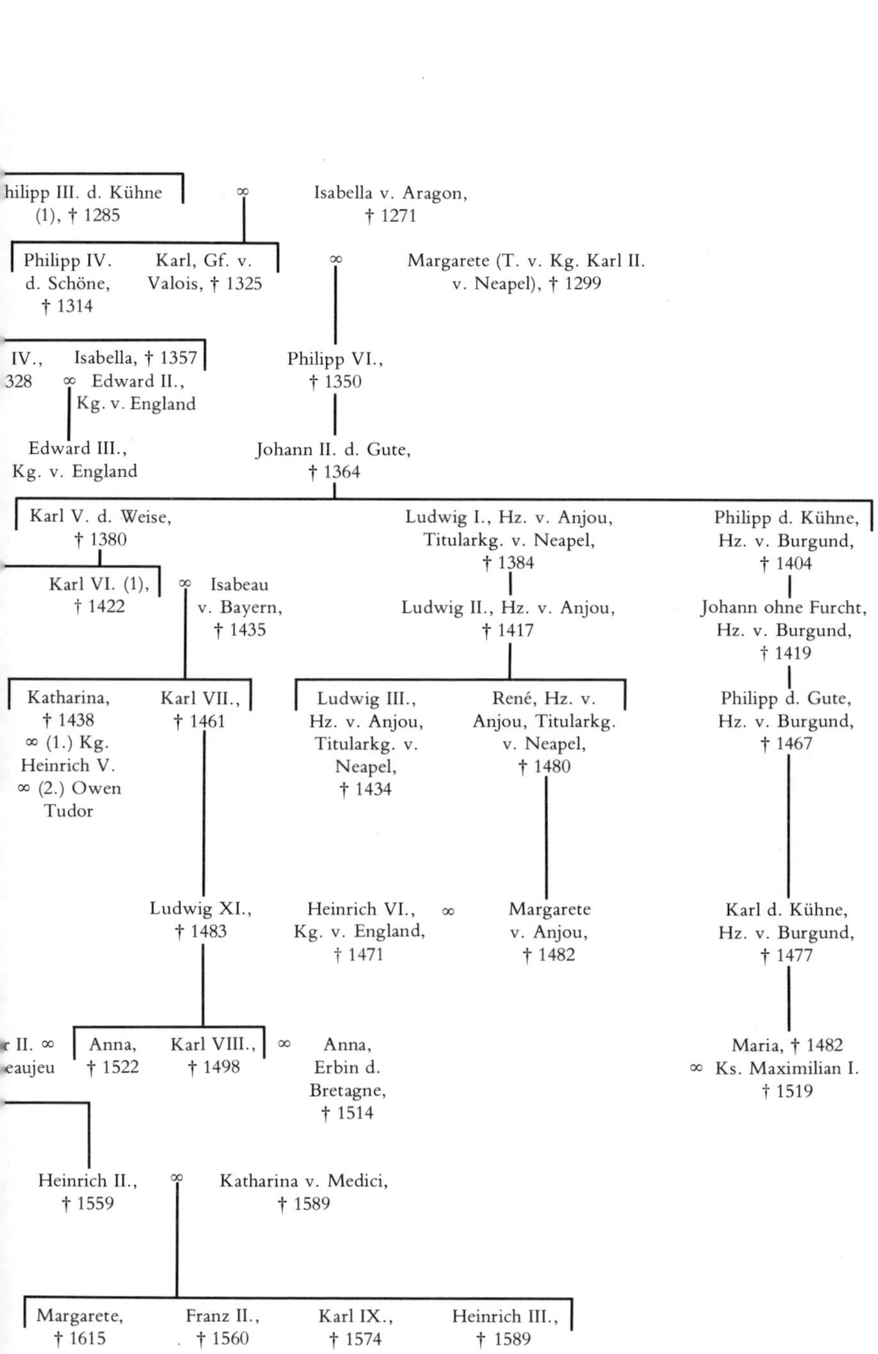

hilipp III. d. Kühne (1), † 1285 ∞ Isabella v. Aragon, † 1271
Philipp IV. d. Schöne, † 1314
Karl, Gf. v. Valois, † 1325 ∞ Margarete (T. v. Kg. Karl II. v. Neapel), † 1299
IV., 328
Isabella, † 1357 ∞ Edward II., Kg. v. England
Philipp VI., † 1350
Edward III., Kg. v. England
Johann II. d. Gute, † 1364
Karl V. d. Weise, † 1380
Ludwig I., Hz. v. Anjou, Titularkg. v. Neapel, † 1384
Philipp d. Kühne, Hz. v. Burgund, † 1404
Karl VI. (1), † 1422 ∞ Isabeau v. Bayern, † 1435
Ludwig II., Hz. v. Anjou, † 1417
Johann ohne Furcht, Hz. v. Burgund, † 1419
Katharina, † 1438 ∞ (1.) Kg. Heinrich V. ∞ (2.) Owen Tudor
Karl VII., † 1461
Ludwig III., Hz. v. Anjou, Titularkg. v. Neapel, † 1434
René, Hz. v. Anjou, Titularkg. v. Neapel, † 1480
Philipp d. Gute, Hz. v. Burgund, † 1467
Ludwig XI., † 1483
Heinrich VI., Kg. v. England, † 1471 ∞ Margarete v. Anjou, † 1482
Karl d. Kühne, Hz. v. Burgund, † 1477
r II. ∞ eaujeu
Anna, † 1522
Karl VIII., † 1498 ∞ Anna, Erbin d. Bretagne, † 1514
Maria, † 1482 ∞ Ks. Maximilian I. † 1519
Heinrich II., † 1559 ∞ Katharina v. Medici, † 1589
Margarete, † 1615
Franz II., † 1560
Karl IX., † 1574
Heinrich III., † 1589